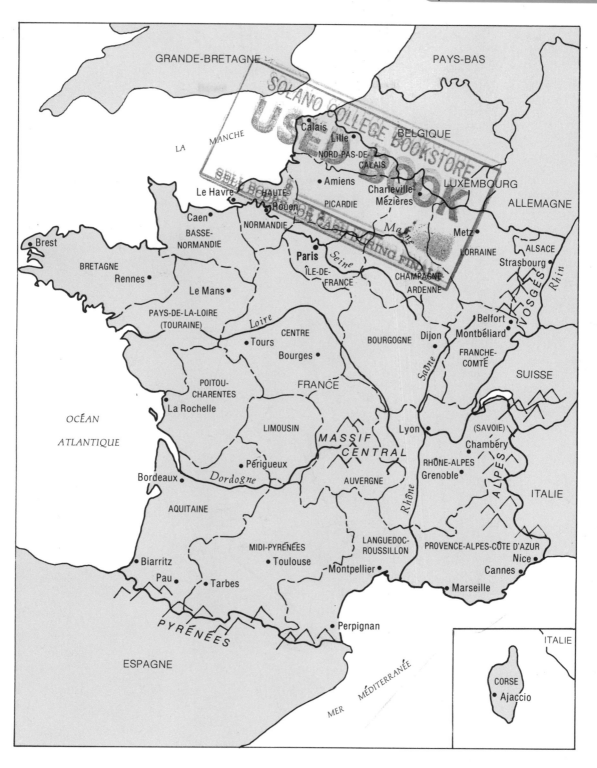

SECOND EDITION
Rendez-vous

Le village de Sablet, France. (© Buddy Mays)

(1) Le secret, c'est la sauce. (2) Un café à Paris. (3) Le Train à Grande Vitesse. (4) Les tours de la forteresse de Carcassonne. (5) Les vendanges (*grape harvest*) à Bordeaux. (6) La résidence du curé à Roussillon. (7) Une célébration au Sénégal. (8) Le Forum des Halles—un grand centre commercial à Paris. (All photos © Owen Franken, except number (3) © Peter Menzel)

SECOND EDITION
Rendez-vous

AN INVITATION TO FRENCH

Judith A. Muyskens
University of Cincinnati

Alice C. Omaggio
University of Illinois, Urbana-Champaign

Claudine Chalmers
College of Marin

Frederick Hodgson
Coordinating Editor

RANDOM HOUSE  NEW YORK

This book was developed for Random House by Eirik Børve, Inc. EBI

Second Edition
Copyright © 1986 by Random House, Inc.

Library of Congress Cataloging in Publication Data
Muyskens, Judith A.
Rendez-vous : an invitation to French.

   Includes index.
   1. French language—Text-books for foreign speakers—
English.   2. French language—Grammar—1950–
I. Omaggio, Alice C.   II. Chalmers, Claudine, 1948–   III. Title.
PC2129.E5M87   1986   448.2'421   85-19594
ISBN 0-394-34267-4 (Student ed.)
ISBN 0-394-34266-6 (Instructor's ed.)

Manufactured in the United States of America

Text design by James Chadwick and Janet Wood
Cover design by Dare Porter
Cover art: Auguste Renoir, *Déjeuner des canotiers (Luncheon of the Boating
 Party)*, The Phillips Collection, Washington
Illustrations by Axelle Fortier
Maps by Signature Design Associates
Photo research by Judy Mason

Grateful acknowledgment is made to the many sources whose materials have helped to enhance our book. Full credit follows the index.

Table des matières

Un cours de maths
dans un lycée parisien.
(© Owen Franken)

Une commerçante de Dijon. (© Buddy Mays)

Une femme sénégalaise fait la cuisine. (© Owen Franken)

Preface

When *Rendez-vous: An Invitation to French* was published in 1982, it was met with great enthusiasm. Emphasizing vocabulary before structure, structure within a cultural context, and a communicative approach to learning French that leads students into, through, and out of realistic situations, *Rendez-vous* provided a proficiency-oriented first-year program designed to develop the four language skills (listening, speaking, reading, and writing), as well as the "fifth skill," culture. The second edition of *Rendez-vous* is a French-language text whose organization and methods will serve the proficiency-minded instructor even more thoroughly.

How *Rendez-vous* Works:
Organization of the Second Edition (Student Text)

The chapter organization of *Rendez-vous* has not been radically changed in this edition. The text consists of an opening chapter, "Premier rendez-vous," slightly longer than the "Chapitre préliminaire" of the first edition, and 18 other chapters. The *Premier rendez-vous* introduces students to French pronunciation and presents expressions useful in extending greetings, pointing out objects in the classroom, and saying the time, the day, the seasons of the year, and what the weather is like. Three brief essays in English introduce students to the French-speaking world and provide a perspective on the importance of the French language in trade, technology, and world affairs.

Each of the main chapters of *Rendez-vous* has the same organization. To illustrate how that organization helps students develop proficiency in the five skills essential to truly communicative language learning, presented here is a partial reproduction of Chapter 8, "Voyages et transports," accompanied by a description of the chapter components. By presenting the major features of a representative chapter in this way, we hope to show how *Rendez-vous* works and to illustrate how the chapter organization gives students the opportunity to use and to enjoy French in order to learn it more effectively.

Part of the chapter opener, this section describes the cultural, contemporary, or everyday theme that will be the organizing principle of the chapter as a whole, as well as the specific points of grammar that will be introduced and practiced within that context. The chapter themes are relevant to students' needs and interests and consistently place them in learning situations in which survival skills can be practiced.

OBJECTIFS In this chapter, you will learn vocabulary related to travel and transportation, the names of a number of foreign countries, and the prepositions you need to use when speaking of countries, cities, or states. You will learn to find your way around an airport or a train station in a French-speaking country, and you will be able to talk about your own travel experiences by using the **passé composé** of a group of verbs conjugated with **être**, such as **partir** (*to leave*), **aller** (*to go*), and **retourner** (*to return*). You will also learn affirmative and negative adverbs and pronouns.

Étude de vocabulaire

L'Europe en train

A. Définitions.
1. Quel véhicule de transport trouve-t-on dans une gare?
2. Comment s'appelle chaque voiture d'un train?
3. Comment s'appellent les personnes qui voyagent?...

B. Capitales. Les villes suivantes sont les capitales. Quels sont les pays? Suivez le modèle.

MODÈLE: Paris → Paris est la capitale de la France....

C. Leçon de géographie....

D. Interview. Demandez à un(e) camarade s'il (si elle) a voyagé en train. A-t-il/elle mangé dans un wagon-restaurant? A-t-il/elle dormi dans un wagon-lit? Quelle ville a-t-il/elle visitée pendant ce voyage? A qui a-t-il/elle rendu visite!

The initial vocabulary presentation, including drawings or photographs, illustrates and practices the lexical items the students will use throughout the chapter to express themselves and to cope with the various situations and activities the different sections of the chapter will present. The theme vocabulary is determined on the principle that students should learn for active use words and expressions useful in real-life contexts they would be likely to encounter in a French-speaking culture. Presented here is one of the three vocabulary panels of Chapter 8, all of which integrate the study of the names of countries with the vocabulary related to primary means of transportation, along with the verb **conduire**. The exercises following each vocabulary panel will have students meaningfully produce all the lexical items presented there. The sequence of exercises reflects a progression from single-response to personalized, communicative activities. So that students will use French to express or relate their own experience as often as possible, the final exercises in each exercise sequence in *Rendezvous* encourage the communicative, personalized use of the vocabulary and structures presented.

Un moyen de transport très important à Avignon.
(© Buddy Mays)

In addition to providing a proficiency-oriented approach to the four language skills, *Rendez-vous* also provides students the opportunity to develop the "fifth skill," culture. The **Rencontre culturelle**, new to the second edition, is one of several features of the text that contain cultural information.

Because the cultural theme, grammar, and vocabulary of each chapter function together as interactive units, each grammar point is introduced inductively in a minidialogue where the relevant grammatical structure is highlighted in a conversational exchange featuring elements of the core vocabulary in conjunction with some aspect of the cultural theme. Each minidialogue is followed by a completion exercise designed to lead students toward the active use of the grammatical structure illustrated before it is explicitly presented.

Rencontre culturelle

The private automobile is a popular means of transportation in France, which is third in Europe (after Sweden and West Germany) in the number of private cars in relation to population. The French "race-and-chase" driving style is due partly to high speed limits (130 kilometers or 81 miles per hour on main highways, and 90 kilometers or 56 miles an hour on other roads)....

Étude de grammaire

29. THE *PASSÉ COMPOSÉ* WITH **ÊTRE**

Accident de voiture

JEAN-FRANÇOIS: ...et tout à l'heure, je suis arrivé au carrefour Magnan, et un camion est passé au feu rouge juste devant moi. Je n'ai pas pu l'éviter: je suis rentré dedans. Alors, avec l'autre conducteur, nous sommes descendus de voiture et nous avons... euh... discuté de priorité....

MICHÈLE: Mais Jean-François, pourquoi n'es-tu pas encore reparti?

...Retrouvez la phrase correcte dans le dialogue.

1. Je viens d'arriver au carrefour.
2. Le camion vient de passer au feu rouge.
3. Je viens de rentrer dedans.
4. Nous venons de descendre de voiture....

A. The auxiliary verb être

The grammar explanations consist of brief explanations in English, often supplemented with charts, technical art, or drawings that provide the visual "supports" known to facilitate second-language learning. The explanations are followed by contextualized, translated example sentences consonant with the theme of the chapter.

Most French verbs use a form of **avoir** as an auxiliary verb in the *passé composé*. However, the *passé composé* of some verbs is generally formed with **être**; one of these verbs is **aller**.

passé composé of **aller** (*to go*): **être** + **allé(e)(s)**	
je suis allé(e)	*nous* sommes allé(e)s
tu es allé(e)	*vous* êtes allé(e)(s)
il, on est allé	*ils* sont allés
elle est allée	*elles* sont allées

In the *passé composé* with **être**, the past participle always agrees with the subject in gender and number. The following verbs take **être** in the *passé composé*. The drawing below lists most of these verbs, organized around the "house of **être**."

aller: allé *to go*
arriver: arrivé *to arrive*
descendre: descendu *to go down; to get off*
devenir: devenu *to become*...

Mme Bernard **est née** en France.
Elle **est allée** aux États-Unis en 1940....

Mrs. Bernard was born in France.
She went to the United States in 1940....

B. Negative and interrogative sentences in the *passé composé*...

Maintenant à vous

A. Une bonne soirée. Faites les substitutions et les changements nécessaires.

1. Jean-Pierre est arrivé à sept heures. (Madeleine, les Dupont, vous)
2. Béatrice est passée dire bonjour. (je, vous, tu)...

B. Anniversaires. Suivez le modèle.

MODÈLE: Vincent va avoir 2 ans le 30 mai 1986. → Il est né le 30 mai 1984.

1. Michèle va avoir 20 ans le 15 février 1992. 2. Jacques va avoir 18 ans le 31 juillet 1988...

Like all exercise sequences in *Rendez-vous*, the exercises following the grammar explanations reflect a movement from controlled response to open response. The controlled exercises that lead up to communicative interaction are of many kinds and require meaningful processing on the part of the students. They are often accompanied by on-page *Instructor's Edition* suggestions for ways in which they can be personalized or extended, and lead to the exercise activities that encourage students to use theme vocabulary and structure to give personal information or opinion, or to provide cues that become the bases for other students' responses. The most open type of exercise activities involves various types of partner and group interaction that call for ever more creative language use.

C. Voyage en train. Mettez les phrases au passé composé.

MODÈLE: Vous allez à Toulouse. → Vous êtes allés à Toulouse.

1. Le train arrive à la gare.   2. Les passagers viennent de Lyon.
3. Vous montez dans le train....

D. Départ en vacances. Les Dupont, vos voisins, sont partis en vacances ce matin. Vous racontez maintenant la scène à vos amis (au passé, bien sûr!). Commencez par: Ce matin, mes voisins les Dupont sont partis en vacances....

Mes voisins, les Dupont, partent en vacances. Aujourd'hui ils vont à la mer. A huit heures Monsieur Dupont et son fils...

E. Projets de voyage. Alice prépare un voyage en Europe. Elle vous pose des questions sur les activités de vos amis. Répondez à la forme négative.

1. Marianne est-elle déjà (already) montée dans le Concorde?   2. Son vol n'est-il pas arrivé à l'heure?   3. Sont-ils partis en vacances en...

F. Week-end en Suisse. Utilisez le passé composé d'un des verbes suivants pour compléter les phrases.

aller, arriver, descendre, devenir, entrer, monter, naître, partir, rentrer, rester, sortir, tomber

1. Hier le train de Grenoble ——— en retard (late).   2. Bernard et Brigitte ——— du train à sept heures....

G. En français, s'il vous plaît.

Matthieu and Corinne arrived last night. They passed through Paris and came to our house. They stayed with us one night. I came down with their suitcases this morning at eight o'clock....

H. Conversation. Décrivez les vacances de l'année passée d'un(e) camarade de classe. D'abord (First), posez les questions suivantes à votre camarade. Si vous voulez, posez encore d'autres questions. Ensuite, présentez à la classe une description de ses vacances.

1. Quand es-tu parti(e)? Quel moyen de transport as-tu pris? Es-tu monté(e) en avion? Où es-tu allé(e)?...
2. Es-tu allé(e) voir l'endroit (place) où tes parents sont nés?
3. Comment es-tu rentré(e)?...

I. Profil psychologique. Posez à un(e) camarade des questions faites à partir des (on the basis of) éléments donnés. Utilisez le passé composé dans vos questions. Après, faites le portrait psychologique de votre camarade. Justifiez votre profil.

1. ... avec des amis hier soir   2. à quelle heure / ... université ce matin...

The **Étude de prononciation** focuses either on individual sounds that are particularly difficult for native speakers of English or on general principles of enunciation important to communicative accuracy.

---

que je prends ma correspondance?   3. A quelle station est-ce que je dois descendre?   4. Pourquoi est-ce qu'il y a un embouteillage?

Situation

EN VOITURE!*

Contexte Geoffroy est venu faire des études d'optométrie à Nice. Il n'a pas encore eu le temps de visiter le Sud-Est et a décidé de passer le week-end à Avignon pour voir le Palais des Papes° et le vieux pont.° Comme tout le monde, il prend le train.

° *Palais... Palace of the Popes / bridge*

Objectif Geoffroy achète un billet° de train.

° *ticket*

Dialogue

GEOFFROY: (au guichet): A quelle heure est le prochain train pour Avignon, s'il vous plaît?

LE GUICHETIER: Vous avez un train dans vingt minutes et le suivant° est à 22 heures.

° *le... the next one*

GEOFFROY: Combien coûte le billet aller-retour°?

° *round-trip*

LE GUICHETIER: Quelle classe?

GEOFFROY: Deuxième° classe.

° *Second*

LE GUICHETIER: Il coûte 294 francs.

GEOFFROY: Je veux un aller simple,° s'il vous plaît. Je peux régler° en chèques de voyage?

° *aller... one-way ticket / payer*

LE GUICHETIER: Oui, s'ils sont en francs. Voilà votre billet.

GEOFFROY: J'ai une place° dans le compartiment 23, et je pars du quai numéro 6.

° *seat*

LE GUICHETIER: C'est ça, et n'oubliez pas de composter.°

° *have your ticket punched*

*En... All aboard!

To highlight the importance of nonverbal forms of communication, **Le français par les gestes,** an illustrated description of a meaningful gesture commonly made by native French speakers, appears once in each chapter.

Mots utiles: sociable, (ir)responsable, ponctuel(le), négligent(e), nostalgique, courageux (-euse), aventureux (-euse), (im)prudent(e), superstitieux (-euse)

Le français par les gestes: Ras le bol!

This gesture indicates that one is fed up with something. The bowl is full to the brim (**à ras bords**). The face expresses tired exasperation; the palm of the hand touches the forehead.

Étude de prononciation

Intonation

Stress is the length and emphasis given to a syllable. Pitch is the rise and fall of the voice. The variation of the pitch of the voice within a sentence is called intonation. Intonation conveys our intention...

1. In *declarative* sentences, French intonation rises within each sense group (words that go together) and falls at the end of the sentence, starting with the last sense group.

La plume de ma tante est sur la table de mon oncle.

Je prends le métro.

2. In *yes/no questions*, the intonation rises at the end of the question.

Tu prends le métro?   Est-ce que tu prends le métro?

3. In *information questions*, the intonation starts high and falls at the end of the question....

Maintenant à vous

A. Déclarations.

1. Mireille habite en Belgique.
2. Le chef de gare est sur le quai.
3. Les passagers montent dans

4. Une voiture est passée au feu rouge.

The **Situation,** formerly **Conversation et culture,** consists of an authentic conversational exchange that features a specifically defined communicative goal. These goals, or language functions, include the meeting of basic survival needs and social, school, and work-related interactions. The **Situation** is divided into four parts.

The **Contexte** identifies the speakers, describes their relationship to one another, and establishes the communicative context of the dialogue.

Providing the pedagogical focus for the dialogue, the **Objectif** defines the goal of one of the speakers and makes clear to students the language function at which they should strive to become proficient as they activate the dialogue and "act-out" the follow-up exercises.

The dialogue itself usually takes place between two or three people. New words and expressions are glossed in the margin.

Variations

1. Rejouez le dialogue avec une des variations suivantes:
   - vous prenez un billet aller-retour
   - vous allez à Paris et vous prenez une couchette (berth); le billet pour Paris coûte 650 F et le supplément couchette coûte 85 F...
2. Vous allez maintenant acheter un billet d'avion pour un des pays suivants. Utilisez les tarifs Air-France pour votre dialogue avec l'employée du bureau des réservations.
3. Voyage interplanétaire. Vous allez réserver une place sur la navette (shuttle) interplanétaire. Inventez le dialogue avec l'agent de voyage interplanétaire. N'oubliez pas de choisir entre première ou deuxième classe, entre places assises (seat only) ou couchettes. Y a-t-il d'autres choix à faire? Peut-être un supplément hibernation? Inventez les tarifs.

Commentaire culturel

Trains are an important form of transportation, much more popular in France than in the United States. Since 1938, French railroads have been controlled by the **Société Nationale des Chemins de Fers Français (SNCF)**, a government-regulated monopoly. SNCF's ads to attract passengers emphasize that trains save energy and are environmentally clean; safety and comfort are also stressed. The number of train passengers is steadily increasing. Traveling in France, you will find the train system to be your most economical and convenient form of transportation. Here are some points to keep in mind:

- For long trips, it is possible to reserve a seat or a berth in a sleeping compartment at the ticket window in the train station. If the station seems crowded, or if you are traveling during a French vacation time, be sure to make such a reservation. You can also ask the person at the window if it would be a good idea.
- On the door of each train compartment there is a notice that indicates if the seats inside are reserved. If you cannot find an unreserved seat or if you have not reserved a seat in advance, seek help from the conductor taking tickets...

Mise au point

A. Tout le monde voyage. Répondez aux questions suivantes selon le

B. Tour du monde francophone. Transformez les verbes du présent au passé composé.

1. Nous quittons New York pour aller à la Guadeloupe. 2. Ensuite, nous allons à la Martinique. 3. Les plages de ces îles sont reposantes (relaxing)....

C. Différences culturelles. Les observations suivantes concernent la télévision américaine. Donnez le contraire de chaque phrase pour apprendre comment la télévision française diffère de la télévision américaine.

Aux États-Unis...   **En France...**

1. Il y a toujours de la publicité pendant les programmes.
2. À deux heures du matin, il y a quelque chose à la télé.
3. À deux heures du matin, il y a quelqu'un devant la télé....

D. Quel moyen de transport préférez-vous? Considérez le confort, le prix, la rapidité, la possibilité de travailler en route. Indiquez les avantages et les inconvénients de chaque moyen de transport.

Les moyens de transports:

Le train: la gare, les places et les couchettes, réservé(e)(s), marcher (to walk), voyage monotone, paysage (countryside) magnifique

La voiture: la circulation (traffic), l'autoroute, journée fatigante, le parking, l'indépendance

L'avion: l'aéroport, voyage court, les taxis, le prix

D'autres mots utiles: économique, pratique, cher, bon marché,....

E. Êtes-vous un grand voyageur? Où allez-vous pour voir les choses suivantes?

MODÈLE: les fontaines de Tivoli → On va à Rome (en Italie) pour voir les fontaines de Tivoli.

1. Carnac
2. le Pont-du-Gard
3. les Pyramides...
   a. la Bretagne (France)
   b. l'Égypte
   c. Londres...

Faites le total des réponses correctes. Dans quelle catégorie êtes-vous?

8–9 Très bien! Vous êtes très bien informé(e) et vous aimez les voyages.

5–7 Pas mal, mais vous n'êtes pas un(e) voyageur (-euse) très passionné(e)....

Maintenant, nommez d'autres choses à voir dans d'autres pays et mettez à l'épreuve (test) les connaissances (knowledge) géographiques de vos camarades de classe.

Vocabulaire

Verbes

conduire to drive
coûter to cost
entrer to enter...

Substantifs

le pays country (nation)
le pilote pilot
le quai platform (train station)
le steward steward
le train train
la valise suitcase
la ville city
le vol flight

l'Angleterre (f.) England
la Belgique Belgium
le Brésil Brazil
le Canada Canada
la Chine China
l'Espagne (f.) Spain
les États-Unis (m.) United States

The **Variations** are a set of role-play activities that will activate the relevant language function in contexts different from the one established in the dialogue. These activities either vary the information contained in the dialogue, encourage students to role-play similar dialogues on the basis of information they must glean from a drawing or a piece of realia, or suggest an imaginary context in which to act out the language function, thus affording students the opportunity to use French creatively.

The **Commentaire culturel** provides commentary in English on an aspect of French culture raised in the **Situation** dialogue. It includes information of a practical nature designed to facilitate the student's eventual experience in a French-speaking culture and sociohistorical information of a more contrastive nature designed to promote the student's understanding and acceptance of cultural differences.

The **Mise au point**, the final exercise sequence of the chapter proper, is a set of recombinant exercises and activities that reviews the chapter's core vocabulary and grammatical structures.

The chapter vocabulary lists contain all the words and expressions considered to be active; that is, the exercises and activities in later chapters are based on the premise that students have learned to use the vocabulary listed here. Often arranged thematically to facilitate learning, these items include the core vocabulary first presented in the **Étude de vocabulaire**, as well as words and expressions that are integral parts of the grammatical structures presented in the chapter or that are important to the student's proficiency in dealing with the real-life situations that have been presented in the context of the chapter's cultural theme.

The **Intermède** is an optional reading and activities section that appears at the end of each chapter. All the readings are new and are designed to emphasize reading skills.

The first ten readings are preceded by an introductory section that presents a reading strategy, such as contextual guessing or scanning. New noncognate expressions in the readings are glossed in French as often as possible.

The readings present new perspectives and are designed either to spark controversy on topics of interest to college-age people or to present the "French version" of contemporary subjects.

Intermède 8

Lecture

LE PHÉNOMÈNE DEUX-CHEVAUX

Avant de lire When one begins reading a text of any kind, one has expectations about that text that will be either confirmed or altered in the process of reading it. We rarely if ever begin reading a text about which we have no expectations: it could be a newspaper whose headlines direct us to stories that interest us, a mystery book with a plot whose solution will...

Before reading "Le phénomène Deux-Chevaux," try to articulate your expectations about the text by doing the following exercise.

1. First, look at the title and then look at the cartoon and the photograph that illustrate the passage. Write one sentence in English explaining what you think the passage is about.
2. Now read the first sentence of each paragraph and write a second sentence describing a new fact you expect to find in the passage.
3. Now look at the glosses in the margin and write a third sentence explaining some further information you anticipate finding in the passage.
4. Finally, write a fourth sentence identifying something in American life you believe to be similar to what will be discussed in the reading.

After reading "Le phénomène Deux-Chevaux," read the sentences you have written. Which of your expectations were fulfilled and which were not? Are the sentences you wrote an accurate anticipation of the content of the passage?...

UN DES PHÉNOMÈNES les plus remarquables dans l'histoire de l'automobile française est sans question une voiture construite° en 1948 par la société° Citroën, la Deux-Chevaux° (2 CV). Cette voiture de tôle ondulée,° minuscule, peu confortable et peu puissante,° occupe aujourd'hui une place d'honneur dans la culture populaire européenne. On a fait des sculptures, on a composé des odes à la 2 CV.

Quel est le secret de cette popularité?...

faite
compagnie / Deux-two horsepower (literally, two horses)
corrugated iron / powerful

Compréhension

A. Transformez en questions les expressions de la colonne de gauche. Un(e) camarade trouve une expression dans la colonne de droite pour répondre à la question, selon le modèle. Attention! Les expressions dans la colonne de droite ne sont pas dans le bon ordre!

MODÈLE: peu confortable →
Question: Pourquoi la Deux-Chevaux est-elle peu confortable?
Réponse: Parce qu'elle est minuscule.

Pour les questions
peu confortable
elle ne ressemble pas à une « vraie » voiture
peu puissante...

Pour les réponses
le prix est très modeste
moteur de deux cylindres
minuscule...

B. A votre avis, quelles sont les qualités d'une bonne voiture? Faites une liste de ces qualités. Est-ce que la Deux-Chevaux a chacune de ces qualités?

Expression écrite

A. Écrivez trois paragraphes sur votre expérience avec les transports publics. Utilisez les questions suivantes comme guide.

1. Préférez-vous le métro ou l'autobus pour circuler dans une grande ville? Pourquoi? Aimez-vous prendre le taxi? Expliquez pourquoi.
2. Prenez-vous souvent le train? Combien de fois avez-vous pris le train? Pour aller où? Combien de temps avez-vous passé dans cet endroit?
3. Avez-vous souvent pris l'avion? Pourquoi avez-vous pris l'avion? Où êtes-vous allé(e) en avion? Quelle ligne aérienne préférez-vous? Pourquoi?

B. Écrivez deux paragraphes sur votre expérience en automobilisme. Utilisez les questions suivantes comme guide....

Activités

A. Sur les routes de France. Pour être un bon conducteur (une bonne conductrice), on doit reconnaître (*recognize*) les panneaux (*road signs*). Devinez ce que (*Guess what*) ces panneaux représentent.

1.   2.   3.   4.   5.   6.   7.   8.

...ns interdit (*wrong way; do not enter*)
...fense de stationner (*no parking*)
...te de vitesse
...ge (*curve*) dangereux
...nse de doubler (*no passing*)

f. passage pour piétons (*pedestrians*)
g. terrain de camping pour tentes et caravanes
h. attention aux animaux sauvages

...(e) camarade, imaginez que vous êtes en route. C'est vous qui conduisez. Indiquez ...s panneaux, l'un après l'autre, à votre camarade. A chaque fois, votre camarade doit ...ner un ordre correspondant au panneau que vous avez indiqué. Ensuite, changez de ...tes de même avec les autres panneaux.

...s utiles: Attention à ____!
Il est interdit de ____!

Ralentis! (*Slow down!*)
Fais demi-tour!

A PROPOS

Expressions utiles en voyage

...rin (*Fill it up*), s'il vous plaît.
...ence ordinaire ou du super?
...st en panne (*broken down*).

...Quels sont les tarifs (*fares*), s'il vous plaît?

Dans le métro:
(Je voudrais) un ticket (de métro), s'il vous plaît.

Pour prendre l'autobus:
Où est l'arrêt d'autobus (*bus stop*), s'il vous plaît?

B. Interaction. Avec u...
1. Vous faites la co...
conversation. (D...

C. Pour ou contre. Org...
1. Êtes-vous pour ou...
l'heure? Est-ce qu...
2. Êtes-vous pour ou...

The follow-up comprehension exercises guide students toward the retrieval of information they are encouraged to "personalize." The written exercises are guided compositions, similarly personalized.

The activities in the **Intermède** emphasize partner-based communicative interaction and encourage open, creative language use.

Expanded in this edition, the **A propos** contains supplemental survival vocabulary, expressions useful for specific conversational strategies, or idiomatic expressions related to the chapter's cultural theme.

The **Interaction** contains several role-plays that allow students to activate the expressions of the **A propos**.

Rendez-vous and Teaching for Proficiency

The first edition of *Rendez-vous: An Invitation to French* appeared in 1982, the same year as the publication of the *ACTFL Provisional Proficiency Guidelines*. The former made available a text that responded to the desires of a profession increasingly interested in the concept of teaching for proficiency, while the latter provided working definitions of various levels of proficiency in the different language skills. The success of the first edition of *Rendez-vous* surely resides in the coincidence of its publication and the rise of national movements advocating teaching for communicative competence.

The organizing principle of this edition of *Rendez-vous* is the concept of proficiency as it is described in the *ACTFL Provisional Guidelines*. Those guidelines specify language functions that a speaker at a given level can perform competently, as well as cultural topics the speaker can be expected to understand. ACTFL's provisional rating levels are Novice (Low, Mid, and High), Intermediate (Low, Mid, and High), Advanced, Advanced Plus, and Superior. Because a language student's progress depends on a concerted effort to reach beyond his or her level of accomplishment in the target language, *Rendez-vous* has selected topics and functions appropriate to all these levels and incorporated them into a coherent first-year program of language study. Although one would not expect students to master all the language functions and topics to which they will be exposed during their first year of study, it is realistic to expect that students will be able to attain the ACTFL/ETS Intermediate rating level by the end of a first year of proficiency-oriented instruction. No book, of course, can promise proficiency to the student who is using it. That is something that students and instructors accomplish together. *Rendez-vous* is designed to facilitate this process. In its conceptualization, it contains (1) a linguistic syllabus that presents in a cyclically organized fashion the grammatical, lexical, functional-notional, sociolinguistic, and discourse features of French relevant to a communicative approach to language teaching; (2) a cultural syllabus, integrated with the linguistic syllabus so that language practice is embedded in a wide variety of culturally significant contexts; (3) a communicative syllabus that promotes the personalized and creative use of the language to accomplish a variety of functions or communicative purposes; and (4) a general language education syllabus that raises student awareness of the interaction of language, culture, and society.

In planning the new edition of *Rendez-vous* in light of the proficiency *Guidelines*, the authors have drawn on their classroom experience, as well as their familiarity with oral proficiency testing and the growing body of research on language proficiency, to sequence the text materials in a way that will facilitate and maximize progress in communicative skills development. From the first pages of *Rendez-vous*, students are encouraged to use the language they are learning in personalized exchanges, both in small-group and large-group instructional formats. In each chapter, creativity is promoted initially through structured, contextualized practice, and later through more open-ended practice activities.

In the "*Premier rendez-vous*," the preliminary chapter, students are introduced to socially appropriate, formulaic expressions that characterize the ACTFL/ETS Novice rating level: they learn to extend greetings, make introductions, and discuss in simple fashion topics such as time, weather, days of the week, and months of the year. In the first few chapters of the text, topics and functions from the ACTFL/ETS Intermediate rating level of proficiency are introduced in culturally authentic dialogues, readings, and communicative activities. The variety of topics typically handled by second-language users in this proficiency range includes everyday, concrete situations (e.g., home, family, travel, lodging, food, school and work environments, and student life). Intermediate-level functions include the ability to talk about the "here and now," using present and rudimentary future time, the ability to ask questions and to get information from native speakers, and the growing capacity to create with the language to achieve one's own purpose in authentic language-use situations.

Another hallmark of the ACTFL/ETS Intermediate range of proficiency is the ability to cope in "survival situations," such as one might encounter in traveling or living in a French-speaking environment. One of the new features of the second edition of *Rendez-vous* provides this type of practice in every chapter: the **Situation** dialogue, recombining the theme vocabulary and structure presented previously, exemplifies in a culturally authentic conversational exchange the way in which one might go about meeting a variety of basic needs, such as getting a hotel room, ordering a simple meal, making purchases, asking for directions, handling travel needs, and using the telephone. This feature is derived from the situational role-plays used in the ACTFL/ETS Oral Proficiency Interview and is supplemented by additional functional vocabulary in the expanded **A propos** section, presented with the optional **Intermède** activities at the end of each chapter. Several variations on each **Situation** dialogue are suggested for role-play, encouraging further creative language use.

The last six chapters of *Rendez-vous* focus on topics, functions, and grammatical considerations appropriate for students reaching beyond the ACTFL/ETS Intermediate level of proficiency. Practice is afforded in narration in past, present, and future time, and cultural themes are expanded to include such topics as current events, travel, vacation and leisure-time activities, urban and rural life, professions and careers, controversial issues (politics, environmental concerns, women's rights, etc.), traditions and holidays, and life in various French-speaking cultures. Students are introduced to higher level functions, such as supporting an opinion, defending a point of view, discussing abstract themes and topics, and making hypotheses.

Opportunities to develop oral proficiency are maximized in the text, yet the other language skills are certainly not neglected. All the cultural readings in the **Intermède** sections are new with this edition and present a wide variety of topics that enrich the text in its treatment of both formal and everyday cultural themes. The first ten readings are preceded by preparatory reading strategies sections that emphasize the process of reading, thereby developing transferable skills, such as contextual guessing, that will be carried beyond the limits of individual texts. Writing proficiency is also developed through structured and guided compositions that are congruent with the writing *Guidelines* provided by ACTFL and ETS. The workbook that accompanies *Rendez-vous* provides comprehensive writing practice for the vocabulary and structures presented in the main text. Listening comprehension skills are developed both through the laboratory tape program and the on-page materials in the *Instructor's Edition* of the student text.

Rendez-vous thus incorporates a large inventory of functional-notional features into a grammatical syllabus and provides creative activities that allow for personalized language use in the context of many cultural topics, and therefore presents a truly integrated program for language study that reflects the professional priorities of the 1980s.

Major Changes in the Second Edition (Student Text)

- "Premier rendez-vous," the expanded preliminary chapter, is divided into three parts, each of which presents expressions useful in the initial stages of language learning, practice with numbers, a pronunciation section, and a brief essay, in English, treating aspects of the role of the French language in the world and suggesting to students the wide variety of opportunities acquisition of French as a second language will afford them.

- The vocabulary in a number of chapters has been either trimmed or enriched to assure a consistent, meaningful interaction between grammatical structure and cultural theme, as well as to reflect the more functional nature of the chapter organization. "La vie politique" (Chapter 14 in the first edition) is now "Opinions et points de vue" (Chapter 15), a chapter designed to help students express opinions and judgments on a wide variety of topics, even though they still learn about the French political system. The **A propos** "box" in the optional **Intermède** sections presents useful phrases and idiomatic or functional expressions that supplement the active chapter vocabulary.

- Grammatical detail has been trimmed in certain cases, and no chapter has more than four grammar points. The presentation of verb tenses and moods is more evenly distributed over the text. The **passé composé** and the **imparfait** each appear a chapter earlier then in the first edition. The conditional has been moved up from Chapter 16 in the first edition to Chapter 14 in the second. The presentation of the subjunctive, beginning in Chapter 15, is more evenly spaced over the last four chapters of the text.

- Many of the minidialogues have been rewritten, not only as a result of modifications in the grammar sequence, but also to illustrate grammatical features more effectively within the context of authentic conversational exchange.

- All the recombinant dialogues that appear after the vocabulary, grammar, and pronunciation sections of each chapter are new in this edition. Formerly **Conversation et culture**, they are now entitled **Situation**. Not only do they focus on specific functions growing out of the chapter's cultural theme, but their format, which identifies the goal of the main speaker and suggests contextual variations for role-play follow-up activities, is designed to make them more easily and effectively activated in the classroom.

- The development of cultural skills continues to be an important aspect of the chapter organization of *Rendez-vous*. Each **Commentaire culturel**, a passage in English that provides cultural information to complement the recombinant situation dialogues, has been updated to reflect changes in French-speaking cultures. Some are entirely new. Totally new to this edition is the **Rencontre culturelle**. A poem, a document, a commentary in English, or a set of useful phrases, the **Rencontre culturelle** serves to highlight various aspects of French-speaking cultures. Some of the drawings used to illustrate **Le français par les gestes** have been redone to more accurately reflect the "body language" that is discussed in that section. Some **gestes** have been added to this edition.

- The recombinant exercise sequences at the end of each chapter, the **Mise au point** sections (formerly **Récapitulation**), have been largely rewritten.

- The optional **Intermède** reading and activities sections at the end of each chapter are significantly different in the new edition. All the cultural readings are new. The first ten are preceded by a reading hints section that makes the readings an occasion for improving students' reading skills as well as a source of interesting, engaging cultural information. The exercise activities of the **Intermède** are enriched by the **A propos** box that provides students further vocabulary with which to role-play real-life situations and to use language creatively in imaginary contexts.

- The color photo insert, new to the second edition, vividly illustrates the enormous variety of people, places, and activities of the French-speaking world.

- Finally, the chapter photographs of this edition are captioned to provide more opportunities for reading practice and more cultural information, as well as to spark class discussion.

Supplementary Materials for the Second Edition

Rendez-vous has several supplements that will help students and instructors use the book more effectively.

- The *Workbook*, by Professor Patricia Westphal of Drake University, continues the format of the first edition, with the exception of new **Étude de vocabulaire** sections that appear at the beginning of each chapter, mirroring the organization of the main text. The focused exercises of the workbook provide thorough written practice with the theme vocabulary and grammatical structures presented in the corresponding chapters of the main text.

- The *Laboratory Manual and Tape Program*, by Myrna Bell Rochester, has been substantially rewritten. Greater emphasis is placed on developing listening comprehension skills, and greater use is made of visual stimuli in the practice of grammatical structure. Speaking exercises are supplemented with dictations and phonetic drills.

- The *Instructor's Edition* has been enriched to provide additional on-page suggestions for listening comprehension exercises, speaking skills development, and supplementary exercises and activities. There are considerably more follow-up suggestions and extensions to the student text materials than in the first edition.

- The *Instructor's Manual* offers an introduction to teaching techniques, suggestions for constructing a course syllabus, ideas for lesson planning, sample tests, dictations, compositions, and conversation cards.

- Two *computer-assisted instructional programs* are available with this edition of *Rendez-vous*: an interactive program with a game format that emphasizes communication skills in French, and a program featuring all the single-response grammatical exercises in the student text.

- A videotape program consiting of nineteen tapes has been developed at the University of Illinois, Urbana-Champaign, to dramatize the new **Situation** dialogues.

Authors

Professor Judith A. Muyskens of the University of Cincinnati is the author of the exercises and activities in the **Mise au point,** many of the activities in the **Intermède,** the **A propos,** the **Avant de lire,** the comprehension exercises following the cultural readings, along with the guided composition topics following them, much of the on-page text in the *Instructor's Edition,* and the *Instructor's Manual.* Professor Alice C. Omaggio of the University of Illinois, Urbana-Champaign, is the author of most of the grammar explanations, many of the exercises, parts of the **Mise au point,** much of the on-page text in the *Instructor's Edition,* and, with Professor Muyskens, the *Instructor's Manual.* Claudine Convert-Chalmers of the College of Marin wrote many of the **Étude de vocabulaire** sections, some grammar exercises, nearly all the minidialogues, most of the pronunciation sections, all the **Situation** dialogues, and all the readings in the **Intermède.** The authors would like to acknowledge the contributions of three other individuals whose work was crucial to *Rendez-vous.* Professor Claudette Imberton of Lyon, France, was the author of many of the cultural commentaries. Professor Bill VanPatten of the University of Illinois, Urbana-Champaign, enormously influenced the content and the sequence of the reading strategies presented in the **Avant de lire.** Dr. Frederick Hodgson, the coordinating editor for the second edition, shaped the various contributions of the coauthors into a coherent whole and also contributed original material to the text.

Acknowledgments

The publishers and authors would again like to thank those instructors who participated in the surveys that proved indispensable in the first edition of *Rendez-vous.* The help of those who responded to revision questionnaires is gratefully acknowledged.

A number of other professional friends have helped appraise the work of the second edition. The appearance of their names does not necessarily constitute an endorsement of this text or its methodology.

- The Teaching Assistants at the University of Illinois, Urbana-Champaign, and the Teaching Assistants at the University of Cincinnati
- Judith Aydt
    Southern Illinois University
- Robert E. Bousquet
    Lowell University
- Muriel N. Cooper
    Central Oregon Community College
- Jon B. Hassel
    University of Arkansas
- Diana T. Mériz
    University of Pittsburgh
- Ursula A. Smith
    Iowa State University
- Jacqueline Thomas
    Texas A&I
- Ana B. Waisman
    Olympic College

Many other individuals deserve our thanks and appreciation for their help and support. Among them are Professor Ginny Nelson of Lane Community College, whose careful review of our revision plans, along with her thoroughly annotated copy of *Rendez-vous,* provided many useful insights; our native readers, Étienne André of the University of Texas, Austin, and Professor François Lagarde of Wellesley College, whose careful reading of manuscript has assured its linguistic and cultural authenticity; Myrna Bell Rochester for her careful, thoughtful, and indispensable reading of the second edition manuscript, which produced invaluable criticisms and suggestions; Axelle Fortier, whose excellent art makes the text come alive; Karen Judd and her production staff at Random House for their careful guidance of the project through the various stages of production; Dare Porter for the book's distinctive cover design; Alan Sachs and the rest of the Random House marketing and sales staff for their support; Vicki Maddox and Jacqueline Van Houten for their help with the end vocabularies; and most of all to the staff at EBI, including Thalia Dorwick for the many good ideas she contributed, Charlotte A. Jackson for the many details of manuscript preparation she looked after, Lesley Walsh for helping to ensure that the books made it through to completion, and, of course, Eirik Børve, for the inspiration and enthusiasm that kept us all going.

J. A. M.
A. C. O.
C. C.

Premier rendez-vous

—Salut! Ça va?

OBJECTIFS   This chapter is your first rendezvous with the French language. You will learn how to greet someone, how to ask for and tell the time, how to ask and say the date, how to describe the weather, the numbers from 0 to 60, and words and expressions useful in the classroom. With these basic communication skills, you will be able to ask and answer fundamental questions, and you will learn the vocabulary related to the people and things that make up the classroom. Because language and culture are closely related, you will be introduced to the culture of French-speaking people in three brief essays in English.

1

Bonnes manières

1. —Bonjour,
Mademoiselle.*
—Bonjour, Madame.

2. —Bonsoir, Monsieur.
—Bonsoir, Madame.

3. —Je m'appelle Marcel
Martin. Comment
vous appelez-vous?
—Je m'appelle Marie
Dupont.
—Bonjour,
Mademoiselle.
—Non! Madame, s'il
vous plaît!

4. —Comment allez-
vous?
—Très bien, merci. Et
vous?
—Pas mal, merci.

5. —Salut, ça va?
—Oui, ça va bien.
—(Non. Ça va mal.)

6. —Comment? Je ne
comprends pas.
Répétez, s'il vous
plaît.

7. —Pardon! Excusez-
moi!

8. —Merci beaucoup.
—De rien.

9. —Au revoir!
—A bientôt!

---

*Abréviations: Mademoiselle = Mlle   Monsieur = M.   Madame = Mme

Maintenant à vous _____

A. Répondez, s'il vous plaît.

1. Je m'appelle Maurice Lenôtre. Comment vous appelez-vous?
2. Bonsoir!   3. Comment allez-vous?   4. Merci.   5. Ça va?
6. Au revoir!   7. Bonjour.

B. Donnez (*Give*) une expression pour chaque (*for each*) situation.

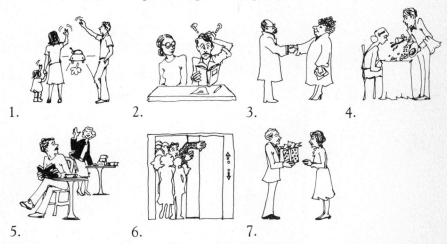

1.   2.   3.   4.

5.   6.   7.

C. Créez (*Create*) des dialogues avec (*with*) un(e) camarade de classe.

1. You collide with someone on the street; it's Mrs. Dupont, your French instructor. You excuse yourself, say hello, and ask how she is. She says that she's fine and asks how you are. "Not bad," you reply. You both say, "Good-bye."
2. An instructor and a student are meeting in a formal situation for the first time. It is late in the evening. Greet each other and introduce yourselves.
3. A friend is passing by in an automobile while you are standing on a street corner. You both quickly shout, "Hello!," "How are you?," and "See you soon!"

*Le français par les gestes: la poignée de main** _____

There is always some sort of physical contact when French people greet each other. They shake hands briefly but energetically when greeting casual acquaintances. They greet people they know well, close friends and relatives, with a kiss to each cheek. If you watch French people converse, you will notice that they stand or sit closer than Americans do.

_____

**French by gestures: the handshake*

Les nombres de 0 à 20

0	zéro	7	sept	14	quatorze
1	un	8	huit	15	quinze
2	deux	9	neuf	16	seize
3	trois	10	dix	17	dix-sept
4	quatre	11	onze	18	dix-huit
5	cinq	12	douze	19	dix-neuf
6	six	13	treize	20	vingt

Maintenant à vous

A. Deux nombres. Quel est le plus grand nombre? Suivez (*Follow*) les modèles.

MODÈLES: deux, dix → dix
huit, un → huit

1. six, seize
2. deux, douze
3. treize, trois
4. neuf, onze

5. dix-huit, dix-neuf
6. quinze, sept
7. dix-sept, seize
8. vingt, quatorze

B. Combien (*How many*)? Donnez (*Give*) le nombre correct.

1. 卌 卌 ‖‖
2. ‖
3. 卌 ‖
4. 卌 卌 ‖
5. 卌 卌 卌 ‖

6. 卌 卌
7. 卌 卌 卌 ‖‖‖‖
8. ‖‖‖‖
9. 卌 ‖‖‖‖
10. 卌 卌 ‖‖‖‖

C. Problèmes de mathématiques.

+	{ plus et	−	**moins**	×	**fois**	= **font**

MODÈLES: 4 + 3 = ? → Quatre et trois font sept. (Quatre plus trois font sept.)

4 − 3 = ? → Quatre moins trois font un.

1. 2 + 5 = ?
2. 6 + 8 = ?
3. 5 + 3 = ?
4. 10 + 1 = ?
5. 9 + 8 = ?

6. 5 − 5 = ?
7. 15 − 9 = ?
8. 13 − 12 = ?
9. 20 − 18 = ?
10. 19 − 15 = ?

11. 10 × 2 = ?
12. 11 × 1 = ?
13. 8 × 2 = ?
14. 6 × 3 = ?
15. 5 × 4 = ?

La communication en classe

Donnez l'équivalent anglais de chaque expression française.

1. Répondez.
2. En français, s'il vous plaît.
3. Oui, c'est exact.
4. Non, ce n'est pas exact.
5. Est-ce que vous comprenez?
6. Non, je ne comprends pas.
7. Bravo! Excellent!
8. Je ne sais pas.
9. Comment dit-on «Cheers!» *santé* en français?
10. Écoutez et répétez!
11. Vive le professeur!
12. A bas les examens!
13. Attention!
14. J'ai une question.

7 a. Great! Excellent!
5 b. Do you understand?
9 c. How do you say "Cheers!" in French?
14 d. I have a question.
2 e. In French, please.
10 f. Listen and repeat!
3 g. Yes, that's correct.
11 h. Long live (Hurray for) the professor!
4 i. No, that's not right.
13 j. Pay attention! (Be careful!)
1 k. Answer (Respond).
6 l. No, I don't understand.
8 m. I don't know.
12 n. Down with exams!

Maintenant à vous

Donnez une réaction personnelle, en français, s'il vous plaît.

1. You don't understand what the instructor said.   2. You want to know how to say "Help!" in French.   3. The exam for the day has been canceled.   4. You have a question.   5. The stack of books on your instructor's desk is about to fall onto the floor.   6. A classmate mentions that Marseilles is the capital of France.

Étude de prononciation

Introduction to French pronunciation

Many French and English words look alike partly because French was the language of the ruling class in England for over 100 years during the eleventh and twelfth centuries. Words that look similar in both languages are called cognates. Although French cognates will look familiar to you, their pronunciation is quite different from English.

Listen—without looking at your book—as your instructor pronounces the following French sentences.

1. Le professeur d'histoire arrive à l'université.
2. Les étudiants adorent les discussions politiques.
3. L'oncle de Cécile ressemble au président de la République.

Now read the sentences. As an English speaker, it is probably easier for you to understand them in their written form. If you want to use French orally, it is important to learn to understand the spoken language and to speak with an accent good enough for a native French person to understand. As you study these first pages of *Rendez-vous,* you will hear, repeat, and practice almost all the sounds of French. One of the best ways to learn correct pronunciation is to imitate your instructor's pronunciation and that of other native and near-native speakers of French. In addition, you will find that each chapter of *Rendez-vous* focuses on a specific aspect of French pronunciation.

THE FRENCH-SPEAKING WORLD

More than 100 million people in the world speak French as their native language. The world map inside the back cover of *Rendez-vous* illustrates their geographical distribution.

- In addition to France, there are four European nations where French is spoken: Switzerland, Belgium, Luxembourg, and Monaco.
- In Central and South America, there are four French-speaking regions: Haiti, in the Caribbean, is an independent republic; Guadeloupe and Martinique, also in the Caribbean, are overseas departments (political subdivisions) of France; French Guyana, on the northeastern coast of South America, is also administered by France.
- In the Pacific, Tahiti (French Polynesia) and New Caledonia are French territories, and the New Hebrides, a former French colony, became the Republic of Vanuatu in 1980.
- Twenty-six African nations, former French and Belgian colonies, have received their independence in the past three decades. The largest of these is Zaire, which, with its 25 million citizens, is the fourth largest nation in Africa.
- In Asia, French is still spoken by large numbers of people in Vietnam, Laos, and Kampuchea.
- In the Middle East, many citizens of Lebanon and Egypt, for example, speak French as a second language.

- Montreal, in Canada's province of Quebec, is the largest French-speaking city in the world after Paris. More than 6 million Canadians live in Quebec, whose official language is French. They make up approximately 30 percent of the Canadian population.

Pockets of French-speaking culture can be found all over the globe, from Mauritius, a small island nation in the Indian Ocean where Hindu, Chinese, and Creole citizens are bound together by the French language, to Pondicherry on the Indian subcontinent, to Saint-Pierre-et-Miquelon, a small archipelago off the coast of Newfoundland (Canada) whose 5000 inhabitants are French citizens. In the United States, more than half a million Americans are descendants of Canadian and French emigrants. Most live in Louisiana and New England. Many of these Americans still speak French and—through organizations such as the Council for the Development of French in Louisiana, which has a counterpart in New England—strive to protect and nourish their French heritage.

Deuxième partie

Dans la salle de classe

Maintenant à vous _____

A. Qu'est-ce que c'est (*What is it*)? Avec un(e) camarade de classe, identifiez les personnes et les objets. Suivez le modèle.

MODÈLE: *Vous:* L'objet numéro un, qu'est-ce que c'est?[*]
          Un(e) ami(e): C'est un (une)... . (*It's a . . . .*)

B. La salle de classe. With another student, ask and answer questions about your classroom. Begin your questions with **Il y a... ?** (*Is there . . . ?*) Answer the questions using **voici** if the object or person is fairly close to you or **voilà** if it is farther away.

MODÈLE: une fenêtre →   *Vous:* Il y a une fenêtre?[†]
          Un(e) ami(e): Oui, voici une fenêtre.
                    Oui, voilà une fenêtre.

1. un stylo
2. un professeur
3. un étudiant
4. une étudiante
5. une chaise
6. une porte
7. un bureau
8. un tableau noir
9. un cahier
10. une table

C. Combien? Regardez la salle de classe à la page 7 avec un(e) camarade de classe. Suivez le modèle.

MODÈLE: étudiantes → *Un(e) camarade:* Il y a combien d'étudiantes?[‡]
          Vous: Il y a quatre étudiantes.[§]

1. portes
2. fenêtres
3. professeurs
4. étudiants
5. cahiers
6. livres
7. chaises
8. stylos

Les nombres de 20 à 60

20	vingt	25	vingt-cinq	30	trente
21	vingt et un	26	vingt-six	40	quarante
22	vingt-deux	27	vingt-sept	50	cinquante
23	vingt-trois	28	vingt-huit	60	soixante
24	vingt-quatre	29	vingt-neuf		

---

[*]The intonation of the voice should drop slightly at the end of this question.

[†]The intonation of the voice should rise slightly at the end of this question.

[‡]The intonation of the voice should rise slightly on **combien,** then drop at the end of the sentence.

[§]**Il y a** can mean *there are* as well as *there is.* The s that makes a word plural is not pronounced.

Maintenant à vous

A. Problèmes de mathématiques.

+ $\begin{cases} \text{plus} \\ \text{et} \end{cases}$	− moins	× fois	= font

1. 18 + 20 = ?
2. 15 + 39 = ?
3. 41 + 12 = ?
4. 32 + 24 = ?

5. 43 − 16 = ?
6. 60 − 37 = ?
7. 56 − 21 = ?
8. 49 − 27 = ?

9. 2 × 10 = ?
10. 3 × 20 = ?
11. 25 × 2 = ?
12. 15 × 3 = ?

B. Qu'est-ce qu'il y a dans la salle de classe?

1. 53 livres
2. 60 chaises
3. 10 fenêtres
4. 38 étudiants

5. 12 dictionnaires
6. 49 cahiers
7. 31 stylos
8. 42 étudiantes

C. Les numéros de téléphone. French telephone numbers outside Paris and Lyon are said in groups of three two-digit numbers. Practice saying these phone numbers.

1. 30-29-41
2. 57-60-38
3. 24-46-50

4. 35-28-51
5. 60-56-16
6. 19-59-33

7. 11-55-33
8. 42-31-54
9. 31-41-51

D. Association. Donnez un chiffre (de 1 à 60) que vous associez avec _____.

1. la superstition
2. l'âge minimum d'un adulte

3. l'alphabet
4. une minute
5. Noé et le déluge

6. les mousquetaires

Quelle heure est-il?

La journée de Vincent

Il est sept heures.

Il est dix heures
et demie.

Il est midi.

Il est deux heures
et quart.

Il est quatre heures
moins le quart.

Il est huit heures
vingt.

Il est minuit moins
vingt.

Il est minuit.

A.   To ask the time

Excusez-moi, **quelle heure est-il,** s'il vous plaît?	*Excuse me, what time is it, please?*

B.   To tell the time

1. In French, the expression **Il est... heure(s)** is used to tell time on the hour. *Noon* is expressed by **midi,** and *midnight* by **minuit.**

Il est une **heure.**	*It is one o'clock.*
Il est deux **heures.**	*It is two o'clock.*
Il est midi/minuit.	*It's noon/midnight.*

2. To tell the time on the half hour, **et demie** is used after **heure(s)** and **et demi** is used after **midi** and **minuit.**

Il est trois heures **et demie.**	*It's 3:30 (half past three).*
Il est midi **et demi.**	*It's 12:30 (half past noon).*

3. To tell the time on the quarter hour, use **et quart** and **moins le quart.**

Il est une heure **et quart.**	*It's 1:15 (a quarter past one).*
Il est huit heures **moins le quart.**	*It's 7:45 (a quarter to eight).*

4. The minutes from the hour to the half hour are indicated by adding them to the hour.

   Il est cinq heures **dix**.   It's 5:10 (*ten minutes past five*).

5. The minutes from the half hour to the hour are subtracted from the next hour, using **moins** plus the number of minutes.

   Il est onze heures **moins vingt**.   It's 10:40 (*twenty minutes to eleven*).

Maintenant à vous

A. Quelle heure est-il?

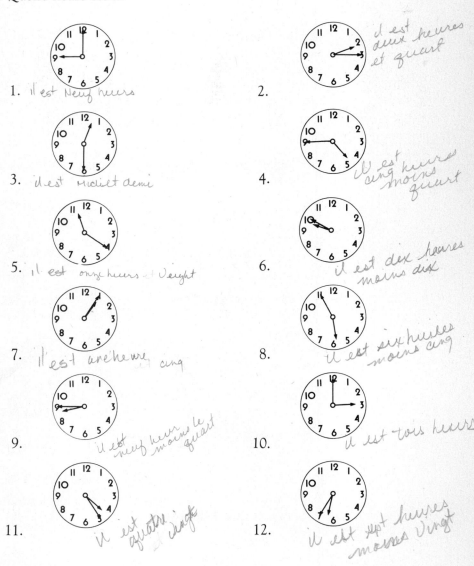

1. il est Neuf heures

2. il est deux heures et quart

3. il est Miduit demi

4. il est cinq heures moins quart

5. il est onze heures et vingt

6. il est dix heures moins dix

7. il est une heure, cinq

8. il est six heures moins cinq

9. il est neuf heures moins le quart

10. il est trois heures

11. il est quatre heures et vingt

12. il est sept heures moins vingt

B. Quelle heure est-il pour Vincent?

1.   2.   3.

4.   5.

A.M. versus P.M.

In both English and French, the context often makes it clear whether a speaker is talking about A.M. or P.M. In French, **du matin** is used to specify A.M. To indicate P.M., **de l'après-midi** is used for *in the afternoon*, and **du soir** is used for *in the evening* or *at night*. Generally, these expressions are used only to tell the time on the hour.

Maintenant à vous

A. Quelle heure est-il pour vous? Utilisez **du matin, de l'après-midi** ou (*or*) **du soir.**

1.    2.

3.    4.

B. Les heures passent. Changez l'heure selon les indications. Commencez par: **Il est neuf heures du matin.**

1. + trente minutes *et demi* *midi*
2. + deux heures *et midi*
3. − dix minutes
4. − vingt minutes
5. + deux heures
6. + quinze minutes

7. + sept heures *il est neuf heures et vingt du soir*
8. − une demi-heure
9. + trois minutes
10. + cinq heures (Il est une heure moins douze du matin!)

*Rencontre culturelle**

In official announcements, such as TV, radio, train, or plane schedules, and curtain times at the theater, the twenty-four hour system is used to tell time in France and many French-speaking countries. It is not unusual for the French to use this system when they are making appointments or arranging to meet someone. The numbers one through twelve are used for the morning hours (1:00–12:00 A.M.), thirteen through twenty-four for the afternoon and the evening (1:00–12:00 P.M.).

Il est sept heures du matin.	= **Il est sept heures.**
Il est midi.	= **Il est douze heures.**
Il est trois heures et demie (de l'après-midi).	= **Il est quinze heures trente.**
Il est onze heures moins le quart (du soir).	= **Il est vingt-deux heures quarante-cinq.**

Étude de prononciation

The International Phonetic Alphabet

In English, each letter often represents several sounds. Note the sounds made by the letter *o* in these six words: *cold, cot, corn, love, woman, women.* The same is true in French; the **o,** for example, is pronounced differently in the words **rose** and **robe.** Conversely, in both languages, a single sound can often be spelled in several different ways. Notice, for example, how the sound [f] is spelled in the words *fish, alphabet,* and *tough.* Similarly, in French the sound [e], for example, can be spelled in many ways: **université, appelez, cahier.**

Cultural encounter (Each **Rencontre culturelle** explains some facet of French-speaking culture different from our own, lists expressions useful in certain situations you may encounter while traveling in a French-speaking country, or illustrates an aspect of a French-speaking culture with an actual document or poem.)

The discussion of sounds and pronunciation is simplified by the use of the International Phonetic Alphabet (IPA), which assigns a symbol, given in brackets [ ], to each sound in a language. These symbols are listed and explained in the pronunciation section of each chapter of *Rendez-vous*. The IPA in its entirety appears in the appendix.

Articulation and stress in French

Articulation: The way sounds are pronounced

French articulation tends to be more energetic than English, and most sounds are produced in the front of the mouth rather than in the back. Do not slur or swallow sounds in French.

Prononcez avec le professeur.

1. attitude [a-ti-tyd]
2. police [pɔ-lis]
3. bracelet [bra-slɛ]
4. balle [bal]
5. passion [pa-sjɔ̃]
6. conclusion [kɔ̃-kly-zjɔ̃]
7. injustice [ɛ̃-ʒy-stis]
8. côtelette [kot-lɛt]
9. orientation [ɔr-jã-ta-sjɔ̃]
10. exposition [ɛks-po-zi-sjɔ̃]

Stress: Emphasis given to syllables in a sentence

In French, each syllable of a sentence receives about equal stress. A French word or sentence sounds like a string of even syllables (somewhat like a word or sentence that is being expertly typed). This is in marked contrast to the English language, in which syllables are highly stressed and unstressed. Compare the pronunciation of these words in French and English:

université   *university*
u-ni-ver-si-té   *u-ni-ver-si-ty*

In English, two of the syllables (*-ni-*, *-si-*) are given very little emphasis. In French, all the syllables are approximately equal in stress and loudness.

Prononcez avec le professeur.

1. bureau [**by-ro**]
2. professeur [prɔ-fɛ-sœr]
3. différence [di-fer-ãs]
4. attention [a-tã-sjɔ̃]
5. excellent [ɛk-sɛ-lã]
6. concert [kɔ̃-sɛr]
7. cinéma [**si-ne-ma**]
8. abracadabra [**a-bra-ka-da-bra**]
9. tralalalala [**tra-la-la-la-la**]
10. supercalifragilistique [sy-pɛr-ka-li-fra-ʒi-li-stik]

There are, however, French syllables that are somewhat stressed. They include the final syllable of any phrase within a sentence, or a single word that stands as a complete thought. Unlike English words, in which the stressed syllables are accented more forcefully than the others, the stress (**l'accent tonique**) on a French syllable is achieved by slightly prolonging the time it takes to pronounce the vowel. This final syllable is not only longer than the preceding one(s), but it is also pronounced at a slightly lower pitch. Be careful to lengthen only the vowel of the final syllable, not the consonant.

Brav o!   Vive le profess e u r!
Bonjour, Mad a m e.   C'est un bur e a u.
Comment allez-v o u s?

Here is a sentence that contains two phrases (*deux* **groupes rythmiques**).

Le professeur d'hist o i r e arrive à l'universit é.

Prononcez avec le professeur.

1. Salut.
2. Salut, Marc.
3. Bonjour, Madame.
4. Bonjour, Mademoiselle.
5. J'ai une question à poser.
6. Il y a deux bureaux.
7. Comment allez-vous?
8. Comment vous appelez-vous?
9. Qu'est-ce que c'est?
10. Vive la différence.
11. Les étudiants adorent les discussions politiques.

FRENCH IN WORLD AFFAIRS

French is an international language, not only because it is spoken in so many parts of the world, but also because of the diplomatic prestige bestowed on it as a result of France's status as a world power from the seventeenth to the nineteenth centuries. This period, which witnessed the consolidation of modern nation states in the West and the consequent expansion of European colonialism, also witnessed the development of French culture in literature, science, and the arts. While France's political power has diminished considerably since that time, its culture, vibrant and innovative, is still admired the world over, and the role of French in world affairs continues to be crucial, both in diplomatic and commercial institutions.

French and English are working languages of the United Nations, and almost half the diplomats in that organization speak French. Most of the key international organizations in Europe are located in French-speaking countries:

- The Council of Europe and the European Assembly meet in Strasbourg, France.
- The seat of the European Community (the Common Market) and the administrative center of the North Atlantic Treaty Organization (NATO) are located in Brussels, Belgium.
- The World Health Organization and the International Red Cross are headquartered in Geneva, Switzerland.

Simone Veil, femme politique française et présidente de l'Assemblée des communautés européennes pendant quatre ans, participe à l'élection des représentants au « Parlement européen » à Strasbourg.

© FRÉDÉRIC PITCHAL / VDN PICTURE LIBRARY

French is a decisive factor in the affairs of African countries where the former French and Belgian colonies, now independent nations, have founded the **Communauté Franco-Africaine** (C.F.A.). These nations find in their French linguistic heritage a means to express a commonality of interest within the diversity of tribal languages and customs of modern Africa. With the exception of the events of the Algerian struggle for independence (1954–1962), France has effected a largely peaceful transition from colonialism and consequently has earned a prestigious role in the international relations of emerging third-world nations.

Troisième partie

Quel jour sommes-nous?

La semaine (*week*) de Claire

lundi	en cours
mardi	en cours
mercredi	chez le dentiste
jeudi	en cours
vendredi	au laboratoire
samedi	rendez-vous avec Vincent
dimanche	en famille

In French, the days of the week are not capitalized. The week starts on Monday on the French calendar.

Quel jour sommes-nous (aujourd'hui)?	*What day is it (today)?*
Nous sommes mardi.	*It's Tuesday.*

Maintenant à vous

A. Une fois par an (*Once a year*). Suivez le modèle.

MODÈLE: Easter → Nous sommes dimanche.

1. Thanksgiving
2. Good Friday
3. Labor Day
4. Ash Wednesday
5. Super Bowl

B. La semaine de Claire. Suivez le modèle.

MODÈLE: Claire est au (*at the*) laboratoire. → Nous sommes vendredi.

1. Claire est avec Vincent.
2. Claire est chez (*at*) le dentiste.
3. Claire est en cours.
4. Claire est en famille.

C. Votre semaine (*Your week*). Suivez le modèle.

MODÈLE: Vous êtes (*You are*) en famille. → Nous sommes dimanche.

1. Vous êtes en cours de français.
2. Vous êtes au restaurant.
3. Vous êtes au cinéma.
4. Vous êtes au laboratoire.
5. Vous êtes au match de football (*soccer*).

Quelle est la date d'aujourd'hui?

LES MOIS

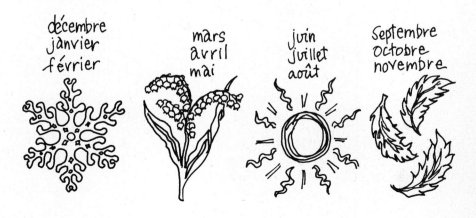

décembre janvier février

mars avril mai

juin juillet août

septembre octobre novembre

In French, the day is usually followed by the month: **le 21 mars** (abbreviated as 21.3). The day of the month is usually preceded by **le,** meaning *the*. However, the first day of each month is expressed differently: **le premier janvier (avril, septembre,** etc.). The day of the week and the date are expressed together as follows:

Aujourd'hui, nous sommes mardi, le vingt avril.

Maintenant à vous

Nous sommes
le deux août
sept avril

A. Quelle est la date d'aujourd'hui? Suivez le modèle.

MODÈLE: 8.7 → Nous sommes le huit juillet.

1. 2.8
2. 7.4
3. 21.12
4. 10.11
5. 31.5

6. 1.6
7. 15.2
8. 11.3
9. 8.1
10. 30.10

B. Fêtes (*Holidays*) américaines. Quelle est la date indiquée par l'image?

1.

2.

3.

4.

5.

6.

C. Au mois d'octobre. Voici la liste des activités de Vincent pour le mois d'octobre. Lisez la liste et suivez le modèle.

le 5—jazz à 20 h 30
le 8—artistes impressionnistes à midi
le 13—rendez-vous avec le prof de maths à 13 h
le 16—ciné-club à 17 h
le 18—orientation au labo à 10 h
le 21—football à 15 h
le 24—Mary-Joe à 19 h

MODÈLE: Vincent est au match de football. → Nous sommes le
          21 octobre.

1. Vincent est dans le bureau d'un professeur.
2. Vincent visite l'exposition des artistes impressionnistes au
    musée.
3. Vincent est au laboratoire.
4. Vincent est au concert de jazz.
5. Vincent donne une leçon de français à une étudiante
    américaine.
6. Vincent est au ciné-club.

Les saisons et le temps: Quel temps fait-il?

En été...   **En automne...**   **En hiver...**   **Au printemps...**

...il fait du soleil.   ...il pleut.   ...il neige.   ...il fait du vent.

...il fait beau.   ...il fait mauvais.   ...il fait froid.   ...il fait frais.

...il fait chaud.

Maintenant à vous _____

A. Les fêtes et le temps. Suivez le modèle.

MODÈLE: Noël → Nous sommes en hiver et il fait froid.

1. Pâques (*Easter*)   4. le jour de l'Indépendance
2. Thanksgiving   américaine
3. la Saint-Valentin   5. Labor Day

B. Les mois et le temps. Quel temps fait-il ici (*here*) en janvier? en mars?
en juillet? en octobre?

C. Le climat. Quel temps fait-il aujourd'hui chez vous (*where you live*)? à
New York? à Chicago? à Honolulu? à Oslo?

D. La date et l'heure. Quelle est la date, quelle heure est-il et quel temps fait-il?

1.

2.

3.

Étude de prononciation

Vowels: Diphthongs and the glide

A diphthong is two vowel sounds pronounced within the same syllable, such as in the English word *bay*. There is a tendency in English to prolong almost any vowel into a diphthong. In English words such as *rosé, café,* and *entrée,* the final vowel is drawn out into two separate vowel sounds.

In French, each vowel in the words **rosé, café,** and **entrée** is pronounced with a single, pure sound, regardless of the length of the syllable.

A. Prononcez avec le professeur.

1. entrée   café   matinée   blasé   rosé   frappé
2. cage   table   fable   câble   page   sage   sable
3. beau   gauche   parole   rose

B. Prononcez avec le professeur. Attention à l'articulation!

1. Marie   Éric   Michel   Élisabeth   Valérie   Dominique   René   Élise   Paul   Hélène   Charles   Isabelle
2. répétez   démocratie   film   visite   appartement   musique   littérature   cinéma   télévision   habitation   discothèque   restaurant
3. Il y a un bureau dans la salle de classe. Répétez, Mademoiselle, s'il vous plaît. Je m'appelle Marie Dupont. Comment vous appelez-vous? L'oncle de Cécile ressemble au président de la République.

FRENCH COMMERCE AND THE TECHNOLOGICAL REVOLUTION

French international commerce is rapidly expanding. Although somewhat smaller than Texas, France is the largest agricultural producer and exporter in Western Europe and the fourth largest industrial power in the world. The major economic problem that France has had to face in recent years is its almost total dependence on foreign sources of oil for its energy needs. The response of the French government has been to support efforts toward energy conservation and the development of alternative sources of energy. At the same time, the government aggressively encourages research and development in high-technology areas, such as the aerospace industry, mass transit, and computerization. France hopes to become a major exporter of these technologies.

The French have embarked on a number of major projects in the development of alternative sources of energy.

- A massive program of nuclear energy has been implemented over the past ten years. In 1972, 8 percent of the country's electrical needs were supplied by nuclear power plants. This figure increased to 48 percent in 1983, to more than 50 percent in 1984, and is expected to rise to 70 percent in 1990.

- The most innovative source of alternative energy is found at the tidal hydroelectric plant (**l'usine marémotrice**) in La Rance. This plant produces electricity from both the ebb and the flow of the tides in the Rance estuary.

- In 1981, more than 60,000 homes were equipped with solar energy sources. The French hope to increase that number to 600,000 in 1985 and to 2 million by 1990. Several solar power plants are now operating in France, including an experimental one that combines solar and thermodynamic power.

In the area of transportation, France has solidified and expanded the role it has traditionally played in world commerce.

- France is the fourth largest exporter of automobiles in the world, manufacturing the Peugeot, the Renault, and the Citroën, among others.

- Air France is the third largest airline in the world.

- The French firm Aérospatiale is the second largest manufacturer of commercial airplanes. In a joint effort with the British, it has produced the supersonic Concorde airliner, whose transatlantic time from Paris to New York of under four hours is still a record. In cooperation with several of France's European neighbors, Aérospatiale has produced the Ariane, a satellite-launching vehicle that competes with the American space shuttle. France's high-speed

Dans un four solaire, l'énergie solaire est concentrée par un miroir concave.

© FRÉDÉRIC PITCHAL/VDN PICTURE LIBRARY

passenger train (the **TGV**)* holds the world speed record of 380 kilometers per hour (237.5 miles per hour), and on its commercial route between Paris and Lyon, it travels 260 kilometers per hour and uses half the energy per passenger required by an automobile, or a fifth of the energy per passenger required by an airplane.

France continues its lead in the technology of subway transportation. It has built, designed, or equipped the subways of Atlanta, Montreal, Mexico City, Rio de Janeiro, Santiago, Caracas, and Cairo, and has sold hundreds of subway cars to the transit systems of New York and San Francisco. Now operating in Lille, France, is a fully automated, driverless subway system.

---

*Train à Grande Vitesse

France is increasingly competitive with the United States in computer software, telecommunications, "telematic" products, and the technology of fiber optics.

- French companies have developed electronic microcircuit cards that combine memory and a self-programmable microprocessor in a single component. Such a "smart card" can be used to keep accounts, transfer funds, place orders, and so forth.

- A "videotex" system combining the telephone, television, and a computer terminal has been in operation in several French towns since 1981. Users have access to information and are able to make purchases, reserve tickets, arrange travel reservations, and so on.

- Already in use in the province of Brittany is an "electronic telephone book" whose information is displayed on a CRT (cathode ray tube, or terminal). It will be available everywhere in France by 1995.

Thus, the high-technology revolution in the world today is very evident in France. While the French are intensely proud of their culture and its traditions and want very much to maintain the **joie de vivre** coming from their consciousness of the quality of life in its everyday pleasures, it is no longer possible to view France simply as a source of food, wine, and luxury items.

Vocabulaire

Bonnes manières

A bientôt. *See you soon.*
Au revoir. *Good-bye.*
Bonjour. *Hello. Good day.*
Bonsoir. *Good evening.*
Ça va? *How's it going?*
Ça va bien. *Fine. (Things are going well.)*
Ça va mal. *Things are going badly.*
Comment? *What? (How?)*
Comment allez-vous? *How are you?*
Comment vous appelez-vous? *What's your name?*
De rien. *You're welcome.*

Et vous? *And you?*
Excusez-moi. *Excuse me.*
Je m'appelle... *My name is . . .*
Je ne comprends pas. *I don't understand.*
Madame (Mme) *Mrs. (ma'am)*
Mademoiselle (Mlle) *Miss*
Merci. *Thank you.*
Monsieur (M.) *Mr. (sir)*
Pardon. *Pardon (me).*
Pas mal. *Not bad(ly).*
Répétez. *Repeat.*
Salut! *Hi!*
S'il vous plaît. *Please.*
Très bien. *Very well (good).*

Dans la salle de classe

un bureau *a desk*
un cahier *a notebook*
une chaise *a chair*
un étudiant *a (male) student*
une étudiante *a (female) student*
une fenêtre *a window*
un livre *a book*
une porte *a door*
un professeur *a professor, instructor*
une salle de classe *a classroom*
un stylo *a pen*
une table *a table*
un tableau noir *a blackboard*

Les nombres ———————

un, deux, trois, quatre, cinq, six, sept, huit, neuf, dix, onze, douze, treize, quatorze, quinze, seize, dix-sept, dix-huit, dix-neuf, vingt, vingt et un, vingt-deux, etc., trente, quarante, cinquante, soixante

L'heure ———————

Quelle heure est-il? *What time is it?*
Il est... heure(s). *The time is . . . o'clock.*
Il est midi. *It's noon.*
Il est minuit. *It's midnight.*
...et demi(e) *half past (the hour)*
...et quart *quarter past (the hour)*
...moins le quart *quarter to (the hour)*
...du matin *in the morning*

...de l'après-midi *in the afternoon*
...du soir *in the evening, at night*

Les jours de la semaine ———————

Quel jour sommes-nous? Nous sommes... (lundi, mardi, mercredi, jeudi, vendredi, samedi, dimanche).

Les mois ———————

Quelle est la date d'aujourd'hui? Nous sommes jeudi, le 10... (janvier, février, mars, avril, mai, juin, juillet, août, septembre, octobre, novembre, décembre).

Les saisons ———————

En été...
En automne...
En hiver...
Au printemps...

Le temps ———————

Quel temps fait-il? *How's the weather?*
Il fait beau. *It's nice (out).*
Il fait chaud. *It's hot.*
Il fait du soleil. *It's sunny.*
Il fait frais. *It's cool.*
Il fait du vent. *It's windy.*
Il fait froid. *It's cold.*
Il fait mauvais. *It's bad (out).*
Il neige. *It's snowing.*
Il pleut. *It's raining.*

Mots divers ———————

beaucoup *very much, a lot*
c'est un (une)... *it's a . . .*
combien *how many*
il y a *there is/are*
il y a... ? *is/are there . . . ?*
non *no*
oui *yes*
qu'est-ce que c'est? *what is it?*
voici *here is/are*
voilà *there is/are*

La vie universitaire

Des étudiants dans le Quartier latin.

OBJECTIFS This chapter will enable you to talk about various aspects of campus life, and you will learn a variety of ways to express whether you like or dislike something. To acquire these skills, you will learn definite and indefinite articles (the equivalents of *the, a,* and *an*), the gender of nouns, the plural of articles and nouns, subject pronouns (the equivalents of *I, you, he, she, it, we, they, one*), the present tense of the largest group of French verbs, and how to make a statement negative. You will also learn about French university life.

25

Étude de vocabulaire

Les lieux *- places*

Voici l'amphithéâtre. *- lecture hall*

© MARK ANTMAN/STOCK, BOSTON

Voici la cité universitaire (la cité-u). *- students living quarters*

© EIRIK BØRVE

Voici le restaurant universitaire (le restau-u). *- cafeteria*

© HELENA KOLDA

Voici la bibliothèque. *- library*

© RICHARD KALVAR/MAGNUM

A. Une visite. Où trouvez-vous ces choses (*Where do you find these things*)? Suivez le modèle.

MODÈLE: Un examen de français? → Dans l'amphithéâtre.
Dans le ____.
Dans la ____.
Dans l'____.

1. un dictionnaire?   4. un livre?
2. une radio?   5. une télévision?
3. un café?   6. un cours de français?

B. Bizarre ou normal? Suivez le modèle.

MODÈLE: Un match de football dans le restaurant universitaire... →
Un match de football dans le restaurant universitaire, c'est
bizarre!

1. Un cours de français dans l'amphithéâtre...
2. Une radio dans la bibliothèque...
3. Un examen dans la cité universitaire...
4. Un café dans l'amphithéâtre...
5. Quinze tables dans la salle de classe...
6. Un tableau noir dans le restaurant universitaire...
7. Un dictionnaire dans la bibliothèque...

Les matières

A la Faculté des lettres et sciences humaines, on étudie (*one studies*) la littérature, la linguistique, les langues étrangères, l'histoire, la géographie, la philosophie et la sociologie.

© CARY WOLINSKY/STOCK, BOSTON

A la Faculté des sciences, on étudie les mathématiques (les maths), la physique, la chimie et les sciences naturelles (la géologie et la biologie).

© OWEN FRANKEN/STOCK, BOSTON

A. Programme d'études (*Course of study*). Qu'est-ce qu'ils étudient?

MODÈLE: Jacqueline est étudiante à la Faculté des lettres. →
Elle étudie la littérature, la linguistique et les langues étrangères.

1. Marc est étudiant à la Faculté des sciences.   2. Chantal est étudiante à la Faculté des sciences humaines.   3. Jean-Paul est étudiant à la Faculté des lettres.

B. Les études et les professions. Imaginez les études nécessaires pour les professions suivantes (*following*).

MODÈLE: pour la profession de diplomate → On étudie les langues étrangères.

1. pour la profession de psychologue   2. pour la profession de professeur de langues   3. pour la profession de physicien   4. pour la profession d'historien

C. J'ai une question à poser. Répondez selon le modèle.

MODÈLE: Vous aimez étudier la chimie (*Do you like to study chemistry*)?   Oui, j'aime étudier la chimie.
(*ou*) Non, je n'aime pas étudier la chimie.

1. Vous aimez étudier les maths?
2. Vous aimez étudier à la bibliothèque?
3. Vous aimez étudier les langues?
4. Vous aimez étudier au restaurant universitaire?

D. Et vous? Posez la question à un(e) camarade selon le modèle.

MODÈLE: *Vous:* Qu'est-ce que tu étudies maintenant (*now*)? →
Un(e) camarade: J'étudie la philosophie, les mathématiques, la
physique et le français.

Les nationalités et les langues

un Français	une Française	*oui*	le français
un Espagnol	une Espagnole	*sí*	l'espagnol
un Italien	une Italienne	*si*	l'italien
un Allemand	une Allemande	*ja*	l'allemand
un Américain	une Américaine	*yes*	l'anglais
un Anglais	une Anglaise	*yes*	l'anglais
un Chinois	une Chinoise	*ai*	le chinois
un Russe	une Russe	*da*	le russe
un Japonais	une Japonaise	*hai*	le japonais

A. Quelle est la nationalité des personnes suivantes? Suivez le modèle.

MODÈLE: Joan Baez? → C'est une Américaine.

1. Mikhail Baryshnikov
2. Sophia Loren
3. François Mitterrand
4. Helmut Schmidt
5. Madame Mao

6. La princesse Diana
7. Juan Carlos
8. Geraldine Ferraro
9. Julio Iglesias
10. Nakasone-san

B. Ce n'est pas probable! Suivez les modèles.

MODÈLES: Michael Jackson parle (*speaks*) italien. → Ce n'est pas
probable. C'est un Américain. Il parle anglais.

Natalia Makarova parle japonais. → Ce n'est pas probable.
C'est une Russe. Elle parle russe.

1. Yves Saint-Laurent parle chinois.
2. Luciano Pavarotti parle russe.
3. Sandra Day O'Connor parle italien.
4. Julio Iglesias parle japonais.
5. Le prince Charles parle chinois.

C. Un groupe international. Créez des dialogues avec un(e) camarade,
selon le modèle.

MODÈLE: Rome →   *Vous:* J'habite à Rome.
                    Un(e) camarade: Tu parles italien?
                            Vous: Oui, je parle italien.
                            (*ou*) Non, je parle anglais et j'étudie l'italien.

1. Washington   5. Paris
2. Madrid   6. Moscou
3. Munich   7. Londres
4. Pékin

D. Réponses personnelles. Complétez les phrases suivantes avec une réponse personnelle.

1. Mon (*My*) professeur de français parle _____ et _____.
2. Mon père (*father*) parle _____.
3. Ma mère (*mother*) parle _____.
4. Mon cousin parle _____.
5. Ma cousine parle _____.
6. Mon professeur de _____ parle _____,... et _____.
7. Je parle _____,... et _____.

Les distractions

François   Paulette   Rémi   Claudette   Marc   Geneviève   Odile   Charles

La musique   **Le sport**   **Le cinéma**

la musique classique   le tennis   les films d'amour
le rock   le jogging   les films d'aventure
le jazz   le ski   les films de science-fiction
                            le basket-ball

A. **Préférences.** Qu'est-ce qu'ils (*they*) aiment? Suivez le modèle.

MODÈLE: Rémi? → Rémi aime le rock.

1. Et Geneviève?
2. Et Odile?
3. Et Paulette?
4. Et François?

5. Et Charles?
6. Et Marc?
7. Et Claudette?

B. **J'ai une question.** Répondez à votre camarade selon le modèle.

MODÈLE: skier → *Un(e) camarade:* Tu aimes skier?
   Vous: Oui, j'aime skier.
   (ou) Non, je n'aime pas skier.

1. étudier
2. danser
3. écouter la radio

4. parler dans le café
5. regarder la télévision
6. ?

Étude de grammaire

I. ARTICLES AND GENDER OF NOUNS

Dans le quartier *universitaire*

Alex, *un étudiant* américain, visite *l'université* avec Mireille, *une étudiante* française.

MIREILLE: Voilà *la bibliothèque, la librairie* universitaire et *le restau-u.* Et voici *le café.*

ALEX: Il y a *une étudiante* dans *la bibliothèque, un étudiant* dans *la librairie* et vingt étudiants dans *le café...*

MIREILLE: Ah oui, *le café* c'est *le centre* de *la vie* universitaire!

Complétez la conversation selon le dialogue.

MIREILLE: Voilà __la__ bibliothèque et __la__ librairie universitaire.

ALEX: Il y a __une__ étudiante dans __la__ bibliothèque et __un__ étudiant dans __la__ librairie universitaire.

MIREILLE: Et voici __le__ café. C'est __le__ centre de __la__ vie universitaire.

In the university district
Alex, an American student, is visiting the university with Mireille, a French student.
MIREILLE: There's the library, the university bookstore, and the university restaurant. And here's the café.   ALEX: There's one student in the library, one student in the university bookstore, and twenty students in the café...   MIREILLE: Oh yes, the café is the center of university life!

A. Gender and forms of the definite article

A noun (**un nom** ou **un substantif**) is a word that represents a person, place, thing, or idea. In French, all nouns are either masculine (**masculin**) or feminine (**féminin**) in gender. This grammatical feature of nouns does not mean that speakers of French perceive things or ideas as having masculine or feminine attributes.

There are three forms of the singular definite article (**le singulier de l'article défini**) in French, corresponding to *the* in English: **le, la,** and **l'.**

MASCULINE		FEMININE		MASCULINE OR FEMININE BEGINNING WITH A VOWEL OR MUTE **h**	
				l'ami	*the friend (m.)*
le livre	*the book*	**la** femme	*the woman*	l'amie	*the friend (f.)*
le cours	*the course*	**la** table	*the table*	l'homme	*the man (m.)*
				l'histoire	*the story (f.)*

Le is used for masculine nouns beginning with a consonant (**une consonne**), **la** is used for feminine nouns beginning with a consonant, and **l'** is used for either masculine or feminine nouns beginning with a vowel (**une voyelle**) or with a mute **h.***

The definite article is used, as in English, to indicate a specified or particular person, place, thing, or idea: **le livre** (the book). The definite article also occurs in French with nouns used in a general sense.

le ski *skiing (in general)*   **la** vie *life (in general)*

B. Forms of the indefinite article

MASCULINE		FEMININE	
un ami	*a friend (m.)*	**une** amie	*a friend (f.)*
un bureau	*a desk*	**une** chaise	*a chair*
un homme	*a man*	**une** histoire	*a story*

---

*In French, **h**'s are either *mute* (*nonaspirate*) or *aspirate*. In **l'homme,** the **h** is called mute, which means simply that the word **homme** "elides" with a preceding article (**le** + **homme** = **l'homme**). Most **h**'s in French are of this type. However, some **h**'s are aspirate, which means there is no "elision." **Le héros** (*the hero*) is an example of this. However, in neither case is the **h** pronounced. The **h** is always silent in French.

The singular indefinite article (**le singulier de l'article indéfini**) in French is **un** for masculine nouns and **une** for feminine nouns, corresponding to *a* (*an*) in English. **Un/Une** can also mean *one*, depending on the context.

Il y a **une** étudiante.   *There is one student.*

C. Identifying the gender of nouns

1. Nouns that refer to males are usually masculine. Nouns that refer to females are usually feminine.

    l'homme *the man*
    la femme *the woman*

2. Sometimes the ending of a noun is a clue to its gender. Some common masculine and feminine endings are:

MASCULINE		FEMININE	
-eau	le bureau	**-ence**	la différence
-isme	le tourisme	**-ion**	la vision
-ment	le département	**-ie**	la librairie
- eur		**-ure**	la littérature
		-té	l'université

    Since the gender of a noun is not always predictable, it is essential to learn the gender along with the noun. For example, learn **un livre** rather than just **livre.**

3. Nouns that have come into French from other languages are usually masculine: **le jogging, le tennis, le Coca-Cola, le jazz, le basket-ball.**

4. The names of languages are masculine. They correspond to the masculine singular form of the nouns of nationality, but they are not capitalized.

    l'anglais (*the*) *English* (*language*)
    le français (*the*) *French* (*language*)

5. Some nouns that refer to people can be changed from masculine to feminine by changing the noun ending. The feminine form often ends in **-e.**

l'ami *the friend* (*m.*)	→	l'ami**e** *the friend* (*f.*)
l'étudian**t** *the student* (*m.*)	→	l'étudian**te** *the student* (*f.*)
un Américai**n** *an American* (*m.*)	→	une Américai**ne** *an American* (*f.*)
un Alleman**d** *a German* (*m.*)	→	une Alleman**de** *a German* (*f.*)
un Françai**s** *a Frenchman*	→	une Françai**se** *a French woman*

    Final **t, n, d,** and **s** are silent in the masculine form. When followed by **-e** in the feminine form, **t, n, d,** and **s** are pronounced.

6. The names of some professions and many nouns that end in **-e** have only one singular form, used to refer to both males and females. Sometimes gender is indicated by the article:

le touriste	*the tourist* (*m.*)
la touriste	*the tourist* (*f.*)

Sometimes even the article is the same for both masculine and feminine.

une personne	*a person* (*male* or *female*)
Madame Brunot, **le** professeur	*Mrs. Brunot, the professor*

Maintenant à vous

A. Masculin ou féminin? Complétez les phrases suivantes avec un article indéfini (**un, une**).

1. J'ai _____ question. _____ opinion politique dans _____ classe de français, c'est acceptable?
2. «Vive le rock!» C'est _____ préférence en musique ou en géologie?
3. Il y a _____ meeting politique à midi et demi dans _____ appartement de la Tour Montparnasse.
4. Il y a _____ aventure fantastique dans le film de Spielberg.
5. C'est bizarre, _____ télévision dans _____ tragédie de Shakespeare.

B. Transformation. Donnez la forme féminine selon les modèles.

MODÈLE: Henry, l'Américain (Martha) → Martha, l'Américaine

1. Jean-Louis, le Français (Christine)
2. Paul, l'ami de Philippe (Marguerite)
3. M. Huet, le professeur (Mme Arqué)
4. Juan, l'Espagnol (María)
5. Matthieu, l'étudiant (Renée)

MODÈLE: Henry? un Américain (Martha?) → Martha? une Américaine

6. Dimitri? un Russe (Natasha?)
7. Luciano? un Italien (Gina?)
8. Terence? un Anglais (Helen?)
9. Julio? un Espagnol (Eva?)
10. Hau? un Chinois (Hai?)

C. Qu'est-ce que c'est?

MODÈLE: → C'est une table.

1.   2.   3.   4.

5.   6.    7.   8.

D. **Interview.** Avec un(e) camarade de classe, posez la question et répondez selon le modèle.

> MODÈLE: café →   *Vous:* Est-ce que tu aimes le café?
> *Un(e) camarade:* Oui, j'aime le café. Vive le café!
>   *(ou)* Non, je déteste le café. A bas le café!

1. jazz
2. jogging
3. restau-u
4. philosophie
5. professeur
6. cinéma
7. conformisme
8. cours de français
9. chimie

2. THE PLURAL OF ARTICLES AND NOUNS

Un professeur excentrique

LE PROFESSEUR: Voici le système de notation:
     zéro pour *les imbéciles*
     quatre pour *les médiocres*
     huit pour *les génies*
     et dix pour le professeur*
Il y a *des questions?*

Expliquez le système de notation du professeur: dix pour… ? huit pour… ? quatre pour… ? zéro pour… ?

An eccentric professor
THE PROFESSOR: Here's the grading system: zero for imbeciles, four for the mediocre, eight for geniuses, and ten for the professor. Are there any questions?

*In most high schools and many universities in France, the grading system is from 0 to 20. This professor's system, as well as his manner, is eccentric.

| | DEFINITE ARTICLES | | INDEFINITE ARTICLES | |
	Singular	*Plural*	*Singular*	*Plural*
Masculine	le touriste →	les touristes	un étudiant →	**des** étudiants
Feminine	la touriste →		une étudiante →	**des** étudiantes

A. Plural forms of definite and indefinite articles

1. The plural form (**le pluriel**) of the definite article is always **les,** regardless of the gender or first letter of the noun.

    le livre, **les** livres   *the book, the books*
    la femme, **les** femmes   *the woman, the women*
    l'examen, **les** examens   *the exam, the exams*

2. The plural indefinite article is always **des.**

    un ami, **des** amis   *a friend, some friends, friends*
    une question, **des** questions   *a question, some questions, questions*

3. Note that in English a plural noun frequently has no article: *friends, questions.* In French, however, a form of the article is almost always used with plural nouns: **les amis, des questions.**

B. Plural of nouns

1. Most French nouns are made plural by adding an **s** to the singular, as seen in the preceding examples.

2. Nouns that end in **s, x,** or **z** in the singular stay the same in the plural.

    le cours, les cours   *the course, the courses*
    un choi**x**, des choi**x**   *a choice, some choices*
    le nez, les nez   *the nose, the noses*

3. Nouns that end in **-eau** or **-ieu** in the singular are made plural by adding **x.**

    le tabl**eau,** les tabl**eaux**   *the board, the boards*
    le bur**eau,** les bur**eaux**   *the desk, the desks*
    le l**ieu,** les l**ieux**   *the place, the places*

4. Nouns that end in **-al** or **-ail** in the singular usually have the plural ending **-aux.**

    un hôpit**al,** des hôpit**aux**   *a hospital, hospitals*
    le trav**ail,** les trav**aux**   *the work, tasks*

5. To refer to a group that includes at least one male, French uses the masculine form.

> un étudian**t** et sept étudian**tes** → des étudiant**s**
> un Français et une Française → des Français

C. The final **s**

1. A final **s** is usually not pronounced in French: **le**s̷ **touriste**s̷. In the spoken language, therefore, the only difference between most singular and plural forms is the article (**les, des**).

2. When the final **s** of an article is followed by a vowel sound, it is pronounced [z] and begins the following syllable: **des études̷** [de-ze-ty-djã], **des hommes** [de-zɔm]. This is called **liaison** (*f.*).

Maintenant à vous _____

A. A l'université. Donnez le pluriel selon le modèle.

MODÈLE: Voilà la salle de classe. → Voilà les salles de classe.

1. Voilà la bibliothèque.
2. Voilà l'amphithéâtre.
3. Voilà le professeur de français.
4. Voilà l'étudiant.
5. Voilà le cours d'anglais.
6. Voilà la librairie.
7. Voilà le stylo.
8. Voilà le livre de biologie.

B. Exercice de contradiction. Avec un(e) camarade de classe, formez des phrases selon le modèle.

MODÈLE: un Français →   *Vous:* Voici un Français.
        Un(e) camarade: Non, voilà des Français.

1. un hôpital
2. un bureau
3. un Anglais
4. une fenêtre
5. un ami
6. un tableau
7. une touriste
8. un examen
9. une chaise

C. Description. Décrivez la salle de classe selon le modèle.

MODÈLE: Dans la salle de classe, il y a des chaises.

Maintenant, décrivez votre (*your*) salle de classe.

3. SUBJECT PRONOUNS AND PRESENT TENSE OF **-ER** VERBS

© BERYL GOLDBERG

Rencontre d'amis à la Sorbonne

XAVIER: Salut, Françoise! *Vous visitez* l'université?
FRANÇOISE: Oui, *nous admirons* la bibliothèque maintenant. Voici Paul, de New York, et Mireille, une amie.
XAVIER: Bonjour, Paul, *tu parles* français?
PAUL: Oui, un petit peu.
XAVIER: Bonjour, Mireille, *tu étudies* ici?
MIREILLE: Oh non! *Je manifeste* pour les droits des étudiants.

Trouvez (*Find*) la forme correcte du verbe dans le dialogue.

1. Vous _____ l'université?
2. Nous _____ la bibliothèque.
3. Tu _____ français?
4. Tu _____ ici?
5. Je _____ pour les droits des étudiants.

A.   Subject pronouns and **parler**[*]

The subject of a sentence indicates who or what performs the action of the sentence: **L'étudiant** visite l'université. A pronoun is a word used in place of a noun: **Il visite l'université.**

SUBJECT PRONOUNS AND **parler**			
Singular		*Plural*	
je parle	*I speak*	nous parlons	*we speak*
tu parles	*you speak*	vous parlez	*you speak*
il	*he, it (m.) speaks*	ils	*they (m., m. + f.)*
elle } parle	*she, it (f.) speaks*	} parlent	*speak*
on	*one speaks*	elles	*they (f.) speak*

Encounter of friends at the Sorbonne
XAVIER: Hi, Françoise! Are you visiting the university?   FRANÇOISE: Yes, we're looking at (admiring) the library right now. This is Paul, from New York, and Mireille, a friend.
XAVIER: Hello, Paul. Do you speak French?   PAUL: Yes, a little.   XAVIER: Hello, Mireille, are you studying here?   MIREILLE: Oh, no! I'm demonstrating for students' rights.

[*]**Le pronom sujet et le verbe** parler

As you know, final **s** is usually not pronounced in French. Final **z** of the second-person plural and the **ent** of the third-person plural verb form are also silent. Thus, in the spoken language, **parler** has only three forms: [parl], [parlɔ̃], [parle].

1. **Tu** et **vous.** There are two ways to say *you* in French. The singular form **tu** is used when speaking to someone you know well—a friend, fellow student, relative—or with children and pets. Students frequently use **tu** with each other just as soon as they meet. When speaking to a person you don't know well or when addressing an older person, someone in authority, or anyone else to whom you want to show respect or with whom you wish to maintain a certain formality, the more formal **vous** is used. The plural of both **tu** and **vous** is **vous.** The context will indicate whether **vous** refers to one person or to more than one.

Michèle, **tu** parles espagnol?	*Michèle, do you speak Spanish?*
Vous parlez bien français, Madame.	*You speak French well, madame.*
Pardon, Messieurs (Mesdames, Mesdemoiselles), est-ce que **vous** parlez anglais?	*Excuse me, gentlemen (ladies), do you speak English?*

2. **Il** et **elle.** The English pronoun *it* is expressed by **il** (referring to a masculine noun) and **elle** (referring to a feminine noun).

3. **Ils** et **elles. Ils** is used to refer to plural masculine nouns or to a group that includes at least one masculine noun. **Elles** can refer only to plural feminine nouns.

4. **On.** In English, the words *people, we, one,* or *they* are often used to convey the idea of an indefinite subject. In French, the indefinite pronoun **on** is used, always with the third-person singular of the verb.[*]

Ici **on** parle français.	*One speaks French here.* *People (they, we) speak French here.*

On is also used frequently in modern French instead of **nous.**

Nous parlons français? → **On** parle français?

---

[*]Like the English pronouns, French pronouns are either first, second, or third person. **Je** and **nous** are first-person pronouns, **tu** and **vous** are second-person pronouns, and **il, elle, on, ils,** and **elles** are third-person pronouns.

Maintenant à vous _____

A. Ils... ou Elles...?

_____ parlent.   _____ parlent.   _____ parlent.

B. Dialogue en classe. Complétez le dialogue suivant avec un pronom sujet ou une forme de **parler.**

LE PROFESSEUR:	Ginette, _____ parlez français?
GINETTE:	Oui, nous _____ français.
LE PROFESSEUR:	Ici, en classe, on _____ français?
JIM:	Oui, ici _____ parle français.
ROBERT:	Marc et Marie, vous _____ chinois?
MARC ET MARIE:	Oui, _____ parlons chinois.
CHRISTINE:	Jim, tu _____ allemand?
JIM:	Oui, _____ parle allemand.
MARTINE:	Paul parle italien?
ROLAND:	Oui, _____ parle italien.
MARTINE:	Isabelle parle russe?
ROLAND:	Oui, elle _____ russe.

B.   Verbs with infinitives ending in **-er**

1. In English as in French, the infinitive (**l'infinitif**) of a verb tells what the action of the verb is, not who or what performs the action: *to speak, to be, to do.* When a subject is used with a verb, the verb must be conjugated: *I speak, he speaks.*

   Many French verbs have infinitives ending in **-er: parler** (*to speak*), **aimer** (*to like, to love*), for example. The present tense of regular **-er** verbs is formed from the stem of the verb, **parl-/aim-** (the infinitive minus the ending **-er**), and the appropriate endings for each person: **-e, -es, -e, -ons, -ez, -ent.**

PRESENT TENSE OF **aimer** (*to like, to love*)	
j' aime	*nous* aimons
tu aimes	*vous* aimez
il	*ils*
elle } aime	*elles* } aim**ent**
on	

When a verb begins with a vowel, the pronoun **je** becomes **j'**: **j'aime.**

The final **s** of plural subject pronouns is silent unless followed by a vowel sound, when it is pronounced [z] and begins the following syllable: **vous aimez** [vu-zɛ-me], **vous habitez** [vu-za-bi-te].

2. Other verbs conjugated like **parler** and **aimer** include:

adorer	to love, to adore	**étudier**	to study
aimer mieux	to prefer (to like better)	**habiter**	to live
(never neg.)		**regarder**	to watch, to look at
danser	to dance		
détester	to detest, to hate	**skier**	to ski
		travailler	to work
donner	to give	**visiter**	to visit (a place)
écouter	to listen to		

3. Note that the present tense (**le présent**) in French has three equivalents in English.

Je **parle** français.
 { I speak French.
 { I am speaking French.
 { I do speak French.

Nous **étudions** l'anglais.
 { We study English.
 { We are studying English.
 { We do study English.

4. Some verbs, such as **adorer, aimer,** and **détester,** can be followed by an infinitive.

J'aime écouter la radio.   I like to listen to the radio.
Je **déteste regarder** la   I hate to watch television.
télévision.

5. The definite article is used with names of languages except after the verb **parler.**

J'aime (j'adore, j'étudie, je déteste) l'italien.

but

Je parle italien.

Maintenant à vous

A. Question de préférence. Suivez le modèle.

MODÈLE: *J'*aime skier. (nous) → Nous aimons skier.

1. *Claire* adore écouter la radio. (vous, Paul et Michèle)
2. *Philippe* déteste étudier. (je, on)
3. *Nous* aimons mieux le tennis. (les deux Français, tu)
4. *Tu* aimes le sport. (le professeur, nous)

B. Qu'est-ce qu'on fait ce soir (*What are we doing tonight*)? Suivez le modèle.

MODÈLE: Nous travaillons. → On travaille?

1. Nous parlons de cinéma.   2. Nous étudions l'espagnol.   3. Nous visitons le quartier universitaire.   4. Nous écoutons la radio.
5. Nous donnons une surprise-partie.   6. Nous regardons la télévision.   7. Nous dansons avec les amis de Pierre.

C. A la Sorbonne. Changez les verbes du singulier au pluriel ou vice versa.

MODÈLES: Nous étudions dans la bibliothèque. → J'étudie dans la bibliothèque.

Elle adore le café. → Elles adorent le café.

1. Ils habitent à la cité-u.   2. Je travaille dans l'amphithéâtre.
3. Vous visitez la salle de classe?   4. Elles écoutent le professeur.
5. Tu aimes le cours de psychologie?   6. Elle déteste le restau-u.
7. Le professeur donne un examen aujourd'hui.

D. Identification. Suivez le modèle.

MODÈLE: Monsieur et Madame Chang? → Ils parlent chinois et ils habitent à Pékin.

1. Simone Signoret et Yves Montand?
2. Wolfgang?
3. Vous?
4. Le professeur et vous?
5. Sophia Loren?
6. María et Ramón?
7. Federico Fellini?

E. En français, s'il vous plaît.

1. It's raining. I'm watching television, he's studying, and she's listening to the radio.
2. "Do you work at the university, Pierre?" "No, I'm studying English at the university and I work in (*dans*) a café."

F. Tu ou vous? Complétez les phrases suivantes avec le pronom correct et la forme correcte du verbe entre parenthèses.

1. Madame, _____ _____ (*habiter*) ici?
2. Papa, _____ _____ (*écouter*) la radio?
3. Paul et Jacqueline, _____ _____ (*visiter*) le campus aujourd'hui?
4. Salut, Jeanne! _____ _____ (*étudier*) le français?

G. Une interview. Interviewez le professeur selon le modèle.

MODÈLE: aimer mieux danser ou skier → Vous aimez mieux danser ou skier?

1. aimer mieux la télévision ou le cinéma   2. adorer ou détester

regarder la télévision   3. aimer mieux le rock ou la musique classique
4. aimer mieux la musique ou le sport   5. skier ou regarder le ski à la
télévision   6. aimer mieux les livres ou l'aventure

H. **Une autre interview.** Maintenant interviewez un(e) camarade. Utilisez
les phrases précédentes.

MODÈLE: aimer mieux danser ou skier → Paul, tu aimes mieux danser ou
skier?

I. **Les stars.** Un(e) étudiant(e) mentionne une célébrité. Les autres (*other*)
étudiants donnent une opinion selon le modèle. Utilisez les verbes
adorer, aimer, aimer mieux ou **détester.**

MODÈLE: *Un(e) étudiant(e):* Boy George
→ Je déteste Boy George.
→ Moi, j'adore Boy George.
→ J'aime mieux Cyndi Lauper.

Rencontre culturelle

Conversation is perhaps the favorite pastime of French students. It is said that they build a new
society in every discussion. The tone is earnest, aggressive, often critical, and discontented.
Young Americans, seeing students in France always talking, think: "They are just standing
around doing nothing." On the other hand, young French people visiting the United States
say of U.S. students: "Why don't they ever talk seriously? Don't they have opinions about
anything?" French university life encourages a critical attitude. For the French, especially
students, nothing is sacred; everything can be questioned, doubted, and criticized.

The critical attitude of French students sometimes takes the form of political activism.
Although the level of such activism varies from year to year, its highest point in recent history
was during the late 1960s, a tempestuous period in France, as it was in the United States. In
May 1968, many French university students, joined later by workers from major labor unions,
started a strike to protest the harsher aspects of the university curriculum, especially the
overwhelming importance attached to annual examinations and the impersonal relationship
between students and instructors. This was exemplified by the lecture system in which hundreds of students took notes from a lecturing professor who sought no other form of communication with his students. The strike (**la grève**) of **mai–juin '68** brought the country to a
standstill, nearly toppled the government, and became a social and political event whose
implications reached beyond the university walls. It brought about a series of educational
reforms, including an increase in the number of university campuses, the establishment of
credits so that annual exams would not be the sole measure of student progress, and the
creation of small seminars and discussion groups to supplement the large lecture courses. In
addition, French students are now officially allowed to participate in some decisions affecting
university life.

4. NEGATION

La fin d'une amitié?

BERNARD: Avec Martine ça va comme ci, comme ça. Elle aime danser, je *n'aime pas* la danse. J'aime skier, elle *n'aime pas* le sport. Elle est étudiante en biologie, je *n'aime pas* les sciences....

MARTINE: Avec Bernard ça va comme ci, comme ça. Il *n'aime pas* danser, j'aime la danse. Je *n'aime pas* skier, il aime le sport. Il est étudiant en lettres, je *n'aime pas* la littérature....

1. Martine aime danser? et Bernard?
2. Martine aime le sport? et Bernard?
3. Martine aime la littérature? et Bernard?
4. Martine aime les sciences? et Bernard?

A. To make a sentence negative in French, **ne** is placed before a conjugated verb and **pas** after it.

> Je **parle** chinois. → Je **ne parle pas** chinois.
> Elles **regardent** la télévision. → Elles **ne regardent pas** la télévision.

B. **Ne** becomes **n'** before a vowel or a mute **h.**

> Elle aime skier. → Elle **n'a**ime pas skier.
> Nous habitons ici. → Nous **n'h**abitons pas ici.

C. If a verb is followed by an infinitive, **ne** and **pas** surround the first verb.

> Il aime étudier. → Il **n'aime pas** étudier.

Maintenant à vous

A. Contradiction. Posez des questions à un(e) camarade. Il/Elle répond selon le modèle.

MODÈLE: Tu travailles? → Non, je ne travaille pas.

1. Tu étudies la psychologie?
2. Tu skies?
3. Tu aimes le sport?
4. Tu habites à la cité-u?

The end of a friendship?

BERNARD: Things aren't going so well with Martine and me. She loves to dance, I don't like dancing. I love to ski, she doesn't like sports. She's a biology student, I don't like sciences . . . MARTINE: Things aren't going so well with Bernard and me. He doesn't like to dance, I love dancing. I don't like to ski, he loves sports. He's a humanities student, I don't like literature. . . .

5. Tu parles russe?
6. Tu aimes le basket-ball?

7. Tu danses?
8. Tu aimes les questions?

B. En français, s'il vous plaît.

1. They don't like classical music.
2. He's not studying French.
3. Mme Dupont, you don't work here?
4. They don't watch television.

5. I am not listening to the radio.
6. He doesn't dance.
7. Pierre, you don't speak English?
8. We don't live at (à) the **cité-u.**

C. Conversation. Posez les questions suivantes à un(e) camarade. Il/Elle donne une réponse personnelle.

1. Tu parles italien? russe? chinois? espagnol? anglais?
2. Tu habites à Paris? à New York? à Los Angeles? à Cincinnati?
3. Tu étudies la littérature? la linguistique? les langues étrangères? la géologie?
4. Tu aimes les examens? les films de science-fiction? le jazz?
5. Tu aimes le restau-u? la bibliothèque?
6. On danse à la bibliothèque? à la librairie?
7. On skie à la cité-u?

D. Préférences. Complétez les phrases.

1. J'aime _____, mais (*but*) je n'aime pas _____.
2. J'adore _____, mais je déteste _____.
3. J'écoute _____, mais je n'écoute pas _____.
4. J'aime _____, mais j'aime mieux _____.
5. Je n'étudie pas _____. J'étudie _____.

Étude de prononciation

French vowel sounds: oral vowels*

Some French vowel sounds are represented in the written language by a single letter: **a** and **u,** for example. Other vowel sounds have a variety of spellings: the sound [o], for example, can be spelled **o, au, eau,** or **ô.** By learning to recognize the various spellings of French vowel sounds, you will be able to pronounce new words accurately when you see them in writing for the first time.

---

*Les voyelles orales

Prononcez avec le professeur.

	IPA symbol	Most common spelling(s)
1. ami agréable madame bravo salle classe	[a]	a
2. ici hypocrite typique dîner vive ski	[i]	i î y
3. aussi radio beaucoup chose faux drôle	[o]	eau au ô o
4. objet homme notation normal encore snob	[ɔ]	o
5. utile université musique bureau flûte rue	[y]	u û
6. écouter excusez télévision répéter cité cahier	[e]	é er ez
7. être aimer fenêtre question treize très examen	[ɛ]	e è ê ei ai
8. Eugène Europe neutron bœufs sérieuse eucalyptus	[ø]	eu œu
9. bœuf déjeuner jeunesse heure jeune professeur	[œ]	eu œu
10. où ouverture tourisme courageux coûte outrage	[u]	ou où oû

French vowel sounds: nasal vowels*

When the letter **n** or **m** follows a vowel or a combination of vowels, it frequently affects the pronunciation of the vowel(s), giving it a nasal quality. These vowels are called nasals. The **n** or **m** itself is not pronounced. You will learn more about nasal sounds in the pronunciation section of Chapter 5.

Prononcez avec le professeur.

	IPA symbol	Most common spelling(s)
1. amphithéâtre employer attendez français plan centre	[ã]	an am en em
2. onze oncle combien bonjour bon nombre	[ɔ̃]	on om
3. impatient intéressant synthèse sympathique peintre américain	[ɛ̃]	im in yn ym ein ain aim

Situation

At this point in each chapter of *Rendez-vous,* you will find a realistic conversational exchange. It will be preceded by an introductory paragraph establishing the context (**Contexte**) of the dialogue and by a short description of the specific goal (**Objectif**) the principal speaker is attempting to achieve. The dialogue (**Dialogue**) will be followed by a section called **Variations,** which contains suggestions for activating the conversation and for varying the context in which it takes place.

---

*Les voyelles nasales

RENDEZ-VOUS

Contexte Michel et Julien aiment parler ensemble,° *together*
mais c'est difficile: les deux amis étudient dans des sec-
tions° différentes de la Faculté des lettres. *departments*

Objectif Michel donne rendez-vous à Julien au° café. *at the*

Dialogue

MICHEL:	Julien! Salut, comment ça va?
JULIEN:	Pas mal, et toi,° Michel?	*you*
MICHEL:	Ça va, ça va. Tu travailles à la bibliothèque cet° après-	*this*
	midi?
JULIEN:	Oui, je prépare une dissertation.°	*paper, report*
MICHEL:	Jusqu'à° quelle heure?	*Until*
JULIEN:	Jusqu'à quatre heures.
MICHEL:	Eh bien alors,° rendez-vous au <u>Métropole</u> à quatre heures	*Eh... Well then*
	et demie, d'accord°?	*okay, agreed*
JULIEN:	D'accord.
MICHEL:	A bientôt!
JULIEN:	A bientôt!

Variations

1. Jouez (*Act out*) le dialogue.
2. Jouez une scène similaire avec un(e) camarade, mais changez l'heure et le lieu du rendez-vous.
3. Vous préparez une surprise-partie.* Imitez le dialogue pour (*in order to*) donner rendez-vous à des amis pour la surprise-partie.

Commentaire culturel

French universities vary greatly in appearance. Older universities are usually located in the center of cities that have grown around them. There is usually not enough space for more than one or two divisions (**Facultés**)—law, humanities, social sciences, economics, natural sci-ences, medicine, or pharmacy—in a particular location. For this reason, there is no "campus." Campus life has never been a French tradition. Yet there is a definite student atmosphere in the **quartier universitaire,** the part of the city in which the university is located—for example,

---

*Like many English words that have come into the French language, **surprise-partie** has not maintained its original meaning. In French, it designates a dancing party at the home of a friend.

the famous **Quartier latin** near the **Sorbonne,** the oldest part of the **Université de Paris.** An important feature of every **quartier universitaire** is the **café,** where students meet and carry on animated discussions. Even on the newer **campus universitaires**—which tend to be built on more spacious grounds outside the city and have self-service restaurants and cafeterias—students prefer to meet in the neighboring cafés.

French universities are state-owned, and, like the public high schools, trade schools, military schools, and the schools of commerce, government administration, and engineering (the **Grandes Écoles**), they come under the centralized jurisdiction of the Ministry of Education. Tuition is not charged, and the students pay only a nominal fee of approximately $30.00 a year. For this reason, there is little difference in quality or in entrance requirements from one university to another. Once a French student or a foreign student has passed the **baccalauréat** (a comprehensive written and oral examination administered in the last year [**la terminale**] of high school) or its equivalent, he or she has the right to matriculate in the nearest French university that offers the student's chosen program.

The French educational system is thus very democratic but also quite strenuous, for highly competitive exams administered at the end of the first year of a university program allow less than half the students to go on to the second year. The others must pass a second exam in the fall or start the first year over again. They may also seek employment or pursue other educational possibilities. Those students who make it into the second year have more exams waiting for them before advancement into a third year, at the end of which the successful student will earn a **licence,** similar to an American Bachelor of Arts or Bachelor of Science degree, and can complete a Master's Degree (**la maîtrise**) in the fourth or fifth year. He or she may then choose to pursue one of several types of doctoral degrees (**le doctorat**) in succeeding years.

Despite the ongoing educational reforms that began in 1968, interaction between students and teachers in French universities is still quite limited in comparison to that seen on American university campuses. While some younger professors do become friendly with their students, most people adhere strictly to their roles of teacher and student. **Vous** remains the traditional form of address between students and members of the faculty. This formality reflects not only a traditional French tendency to envision social structures in hierarchical terms but also respect for intellectual life and the prestige the French bestow on academic pursuits.

Des étudiants manifestent tumultueusement pour des réformes dans le système universitaire.

© HENRI CARTIER-BRESSON/MAGNUM

Le français par les gestes: la bise

The French greet family or good friends whom they have not seen for a while with warmth and enthusiasm by kissing them on both cheeks. This corresponds to a hug, a big smile, or a slap on the shoulder in American culture. At large family gatherings, it can take quite a while for family members to kiss each other hello or good-bye, especially in Paris, where at least four kisses are exchanged in each embrace.

Mise au point

A. **Contradiction.** Changez les phrases du singulier au pluriel ou vice versa.

MODÈLE: Il y a une chaise dans la salle de classe. →
Non, il y a des chaises dans la salle de classe.

1. Voilà une fenêtre. *des fenetres*
2. Il y a des touristes au café. *un tourist*
3. Voici des cahiers. *un cahier*
4. Il y a un restaurant universitaire à Paris. *des restaurants*
5. Voici le tableau noir. *les tableaux*
6. Voilà un hôpital. *des hopitaux*
7. Voici un bureau. *des bureaux*
8. Voilà le travail de Marc. *les travails*
9. Voici des examens. *un examens*

B. **La classe de Mme Dupont.** Complétez avec l'article approprié: **le, la, l', les, un, une, des.**

Voici *la* salle de classe. Il y a *le* tableau, *le* bureau, *les* chaises et *les* tables. Voilà Mme Dupont, *le* professeur. C'est *une* Française. Voici *les* étudiants. Ils étudient *le* français. Jean-Luc aime *le* jazz et Odile adore *le* cinéma. *Le* professeur aime mieux *les* langues.

C. **La vie d'une étudiante.** Composez des phrases complètes selon le modèle.

MODÈLE: Julia / étudier / les langues étrangères → Julia étudie les langues étrangères.

1. elle / étudier / français / et / allemand
2. elle / ne... pas / aimer / restaurants universitaires

3. elle / adorer / université / et / Français
4. étudiants / en France / ne... pas / regarder / télévision

D. Opinions. Avec des camarades, complétez les phrases suivantes.

J'aime... /Je n'aime pas... /J'aime mieux... /Je déteste...

étudier dans une université moderne (publique, privée), habiter dans une cité universitaire (à la maison [*at home*]), parler avec des amis au restaurant universitaire (au café), parler français, la vie d'étudiant (de professeur), mon indépendance, la télévision, les hamburgers, la musique classique (le rock), ?

Vocabulaire

Verbes

adorer *to love, adore*
aimer *to like, love*
aimer mieux *to prefer (like better)*
danser *to dance*
détester *to detest*
donner *to give*
écouter *to listen to*
étudier *to study*
habiter *to live*
parler *to speak*
regarder *to look at; to watch*
skier *to ski*
travailler *to work*
visiter *to visit*

Substantifs

l'ami(e) *friend*
l'amphithéâtre (m.) *lecture hall*
la bibliothèque *library*
le café *café; cup of coffee*
le cinéma *movie theater*
la cité universitaire (la cité-u) *university dormitory*
le cours *course*

le dictionnaire *dictionary*
l'examen (m.) *test, exam*
la faculté *division (academic)*
la femme *woman*
le film *film*
l'homme (m.) *man*
la librairie *bookstore*
la musique *music*
le quartier *quarter (district)*
la radio *radio*
le restaurant *restaurant*
le sport *sport; sports*
la télévision *television*
le travail *work*
l'université (f.) *university*
la vie *life*
la visite *visit*

Mots divers

à *at, in*
avec *with*
d'accord *okay; agreed*
dans *in*
de *of, from*
en *in*
et *and*
ici *here*

jusqu'à *until*
maintenant *now*
mais *but*
ou *or*
pour *for, in order to*

Nationalités

l'Allemand(e)
l'Américain(e),
l'Anglais(e), le/la
Chinois(e), l'Espagnol(e),
le/la Français(e),
l'Italien(ne), le/la
Japonais(e), le/la Russe

Les matières

la biologie, la chimie, la géographie, la géologie, l'histoire, les langues étrangères, la linguistique, la littérature, les mathématiques (les maths) (f.), la philosophie, la physique, la psychologie, la sociologie

Intermède 1

Lecture

LE QUARTIER LATIN

Avant de lire (*Before reading*)   When you read a text in your own language, you often guess the meaning of unfamiliar words from the context of a passage or from the surrounding words. You will find this equally true of a text in a foreign language you are learning. Read the following sentence and see if you can guess its meaning.

En général, il n'y a pas de campus dans une université française traditionnelle.

The construction **il n'y a pas de** is new to you, but since you know the expression **il y a** and the negation of verbs with **ne pas,** you probably guessed the meaning of the sentence: *In general, there is no campus in a traditional French university.*

You can also guess the meaning of an unfamiliar word or expression in English if it is similar to a word you already know. You can apply this strategy to reading French by being aware of cognates (**les mots apparentés**). In the preceding sentence, there are several cognates: **en général, campus, université, traditionnelle. Le campus** is an exact cognate since it is identical to the corresponding English word. What do the underlined words in the following sentence mean?

A Paris, le quartier universitaire <u>évoque</u> le <u>prestige</u> du <u>passé</u>.

In reading "Le Quartier latin," you will notice that the cognates and constructions you have not already seen or learned are underlined the first time they appear. In the subsequent reading passages of *Rendez-vous,* recognizable cognates will not be underlined, but new words and expressions whose meaning you should be able to guess from context will be underlined.

Before beginning the passage, scan the new noncognate vocabulary, glossed (°) words, and expressions whose English equivalents are given in the right-hand margin. This will orient you to the kind of information you will encounter in the passage and facilitate your reading, even if you have to refer again to the English equivalents. In the subsequent readings of *Rendez-vous,* you will sometimes find English equivalents for new expressions, but you will also find French equivalents or hints given in French to help you guess the meaning of the glossed expressions.

Finally, look at the photograph that illustrates "Le Quartier latin" before you begin to read. How would you describe it? What does it suggest about life in the **Quartier latin**? Answers to these questions provide you with expectations that will facilitate your understanding of the reading.

On passe des heures à parler et à discuter aux terrasses des cafés du Quartier latin.

© OWEN FRANKEN/STOCK, BOSTON

*L*e campus est un <u>phénomène récent</u> en France. En général, il n'y a pas de campus dans une université française traditionnelle. Les étudiants habitent dans le quartier proche de° la faculté. La <u>présence des étudiants</u> transforme la vie du quartier: les cafés et les restaurants <u>prospèrent</u>, ainsi que° les <u>librairies</u>, les cinémas, les <u>discothèques</u>, les <u>théâtres et les galeries</u> <u>d'art moderne</u>. C'est un monde° <u>séparé du reste de la ville:</u>° c'est le Quartier latin.

    A Paris, le quartier universitaire évoque le prestige du passé. La Sorbonne, <u>fondée en 1257</u>, compte déjà° quinze mille° étudiants de nationalités diverses à la fin° du XIIIᵉ siècle.° Ils parlent une langue <u>commune</u>: le latin. Le quartier de la Sorbonne est donc° <u>baptisé</u> le «Quartier latin». Beaucoup de° cafés du quartier <u>conservent</u> le <u>souvenir</u>° d'un personnage célèbre: Voltaire, Rousseau, Balzac, Victor Hugo.

    Les souvenirs du passé, le <u>prestige des Écoles</u>° contribuent à l'atmosphère spéciale du Quartier latin. Mais c'est surtout° la foule° des étudiants qui° <u>domine</u>. Ils <u>flânent</u>° sur° le Boulevard Saint-Michel (le «Boul' Mich»), l'<u>artère</u> du Quartier, et près de la Seine,° ils <u>explorent</u> les librairies, ils hantent° les bibliothèques <u>publiques</u> et ils <u>discutent durant des heures</u> aux terrasses des cafés. Et <u>le soir</u>, ils adorent danser. Il est difficile de résister au <u>dynamisme</u> du Quartier latin.

proche... *close to*

ainsi... *just as*

world / city

compte... *already*
  numbers / thousand
end / XIIIᵉ... 13th
  century
therefore
Beaucoup... Many /
  memory
professional schools
especially / throng /
  that
stroll / on
près... near the Seine
  (river)
haunt

Compréhension

Find passages in the reading that either support or refute the following statements.

1. French universities have always had campuses.
2. French students live near their university.
3. The **Quartier latin** is very animated.
4. The **quartier universitaire** is quite similar to other parts of town.
5. When the Sorbonne was founded, only French students attended.
6. One rarely sees French students outside class.

Expression écrite

Write a short autobiographical sketch consisting of three paragraphs by answering the following three sets of questions. Add any information you can. Or interview another student and write the sketch about him or her.

Paragraphe 1

1. Comment vous appelez-vous?
2. Qu'est-ce que vous étudiez?
3. Vous aimez les cours à l'université?
4. Vous aimez (adorez, détestez) le français?

Paragraphe 2

1. Vous habitez dans la cité universitaire? dans un appartement? dans une maison (*house*)?
2. Vous aimez les distractions? le sport?
3. Vous regardez la télévision? Vous écoutez la radio?
4. Vous aimez la musique classique? le jazz? le rock?

Paragraphe 3

1. Qu'est-ce que vous aimez faire (*to do*) avec des amis?
2. Vous aimez discuter au café? flâner sur le campus? explorer les bibliothèques? hanter les _____?

Activités

A. Bulletin d'inscription (*Enrollment form*). Imagine that you are going to attend **les cours internationaux d'été** (*international summer courses*) at the **Université de Caen.** You will need to fill out the following enrollment form. Using what you already know about the French language, find the equivalent of the following English words and phrases.

1. I would like to register in the session(s) noted below.
2. I (agree now to) deposit 540 francs per session payable to the accountant of the University of Caen.
3. Attach a recent photograph.
4. Last name.
5. Address.
6. Nationality.
7. Place of birth.
8. Date of birth.
9. First name.

Using the form, interview another student and fill out the form for him or her. Change the sentences and phrases into questions by raising your voice at the end of each item: **Nom** (*Last name*)? **Prénom** (*First name*)? (For the date of birth, give the day and the month only.)

Bulletin d'inscription à l'ENSEIGNEMENT

NOM (en lettres capitales)

Collez

I C I

une photo d'identité

récente

Madame
Mademoiselle
Monsieur

Prénom

Nationalité

Lieu de naissance

Date de naissance

Adresse

Je demande à m'inscrire à la/les session(s) ci-dessous.
(Mettre une croix dans la/les case(s) convenable(s)

| 4 juillet | 25 juillet | 15 août | 5 septembre |
| 21 juillet ☐ | 11 août ☐ | 1er septembre ☐ | 22 septembre ☐ |

☞ Je verse ce jour l'acompte correspondant à ma demande (540 F par session) au compte de M. l'Agent Comptable de l'Université de Caen.

Date : _____   Signature :

B. **Interview en désordre.** Voici une interview avec Jean-Louis, un étudiant français. Trouvez la réponse correcte à chaque (*each*) question.

Questions

1. Tu étudies à l'Université de Toulouse?
2. Tu aimes étudier ici?
3. Tu étudies l'anglais?
4. Tu travailles?
5. Tu aimes les films d'amour?
6. Tu aimes le sport?
7. Il y a des courts de tennis ici?

Réponses

J'adore le sport... à la télévision.
Oui, j'étudie les sciences.
Non, mais j'aime les films de science-fiction, par exemple, *Les Extraterrestres, Alien, E.T., Rencontres du troisième type.*
J'aime mieux vagabonder. J'aime l'évasion, par exemple, les voyages, le cinéma.
Oui, je travaille à la Librairie La Plume.
Non, j'étudie l'allemand.
Oui, et il y a aussi les cafés, le sport préféré des Français.

Maintenant, interviewez un(e) camarade de classe. Adaptez les questions précédentes ou inventez des questions.

A PROPOS

Comment saluer (to greet) les amis

Salutations (*Greetings*):

Salut!
Comment ça va?

Comment vas-tu? (*How are you? How's it going?*)

Tout va bien? (*All's well?*)

Réponses:

Salut!
Très bien, merci. Et toi (*you*)?

Comme ci, comme ça (*So so*).
Ça va à peu près (*Fairly well*).
Ça va mal (*Bad*).
Ça ne va pas du tout (*Very bad*).
Tout va bien.

	Oui, ça marche.
Ça marche? (*How's it going?*)	Non, ça ne marche pas.
Quoi de neuf? (*What's new?*)	Rien de nouveau (*Nothing new*).
	Pas grand-chose (*Not much*).
Au revoir.	Au revoir.
Salut!	Salut!

In informal conversation, one often uses identical expressions to greet and to respond to a greeting or to ask a simple question and to answer it. The intonation rises in the question and falls in the answer.

Tout va bien?   Tout va bien.

C'est d'accord?   C'est d'accord.

Rendez-vous à une heure?   Rendez-vous à une heure.

C. Interaction. With a classmate, act out the following situations in French.

1. You and a friend run into each other on campus. You exchange brief greetings, then agree to meet again at 2:30 P.M. at the Café ＿＿＿.

2. You and a friend run into each other on campus. After exchanging greetings, you suggest a rendezvous at the Café ＿＿＿ at 2:45. Your friend says he/she is working until 3:00 and suggests a rendezvous at 3:15. You accept.

3. You and a friend run into each other on campus. You tell your friend that things are going badly. You are preparing a report until 4:30. Your friend suggests a rendezvous, indicating the place and the time.

CHAPITRE DEUX

Descriptions

© GUY LE QUERREC/MAGNUM

C'est bizarre? extravagant? original? normal?

OBJECTIFS   In this chapter, you will learn a variety of ways to describe and to ask questions about individuals, from their personal characteristics to the clothes they wear. You will learn how to use the verb **être** (*to be*), how to use descriptive adjectives, how to ask questions that require an answer of *yes* or *no,* and how to use the prepositions **à** and **de.** You will read about how foreigners perceive the French, and how French-speaking students interact with each other.

57

Étude de vocabulaire

Quatre personnalités différentes

Claude est un jeune homme { enthousiaste. idéaliste. sincère.

Michèle est une jeune fille { sociable. sympathique. dynamique.

Solange est une jeune fille { calme. réaliste. raisonnable.

Jean est un jeune homme { individualiste. excentrique. drôle.

A. Qualités. Donnez la qualité correspondante selon le modèle.

MODÈLE: Michèle aime parler avec des amis. → C'est une jeune fille sociable.

1. Claude parle avec sincérité.   2. Solange n'aime pas l'extravagance.   3. Jean est amusant.   4. Michèle aime l'action.
5. Claude parle avec enthousiasme.   6. Jean n'est pas conformiste.

7. Solange regarde la vie avec réalisme.   8. Jean aime l'excentricité.
9. Solange n'est pas nerveuse.

B. Ressemblances. Donnez l'adjectif selon le modèle.

MODÈLE: l'idéal**isme** → une personne idéal**iste**

1. l'individualisme   3. l'enthousiasme   5. le conformisme
2. le réalisme   4. l'optimisme   6. le pessimisme

C. Et vous? Répondez selon le modèle.

MODÈLE: sociable ou insociable? → Je suis sociable (*I am sociable*).

1. sincère ou hypocrite?   2. excentrique ou conformiste?
3. individualiste ou altruiste?   4. sympathique ou antipathique?
5. calme ou dynamique?   6. réaliste ou idéaliste?   7. raisonnable ou
absurde?   8. optimiste ou pessimiste?

D. Interview. Posez des questions à un(e) camarade selon le modèle.
Utilisez les phrases précédentes.

MODÈLE: sociable ou insociable? →

> *Vous:* A ton avis, Marc est sociable ou insociable?
> *Un(e) camarade:* A mon avis, Marc est sociable.

Les vêtements

A. Erreur! Répondez selon les images.

MODÈLE: Il porte (*is wearing*) un pull-over. → Non. Le pull-over est
dans l'armoire. Il porte un costume.

1. Il porte des bottes.
2. Elle porte une robe.
3. Il porte un jean.
4. Elle porte un chemisier.

B. Qu'est-ce qu'ils portent? Décrivez les personnes dans les images.

MODÈLES: Il porte une chemise, une cravate...

Elle porte un chapeau...

C. Et vous? Répondez aux questions d'un(e) camarade selon le modèle.

MODÈLE: quand (*when*) il fait chaud →
Un(e) camarade: Qu'est-ce que tu portes quand il fait chaud?
Vous: Je porte un jean, un tee-shirt et des sandales.

1. quand il neige
2. quand il pleut
3. pour un concert de rock
4. maintenant

Les couleurs

la couleur (f.)

brun-brunette

le drapeau américain   le drapeau français

rouge, blanc, bleu

le soleil: le chat: le café:

jaune   noir   marron *(chestnut) object-brun*

rouge + blanc = rose   rouge + bleu = violet
bleu + jaune = vert   noir + blanc = gris
rouge + jaune = orange

A. De quelle couleur? Suivez le modèle.

MODÈLE: une banane → Elle est jaune.

1. une rose
2. une orange
3. un rubis
4. un océan
5. un glacier

B. Association. Quelles couleurs associez-vous avec _____?

MODÈLE: Halloween? → Le noir et l'orange.

1. le ski?
2. l'écologie?
3. le pessimisme?
4. l'amour?
5. le jour de la Saint-Valentin?
6. Noël?

C. Préférences. Donnez une opinion personnelle selon le modèle. Utilisez les verbes **aimer, ne pas aimer, aimer mieux** ou **détester**.

MODÈLE: le vert, le bleu → Je n'aime pas le vert. J'aime mieux le bleu.

1. le rouge, le rose
2. le bleu, le jaune
3. le rouge, le jaune
4. l'orange, le violet
5. le blanc, le gris

Christine, Michel et la voiture

1. Christine est à côté de la voiture.

2. Michel est sur la voiture.

3. Christine est dans la voiture.

4. Michel est devant la voiture.

5. Michel est derrière la voiture.

6. Christine est sous la voiture.

A. Oui ou non? Regardez les images et corrigez les phrases inexactes.

1. Michel est à côté de la voiture.
2. Christine est sur la voiture.
3. Christine est dans la voiture.
4. Michel est derrière la voiture.
5. Michel est devant la voiture.
6. Christine est sous la voiture.

B. **Désordre.** Décrivez l'image d'Alain selon le modèle. Utilisez **sur, sous, devant, derrière** et **dans.**

MODÈLE: Il y a deux livres sous la chaise.

C. **A côté de qui?** Où sont vos (*your*) camarades de classe? Suivez le modèle.

MODÈLE: Mary est à côté de Charlie.

Étude de grammaire

5. THE VERB **ÊTRE** (*TO BE*)

Le génie de Roger

ROGER: Eh bien, je *suis* prêt à travailler!
MARTINE: Très bien, mais il y a un dictionnaire et des cahiers ici?
ROGER: Ah oui, regarde, ils *sont* ici. Le dictionnaire *est* sous le chapeau et les cahiers *sont* sur le veston. Maintenant, nous *sommes* prêts à travailler.
MARTINE: Tu *es* très fort en littérature, Roger, mais pour l'organisation, tu *es* nul.
ROGER: Oui et non. A mon avis, le désordre, *c'est* un signe de génie!

Roger's brilliance
ROGER: Well then, I'm ready to work! MARTINE: Very good, but are there a dictionary and some notebooks here? ROGER: Oh yes, look, they're here. The dictionary is under the hat and the notebooks are on the jacket. Now we're ready to work. MARTINE: You're very strong in literature, Roger, but very bad on organization. ROGER: Yes and no. In my opinion, disorder is a sign of genius!

Le dictionnaire _____ sous le chapeau.
Les cahiers _____ sur le veston.
Roger _____ fort en littérature, mais nul en organisation.
«Nous _____ prêts à travailler. »

PRESENT TENSE OF **être** (*to be*)			
je	**suis**	*nous*	**sommes**
tu	**es**	*vous*	**êtes**
il, elle, on	**est**	*ils, elles*	**sont**

A. The uses of **être**

The uses of **être** closely parallel those of *to be.*

Paul **est** de New York.	*Paul is fom New York.*
Est-ce que Solange **est** sociable?	*Is Solange sociable?*
Vous **êtes** un étudiant excellent.	*You are an excellent student.*
Jacques et Marie **sont** dans la bibliothèque.	*Jacques and Marie are in the library.*

When using **je, tu, nous,** and **vous** to identify your own or someone else's nationality, religion, profession, or occupation, do not use a definite or indefinite article. The verb is followed directly by the descriptive expression.

Je **suis anglais.**	*I am English.*
Tu **es protestant?**	*Are you (a) Protestant?*
—Non, je **suis catholique.**	*—No, I am (a) Catholic.*
Vous **êtes professeur?**	*Are you a teacher?*
—Non, je **suis étudiant.**	*—No, I am a student.*
Vous **êtes diplomates?**	*Are you diplomats?*
—Non, nous **sommes touristes.**	*—No, we are tourists.*

B. **Ce** versus **il(s)/elle(s)**

Like **il(s)** and **elle(s)**, the invariable word **ce** is a third-person pronoun. With the verb **être,** there are some cases where **ce** must be used and others where **il(s)** or **elle(s)** must be used. **Ce** plus **est** becomes **c'est.**

1. **Ce** is used with **est** and **sont** before nouns and proper names (**des noms propres**). Before nouns, an article must be used. In the following examples, **ce** has various English equivalents: *this, that, these, those,* and *it,* as well as *he, she,* and *they.*

Nouns:

C'est **un chandail**.	*It (this, that) is a sweater.*
Ce sont **des chaussures**.	*They (these, those) are shoes.*
C'est **un Français**? —Non, c'est **un Italien**.	*Is he a Frenchman? —No, he's an Italian.*

Proper names:

C'est **Georges**.	*It's (he is, that is) George.*
Ce sont **Christine et Michel**.	*It's (they are) Christine and Michel.*

2. **Il(s)** or **elle(s)** are used with **est/sont** followed by adjectives or prepositions.

Adjectives:

Il est **vert**.	*It's green.*
Il est **italien**.	*He's Italian.*
Elle est **catholique**? —Non, elle **est protestante**.	*Is she Catholic? —No. She's Protestant.*

Prepositions:

Il est **avec** Paul.	*He's with Paul.*
Elles sont **dans** la bibliothèque.	*They are in the library.*

3. With nouns referring to professions or occupations, either **ce** or **il(s)/elle(s)** may be used. Use **ce** when the noun is modified by an article or an adjective and **il(s)/elle(s)** when the noun stands alone.

C'est **un professeur**. → *He is a professor.* ← Il est **professeur**.
C'est **un professeur dynamique**. → *He's a dynamic professor.*
C'est **un touriste**. → *He is a tourist.* ← Il est **touriste**.
C'est **une touriste typique**. → *She's a typical tourist.*
Ce sont **des étudiantes**. → *They are students.* ← Elles sont **étudiantes**.
Ce sont **des étudiantes intelligentes**. → *They are intelligent students.*

4. To refer to a general situation or to describe something that is understood in the context of conversation, the French often use **c'est** followed by an adjective.

«L'examen est annulé? C'est fantastique!»

«La théorie de la relativité? C'est difficile.»

«Le français? C'est facile.»

Maintenant à vous

A. Description. Décrivez les scènes. Utilisez **devant, dans, sur, sous** ou **derrière.**

MODÈLE:  → Les cafés sont sur la table.
Les garçons (*boys*) sont devant la table.

1.    2.

B. Qui est là (*Who's there*)? Mettez les phrases au pluriel. Suivez le modèle.

MODÈLE: C'est un ami? → Non, ce sont des amis.

1. C'est une étudiante?
2. C'est une touriste?
3. C'est un professeur?
4. C'est une Américaine?
5. C'est un Anglais?
6. C'est une Chinoise?

C. La France et les Français. Choisissez la réponse correcte. Utilisez **c'est** ou **ce n'est pas** dans votre réponse.

MODÈLE: le sport préféré des Français: le jogging? le football (*soccer*)? →
Ce n'est pas le jogging, c'est le football.

1. un symbole de la France: la rose? la fleur de lis?   2. un président français: Chevalier? Mitterrand?   3. un cadeau (*present*) des Français aux Américains: la Maison-Blanche (*White House*)? la Statue de la Liberté?   4. une ville avec beaucoup de Français: La Nouvelle-Orléans? St. Louis?   5. un pays (*country*) avec beaucoup de Français: le Canada? le Mexique?   6. un génie français: Louis Pasteur? Werner von Braun? 7. parler français: difficile? facile?

D. Les quatre amis et le prof. Complétez les phrases avec **c'est, il est** ou **elle est.**

1. Claude. _____ un jeune homme enthousiaste. _____ sincère et idéaliste.

2. Solange. _____ une Française. _____ une jeune fille calme et réaliste.
3. Michèle. _____ sociable et dynamique. _____ une amie sympa. _____ française.
4. Jean. _____ individualiste et excentrique, mais _____ un étudiant studieux.
5. M. Fumaroli. _____ sympa, mais _____ un professeur érudit (*learned*) et intéressant. _____ un Italien.

E. Portrait. Donnez un portrait de vous-même (*yourself*).

1. Je m'appelle _____.
2. Je suis un(e) _____. (*femme, homme, jeune fille, jeune homme*)
3. Je suis _____. (*étudiant[e], professeur*)
4. Je suis _____. (*nationalité*)
5. Je suis de _____. (*ville [city]*)
6. Je suis l'ami(e) de _____.
7. _____ et _____ sont mes (*my*) amis.
8. Maintenant je suis _____. (*location*)
9. Je porte _____. (*vêtements*)

Maintenant, donnez un portrait d'un(e) camarade de classe.

6. DESCRIPTIVE ADJECTIVES

Le couple idéal

Elle est sociable,
   charmante,
   sérieuse,
   idéaliste,
   sportive...

Répondez aux questions
suivantes.

Il est sociable,
   charmant,
   sérieux,
   idéaliste,
   sportif...

1. Il cherche (*is looking for*) une femme sportive? réaliste? extravagante?
2. Il est ordinaire? extraordinaire? réaliste?
3. Elle cherche un homme sociable? drôle? réaliste?
4. Elle est ordinaire? extraordinaire? réaliste?
5. La machine est optimiste?

The ideal couple
(Man) She's sociable, charming, serious, idealistic, likes sports . . . (Woman) He's sociable, charming, serious, idealistic, likes sports . . . (Computer) They're difficult to please!

A. Position of descriptive adjectives

Descriptive adjectives (**les adjectifs qualificatifs**) are used to describe nouns. In French, they normally *follow* the nouns they modify. They may also modify a subject pronoun when they follow the verb **être**.

un professeur **intéressant**	*an interesting teacher*
un ami **sincère**	*a sincere friend*
Elle est **sportive**.	*She is sports-minded (likes sports).*

B. Agreement of adjectives*

In French, adjectives must agree in both gender and number with the nouns they modify. A feminine singular adjective agrees with a feminine singular noun, a masculine plural adjective with a masculine plural noun, and so on. Note the different forms of the adjective **intelligent:**

	MASCULINE	FEMININE
Singular	un étudiant intelligent	une étudiante intelligente
Plural	des étudiants intelligents	des étudiantes intelligentes

1. The feminine singular form of most adjectives is created by adding **-e** to the masculine form:

    Alain est persévérant. → Sylvie est persévérante.

    Remember that final **t, d, s,** and **n,** usually silent in French, are pronounced when **-e** is added.

    masculine: **intelligent** [ɛ̃tɛliʒɑ̃]
    feminine: **intelligente** [ɛ̃tɛliʒɑ̃t]

    If the masculine singular form of the adjective ends in an unaccented or silent **-e,** the ending does not change in the feminine singular:

    Paul est optimiste. → Claire est optimiste.

2. The plural forms of most masculine and feminine adjectives are created by adding **-s** to the singular form.

    Ils sont charmants. Elles sont charmantes.

    If the singular form of an adjective already ends in **s** or **x,** the ending does not change in the masculine plural.

---

*L'accord des adjectifs

L'étudiant est **français.** → Les étudiants sont **français.**
Le professeur est **courageux.** → Les professeurs sont **courageux.**

3. If a plural subject contains one or more masculine items or persons, the plural adjective is masculine.

Sylvie et François sont **français.** Sylvie et Françoise sont **françaises.**

4. Some adjectives of color have both masculine and feminine forms.

masculine: un chemisier **blanc/bleu/gris/noir/vert/violet**
feminine: une chemise **blanche/bleue/grise/noire/verte/violette**

Others have only one form for masculine and feminine:

jaune, marron, orange, rose, rouge

All adjectives of color take an **-s** in the plural, except the masculine plural **gris,** which is identical to the masculine singular, and **marron** and **orange,** which are invariable in both gender and number.

les chemisiers $\begin{cases} \text{gris} \\ \text{marron} \\ \text{orange} \end{cases}$ les chemises $\begin{cases} \text{grises} \\ \text{marron} \\ \text{orange} \end{cases}$

C. Descriptive adjectives with irregular forms

PATTERN		SINGULAR		PLURAL	
Masc.	*Fem.*	*Masc.*	*Fem.*	*Masc.*	*Fem.*
-eux ⎫ → -euse ⎬ -eur ⎭		courageux travailleur	courageuse travailleuse	courageux travailleurs	courageuses travailleuses
-er → -ère		cher (*expensive*)	chère	chers	chères
-if → -ive		sportif	sportive	sportifs	sportives
-il ⎫ → -ille ⎬ -el ⎭ → -elle		gentil (*nice, pleasant*) intellectuel	gentille intellectuelle	gentils intellectuels	gentilles intellectuelles
-ien → -ienne		parisien	parisienne	parisiens	parisiennes

Other adjectives that follow these patterns include **paresseux/paresseuse** (*lazy*), **naïf/naïve** (*naïve*), **sérieux/sérieuse** (*serious*), **fier/fière** (*proud*), and **canadien/canadienne** (*Canadian*). Note that adjectives of nationality or place are not capitalized in French: **un restaurant parisien.**

Maintenant à vous

A. Similarités. Paul et Paulette sont semblables. Suivez le modèle.

MODÈLE: Paul est français. → Paulette est aussi (*also*) française.

1. optimiste
2. intelligent
3. charmant
4. fier
5. sérieux
6. parisien
7. naïf
8. gentil
9. sportif
10. courageux
11. travailleur
12. intellectuel

B. Descriptions.

1. *Jean* est intéressant. (Sophie, Philippe et Claire, Paul)
2. Voilà *une étudiante* intelligente. (professeur, hommes, jeune fille)
3. *Mireille* est paresseuse et naïve. (Robert, Thomas et Chantal, Christine et Marie-Thérèse)
4. *Le chemisier* est blanc et gris. (la cravate, les chaussettes, le tee-shirt, les chemises)

C. Transformation. Mettez (*Put*) les phrases suivantes au pluriel.

MODÈLE: C'est un étudiant travailleur. → Ce sont des étudiants travailleurs.

1. C'est un touriste typique.
2. C'est une personne intelligente.
3. C'est une robe marron.
4. C'est un homme courageux.
5. C'est une femme sérieuse.
6. C'est un Anglais fier.
7. C'est une voiture chère.
8. C'est un costume gris.

D. D'où sont-ils (*Where are they from*)? Répondez selon le modèle.

MODÈLE: Frank est touriste. Il est de Chicago. → C'est un touriste américain.

1. Marc est touriste. Il est de Paris.
2. Marie est étudiante. Elle est de Montréal.
3. Gina et Maria sont professeurs. Elles sont de Rome.
4. Mlle Chang et Mme Wah sont touristes. Elles sont de Pékin.
5. Winston et Charles sont des garçons. Ils sont de Londres.

E. Des amis intéressants? Jean et Catherine parlent des amis. Que dit Jean (*What does Jean say*)?

MODÈLE: *Catherine:* Et Marguerite, elle est sportive? (femme)
     Jean: Oui, c'est une femme sportive.

1. Et Jean-Pierre, il est sympathique? (étudiant)
2. Et Margot, elle est intéressante? (jeune fille)
3. Et Mme Lenoir, elle est dynamique? (femme)
4. Et M. Béranger, il est paresseux? (homme)
5. Et Mlle Duval, elle est travailleuse? (personne)

6. Et Claude, il est très sérieux? (garçon)

7. Et Renée, elle est très naïve? (jeune fille)

F. De quelle couleur? Donnez la couleur des choses (*things*) suivantes.

MODÈLE: le drapeau américain → Le drapeau américain est rouge, blanc et bleu.

1. le drapeau français
2. l'éléphant (*m.*)
3. le lion
4. la violette
5. le drapeau canadien
6. le tigre
7. le zèbre
8. les plantes (*f.*)
9. les fleurs (*f.*)

G. Au contraire! Selon le modèle, répondez aux questions posées par (*by*) un(e) camarade de classe.

MODÈLE: *Un(e) camarade:* Tu es hypocrite? →
Vous: Non, je ne suis pas hypocrite. Au contraire, je suis sincère.

1. Tu es réaliste?
2. Tu es sociable?
3. Tu es paresseux (-euse)?
4. Tu es désagréable?
5. Tu es déraisonnable?
6. Tu es impatient(e)?
7. Tu es sérieux (-euse)?

H. Les personnes idéales. Complétez les phrases avec des adjectifs.

1. L'homme idéal est _____.
2. La femme idéale est _____.
3. Le/La camarade de classe idéal(e) est _____.
4. Le professeur idéal est _____.
5. Le chauffeur de taxi idéal est _____.

I. Vous êtes à la mode (*fashionable*)? Describe what you and the other people in your classroom are wearing, including the colors of the clothes. Use the verb **porter.**

MODÈLE: Je porte une chemise noire, un pantalon rouge, des chaussettes vertes et des chaussures marron. Je suis à la mode. Mark (June) porte… Il/Elle (n')est (pas) à la mode.

Le français par les gestes: C'est splendide!

This French gesture describes how marvelous something or someone is. It looks like a kiss on the tips of the gathered fingers of one hand. The kiss is thrown (with the fingers opening) toward the object of the compliment. It is accompanied by a kissing sound, the loudness of which reflects one's enthusiasm . . . and one's wish to be noticed!

7. *YES/NO* QUESTIONS

Discussion entre deux Français

LE TOURISTE: *Est-ce* un match de boxe?
L'AGENT DE POLICE: Non, ce n'est pas un match de boxe.
LE TOURISTE: *Est-ce que* c'est une révolution?
L'AGENT DE POLICE: Non, ce n'est pas une révolution.
LE TOURISTE: Alors, c'est un accident, *n'est-ce pas?*
L'AGENT DE POLICE: Mais non, c'est une discussion entre amis.

Voici les réponses. Posez les questions. Elles sont dans le dialogue.

1. Ce n'est pas un match de boxe.
2. Ce n'est pas une révolution.
3. Ce n'est pas un accident.

Questions that ask for new information or facts often begin with interrogative words (*who? what?* and so on). Other questions simply require a *yes* or *no* answer.

A. *Yes/no* questions with no change in word order

Like English, French has more than one type of yes/no question. The following questions can be negative as well as affirmative.

STATEMENT:	Vous êtes parisien.
QUESTION WITH RISING INTONATION:	Vous êtes parisien?
TAG QUESTION WITH **n'est-ce pas:**	Vous êtes parisien, **n'est-ce pas?**
QUESTION WITH **est-ce que:**	**Est-ce que** vous êtes parisien?

1. Questions with rising intonation: the pitch of your voice rises at the end of a sentence to create a vocal question mark.

   Vous parlez anglais?   *You speak English?*

2. Tag questions: when agreement or confirmation is expected, the invariable tag **n'est-ce pas?** is added to the end of a sentence.

   Il aime la musique, **n'est-ce pas?**   *He loves music, doesn't he?*

A discussion between two Frenchmen
TOURIST: Is this a boxing match? POLICEMAN: No, it isn't a boxing match. TOURIST: Is it a revolution? POLICEMAN: No, it isn't a revolution. TOURIST: Then it's an accident, isn't it? POLICEMAN: Of course not, it's just a discussion between friends.

Elles ne sont pas à Paris, **n'est-ce pas?**	*They aren't in Paris, are they?*
Elle porte un chapeau rouge, **n'est-ce pas?**	*She's wearing a red hat, isn't she?*

3. Questions with **est-ce que**: the statement is preceded by **est-ce que.** This is the easiest and most common way to turn a statement into a question in French.

Est-ce qu'elle étudie l'espagnol?	*Is she studying Spanish?*
Est-ce qu'il arrive à midi?	*Is he arriving at noon?*

Est-ce que is pronounced as one word. Before a vowel, it becomes **est-ce qu'**: **est-ce qu'ils** [ɛskil], **est-ce qu'elles** [ɛskɛl].

B. *Yes/no* questions with a change in word order

As in English, questions can be formed in French by inverting the order of subject and verb. The following questions can be negative as well as affirmative.

1. Questions with pronoun subjects: the subject pronoun (**ce, on, il,** and so on) and verb are inverted, and a hyphen connects the subject pronoun to the verb. Note that **pas** follows the pronoun.

Il est parfois difficile de trouver des mots français dans les étalages (*displays*) de certains magasins en France. Pourquoi?

PRONOUN SUBJECT	
STATEMENT:	Il est touriste.
QUESTION:	**Est-il** touriste?
NEGATIVE QUESTION:	**N'est-il pas** touriste?

Est-ce un match de boxe?	*Is it a boxing match?*
N'aiment-elles pas regarder la télévision?	*Don't they like to watch television?*
N'êtes-vous pas de Paris?	*Aren't you from Paris?*

The final **t** of third-person, plural verb forms is pronounced when followed by **ils** or **elles: aiment-elles.** If a third-person singular verb form ends in a vowel, **-t-** is inserted between the verb and the pronoun.

Aime-t-elle la littérature?	*Does she like literature?*
N'aime-t-il pas danser?	*Doesn't he like to dance?*
Parle-t-on français ici?	*Is French spoken here?*

The subject pronoun **je** is seldom inverted with the verb in spoken French or in informal writing. **Est-ce que** is used instead: **Est-ce que je suis fier?**

2. Questions with noun subjects: the third-person pronoun that corresponds to the noun subject follows the verb and is attached to it by a hyphen. The noun subject is retained.

NOUN SUBJECT	
STATEMENT:	Marc est étudiant.
QUESTION:	**Marc est-il** étudiant?
NEGATIVE QUESTION:	**Marc n'est-il pas** étudiant?

L'étudiante est-elle sympathique?	*Is the student nice?*
Roger habite-t-il à Dijon?	*Does Roger live in Dijon?*
Anne et Marie n'aiment-elles pas le professeur?	*Don't Anne and Marie like the professor?*
Les tee-shirts sont-ils blancs ou noirs?	*Are the T-shirts white or black?*

Remember that the simplest way to ask a question in French is with **est-ce que,** which can precede any statement.

Maintenant à vous

A. Un groupe d'amis. Posez les questions selon le modèle. Attention à l'intonation.

MODÈLE: Solange est de Paris. → Solange est de Paris?

1. Pascal est aussi de Paris.
2. Solange et Pascal sont parisiens.
3. Vous êtes aussi de Paris.
4. Roger est le camarade de Pascal.
5. C'est un garçon drôle.
6. Tu n'habites pas à Paris.
7. Elle est canadienne.

Maintenant, posez les questions avec **est-ce que** selon le modèle.

MODÈLE: Solange est de Paris. → Est-ce que Solange est de Paris?

B. Renée n'est pas modeste. Qu'est-ce qu'elle dit (*What does she say/What is she saying*)?

MODÈLE: intelligent → Je suis intelligente, n'est-ce pas?

1. sympathique
2. intéressant
3. courageux
4. gentil
5. sportif

C. Étudiants à la Sorbonne. Posez des questions avec l'inversion selon le modèle.

MODÈLE: Claude étudie à la Sorbonne. → Claude étudie-t-il à la Sorbonne?

1. Il est parisien.
2. Vous admirez Claude?
3. Claude et Josette sont ici.
4. Ils sont sympa.
5. Josette habite à la cité-u.

D. La curiosité. Utilisez les éléments suivants et posez des questions selon le modèle.

Georges	à Paris
Sophie	à la librairie
Claire et Simone	à la bibliothèque
M. Martin	avec Mlle Dupont
Philippe et Odile	à la discothèque
Henri	à l'université
les Deschamps	à Tours

MODÈLE: Georges n'est-il pas à la bibliothèque?

E. Les vêtements. Posez quatre questions à un(e) camarade de classe sur les vêtements qu'il/qu'elle porte. Utilisez quatre formes interrogatives différentes selon le modèle.

MODÈLE: *Vous:* Est-ce que tu portes une chemise?
  Un(e) camarade: Non, je porte un pull-over.
  Vous: Tu portes un jean, n'est-ce pas?
  Le/La camarade: Oui, je porte un jean.
  Vous: Portes-tu des chaussettes vertes?
  Le/La camarade: Non, je porte des chaussettes noires.
  Vous: Tu ne portes pas de sandales?
  Le/La camarade: Non, je porte des chaussures.

F. **Une interview.** Interviewez un(e) camarade de classe. Demandez s'il (si elle)...

MODÈLE: is impatient → Es-tu impatient(e)?
    (*ou*) Est-ce que tu es impatient(e)?

1. is optimistic or pessimistic
2. is hard-working or lazy
3. likes sports (tennis, basketball, football)
4. likes to dance
5. speaks Spanish (Italian, Russian, . . .)
6. lives at home (**à la maison**)
7. prefers television or movies

Rencontre culturelle

Viewed by an American, social relationships in France seem at first glance to be rather brusque. The dialogue "Discussion entre deux Français" (p. 71) would not appear to be an exaggeration to those visitors to France who have taken too seriously the French tendency toward aggressiveness. One explanation for this aggressiveness resides in the individuality that is characteristic of the French.

The French often describe themselves as a nation of individualists, and their individualism can be viewed as both their greatest strength and their greatest weakness. On the one hand, it is a source of originality and creativity; on the other, it is a source of constant conflict. One facet of this individualism is their **esprit critique,** their tendency to challenge or criticize everything, to accept nothing without questioning it first.

The **esprit critique** has both a positive and a negative side. The negative side is the tendency toward argument or ridicule of others. The French often say that **en France le ridicule tue** (*in France ridicule kills*). In France, people drive more aggressively than in the United States and Canada, and they are also more aggressive in lines, afraid of letting others get ahead of them. Someone who is too polite can be suspect: **trop poli pour être honnête** (*too polite to be honest*), as the saying goes.

The **esprit critique** also has a very positive side. The French are taught to challenge everything, to criticize the status quo, and to reason. At its best, the **esprit critique** makes the French an alert and lively people.

8. THE PREPOSITIONS **A** AND **DE**; CONTRACTIONS WITH **A** AND **DE**

Pierre et Francine, deux étudiants français typiques

Ils habitent *à la* cité universitaire.
Ils mangent *au* restaurant universitaire.
Ils jouent *au* volley-ball dans la salle de sports.
L'après-midi, *au* café, ils jouent *aux* cartes.
Ils aiment parler *des* professeurs, *de l'*examen d'anglais, *du* cours de
   littérature française et *de la* vie *à l'*université.

Et vous?

1. Habitez-vous à la cité universitaire?
2. Mangez-vous au restaurant universitaire?
3. Jouez-vous au volley dans la salle de sports?
4. Au café jouez-vous aux cartes?
5. Aimez-vous parler des professeurs? de l'examen de français? du cours de français? de la vie à l'université?

Prepositions (**les prépositions**) are words such as *to, in, under, for,* and so on. In English their form never varies: *I live **in** the United States; we are speaking **to** you.* The most common French prepositions are **à** and **de.**

A. Uses of **à** and **de**

1. **A** indicates location or destination. Note that **à** has several English equivalents.

Pierre étudie à la bibliothèque.	*Pierre studies at (in) the library.*
Ils habitent à Paris.*	*They live in Paris.*
Ils arrivent à Paris.	*They're arriving in Paris.*

With the verbs **parler** and **téléphoner, à** introduces the person spoken to or called.

Pierre **parle** à un professeur.	*Pierre is speaking to a professor.*
Pierre **téléphone** à un ami.	*Pierre is calling a friend.*

While the preposition *to* is not always used in English, **à** must be used in French with these verbs.

Pierre and Francine, two typical French students
They live in the dormitory. They eat at the student cafeteria. They play volleyball in the gym. In the afternoon, at the café, they play cards. They like to talk about professors, about the English exam, about the French literature course, and about life at the university.

*The preposition à expresses location primarily with names of cities. Prepositions used with names of countries are treated in Grammar Section 30.

2. **De** indicates where something or someone comes from.

Pierre est **de** Paris.	*Pierre is from Paris.*
Ils arrivent **de** la bibliothèque.	*They are coming from the library.*

De also indicates possession (expressed by *'s* or *of* in English) and the concept of belonging to, being a part of.

Voici le bureau **de** Madame Vernier.	*Here is Madame Vernier's desk.*
J'aime mieux la librairie **de** l'université.	*I prefer the university bookstore (the bookstore of the university).*

When used with **parler, de** means *about.*

Nous parlons de la littérature anglaise.	*We're talking about English literature.*

B. Contractions of **à** and **de** with the definite articles **le** and **les**

à + le = au	Pierre arrive **au** cinéma.	**de + le = du**	Pierre arrive **du** cinéma.
à + les = aux	Pierre arrive **aux** courts de tennis.	**de + les = des**	Pierre arrive **des** courts de tennis.

A and **de** always contract with two articles: the singular **le,** to form **au** and **du,** and the plural **les,** to form **aux** and **des. A** and **de** do not contract with other forms of the definite article: **à la, à l', de la, de l'.**

C. The verb **jouer** (*to play*) with the prepositions **à** and **de**

Martine **joue au tennis.**

Philippe **joue du piano.**

When **jouer** is followed by the preposition **à,** it means *to play* a sport or game. When it is followed by **de,** it means *to play* a musical instrument.

Maintenant à vous

A. Transformation.

1. Mireille parle *à la jeune fille.* (touristes, professeur, femme)
2. Nous parlons *du Café Flore.* (cours de français, musique de Ravel, sports français)
3. La jeune fille arrive *de New York.* (bibliothèque, cours d'anglais, restaurant universitaire)
4. Vous jouez *au golf.* (le rugby, le violon, la guitare, le hockey)

B. Où (*Where*) sommes-nous?

MODÈLE: Nous visitons la Statue de la Liberté. → Nous sommes à New York.

1. Nous jouons aux cartes.
2. Nous mangeons. *
3. Nous regardons un film de Truffaut.
4. Nous cherchons la Sorbonne.
5. Nous visitons la Maison-Blanche.

C. Description. Faites des phrases complètes selon le modèle.

MODÈLE: librairie / à côté de / hôpital → La librairie est à côté de l'hôpital.

1. salle de sports / courts de tennis
2. cahier / livre
3. tables / porte
4. discothèque / cinéma
5. bibliothèque / salles de classe
6. jeune fille / garçon
7. voiture / restaurant
8. café / cité universitaire

D. A qui est-ce (*Whose is it*)? Donnez l'article et la préposition corrects.

MODÈLE: voiture / jeune homme → C'est la voiture du jeune homme.

1. cahier / étudiante
2. manteau / professeur
3. restaurant / université
4. fenêtre / salle de classe
5. porte / cinéma
6. appartement / Canadiens
7. langue / Shakespeare

E. Au restaurant universitaire. D'où sont les personnes qui parlent au restaurant universitaire? Donnez la ville d'origine.

1. Lin, chinois.
2. Le professeur de français.
3. Claudette, française.
4. Robert, québécois.
5. Vous, américain(e).

Paris
Pékin
Québec
?

---

*Note the spelling change in the first-person plural of **manger**: **nous mangeons**. (See Grammar Section 18.)

F. Où va-t-on (*Where do we go*)? Répondez selon le modèle.

MODÈLE: Pour écouter une symphonie? → le concert → On va au concert.

1. Pour regarder un film?   On va _____.
2. Pour trouver un livre?   l'amphithéâtre, la discothèque,
3. Pour jouer au tennis?   le Quartier latin, le cinéma, le
4. Pour jouer au volley-ball?   café, la bibliothèque, les courts
5. Pour écouter le professeur?   de tennis, le concert, la salle
6. Pour danser?   de sports, le restaurant
7. Pour manger?   universitaire, la maison
8. Pour visiter la Sorbonne?
9. Pour parler avec des amis?
10. Pour écouter un orchestre?

G. Une interview. Répondez aux questions d'un(e) ami(e) selon le modèle. Trouvez une réponse personnelle ou utilisez les mots entre parenthèses.

MODÈLE: jouer au tennis → *Un(e) ami(e)*: Est-ce que tu aimes jouer au tennis?
                           Vous: Non, j'aime mieux jouer aux cartes.

1. jouer de l'accordéon (la guitare, le piano)
2. étudier à la faculté (bibliothèque, cité universitaire)
3. parler du cours de français (professeurs, examen de français)
4. être au cinéma (salle de sports, café)
5. manger au restaurant universitaire (restaurant, café)

Étude de prononciation

French consonant sounds

Many French and English consonant sounds are similar in pronunciation; others are not.

The following chart lists the IPA symbols for French consonant sounds and the various spellings of each sound. Note that there is no *h* sound in French. The more difficult sounds will be treated in greater detail in later chapters.

Prononcez avec le professeur.

	IPA symbol	Most common spelling(s)
1. bon boxe combien bibliothèque table snob	[b]	b
2. choix cher chercher architecte branche	[ʃ]	ch
3. deux dans radio canadien allemande stupide	[d]	d
4. phrase fille café difficile neuf naïf	[f]	f ff ph
5. guitare garçon agréable égoïste langue	[g]	g ga go gu
6. espagnol signal Espagne champagne	[ɲ]	gn
7. jeune gens énergique bonjour mange voyage	[ʒ]	j ge gi gy
8. café quatre ski encore cinq bifteck	[k]	ca co cu k q qu
9. livre langue allemand voilà drôle balle	[l]	l ll
10. mal mais ami comment homme calme	[m]	m mm
11. non neuf tennis fenêtre américaine fine	[n]	n nn
12. pas porte typique simple type stop	[p]	p
13. rue radio porte correct cher encore	[r]	r rr
14. science cinq français bonsoir classe France soixante scène	[s]	ce ci cy ç s ss sce sci x
15. table théâtre italien cité correct porte cette	[t]	t th tt
16. wagon voilà livre bravo vive active	[v]	v w
17. zéro zone musique bizarre chaise onze	[z]	s z

You can see from this list that, as in English, a given letter can represent a variety of sounds.

- The letter **s** is pronounced [z] when it occurs between vowels: musique, chaise, désagréable, enthousiaste, visible, des étudiants. In other contexts, it is pronounced [s], as in the spelling **ss**: intéressant, snob, idéaliste.

- The letter **c** is pronounced [k] before consonants, before the vowels **a, o,** and **u,** or when it is in final position: a**c**tion, débâ**c**le, **c**alme, **c**onformiste, **c**ubiste, ave**c.** It is pronounced [s] before the letters **i, e,** and **y:** **c**inéma, **c**entre, Nan**c**y.
- The letter **ç** (**c** with the cedilla [**c** cédille]) is pronounced [s] and is found only before **a, o,** and **u:** fran**ç**ais, **ç**a, gar**ç**on, aper**ç**u.
- The letter **g** is pronounced [g] before consonants, **a, o,** and **u:** a**g**réable, **g**arder, **g**olf, **g**uide. In other contexts, it is pronounced [ʒ]: **g**ymnaste, **g**éant, **g**irafe.

Maintenant, prononcez avec le professeur.

1. L'appétit gigantesque de Laurent, ce grand gourmand, est bizarre. A trois heures il désire du goulasch et une salade niçoise. Et comme dessert?
2. Quelles sont les circonstances de la cessation des hostilités? Les combattants fument des cigares.
3. « Elle arrive en cyclone. » C'est une façon de parler.

AU RESTAU-U

Contexte Nous sommes dans un restaurant universitaire d'Aix-en-Provence. Il est midi. Patricia, une étudiante américaine, cherche une place° à table. Il y a une place libre° à la table de Clément.   *seat*
       empty

Objectif Patricia fait connaissance avec° des étudiants   *fait... meets*
français et francophones.

Dialogue

CLÉMENT: Bonjour! Comment t'appelles-tu°?   *Comment... What's your name?*
PATRICIA: Je m'appelle Patricia. Et toi°?   *you*
CLÉMENT: Moi, c'est° Clément. Je suis nul en anglais° mais je suis un génie en musique... Voilà Didier. C'est un pianiste. Il est de Dakar.   *Moi... Me, I'm / Je... I'm very bad at English*
PATRICIA: Bonjour, Didier. ⸱·. ADD
CLÉMENT: Et voici Christine. Elle est de Genève et joue très bien au tennis.
PATRICIA: Salut, Christine.

CLÉMENT: Voici Danielle. Elle étudie les maths. Elle est très BCBG°... [besebeʒe]

PATRICIA: Bonjour, Danielle. BCBG?

CLÉMENT: Bon Chic, Bon Genre.* Et toi, tu es d'où°?

tu... where are you from?

Variations

1. Enact the dialogue. Patricia answers Clément's last question and explains what she is studying in Aix-en-Provence.
2. Reenact the dialogue in groups of four students. Base the dialogue on your own identities, or make up new ones.

Commentaire culturel

Students from all over the world attend French universities for part or all of their higher education. In 1984 there were approximately 915,000 French students studying at the university level in France; among them, there were approximately 122,000 foreign students. The French Ministry of Education maintains an open system of enrollment in which any student, native or foreign, is admitted to university study in France as long as he or she holds the degree of **baccalauréat** or its equivalent. For American students, this generally means the completion of two years in an accredited college or university.

Many American colleges and universities run their own foreign study programs in France, and many of these programs accept applications from students from other schools. If you decide you would like to enter the French educational system itself, you will need to gather information about the various possibilities well in advance. The open admissions policy is an admirable reflection of a culture eager to share its intellectual wealth and to propagate itself abroad, but foreign students applying for entrance will quickly discover a less admirable aspect of French culture—a cumbersome bureaucracy sometimes difficult to understand.

If you would like general information about French universities and the application process, visit or write the **Services Culturels** of the French embassy or consulate nearest you. You can get more detailed information by writing the **Bureau de l'Information et de l'Orientation du Ministère de l'Education Nationale (Directeur des Enseignements Supérieurs, 61–65, rue Dutot, 75015 Paris)**. If you know which French university you would like to enter, write its **Centre de l'Information et de l'Orientation.**

An important alternative for students wishing to study in France is the **académies** that specialize in teaching French language courses at all levels. For information write the **Ministère des Relations Extérieures (34–36, rue La Pérouse, 75016 Paris)** and ask for the brochure published by the **Association pour la Diffusion de la Pensée Française.**

---

*__Bon Chic, Bon Genre,__ like English expressions such as *preppie* or *yuppie*, is impossible to translate directly into a foreign language. The French use this expression to refer to someone who dresses in an expensive, classical style while at the same time making an effort to be daring and innovative in that style of dress.

A. Description: la vie de Martine. Faites des phrases complètes avec les éléments donnés.

1. Martine / être / étudiante / sérieux / et intéressant
2. elle / habiter / à côté de / bibliothèque
3. elle / jouer / piano
4. nous / jouer / cartes / Martine
5. aujourd'hui / elle / porter / sandales / marron / et / jean / noir
6. chemises / Martine / être / blanc
7. ce / être / jeune fille / simple / mais / excentrique

B. Qui admirez-vous? Demandez l'opinion personnelle d'un(e) camarade de classe selon le modèle. Utilisez des formes interrogatives différentes.

MODÈLE: personne / courageux →
   Vous: Est-ce que tu admires les personnes courageuses?
   Un(e) ami(e): Oui, j'admire les personnes courageuses.

1. professeur / patient
2. étudiante / sérieux
3. jeune fille / sportif
4. étudiant / travailleur
5. personne / naïf

Maintenant, créez d'autres (*other*) questions et réponses avec les noms et les adjectifs suivants:

president
homme/femme politique
professeur
musicien(ne)

paresseux
excentrique
drôle
individualiste
réaliste

C. Portraits. Composez des phrases selon le modèle. Trouvez les adjectifs et les endroits (*places*) correspondants.

MODÈLE: Nous jouons aux cartes → Nous sommes calmes et sociables.
   Nous sommes au café.

1. Nous aimons parler avec des amis.
2. Elles étudient beaucoup.
3. Nous dansons beaucoup.
4. Odile est parisienne.
5. Yannick joue au tennis.
6. Elles aiment les Talking Heads.

Les adjectifs: individualiste, sérieux, travailleur, sportif, idéaliste, sociable, calme, drôle, fort, excentrique, à la mode, BCBG

Les endroits: Paris, café, cinéma, bibliothèque, discothèque, maison, courts de tennis, amphithéâtre, le Quartier latin

D. Les étudiants de la Faculté des lettres. Décrivez les étudiants et l'organisation de la classe. Voici des questions pour vous aider.

1. Est-ce qu'il y a des cahiers dans la classe? des dictionnaires? des livres? des étudiantes? des étudiants? des bureaux?
2. Derrière qui est Jean-Paul? A côté de qui est Mireille? (etc.)
3. Où est le livre d'italien? de français? le dictionnaire de russe? d'espagnol? le cahier d'anglais? d'allemand?
4. Décrivez les jeunes gens. Qu'est-ce qu'ils portent?

E. Qui est-ce? Décrivez un(e) camarade de classe selon le modèle. Le reste de la classe devine (*guess*) qui c'est.

MODÈLE: Il aime la musique et le tennis, il étudie l'allemand et le français et il n'aime pas danser. Il est de Cincinnati et il habite à la cité universitaire. Il est très intelligent, sympathique et sportif. Il porte un pull-over et un jean. Qui est-ce?

Vocabulaire

Verbes

arriver *to arrive*
chercher *to look for*
être *to be*
jouer à *to play (a sport or game)*
jouer de *to play (a musical instrument)*
manger *to eat*
porter *to wear; to carry*
téléphoner à *to telephone*

Substantifs

le garçon *boy*
la jeune fille *girl, young lady*
le jeune homme *young man*
la personne *person*
la voiture *automobile*

Adjectifs

cher, chère *expensive*
drôle *funny, odd*
facile *easy*
fier, fière *proud*
gentil(le) *nice, pleasant*
paresseux (-euse) *lazy*
sportif (-ive) *likes sports*
sympa(thique) *nice*
travailleur (-euse) *hard-working*

Adjectifs apparentés _____

amusant(e), calme,
canadien(ne), courageux
    (-euse), conformiste,
    (dés)agréable, différent(e),
difficile, dynamique,
enthousiaste, excentrique,
idéaliste, (im)patient(e),
important(e),
individualiste,
(in)sociable,
intellectuel(le),
intelligent(e),
intéressant(e), naïf
(naïve), nerveux (-euse),
optimiste, parisien(ne),
pessimiste, raisonnable,
réaliste, sérieux (-euse),
sincère, snob

Prépositions _____

à côté de   *beside, next to*
derrière   *behind*
devant   *in front of*

sous   *under*
sur   *on, on top of*

Mots divers _____

à la maison   *at home*
aussi   *also*
eh bien,...   *well, . . . (well
    then, . . .)*
où   *where*
quand   *when*
qui... ?   *who (whom) . . . ?*

Les vêtements _____

les bottes (*f.*)   *boots*
le chapeau   *hat*
les chaussettes (*f.*)   *socks*
les chaussures (*f.*)   *shoes*
la chemise   *shirt*
le chemisier   *blouse*
le costume   *suit*
la cravate   *tie*
l'imperméable (*m.*)   *raincoat*

le jean   *jeans*
la jupe   *skirt*
le manteau   *coat*
le pantalon   *pants*
le pull-over   *sweater*
la robe   *dress*
le sac à main   *handbag*
les sandales (*f.*)   *sandals*
le tee-shirt   *T-shirt*
la veste   *jacket*
le veston   *suit jacket*

Les couleurs _____

blanc, blanche   *white*
bleu(e)   *blue*
gris(e)   *gray*
jaune   *yellow*
marron (*inv.*)   *brown*
noir(e)   *black*
orange (*inv.*)   *orange*
rose   *pink*
rouge   *red*
vert(e)   *green*
violet(te)   *violet*

© KAREN JUDD

Lecture

A BAS LA MODE* ET VIVE LE LOOK!

Avant de lire You already know that cognates are words similar in form and meaning in two or more languages. The more cognates you can recognize, the more quickly and easily you will read French. It will help you to be aware that the endings of many French words correspond to certain English word endings. Here are a few of the most common.

French	English
-ment	*-ly*
-iste	*-ist*
-eux	*-ous*
-ion	*-ion*
-ie, é	*-y*
-ique	*-ical* or *ic*

What is the English equivalent for the following words?

1. la caractéristique
2. l'unité
3. la transformation
4. la théorie
5. politique
6. typiquement
7. écologiste
8. courageux

In the following passage you will also come across a number of examples of **franglais**, English words used in French. Before reading, scan the passage and make two lists, one of the cognates and another of the English words used in French. Remember that in this and subsequent readings, the guessable cognates are neither underlined nor glossed, while unfamiliar terms that you should be able to guess from context have been underlined.

---

*Fashion

*L*E CHIC d'Yves Saint-Laurent ou de Pierre Cardin n'intéresse pas les jeunes Français. La mode, pour eux,° c'est le « look ». Quelle est la différence? Le look exprime des idées personnelles. Les ancêtres du look sont les Hippies de '68. Pour ces° groupes de jeunes le style de vie et les vêtements sont des messages. La jeunesse française d'aujourd'hui est divisée en groupes d'intérêts et d'opinions divers. Chaque groupe a° un code, un langage, un look. Les médias appellent ces groupes des « tribus° ».

    Voici le look de quelques-unes des° tribus urbaines de France…

them

these

has

tribes

quelques… some of the

© E. BOUBAT/PHOTO RESEARCHERS

Les BCGB (Bon Chic, Bon Genre)

le look: britannique
les idées: bourgeoises
les passions: la princesse Diana, les vêtements

© HENRI CARTIER-BRESSON/MAGNUM

Les babas

le look: pull-over indien et sandales
les idées: anticonformistes, antinucléaires, écologistes
les passions: la nature, les utopies

Les minets

le look: jean, tee-shirt Fruit-of-the-Loom
les idées: américanophiles, pro-Reagan
les passions: milk-shake, Coca-Cola, jeeps

© HELENA KOLDA

Il y a aussi les Punks, les Rockers, les New-Waves et les Silicon Valleys…

Compréhension

Corrigez les phrases inexactes.

1. Les jeunes Français adorent la mode chic.
2. La mode chic exprime des idées personnelles.
3. Les ancêtres du look sont Yves Saint-Laurent et Pierre Cardin.
4. La jeunesse française est unifiée.
5. Le look des BCBG est américain.
6. Les babas portent des tee-shirts Fruit-of-the-Loom.
7. Les minets sont écologistes.

Expression écrite

Write two paragraphs describing a friend or acquaintance who fits into one of the groups mentioned in the reading. Use the suggestions below as a guide. Replace the underlined words with ones relevant to your description. Add as much detail as you can.

Paragraph 1

Julie est une rockeuse. Elle habite à Los Angeles. C'est une jeune fille excentrique mais intéressante. Elle aime parler de musique et de discothèques. Elle n'aime pas parler de cours universitaires. En général, elle porte un chandail noir, un jean et des chaussettes blanches.

Paragraph 2

Julie admire les Talking Heads, Sting et Elvis Costello. Elle déteste les Silicon Valleys. Elle adore danser et écouter la radio. Elle est sociable et optimiste. C'est une personne dynamique.

Activités

A. Sondage (*Poll*). Interviewez des camarades de classe avec des questions sur la personnalité et les jeux et sports qu'ils préfèrent. Vos camarades utilisent **rarement** (*rarely*), **parfois** (*sometimes*), **souvent** (*often*) et **toujours** (*always*), selon le modèle.

MODÈLE: égoïste → *Vous:* Tu es égoïste? (Est-ce que tu es égoïste?)
(Es-tu égoïste?)
Un(e) camarade: Oui, je suis parfois égoïste.
(*ou*) Non, je suis toujours généreux (-euse).

Adjectifs	**Jeux**	**Sports**
égoïste / généreux (-euse)	les cartes	le tennis
honnête / malhonnête	le bridge	le golf
distrait(e) / alerte	le Monopoly	le basket-ball
fier (fière) / modeste	la roulette	le base-ball
dépendant(e) / indépendant(e)	le poker	le volley-ball
		le football

B. Stéréotypes. A few years ago, *Pilote*, a French magazine comparable to *Mad Magazine* in the United States, published a satirical article intended to acquaint Europeans with one another following the imaginary selection of a prime minister of Europe. The following descriptions are taken from that article. Compare the way the French described themselves with their descriptions of their European neighbors. Then supply what you think the magazine would have said about Americans.

L'Anglais: sympathique. Il est arrogant, hypocrite et vaniteux (*conceited*). Il aime dominer.

L'Irlandais: sympathique. Il aime boire (*to drink*) du whisky. Il est paresseux, vaniteux, têtu (*stubborn*) et borné (*narrow-minded*).

L'Italien: extrêmement sympathique. Il est volubile (*glib*) et séducteur. C'est un bavard (*talker*) et un vaniteux.

L'Allemand: parfois sympathique. Il est arrogant, propre (*clean*) et discipliné. Il aime manger et boire. Il est vaniteux.

Le Français: sympathique. Il est gentil, généreux, loyal et tolérant. Il est expert en cuisine et en vins. Il est l'inventeur de la liberté et de la démocratie.

L'Américain???

A PROPOS

Comment présenter quelqu'un (How to introduce someone)

The following expressions will help you to introduce people to each other.

Voici Jim.

This is Jim. (This expression is used when introducing someone informally.)

Je te présente Catherine.

I would like you to meet Catherine. (Literally, *I present Catherine to you.*) Used with someone whom you address with **tu.**

Je vous présente Catherine.

Used with someone whom you address with **vous.**

The French usually shake hands when greeting each other, when being introduced, and when saying good-bye.

Comment répondre

Bonjour.

Hello.

Très heureux. (*male*)
Très heureuse. (*female*)

Glad to meet you.

Enchanté(e).

Delighted to meet you.

Je suis très heureux (-euse) de faire votre connaissance.

I am very happy to make your acquaintance. (This is a very formal expression, often avoided because of its length.)

Comment dire au revoir (How to say good-bye)

Au revoir.
A bientôt.
A plus tard.
A tout à l'heure.

Good-bye.
See you soon.
See you later.
See you in a little while.

C. Interaction. With several classmates, use the following dialogue as a model to enact the situations suggested below. You and your classmates take on the various roles.

Isabelle présente Gérard, un ami, au professeur.

ISABELLE: Bonjour, Monsieur.
LE PROFESSEUR: Bonjour, Isabelle.
ISABELLE: Je vous présente Gérard.
LE PROFESSEUR: Bonjour, Monsieur, comment allez-vous?
GÉRARD: Très bien, merci. Et vous?
LE PROFESSEUR: Pas mal, merci. Au revoir, Monsieur. Au revoir, Mademoiselle.
ISABELLE ET GÉRARD: Au revoir, Monsieur.

1. Isabelle
   la mère (*mother*)
   de Paul
   le professeur

2. Isabelle
   la mère de Marie
   Paul, un ami

3. Isabelle
   Charles
   Marc

4. Isabelle
   Mme Duval, le
   professeur
   d'anglais
   M. Bedel, le
   professeur de
   français

Qu'est-ce qu'ils portent?

© ROGERS/MONKMEYER

CHAPITRE TROIS
Le logement

© BOBBIE KINGSLEY/PHOTO RESEARCHERS

Mon studio est tout petit, mais il est à moi!

OBJECTIFS In this chapter, you will continue to learn how to use French to describe the world immediately around you, especially in reference to rooms, apartments, and other types of lodging, as well as in physical descriptions of people. The structures you will learn include the verb **avoir** (*to have*), and interrogative constructions with words such as **pourquoi** (*why*), **comment** (*how*), and **qui** (*who*). You will read about student housing in France and about aspects of apartment living in France that differ from American life.

Étude de vocabulaire

Deux chambres d'étudiants

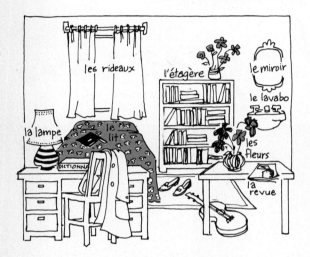

La chambre de Marie-France est en ordre.

La chambre de Jacqueline est en désordre.

A. Décrivez les deux chambres. Qu'est-ce qu'il y a _____?

1. sur le bureau de Marie-France? de Jacqueline?
2. à côté du lit de Marie-France? de Jacqueline?
3. sous la table de Marie-France? de Jacqueline?
4. sur le lit de Marie-France? de Jacqueline?
5. sur l'étagère de Marie-France? de Jacqueline?
6. sous le bureau de Jacqueline?
7. à côté de la radio de Jacqueline?
8. sur le mur de Marie-France? de Jacqueline?
9. sur la table de Jacqueline?
10. à côté de l'étagère de Marie-France?
11. sur le tapis de Marie-France? de Jacqueline?
12. derrière les étagères de Marie-France et de Jacqueline?

B. L'intrus (*The intruder*). Trois choses semblables (*similar things*), une chose différente. Trouvez l'intrus.

1. lit / commode / armoire / fleur
2. chaîne stéréo / affiche / guitare / disque
3. lavabo / livre / revue / étagère
4. miroir / affiche / rideaux / revue

C. Association. Quels objets dans les chambres de Marie-France et de Jacqueline associez-vous avec les mots suivants?

1. Jacques Brel
2. *Paris-Match*
3. la fenêtre
4. les livres
5. la rose
6. les murs
7. une définition
8. Calvin Klein

D. Préférences. Qu'est-ce qu'il y a dans la chambre d'une personne qui aime _____?

1. étudier?
2. écouter des disques?
3. parler à des amis?

E. La chambre et la personnalité. Une chambre révèle la personnalité de l'occupant. Décrivez votre chambre. Quels adjectifs décrivent correctement votre chambre? Qu'est-ce qu'il y a dans votre chambre?

MODÈLE: Ma chambre est calme et confortable. Dans ma chambre, il y a deux fenêtres et des rideaux, une commode, quatre chaises….

Adjectifs: typique / simple / en ordre / en désordre / confortable / calme

Les amis de Marie-France et de Jacqueline

Lise est petite, belle et dynamique. Elle a (*has*) les yeux verts et les cheveux blonds. (Elle est blonde.)

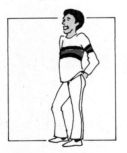

Olivier est noir. Il est beau et très charmant. Il est de taille moyenne.

Chantal est aussi de taille moyenne. Elle a les yeux marron et les cheveux courts et roux. (Elle est rousse.*)

Jacques est très sportif. Il est grand, il a les cheveux longs, châtains† et en désordre.

A. Erreur! Corrigez les phrases inexactes.

MODÈLE: Olivier a les yeux bleus. →
Mais non, il a les yeux noirs.

---

*red-headed
†marron

1. Jacques a les cheveux courts. 2. Chantal a les cheveux longs et châtains. 3. Jacques a les cheveux noirs. 4. Chantal a les yeux noirs. 5. Lise a les cheveux roux. 6. Olivier est très grand. 7. Lise est de taille moyenne. 8. Jacques est petit. 9. Olivier et Lise sont laids (*ugly*). 10. Chantal est blonde et Lise est rousse.

B. Personnalités célèbres. De quelle couleur sont les cheveux des personnes suivantes?

MODÈLE: John Travolta → John Travolta? Il a les cheveux noirs.

1. Jessica Lange
2. Timothy Hutton
3. Johnny Carson
4. Eddie Murphy
5. Annie, la petite orpheline

C. Stature. De quelle taille sont les personnes suivantes? Sont-elles petites, grandes ou de taille moyenne?

1. Patrick Ewing
2. Nancy Reagan
3. Joan Collins
4. Woody Allen
5. Gary Coleman
6. Bruce Springsteen

D. Et vos camarades de classe? Décrivez les cheveux, les yeux et la taille de la personne devant ou derrière vous.

MODÈLE: Peter a les cheveux longs et noirs, il a les yeux marron et il est de taille moyenne.

Étude de grammaire

9. PRESENT TENSE OF **-IR** VERBS

A bas le bavardage!

FLORENCE: Je *finis* toujours par être furieuse contre Pierre.
ARMAND: Oui, il *réussit* toujours à monopoliser la conversation.
FLORENCE: Entre un miroir et lui, je *choisis* le miroir.
ARMAND: Pourquoi? Je ne comprends pas.
FLORENCE: Parce qu'un miroir *réfléchit* sans parler, mais Pierre parle sans *réfléchir*!

Down with chatter!
FLORENCE: I always end up being mad at Pierre. ARMAND: Yes, he always succeeds in monopolizing the conversation. FLORENCE: Between a mirror and him, I'd choose the mirror. ARMAND: Why? I don't understand. FLORENCE: Because a mirror reflects without speaking, but Pierre speaks without reflecting (thinking)!

1. Est-ce que Pierre est furieux contre Armand?
2. Est-ce que Florence réussit toujours à monopoliser la conversation?
3. Est-ce que Florence compare Pierre à une guitare?
4. Est-ce qu'un miroir parle? Est-ce qu'il réfléchit?
5. Est-ce que Pierre parle? Est-ce qu'il réfléchit?

You have learned the present tense conjugation of the largest group of French verbs, those whose infinitives end in **-er.** The infinitives of a second group of verbs end in **-ir.** Notice the addition of **-iss-** between the verb stem and the personal endings in the plural.

PRESENT TENSE OF **finir** (*to finish*)			
je	**fin**is	*nous*	**fin**issons
tu	**fin**is	*vous*	**fin**issez
il, elle, on	**fin**it	*ils, elles*	**fin**issent

The **-is** and **-it** endings of the singular forms of **-ir** verbs are pronounced [i]. The double **s** of the plural forms is pronounced [s].

Other verbs conjugated like **finir** include:

agir *to act* – behave
choisir *to choose*

réfléchir (à) *to reflect (upon),*
  to consider
réussir (à) *to succeed (in)*

J'**agis** toujours avec raison.   *I always act with reason.*
Nous **choisissons** des affiches.   *We're choosing some posters.*

The verb **réussir** requires the preposition **à** before an infinitive or before the noun in the expression **réussir à un examen** (*to pass an exam*).*

Je **réussis** souvent à trouver les   *I often succeed in finding the*
  réponses.   *answers.*
Marc **réussit** toujours à   *Marc always passes the history*
  l'examen d'histoire.   *exam.*

The verb **réfléchir** requires the preposition **à** before a noun when it is used in the sense of *to consider, to think about,* or *to reflect upon something.*

Elles **réfléchissent aux**   *They are thinking about Paul's*
  questions de Paul.   *questions.*

---

*It is, however, more and more common for the French to use the verb **réussir** followed directly by the noun: **Il réussit l'examen** (*He's passing the test*).

The verb **finir** requires the preposition **de** before an infinitive.

En général, je **finis d'**étudier à   *I usually finish studying at 8:30.*
8 h 30.

When followed by the preposition **par** plus an infinitive, **finir** means *to
end (up) by.*

Florence **finit par** être furieuse   *Florence ends up by being furious
contre Pierre.   with Pierre.*

Maintenant à vous _____

A. A la bibliothèque. Décrivez la scène.

1. *Tu* réfléchis. (nous, Marie, les professeurs)
2. *Marc* choisit un livre. (vous, je, les jeunes filles)
3. *Je* réussis à trouver une revue intéressante. (Louise, tu, vous)
4. *Nous* finissons le travail. (tu, les étudiants, je)

B. Au choix. Complétez les phrases avec une forme d'**agir, choisir, finir,
réfléchir** ou **réussir.**

1. Je _____ à une question difficile.
2. Claude _____ sans réfléchir, n'est-ce pas?
3. Ils _____ toujours le travail en deux heures.
4. Tu _____ souvent aux examens, Pierre.
5. Les jeunes filles _____ des cours intéressants.

C. En français, s'il vous plaît.

1. Marie-Josée always chooses difficult courses.   2. She thinks about
university studies and succeeds in finding dynamic professors.   3. She
never acts without thinking.   4. She always ends up passing the
exams.

D. Une interview. Inventez des questions avec les mots suivants et
interviewez un(e) camarade de classe.

MODÈLE: réussir / aux examens →
                Vous: Est-ce que tu réussis toujours aux examens?
        Un(e) camarade: Oui, je réussis toujours aux examens.
                    (*ou*) Non, je ne réussis pas toujours aux examens.

1. agir / souvent / sans / réfléchir
2. finir / exercices / français
3. choisir / les cours (difficiles, agréables...)
4. réfléchir / les problèmes (politiques, des étudiants)
5. choisir / camarade de chambre / patient (intellectuel, calme...)

10. THE VERB **AVOIR** (*TO HAVE*): EXPRESSIONS WITH **AVOIR**

Camarades de chambre

JEAN-PIERRE: Vous *avez* une chambre agréable, elle *a l'air* tranquille....
MARIE-CLAUDE: Oui, tu *as raison*. J'*ai besoin de* beaucoup de calme pour étudier.
JEAN-PIERRE: Tu *as* une camarade de chambre sympathique?
MARIE-CLAUDE: Oui, nous *avons de la chance*: nous aimons toutes les deux* le tennis, le calme... et le désordre!

Exprimez (*Express*) les phrases suivantes en utilisant (*using*) des expressions avec **avoir,** selon le dialogue.

1. La chambre est calme.
2. Oui, c'est exact.
3. J'aime le calme pour étudier.
4. C'est une chance.

A. Forms of **avoir**

The verb **avoir** (*to have*) is irregular in form.

PRESENT TENSE OF **avoir** (*to have*)			
j'	**ai**	*nous*	**avons**
tu	**as**	*vous*	**avez**
il, elle, on	**a**	*ils, elles*	**ont**

J'**ai** une chambre agréable.   *I have a nice room.*
Avez-vous une camarade de   *Do you have a pleasant*
  chambre sympathique?   *roommate?*
Il **a** les cheveux châtains.   *He has brown hair.*

Roommates
JEAN-PIERRE: You have a nice room. It seems quiet.   MARIE-CLAUDE: Yes, you're right. I need a lot of quiet to study.   JEAN-PIERRE: Do you have a pleasant roommate?   MARIE-CLAUDE: Yes, we're lucky. We both love tennis, quiet . . . and a messy room (disorder)!

*Note the forms of **tout** (*all*): **tout le temps** (*all the time*), **toute la famille** (*the whole family*), **tous les deux** (*both, m.*), **toutes les deux** (*both, f.*). Forms of **tout** always precede the article + noun.

B. Expressions with **avoir**

Many concepts expressed in French with **avoir** have English equivalents that use *to be*.* Some of them express people's feelings or physical sensations.

Elle **a chaud,** il **a froid.**

Elles **ont faim,** ils **ont soif.**

Paul, tu **as tort.** Martine, tu **as raison.**

Claude **a l'air** content. Il **a de la chance.**

Isabelle **a quatre ans.**

Jean **a sommeil.**

Claudette **a besoin** d'une lampe.

Avez-vous envie de danser?

Il **a peur** du chien.

Elle **a honte.**

---

*You have already used **avoir** in the expression **il y a** (*there is/there are*).

Note that with **avoir besoin de, avoir envie de,** and **avoir peur de,** the preposition **de** is used before an infinitive or a noun.

Maintenant à vous

A. Vive la musique! Suivez le modèle.

MODÈLE: Marie / une chaîne stéréo → Marie a une chaîne stéréo.

1. Monique et Marc / des disques
2. vous / une guitare *avez*
3. tu / une clarinette *as*
4. je / des cassettes
5. nous / un piano *avons*
6. Isabelle / une flûte *a*

B. Quel âge ont-ils? Un(e) étudiant(e) demande (*asks*) à un(e) camarade quel âge ont les personnes dans les images suivantes. Suivez le modèle.

MODÈLE:

→ *Un(e) étudiant(e):* Quel âge a-t-il?
Un(e) camarade: Il a entre (*between*) un an et trois ans.

1.

2.

3.

C. S.O.S. Imaginez que les phrases suivantes sont prononcées par le navigateur au moment du naufrage (*sinking*) du Titanic. Décrivez le navigateur selon le modèle.

MODÈLE: « Les icebergs ne sont pas dangereux. » → Il a tort.

1. « Je pense que nous avons un problème. » *il a fait*
2. « Passez-moi le pull, le manteau et les chaussettes en laine (*wool*). »
3. « Au secours! » (*"Help!"*) *il a peur du naufrage*
4. « C'est de ma faute (*fault*). Quelle humiliation! » *il a honte*

D. Claude cherche une chambre. Formez des phrases complètes avec les éléments donnés.

1. tu / envie de / changer de / chambre?
2. oui, / je / besoin de / chambre / très tranquille
3. nous / avoir / chambre / confortable / près d'ici (*near here*)
4. elle / avoir / deux / fenêtre / un lavabo / et / deux / lit
5. vous / avoir / téléphone?
6. oui, / mais / nous / avoir / envie de / chaîne stéréo
7. Bernard et Henri / avoir / télévision
8. ils / avoir / chance

E. Une chambre vide (*empty*). Imaginez qu'un(e) des étudiant(e)s du cours de français loue (*is renting*) une chambre. Faites (*Make*) une liste des objets et des meubles (*furniture*) nécessaires selon le modèle.

MODÈLE: *Un(e) étudiant(e)*: Cindy a besoin d'une chaise.
       Un(e) autre étudiant(e): Elle a besoin d'une chaise et aussi d'une table.
       Un(e) autre étudiant(e): Elle a besoin d'une chaise, d'une table et aussi d'un bureau. (etc.)

F. Deux amis à Paris. En français, s'il vous plaît.

THIERRY: Is there a restaurant nearby (near here)?
CHARLES: No, but there's a café.
THIERRY: I'm not thirsty but I'm hungry. Aren't you hungry?
CHARLES: I'm not hungry—I'm sleepy.
THIERRY: I feel like eating a (**une**) quiche.
CHARLES: There's a hotel near here. . . . It looks pleasant.
THIERRY: Good (**Bon**) . . . if we're lucky, there's a restaurant next door (**à côté**).

G. Conversation. Posez les questions suivantes à un(e) camarade.

1. Dans la salle de classe, qui a l'air content aujourd'hui? l'air calme? patient? dynamique?
2. As-tu envie d'étudier maintenant? de danser? de skier? de regarder la télévision? de jouer au volley-ball?
3. Quel âge as-tu?

H. Une interview. Interviewez un(e) camarade de classe selon le modèle. Avez-vous tous les deux les mêmes objectifs?

MODÈLE: avoir une voiture →
       Vous: A quel âge désires-tu avoir une voiture?
       Un(e) camarade: Je désire avoir une voiture à 22 ans (*at age 22*).

1. avoir un travail
2. avoir une famille
3. avoir une maison
4. avoir une fortune
5. avoir un château en France

11. INDEFINITE ARTICLE IN NEGATIVE SENTENCES

Une chambre intéressante

Il y a une lampe… mais *pas d'*ampoule.
Il y a un lavabo… mais *pas de* miroir.
Il y a une raquette… mais *pas de* balle.
Patrick n'a *pas de* chance.

Complétez selon la chambre.

1. Il y a une table… mais _____.

2. Il y a une étagère… mais _____.

3. Il y a une chaîne stéréo… mais _____.

4. Il y a un cahier… mais _____.

5. Il y a un jeune homme… mais _____.

In negative sentences, the indefinite article (**un, une, des**) becomes **de (d')** after **pas.**

Il a une amie.

Il n'a pas d'amie.

Elle a un ballon.

Elle n'a pas de ballon.

Il y a des voitures dans la rue.

Il n'y a pas de voitures dans la rue.

These drawings illustrate that **pas de (d')** is used to express the absence of something. Note that the noun that follows **de (d')** can be singular *or* plural in French.

An interesting room
There's a lamp . . . but no light bulb. There's a sink . . . but no mirror. There's a racquet
. . . but no ball. Patrick is out of luck (has no luck)!

| Il y a **un livre** sur la table. | Il n'y a **pas de livre** sur la table. | *There is no book on the table.* |
| Il y a **des livres** sur la table. | Il n'y a **pas de livres** sur la table. | *There aren't any books on the table.* |

In negative sentences with **être,** however, the indefinite article does not change. Rather than expressing the absence of something, such sentences simply correct a mistaken description. Compare the preceding examples with these sentences:

C'est un livre. Ce n'est pas un livre (*It's not a book*). → **C'est un cahier.**

Maintenant à vous

A. Chambre à louer. Jouez les rôles de Jacques et du (de la) propriétaire selon le modèle.

MODÈLE: *Jacques:* Est-ce qu'il y a une télé dans la chambre?
                 Le/La propriétaire: Non, il n'y a pas de télé.

1. Est-ce qu'il y a un lavabo dans la chambre?   2. Est-ce qu'il y a une armoire dans la chambre?   3. Est-ce qu'il y a des tapis dans la chambre?   4. Est-ce qu'il y a des étagères dans la chambre?   5. Est-ce qu'il y a une commode dans la chambre?   6. Est-ce qu'il y a un lit dans la chambre?

B. Réponses négatives. Suivez les modèles.

MODÈLES: C'est un livre humoristique, *La Condition humaine?* →
         Non, ce n'est pas un livre humoristique.

         Avez-vous une biographie de Malraux? →
         Non, je n'ai pas de biographie de Malraux.

1. Avez-vous des livres de Marguerite Yourcenar?*   2. *In Cold Blood,* c'est un livre drôle?   3. Y a-t-il des cours de littérature à la Faculté des sciences?   4. Le Dr Kissinger, c'est un professeur d'anglais?
5. Donne-t-il un cours de chimie?

C. Une interview. Interviewez un(e) camarade selon le modèle.

MODÈLE: ami français →
                 Vous: As-tu un ami français?
        Un(e) camarade: Oui, j'ai un ami français.
                 (*ou*) Non, je n'ai pas d'ami français.

---

*Novelist, historian, and translator Marguerite Yourcenar, born in Belgium and now living in Maine, was the first woman to be elected (in 1979) to the **Académie française,** the highest honor bestowed by the French government for literary accomplishment in French.

1. amis individualistes, snobs, blonds, roux
2. livre de français, de russe, d'espagnol
3. cour d'anglais, d'art, d'histoire
4. chaîne stéréo, télévision, disques de _____....
5. guitare, piano
6. chat, chien
7. affiches, téléphone, rideaux, armoire
8. appartement, voiture de sport
9. ?

D. De quoi as-tu besoin? De quoi as-tu envie? Chaque membre du cours nomme (*names*) un objet qu'il n'a pas et qu'il désire, et puis (*then*) il explique pourquoi il désire l'objet en question.

MODÈLE: Je n'ai pas de chaîne stéréo. J'ai envie d'une chaîne stéréo parce que j'aime la musique.

12. INFORMATION QUESTIONS

Yvette cherche une chambre à louer.

MME GÉRARD	YVETTE
Comment vous appelez-vous?	Je m'appelle Yvette Delorme.
D'où êtes-vous?	Je suis de Normandie.
Où étudiez-vous?	J'étudie à la Sorbonne.
Qu'est-ce que vous étudiez?	J'étudie la littérature française.
Aimez-vous la musique, les spectacles, les animaux?	Oui, mais je n'ai pas de radio, pas de télévision, pas d'animaux.
Combien d'amis avez-vous?	Beaucoup, mais pas de visiteurs.
Mademoiselle, vous êtes parfaite. *Quand* commencez-vous à louer?	Tout de suite, parce que j'ai besoin de trouver une chambre aujourd'hui!

Jouez le rôle de Mme ou de M. Gérard et interviewez un(e) camarade de classe.

Yvette is looking for a room to rent.
MME: What is your name? YVETTE: My name is Yvette Delorme. MME: Where are you from? YVETTE: I'm from Normandy. MME: Where are you studying? YVETTE: I'm studying at the Sorbonne. MME: What are you studying? YVETTE: I'm studying French literature. MME: Do you like music, shows, animals? YVETTE: Yes, but I don't have a radio or a television set or any animals. MME: How many friends do you have? YVETTE: A lot, but no (I don't have) visitors. MME: Miss, you are perfect. When will you move in (start to rent)? YVETTE: Right away, because I need to find a room today!

Information questions ask for new information or facts.

A. Information questions with interrogative words

Information questions often begin with interrogative expressions. Some of the most common interrogative words in French are:

où *where*	**comment** *how*	**combien de** *how much,*
quand *when*	**pourquoi** *why*	*how many*

These interrogative words are used in combination with yes/no questions formed with **est-ce que** or with a change in word order. The interrogative word is usually placed at the beginning of the question.

1. Information questions with **est-ce que:**

STATEMENT:	*Michel étudie les arts.*
Yes/no question with **est-ce que:**	Est-ce que Michel étudie les arts?

Information questions with **est-ce que:** **Où / Quand / Comment / Pourquoi** est-ce que Michel étudie les arts?

Combien de langues est-ce que Michel étudie?

2. Information questions with a change in word order (pronoun subject):*

STATEMENT:	*Il étudie les arts.*
Yes/no question with pronoun subject:	Étudie-t-il les arts?

Information questions with pronoun subject: **Où / Quand / Comment / Pourquoi** étudie-t-il les arts?

Combien de langues étudie-t-il?

3. Information questions with a change in word order (noun subject):

STATEMENT:	*Michel étudie les arts.*
Yes/no question with noun subject:	Michel étudie-t-il les arts?

Information questions with noun subject: **Où / Quand / Comment / Pourquoi** Michel étudie-t-il les arts?

Combien de langues Michel étudie-t-il?

---

*Remember that the pronoun **je** is almost never inverted with the verb. Use **Est-ce que: Est-ce que je suis à l'heure?**

4. Information question with noun subject and verb only:

With the interrogatives **où, quand, comment,** and **combien de,** it is possible to ask information questions using only a noun subject and the verb with no pronoun.

$$\left.\begin{array}{l} \textbf{Où} \\ \textbf{Quand} \\ \textbf{Comment} \end{array}\right\} \text{étudie Michel?}$$

Combien de langues étudie Michel?

However, the pronoun is almost always required with **pourquoi.**

Pourquoi Michel étudie-t-**il**?

B. Information questions with interrogative pronouns

To ask a question about the identity or nature of a person, thing, or idea, English uses the interrogative pronouns (**les pronoms interrogatifs**) *who, whom,* and *what.* Some of the most common French interrogative pronouns are **qui, qu'est-ce que, que,** and **quoi.**

1. **Qui** (*who, whom*) is used in questions inquiring about a person or persons.

Qui étudie le français?	*Who studies French?*
Qui regardez-vous?	
Qui est-ce que vous regardez? }	*Whom are you looking at?*
A qui Michel parle-t-il?	
A qui est-ce que Michel parle? }	*Whom is Michel speaking to?*

2. **Qu'est-ce que** (*what*) refers to things or ideas.

Qu'est-ce que vous étudiez?	*What are you studying?*

3. **Que** (**Qu'**) is synonymous with **qu'est-ce que** but requires the inversion of the verb with a pronoun subject.

Qu'étudiez-vous?	*What are you studying?*
Que pense-t-il de la chambre?	*What does he think of the room?*

4. **Quoi** (*what*) also refers to things or ideas but is used as the object of a preposition. *

A quoi Corinne réfléchit-elle?	
A quoi est-ce que Corinne réfléchit? }	*What is Corinne thinking about?*
De quoi parlez-vous?	
De quoi est-ce que vous parlez? }	*What are you talking about?*

---

* «**Quoi?**» may be used to mean "*What?*", but «**Comment?**» is more polite.

Maintenant à vous_____

A. La vie à l'université. Exercice de substitution.

  1. *Comment* est-ce que vous étudiez le français? (pourquoi, quand, où)
  2. *Avec qui* le professeur parle-t-il? (de qui, de quoi, à qui)
  3. *Pourquoi* parle-t-il avec les étudiants? (où, comment, quand)

B. M. Harpagon n'aime pas dépenser de l'argent (*to spend money*). Posez les questions de M. Harpagon avec **pourquoi** selon le modèle.

  MODÈLE: *Mme Harpagon:* J'ai besoin d'une chaîne stéréo. →
  M. Harpagon: Pourquoi as-tu besoin d'une chaîne stéréo?

  1. Nous avons besoin d'une étagère.   2. Monique a besoin d'un dictionnaire d'anglais.   3. Paul a besoin d'une voiture.   4. J'ai envie de téléphoner à Gérard.

C. Les étudiants et le logement. Posez des questions avec **qui** selon le modèle.

  MODÈLE: Richard désire un logement. → Qui désire un logement?

  1. Marie cherche une chambre agréable.   2. Mme Boucher a une chambre à louer.   3. M. Gervais trouve des locataires (*tenants*) intéressants.   4. Michel est très ordonné (*orderly*).

D. Une visite chez Camille et Marie-Claude. Posez la question correspondante avec **qu'est-ce que** ou **que**.

© PIERRE MICHAUD/VDN PICTURE LIBRARY

MODÈLE: Nous visitons le logement de Camille et Marie-Claude. →
Qu'est-ce que nous visitons?
(*ou*) Que visitons-nous?

1. Il y a un miroir sur le mur. 2. Je regarde les affiches de Camille.
3. Nous admirons l'ordre de la chambre. 4. Guy écoute les disques de
Marie-Claude. 5. Je trouve des revues intéressantes. 6. Elles
cherchent le chat de Camille. 7. Guy n'aime pas les rideaux à
fleurs. 8. Nous aimons bien la vue et le balcon.

E. Activités. Posez des questions avec **à quoi** ou **de quoi** selon les modèles.

MODÈLES: Il joue de la clarinette. → De quoi est-ce qu'il joue?
(De quoi joue-t-il?)

Il réfléchit à la question. → A quoi réfléchit-il? (A quoi est-
ce qu'il réfléchit?)

1. Elle joue au tennis. 2. Renée parle du concert. 3. J'ai besoin
d'une radio. 4. Nous réfléchissons au problème. 5. Vous parlez des
professeurs. 6. Pierre joue du piano. 7. J'ai envie de jouer au
volley-ball.

F. Voici les réponses. Inventez des questions correspondantes avec des
expressions interrogatives.

MODÈLE: Dans la chambre de Pierre. → Où y a-t-il des affiches de
cinéma? Où sont les disques de Marcel?

1. C'est une revue française. 2. A l'université. 3. Parce que je n'ai
pas envie d'étudier. 4. Au volley-ball. 5. A midi. 6. Jacqueline.
7. Très bien. 8. Il a quarante-cinq ans. 9. Parce que j'ai faim.
10. Maintenant.

G. Une interview. Interviewez un(e) camarade. Il/Elle joue le rôle d'un
étudiant français (une étudiante française) qui visite votre université.
Trouvez (*Find*) la réponse aux questions suivantes. Suivez le modèle.

MODÈLE: What is (s)he studying? → *Vous:* Qu'est-ce que tu étudies?

1. Where is (s)he from? 2. Where is (s)he living? With whom?
3. Is (s)he working? Where? 4. Does (s)he like the university?
5. Does (s)he like American students? 6. Why is (s)he studying in
America (**en Amérique**)? 7. How many courses does (s)he have?

H. Êtes-vous curieux (-euse)? Pourquoi est-ce toujours le professeur qui pose
des questions? Profitez de cette (*this*) leçon pour poser des questions au
professeur.

MODÈLES: D'où êtes-vous?

Pourquoi aimez-vous le français?

Avez-vous des disques de Sting?

———?

Rencontre culturelle

One aspect of apartment living in France unknown to most Americans is the role of **le/la concierge** or **le/la gardien(ne)**, the caretaker or guardian of an apartment building who usually lives on the ground floor and is employed to keep an eye on everyone coming and going. The **concierge** also distributes the tenants' mail and performs various maintenance tasks, such as ordering fuel for central heating, setting the thermostat, hiring help for cleaning the staircases or tending flower beds, and placing garbage cans on the sidewalk on pickup days.

Étude de prononciation

French accent marks

In French, some accent marks influence pronunciation, others do not. French printers of the sixteenth century used accent marks from ancient Greek to standardize written French. One of their uses of the circumflex (^) was to indicate words that were spelled with an *s* in Old French, such as **forêt** (*forest*) and **hôpital** (*hospital*).

NAME	MARK	EXAMPLE	PRONUNCIATION
Accent aigu	é	**café**	Letter é pronounced [e].
Accent grave	è	**très**	Letter è pronounced [ɛ].
	à, ù	**là, où**	Does not affect pronunciation. Used to distinguish words spelled alike but having different meanings: **la** (*the*) vs. **là** (*there*), **ou** (*or*) vs. **où** (*where*).
Accent circonflexe	ê	**prêt**	Letter ê pronounced [ɛ].
	â, û, î	**âge, flûte, île**	Does not affect pronunciation.
	ô	**drôle, hôtel**	Letter ô usually pronounced [o].
Tréma	ë, ï	**Noël, naïf**	Indicates that each vowel is pronounced independently of the other: **No-el, na-if.**

A. Donnez le nom des accents nécessaires.

MODÈLE: a → Un accent grave sur le **a**.

1. a bientot
2. voila
3. l'hopital
4. a cote
5. reussir
6. drole
7. la chaine stereo
8. faculte

B. Prononcez avec le professeur.

[e]: génie cité numéro cinéma téléphone idéaliste répétez étudiante café tragédie université déjà

[ɛ]: très système problème sincère fière chère derrière bibliothèque manières complètes modèle être fenêtre prêt

Situation

PARDON...

Contexte Karen arrive aujourd'hui à la Cité Universitaire d'Orléans. Elle a des problèmes d'installation° et elle interroge° une étudiante française.

moving in
pose des questions à

Objectif Karen demande des renseignements.°

des... *information*

Dialogue

KAREN: Pardon, je suis nouvelle° ici et je n'arrive pas° à trouver un téléphone.

nouveau, nouvelle: *new* / n'... ne réussis pas

MIREILLE: Ah, le téléphone est dans le foyer.

KAREN: Qu'est-ce que c'est, le foyer?

MIREILLE: C'est une salle commune: il y a une télévision, une table de ping-pong, un distributeur° de café et de Coca-Cola...

une machine

KAREN: Ah, d'accord... Écoute, j'ai d'autres questions: où y a-t-il une laverie automatique° par ici°?

laverie... *laundromat* / par... *around here*

MIREILLE: Dans la rue Meynadier, à côté du cinéma.

KAREN: Et, au restau-u, à quelle heure est-ce qu'on dîne?

MIREILLE: A 19 heures, je pense.

KAREN: Et où est-il?

MIREILLE: Ça, moi aussi, j'ignore.° On cherche ensemble°? Je suis nouvelle ici aussi.

je ne sais pas / toutes les deux

> *Mireille et Karen finissent par trouver le restaurant univer-*
> *sitaire Le Lac et elles dînent ensemble.*
>
> MIREILLE: Ce n'est pas mal,° pour huit francs...   pas... *not bad*
> KAREN: Le vin° est en supplément,° n'est-ce pas?   *wine* / en... *extra*
> MIREILLE: Oui, et le café aussi. On finit de dîner et on commande°   *order*
> un café?
> KAREN: D'accord, mais c'est moi qui offre.°   c'est... c'est moi
>   qui paie le café

Variations

1. Jouez la scène avec vos camarades de classe.
2. Jouez la scène, mais c'est Mireille qui arrive aujourd'hui à votre université et elle a des problèmes d'installation.

Commentaire culturel

The special problems French university students must face in their search for living accommodations reflect the general housing shortage that exists in the large cities, where most universities are located. The situation is not unlike that of many American cities, although the causes are different. Most French cities are clusters of relatively self-sufficient **quartiers** where businesses, houses, apartment buildings, and stores exist close together. Unlike American cities that very often have clearly demarcated business and residential zones, French cities lack expandable residential areas, with the exception of the **banlieues,** which are similar to American suburbs. But the cost of living in the **banlieues** is very high and less than 20 percent of French households are located there. At the end of World War II, the French government began building thousands of units called **H.L.M. (habitation à loyer modéré)** in the outlying industrial areas of the cities. This construction was in response not only to the destruction of urban areas during the war but also to a steady migration of large numbers of French people from rural areas to the cities. Similar to subsidized housing projects in the United States, the **H.L.M.** are subject to many urban problems, without being located in truly urban areas.

Apartments in French cities, close to work places and universities, are in very great demand and are very expensive to buy or rent. However, every French university provides housing services. Some are run by student unions, others by an official social service like the **Centre régional des œuvres universitaires et scolaires (C.R.O.U.S.).** Lists of available apartments and rooms can be consulted free of charge at each housing service. Ads in daily or specialized newspapers are another source of information. They are found under the heading **locations** (*rentals*) or **chambres meublées** (*furnished rooms*).

Some students live in dormitories in the **cités universitaires,** but there are long waiting lists for rooms. Most **cités universitaires** have a definite international flavor. For example, students of many nationalities each have their own house within the **Cité universitaire de Paris.**

© ROGERS/MONKMEYER

Dans une pension, le prix d'une chambre comprend (*includes*) un, deux ou trois repas (*meals*) par jour.

Very few students share an apartment or house with other students. Students unable to find apartments or rooms in a **cité universitaire** often try to find a convenient room with a family. Young couples who have high mortgage payments or older people who live alone in apartments or houses that have become too expensive for them often rent rooms to students. Because of the shortage in student housing, owners who rent rooms to students are not required to pay taxes on the rent they receive.

Le français par les gestes: Ils sont fous!

Elle est folle, cette dame!

The gesture made by tapping the temple with the index finger indicates that you think someone is behaving strangely or even that he or she is crazy. To make this gesture even more emphatic, the French sometimes tap their temple with the whole palm of the hand.

Mise au point

A. Logique ou pas logique? Réagissez aux affirmations de votre camarade selon le modèle.

MODÈLE: *Un(e) camarade:* J'ai faim. Je demande un Coca-Cola. →
Vous: Ce n'est pas logique. Tu as soif. Tu demandes un Coca-Cola.

1. Le professeur est très compétent. Il a toujours tort.   2. Paul réussit presque toujours (*almost always*) aux examens. Il n'a pas de chance!
3. J'ai envie de trouver un livre. Je cherche le lit.   4. Vingt et trente font soixante? Vous avez raison.   5. Nous désirons louer une chambre. Où trouve-t-on un hôtel?

B. Une conversation téléphonique. Une amie parle au téléphone. Vous entendez (*hear*) les réponses, mais pas les questions. Quelles sont les questions que vous n'entendez pas?

Questions	Réponses
?	1. Non, je n'ai pas faim.
?	2. Maintenant? Les maths.
?	3. Avec Jim.
?	4. Parce qu'il est très fort en maths.
?	5. De maths, et aussi de littérature, du cours d'anglais, de la vie à l'université.
?	6. Oui, il est très sympa.

C. Conversation entre étudiants. Posez des questions complètes à un(e) camarade de classe, qui donne une réponse personnelle.

1. où / étudier / tu? pourquoi / étudier / tu / là?
2. de quoi / avoir / tu / besoin? pourquoi?
3. à quoi / réfléchir / tu / souvent? pourquoi?
4. avoir / tu / souvent / tort? quand / avoir / tu / tort?
5. avoir / tu / faim? où / aimer / tu / mieux / manger / quand / tu / avoir / faim?
6. à qui / poser / tu / questions / sur / cours de français? pourquoi?
7. combien de téléphones / avoir / tu? où / être / ils?
8. combien de dictionnaires / avoir / tu? où / être / ils?

D. **Au contraire.** The French often regard contradiction as a conversational skill. Working with one or more students, practice your argumentative skills by contradicting every statement they make in response to these questions. You may start your sentences with **Au contraire... , Moi, je pense que... ,** or **Ce n'est pas vrai** (*true*).

MODÈLE: Comment trouvez-vous la vie universitaire? →
    Un(e) étudiant(e): La vie universitaire n'est pas très intéressante.
    Un(e) autre étudiant(e): Au contraire, elle est dynamique et très, très intéressante.

1. De quoi a-t-on besoin pour réussir dans un cours? 2. Où trouve-t-on un restaurant près de l'université? 3. Est-ce que les étudiants ont besoin d'une chaîne stéréo? 4. Pourquoi étudiez-vous le français?

Vocabulaire

Verbes

agir *to act*
avoir *to have*
choisir *to choose*
demander *to ask* (*for*)
finir de (+ *inf.*) *to finish*
finir par (+ *inf.*) *to end up by . . .*
louer *to rent*
penser (à) *to think* (*of, about*)
penser de *to think of* (*to have an opinion about*)

poser (une question) *to ask a question*
réfléchir à *to think* (*about*)
réussir (à) *to succeed* (*at*); *to pass* (*a test*)
trouver *to find*

Noms

l'affiche (*f.*) *poster*
le (la) camarade de chambre *roommate*

la chaîne stéréo *stereo*
la chambre *room*
le chat *cat*
les cheveux (*m.*) *hair*
le chien *dog*
le choix *choice*
la commode *chest of drawers*
le disque *record*
l'étagère (*f.*) *shelf*
la fleur *flower*
la lampe *lamp*
le lavabo *washbasin*
le lit *bed*

le logement   lodging(s), place of residence
la maison   house, home
le miroir   mirror
le mot   word
le mur   wall
la revue   magazine
le rideau   curtain
la rue   street
le tapis   rug
le téléphone   telephone
les yeux (m.)   eyes

Adjectifs

autre   other
beau, belle   handsome, beautiful
blond(e)   blond(e)
chaque   each, every
châtain   brown (hair)
court(e)   short (to describe hair)
grand(e)   tall, big
long(ue)   long
petit(e)   small, short
roux   red (hair)

roux, rousse   red-headed
tout, tous, toute, toutes   all, every
tranquille   quiet, calm

Prépositions

contre   against
entre   between
par   by
près de   close to
sans   without

Expressions avec avoir

avoir l'air (+ adj.); **avoir l'air** (de + inf.)   to seem; to look
avoir (20) ans   to be (20) years old
avoir besoin de   to need
avoir chaud   to be warm
avoir de la chance   to be lucky
avoir envie de   to want, to feel like
avoir faim   to be hungry
avoir froid   to be cold

avoir honte   to be ashamed
avoir peur de   to be afraid of
avoir raison   to be right
avoir soif   to be thirsty
avoir sommeil   to be sleepy
avoir tort   to be wrong

Expressions interrogatives

combien (de)... ?, comment... ?, pourquoi... ?, quand... ?, que... ?, qu'est-ce que... ?, ...quoi...?

Mots divers

de taille moyenne   of medium height
en désordre   disorderly, disheveled
en ordre   orderly
ensemble   together
parce que   because
souvent   often
toujours   always

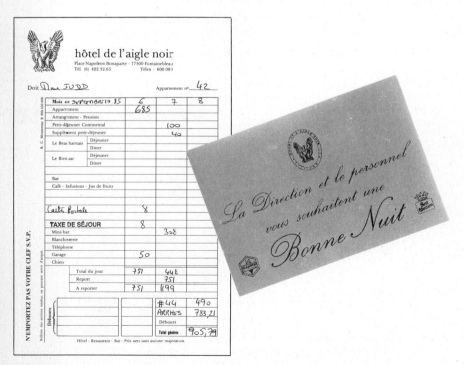

Lecture

HABITER CHEZ PAPA-MAMAN

Avant de lire   Guessing the meaning of a word from context is easier if it has a recognizable root or if it is in the same word family as another word you already know. For example, if you know **travailler,** you should be able to guess the meaning of **le travailleur** and **la travailleuse.** Your knowledge about cognates will also help you guess the meaning of words. Scan the reading and find the words in the text with the same root as the following words:

libérer (*to set free*)	l'explication
l'habitation	la solitude
la finance	confortable
le coût (*cost*)	la famille
attendre (*to wait for*)	la discussion

Judging from the list of words, what do you think will be the theme of this reading?

L A LIBERTÉ COÛTE CHER. Parmi° les jeunes Français de moins de 25° ans, <u>trois célibataires° sur quatre</u> habitent <u>chez</u> les parents. Pour les étudiants, la motivation est souvent financière: les loyers° coûtent cher dans les villes° universitaires. Et dans les résidences universitaires, les listes d'attente sont interminables.

Pourtant,° 65 <u>pour cent</u> des jeunes travailleurs préfèrent habiter à la maison. Comment <u>expliquer ce</u> phénomène? Pour certains,° la vie dans un studio est solitaire. <u>Pour d'autres,</u> il y a le ménage° et la cuisine.° Le confort personnel est souvent supérieur chez les parents: il y a la télévision, le téléphone et un magnétoscope°!

Il y a aussi l'attachement familial. Les jeunes Français restent° souvent très attachés à la famille: parfois trop° pour être indépendants. On partage° le temps des loisirs et des repas,° on discute et on décide ensemble des problèmes familiaux, on participe à la vie financière du cercle de la famille. Les échanges d'affection et de coopération valent bien° un petit conflit <u>à</u> l'occasion.

Among
moins... 24, 23, 22
. . . / singles
rents
Paris, Marseille,
*   Bordeaux, etc.*

Mais

Pour... For some
housework / cooking

VCR
remain
parfois... sometimes
*   too much / passe*
*   ensemble*
le... leisure time and
*   mealtimes*
valent... are well
*   worth*

Compréhension

A. Faites deux listes selon la lecture: une liste des avantages quand on habite à la maison; une liste des inconvénients (désavantages).

B. Quelle phrase résume l'attitude de l'auteur (*author*)?

1. There are many good reasons to live with one's parents while a student.
2. It is too difficult to get along with one's parents to be worth the trouble of living with them.
3. French parents are too meddling to make the life of a young student very pleasant.

Expression écrite

A. Une ville universitaire américaine. Complétez le paragraphe suivant pour décrire (*describe*) une ville universitaire américaine.

_____ est une ville universitaire. La ville est _____ et les étudiants sont _____. Les étudiants ont souvent envie de _____ et ils n'ont pas besoin de _____. J'aime (Je n'aime pas) la ville parce que _____...

Mme Landau aime bien parler de son chien. C'est un caniche. Comment s'appelle-t-il?

B. Inventez un dialogue. Vous interviewez un extraterrestre. Inventez un nom (**il/elle s'appelle...**) et posez les questions suivantes en français. Ensuite (*Afterward*) imaginez les réponses de l'extraterrestre.

1. Where are you from? (**D'où êtes-vous?**)   2. Where do you live?   3. With whom do you live?   4. What do you have in your room?   5. Do you work? Where do you work?   6. Do you like this planet (**cette planète**)? Why or why not?   7. Why do you speak French?

Activités

A PROPOS

Comment demander des renseignements (information)

Pouvez-vous m'indiquer/Peux-tu
   m'indiquer...
Can you tell (inform) me . . .

Dites-moi, s'il vous plaît/Dis-moi, s'il
   te plaît...
Tell me, please . . .

Savez-vous/Sais-tu...
Do you know . . .

J'aimerais savoir...
I would like to know . . .

où on trouve...
combien coûte(nt) (*cost/s*)...

quand...
s'il y a (*if there is/are*)...
pourquoi...
à quelle heure...
comment...

A. Interaction. Utilisez les expressions de l'**A propos** pour poser des questions dans les situations suivantes. Imaginez que vous êtes nouveau/nouvelle (*new*) à l'université. Jouez les rôles avec un(e) camarade de classe.

1. Vous posez des questions à un professeur pour savoir (*know*):

   • où est la bibliothèque
   • si on a besoin d'une carte d'étudiant (*student ID card*)

119

- s'il y a une salle de lecture (*reading room*)
- à quelle heure la bibliothèque ferme (*closes*)

2. Il y a un concert de rock sur le campus. Vous posez des questions à un(e) autre étudiant(e) pour savoir:

- où on trouve la salle de concert
- combien coûte le concert
- à quelle heure le concert commence (*begins*)
- s'il (si elle) a envie d'écouter le concert aussi

B. Avez-vous une chambre à louer? Préparez un dialogue avec un(e) camarade de classe. Jouez les rôles du (de la) propriétaire et de l'étudiant(e) qui cherche une chambre. L'étudiant(e) pose des questions sur la chambre à louer.

Suggestions:

L'étudiant(e) demande au propriétaire:

- s'il y a encore (*still*) une chambre à louer
- s'il y a un téléphone ou une télévision
- s'il y a un lavabo ou une douche (*shower*) dans la chambre
- si la chambre est meublée (*furnished*)
- s'il est possible d'avoir des visiteurs le soir

Après l'interview, décidez si vous louez la chambre ou non. Expliquez pourquoi.

C. Connaissez-vous vos camarades de classe? Interviewez un(e) autre étudiant(e).

1. Quel âge a-t-il/elle?   2. Où habite-t-il/elle? dans un appartement? dans une résidence universitaire? dans une maison? en famille?   3. Habite-t-il/elle près d'un cinéma? près d'une bibliothèque? près d'un restaurant?   4. A-t-il/elle un(e) camarade de chambre?   5. A-t-il/elle des plantes? Combien?   6. A-t-il/elle une radio? une chaîne stéréo? une télévision?   7. A-t-il/elle des disques récents?   8. Quels programmes de télévision aime-t-il/elle mieux regarder? 9. Quelles revues aime-t-il/elle mieux lire (*to read*)?   10. A qui téléphone-t-il/elle souvent? Pourquoi?

CHAPITRE QUATRE

Les Français chez eux

© FRÉDÉRIC PITCHAL/VDN PICTURE LIBRARY

« Combien de sœurs Cendrillon a-t-elle? »

OBJECTIFS   In this chapter, you will learn terms of kinship (*mother*, *father*, *sister*, etc.) and the names of the different rooms in a house. You will read about various aspects of family life in France and the proper etiquette to adopt when visiting a French family. You will also acquire the skills to talk about home and family in terms of your own experience. You will learn how to use the possessive adjectives (*my*, *your*, *his*, *her*, etc.), the irregular verbs **aller** (*to go*) and **faire** (*to do, to make*), and the present tense of a third (and final) group of regular verbs whose infinitives end in **-re**.

121

Étude de vocabulaire

Trois générations d'une famille

Les grands-parents:
le grand-père
la grand-mère

Les parents:
le père
la mère
l'oncle
la tante

Les enfants:
le fils
la fille
le petit-fils
la petite-fille
le neveu
la nièce

Édouard Deschamps *le mari*

Marie Deschamps *la femme*

Isabelle Deschamps

Maurice Deschamps *le frère*

Simone Lagrange *la sœur*

Pierre Lagrange

Marie-France Deschamps

Robert Deschamps *le cousin*

Dominique Lagrange *la cousine*

Philippe Lagrange

A. La parenté dans la famille Deschamps. Décrivez la famille Deschamps.

1. Marie Deschamps est la femme d'Édouard Deschamps. Qui est la femme de Pierre?
2. Édouard Deschamps est le mari de Marie Deschamps. Qui est le mari de Simone?
3. Simone Lagrange est la sœur de Maurice Deschamps. Qui est la sœur de Philippe?
4. Maurice Deschamps est le frère de Simone Lagrange. Qui est le frère de Dominique?
5. Marie-France est la cousine de Dominique et de Philippe. Qui est la cousine de Marie-France et de Robert?
6. Robert est le cousin de Dominique et de Philippe. Qui est le cousin de Marie-France et de Robert?
7. Marie Deschamps est la grand-mère de Robert. Qui est la grand-mère de Philippe?

B. Toujours les Deschamps. Décrivez la famille Deschamps selon le modèle.

MODÈLE: Isabelle Deschamps : Maurice Deschamps →
Isabelle Deschamps est la femme de Maurice Deschamps.

1. Édouard Deschamps : Marie-France Deschamps *mari*
2. Pierre Lagrange : Dominique Lagrange *le père*
3. Isabelle Deschamps : Robert Deschamps *la mère*
4. Maurice Deschamps : Édouard Deschamps *le fils*
5. Dominique Lagrange : Simone Lagrange *la filles*
6. Édouard et Marie Deschamps : Dominique Lagrange *les grandparents*

C. L'album de Marie Deschamps. Marie Deschamps montre (*is showing*) des photos à une amie. Complétez ses phrases.

1. « Voici Robert. C'est mon _____. »
2. « Et voici Marie-France. C'est ma _____. »
3. « Et voici Simone et Maurice. Ce sont mes _____. »

D. Les proches parents. Continuez à décrire la famille Deschamps.

1. Simone Lagrange est la tante de Robert et de Marie-France. Qui est la tante de Philippe et de Dominique?
2. Pierre Lagrange est l'oncle de Robert et de Marie-France. Qui est l'oncle de Philippe et de Dominique?
3. Robert est le neveu de Simone et de Pierre Lagrange. Qui est le neveu de Maurice Deschamps?
4. Marie-France est la nièce de Simone et de Pierre Lagrange. Qui est la nièce de Maurice Deschamps?

E. Masculin, féminin. Donnez le contraire.

MODÈLE: le frère → la sœur

1. le mari
2. l'oncle
3. le père
4. le fils
5. le grand-père
6. le cousin

F. La parenté. Qui sont-ils? Suivez le modèle.

MODÈLE: Philippe Lagrange (frère) → Philippe Lagrange est le frère de Dominique.

1. Maurice Deschamps (mari, frère, fils, père, oncle)
2. Marie Deschamps (femme, grand-mère, mère)
3. Simone Lagrange (femme, sœur, fille, mère, tante)
4. Marie-France (sœur, cousine, fille, petite-fille, nièce)

G. Conversation. Posez les questions suivantes à des camarades.

1. As-tu des frères? des sœurs? Combien? Comment s'appellent-ils/elles? (Ils/Elles s'appellent....)
2. As-tu des grands-parents? Combien? Habitent-ils avec la famille? dans une maison? dans un appartement?
3. As-tu des cousins ou des cousines? Combien? Habitent-ils/elles près ou loin (*far*) de la famille?
4. Combien d'enfants (de fils ou de filles) désires-tu avoir? Combien d'enfants y a-t-il dans la famille idéale?

La maison des Chabrier

A LOUER: 5 pièces—cuisine, salle de bains

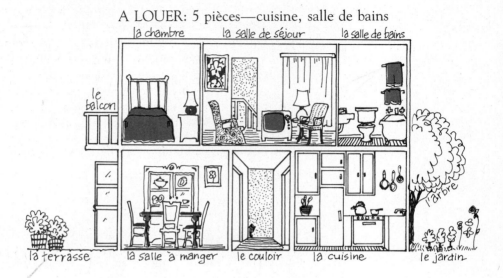

la chambre · la salle de séjour · la salle de bains · le balcon · l'arbre · la terrasse · la salle à manger · le couloir · la cuisine · le jardin

A. **Les pièces de la maison.** Trouvez les pièces d'après les définitions suivantes.

1. la pièce où il y a une table pour manger   2. la pièce où il y a un poste de télévision   3. la pièce où il y a un lavabo   4. la pièce où on prépare le dîner   5. un lieu de passage   6. la pièce où il y a un lit

B. **Le plan de la maison.** Décrivez la maison des Chabrier selon le modèle.

MODÈLE: sous / salle de bains → La cuisine est sous la salle de bains.

1. à côté de / salle de séjour
2. sous / salle de séjour
3. à côté de / salle de bains
4. à côté de / salle à manger
5. sous / chambre
6. à côté de / maison

C. **Conversation.** Posez les questions suivantes à des camarades.

1. Dans quelle pièce aimes-tu étudier? dîner? écouter des disques?
2. Dans quelle pièce est-ce que tu regardes la télévision?   3. As-tu une terrasse? un balcon? un couloir? un jardin? des arbres dans le jardin?
4. Où aimes-tu lire (*read*) un livre ou une revue?   5. Où joues-tu aux cartes? d'un instrument de musique?   6. Où es-tu à minuit?   7. Où préfères-tu être quand il fait du soleil?   8. Quelle pièce préfères-tu à toutes les autres? Pourquoi? (Je préfère…)

Rencontre culturelle

Here are some suggestions and information that will help you when you are invited to a French home for a meal.

Preparations for the visit: You should bring flowers, candy, or any small gift as a token of your appreciation.

Upon arriving: Present the host or hostess with your gift and ask how he/she is. If there are other guests, you will be introduced to them. You will be invited to sit down and make yourself at home: «**Asseyez-vous. Faites comme chez vous.**» («**Assieds-toi. Fais comme chez toi.**»)

During the visit: In France it is not customary to leave immediately after eating. Stay and chat for several hours. Many of the French still smoke; if you do, offer a cigarette to those around you—the others will view you as selfish if you don't. When you are ready to leave, you can say: «**Merci pour cet excellent repas.** (*Thank you for that excellent meal.*) **Au revoir, à bientôt.**» If you must leave early, you can say: «**Je suis désolé(e), mais je ne peux rester plus longtemps.**» (*"I'm really sorry, but I can't stay any longer."*)

After the visit: To further show your appreciation, send a short note to your host(s), thanking everyone for a nice evening.

Étude de grammaire

13. FORMS AND USES OF POSSESSIVE ADJECTIVES*

La maison, reflet d'une personnalité

Complétez les phrases selon les images.

1. La maison à l'air excentrique et riche s'appelle _____.
2. La maison à l'air agréable s'appelle _____.
3. La maison à l'air désordonné s'appelle _____.

The home, reflection of one's personality
My extravagance   My pleasure   My problems

*Les adjectifs possessifs

One way to indicate possession in French is to use the preposition **de: la maison *de* Claudine.** Another way to show possession is to use possessive adjectives. Possessive adjectives that correspond to a singular subject (**je, tu, il, elle, on**) show agreement in number and in gender with the noun modified. Those that correspond to a plural subject show agreement only in number.

ENGLISH POSSESSIVES	SINGULAR *With a masculine noun*	*With a feminine noun*	PLURAL *With a masculine or a feminine noun*
my *your* (**tu**) *his, her, its*	**mon** père **ton** père **son** père	**ma** mère **ta** mère **sa** mère	**mes** parents **tes** parents **ses** parents
our *your* (**vous**) *their*	**notre** père/mère **votre** père/mère **leur** père/mère		**nos** parents **vos** parents **leurs** parents

Mon frère et **ma sœur** aiment le sport.

My brother and my sister like sports.

Voilà **notre maison.**

There's our house.

Habitez-vous avec **votre sœur** et **vos parents?**

Do you live with your sister and your parents?

Ils skient avec **leurs cousins** et **leur oncle.**

They're skiing with their cousins and their uncle.

The forms **mon, ton,** and **son** are also used before feminine nouns that begin with a vowel or mute **h:**

affiche (*f.*)	→	**mon affiche**
amie (*f.*)	→	**ton amie**
histoire (*f.*)	→	**son histoire**

Pay particular attention to the agreement of third-person singular possessive adjectives. While English has two possessives, corresponding to the sex of the possessor (*his, her*), French has three, corresponding to the gender and number of the noun possessed (**sa, son, ses**).

Il
Elle } aime **sa maison.**

He likes his house.
She likes her house.

Il
Elle } aime **son chien.**

He likes his dog.
She likes her dog.

Il
Elle } aime **ses livres.**

He likes his books.
She likes her books.

Maintenant à vous _____

A. **A la maison.** Faites les substitutions et les changements nécessaires.

1. Avec qui habitez-vous? → J'habite avec mon *père*. (sœurs, grand-mère, oncle, amis)
2. Qu'est-ce que tu aimes dans ma chambre? → J'aime ton *chat*. (affiches, chaîne stéréo, disques, armoire)
3. A qui téléphone ma cousine Claire? → Elle téléphone à votre *père*. (parents, tante, cousin)
4. Avec qui habitent-ils? → Ils habitent avec leurs *parents*. (frère, amis, mère, grands-parents)

B. **Un(e) ami(e) serviable (*helpful*).** Avec un(e) camarade de classe, jouez les rôles de Jacques et de son ami(e). Suivez le modèle.

MODÈLE: poste de télévision / chaises →
> *Jacques:* Préfères-tu emporter (*to carry*) mon poste de télévision ou mes chaises?
> *L'ami(e):* Je préfère emporter tes chaises.

1. bureau / lampe
2. livres / étagère
3. miroir / affiches

4. piano / commode
5. table / lit
6. dictionnaire / revues

C. **La curiosité.** Répondez selon le modèle.

MODÈLE: Est-ce la revue de Georges? → Oui, c'est sa revue.

1. Est-ce la chambre de Pierre? 2. Est-ce la chambre d'Yvonne?
3. Est-ce le frère de Pauline? 4. Est-ce le frère de Claude? 5. Est-ce que ce sont les oncles de Jean? 6. Est-ce que ce sont les oncles d'Annick? 7. Est-ce que ce sont les meubles (*furniture*) d'Yvette?
8. Est-ce que ce sont les meubles de Jean-Pierre? 9. Est-ce que c'est le cousin de Marie-France? 10. Est-ce que c'est la cousine de Frédéric?

D. **Casse-tête (*Puzzle*) familial.** Posez rapidement les questions suivantes à un(e) camarade.

MODÈLE: Qui est le fils de ton oncle? → C'est mon cousin.

1. Qui est la mère de ton père?
2. Qui est la fille de ta tante?
3. Qui est la femme de ton oncle?

4. Qui est le père de ton père?
5. Qui est le frère de ta mère?
6. Qui est la sœur de ta mère?

E. **En français, s'il vous plaît.**

I have a French friend (*f.*) _____. Her house is on the Boulevard (*m.*) Saint-Germain. Her clothes are expensive and her family is rich. She loves colors. Today, she's wearing a yellow pullover, an orange skirt, and red shoes!

Her family likes to travel (**voyager**). Today, for example (**par exemple**), her mother is in New York, her father is in Madrid, her two brothers are in Rome, and her three sisters are in Amsterdam! She talks about her family too much (**trop**), but she is my friend and I am always patient (**avoir de la patience**).

F. Interview. Posez les questions suivantes à un(e) camarade de classe.

1. Y a-t-il un membre de ta famille (un cousin, une cousine, un neveu, etc.) que tu admires particulièrement?
2. Comment s'appelle-t-il/elle?
3. Où habite-t-il/elle? Avec qui?
4. Habite-t-il/elle dans une maison? dans un appartement? ...?
5. Son/Sa _____ (appartement, maison,...) est-il/elle petit(e)? grand(e)? simple? excentrique? ...?

Maintenant, présentez à la classe une description du proche parent préféré de votre camarade.

Qui cultive le jardin?

14. THE VERB **ALLER** (*TO GO*): **ALLER +** *INFINITIVE*

La condition paternelle

M. ROCHEREAU:	Quoi? *Tu vas* à une réunion de l'Association des Pères de Famille? Qu'est-ce que c'est que ça?
STÉPHANE, SON FILS:	C'est un groupe qui pense qu'un père a besoin de partager avec sa femme la responsabilité de ses enfants.
M. ROCHEREAU:	Par exemple?
STÉPHANE:	Eh bien, *je vais* souvent au jardin public avec Céline et demain *je vais* emmener Sébastien chez le docteur.
LA FEMME DE STÉPHANE:	Et quand notre bébé *va* arriver, Stéphane *va* demander un congé de paternité pour rester à la maison!
M. ROCHEREAU:	Les maris à la maison! Mais où *allons-nous* donc?

Trouvez la phrase équivalente selon le dialogue.

1. J'accompagne (*accompany*) souvent Céline au jardin publique.
2. J'emmène (*I'm taking*) Sébastien chez le docteur demain.
3. A la naissance (*birth*) de notre bébé, Stéphane va réclamer (*ask for*) un congé de paternité.

A. Forms of **aller**

The verb **aller** (*to go*) is irregular in form.

à - to
de from

PRESENT TENSE OF **aller** (*to go*)			
je	**vais**	*nous*	**allons**
tu	**vas**	*vous*	**allez**
il, elle, on	**va**	*ils, elles*	**vont**

The paternal state
M. ROCHEREAU: What? You're going to a meeting of the Association of Fathers? What's that?   STÉPHANE, HIS SON: It's a group that thinks that a father needs to share with his wife responsibility for their children.   M. ROCHEREAU: For example?   STÉPHANE: Well, I often go to the park with Céline and tomorrow I am going to take Sébastien to the doctor. STÉPHANE'S WIFE: And when our baby arrives, Stéphane is going to ask for a paternity leave to stay at home!   M. ROCHEREAU: Husbands at home! What is the world coming to? (*Literally, where, then, are we going?*)

Allez-vous à Grenoble pour vos vacances?	*Are you going to Grenoble for your vacation?*
Comment **va-t-on** à Grenoble?	*How do you go to (get to) Grenoble?*

You have already used **aller** in several expressions:

Comment **allez-vous**?	*How are you?*
Salut, ça **va**?	*Hi, how's it going?*
Ça **va** bien.	*Fine. (Things are going fine.)*

B. **Aller** + *infinitive*: near future*

In French, **aller** + *infinitive* is used to express a future event, usually something that is going to happen soon, in the near future. English also uses *to go* + *infinitive* to express actions or events that are going to happen soon.

Nous **allons téléphoner** à mon oncle.	*We're going to call my uncle.*
Il **va louer** un appartement.	*He's going to rent an apartment.*

To form a question with **aller** + *infinitive*, treat the verb **aller** as the main verb in the sentence. The form of the infinitive does not change.

Il **va louer** un appartement.

- Il **va louer** un appartement?
- Il **va louer** un appartement, n'est-ce pas?
- Est-ce qu'il **va louer** un appartement?
- Où } va-t-il **louer** un Quand } appartement?

In the negative, **ne** precedes the conjugated form of **aller** and **pas** follows it, preceding the infinitive.

Tu **vas téléphoner** à ton oncle.	→	Tu **ne vas pas** téléphoner à ton oncle.
Va-t-il habiter en France?	→	**Ne va-t-il pas** habiter en France?

LE MONDE DE LA MAISON
**SALON
DU MOBILIER
DE LA
DECORATION
DE LA CUISINE
ET DU TAPIS**
13/24 OCT. 83
PORTE DE VERSAILLES. PARIS.
10 h à 19 h. Mardi et vendredi jusqu'à 22
**CARTE
DE REDUCTION**
donnant droit à une entrée
au prix spécial de
12ᶠ   P

Maintenant à vous

A. Comment allez-vous? Répondez à chaque question.

MODÈLE: Comment va ta mère? → Ma mère va bien, merci.

1. Comment vas-tu?   2. Comment vont tes deux frères?
3. Comment va ton mari?   4. Comment vont tes fils?   5. Comment va votre fille?   6. Comment allez-vous, M. et Mme Dupont?

---

*Le futur proche

B. Où va-t-on? La solution est simple! Suivez le modèle.

MODÈLE: J'ai envie de regarder un film. → Je vais au cinéma!

1. Nous avons faim.
2. Il a envie de parler français.
3. Elles ont besoin d'étudier.
4. J'ai soif.
5. Tu as sommeil.
6. Vous avez envie de regarder la télévision.
7. Nous allons mal (*we don't feel well*).
8. Elle a envie de jouer au tennis.

à l'hôpital, dans la salle de séjour, à la bibliothèque, dans la cuisine, aux courts de tennis, à Paris, au café, dans la salle à manger, dans la chambre

C. Des projets pour demain (*tomorrow*). Suivez le modèle.

MODÈLE: tu / regarder / programme préféré → Tu vas regarder ton programme préféré.

1. je / finir / travail
2. nous / écouter / disques de jazz
3. vous / jouer / guitare
4. Frédéric / trouver / livre de français
5. je / choisir / film préféré
6. les garçons / aller au cinéma / en voiture

D. Transformation. Mettez les phrases précédentes à la forme interrogative et à la forme négative.

MODÈLE: Tu vas regarder ton programme préféré.
→ Vas-tu regarder ton programme préféré? (Est-ce que tu vas...?)
→ Tu ne vas pas regarder ton programme préféré.

E. En français, s'il vous plaît.

1. How are you (**tu**)? 2. I'm fine, thanks. 3. How are the classes going? 4. They're going well, thanks. 5. Where are you (**vous**) going on vacation (**en vacances**)? 6. We're going to Nice. 7. François is going to love our car!

F. Quels sont vos projets pour le week-end? Interviewez un(e) camarade de classe.

MODÈLE: aller au cinema →
Vous: Vas-tu aller au cinéma?
Un(e) camarade: Oui, je vais aller au cinéma.
(*ou*) Non, je ne vais pas aller au cinéma.

Suggestions: rester (*stay*) à la maison, écouter la radio (des disques), préparer un dîner (des leçons), regarder un film (la télévision), travailler à la bibliothèque (dans le jardin), aller dans un restaurant extraordinaire, parler avec des amis, finir un livre intéressant...

15. THE VERB **FAIRE** (*TO DO; TO MAKE*); EXPRESSIONS WITH **FAIRE**

L'histoire de Cendrillon

LA BELLE-MÈRE: Cendrillon, d'abord tu *fais la vaisselle* et *le ménage*, ensuite tu *fais les courses* et *la cuisine*. Je vais *faire une promenade* avec tes sœurs.

CENDRILLON (qui réfléchit): Mais non! Ce n'est pas ça, mon histoire! D'abord, je *fais un* beau *voyage* et je *fais la connaissance* d'un jeune homme riche et intelligent, nous dansons toute la soirée et puis nous *faisons une* longue *promenade*. Et mes belles-sœurs et ma belle-mère *font le ménage* et *la cuisine*....

Complétez les phrases selon le dialogue.

1. Cendrillon n'aime pas _____.
2. Cendrillon désire _____.
3. Les sœurs de Cendrillon vont _____.
4. Un jeune homme et Cendrillon vont _____.

faire un voyage
faire une promenade
faire la vaisselle dishes
faire la cuisine
faire le ménage housework
faire les courses

A. Forms of **faire**

The verb **faire** (*to do, to make*) is irregular in form.

PRESENT TENSE OF **faire** (*to do, to make*)			
je	**fais**	nous	**faisons**
tu	**fais**	vous	**faites**
il, elle, on	**fait**	ils, elles	**font**

Cinderella's story
STEPMOTHER: Cinderella, first you (will) do the dishes and the housework, then you (will) do the shopping and the cooking. I'm going to take a walk with your sisters. CINDERELLA (who is thinking): No! That's not my story! First I take a nice trip and meet a rich and intelligent young man, we dance all evening and then we take a long walk. And my stepsisters and my stepmother do the housework and the cooking. . . .

Note the difference in the pronunciation of **fais/fait** [fɛ], **faites** [fɛt], and **faisons** [fəsɔ̃].

Je fais mon lit.	*I make the bed.*
Nous faisons le café.	*We're making coffee.*

B. Expressions with **faire**

You have already used the verb **faire** in descriptions of the weather (**il fait beau, il fait chaud**, etc.). Other common expressions with **faire** include:

faire la connaissance (de)	*to meet (for the first time), make the acquaintance (of)*
faire les courses	*to do errands*
faire la cuisine	*to cook*
faire ses devoirs	*to do (one's) homework*
faire le marché	*to do the shopping, to go to the market*
faire le ménage	*to do the housework*
faire une promenade	*to take a walk*
faire la vaisselle	*to do the dishes*
faire un voyage	*to take a trip*
Le matin **je fais le marché**, l'après-midi **je fais une promenade** et le soir **je fais la cuisine**.	*In the morning I go to the market, in the afternoon I take a walk, and in the evening I cook.*

Maintenant à vous_____

A. Faisons connaissance! Suivez le modèle.

MODÈLE: je / le professeur d'italien → Je fais la connaissance du professeur d'italien.

1. tu / la sœur de Louise
2. Thomas / un camarade de classe
3. nous / un cousin
4. Annick / une étudiante sympathique
5. les Levêque / les parents de Simone
6. je / la femme du professeur
7. vous / la nièce de M. de La Tour
8. les enfants / un jeune garçon de dix ans

B. La solution est simple. Créez des phrases avec **je fais**.

MODÈLE: J'ai envie de visiter la France. Alors… → Alors je fais un voyage.

1. J'ai faim. Alors…
2. J'ai besoin d'exercice. Alors…

3. J'ai envie d'avoir une chambre en ordre. Alors…
4. J'ai besoin de café et de fruit. Alors…
5. J'ai besoin d'oranges et de bananes. Alors…
6. J'ai besoin d'étudier. Alors…

C. Qu'est-ce qu'ils font? Faites des phrases complètes. Utilisez des expressions avec **faire.**

il fait une prommanade avec de chein

1. M. Dupont…

il fait la connaissance de la dame

2. M. Henri… de Mlle Gervais.

faire de marches marketing

3. Ma grand-mère…

il fait le ménange

(Mes tes Nos vos leurs) faire ses devoirs 7 doing homework

4. M. Duval…

elle fait la cuisine

5. Ma sœur…

il fait vaisselle
mon enfen ils font vaisselle

6. Mon frère…

D. Conversation. Chez vous (*At your house*), _____?

1. Qui fait le ménage?   2. Qui fait les courses?   3. Qui fait la cuisine?   4. Qui fait la vaisselle?   5. Qui fait le marché?

E. Vive le week-end! Qu'est-ce que vous faites le week-end? Qu'est-ce que vous aimez faire? Qu'est-ce que vous êtes obligé(e) de faire? Complétez les phrases suivantes.

1. J'aime/Je n'aime pas _____.
2. J'ai envie de/Je n'ai pas envie de _____.
3. Je préfère _____.

Voici quelques suggestions.

Le travail: faire le ménage, faire les lits, faire les courses, faire la cuisine, faire la vaisselle....

Les distractions: jouer au frisbee dans le jardin, jouer aux cartes au café, aller au cinéma, aller à un concert....

16. PRESENT TENSE OF **-RE** VERBS

Beauregard au restaurant

JILL: Vous *entendez?*
GÉRARD: Non, qu'est-ce qu'il y a?
JILL: J'*entends* un grognement sous la table.
GENEVIÈVE: Oh ça! C'est Beauregard... Il *attend* le poulet... et il n'aime pas *attendre...*

Trouvez la phrase équivalente dans le dialogue.

1. Écoutez!
2. Quel est le problème?
3. Il n'aime pas patienter (*wait patiently*).

A third group of French verbs has infinitives that end in **-re,** like **vendre.**

PRESENT TENSE OF **vendre** (*to sell*)			
je	vends	*nous*	vend**ons**
tu	vends	*vous*	vend**ez**
il, elle, on	vend	*ils, elles*	vend**ent**

Other verbs conjugated like **vendre** include:

attendre	*to wait (for)*
descendre (de)*	*to go down (to), to get down (from), to get off*

Beauregard in the restaurant

JILL: Do you hear that?   GÉRARD: No, what's the matter?   JILL: I hear a grunting under the table.   GENEVIÈVE: Oh that! It's Beauregard . . . He's waiting for the chicken . . . and he doesn't like to wait. . . .

*The verb **descendre** is followed by the preposition à when it means to travel south to (*to go down to*) someplace: **Nous descendons au Mexique.** (*We're going down to Mexico.*)

entendre	*to hear*
perdre	*to lose, to waste*
rendre	*to give back, to return*
rendre visite à*	*to visit (someone)*
répondre à	*to answer*

Elle attend le dessert.	*She's waiting for dessert.*
Nous descendons de l'autobus.	*We're getting off the bus.*
Le commerçant rend la monnaie à la cliente.	*The storekeeper gives change back to the customer.*
Je réponds à sa question.	*I'm answering his question.*

Maintenant à vous _____

A. Une visite chez oncle Eugène. Qu'est-ce qu'ils font?

1. *Ma sœur* répond au téléphone. (nous, tu, mon père et ma mère)
2. *Tu* perds les clefs (*keys*) de la voiture. (je, Suzanne, vous)
3. *Nous* attendons l'autobus. (je, tu, Jean-Pierre)
4. *Ils* descendent de l'autobus. (on, nous, vous)
5. *J'*entends la voix (*voice*) d'oncle Eugène. (tu, Jean-Pierre, mes frères)
6. *Nous* rendons visite à oncle Eugène. (on, vous, elles)

B. Qu'est-ce qu'on fait maintenant? Changez du singulier au pluriel ou vice versa.

MODÈLE: Je vends ma guitare. → Nous vendons notre guitare.

1. Tu rends visite à ton amie Paulette.   2. Vous rendez un livre à la bibliothèque.   3. J'entends la voiture qui arrive.   4. Nous descendons de la voiture.   5. Elles perdent du temps (*time*) au café.   6. Il répond aux questions de sa sœur.

C. Coups de téléphone (*Telephone calls*). Complétez avec une forme conjuguée d'un des verbes suivants: **descendre, perdre, répondre, attendre, rendre.**

1. Je _repond_ au téléphone. Ce sont mes cousins qui habitent à Bruxelles. Ils _descendent_ aujourd'hui à Paris. Ils _repondent_ toujours à mes lettres et j'_attends_ leur arrivée avec impatience.
2. Claudine _repond_ au téléphone. C'est Vincent, un camarade, qui étudie l'anglais et qui est inquiet (*worried*). Le prof _____ les examens aujourd'hui et Vincent a peur. Claudine est très rassurante

---

*In French, the expression **rendre visite à** means to visit *a person or persons:* **Je rends visite à mon ami.** The verb **visiter** is used only with places or things: **Les touristes visitent les monuments de Paris.**

(*reassuring*): «Il n'y a pas de problème. Tu _____ toujours bien aux questions du prof et tu parles bien l'anglais.» Vincent repond «Je perds patience avec les études; j'attends avec impatience les grandes vacances.»

D. Perdez-vous souvent patience? Utilisez les questions suivantes pour interviewer un(e) camarade de classe. Il/Elle utilise **souvent, pas souvent** ou **toujours** dans sa réponse. Décidez d'après ses réponses s'il (si elle) est **très patient(e), patient(e), normal(e), impatient(e), très impatient(e).**

MODÈLE: *Vous:* Tu attends l'autobus. Il n'arrive pas. Est-ce que tu perds patience?
     Un(e) camarade: Oui, je perds souvent patience.

1. Tu attends un coup de téléphone. La personne ne téléphone pas. 2. Un(e) ami(e) ne répond pas à tes lettres.   3. Tu perds les clefs de ta voiture ou de ton appartement.   4. Tu attends tes amis au restaurant. Ils n'arrivent pas.   5. ?

Étude de prononciation

French r and l

While the English *r* is made with the tongue, the French **r** [r] is generally guttural, produced in the back of the mouth.

The French l is produced in the front of the mouth, with the tongue firmly pressed against the back of the upper teeth.

A. Prononcez avec le professeur.

1. cours   sur   cher   soir   sports   sœur   agir
2. mari   heureux   bureau   soirée   numéro   américain   terrasse
3. jardin   exercice   pardon   merci   porte   quatorze   parler
4. rose   rouge   riche   rue   route   russe   reste   revue   rien
5. nombre   France   zèbre   trois   quatre   tigre   gris   drôle

B. Prononcez avec le professeur.

1. Voici treize étagères marron.   2. Je regarde les rideaux rouges du restaurant.   3. Les garçons parisiens cherchent du travail.
4. L'appartement de ma sœur a l'air agréable.   5. Ton livre a l'air excellent.   6. Voilà un film italien intéressant.   7. Emilie parle allemand et espagnol.   8. Elle s'appelle Mademoiselle Leblanc.

INVITATION

Contexte Jennifer et son ami Yannick étudient le marketing à l'université de Montpellier. Yannick et sa famille invitent souvent Jennifer pour le week-end.

Objectif Jennifer accepte une invitation.

Dialogue

YANNICK: Jennifer, nous allons pique-niquer en famille aujourd'hui. Tu es libre?

JENNIFER: Mais oui, avec plaisir!

YANNICK: Tu apportes° ton frisbee?   *(will) bring*

JENNIFER: Oui, d'accord.

YANNICK: Nous allons faire du pédalo,° jouer au ping-pong ou à la pétanque.°   *pedal boat / bowls (bocce ball)*

JENNIFER: Ça va être sympa!

YANNICK: Et on va bien manger, naturellement.

JENNIFER: C'est un programme splendide, mais j'espère° qu'on va aussi bavarder° avec ta famille.   *I hope / chat*

YANNICK: Ça reste° toujours notre activité favorite!   *remains*

Après le déjeuner,° le père de Yannick fait la sieste, et Yannick, sa mère et Jennifer font une promenade.   *Après... After lunch*

MME MONTARON: Alors, Jennifer, tu n'as pas le mal du pays°?   *tu... you're not homesick?*

JENNIFER: Je n'ai pas le temps!

Quand est-il agréable de manger dans le jardin?

YANNICK:	Tu as des projets pour les vacances?
JENNIFER:	Non, pas encore.°
MME MONTARON:	Nous allons faire du ski dans les Pyrénées. Nous t'invitons.°
JENNIFER:	Comme c'est gentil°! J'accepte avec plaisir.

pas... *not yet*

Nous... *We invite you.*

Comme... *How nice!*

Variations

1. Improvisez! Vous invitez un(e) étudiant(e) français(e) à un barbecue avec votre famille. Jouez le dialogue avec un(e) camarade de classe.
2. Allez-vous accepter? Imaginez le dialogue avec un(e) ami(e) qui offre le choix entre les distractions suivantes. Ensuite, inventez une autre distraction à offrir à votre ami(e).

Commentaire culturel

The French family is a strong social unit. Sundays are often devoted to family activities, and family reunions are very common. Relatives get together on many occasions throughout the year—birthdays, weddings, christenings, anniversaries, and traditional holidays.

In general, divorce is less common in France than in the United States, although the rate is rising. Extended families, in which grandparents and other family members live with the nuclear family, are more common. Parents tend to shelter their children more than in North America, and discipline is stricter. For all of these reasons, the family has a strong influence on an individual's life, providing a sense of security and structure. It has been said that in France you can love your family or hate it, you may be unable to live without it or you may run away from it, but you cannot be indifferent to it.

Perhaps because of this strong sense of family, the home is more private in France than in North America. It is considered a place exclusively for family and close friends, and there is a definite reluctance to invite acquaintances or business contacts to visit the home. Fewer people own their homes in France than in North America, and many people do not have a great deal of space for entertaining, so they prefer to go out, inviting friends to a café or restaurant. Do not be surprised if you are not immediately invited to the home of a French friend!

Mise au point

A. Les projets de Martine et de Claudine. Formez des phrases complètes.

1. Martine et Claudine / aller / finir / études
2. elles / aller / faire / voyage / en France
3. elles / travailler / maintenant / pour payer (*to pay for*) / voyage
4. Martine / faire / ménage / pour / tante
5. elles / aller / rendre visite à / tante de Martine / à Paris
6. tante / habiter / près de / Quartier latin
7. elles / aller / être / content / parce que / elles / aller / faire / voyage magnifique

B. Activités. Qu'est-ce qu'ils font et qu'est-ce qu'ils vont faire? Expliquez selon le modèle.

MODÈLE:    →

le frère de Robert et de Marie-France

Maintenant, leur frère fait ses devoirs. Après, il va aller au cinéma.

1.

les parents de Robert et de Marie-France

2.

le père de Robert et de Marie-France

3.

l'oncle de Robert et de Marie-France

Et vous? Qu'est-ce que vous faites maintenant? Qu'est-ce que vous allez faire dans une heure?

C. Conversation. Avec un(e) camarade de classe, reconstituez la conversation.

A: Demandez à B ce qu'il/elle va faire aujourd'hui. (Qu'est-ce que...)

B: Dites à (*Tell*) A que vous allez au concert.

A: Demandez à B pourquoi il/elle va au concert.

B: Dites à A que vos cousins rendent visite à votre famille et qu'ils ont envie d'aller au concert. Demandez à A s'il (si elle) a envie de faire la connaissance de vos cousins.

A: Dites non à B et que vous préférez rester à la maison parce que vous faites vos devoirs.

B: Dites à A que vous allez être en retard (*late*). Dites au revoir.

A: Dites au revoir à B.

D. Un message. Vous travaillez dans un hôtel. Une touriste anglaise téléphone à l'hôtel, mais la propriétaire est absente. Vous notez son message. Maintenant, donnez le message à la propriétaire en français:

15 h 45: Mrs. Chesterfield telephones to (**pour**) answer your letter (**lettre,** *f.*). She is going to arrive at 5:00 P.M. with her son and daughter. They are going to wait for their cousins at the hotel. They are going to be six for dinner (**à dîner**). They prefer to eat in the hotel restaurant and are going to pay for (**payer**) the rooms in pounds (**en livres**).

E. Questions personnelles. Interviewez un(e) camarade de classe pour trouver des réponses aux questions suivantes.

1. La vie en famille

   Who does the dishes? When does he/she do the dishes? Who answers the telephone? Who does the shopping? When?

2. La famille et les amis

   How many brothers and sisters does he/she have? Do they still (**toujours**) live at home? In what room does he/she talk with his/her friends and classmates? Are his/her parents going to meet his/her friends from the university? Does he/she often visit relatives?

3. Ce week-end

   Is he/she going to take a trip? Is he/she going to visit friends? Whom? And you, what are you going to do? Where are you going to go?

Le français par les gestes: On y va

To indicate a desire to leave, the French tap the wrist of one hand with the palm of the other hand, while flipping the tapped wrist upward. This is a discreet way of telling a friend that it is time to go.

Vocabulaire

Verbes

accepter *to accept*
aller *to go*
aller + inf. *to be going (to do something)*
aller mal *to feel bad (ill)*
attendre *to wait for*
changer de *to change*
descendre à *to go down (south) to*
descendre de *to get down (from), get off*
entendre *to hear*
faire *to do; to make*
inviter *to invite*
perdre *to lose*
préparer *to prepare*
rendre *to give back; to return; to hand in*
rendre visite à *to visit (someone)*
répondre à *to answer*
rester *to stay, remain*
vendre *to sell*

Substantifs

l'appartement (m.) *apartment*
l'arbre (m.) *tree*
l'autobus (m.) *(city) bus*
la clef *key*
le couloir *hall*
le coup de téléphone *telephone call*
la famille *family*
le jardin *garden*

la lettre *letter*
le meuble *piece of furniture*
la pièce *room*
le plaisir *pleasure*
le poste de télévision *TV set*
les projets (m.) *plans*
le temps *time*
la terrasse *terrace*
les vacances (f.) *vacation*

Adjectifs

libre *free (to do something)*
préféré(e) *favorite, preferred*

Les parents

le cousin *cousin (male)*
la cousine *cousin (female)*
l'enfant (m., f.) *child*
la femme *wife; woman*
la fille *daughter; girl*
le fils *son*
le frère *brother*
la grand-mère *grandmother*
le grand-père *grandfather*
les grands-parents (m.) *grandparents*
le mari *husband*
la mère *mother*
le neveu *nephew*
la nièce *niece*
l'oncle (m.) *uncle*
les parents (m.) *parents; relatives*
le père *father*
la petite-fille *granddaughter*

le petit-fils *grandson*
la sœur *sister*
la tante *aunt*

Les pièces

la chambre *bedroom*
la cuisine *kitchen*
la salle à manger *dining room*
la salle de bains *bathroom*
la salle de séjour *living room*

Expressions avec *faire*

faire la connaissance de *to meet (for the first time), make the acquaintance of*
faire les courses *to do errands*
faire la cuisine *to cook*
faire ses devoirs *to do homework*
faire le marché *to do the shopping, go to the market*
faire le ménage *to do the housework*
faire une promenade *to take a walk*
faire la vaisselle *to do the dishes*
faire un voyage *to take a trip*

Mots divers

alors *then, in that case*
après *after, afterward*
chez *at the home of*
loin de *far from*
mal *badly*

Intermède 4

Lecture

LA TÉLÉVISION, UNE AFFAIRE DE FAMILLE

Avant de lire   Notice that a sentence has been underlined in each of the first two paragraphs of this passage. These are the topic sentences of the paragraphs. A topic sentence is one that expresses the general idea or the main point of a paragraph. The other sentences elaborate or illustrate what is expressed in the topic sentence. It is usually the first sentence of a paragraph, but not always. After reading the passage, return to the second paragraph and consider why the first sentence would not be identified as the topic sentence. How would you describe its function in that paragraph?

E N FRANCE, la télévision est essentiellement un phénomène familial. La majorité des familles françaises accorde° une place d'honneur au téléviseur,° dans la salle de séjour ou dans la cuisine. On organise les meubles autour de lui.° On organise la soirée et les loisirs° aussi autour de lui. Il occupe une place importante dans la famille. Mais est-ce un allié°ou un ennemi?

En France, les programmes télévisés ne sont pas diffusés° 24 heures sur 24 heures comme aux États-Unis. Pourtant,° les enfants de 10 à 12 ans consomment en moyenne 21 heures de télévision par semaine et les téléspectateurs adultes approximativement 18 heures. Il est possible de parler de lavage de cerveau,° de «télédrogue». Les parents ont du mal à contrôler l'irruption° des programmes dans la vie familiale. La télé est la rivale du jeu,° de la lecture et de la conversation. On regarde le téléviseur et on cesse de parler. La télévision remplace des activités familiales possibles, elle isole chaque membre de la famille dans son monde privé.

Mais à la réflexion, la télé donne aussi un rôle prépondérant à l'institution familiale. Elle rassemble les membres de la famille pour un temps défini, dans un espace défini. C'est une habitude sécurisante.° C'est une occupation commune qui oblige à inventer des règles.° Les enfants organisent leur temps pour finir leurs devoirs avant° leur programme favori. Parents, frères et sœurs négocient le choix du programme de la soirée. La télé crée des rapports° complexes entre les membres de la famille.

donne
poste de télévision
le téléviseur / leisure activities

broadcast
However

lavage… brainwashing
l'invasion
par exemple, on joue aux cartes

habitude… reassuring habit
rules
before

relationships

143

Dans l'opinion de beaucoup de spécialistes, sociologues et professeurs, la télévision est un média très bien adapté à l'univers domestique. Elle renforce l'intimité de la famille. Mais certains° pensent qu'elle renforce aussi la coupure° qui existe en France entre la vie privée et la vie publique de la famille.

some (*people*)

la séparation

Compréhension

A. Trouvez la «phrase-clef» du paragraphe 3.
B. Quels sont les aspects négatifs de la télé? Et les aspects positifs?
C. Est-il possible d'identifier l'attitude de l'auteur envers (*toward*) la télévision? Pourquoi? Y a-t-il une phrase qui représente bien l'attitude de l'auteur?

Expression écrite

A. Chez vous. Regardez le dessin à la page 124. Écrivez un paragraphe où vous comparez votre maison (ou votre logement) à la maison des Chabrier. Utilisez l'expression **pas de** quand c'est nécessaire.

Toute la famille participe à la préparation de la pâtisserie. Faites-vous la cuisine avec les autres membres de votre famille?

©JEAN-PAUL DUMONTIER/VDN PICTURE LIBRARY

B. Le samedi chez vous. Qu'est-ce que vous faites à la maison le samedi? Écrivez trois petits paragraphes. Utilisez les phrases suivantes comme guide.

Paragraphe 1: Le matin, je...

Paragraphe 2: L'après-midi, je...

Paragraphe 3: Le soir, je...

Expressions utiles: parler avec ma famille/mes amis, écouter la radio/des disques, danser, faire la vaisselle/le ménage/la cuisine/mes devoirs, répondre aux lettres, étudier, rêver (*dream*) de, regarder mes livres, être au lit, regarder la télévision, parler des programmes de télévision

Activités

A PROPOS

Comment inviter des amis

Tu es libre?/Vous êtes libre?
Viens donc/Venez donc (*Come then*)...}
Tu as/Vous avez envie de (d')...?

...visiter la Faculté
...écouter un concert
...discuter au café avec nous
...jouer au tennis
...faire une promenade, etc.

Comment accepter

Oui, je suis libre.
Quelle bonne idée! (*Good idea!*)
D'accord.
Avec plaisir.
Ça va être sympa(thique)!

Comment refuser poliment (politely)

C'est gentil mais...
C'est dommage (*too bad*) mais...
{
...je ne suis pas libre.
...je suis pris(e) (*engaged*).
...je ne peux pas (*I can't*).
...je suis occupé(e) (*busy*).
}

A. Interaction. Utilisez les expressions de l'**A propos** pour inviter un(e) camarade de classe. Parfois il/elle accepte l'invitation, parfois il/elle refuse l'invitation. Invitez votre camarade à

1. aller au concert de _____
2. parler avec votre psychiatre (*psychiatrist*)
3. jouer au frisbee sur l'autoroute (*highway*)
4. voir le film _____
5. visiter la ville de _____
6. __?__

B. Rencontres. Working with other students, create dialogues that illustrate the following situations. Use the phrases given in the **Rencontre culturelle** section on page 125 and the **A propos** section on page 145.

1. You and a friend are visiting the home of M. and Mme Leblanc, the parents of your good friend Jacques, who is studying in the United States. You have never met the Leblancs before.
2. You and a friend are moving into an unfurnished room in France. Next door, two French students are moving out. Introduce yourselves to them and engage them in conversation. Describe the things you need for your room in the hope that you might be able to obtain some of them from your departing neighbors.

C. Qu'est-ce que c'est qu'une maison? A-t-elle toujours quatre murs? Est-elle toujours bien meublée (*furnished*)? Est-ce un endroit confortable? A votre avis, qu'est-ce qu'une maison? Complétez la phrase suivante avec des mots qui décrivent une maison.

La maison est un endroit où _____.

Où habitent les personnes suivantes? Expliquez leurs préférences.

Superman	la Maison-Blanche
Tarzan et Jane	la jungle
Robinson Crusoë	une île déserte
Louis XIV	une très petite maison dans l'Illinois
le président des États-Unis	l'île du Diable
Abraham Lincoln	Monticello
Papillon	un jardin merveilleux
Thomas Jefferson	le château de Versailles
Adam et Eve	(sur) la planète Crypton

Parmi les endroits indiqués, lequel préférez-vous? Pourquoi?

CHAPITRE CINQ

Les Français à table

© PIERRE MICHAUD/VDN PICTURE LIBRARY

Vaucluse, dans le sud de la France.

OBJECTIFS   In this chapter, you will learn words and expressions that relate to French food: the names of meals and dishes, the continental table setting, holiday foods, and expressions that will be useful when you are eating in a French-speaking area. The grammatical skills you will acquire include specifying something that is a portion of a larger whole (*some* soup, *some* butter, etc.), using the present tense of the irregular verbs **boire** (*to drink*) and **prendre** (*to take*), the imperative form of verbs, and the present tense of several **-er** verbs that have spelling changes in their conjugation.

Étude de vocabulaire

Les provisions

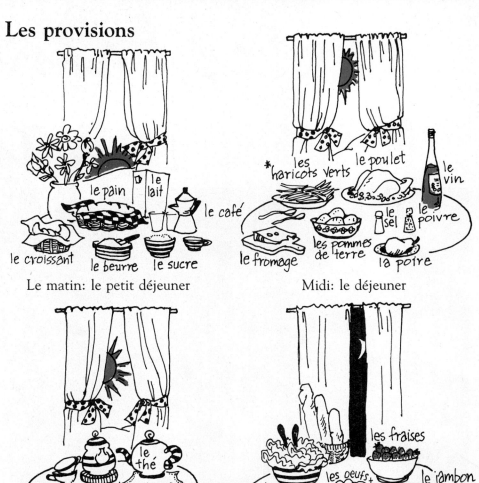

Le matin: le petit déjeuner

le pain
le lait
le café
le croissant
le beurre
le sucre

*les haricots verts
le poulet
le vin
le sel
le poivre
le fromage
les pommes de terre
la poire

Midi: le déjeuner

le chocolat
le thé
les gâteaux au chocolat
la tarte aux pommes

L'après-midi: le goûter

les fraises
la salade
les œufs†
le jambon
le bifteck

Le soir: le dîner

A. **Catégories.** Ajoutez (*Add*) d'autres aliments dans les catégories mentionnées. Suivez le modèle.

MODÈLE: La mousse au chocolat est *un dessert.* → Le gâteau, la tarte aux pommes et les fraises sont aussi des desserts.

---

*Les haricots is pronounced [lɛ ariko]. The *h* is aspirate (**aspiré**).
†Pronunciation: **un œuf** [ɛ̄nœf], **des œufs** [dezø].

1. La bière est *une boisson.*
2. La pomme de terre est *un légume.*
3. Le porc est *une viande.*
4. La banane est *un fruit.*

B. Les repas de la journée.* Suivez le modèle.

MODÈLE: le goûter → Le goûter† est le repas de l'après-midi.

1. le petit déjeuner   2. le dîner   3. le déjeuner

C. Plats (*Dishes*). Faites une liste des ingrédients nécessaires à chaque plat.

MODÈLE: une mousse au chocolat → le chocolat, le beurre, les œufs

1. une soupe   4. une salade de fruits
2. un café au lait   5. un sandwich
3. une omelette   6. une fondue

D. L'intrus. Trouvez l'intrus et expliquez votre choix.

1. café / fraise / bière / thé / lait
2. haricots verts / salade / carotte / œuf / pomme de terre
3. bifteck / porc / pain / jambon / poulet
4. sel / gâteau / poivre / sucre / beurre
5. vin / banane / pomme / orange / melon

E. Préférences. Préférez-vous ＿＿＿?

1. le café ou le thé?   2. le porc, le bœuf, le veau ou le poulet?   3. la viande ou le poisson (*fish*)?   4. le gâteau ou les fruits?   5. le pain ou les croissants?   6. la tarte aux pommes ou la tarte à la crème?

F. Conversation. Répondez aux questions suivantes posées par un(e) camarade.

1. Le matin, quelle boisson préfères-tu? Aimes-tu le café noir? le café crème? le café au lait?
2. A midi, préfères-tu la viande? le poisson? Es-tu végétarien(ne)? Aimes-tu les pique-niques?
3. Quel est ton repas préféré? ton légume préféré? ta viande préférée? ton plat américain préféré? ton plat français préféré? ton fruit préféré? ton dessert préféré? ta boisson préférée?

---

*Use **la journée** (*the day*) instead of **le jour** when you wish to emphasize the notion of an entire day, or the whole day long, as in the expression "**Quelle journée!**" (*What a [long] day!*).

†**Le goûter** is an occasional meal in France. When French children come home from school in the afternoon, they often have a **goûter** consisting of bread and chocolate (**le pain et le chocolat**).

A table

une table française

une table américaine

A. L'objet nécessaire. Suivez le modèle.

MODÈLE: le café au lait → J'utilise un bol (*wide cup*) pour le café au lait.

1. le vin
2. la viande
3. la soupe
4. la salade
5. le thé
6. la mousse au chocolat

B. Les repas de la journée. Chez vous, quels objets placez-vous sur la table aux repas suivants?

1. au petit déjeuner?   2. au déjeuner?   3. au goûter?   4. au dîner?

Joyeux Noël!

candied chestnuts

A. Scène de famille. Complétez les phrases.

1. Les ____ et le ____ sont sur la table.
2. M. Huet ouvre (*is opening*) une bouteille de ____.
3. Mme Huet apporte (*is bringing*) la ____.
4. Emilie regarde les ____.

B. C'est une erreur! Corrigez les phrases inexactes.

1. Le champagne est un plat principal.   2. Les marrons glacés sont des hors-d'œuvre.   3. La dinde rôtie est un dessert.   4. Les huîtres sont une boisson.

C. Comparaison. En quoi est-ce que le repas de Noël en France ressemble au repas de Noël en Amérique? En quoi est-il différent?

Étude de grammaire

17. THE PARTITIVE:* **DE** + *DEFINITE ARTICLE*

A *votre santé!*

Voici *l'eau* minérale Vittel.

Voici *une eau* minérale française et *une eau* minérale américaine.

Voici *de l'eau* minérale.

1. Aimez-vous l'eau minérale?
2. Est-ce qu'il y a une eau minérale célèbre aux États-Unis?
3. En Amérique, est-ce que toutes les familles ont de l'eau minérale à la maison?

A. Uses of the definite, indefinite, and partitive articles

1. The definite article (**le, la, l', les**)   The definite article is used to point out a specific object, idea, or person.

C'est **le** plat favori de Michel.   *It's Michel's favorite dish.*

To your health!
Here is Vittel mineral water. Here is a French mineral water and an American mineral water. Here is some mineral water.
*Le partitif

The definite article is also used to express general likes and dislikes, and to generalize about abstract qualities or ideas. It is often used after verbs such as **aimer, préférer,** and **détester.**

J'aime l'eau minérale Perrier.	*I love Perrier water.*
Suzanne déteste **les** escargots.	*Susan hates snails.*
Nous admirons **le** courage et **la** patience.	*We admire courage and patience.*

2. The indefinite article (**un, une, des**)   The indefinite article precedes a noun referring to something that is not specific or that is unspecified. It is generally used with countable nouns, that is, with nouns representing items that could be counted individually.

Il y a **un** verre sur la table.	*There is a glass on the table.*
As-tu **une** serviette?	*Do you have a napkin?*

3. The partitive article (**du, de la, de l', des**)   In addition to the definite and indefinite articles, French has a third article, called the partitive. Unlike the nouns representing objects that are specified by the definite article or unspecified nouns that can be counted as individual items and preceded by the indefinite article, the nouns following the partitive article represent quantities taken from a larger whole or quantities generally measured in weight or mass. The partitive article is a combination of the preposition **de** and the definite article (**le, la, l', les**). The form of the partitive must correspond in number and in gender to the noun it precedes. In the following examples, note that the partitive is translated into English by the expression *some, any,* or, most frequently, by an unmodified noun.

Commandez-vous
- **de la** viande?
- **du** porc?
- **de la** salade?
- **des*** haricots verts?

Are you ordering
- *(some) meat?*
- *(some) pork?*
- *(some) salad?*
- *(some) green beans?*

4. The partitive or the definite article?   The partitive also precedes abstract qualities that are attributed to people. The definite article (**le, la, l', les**) is used as usual to express a generalization.

Partitive	**Definite article**
Il a **du** courage.	Il admire **le** courage.
He has (some) courage.	*He admires courage (in general).*
Nous avons **de l'**ambition.	L'ambition est importante.
We have (some) ambition.	*Ambition (in general) is important.*

*Notice that the plural forms of the indefinite article and the partitive are identical: **des.**

Notre prof a **de la** patience.
Our professor has (some)
  patience.

La patience est indispensable
aux professeurs.
Patience (in general) is
  indispensable to professors.

5. The partitive or the indefinite article?   When nouns generally preceded
by the partitive are used to refer to brands, types, or portions to be
served, they are preceded by the indefinite article.

Partitive	**Indefinite article**
Je désire **du** café noir.	**Un** café noir, s'il vous plaît!
I want (some) black coffee.	*A black coffee, please! (one*
(unspecified amount)	*serving implied)*
Voici **du** vin.	Le beaujolais est **un** vin
Here is some wine. (unspecified	français.
amount)	*Beaujolais is a French wine.*
	(type or brand)

B. The partitive in negative sentences and with expressions of quantity

In negative sentences, all partitive articles become **de (d').**

J'ai **du** vin.	→	Je n'ai **pas de** vin.
Tu as **de l'**eau.	→	Tu n'as **pas d'**eau.
Vous avez **des** carottes.	→	Vous n'avez **pas de** carottes.

Partitive articles also become **de (d')** after expressions of quantity.

Elle commande **du vin.**

Combien de vin commande-t-elle?

Elle commande **un peu de vin.**

Elle commande **beaucoup de vin.**

Elle commande **un verre de vin.**

Elle commande encore **un verre de vin.**

Elle a **moins de vin** que son ami.

Elle a **assez de vin.**

Elle a **trop de vin.**

Il n'y a plus de vin dans la bouteille.*

---

*some wine / how much wine / a little wine / a lot of wine / a glass of wine / another glass of
wine / less wine / enough wine / too much wine / there is no more wine

The expression **ne... plus** (*no more, not any more*) surrounds the conjugated verb, like **ne... pas.**

> Je suis désolé, mais nous **n'**avons **plus de** vin.

> *I'm sorry, but we have no more wine.*

Maintenant à vous

A. A table! Qu'est-ce qu'on mange? Suivez le modèle.

MODÈLE: le veau → On mange du veau.

1. la salade
2. les pommes de terre
3. le poisson
4. la viande
5. le pain
6. les fruits
7. le melon
8. les œufs
9. la soupe
10. l'omelette
11. la tarte aux pommes
12. les sandwichs
13. les huîtres
14. le pâté de foie gras
15. les marrons glacés

B. Au supermarché. Vous faites le marché. Qu'est-ce que vous achetez?

MODÈLE: pain → On achète du pain.

1. thé
2. bière
3. sucre
4. eau minérale
5. fromage
6. fraises
7. œufs
8. sel
9. légumes
10. salade
11. beurre
12. chocolat
13. champagne

C. Conversation à table. Suivez le modèle et posez les questions à un(e) autre étudiant(e).

MODÈLE: la salade (beaucoup) →
   Vous: Philippe, as-tu de la salade?
   Un(e) ami(e): Oui, j'ai beaucoup de salade.

1. les carottes (assez)
2. le vin (une carafe)
3. la bière (un verre)
4. le poisson (un peu)
5. les tomates (beaucoup)
6. le café noir (une tasse)
7. le melon (trop)
8. les fraises (assez)
9. la mousse au chocolat (un peu)
10. le pain (beaucoup)
11. l'eau (une bouteille)
12. le café au lait (un bol)

D. Au restaurant. Faites des phrases complètes pour décrire la scène. Utilisez l'article partitif.

1. Thibaut / demander / bifteck
2. nous / demander / lait
3. vous / commander / bière
4. Jean-Pierre et Anne / manger / marrons glacés
5. le serveur (*waiter*) / avoir / patience / avec nous

E. Trop tard. Au restaurant vous commandez le dîner. Le serveur n'a plus de vos plats et boissons préférés. Jouez les rôles avec un(e) camarade.

MODÈLE: poulet →

Vous: Je voudrais (*I would like*) du poulet (*chicken*), s'il vous plaît.
Un(e) ami(e): Je suis désolé(e), mais il n'y a plus de poulet.

1. jambon   2. salade de tomates   3. bière   4. champagne
5. omelette aux pommes de terre   6. porc   7. haricots verts
8. fromage   9. poires   10. tarte aux fraises   11. fruits

F. Un pique-nique réussi. Complétez avec l'article défini, indéfini ou partitif.

Aujourd'hui, nous allons pique-niquer. Madame Belleval prépare
___un___ repas froid avec ___du___ poulet, ___des___ haricots verts, ___du___ melon et ___de la___ salade. Comme dessert, il y a ___du___ fromage et ___de la___ tarte aux fraises. La famille Belleval arrive à la rivière (*stream*). Les enfants préparent ___la___ table, on mange, on parle, ___le___ poulet est excellent, ___le___ melon est parfait. Quelle belle journée! Au dessert, on mange ___de la___ tarte avec une tasse ___de___ café. Les enfants préfèrent ___le___ jus de fruits et ils adorent ___la___ tarte. Tout le monde mange bien, et même (*even*) mange un peu trop... alors, après ___le___ repas, il reste une chose à faire: chacun (*everyone*) fait la sieste!

G. Qu'est-ce qu'il y a sur la table? Décrivez l'image suivante. Utilisez l'article partitif ou indéfini.

H. Conversation et interview. Répondez aux questions. Ensuite choisissez une ou deux questions à poser à un(e) camarade.

1. Est-ce que vous mangez beaucoup de viande? de poisson? de légumes? de fruits?   2. Qu'est-ce que vous aimez manger? Qu'est-ce que vous n'aimez pas manger?   3. Qu'est-ce que vous aimez manger au petit déjeuner? au déjeuner? au dîner?   4. Qu'est-ce que vous aimez manger comme dessert?   5. Est-ce que vous faites souvent la cuisine? Qu'est-ce que vous aimez préparer?   6. Imaginez que vous allez faire un pique-nique avec des amis. Qu'est-ce que vous allez apporter?

I. Et vous? Complétez les phrases suivantes selon le modèle.

MODÈLE: J'ai trop _____. → J'ai trop d'examens!

1. Au restaurant j'aime commander _____.

2. J'adore _____.
3. J'ai trop _____.
4. J'ai envie d'un grand verre _____.
5. J'ai envie d'acheter _____.
6. Je n'aime pas _____ et je déteste _____.
7. Les étudiants n'ont pas assez _____.
8. En Amérique, on a beaucoup _____.
9. A l'université, il n'y a pas assez _____.
10. Dans la vie, il y a trop _____.

18. -ER VERBS WITH SPELLING CHANGES

Un régime sans sel

MME ARQUÉ: Ici, nous *mangeons* trop de sucre et trop de sel.
Aujourd'hui, nous *changeons* de régime.

M. ARQUÉ: J'*espère* tout de même qu'on va continuer à bien manger.

MME ARQUÉ: Mais bien sûr. J'*envoie* Marie-France à la librairie acheter
«Les Régimes alimentaires diététiques». Tu entends, Marie-France? Et après, tu vas au marché et tu *achètes* beaucoup
de légumes et de fruits.

M. ARQUÉ: Mais comment va-t-on alimenter la conversation?

MME ARQUÉ: Comment?

M. ARQUÉ: C'est très simple. Mes remarques sont toujours pleines de
sel, n'est-ce pas?

1. Pourquoi la famille Arqué change-t-elle de régime?
2. Qu'est-ce que M. Arqué espère?
3. Où Mme Arqué envoie-t-elle Marie-France?
4. Qu'est-ce que Marie-France va acheter au marché?
5. Selon vous, est-ce que la remarque de M. Arqué est pleine de sel?

A. Verbs with infinitives ending in é + *consonant* + -er

Verbs like **préférer** (*to prefer*) and **espérer** (*to hope*) require **accents aigus**
(**é**) on the last vowel of the stem in the first- and second-person plural
forms (**nous, vous**). The other forms require **accents graves** (**è**) on the stem
vowel.

A salt-free diet
MME ARQUÉ: We're eating too much sugar and too much salt. Today, we change diets!
M. ARQUÉ: All the same, I hope we're going to continue to eat well. MME ARQUÉ: But of
course. I'm sending Marie-France to the bookstore to buy "Dietetic Alimentary Regimens."
Do you hear, Marie-France? And afterward, you are to go to the market and buy lots of
vegetables and fruit. M. ARQUÉ: But how are we going to nourish the conversation? MME
ARQUÉ: What? M. ARQUÉ: It's very simple. My remarks are always spicy (*literally, full of
salt*), right?

PRESENT TENSE OF **espérer** (*to hope*)		
j' **espère**	*nous*	espérons
tu **espères**	*vous*	espérez
il, elle, on **espère**	*ils, elles*	**espèrent**

The change in accent marks reflects the pronunciation of each stem vowel: [ɛ] for the **je/tu/il/ils** forms and [e] for the infinitive and **nous/vous** forms.

Je préfère le vin rouge.	*I prefer red wine.*
Nous espérons dîner bientôt chez Maxim's.	*We hope to dine at Maxim's soon.*

B. Verbs with a silent **e** in the stem

In a few verbs, like **acheter** (*to buy*), the e of the stem is not pronounced in the infinitive or the **nous/vous** forms: [aʃtɔ̃], [aʃte]. In all other persons an **accent grave** indicates that the e is pronounced [ɛ].

PRESENT TENSE OF **acheter** (*to buy*)		
j' **achète**	*nous*	achetons
tu **achètes**	*vous*	achetez
il, elle, on **achète**	*ils, elles*	**achètent**

Nous achetons des pommes de terre pour les frites et **elle achète** de la crème pour le dessert.	*We're buying potatoes for the (french) fries and she's buying cream for the dessert.*

C. Verbs ending in **-ger**

In the **nous** forms of verbs like **manger** and **changer** (**de**) (*to change*), an e is added before the **-ons** ending in order to preserve the soft [ʒ] sound.

PRESENT TENSE OF **manger** (*to eat*)		
je mange	*nous*	**mangeons**
tu manges	*vous*	mangez
il, elle, on mange	*ils, elles*	mangent

Nous mangeons souvent sur la terrasse.

We often eat on the terrace.

D. Verbs ending in **-yer**

In verbs with infinitives ending in **-yer,** the **y** of the stem changes to **i** in all forms except **nous/vous.** Such verbs include **employer** (*to use*) and **envoyer** (*to send*). In verbs ending in **-ayer,** such as **payer** (*to pay, to pay for*) and **essayer** (*to try, to try to*), this change is optional.

PRESENT TENSE OF **employer** (*to use*)			
j'	emploie	*nous*	employons
tu	emploies	*vous*	employez
il, elle, on	emploie	*ils, elles*	emploient

Les Français **emploient** beaucoup d'épices dans leur cuisine.

The French use lots of spices in their cooking.

Combien **paies-tu** (**payes-tu**) le lait?

How much do you pay for the milk?

Mme Brunot **envoie** des bonbons à son petit-fils.

Madame Brunot sends candy to her grandson.

Nous **essayons** de préparer des repas français.

We try to prepare French meals.

Maintenant à vous _____

A. Transformations.

1. Qui espère changer de régime? → *Les Arqué* espèrent changer de régime. (vous, tu, Claudette)
2. Qui préfère manger sur la terrasse? → *Mes parents* préfèrent manger sur la terrasse. (nous, je, ses grands-parents)

B. Achats (*Purchases*). Chaque membre de la famille achète quelque chose pour un repas. Qu'est-ce qu'on achète? Suivez le modèle.

MODÈLE: oncle Eugène / vin / coq-au-vin → Oncle Eugène achète du vin pour le coq-au-vin.

1. Lise / œufs / omelette
2. je / fromage / soufflé (*m.*)
3. Maman / sucre / gâteau
4. Anne et Christine / pommes / tarte
5. nous / jambon / sandwichs
6. vous / fraises / dessert

C. Goûts (*Tastes*). Formez des phrases complètes.

préférons

1. Bill et moi, nous / préférer / cuisine américaine
2. aujourd'hui, nous / essayer / repas (*sing.*) français
3. notre ami Jean-Luc / employer / recettes (*recipes*) de sa mère
4. Pierre / acheter / poulet
5. Claudine et Vincent / acheter / légumes et / vin blanc
6. ils / employer / sauces compliquées / dans leurs recettes
7. nous / faire / repas extraordinaire
8. nous / changer / d'opinion
9. je / espérer / voyager bientôt en France

D. Conversation. Posez les questions suivantes à un(e) camarade.

1. Manges-tu... dans la cuisine? dans la salle à manger? avec tes camarades de chambre? tes amis? ta famille?
2. Toi et tes amis, changez-vous souvent... de régime? de décor? d'attitude? d'opinion?
3. Si tu as le choix, préfères-tu... manger au restaurant ou manger à la maison? faire la cuisine ou faire la vaisselle? manger de la viande ou manger du poisson?
4. Espères-tu faire la connaissance d'une personne célèbre? De qui? Espères-tu faire un voyage? Où? Espères-tu avoir beaucoup d'aventures?

19. PRESENT TENSE OF IRREGULAR **-RE** VERBS

© MARK ANTMAN / THE IMAGE WORKS

A ta santé!

JEAN-MICHEL: Je *prends* le poulet froid, et vous?
MARIANNE: Nous *prenons* le veau à la crème et les légumes.
JEAN-MICHEL: Et qu'est-ce que vous *buvez*?
THÉRÈSE: Oh, moi, je *bois* seulement du Château-la-Pompe!*

Répétez le dialogue et substituez les expressions nouvelles aux expressions suivantes.

1. le poulet froid → la petite pizza
2. le veau et les légumes → le sandwich au fromage
3. le Château-la-Pompe → la bière

Cheers! (To your health!)
JEAN-MICHEL: I'm having the cold chicken, and you? MARIANNE: We're having the veal in cream sauce and the vegetables. JEAN-MICHEL: What are you drinking? THÉRÈSE: Oh, I'll just drink Château-la-Pompe.

*Many fine French wines bear the names of the **châteaux** where they are made. **Château-la-Pompe** (*Château the Pump*) is a colloquial way of referring to plain tap water.

A.　**Prendre** and verbs like **prendre**

The verb **prendre** (*to take*) is irregular in its plural forms.

PRESENT TENSE OF **prendre** (*to take*)			
je	prends	*nous*	pren**ons**
tu	prends	*vous*	pren**ez**
il, elle, on	prend	*ils, elles*	pren**nent**

Verbs conjugated like **prendre** are **apprendre** (*to learn*) and **comprendre** (*to understand*).

Qu'est-ce que **vous prenez?**	*What are you having?*
Je prends la salade verte.	*I'm having the green salad.*
Il apprend l'espagnol.	*He's learning (how to speak) Spanish.*
Est-ce que **tu comprends** ma question?	*Do you understand my question?*

When an infinitive follows **apprendre,** the preposition **à** must be used also.

Ma sœur **apprend à danser.**	*My sister is learning (how) to dance.*
Apprenez-vous à skier?	*Are you learning (how) to ski?*

Some common expressions with **prendre** include:

prendre un repas	*to eat a meal*
prendre le petit déjeuner	*to have breakfast*
prendre un verre	*to have a drink (usually alcoholic)*
prendre du temps	*to take time*

B.　**Boire**

The verb **boire** (*to drink*) is also irregular in form.

PRESENT TENSE OF **boire** (*to drink*)			
je	**bois**	*nous*	**buvons**
tu	**bois**	*vous*	**buvez**
il, elle, on	**boit**	*ils, elles*	**boivent**

Je bois de l'eau minérale.   *I'm drinking mineral water.*
Nous buvons de la bière.   *We're drinking beer.*

Maintenant à vous

A. A table!

1. Qui prend du fromage? → *Je* prends du fromage. (Marc et Paul, nous, tu, Mme Dupont)
2. Qui comprend le menu? → *Helen* comprend le menu. (nous, Kevin et Mary, tu, vous)
3. Qui boit de la bière? → *Il* boit de la bière. (vous, nous, mes amis, je)

B. A l'université. Changez les phrases suivantes du singulier au pluriel ou vice versa.

1. J'apprends le français.   2. Ils comprennent le professeur.   3. Nous prenons un livre à la bibliothèque.   4. Est-ce que tu bois du café au restaurant universitaire?   5. Elle prend beaucoup de haricots verts. 6. Apprenez-vous votre leçon de russe?

C. La réponse est simple! Trouvez des réponses aux problèmes suivants. Utilisez les verbes **boire, apprendre, comprendre** ou **prendre** ou des expressions avec **prendre**.

MODÈLE: Je désire parler avec un ami. → Je prends un verre au café avec un ami.

1. J'ai faim.   2. J'ai soif.   3. Je désire bien parler français.   4. Je désire étudier les mathématiques.   5. Je n'aime pas le vin.

D. Conversation. Posez les questions suivantes à un(e) camarade.

1. Combien de repas prends-tu par jour (*each day*)? Prends-tu ton repas principal le matin? à midi? le soir? Prends-tu peu de temps pour manger? beaucoup de temps? Bois-tu pendant (*during*) les repas ou entre les repas? Prends-tu du pain avec chaque repas?
2. Qu'est-ce que tu prends au petit déjeuner? des œufs? des céréales? du jambon? du pain et du beurre? des croissants? Qu'est-ce que tu bois au petit déjeuner? du café? du thé? du chocolat? Avec ton café, est-ce que tu prends du sucre? du lait? de la crème?
3. Qu'est-ce que tu apprends à l'université? Apprends-tu une autre langue étrangère? Apprends-tu un sport? Quel sport?
4. Est-ce que tu comprends bien le français? les exercices de grammaire? la personnalité des Français? As-tu des amis français? Comprennent-ils ton français? Comprends-tu leur anglais?

Rencontre culturelle

The following expressions will be useful when you are eating in a French-speaking area.

Bon appétit!	*Enjoy your meal.* Literally, *good appetite.*
Santé!	
A votre santé! }	This expression, meaning *to your health,* is used as a toast.
A ta santé!	
Passez-moi... s'il vous plaît. }	Say this when you want someone to pass you something.
Passe-moi... s'il te plaît.	
En voulez-vous encore? }	*Do you want some more (of a certain dish or drink)?*
En veux-tu encore?	
Oui, merci. Non, merci.	*Yes, please. No, thank you.*
Je n'ai plus faim.	*I'm full. I've eaten enough.*

20. THE IMPERATIVE*

L'ennemi d'un bon repas

FRANÇOIS: Martine, *passe*-moi le sel, s'il te plaît.... (Martine passe la salade à François.)

FRANÇOIS: Mais non, enfin! *Écoute* un peu... je demande le sel!

MARTINE: François, *sois* gentil—*ne parle pas* si fort. Je n'entends plus la télé....

1. Est-ce que François demande la salade?
2. Est-ce que Martine passe le sel à François?
3. Est-ce que Martine écoute François?

A. Kinds of imperatives

The imperative or command form of the verb is used to give directions, make suggestions, or give orders. There are three forms of the imperative in French. Note that subject pronouns are not used with them.

tu form	**Parle!**	*Speak!*
nous form	**Parlons!**	*Let's speak!*
vous form	**Parlez!**	*Speak!*

The enemy of a good meal
FRANÇOIS: Martine, pass me the salt, please. . . . (Martine passes François the salad.)
FRANÇOIS: No, come on! Listen . . . I'm asking for the salt!   MARTINE: François, be nice—don't speak so loudly. I can't hear the TV anymore. . . .

*L'impératif

B. Imperative forms of **-er** verbs

The imperatives of regular **-er** verbs are the same as the corresponding present-tense forms, except that the **tu** form does not end in **-s.**

INFINITIVE	tu	nous	vous
regarder	Regarde!	Regardons!	Regardez!
entrer	Entre!	Entrons!	Entrez!

Regardez! Un restaurant russe.	*Look! A Russian restaurant.*
Entrons!	*Let's go in!*

The imperative forms of the irregular verb **aller** follow the pattern of regular **-er** imperatives: **va, allons, allez.**

C. Imperative forms of **-re** and **-ir** verbs

The imperative forms of the **-re** and **-ir** verbs you have learned—even most of the irregular ones—are identical to their corresponding present-tense forms.

INFINITIVE	tu	nous	vous
attendre	Attends!	Attendons!	Attendez!
finir	Finis!	Finissons!	Finissez!
faire	Fais...!	Faisons...!	Faites...!

Attends! Finis ton verre!	*Wait! Finish your drink!*
Faites attention!	*Pay attention! (Watch out!)*

D. Irregular imperative forms

The verbs **avoir** and **être** have irregular command forms.

INFINITIVE	tu	nous	vous
avoir	Aie...!	Ayons...!	Ayez...!
être	Sois...!	Soyons...!	Soyez...!

Sois gentil, Michel, et va au marché.	*Be nice, Michel, and go to the market.*
Ayez de la patience.	*Have patience.*

E. Negative commands

In negative commands, **ne** comes before the verb and **pas** follows it.

Ne vends pas ta guitare!	*Don't sell your guitar!*
Ne buvons pas trop de café.	*Let's not drink too much coffee.*
N'attendez pas le dessert.	*Don't wait for dessert.*

Maintenant à vous

A. Préparatifs. Mettez les conseils (*advice*) de Pierre à l'impératif.

MODÈLE: Vous faites le marché. → Faites le marché.

1. Vous allez vite (*quickly*) au marché.   2. Nous attendons l'autobus.
3. Tu descends de l'autobus.   4. Vous achetez du pain frais (*fresh*).
5. Nous choisissons un camembert.   6. Tu commandes un poulet chaud.   7. Tu prends ta fourchette.

Maintenant, mettez les phrases précédentes à la forme **négative** de l'impératif.

B. Les bonnes manières. Vous apprenez* les bonnes manières à un enfant. Suivez le modèle.

MODÈLES: ne pas jouer avec ton couteau → Ne joue pas avec ton couteau!

être poli (*polite*) → Sois poli!

1. attendre ton père   2. prendre ta serviette   3. finir ta soupe
4. manger tes carottes   5. regarder ton assiette   6. boire ton eau minérale   7. ne pas manger ta salade avec ta cuillère à soupe   8. ne pas parler à table   9. ne pas demander le dessert

C. Un pique-nique. Faites des projets avec vos amis selon le modèle.

MODÈLE: faire un pique-nique → Faisons un pique-nique!

1. aller au marché   2. acheter du pain et du fromage   3. aller à la rivière   4. jouer au volley-ball   5. manger des sandwichs   6. prendre notre temps   7. oublier (*to forget*) nos problèmes   8. boire du vin rouge   9. ne pas faire la vaisselle

D. Le commerce. Donnez des recommandations à un commerçant.

MODÈLE: faire attention aux clients → Faites attention à vos clients.

---

*Apprendre can also mean *to teach.* The person taught is preceded by **à.** The thing taught can be either a noun or a verb. The verb is also preceded by **à: Tu apprends les bonnes manières à un enfant. (Tu apprends à l'enfant à avoir de bonnes manières.)**

1. être aimable   2. avoir de la patience   3. écouter les clients
4. répondre aux questions   5. ne pas perdre de temps   6. rendre
correctement la monnaie

E. La réponse est simple! Suivez le modèle.

MODÈLE: Henri a faim. → Henri, prends un casse-croûte (*snack*)!
Henri…

1. a besoin d'exercice.   jouer au tennis, aller au lit,
2. a besoin d'argent (*money*).   vendre sa voiture, faire un
3. a envie d'aller en Espagne.   voyage, boire un verre d'eau,
4. a soif.   téléphoner à ses amis, chercher
5. a sommeil.   dans le dictionnaire
6. ne comprend pas un mot
   dans son livre d'anglais.
7. cherche un camarade de
   chambre.

F. Le robot. Vous avez un robot qui travaille pour vous. La classe choisit
un(e) étudiant(e) comme robot. Donnez cinq ordres en français au
robot. Il/Elle est obligé(e) d'obéir.

MODÈLE: Va au tableau!
Prends ton livre de français!
Regarde le mur!

Étude de prononciation

Nasal vowel sounds

Nasal vowel sounds are made when air escapes through the nasal passage
and the nose, rather than through the mouth. A nasal vowel is represented
in French by one or two vowels followed by an **n** or an **m** at the end of a
word or a syllable: **main, rond, grand, sympathique,** and so on. The **n** or **m**
is not pronounced. Note that the vowel is not nasal if the **n** or **m** is
followed by a vowel. The **n** or **m** is then pronounced: **banane, fine.** The
same is true if the **n** or **m** is doubled and then followed by a vowel: **bonne,
comme.**

Traditionally, there are four French nasal vowels, all represented in the
phrase "**un [œ̃] bon [ɔ̃] vin [ɛ̃] blanc [ɑ̃].**" The [œ̃] (**un** and **um** in the
written language) is disappearing in modern French. In everyday speech, it
becomes [ɛ̃]. Most French people today use only three nasal vowels: [ɔ̃], [ɛ̃],
[ɑ̃]. The following chart represents the various spellings of the nasal vowels.

	SPELLING	EXAMPLE	IPA		SPELLING	EXAMPLE	IPA
[ɔ̃]	on*	non	[nɔ̃]	[ɛ̃]	in	quinze	[kɛ̃z]
	om	nombre	[nɔ̃br]		im	timbre	[tɛ̃br]
					yn	synthèse	[sɛ̃tɛz]
					ym	sympathique	[sɛ̃patik]
[ã]	an	langue	[lãg]		ain/aim	bain	[bɛ̃]
	am	lampe	[lãp]		ein/eim	rein	[rɛ̃]
	en	trente	[trãt]		oin	loin	[lwɛ̃]
	em	temps	[tã]		*final* -en	examen	[ɛgzamɛ̃]
					un	brun	[brɛ̃] or [brœ̃]
					um	humble	[ɛ̃bl] or [œ̃bl]

A. Mots. Prononcez avec le professeur.

plan	pain	étudiant
un	souvent	anglais
une	bien	oncle
raison	comment	notation
raisonnable	vingt	parisien
besoin	amphithéâtre	France

B. Phrases. Prononcez avec le professeur.

1. Son appartement est grand et élégant. 2. Nous avons un chien inoffensif. 3. Ils ont vingt-cinq ans. 4. Voici trente lions orange et marron.

NON, MERCI

Contexte Ken, un étudiant américain, passe un semestre à Strasbourg, où il habite dans une famille française. Strasbourg est la ville principale d'Alsace,† une province où la cuisine est savoureuse et très riche. Les Alsaciens sont aussi très hospitaliers. Ken découvre° les   *discovers* plaisirs et les dangers d'un repas de week-end en famille!

Objectif Ken refuse un plat avec tact.

---

*Note that **monsieur** is an exception. It has no nasal vowel and is pronounced [məsjø].

†**L'Alsace** is a province in eastern France, on the German border.

Trente pour cent (30%) de la population alsacienne habite encore à la campagne. C'est le rôle décisif de l'agriculture dans l'histoire française qui est à la base de ses grandes traditions gastronomiques.

© OWEN FRANKEN/STOCK, BOSTON

Dialogue

M. GIRARD:	Encore un peu de bière, Ken?
KEN:	Non, merci.
MME GIRARD:	Vous allez bien reprendre° un peu de quiche, quand même°?
KEN:	Non, merci bien, mais elle est vraiment° délicieuse.
MARIE-LINE:	Moi, j'ai encore° faim, alors passe-moi le plat,° s'il te plaît.° Tu es au régime°?
KEN:	Non, mais il y a trop de plats° délicieux à manger ici.
MARIE-LINE:	Ken, la cuisine, c'est une expérience culturelle.
MME GIRARD:	Mais oui, Ken, faites un sacrifice culturel et prenez de la tarte aux mirabelles:° c'est ma spécialité!

Après le déjeuner, Ken et ses hôtes° prennent le café dans la salle de séjour. Monsieur Girard a une idée.°

M. GIRARD:	Ken, quand allez-vous préparer pour nous un plat typique américain?
KEN:	Je ne suis pas un cordon bleu.°
MARIE-LINE:	Pas besoin de faire un repas trois-étoiles.°
KEN:	Je vais demander quelques° recettes à ma mère: le jambon à l'ananas° et le mouton à la gelée de menthe°…
M. GIRARD	(d'un air sceptique): Ce n'est peut-être pas une si bonne° idée après tout°…

take another helping
quand… all the same
truly, really
still / platter
s'il… please / diet
dishes (items of food)

plums

hosts
idea

cordon… first-rate cook
three-star
some, a few
pineapple / mouton… lamb with mint jelly
une… such a good
après… after all

Variations

1. Jouez la première partie (*first part*) du dialogue. Imaginez la réponse de Ken à Mme Girard: il ne va pas manger de tarte!
2. Rejouez la scène, mais elle est maintenant en Amérique, et l'étudiant est un Français qui rend visite à une famille américaine. Utilisez des noms de plats que vous aimez ou que vous n'aimez pas.

Commentaire culturel

French home cooking is probably simpler than most foreign visitors imagine. Its excellence comes partly from the high quality of the ingredients used.

Breakfast (**le petit déjeuner**) is simple—usually **tartines** (*bread and butter*) or **croissants** dipped in **café au lait.** The noon meal (**le déjeuner**) has traditionally been the main meal, but with the fast pace of modern life, many people now take less time for lunch and prefer to have a larger evening meal (**le dîner**). Dinner, whether or not it is the main meal, is served late by American standards, around 7:30 or 8:00 P.M.

Whether at noon or in the evening, a full meal in a restaurant, and sometimes at home, begins with either an **hors-d'œuvre** or an **entrée** or both. The **hors-d'œuvre** is always a cold dish, sometimes similar to the light snacks called hors d'œuvres in the United States. It may be cold cuts, eggs in mayonnaise, or some variety of **pâté.** An **entrée** is not a main dish, as you might think, but a light, warm dish—trout, mussels, or **quenelles** (*fish dumplings*), for example. It is followed by a meat or fish dish, vegetable, salad, cheese, and fresh fruit. Children often drink water while the rest of the family has **vin rouge ordinaire,** sometimes diluted with water. After the meal, a small cup of strong coffee is generally served.

Bread is laid directly on the tablecloth, beside each plate; it is broken with the fingers and eaten in small pieces. Most people hold the fork in their left hand and the knife in their right hand. When not eating, they place their hands on the table, on either side of the plate. * The French are surprised by the American habits of mixing hot and cold and sour, salty, and sweet foods at the same time. Each course of a French meal is served separately, usually on the same plate (unless the meal is formal).

Meals take longer in France than in the United States, partly because there are so many courses, but also because they are a time for socializing. Custom requires regular mealtimes and the presence of every family member at the table.

Le français par les gestes: On boit un coup?

The French display little temperance in their invitation "to have a drink." Their hand imitates moving a whole bottle toward their mouth.

---

*Putting one's hands on one's lap during a meal is considered very impolite in France.

A. Au marché. Changez chaque verbe du singulier au pluriel ou vice versa. Faites les autres changements nécessaires.

MODÈLES: Le client prend de la viande. → Les clients prennent de la viande.

Bois de la bière. → Buvez de la bière.

1. Nous apprenons à faire des courses en France.
2. Nous allons acheter du fromage.
3. Tu achètes du poulet.
4. Prends ton temps.
5. Ne perds pas patience.
6. Prends ton sac.
7. Tu paies le commerçant.
8. Le commerçant comprend ses clients.
9. Le commerçant rend la monnaie.
10. Désirez-vous prendre un verre?
11. Je bois de l'eau minérale.
12. Je mange aussi de la quiche.
13. Nous préférons le champagne, mais c'est cher.

B. La nourriture et les boissons. Faites des phrases complètes.

1. qu'est-ce que vous / prendre / dîner?
2. on / prendre / jambon / et / salade
3. manger / vous / assez / fruits?
4. oui, je / manger / souvent / poires / et / pommes
5. prendre / elles / beaucoup / vin?
6. non / il y a / ne... plus / vin
7. elles / boire / verre / bière
8. qui / payer / repas?

C. Ah! Le beau dîner en famille. La vie d'un(e) enfant est parfois (*at times*) difficile. Quels sont les ordres des parents de Monique? Choisissez un verbe parmi les suivants: **avoir, boire, écouter, finir, manger, passer, prendre, répondre.**

MODÈLE:

_____ tes légumes. → Mange tes légumes.

1.

_____ tes hors-d'œuvre.

2.

Ne _____ pas si (*so*) vite.

169

3. _____ les conseils (*advice*) de ta mère.

4. _____ ta viande.

5. _____ ton verre.

6. Ne _____ pas si vite.

7. _____ à nos questions.

8. _____ de la patience.

D. En français, s'il vous plaît.

Today Françoise is preparing lunch for her friends. She buys a chicken, green beans, and a bottle of white wine. She does not eat potatoes any more. She prefers green vegetables. Françoise and her friends are also going to eat some cheese and chocolate cake. After dessert, they are going to drink a cup of coffee.

E. Vos préférences gastronomiques. Posez les questions suivantes à cinq camarades de classe. Ensuite décrivez les préférences gastronomiques des camarades interviewé(e)s. Suivez le modèle.

MODÈLE: Question numéro un: Manges-tu souvent au restaurant?
Oui: trois étudiants. Non: deux étudiants.

1. Manges-tu souvent au restaurant?
2. Quel est ton restaurant préféré?
3. Quel est ton repas préféré? Pourquoi?
4. Au petit déjeuner préfères-tu prendre du café? du thé? du chocolat? du lait? _____?
5. Quel est ton petit déjeuner préféré? les œufs? les céréales? _____?
6. Que préfères-tu prendre au déjeuner? un sandwich? une omelette? un repas complet? _____?

7. Qu'est-ce que tu bois au déjeuner? du lait? du vin? du Coca-Cola? de l'eau minérale? du café?
8. Bois-tu du Coca-Cola ou du café pendant l'après-midi?
9. Qu'est-ce que tu prends au dîner? du jambon? du rôti de bœuf? du poisson? _____?
10. Bois-tu du lait au dîner? de l'eau? du café? _____?
11. Quel dessert préfères-tu? des fruits? du fromage? du gâteau? _____?
12. Quel légume préfères-tu? Quel légume détestes-tu?

Vocabulaire

Verbes

acheter to buy
apprendre to learn
boire to drink
commander to order (in a restaurant)
comprendre to understand
dîner to dine, have dinner
employer to use
envoyer to send
espérer to hope
essayer to try
passer to pass, spend (time)
payer to pay for
préférer to prefer
prendre to take; to have (to eat; to order)

Substantifs

la boisson drink
la cuisine cooking; kitchen
le déjeuner lunch
le dessert dessert
le dîner dinner
le fruit fruit
le goûter afternoon snack
la journée (whole) day
le légume vegetable
le marché market
la monnaie change (money)
le petit déjeuner breakfast
le plat dish; platter

le repas meal
la viande meat

Les provisions

le beurre butter

le bifteck steak
la carotte (f.) carrot
le champagne champagne
le chocolat chocolate
la crème cream
le croissant croissant
la dinde rôtie roast turkey
l'eau (minérale) (f.) (mineral) water
la fraise strawberry
le fromage cheese
le gâteau cake
les *haricots verts (m.) green beans
l'huître (f.) oyster
le jambon ham
le lait milk
le marron (glacé) (candied) chestnut
l'œuf (m.) egg
le pain bread
le pâté de foie gras liver pâté
la poire pear
le poisson fish
le poivre pepper
la pomme apple
la pomme de terre potato

le poulet chicken
la salade salad, lettuce
le sel salt
le sucre sugar
la tarte pie
le thé tea
le veau veal
le vin wine

A table

l'assiette (f.) plate
le bol wide cup
la bouteille bottle
la carafe carafe
le couteau knife
la cuillère (à soupe) (soup) spoon
la fourchette fork
la serviette napkin
la tasse cup
le verre glass
Nap tableclothe

Mots divers

assez de enough
encore another, more; still
moins de less
ne... plus no more
plus de more
trop de too much
un peu de a little
vite quickly

---

*An asterisk before the initial **h** of a word in the vocabulary list indicates that it is aspirate.

Intermède 5

Lecture

GRANDES OCCASIONS

Avant de lire As you know, the normal word order of French syntax is *subject + verb*. Together, the subject and verb represent the main thought expressed in a sentence. If you are having trouble understanding a long sentence, isolate the subject and verb in order to grasp the main thought.

Two strategies can help you search out the main thought of a sentence. First, omit words and phrases set off by commas. They are most likely to give information supplementary to the main thought. Second, delete the relative clauses or the clauses introduced by the relative pronouns (for example, **qui** and **que,** meaning *who, whom,* or *that*). You will learn the relative pronouns later, but you should recognize them for the purpose of reading. Try this technique in the following sentence.

Au dessert, on mange la bûche de Noël, un gâteau roulé au chocolat qui ressemble à une bûche.

Once you have located the subject and verb (**on mange**), you can reread the sentence, adding more information. What does one eat? When is it eaten? Is there a definition of **la bûche de Noël** in the sentence? Set off by a comma to the right of this term is a phrase including the words **gâteau** and **chocolat** that you have learned in this chapter. Set off by a comma at the beginning of the sentence is the word **dessert.** Without English glossing, you still may not know the literal definition of **une bûche,** but you should have understood that it is a chocolate dessert eaten at Christmastime. And that is sufficient to understand the sentence satisfactorily. Reading is much more than looking at words from left to right; it is identifying pieces of information, drawing conclusions, and developing expectations of what is to come.

Apply these strategies to your reading of "Grandes occasions" and remember to scan the glosses and the illustrations first.

L' AMOUR DES FRANÇAIS pour la cuisine n'est pas nouveau.° Des spécialités comme° les escargots et le foie gras existent en France depuis l'époque romaine.° C'est aussi de l'époque romaine que datent beaucoup de traditions d'origine à la fois chrétiennes et païennes° et que les Français aiment perpétuer à table par un festin° familial. Voici quelquesunes des grandes occasions qui réunissent toute la famille.

le contraire d'**ancien**
par exemple
depuis... *since the Roman era*
à... *both Christian and pagan*
une célébration

172

La Fête des Rois,° le 6 janvier

origine païenne: le souvenir d'un roi romain

origine chrétienne: l'arrivée° des rois mages à Bethléem

l'action d'arriver

La famille va choisir son roi et sa reine° comme les Romains durant leurs banquets: on vote avec une fève°! Au dessert, on cache° la fève dans un gâteau en forme de couronne. On donne à la personne qui trouve la fève dans son morceau° de gâteau une couronne de papier doré.° Cette personne est maintenant le roi ou la reine et elle offre à boire au reste de la famille.

queen

bean / hides

piece / gilded

© PIERRE MICHAUD/VDN PICTURE LIBRARY

Pourquoi cet homme porte-t-il une couronne?

© JEAN-PAUL DUMONTIER/VDN PICTURE LIBRARY

Le gâteau qu'on mange pour célébrer l'Épiphanie en France s'appelle *la galette des rois.*

La Chandeleur,° le 2 février

Candlemas

origine païenne: le retour de la lumière° entre le solstice d'hiver et l'équinoxe de printemps

une lampe donne de **la lumière**

origine chrétienne: la présentation de l'enfant Jésus au Temple. « Le jour des chandelles.° »

candles

C'est le jour où on mange beaucoup de crêpes°! Chaque membre de la famille fait sauter° une crêpe. Il est nécessaire de tenir° une pièce° dans la main° qui tient la poêle:° si on réussit à retourner° la crêpe, on est assuré d'avoir de l'argent° toute l'année.

(French) pancakes

fait... tosses, flips / hold / coin
hand / qui... which holds the pan / flip over (to the other side)
money

Pâques°

origine chrétienne: la Passion du Christ
légende: les cloches des églises° restent silencieuses du Vendredi Saint° jusqu'au Lundi de Pâques. On raconte° aux enfants que les cloches volent° jusqu'à Rome en pèlerinage.° Au retour, elles rapportent° des œufs en chocolat et des friandises° aux enfants.

Pâques est un grand jour de réunion familiale, à l'église et à table. On fait un grand repas, et au dessert, les parents, les grands-parents, parrains et marraines° offrent aux enfants de superbes friandises en chocolat ou en sucre rose: œufs, cloches, poules° ou poissons remplis de bonbons.°

Easter

cloches... church bells / Vendredi... Good Friday
explique
fly / en... on a pilgrimage / bring back treats

parrains... godfathers and godmothers
hens / remplis... filled with candy

Noël, le 25 décembre

origine païenne: le solstice d'hiver
origine chrétienne: la Nativité

Le Réveillon° de Noël est un grand dîner qui prend place souvent après la messe° de minuit. Le menu traditionnel comprend° des huîtres, du foie gras, une dinde aux marrons et beaucoup de champagne. Au dessert, on mange la bûche de Noël,° un gâteau roulé° au chocolat qui ressemble à une bûche.° C'est un souvenir de la veillée° des païens durant la nuit du solstice, la plus longue° de l'année. Dans certaines familles du Midi,° la table est garnie de treize desserts différents en souvenir des douze apôtres et du Christ.

Il existe beaucoup d'autres grandes occasions: le Jour de l'An,° le Mardi Gras, le dimanche des Rameaux,° la fête des pères et la fête des mères et aussi toutes les célébrations d'anniversaires,° de mariages et d'anniversaires de mariage. De quoi remplir sans trop de problèmes les cinquante-deux week-ends de l'année!

Midnight Supper
une cérémonie catholique / includes
la... (chocolate) Yule log / rolled / log
vigil
plus... longest / South of France

le... New Year's Day
dimanche... Palm Sunday
birthdays

Compréhension

Match the following quotations with the relevant paragraphs in "Grandes occasions."

1. «Qui a la fève?»
2. «Qu'est-ce que j'ai faim! Il est très tard, mais je ne perds pas patience. »
3. «Moi, je laisse toujours tomber (*drop*) la crêpe par terre (*on the floor or ground*). »
4. «C'est ma fête préférée parce que j'adore les œufs en chocolat. »

Expression écrite

A. Et en Amérique? Écrivez un paragraphe pour décrire une fête célébrée en Amérique mais pas en France. Comment les Américains célèbrent-ils la fête en question?

B. Un(e) étudiant(e) à table. Écrivez un paragraphe sur vos habitudes culinaires. Utilisez les questions comme guide.

1. Combien de repas prenez-vous par jour? 2. Mangez-vous bien ou mal? 3. Que prenez-vous au petit déjeuner? 4. Où mangez-vous à midi? Prenez-vous un repas complet? 5. Mangez-vous pendant l'après-midi? Qu'est-ce que vous mangez? 6. Qui prépare le dîner chez vous? Passez-vous beaucoup de temps à table? 7. Quand invitez-vous vos amis à dîner à la maison?

A PROPOS

Comment entrer en conversation

There are times when we need to be prepared to make conversation. With the French you have learned so far, you are prepared to do so on a rather wide variety of topics. In the following list of topics, some of the constructions learned in recent chapters of *Rendez-vous* are applied to ones you learned earlier. A few new phrases have been added.

le temps: Quel temps va-t-il faire demain (*tomorrow*)? (Il va faire beau, pleuvoir, etc.) Qu'est-ce qu'il fait chaud! (*It's so hot!*)

les projets: Qu'est-ce que tu vas faire ce (*this*) matin (cet après-midi, ce soir, demain, demain matin, demain après-midi, demain soir)?

> **les cours:** Comment vont tes cours? ton cours de français? ton cours de maths?
> Qu'est-ce que tu penses du prof de chimie (de l'université, etc.)?
> **les amis:** Qu'est-ce que _____ fait maintenant?

A. Interaction. Voici une conversation entre trois jeunes Français. Avec deux camarades de classe, jouez les rôles des étudiants.

MONIQUE: Bon appétit! Oh, j'ai faim.

MARC: Moi aussi. Paul, passe-moi la viande, s'il te plaît.

PAUL: Voilà. Qu'est-ce que vous faites ce soir?

MONIQUE: Moi, je vais à la bibliothèque.

MARC: Moi, je vais au cinéma.

PAUL: Et moi, je rends visite à une amie.

MONIQUE: Tu as de la chance…. Moi, je n'ai pas de temps à perdre. Passe-moi l'eau minérale, s'il te plaît, Marc.

MARC: Voilà. Monique, tu as un examen demain?

MONIQUE: Non, mais j'ai un devoir de maths très difficile.

MARC: Oh, je suis en retard. J'ai besoin de partir (*leave*)… au revoir!

PAUL: Au revoir, Marc. Monique, encore un peu de viande?

MONIQUE: Non, merci. Je n'ai plus faim.

Maintenant, rejouez la scène en ajoutant (*adding*) des remarques ou des questions sur vos projets, sur les projets de vos amis, sur le temps et sur les cours que vous étudiez.

B. Une recette québécoise.* Regardez la recette suivante pour le potage aux épinards (*spinach soup*). La première partie de la recette est en ordre. Essayez de trouver l'ordre correct pour la deuxième (*second*) partie.

Mots utiles:

boîte de soupe	*can of soup*
le riz	*rice*
c. à table	*tablespoon* (**cuillère à soupe**)
c. à thé	*teaspoon* (**cuillère à café**)
la farine	*flour*
fondre	*to melt* (**faire fondre**)
ajouter	*to add*

---

*This recipe is authentic and illustrates differences between standard continental French and the French spoken in Quebec, **le québécois.** Standard French equivalents are in parentheses after the English translations.

brasser	*to mix, stir* (**mélanger**)
cuire en tournant sans arrêt	*to cook stirring constantly* (**faire cuire en remuant**)
épaisse	*thick*
le tout	*the entire amount*
remettre sur feu doux	*to return to low flame* (**remettre à feu doux**)
jusqu'à ce que	*until*
rectifier l'assaisonnement	*to season to taste* (**assaisonner selon le goût**)
servir brûlant	*to serve hot* (**servir très chaud**)
garni de filaments de piment doux	*garnished with thin slices of red pepper* (**garni de fines tranches de piment doux**)
le blender	*blender* (**le mixeur**)

Potage aux epinards

Ingrédients

1/4 tasse de beurre
2 tasses de lait
1 boîte de soupe Campbell's poulet et riz
3 c. à table de farine

1/2 livre d'épinards crus (*uncooked*)
1/2 c. à thé de sel
Crème

Préparation

Fondre le beurre.* Ajouter la farine et bien brasser. Cuire en tournant sans arrêt. Ceci (*This*) donne une sauce épaisse.

Quel est l'ordre correct du reste de la préparation?

Ajouter les épinards, la soupe au poulet.
Rectifier l'assaisonnement.
Passer le tout au blender.
Servir brûlant garni de filaments de piment doux.
Ajouter de la crème jusqu'à ce que le potage soit (*is*) de bonne consistance.
Remettre sur feu doux.

Faites-vous la cuisine? Présentez la recette de votre spécialité à la classe.

---

*In certain contexts, such as recipes, the infinitive is used to give instructions.

Réponse à l'Exercice B: Ajouter les épinards, la soupe au poulet. Passer le tout au blender. Remettre sur feu doux. Ajouter de la crème jusqu'à ce que le potage soit de bonne consistance. Rectifier l'assaisonnement. Servir brûlant garni de filaments de piment doux.

C. Vos plats préférés. Quels plats aimez-vous? Quels plats n'aimez-vous pas? Pourquoi? Faites des phrases complètes selon les modèles.

MODÈLES: J'aime les hot dogs parce qu'ils sont faciles à préparer.
Je n'aime pas le curry indien parce qu'il est épicé (*spicy*).

J'aime.../Je n'aime pas...	parce que...	
les « Big Mac »		difficile(s) à préparer
le bifteck et les pommes de terre		facile(s) à préparer
		beaucoup de calories
le jambon	est	peu de calories
les soupes de légumes	n'est pas	beaucoup d'ingrédients
les gâteaux au chocolat	sont	des ingrédients chimiques
les hot dogs	ne sont pas	exotique(s)
les spaghetti	a	dégoûtant(e/s) (*disgusting*)
la pizza	n'a pas	cher(s)/chère(s)
les escargots	ont	très sucré(e/s)
le curry indien	n'ont pas	nutritif(s)/nutritive(s)
le canard mandarin (*Peking duck*)		très snob
		très américain(e/s)
le poulet frit à la Kentucky		très français(e)(es)
les éclairs		
les fruits		
?		

On est ce qu'on mange. Le/La gourmand(e) aime manger et mange beaucoup. Le gourmet aime manger seulement (*only*) la nourriture (*food*) de qualité et ne mange pas nécessairement beaucoup. Selon vos réponses, êtes-vous gourmand(e) ou gourmet? Pourquoi? A quelles occasions êtes-vous gourmand(e)? A quelles occasions êtes-vous gourmet?

CHAPITRE SIX

On mange bien en France!

© HELENA KOLDA

Voyez-vous ici vos légumes préférés?

OBJECTIFS   In this chapter, you will learn words and expressions that will enable you to shop for food and to order restaurant meals in French-speaking countries, you will learn more numbers, you will become familiar with French currency, and you will read about the role of shopping in the fabric of French society. You will learn to use demonstrative adjectives (**ce, cet, cette, ces**), the irregular verbs **vouloir** (*to want*), **pouvoir** (*to be able*), and **devoir** (*to owe, to have to*), the interrogative adjectives (**quel[s]**, **quelle[s]**), and the adjectives that precede the nouns they modify.

Étude de vocabulaire

Les magasins d'alimentation*

handwritten annotations: Pour faire des achats · des fruits de mer · crêmerie · des mille feuilles ≠ napolian · Butcher · crevetles – shrimp · Dry goods

A. Où sommes-nous? Trouvez le nom du magasin selon le modèle.

MODÈLE: du bœuf → Nous achetons du bœuf. Nous sommes à la boucherie-charcuterie.

1. des boîtes de conserve   2. du saucisson   3. des soles   4. du pâté de campagne   5. des sardines à l'huile   6. du filet de bœuf   7. des baguettes de pain   8. du poisson   9. des éclairs   10. des huîtres   11. des croissants   12. du rôti de bœuf

B. Au marché. Madeleine Dupont est propriétaire d'un restaurant. Chaque jour elle fait le marché. Qu'est-ce qu'elle achète _____?

1. à la boucherie-charcuterie?   3. à la boulangerie?
2. à la poissonnerie?   4. à l'épicerie?

---

*The **boulangerie-pâtisserie** (f.) and the **boucherie-charcuterie** (f.) are often separate stores: **la boulangerie, la pâtisserie, la boucherie, la charcuterie.**

C. **Faites vos courses.** Avec un(e) camarade, imaginez un menu pour chacun (*each*) des repas suivants. Faites une liste de choses (*things*) à acheter. Où achetez-vous les aliments?

1. pour un petit déjeuner français   2. pour un petit déjeuner américain   3. pour un pique-nique   4. pour le déjeuner   5. pour un dîner très simple avec quatre ami(e)s   6. pour un dîner très élégant

Au restaurant

LA CARTE

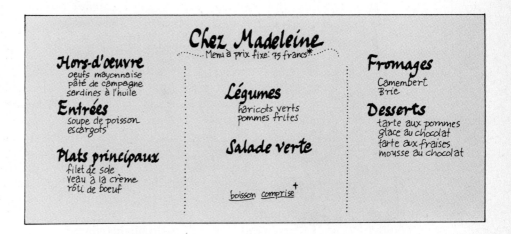

Chez Madeleine
Menu à prix fixe: 75 francs*

Hors-d'œuvre
œufs mayonnaise
pâté de campagne
sardines à l'huile

Entrées
soupe de poisson
escargots

Plats principaux
filet de sole
veau à la crème
rôti de bœuf

Légumes
haricots verts
pommes frites

Salade verte

boisson comprise†

Fromages
Camembert
Brie

Desserts
tarte aux pommes
glace au chocolat
tarte aux fraises
mousse au chocolat

Le serveur	**La cliente**
Qu'est-ce que vous prenez comme… hors-d'œuvre?	Je prends le pâté‡ de campagne…
et comme entrée?	la soupe de poisson…
et comme boisson?	le vin du pays…
et comme plat principal?	le rôti de bœuf…
et comme légume?	les haricots verts…
et comme fromage?	le camembert…
et comme dessert?	la mousse au chocolat…
et pour finir?	une tasse de café… et l'addition (*check*), s'il vous plaît

---

*The **menu à prix fixe** (*fixed-price menu*) is a feature of many French restaurants. Customers ordering from it select their courses from a list of choices that is somewhat smaller than the regular menu, **la carte.**

†The beverage is often included (**boisson comprise**) in the cost of the **menu à prix fixe.** When service is included (**service compris**), tipping is not expected, although customers may leave some small change if the service has been especially good.

‡When ordering from a menu, the definite article rather than the partitive is often used.

A. Qui est-ce? Est-ce que c'est un client, une cliente, un serveur ou une serveuse?

1. Il a faim.   2. Elle arrive avec la carte.   3. Elle prend le menu à quarante francs.   4. Il commande un repas.   5. Il prend la commande (*order*).   6. Il apporte (*brings*) les hors-d'œuvre.   7. Elle boit son vin.   8. Elle apporte l'addition.   9. Il paie l'addition et laisse (*leaves*) un pourboire (*tip*).   10. Elle prend le pourboire.

B. Une visite Chez Madeleine. Avec un(e) camarade, répétez le dialogue. Le/La client(e) commence par la phrase: **Je voudrais** (*I would like*) **commander, s'il vous plaît.**

Ensuite (*Then*), avec un(e) autre camarade, consultez la carte de Chez Madeleine et commandez les plats que vous préférez.

C. Conversation. Posez les questions suivantes à des camarades.

1. Préfères-tu manger à la maison ou au restaurant? Quand manges-tu au restaurant? Qu'est-ce que tu préfères: un restaurant simple ou un restaurant élégant? Quels sont les restaurants élégants de ton quartier?
2. Aimes-tu goûter les cuisines étrangères (*foreign*)? de quels pays (*countries*)? Aimes-tu la cuisine française? Quel est ton plat français favori? Manges-tu souvent dans un restaurant mexicain? chinois? japonais? Où mange-t-on des spaghetti, généralement?
3. Aimes-tu les escargots? les sardines à l'huile? les huîtres? le pâté de campagne?
4. Au restaurant, est-ce que la qualité du service est très importante ou peu importante? Quand parles-tu avec le serveur ou la serveuse? Est-ce que tu laisses toujours un pourboire?
5. Préfères-tu « manger pour vivre (*to live*) » ou « vivre pour manger »?·

Encore des nombres (60, 61, etc.)

60	soixante	80	quatre-ving**ts**
61	soixante **et** un	81	quatre-vingt-un
62	soixante-deux	82	quatre-vingt-deux
63	soixante-trois	83	quatre-vingt-trois
70	soixante-dix	90	quatre-vingt-dix
71	soixante **et** onze	91	quatre-vingt-onze
72	soixante-douze	92	quatre-vingt-douze
73	soixante-treize	93	quatre-vingt-treize
		100	cent

Although the French count by tens from 1 to 60, they count by twenties from 61 to 100: 61–79, 80–99. Note that *et* is used with the numbers 61 and 71 (as with 21, 31, 41, and 51), but not with 81 and 91.

There is no liaison in **quatre-vingt-un** [katrə vɛ̃ ɛ̃], quatre-vingt-huit [katrə vɛ̃ ɥit], and **quatre-vingt-onze** [katrə vɛ̃ ɔ̃z]. Note that the number 80 (**quatre-vingts**) takes an **-s,** but that numbers based on it do not: **quatre-vingt-un,** and so on.

101	cent un	500	cinq cents
102	cent deux, etc.	600	six cents
200	deux cents	700	sept cents
201	deux cent un, etc.	800	huit cents
300	trois cents	900	neuf cents
400	quatre cents	999	neuf cent quatre-vingt dix-neuf
		1 000	mille
		999 999	?

Note that the **-s** of **cents** is dropped if it is followed by any other number: **deux cent un, sept cent trente-cinq.**

Like **cent, mille** (*one thousand*) is expressed without an article. **Mille** is invariable and thus never ends in **s.**

1 004	**mille quatre**
7 009	**sept mille neuf**
9 999*	**neuf mille neuf cent quatre-vingt dix-neuf**

A. Problèmes de mathématiques.

+	$\begin{cases} \textbf{plus} \\ \textbf{et} \end{cases}$	−	**moins**	×	**fois**	=	**font**

1. 37 + 42 = ?
2. 55 + 30 = ?
3. 56 + 31 = ?
4. 71 − 3 = ?
5. 99 − 28 = ?

6. 96 − 3 = ?
7. 9 × 9 = ?
8. 8 × 9 = ?
9. 13 × 7 = ?
10. 90 × 3 = ?

11. 500 − 24 = ?
12. 80 × 10 = ?
13. 250 × 5 = ?
14. 8 630 − 600 = ?
15. 300 × 3 = ?

B. Combien payer? Vous êtes touriste et vous dînez tous les soirs dans un restaurant différent. Ajoutez (*Add*) un pourboire de dix pour cent (10%) au total selon le modèle.

MODÈLE: Au Café de la Gare, le prix du repas est de cinquante francs, le pourboire est de cinq francs et le total est de cinquante-cinq francs.

---

*Note the use in French of a blank space where English uses a comma to indicate thousand(s). A period (**un point**) is sometimes also used. **Deux mille deux cent cinquante** is written either 2 250 or 2.250. The French use the comma (**la virgule**) in decimal numbers only: 3,25 (*three and 25/100*) is said as **trois virgule vingt-cinq.**

	Le Procope	*La Coupole*	*Chez Martin*	*La Tour d'Argent*
Prix du repas	60 francs	70 francs	80 francs	500 francs
Pourboire (10%)				
	_____	_____	_____	_____
Total	_____	_____	_____	_____

Maintenant, calculez le prix du repas avec *vingt* pour cent (20%) de pourboire.

C. Allô… qui est à l'appareil (*who's on the phone*)? Téléphonez à vos amis selon le modèle.

MODÈLE: 61-71-80 (Jean) → Allô, c'est bien le 61-71-80? Est-ce que Jean est là (*there*)?

1. 64-72-98 (Pierre)
2. 85-81-63 (Marie)
3. 77-94-69 (Claudette)
4. 83-70-68 (Philippe)
5. 73-87-91 (Claudine)
6. 82-78-92 (Jeannine)
7. 75-89-67 (Madeleine)
8. 90-71-76 (Henri)
9. 79-97-95 (Jacques)
10. 845-74-88 (Jean-Louis)*
11. 932-65-86 (Christine)
12. 612-80-96 (Paul)

D. Quel est le numéro? Demandez à un(e) camarade les numéros suivants.

1. son numéro de sécurité sociale
2. son adresse
3. le numéro de son permis de conduire (*driver's license*)
4. son code postal
5. le numéro de téléphone d'un(e) ami(e)
6. le numéro de sa carte d'étudiant

L'argent français

**Les billets†
et les pièces**

© STUART COHEN/STOCK, BOSTON

---

*Only telephone numbers in the largest French cities have three digits in the first group of numbers.

†Unlike American banknotes, French banknotes come in different sizes and colors.

---

1 franc (F) = 100 centimes (c)
Valeur approximative: 1 franc français = 10 cents américains
1 dollar = 10 francs français*

A. Dans votre porte-monnaie (*change purse*). Comptez vos pièces de monnaie selon les modèles.

MODÈLES: 5 F + 50 c → cinq francs cinquante[†]
10 c + 5 c + 1 c → seize centimes

1. 50 c + 20 c + 10 c + 5 c + 1 c
2. 50 c + 20 c + 20 c + 5 c + 1 c
3. 50 c + 10 c + 1 c
4. 5 F + 1 F + 50 c + 20 c + 5 c
5. 5 F + 1 F + 1 F + 50 c + 10 c
6. 2 F + 1 F + 10 c + 10 c + 5 c + 1 c
7. 10 F + 1 F + 20 c + 5 c
8. 10 F + 5 F + 2 F + 20 c + 5 c

B. Dans votre portefeuille (*wallet*). Complétez les phrases avec le nombre correct.

1. Je trouve un billet de 500 francs, un billet de 50 francs et un billet de 10 francs. J'ai _____ francs.
2. Il y a un billet de 200 francs, deux billets de 100 francs et un billet de 50 francs. Il y a _____ francs.
3. Voici deux billets de 200 francs et trois billets de 20 francs. Voici _____ francs.
4. Voilà quatre billets de 10 francs et trois billets de 50 francs. Ça fait _____ francs.

C. Au snack

Sandwich au jambon	10 F	Boissons:	
Sandwich au fromage	8,50 F	Café	4,50 F
Pizza	7,50 F	Thé	4 F
Bifteck	14,50 F	Coca-Cola	6 F
Pommes frites	6 F	Chocolat chaud	4,50 F
Salade verte	6,25 F	Vin (carafe)	10 F
Salade de tomates	7,50 F		
Glaces	5,50 F	Service non-compris	

---

*The exchange rate can fluctuate rapidly; check the financial pages of your local newspaper for the current rate.

[†]The word **centimes** is usually not expressed.

Pour prendre un repas rapide entre les cours, vous allez au snack. Commandez un repas, calculez le prix et ajoutez un pourboire de dix pour cent. Combien payez-vous?

MODÈLE: Je prends un sandwich au jambon, une salade de tomates et un Coca. Le prix est de vingt-trois francs cinquante. Le pourboire est deux francs trente-cinq. Je paie vingt-cinq francs quatre-vingt-cinq.

Rencontre culturelle

Although the **supermarché** is becoming more common in France, many French people still shop in the traditional way. That is, they walk from store to store in their own neighborhood, finding the items that are especially fresh, and engaging storeowners and other customers in conversation. Shopping in this manner is part of the social fabric of the **quartier** or neighborhood, and it gives city dwellers the same sense of community found in small towns or villages.

For the foreign visitor, shopping in the traditional French way is fun. To get a "cook's tour" of the great variety of specialty dishes that make up French cuisine, go to **le traiteur,** a shop that provides catering service for gourmet dishes, mostly precooked and ready to go. Although **traiteur** means delicatessen owner, it is also used to designate the store itself.

For snacks, sandwiches—often called **casse-croûtes**—can be purchased at a **brasserie** or at a **bistrot.** Less lavish than the typical American sandwich, the French variety often consists of a plain **baguette,** cut in half, buttered, and filled with ham or cheese. It can be ordered at any time, an advantage for the tourist or student.

Étude de grammaire

21. DEMONSTRATIVE ADJECTIVES*

© OWEN FRANKEN/
STOCK, BOSTON

Un choix difficile

FERNAND: Bonjour, Madame, est-ce qu'il est possible de goûter *ces* fromages?
L'ÉPICIÈRE: Mais bien sûr, choisissez.
FERNAND: Merci bien. Alors, je vais goûter un peu de *cet* emmenthal, un peu de *ce* camembert, et un peu de *ce* fromage-*là*. C'est du brie?

---

*Les adjectifs démonstratifs

L'ÉPICIÈRE: Oui, mais il est encore un peu jeune. Goûtez plutôt *ce* roquefort-*ci*. Il est excellent. Alors, vous êtes prêt à choisir?

FERNAND: Non, je n'ai pas le courage de choisir. Donnez-moi du brie... *cette* portion-*là* va bien... et puis de l'emmenthal... là, *ce* morceau-*là*, et un peu de *ce* roquefort, s'il vous plaît.

1. Qu'est-ce que Fernand va goûter?
2. Combien de fromages regarde-t-il?
3. Est-ce que Fernand aime ces fromages?
4. Est-ce qu'il choisit un fromage? Qu'est-ce qu'il fait?

A. Forms of demonstrative adjectives

Demonstrative adjectives (in English, *this, that, these, those*) are used to point out or to specify a particular person, object, or idea. They precede the nouns they modify and agree with them in gender and number.

	SINGULAR		PLURAL	
Masculine	**ce** magasin	*this/that shop*	**ces** magasins	*these/those shops*
	cet escargot	*this/that snail*	**ces** escargots	*these/those snails*
	cet homme	*this/that man*	**ces** hommes	*these/those men*
Feminine	**cette** épicerie	*this/that grocery store*	**ces** épiceries	*these/those grocery stores*

Note that **ce** becomes **cet** before masculine nouns that start with a vowel or mute **h.**

B. Use of **-ci** and **-là**

In English, *this/these* and *that/those* indicate the relative distance to the speaker. In French, there is only one set of demonstrative adjectives. Distance to the speaker can be expressed by adding the hyphenated tag words **-ci,** to indicate closeness, or **-là,** to indicate distance.

A difficult choice
FERNAND: Hello, ma'am, is it possible to taste these cheeses?   GROCER: But of course, choose (one).   FERNAND: Thank you. Well, I'm going to taste some of this Emmenthaler, some of this Camembert, and a little bit of that cheese over there. Is it a Brie?   GROCER: Yes, but it's still a little young. Taste this Roquefort instead. It's excellent. So, are you ready to choose?   FERNAND: No, I can't make up my mind. Give me some Brie . . . that piece is fine . . . and then some Emmenthaler, there, that piece, and a little of this Roquefort, please.

	SINGULAR		PLURAL	
Masculine	ce magasin-**ci**	*this shop*	ces magasins-**ci**	*these shops*
	ce magasin-**là**	*that shop*	ces magasins-**là**	*those shops*
	cet homme-**ci**	*this man*	ces hommes-**ci**	*these men*
	cet homme-**là**	*that man*	ces hommes-**là**	*those men*
Feminine	cette épicerie-**ci**	*this grocery store*	ces épiceries-**ci**	*these grocery stores*
	cette épicerie-**là**	*that grocery store*	ces épiceries-**là**	*those grocery stores*

Maintenant à vous

A. A l'épicerie. Qu'est-ce que vous achetez? Suivez le modèle.

MODÈLE: une bouteille d'huile → J'achète cette bouteille d'huile.

1. une boîte de sardines   2. un camembert   3. des tomates   4. une bouteille de vin   5. des boîtes de conserve   6. quatre poires   7. des escargots   8. une eau minérale   9. des pommes de terre

B. A la boulangerie-pâtisserie. Qu'est-ce que vous allez prendre? Suivez le modèle.

MODÈLE: tartes → Je vais prendre ces tartes.

1. éclair
2. gâteau
3. tarte aux pommes
4. baguette
5. pain
6. croissants chauds

C. Exercice de contradiction. Vous allez faire un pique-nique. Vous faites des courses avec un(e) camarade, mais vous n'êtes pas souvent d'accord! Jouez les rôles selon le modèle.

MODÈLE: pain / baguette →   *Vous:* On prend ce pain?
     Un(e) ami(e): Non, je préfère cette baguette.

1. saucissons / jambon
2. pâté / poulet froid
3. filets de bœuf / rôti de veau
4. boîte de sardines / morceau de fromage
5. haricots verts / boîte de carottes
6. pizza (*f.*) / sandwich
7. pommes / bananes
8. tarte / éclair
9. gâteau / glace
10. jus de fruit / bouteille de vin

D. **Chez le traiteur.** Avec un(e) camarade, jouez les rôles du client et du traiteur. Suivez le modèle.

MODÈLE: poulet → *Le/La client(e):* Donnez-moi du poulet, s'il vous plaît.
Le traiteur: Ce poulet-ci ou ce poulet-là?

1. salade
2. rôti
3. légumes
4. pâté
5. pizza (*f.*)
6. soupe (*f.*)
7. gâteaux
8. tarte
9. éclair
10. glace

22. THE VERBS **VOULOIR, POUVOIR,** AND **DEVOIR**

*Le Procope**

MARIE-FRANCE: Tu *veux* du café?
CAROLE: Non, merci, je ne *peux* pas boire le café. Je *dois* faire attention. J'ai un examen aujourd'hui. Si je bois du café, je vais être trop nerveuse.
PATRICK: Je bois du café seulement les jours d'examen. Ça me donne de l'inspiration, comme à Voltaire!

Répétez le dialogue et substituez les expressions nouvelles aux expressions suivantes.

1. café → vin
2. nerveux (-euse) → lent(e) (*sluggish*)
3. Voltaire → Bacchus

A. Present-tense forms of **vouloir, pouvoir,** and **devoir**

The verbs **vouloir** (*to want*), **pouvoir** (*to be able to*), and **devoir** (*to owe; to have to, to be obliged to*) are all irregular in form.

Le Procope
MARIE-FRANCE: Do you want some coffee? CAROLE: No, thanks, I can't drink coffee. I have to be careful. I have an exam today. If I drink coffee, I'll be too nervous. PATRICK: I drink coffee only on exam days. It gives me inspiration, as (it did) to Voltaire!

*In the eighteenth century Le Procope was the first place in France to serve coffee. Because coffee was considered a dangerous, subversive beverage, only liberals like Voltaire dared to consume it.

	vouloir (*to want*)	pouvoir (*to be able*)	devoir (*to owe, to have to*)
je	veux	peux	dois
tu	veux	peux	dois
il, elle, on	veut	peut	doit
nous	voulons	pouvons	devons
vous	voulez	pouvez	devez
ils, elles	veulent	peuvent	doivent

Voulez-vous des hors-d'œuvre,
Monsieur?

*Do you want some hors
d'œuvres, sir?*

Est-ce que nous **pouvons** avoir
la salade avant le plat
principal?

*Can we have the salad before
the entrée?*

Je **dois** laisser un pourboire.

I must leave a tip.

B. Uses of **vouloir** and **devoir**

1. **Vouloir** means *to want*. **Vouloir bien** means *to be willing to, to be glad to*
   (*do something*).

   Je **veux** du vin.

   I want some wine.

   Je **veux bien.**

   I'm willing. (I'll be glad to.)

   Il **veut bien** goûter les
   escargots.

   He's willing to taste the snails.

   Vouloir dire expresses *to mean*.

   Qu'est-ce que ce mot **veut
   dire**?

   What does this word mean?

   Que **veut dire** « pourboire »?

   What does "pourboire" mean?

2. **Devoir** can express necessity or obligation.

   Je suis désolé, mais nous
   devons partir.

   I'm sorry, but we must leave.

   Devoir can also express probability.

   Elles **doivent** arriver demain.

   *They are supposed to arrive
   tomorrow.*

   Marc n'est pas en cours; il **doit**
   être malade.

   *Marc isn't in class; he must be
   ill.*

When not followed by an infinitive, **devoir** means *to owe*. The person
(or bank, store, etc.) to whom the amount is owed must be preceded by
the preposition **à.**

Combien d'argent est-ce que tu **dois** à tes amis?	*How much money do you owe (to) your friends?*
Je **dois** 87 F à Henri et 99 F à Georges.	*I owe Henri 87 francs and Georges 99 francs.*

Maintenant à vous

A. Au restaurant. Faites les substitutions indiquées.

1. Qu'est-ce que *vous* voulez prendre? (nous, les étudiantes, Paul et vous)
2. *Tu* dois commander maintenant. (ils, nous, elle, je)
3. *Elle* veut bien essayer les huîtres. (je, tu, Marc et Pierre)
4. *Vous* pouvez apporter le plat. (nous, les étudiants, tu)
5. Combien est-ce que *je* dois? (vous, tu, nous, ils, Fernand)
6. Qu'est-ce que *tu* veux dire? (Patrick et Jeanne, vous, elles, la serveuse)
7. *Elle* doit payer cent francs. (je, les étudiants)

B. Une soirée compliquée. Composez un dialogue entre Christiane et François.

Christiane	**François**
1. je / avoir / faim / et / je / vouloir / manger / maintenant	2. tu / vouloir / faire / cuisine?
3. non… est-ce que / nous / pouvoir / aller / restaurant?	4. oui, je / vouloir / bien
5. où / est-ce que / nous / pouvoir / aller?	6. on / pouvoir / manger / Chez Bébert
7. nous / devoir / inviter / Carole	8. tu / pouvoir / inviter / Jean-Pierre aussi
9. ce / soir / ils / devoir / être / cité universitaire?	10. oui, ils / devoir / préparer / un examen
11. un examen? mais / nous / aussi, / nous / avoir / un / examen / demain	12. ce / (ne… pas) être / sérieux / nous / pouvoir / parler / de / ce / examen / restaurant

C. Des projets. Racontez (*Tell*) les histoires suivantes. Utilisez les verbes **vouloir, devoir** et **ne pas pouvoir,*** selon le modèle.

MODÈLE: Jacques / être riche / travailler / aller souvent au cinéma →
Jacques veut être riche. Il doit beaucoup travailler. Il ne peut pas aller au cinéma.

***Ne… pas** usually precedes an infinitive: **ne pas parler.**

1. les étudiants / réussir aux examens / écouter le professeur / parler en cours
2. Claudine / préparer une mousse au chocolat / employer du sucre, du chocolat et de la crème / employer des huîtres
3. l'épicier / avoir beaucoup de clients / être agréable / être désagréable
4. Pierre / être serveur / prendre correctement les commandes / boire au restaurant où il travaille

D. **Conversation à trois.** Faites des projets avec deux camarades de classe: vous allez préparer un repas pour toute la classe. Qu'est-ce que vous allez préparer? Où pouvez-vous acheter les provisions nécessaires? Comment voulez-vous partager (*to share*) le travail? Utilisez les verbes **pouvoir, vouloir** et **devoir.**

Expressions utiles: vouloir bien, devoir acheter, devoir commander, devoir essayer de préparer un plat français, pouvoir acheter, pouvoir choisir, pouvoir boire du champagne, devoir demander un pourboire

Après votre tête-à-tête (*votre conversation*), décrivez à la classe votre menu.

23. THE INTERROGATIVE ADJECTIVE QUEL

Qu'est-ce que vous prenez?

Quel vin prenez-vous?

Quelle viande prenez-vous?

Quels légumes prenez-vous?

Quelles pâtisseries prenez-vous?

Avec un(e) camarade de classe, jouez les rôles du serveur (de la serveuse) et du client (de la cliente). Quelles sont les réponses du client (de la cliente)?

What are you having?
Which wine will you have?   Which meat will you have?   Which vegetables will you have?   Which pastries will you have?

A. Forms of the interrogative adjective* **quel**

You are already familiar with the interrogative adjective **quel** in the expressions **Quelle heure est-il?** and **Quel temps fait-il? Quel (quelle, quels, quelles)** means *which* or *what*. It agrees in gender and number with the noun modified.

Quel fromage voulez-vous goûter?	*Which (What) cheese would you like to try?*
A **quelle** heure dînez-vous?	*What time do you have dinner?*
Dans **quels** restaurants aimez-vous manger?	*In what (which) restaurants do you like to eat?*
Quelles boissons préférez-vous?	*What (Which) beverages do you prefer?*

Note that the pronunciation of all four forms of **quel** is identical, [kɛl], but when the plural form precedes a word beginning with a vowel sound, there is liaison: **quels étudiants, quelles étudiantes,** [kɛl-ze-ty-djã(t)].

B. The interrogative function of **quel**

The interrogative function of **quel** is to elicit more precise information about a noun that is understood or established in context. Contrast the following types of questions.

Buvez-vous du vin?	*Are you drinking wine?*
Est-ce que vous buvez du vin?	
Qu'est-ce que vous allez boire?	*What are you going to drink?*
Quand (Pourquoi, Où) buvez-vous du vin?	*When (Why, Where) do you drink wine?*

but:

Quel vin buvez-vous?	*What wine are you drinking?*

In the question in which **quel** modifies the noun **vin,** the person asking the question already knows you are drinking wine and wants more precise information about the noun *wine.* The person asking the question knows that the answer will be a wine—**le rouge, le blanc, le beaujolais, ce vin-ci, ce vin-là,** etc.

C. **Quel** with **être**

In the preceding examples, **quel** immediately precedes the noun. **Quel** can also stand alone before the verb **être** followed by a modified noun.

Quel est le prix de ce champagne?	*What's the price of this champagne?*

---

*L'adjectif interrogatif

Quelle est la différence entre
    le Perrier et le Calistoga?

*What's the difference between
    Perrier (water) and Calistoga
    (water)?*

Quels sont les légumes que
    vous préférez?

*What are the vegetables
    (that)* you prefer?*

Quelles sont les pâtisseries que
    vous préférez?

What are the pastries (that)
    you prefer?*

Note that **quel** always agrees with the noun to which it refers, as does
the verb **être** that links them.

Maintenant à vous _____

A. Préférences. Faites les substitutions indiquées et les changements
    nécessaires.

1. Quels *fruits* choisis-tu? (soupe, pain, éclairs, tartes, pâté)
2. Quel est votre *restaurant* préféré? (boulangerie, épiceries, café,
    pâtisserie, hôtels, magasin)

B. Préparatifs. Vous organisez une soirée. Formez des phrases complètes et
    indiquez la lettre correspondant à l'adjectif interrogatif utilisé.

MODÈLE: quel / boisson / apporter / tu? → Quelle boisson apportes-tu? / (b)

1. quel / viande /
    préparer / tu ?
2. quel / légumes /
    préférer / tu ?
3. quel / plat /
    apporter / tu ?
4. quel / salade /
    préparer / tu ?

5. quel / fromage /
    acheter / tu ?
6. quel / fruits /
    avoir / tu ?
7. quel / dessert /
    choisir / tu ?
8. quel / amies /
    inviter / tu ?

a. **quel**
b. **quelle**
c. **quels**
d. **quelles**

C. Une interview. Interrogez vos camarades sur leurs goûts. Utilisez
    l'adjectif interrogatif **quel** et variez la forme de vos questions selon le
    modèle.

MODÈLE: sport → Quel est le sport que tu préfères?
            (*ou*) Quel sport préfères-tu?

Voici des suggestions:

1. boisson
2. légume
3. viande
4. repas
5. distractions

6. disques
7. discothèque (*f.*)
8. programme
    de télévision
9. livres

10. revues
11. couleur (*f.*)
12. matières
13. vêtements
14. films

_____

*In the last two examples, the French **que** and the English *that* are relative pronouns linking
the two clauses of the sentences. The relative pronoun is often omitted in English but can
never be omitted in French.

Le français par les gestes: Comme ci, comme ça

In France, the expression _so-so_ is expressed with the hand, which is held palm down and turned alternately right and left, with the fingers outspread. The facial expression—lips pursed and eyebrows raised in doubt—reinforces the meaning. In cases of great doubt, the shoulders are raised as well.

24. ADJECTIVES THAT PRECEDE THE NOUN*

A la «Tour»

VINCENT: Quel _beau_ restaurant!† Regarde ces _jolis_ tapis d'Orient, ces _longues_ tables en marbre, ces _grandes_ fenêtres qui donnent sur une _petite_ terrasse.

MARGUERITE: Moi, j'adore les _gros_ fauteuils de cuir et les _grands_ tabourets du bar.

VINCENT: Et il y a de _petits_ nuages au plafond! C'est la _grande_ élégance à la française. Ici, _chaque_ plat doit être de qualité.

MARGUERITE: Mais il y a une chose qui manque.

VINCENT: Quoi donc?

MARGUERITE: Les prix ne sont pas indiqués sur la carte!

La Tour d'Argent est un _____ restaurant très cher. Vincent admire les _____ tapis d'Orient, les _____ tables en marbre et les _____ fenêtres. Il y a une _____ terrasse à l'extérieur de la salle. Marguerite aime les _____ fauteuils de cuir et les _____ tabourets du bar. Vincent remarque les _____ nuages au plafond et pense que _____ plat va être de qualité. C'est la _____ élégance à la française, mais faites attention! Parfois (_Sometimes_) les prix ne sont pas indiqués dans les restaurants de luxe.

At the "Tower"
VINCENT: What a beautiful restaurant! Look at these pretty Oriental carpets, these long marble tables and these tall windows that open onto (_literally,_ give on) a small patio.
MARGUERITE: I adore the large leather armchairs and the high stools at the bar.   VINCENT: And there are little clouds on the ceiling. This is great French elegance! Each (Every) dish must be of (high) quality here.   MARGUERITE: But there's one thing (that is) missing.
VINCENT: What's that?   MARGUERITE: The prices aren't listed on the menu!
*Les adjectifs préposés
†Note the use of the adjective **quel(le)(s)** in an exclamation.

A. Adjectives that usually precede the noun

1. Certain short and commonly used adjectives usually precede the noun they modify.

REGULAR	*bel* IRREGULAR	IDENTICAL IN MASCULINE AND FEMININE
grand(e) *big, tall; great*	**beau, belle** *beautiful, handsome*	**autre** *other*
joli(e) *pretty*	**bon(ne)** *good*	**chaque** *each, every*
mauvais(e) *bad*	**faux, fausse** *false*	**jeune** *young*
petit(e) *small, little*	**gentil(le)** *nice, kind*	**pauvre** *poor; unfortunate*
vrai(e) *true*	**gros(se)** *large, fat, thick*	
	long(ue) *long*	
	nouvel **nouveau, nouvelle** *new*	
	vieil **vieux, vieille** *old*	

© NIÉPCE-RAPHO/PHOTO RESEARCHERS

Le service dans ce restaurant parisien est-il impeccable?

La cuisine est une **grande** tradition pour les Français.	Cooking is a great tradition for the French.
Ça, c'est la **vraie** cuisine familiale.	That's true home cooking.
Voici un **petit** menu à 59 F service compris.	Here's a nice little 59-franc menu including tip.
La **nouvelle** cuisine est très populaire en ce moment.	The "new cooking" is very popular right now.
Chez Masson est un **vieux** restaurant.	Chez Masson is an old restaurant.
Les **jeunes** clients aiment bien la propriétaire de La Poule au Pot.	The young customers like the owner of the Poule au Pot.

2. The adjectives **beau, nouveau,** and **vieux** have highly irregular forms.

SINGULAR		
Masculine	*Masculine before vowel or mute* **h**	*Feminine*
un **beau** livre	un **bel** appartement	une **belle** voiture
un **nouveau** livre	un **nouvel** appartement	une **nouvelle** voiture
un **vieux** livre	un **vieil** appartement	une **vieille** voiture
PLURAL		
Masculine	*Feminine*	
de **beaux** appartements	de **belles** voitures	
de **nouveaux** appartements	de **nouvelles** voitures	
de **vieux** appartements	de **vieilles** voitures	

B. Adjectives preceding plural nouns

When an adjective precedes the noun in the plural form, the plural indefinite article and partitive **des** generally become **de.**[*]

| J'ai **des** livres de cuisine. | J'ai **de** nouveaux livres de cuisine. |
| Commandons **des** desserts! | Commandons **de** bons desserts! |

---

[*]In colloquial speech, **des** is often retained before the plural adjective: **Elle trouve toujours** *des beaux* **fruits.**

C. Adjectives that may precede or follow nouns they modify (ancien, cher, grand, pauvre)

The adjectives **ancien/ancienne** (*old, former*), **cher/chère** (*dear, expensive*), **grand(e)**, and **pauvre** may either precede or follow a noun, but their meaning depends on their position. Generally, the adjective in question has a literal meaning when it follows the noun and a figurative meaning when it precedes the noun.

C'est un homme très **grand**.*
  He's a very tall man. (*literal*)

C'est un très **grand** chef de cuisine.
  He's a very great chef. (*figurative*)

Les clients **pauvres** ne vont pas à la Tour d'Argent.
  Poor (not rich) customers don't go to the Tour d'Argent. (*literal*)

Pauvres clients! Il n'y a plus de champagne!
  The poor (unfortunate) customers! (*figurative*) *There's no more champagne!*

Il achète des chaises **anciennes** pour décorer la Tour d'Argent.
  He's buying antique (ancient) chairs to decorate the Tour d'Argent. (*literal*)

M. Sellier est l'**ancien** maître d'hôtel de la Tour d'Argent.
  Mr. Sellier is the former maitre d' of the Tour d'Argent. (*figurative*)

C'est un vin très **cher**.
  That's a very expensive wine. (*literal*)

Ma **chère** amie...
  My dear friend . . . (*figurative*)

Maintenant à vous

A. Enthousiasme. Faites les substitutions indiquées et les changements nécessaires.

Quelle belle assiette

1. Quel beau *plat*! (assiette, verres, bouteille, dessert)
2. Quel gros *bifteck*! (dinde, saucisson, pommes de terre, poires, fraises)

B. Le bon ordre. Faites des phrases selon les modèles.

MODÈLES: un restaurant / japonais → C'est un restaurant japonais.

  une table / long → C'est une longue table.

1. une assiette / vert
2. une serveuse / beau
3. un dîner / cher
4. un maître d'hôtel / gentil
5. un décor / joli
6. un chef de cuisine / nouveau
7. des prix / raisonnable
8. le plat / principal
9. des chaises / ancien
10. un dessert / délicieux

---

*The adjective **grand(e)** is placed *after* the noun to mean *big* or *tall* only in descriptions of people. When it precedes the noun in descriptions of things and places, it means *big, tall,* or *large*: **les grandes fenêtres, un grand appartement, une grande table**.

C. On fait la critique. Voici la description d'un nouveau restaurant à New York. Complétez les phrases avec les adjectifs entre parenthèses. Faites attention! Les adjectifs ne sont pas toujours dans le bon ordre. Suivez le modèle.

MODÈLE: Le chef fait la cuisine selon *la tradition...* (français, vieux) →
Le chef fait la cuisine selon la vieille tradition française.

1. Les clients trouvent *une ambiance...* (bon, français)
2. Vous pouvez dîner sur *une terrasse...* (agréable, grand)
3. On peut commander *un vin...* (rouge, bon)
4. Il y a *du pain...* (vrai, français)
5. Les clients paient *des prix...* (raisonnable, petit)
6. Vous allez parler avec *la propriétaire...* (vieux, sympathique)
7. Les étudiants universitaires sont *des clients...* (agréable, jeune)

D. Expérience personnelle. Avec un(e) camarade, faites la critique d'un des restaurants dans votre région. Ensuite, présentez votre critique devant la classe sans nommer (*without naming*) le restaurant. Est-ce que les autres membres de la classe peuvent deviner (*guess*) de quel restaurant vous parlez?

Étude de prononciation

The consonants *p, t, k*

The consonants **p, t,** and **k** are called plosives because to pronounce them you must first stop the breath and then suddenly release (explode) it. In English, *p, t,* and *k* are followed by a slight breathy sound:

page → p^h age   table → t^h able   car → c^h ar

In French, **p, t,** and **k** are never followed by an escape of air:

page → [paʒ]   table → [tabl]   car → [kar]

A. Prononcez avec le professeur.

en anglais: page table car peak cape tea pâté course calm
en français: page table car pic cape thé pâté cours calme

B. Prononcez les phrases suivantes.

1. Le touriste italien préfère le concert plutôt que la télévision.
2. Une personne réaliste ne téléphone pas trop tard.   3. Ton programme de télévision préféré n'est pas une émission littéraire mais un match sportif.

DÉJEUNER SUR LE POUCE*

Contexte Nous sommes dans une croissanterie° du Quartier latin où Sébastien et Corinne, deux étudiants français, déjeunent sur le pouce, entre deux cours.

un magasin où on vend des croissants

Objectif Sébastien et Corinne commandent un repas.

Dialogue

LA SERVEUSE:	Vous désirez?
SÉBASTIEN:	Un croissant au jambon, s'il vous plaît.
CORINNE:	Et pour moi, une saucisse° au fromage.
LA SERVEUSE:	C'est tout?
SÉBASTIEN:	Non, je voudrais aussi une crêpe au Grand-Marnier.° Et toi, Corinne?
CORINNE:	C'est tout pour moi.
LA SERVEUSE:	Et comme boisson?
SÉBASTIEN:	Deux cafés, s'il vous plaît.
LA SERVEUSE:	C'est pour emporter°?
SÉBASTIEN:	Non, c'est pour manger ici.
CORINNE:	Non, écoute, on peut aller manger au Luxembourg,° il fait si beau!
SÉBASTIEN:	Bon, alors, c'est pour emporter. Ça fait combien?
LA SERVEUSE:	Ça fait vingt-sept francs trente.... Merci.
SÉBASTIEN:	Merci à vous, au revoir.

sausage (cold cut)

crêpe... French-style pancake with Grand Marnier liqueur

take out

le jardin du Luxembourg (à Paris)

Au Jardin du Luxembourg, Sébastien et Corinne trouvent un banc° au soleil devant la fontaine Médicis.

bench

SÉBASTIEN:	C'est impeccable,° ici. Tu as parfois de bonnes idées.
CORINNE:	Oui, mais je ne suis pas la seule:° regarde!
SÉBASTIEN:	Sans blague,° c'est Richard et sa bande.°
CORINNE:	Et regarde ici...
SÉBASTIEN:	Tiens,° le prof d'anglais. Et moi qui ne suis pas prêt° pour l'interrogation° cet après-midi...

très, très bon

only one

Sans... No kidding (literally, without a joke) / groupe d'amis

une expression de surprise / ready

l'examen

---

*Déjeuner... Snack lunch (literally, lunch on the thumb)

Variations

1. Improvisez! Vous et vos camarades êtes dans une crêperie à Paris pour déjeuner sur le pouce. Un(e) étudiant(e) joue le rôle du serveur (de la serveuse). Voici la carte.

Crêpes
Prix nets

BEURRE ET SUCRE	11,00 F
POMMES (compote)	14,50 F
CITRON	14,00 F
MIEL D'ACADIA	17,00 F
CHOCOLAT CHAUD	17,00 F
CREME DE MARRONS	17,00 F
CONFITURE (fraise, abricot)	16,00 F
CONFITURE (myrtilles)	17,00 F
NOISETTES CHOCOLAT OU CARAMEL	19,50 F

LA CHOCONOIX .... 20,50 F

COCO CASSIS
(noix de coco et crème de cassis) . 19,50 F

CHANTILLY	18,00 F	CLAFOUTIS Maison	15,50 F
SIROP D'ERABLE	18,00 F	+ Chantilly	17,50 F
GRAND MARNIER OU RHUM	19,50 F	CREPE TATIN A LA SAUCE NOUGAT	23,50 F

LA CHATELAINE .... 23,00 F
(Noisettes, chocolat chaud, Chantilly)

CREPE TATIN A LA SAUCE NOUGAT
(Pommes morceaux + sauce nougat + Calvados + Chantilly).

L'ARMADA .... 23,50 F
(Poire arrosée de Calvados, chocolat chaud, Chantilly)

COCKTAIL DE FRUITS AU GRAND MARNIER .... 17,50 F

2. Quel drame! A votre avis, quel menu va choisir cet homme? Jouez la scène avec un(e) camarade qui joue le rôle du maître d'hôtel.

Commentaire culturel

Although "fast food" is making inroads into French culture, **la grande cuisine** remains one of France's great traditions. This is due less to sophisticated recipes than to the variety and delicacy of French regional products. Regional cuisine is as diverse as French geography, from the endless variety of **crêpes** in Brittany to oysters and rich **pâtés de foie gras** in the Bordeaux region; from the **quiche,** fruit desserts, and brandies of Alsace to the heady flavors of garlic, herbs, and fresh tomato and fish dishes of Provence. Here are some of the dishes you might find on a French menu:

- **Ratatouille provençale.** A vegetable casserole made with sliced eggplant, tomatoes, onions, bell peppers, and zucchini, first fried in olive oil and garlic, then simmered in alternating layers until flavors blend. It can be served hot as an **entrée** or cold as an **hors-d'œuvre.**

- **Salade niçoise.** A salad of cooked vegetables (potatoes, string beans, bell peppers, and tomatoes) garnished with hard-boiled eggs, anchovies, canned tuna, olives, and lettuce. It is served with a garlic flavored **vinaigrette.**
- **Bouillabaisse marseillaise.** A two-course dish consisting of a fish and seafood stew served on thick slices of French bread. It is served with a garlic mayonnaise called **ailloli.**
- **Choucroute alsacienne.** Sauerkraut simmered in a white Riesling wine **consommé,** flavored with herbs and spices, and served with smoked bacon, Strasbourg pork sausages, smoked pork or ham, and potatoes.
- **Tripes à la mode de Caen** (Normandy). A famous casserole dish of tripe, the stomach lining of calf or beef, simmered for ten hours or more in cider with calves' feet, onions, carrots, leeks, herbs, and garlic.
- **Crêpes bretonnes.** Very thin pancakes, made of buckwheat flour and filled with roasted sausages, meats, or cheese, or made of wheat flour and filled with jam, honey, or fruit.
- **Cassoulet de Toulouse.** A casserole dish made with dried white beans, simmered for days with ham, bacon, sausage, goose or duck meat, and flavored with tomatoes, herbs, and wine.
- **Escargots à la bourguignonne.** Snails cooked in broth, replaced in their shells, and baked in bubbling hot butter with herbs and spices. It is served at the beginning of a meal.

Mise au point

A. Déjeunons. Faites des phrases complètes.

1. Marc / vouloir / aller / restaurant
2. dans / quel / restaurant / vouloir / il / aller?
3. on / ne... pas / pouvoir / passer / trop / temps / restaurant
4. vouloir / tu / laisser / bon / pourboire?
5. je / devoir / passer à / la charcuterie
6. quel / charcuterie / préférer / tu?
7. je / aimer / ce / charcuterie / là

B. Descriptions. Remplacez l'adjectif par les adjectifs entre parenthèses. Si vous n'êtes pas d'accord avec le résultat, changez la phrase à la forme négative. Attention à la place de l'adjectif.

1. J'aime les *bons* restaurants. (nouveau, cher, intéressant, chinois)
2. Je vais souvent au restaurant avec des amis *sympathiques.* (snob, pauvre, jeune)

3. Nous buvons souvent des vins *français*. (américain, frais, bon, californien, rouge)
4. Nous prenons de *bons* repas. (cher, long, agréable)

C. **Vos impressions.** Complétez les phrases suivantes à la forme affirmative ou à la forme négative, selon votre opinion personnelle. Utilisez **devoir, pouvoir** ou **vouloir** + *infinitif* dans chaque phrase.

MODÈLE: Les étudiants _____. → Les étudiants ne doivent pas étudier jusqu'à minuit tous les soirs.

1. Le professeur _____.
2. Les parents _____.
3. Mes camarades _____.
4. Les hommes _____.
5. Les femmes _____.
6. Je _____.

D. **Au restaurant.** Composez un dialogue entre la serveuse et le client.

Serveuse

1. Demandez au client ce qu'il désire.
3. Demandez au client quel apéritif il veut prendre.
5. Demandez ce qu'il prend comme plat principal.

7. Répondez que oui mais que le vin n'est pas cher.
9. Répondez « bien sûr » et « bon appétit ».

Client

2. Répondez à la serveuse que vous prenez un apéritif.
4. Répondez que vous voulez un Dubonnet.
6. Répondez que vous devez prendre le menu à prix fixe parce qu'il ne coûte pas trop cher. Demandez si le vin est en supplément.
8. Demandez si elle peut apporter du pain.
10. Répondez « merci bien ».

Vocabulaire

Verbes

apporter *to bring; to carry*
commander *to order (in a restaurant)*
devoir *to owe; to have to, be obliged to*
goûter *to taste*
laisser *to leave (behind)*
pouvoir *to be able*
vouloir *to want*
  vouloir bien *to be willing*
  vouloir dire *to mean*

Substantifs

l'addition (*f.*) *bill, check (in a restaurant)*
l'argent (*m.*) *money*
la baguette (de pain) *baguette*
le billet *bill (currency)*
la boîte (de conserve) *can (of food)*
la carte *menu*
le centime *centime (1/100 of a French franc)*

la crêpe *crepe (French pancake)*
l'éclair (*m.*) *eclair (pastry)*
l'entrée (*f.*) *first course*
l'escargot (*m.*) *snail*
le filet *fillet (beef, fish, etc.)*
le franc *franc (currency)*
la glace *ice cream; ice*
les *hors-d'œuvre (*m.*) *appetizers*
le jus (de fruit) *(fruit) juice*
le menu *fixed (price) menu*

le morceau *piece*
le pâté de campagne *(country)*
  pâté
la pièce *coin*
le pourboire *tip*
le prix *price*
le rôti *roast*
les sardines (à l'huile)
  (f.) *sardines (in oil)*
le saucisson *dry sausage*
le (la) serveur (-euse) *waiter,*
  waitress
la sole *sole (fish)*

Adjectifs _____

ancien(ne) *old, antique;*
  former
bon(ne) *good*
bon marché *cheap, inexpensive*

cher, chère *dear; expensive*
faux, fausse *false*
frais, fraîche *fresh*
gentil(le) *nice*
jeune *young*
joli(e) *pretty*
mauvais(e) *bad*
nouveau, nouvel,
  nouvelle *new*
pauvre *poor; unfortunate*
prêt(e) à + infinitive *ready to*
  (do something)
quel, quelle *which (int. adj.)*
vieux, vieil, vieille *old*
vrai(e) *true*

Les magasins _____

la boucherie *butcher shop*
la boulangerie *bakery*

la charcuterie *pork butcher's*
  shop (delicatessen)
l'épicerie *(f.)* *grocery store*
la pâtisserie *pastry shop; pastry*
la poissonnerie *fish store*

Mots divers _____

bien sûr *of course*
cela (ça) *this, that*
ensuite *then, next*
même *same; even*
parfois *sometimes*
plutôt *instead, rather*
(et) puis *(and) then, next*
si *so (very); if*

Que prenez-vous?

© HELENA KOLDA

Intermède 6

Lecture

RÉVOLUTION A TABLE

Avant de lire In previous chapters, you learned to recognize cognates, word endings, and new words related to ones with which you were already familiar. In addition, you can guess the meaning of a large group of adjectives if you know the related verb, since past participles are often used as adjectives. In Chapter 7 you will learn how to use the past tense and how to form past participles. For example, the past participle of the verb **préférer** is **préféré,** a word you have already learned to use as an adjective meaning *favorite.* The past participles of **choisir, servir** (*to serve*), and **vendre** are *choisi, servi,* and *vendu,* all of which may be used as adjectives, in which case they mean *chosen, served,* and *sold.* Like all adjectives, these agree in number and gender with the noun they modify. You will learn to use this structure actively in later chapters. But for now, note the use of such words in "Révolution à table."

LA TRUFFE° AU CHAMPAGNE et la mousse au chocolat sont-ils des luxes du passé? Le Français contemporain boude° les bonnes traditions gastronomiques. Ses raisons? Le manque° de temps et le souci de la forme.°

Travail et loisirs° occupent aujourd'hui une grande partie du temps réservé autrefois° aux repas. La France est aujourd'hui envahie° par le «prêt-à-manger». Ce terme décrit la cuisine industrielle: McDonald et les Wimpys, les snack-bars, drugstores et autres cafétérias inventés outre-atlantique.° C'est une gastronomie sur le pouce, une cuisine à la chaîne:° le hot-dog, le hamburger et le poulet frit.° C'est aussi parfois un plat rapide à la française: par exemple les croissants et les crêpes servis comme sandwichs dans les croissanteries; le Panka, une timbale° de bœuf bourguignon ou de poulet au curry vendue chaude par... un distributeur automatique! Est-ce que c'est la fin° du rituel des repas français, la fin de la cuisine de qualité?

En fait,° le prêt-à-manger représente seulement° <u>cinq pour cent de la restauration</u> française. Quelle est l'arme° des chefs devant l'invasion du snack? Un sondage° récent révèle que les Français de 18 à 65 ans ont le souci de leur forme. Ils pensent que c'est l'alimentation° et non le sport qui joue le rôle essentiel <u>dans le maintien de leur forme.</u> La majorité des Français prennent régulièrement de bonnes résolutions alimentaires, mais

truffle

rejects, shies away from

pas assez / souci... il est attentif au physique

les passe-temps
formerly / invaded

across the Atlantic / cuisine... assembly-line cooking
fried
meat pie

end

En... In fact / only

weapon

poll

les habitudes gastronomiques

78 pour cent ne respectent pas ces résolutions. C'est l'occasion° pour les chefs français de rester à l'avant-garde° de l'évolution de la cuisine. Ils inventent une cuisine raffinée°, mais avec peu de calories. Voilà le principe de la cuisine minceur° de Michel Guérard, par exemple. Un menu hypocalorique° propose des plats savoureux calculés pour ne pas dépasser° un certain nombre de calories. Les calories sont notées sur la carte et il reste seulement à savourer et à décider si vous allez, oui ou non, commander un petit verre de vin qui coûte 150 calories supplémentaires... Un nouvel art de vivre° est né°!

chance, opportunity
rester... stay in the forefront
refined
of slimness
de très peu de calories / exceed

art... art of living / born

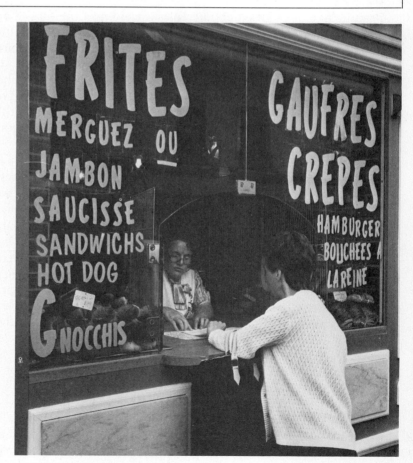

Paris. Est-ce que c'est l'influence arabe, italienne, américaine, allemande ou française qui prédomine ici?

© ROGERS/MONKMEYER

Compréhension

A. Faites le résumé (*summary*) de la « Révolution à table » en écrivant (*by writing*) trois phrases qui correspondent aux trois paragraphes de la lecture. Chaque phrase doit résumer l'idée principale d'un paragraphe. Ensuite, donnez un titre (*title*) à chaque paragraphe.

B. Avec des camarades, faites une liste des termes d'origine américaine dans le texte. Ensuite, cherchez dans la lecture les termes français que vous utilisez en anglais. Y a-t-il d'autres termes français que vous utilisez pour parler de la cuisine? Comparez les deux listes: quelles sont vos conclusions sur les influences réciproques des deux langues?

Expression écrite

A. Une conversation au restaurant. Vous êtes au restaurant et vous entendez la conversation d'un couple. Imaginez la conversation de ces personnes.

La personne près de vous	Son compagnon
1. Et alors, Pascal, as-tu très faim? Que veux-tu prendre ce soir comme plat principal?	2._____...
3. Si tu veux… moi, je préfère le poisson. Et comme boisson? Qu'est-ce que tu veux?	4._____...
5. C'est une bonne idée. Ce vin-ci est excellent. Et tu prends des légumes?	6._____...
7. Ah oui? Je déteste ça. Et comme dessert, qu'est-ce que tu prends?	8._____...
9. Oui, ça va bien avec un bon dîner. Moi, je prends de la tarte aux pommes. Oh, je n'ai pas d'argent! Tu peux payer, n'est-ce pas?	10. (Zut!) ...

B. Mon restaurant préféré. Écrivez un paragraphe sur un restaurant que vous aimez. Employez les questions comme guide.

1. Dans quel restaurant préférez-vous dîner?   2. Est-ce que ce restaurant est célèbre?
3. Est-ce qu'il est fréquenté (*visited*) par beaucoup de clients?   4. Mangez-vous souvent dans ce restaurant? Quand?   5. Est-ce que la carte est simple ou compliquée?   6. Quel est votre plat préféré?   7. Quelle est la spécialité du chef?   8. Qu'est-ce que vous buvez?   9. Est-ce que le repas est cher?   10. Laissez-vous un pourboire généreux au serveur (à la serveuse)? Pourquoi?

Activités

A PROPOS

Au restaurant

Voici d'autres expressions qu'on entend au restaurant.

Le maître d'hôtel, le serveur ou la serveuse: {Combien de personnes, s'il vous plaît?
Comment voulez-vous le bifteck?

Les clients: {
... bleu (*extremely rare*)
... saignant (*rare*)
... à point (*medium*)
... bien cuit (*well done*)
L'addition, s'il vous plaît.
Le service est-il compris? (*Is the tip included?*)

Chez Pierre

Entrées		Desserts	
Salade de tomates	10F	Tartes aux pommes	10F
Salade de pommes de terre	10F	Glace (vanille, citron, orange, chocolat)	10F
Oeufs mayonnaise	12F		
Salade niçoise	20F	Fruits de saison	8F

Plats principaux		Boissons	
Steak au poivre	35F	Bière:	
Bouillabaisse marseillaise	40F	Pression	2,50F
Choucroute alsacienne	40F	Bouteille	4F
Tripes à la mode de Caen	45F	Vin:	
Cassoulet de Toulouse	50F	un verre	6F
Escargots à la bourguignonne	60F	un litre	15F
		Café	3,50F
		Apéritifs (Ricard, Kir, Martini, Vermouth)	8F

A. **Interaction.** Avec des camarades, utilisez ces nouvelles expressions pour créer une scène de restaurant depuis (*from*) l'arrivée des clients jusqu'à leur départ. Voici une description des rôles à jouer.

- Un membre de votre groupe est très gourmand. Il/Elle aime beaucoup manger et mange beaucoup. Commandez le repas d'un vrai gourmand.

- Un autre est un gourmet qui apprécie la bonne cuisine.

- Un autre a peur de grossir (*to gain weight*). Commandez un repas léger en (*light in*) calories.

Utilisez la carte et bon appétit!

B. L'addition, s'il vous plaît. Martine pense qu'il y a une erreur dans l'addition. Regardez la carte Chez Pierre. A-t-elle raison? Trouvez l'erreur.

Pouvez-vous définir la personnalité de Martine d'après son repas?

1. Est-elle végétarienne?
2. Aime-t-elle faire des économies (*to save money*)?
3. Est-elle gourmet? Est-elle gourmande?
4. Est-elle mince (*thin*)? corpulente (*heavy-set*)?

Kir	8
niçoise	20
cassoulet	50
tarte	15
glace	10
vin	15
service 15%	17,70
	135,70

C. Cuisine internationale. En groupes de deux ou trois, regardez ces annonces de restaurants parisiens. Choisissez ensemble le restaurant où vous voulez manger. Ensuite, expliquez votre choix aux autres et donnez autant de renseignements (*as much information*) que possible sur le restaurant de votre choix.

indra
LE RESTAURANT
INDIEN A PARIS
Spécialités "TANDOORI"
10, r. du Cdt. Rivière · 8ᵉ (St-Ph.-du-Roule)
359.46.40
Commandes Jusqu'à 23h · F.Dim.

MODÈLE: → Nous allons à Indra parce que nous voulons goûter la cuisine indienne. On peut commander un repas dans ce restaurant jusqu'à vingt-trois heures. Le numéro de téléphone du restaurant est trois cent cinquante-neuf, quarante-six, quarante. Il est fermé (*closed*) le dimanche.

209

Mots utiles: ouvert (*open*), fermé, tous les jours, les spécialités, la vente à emporter, le parking

CHAPITRE SEPT

Vive les vacances!

© ROGERS/MONKMEYER

« Fais un effort, Claudine! C'est bon pour la santé! »

OBJECTIFS   In this chapter, you will learn words and expressions related to vacation or weekend activities. Because you will be talking about your own vacation experiences, you will learn how to form a past tense with the verb **avoir** plus the past participles of the verbs you already know. You will learn to use various time expressions, as well as how to say the years, so that you can explain when something happened, how long ago it happened, or how long you have been doing something.

211

Étude de vocabulaire

Les vacances en France

Le Nord

Campez dans les forêts

Faites du bateau sur les fleuves

la Seine

Paris

La Bretagne

Faites de la bicyclette sur les routes de campagne

Skiez dans les montagnes

Le Massif Central

Les Alpes

Nagez dans les lacs

La Côte D'Azur

Faites de l'alpinisme dans les montagnes

Prenez le soleil sur les plages

Les Pyrénées

Faites de la planche à voile dans la mer

A. Où passer les vacances? Quels sont les avantages touristiques des endroits (*places*) suivants?

1. Qu'est-ce qu'on peut faire dans les montagnes?   2. Dans les lacs?
3. Sur les plages?   4. Sur les routes de campagne?   5. Sur les fleuves?   6. Dans les forêts?   7. A la mer?

B. Activités de vacances. Qu'est-ce qu'ils font?

1. Que fait un nageur (une nageuse)? Où trouve-t-on beaucoup de nageurs?
2. Que fait un campeur (une campeuse)? Où fait-on du camping en France?
3. Que fait un skieur (une skieuse)? Où fait-on du ski en France?
4. Que fait un cycliste? Où fait-on de la bicyclette en France?

C. Qu'est-ce qu'ils vont faire?

1. Maurice cherche ses skis.   2. Claire apporte sa tente.
3. Dominique achète une bicyclette.   4. Serge loue un bateau.
5. Sylvie prend des leçons de natation.   6. Les Vasseur achètent de
l'huile solaire.

D. Vos vacances. Posez les questions suivantes à un(e) camarade.

1. Où préfères-tu passer les vacances d'été? à la mer? dans les
montagnes? à la campagne?
2. Qu'est-ce que tu aimes faire en vacances?
3. Où vas-tu aller l'été prochain (*next*)?

Au magasin de sports

A. Les clients font la queue (*stand in line*). Complétez les phrases selon
l'image.

1. Le jeune homme va acheter des ＿＿. Il va passer ses vacances à
Grenoble où il veut ＿＿.
2. La jeune femme veut acheter un ＿＿ et des ＿＿. Elle va
descendre à la Côte d'Azur (*French Riviera*) où elle va ＿＿ et ＿＿.
3. La jeune fille a envie d'acheter des ＿＿ de ski, des chaussures de
＿＿ et un ＿＿ de ski. Sa famille va passer les vacances dans les
Alpes où elle va ＿＿.
4. L'homme va acheter un ＿＿, un ＿＿ et une ＿＿. Il va ＿＿
dans le nord de la France ce week-end.
5. Le garçon veut acheter un ＿＿. Il va passer l'été dans une colonie
de vacances (*summer camp*) où il aime ＿＿ dans le lac.
6. La vieille dame est très sportive. Elle va acheter un ＿＿ et des
＿＿. Ce week-end, elle va ＿＿ avec son mari à Grenoble.
7. Le vieux monsieur perd patience. Il veut acheter un ＿＿.

B. **L'intrus.** Dans les groupes suivants trouvez le mot qui ne va pas avec les autres. Expliquez votre choix.

1. le slip de bain / les lunettes de soleil / l'huile solaire / l'anorak
2. la tente / le maillot de bain / le sac de couchage / le sac à dos
3. les gants de ski / le sac à dos / les skis / l'anorak
4. le slip de bain / les chaussures de ski / le short / le maillot de bain

C. **De quoi ont-ils besoin?** Regardez les images et suivez le modèle.

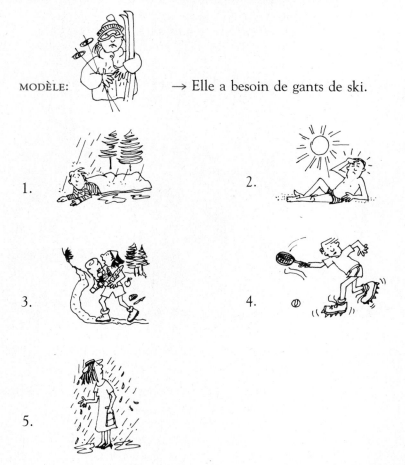

MODÈLE: → Elle a besoin de gants de ski.

1.

2.

3.

4.

5.

D. **Choix de vêtements.** Qu'est-ce qu'on porte dans les activités suivantes?

MODÈLE: pour aller pêcher (*to go fishing*) →
Pour aller pêcher, on porte un chapeau, un vieux pantalon…

1. pour aller faire du ski nautique   2. pour aller à la montagne
3. pour faire une promenade dans la forêt   4. pour aller faire de la bicyclette   5. pour aller faire du bateau

E. **Et vous?** Décrivez les vêtements que vous portez quand vous faites votre sport favori.

Les années

1642   La machine à calculer inventée par Blaise Pascal en seize cent quarante-deux.

1783   Le ballon à air chaud inventé par les frères Montgolfier en dix-sept cent quatre-vingt trois.

© THE BETTMANN ARCHIVE

1835   Les procédés de développement des images photographiques inventés par Jacques Daguerre en dix-huit cent trente-cinq.

1946   Le bikini, créé en dix-neuf cent quarante-six par Louis Réard.

In French, a multiple of **cent** is used to express the year:

dix-neuf cents*	*1900*
dix-neuf cent quatre-vingt-huit	*1988*
seize cent quatre	*1604*

Note that **cent** takes an **s** in dates unless it is followed by another number. The word **cent(s)** cannot be omitted from the date as it often is in English. The preposition **en** is used to express *in* with a year:

    en dix-neuf cent vingt-trois   *in* 1923

A. Un peu d'histoire. Michèle veut être professeur d'histoire. Elle doit connaître (*know*) beaucoup de dates historiques. Devinez celles-ci (*guess these*).

---

*The years may also be expressed with a multiple of **mille**, which when used in a date is spelled **mil**: **mil neuf cents** (*1900*), **mil neuf cent quatre-vingt huit** (*1988*), **mil six cent quatre** (*1604*). An exception is the year 1000, **l'an mille**.

1. Charlemagne est couronné (*crowned*)
empereur d'Occident.   2. Guillaume, Duc
de Normandie, conquiert (*conquers*)
l'Angleterre.   3. Jeanne d'Arc bat (*beats*)
les Anglais à Orléans.   4. Louis XIV, le roi
soleil, construit (*builds*) Versailles.   5. Les
Français perdent le Canada.   6. Prise de la
Bastille.   7. Napoléon est couronné
empereur des Français.   8. Alexandre-
Gustave Eiffel construit la Tour Eiffel.
9. Débarquement (*landing*) anglo-américain
en France.   10. Le Concorde arrive à
Washington.

a. 1763
b. 1944
c. 1804
d. 1889
e. 1066
f. 1429
g. 1979
h. 1789
i. 800
j. 1661–1686

B. Encore de l'histoire. Prononcez les dates suivantes avec le jour, le mois
et l'année. Quel événement (*event*) correspond à chaque date?

MODÈLE: 28.6.19 → le vingt-huit juin dix-neuf cent dix-neuf: le Traité
de Versailles*

1. 7.12.41
2. 22.11.63
3. 6.8.45
4. 18.4.06
5. 18.5.80
6. ?

a. Le tremblement de terre à San
Francisco
b. L'éruption du Mont Sainte
Hélène (état de Washington)
c. Le lancement de la bombe
atomique sur le Japon
d. L'attaque de Pearl Harbor
e. L'assassinat de J. F. Kennedy
f. Aujourd'hui

C. Des leçons d'histoire. Chaque étudiant nomme un événement
historique. Les autres donnent la date de l'événement en question. Qui
est l'historien/l'historienne de la classe?

Suggestions: le voyage autour du monde (*around the world*) de Magellan;
l'arrivée de Christophe Colomb en Amérique; la rédaction (*writing*) de
la Constitution américaine; la vente (*sale*) de la Louisiane par Napoléon
aux États-Unis

D. L'avenir (*The future*). Quels sont vos projets d'avenir? Posez les questions
suivantes à un(e) camarade. Ensuite, présentez à la classe une
observation sur l'avenir de votre camarade.

1. En quelle année vas-tu obtenir (*obtain*) ton diplôme universitaire?
2. En quelle année vas-tu commencer à exercer un métier (une
profession)?

---

*Le Traité de Versailles marque la fin de la Première guerre mondiale (*World War I*).

3. En quelle année vas-tu aller à Paris? à Montréal? en Europe? en Afrique? en Asie?
4. En quelle année tes enfants vont-ils commencer leurs études universitaires?
5. En quelle année vas-tu prendre ta retraite (*retirement*)?

Étude de grammaire

25. PRESENT TENSE OF **DORMIR** AND SIMILAR VERBS; THE VERBS **VENIR** AND **TENIR**

Les joies de la nature

JEAN-PIERRE: Où passez-vous vos vacances?
MICHÈLE: Ça dépend, mais, de toute façon, nous *tenons* à descendre une fois par an en Espagne pour faire du camping.
JEAN-PIERRE: Vous devez beaucoup aimer la nature.
ÉDOUARD: C'est ça. J'aime surtout camper près de la plage. On *sort* chaque soir faire une promenade.
MICHÈLE: C'est formidable. *Viens* avec nous la prochaine fois. On *sent* les odeurs agréables de la mer, on contemple le coucher du soleil, la pleine lune…
JEAN-PIERRE: Vous *dormez* à la belle étoile, alors?
ÉDOUARD: Pas du tout! Il fait trop froid. On *dort* dans la caravane.

Utilisez les verbes du dialogue pour compléter cette version de la conversation.

«Nous _tenons_ à camper en Espagne. On _sort_ chaque soir faire une promenade à la plage.» «Tu dois _venir_ avec nous. On _sent_ les odeurs de la mer et on contemple la nuit.» «_Dormez_-vous à la belle étoile?» «Non. Il fait trop froid. On _dort_ dans la caravane.»

The joys of nature
JEAN-PIERRE: Where do you spend your vacation? MICHÈLE: That depends, but, in any case, we are determined to go down to Spain once a year to go camping. JEAN-PIERRE: You must love nature a lot. ÉDOUARD: That's right. I especially like to camp near the beach. We go out every night to take a walk. MICHÈLE: It's great. Come with us the next time. We smell the nice odors of the sea, we contemplate the sunset, the full moon . . . JEAN-PIERRE: So you sleep in the open air (under the stars)? ÉDOUARD: Not at all. It's too cold. We sleep in the camping trailer.

A. Dormir and verbs like dormir

1. The verbs in the group **dormir** (*to sleep*) have an irregular conjugation.

PRESENT TENSE OF **dormir** (*to sleep*)			
je	dors	*nous*	dormons
tu	dors	*vous*	dormez
il, elle, on	dort	*ils, elles*	dorment

In the singular forms of **dormir,** not only the **-ir** ending but also the preceding consonant disappear from the infinitive; the endings become **-s, -s,** and **-t.** In the plural forms, **-ir** disappears and the endings are regular: **-ons, -ez, -ent.**

Je dors très bien.	*I sleep very well.*
Dormez-vous à la belle étoile?	*Do you sleep in the open air (under the stars)?*
Nous dormons jusqu'à 7 h 30.	*We sleep until 7:30.*

2. Verbs conjugated like **dormir** include:

partir *to leave, to depart*
sentir *to smell, to feel, to sense*

servir *to serve*
sortir *to go out, to take out*

Je pars en vacances.	*I'm leaving on vacation.*
Ce plat **sent** bon (mauvais).	*This dish smells good (bad).*
Nous servons le petit déjeuner à 8 heures.	*We serve breakfast at 8:00.*
A quelle heure allez-vous **sortir** ce soir?	*What time are you going out tonight?*

B. Partir, sortir, and quitter

Partir, sortir, and **quitter** can all mean *to leave,* but each is used differently. **Partir** is either used alone or is followed by a preposition.

Je pars.	*I'm leaving.*
Elle part de (pour) Cannes.	*She's leaving from (for) Cannes.*

Sortir is also used either alone or with a preposition. In this usage, **sortir** implies leaving an enclosed space.

Tu sors?	*You're going out?*
Elle sort de la caravane.	*She's getting out of the camping trailer.*
Sortons de l'eau!	*Let's get out of the water!*

Sortir can also mean that one is going out for the evening, or it can be used to imply that one person is going out with someone else in the sense of seeing him/her regularly.

Tu **sors** ce soir?	*Are you going out tonight?*
Michèle et Édouard **sortent** ensemble.	*Michèle and Édouard are going out together.*

When **sortir** is followed by a direct object, it means *to take out* in the sense of taking something out from an enclosed space.

Elles sortent les vêtements des valises.	*They are taking the clothes out of the suitcases.*
Sortez la clef de votre poche!	*Take the key out of your pocket!*

Quitter, a regular **-er** verb, always requires a direct object, either a place or a person.

Je **quitte Paris.**	*I'm leaving Paris.*
Elle **quitte son ami.**	*She's leaving her friend.*

C. Venir and tenir

1. The verbs **venir** (*to come*) and **tenir** (*to hold*) are irregular in form.

venir (*to come*)				tenir (*to hold*)			
je	viens	*nous*	venons	*je*	tiens	*nous*	tenons
tu	viens	*vous*	venez	*tu*	tiens	*vous*	tenez
il, elle, on	vient	*ils, elles*	viennent	*il, elle, on*	tient	*ils, elles*	tiennent

Nous **venons** de Saint-Malo.	*We come from Saint-Malo.*
Viens voir les clowns!	*Come see the clowns!*
Voici ma sœur. Elle **tient** ses skis à la main.	*Here's my sister. She's holding her skis in her hand.*

Venir de plus an infinitive means *to have just* done something.

Je **viens de nager.**	*I have just come from swimming.*
Mes amis **viennent de téléphoner.**	*My friends have just telephoned.*

Tenir à plus an infinitive means *to be eager* or *determined* to do something.

Nous **tenons** beaucoup **à faire** de la planche à voile.	*We are determined to go windsurfing.*

2. Verbs conjugated like **venir** and **tenir** include:

devenir *to become*   **revenir** *to come back*
obtenir *to get, to obtain*

Ils **reviennent** de vacances.   *They're coming back from*
                                        vacation.

On **devient** expert grâce à   *One becomes expert with (thanks*
l'expérience.   *to) experience.*
Patrick va **obtenir** des   *Patrick is going to obtain some*
renseignements.   *information.*

Maintenant à vous _____

A. Le programme d'une journée de vacances. Faites les substitutions indiquées et les changements nécessaires.

1. *Jean-Marie* part pour faire de la bicyclette. (les étudiants, nous, tu)
2. *Je* sors la caravane à six heures. (vous, Christine et Marie-France, il)
3. *Nous* sentons les fleurs. (je, on, Jean-Marie et Chantal)
4. *Pierre* dort jusqu'à midi. (ils, vous, tu)

B. Bon voyage!

1. *Les Dupont* viennent de Saint-Malo. (nous, Christine, tu, je)
2. En juin *ils* obtiennent un visa. (mon ami Pierre, vous, nous, je)
3. *Ils* tiennent à visiter New York. (nous, vous, François, tu)
4. Après deux semaines (*weeks*) *ils* deviennent très américains. (vous, tu, nous, je)
5. Mais en septembre *ils* reviennent à Saint-Malo. (tu, Marc, vous, elle, nous)

C. En français, s'il vous plaît.

1. My family is leaving on vacation today.   2. My cousins are leaving New York.   3. My sister is leaving for Brittany tomorrow at 9:45.
4. My brother has just bought a windsurfer.   5. He's leaving the house with his friend.   6. "Why are you leaving?"   7. "You're going out with my sister now?"   8. "Let's leave together!"   9. "I can't go out. I have to work."

D. La curiosité. Jean-Jacques pose des questions à son voisin (*neighbor*) Gilles Duchêne. Avec un(e) camarade, jouez les deux rôles.

MODÈLE: *Jean-Jacques:* Vas-tu téléphoner à l'agent de voyage? (aller à l'agence)
              Gilles: Non, je viens d'aller à l'agence.

1. Allons-nous chercher le numéro de téléphone de l'hôtel? (trouver l'adresse)

2. Ton fils, va-t-il réparer ses skis cet après-midi? (acheter de nouveaux skis)
3. Tes filles vont-elles faire du ski à Grenoble? (décider de rester à la maison)
4. Ta grand-mère ne va-t-elle pas avoir froid à la montagne? (acheter un anorak)
5. Ta femme va-t-elle sortir avec nous ce soir? (partir pour Paris)

E. **En vacances en Bretagne.** Complétez les phrases suivantes avec les verbes **venir, revenir, tenir, dormir, sortir** ou **sentir.**

1. Nous _____ tard (*late*) chaque matin.
2. Ma mère _____ de préparer le petit déjeuner; le café _____ très bon.
3. Jeannine et Monique _____ de la maison pour acheter des pâtisseries.
4. Moi, je _____ à apprendre à faire de la planche à voile.
5. Ce soir, nous allons _____ pour dîner à Quimperlé et nous _____ à passer une soirée amusante.
6. Nous allons _____ à l'hôtel à minuit.

F. **Conversation.** Engagez avec un(e) camarade une conversation basée sur les groupes de questions suivantes. Ensuite, faites un commentaire sur les habitudes (*habits*) ou les attitudes de ce(tte) camarade.

Ce n'est pas seulement sur les plages qu'on peut prendre le soleil.

© HELENA KOLDA

1. Pars-tu souvent en voyage? Où vas-tu? Viens-tu d'acheter des vêtements ou d'autres objets nécessaires pour tes vacances? Qu'est-ce que tu viens d'acheter?
2. Pars-tu souvent pendant (*during*) le week-end ou restes-tu à la maison? Sors-tu souvent pendant la semaine? Qu'est-ce que tu portes quand tu sors?
3. Fumes-tu (*Do you smoke*)? Tes amis fument-ils? Est-ce que ton appartement ou ta chambre sent (*smells of*) la fumée? Deviens-tu désagréable si un(e) ami(e) fume chez toi (*at your house*)? Sens-tu une différence si un(e) ami(e) arrête (*stops*) de fumer? Devient-il/elle calme ou nerveux (*-euse*)?
4. Où es-tu maintenant? Qu'est-ce que tu fais? Qu'est-ce que tu viens de faire? Viens-tu de manger ou de boire? Qu'est-ce que tu tiens à faire maintenant?

26. THE *PASSÉ COMPOSÉ* WITH **AVOIR**

A l'hôtel: *La propriétaire répond au client*

LA PROPRIÉTAIRE: Oui, vous avez raison, nous *avons ajouté* une aile. Mon mari *a* beaucoup *travaillé* là-dessus. Nous *avons changé* le décor des autres chambres et notre clientèle *a augmenté.*

LE CLIENT: Et je vois bien que le prix des chambres *a augmenté* aussi.

LA PROPRIÉTAIRE: Ah, vous *avez remarqué?*

LE CLIENT: Partout, c'est la même chose. Le progrès coûte cher!

Complétez cette nouvelle version du dialogue.

« Avez-vous ajouté une aile? » —Oui, nous ＿＿＿ une aile.
« Votre mari a-t-il beaucoup travaillé? » —Oui, il ＿＿＿ beaucoup ＿＿＿.
« Avez-vous fait d'autres changements? » —Oui, nous ＿＿＿ le décor des autres chambres.
« J'espère que le prix des chambres n'a pas augmenté. » —Mais si (*but yes*),* le prix des chambres ＿＿＿.

At the hotel: The owner answers the client
OWNER: Yes, you're right, we added a wing. My husband worked a lot on it. We changed the decor of the other bedrooms and our clientele has increased.   GUEST: And I see that the price of the rooms has increased also.   OWNER: Ah, you noticed?   GUEST: It's the same story (thing) everywhere. Progress is expensive!
*The French use **si** (instead of **oui**) to respond affirmatively to a question or statement with a negative construction.

A. The **passé composé**

In English, a number of different tenses are used to express the past. Here are examples of a few of them.

I *noticed* the hotel in the guidebook.

Did you *notice* it too?

We *have stayed* at this hotel before.

I always *used to stay* here.

There are several past tenses in French also. The **passé composé,** the compound past tense, is the most commonly used to indicate simple past actions. It describes events that began and ended at some point in the past. The **passé composé** of most verbs is formed with the present tense of the auxiliary verb (**le verbe auxiliaire**) **avoir** plus a past participle (**le participe passé**).*

PASSÉ COMPOSÉ OF **voyager** (*to travel*): **avoir** + **voyagé**	
*j'*ai voyagé	*nous* avons voyagé
tu as voyagé	*vous* avez voyagé
il, elle, on a voyagé	*ils, elles* ont voyagé

The **passé composé** has several equivalents in English. For example, **j'ai voyagé** can mean *I traveled, I have traveled,* or *I did travel.*

B. Formation of the past participle

1. To form regular past participles of **-er** and **-ir** verbs, the final **-r** is dropped from the infinitive. For **-er** verbs, an **accent aigu** (´) is added to the final **-e.** For regular past participles of **-re** verbs, the **-re** is dropped and **-u** is added.

acheter → **acheté**	J'ai **acheté** de nouvelles valises.	*I bought some new suitcases.*
choisir → **choisi**	Tu **as choisi** la date de ton départ?	*Have you chosen your departure date?*
perdre → **perdu**	Nous **avons perdu** nos manteaux.	*We lost our overcoats.*

---

*The formation of the **passé composé** of certain verbs with **être** plus the past participle will be treated in Chapter 8.

2. Some verbs have irregular past participles. Here are the irregular past participles of the verbs that you have learned so far that are conjugated with **avoir** in the **passé composé.** Verbs with similar past participles are grouped together.

- Verbs with past participles ending in **-u:**

avoir:	**eu**	pouvoir:	**pu**
boire:	**bu**	recevoir:	**reçu**
devoir:	**dû**	tenir:	**tenu**
obtenir:	**obtenu**	vouloir:	**voulu**
pleuvoir (*to rain*):	**plu**		

Nous avons eu peur. — *We got scared.*
Il a bu deux verres de vin. — *He drank two glasses of wine.*
Elle a dû partir. — *She must have left.*
Nous avons obtenu de bons résultats. — *We got (obtained) good results.*
Il a plu ce jour-là. — *It rained that day.*

- The past participle of <u>prendre</u> is **pris.** Verbs like **prendre** are **apprendre (appris)** and **comprendre (compris).**

Nous avons pris le soleil. — *We sat in the sun (sunbathed).*
Marc a appris à faire du ski. — *Marc learned to ski.*
J'ai compris le guide. — *I understood the guide.*

- The past participle of <u>dormir</u> is **dormi.** Verbs like **dormir** are **sentir (senti), servir (servi), sortir (sorti),** and **partir (parti).** *

J'ai dormi jusqu'à dix heures. — *I slept until 10:00.*
Nous avons senti le café dans la cuisine. — *We smelled the coffee in the kitchen.*

- The past participle of **faire** is **fait.**

Nous avons fait une promenade sur la plage. — *We took a walk on the beach.*

- The past participle of **être** is **été.**

Mes vacances ont été formidables. — *My vacation was wonderful.*

C. Negative and interrogative sentences in the **passé composé**

In negative sentences, **ne... pas** surrounds the auxiliary verb (**avoir**).

---

*The use in the **passé composé** of **partir** (*to leave*) and **sortir** (*to leave, to go out*) will be treated in Chapter 8.

Nous **n'avons pas** voyagé en Suisse.	*We have not traveled to Switzerland.*
Vous **n'avez pas** porté de chandail?	*Didn't you wear a sweater?*

In questions with inversion, only the auxiliary verb and the subject are inverted. In *negative* questions with inversion, **ne... pas** surrounds the inverted auxiliary and subject.

Marie **a-t-elle demandé** le prix de la robe?	*Did Marie ask the price of the dress?*
Pourquoi **n'as-tu pas apporté** notre valise?	*Why didn't you bring our suitcase?*

Maintenant à vous

A. A l'hôtel. Faites les substitutions et les changements nécessaires.

1. Vous allez dans les Alpes? —Oui, *nous* avons trouvé un excellent hôtel. (je, Marc, il, elle)
2. Avez-vous choisi une chambre? —Oui, *j'*ai choisi une chambre. (nos cousins, vous, nous, Michel et Paul)
3. Que cherchez-vous? —*Marie* a perdu la clef. (nous, je, vous, tu)

B. Tourisme. Qu'est-ce qu'ils ont fait pendant les vacances? Faites des phrases complètes au passé composé.

1. Thibaut / faire / bicyclette
2. vous / prendre le soleil / au bord (*edge*) de / mer
3. nous / prendre / beaucoup / photos
4. je / dormir / sous / tente
5. tu / nager / dans / fleuve
6. ils / perdre / clefs
7. Sylvie / camper / dans / forêt
8. Michèle et Vincent / finir par / visiter / Paris

Maintenant, transformez les réponses en phrases interrogatives.

C. Une carte postale de l'été dernier (*last*). Mettez la carte postale de Marie au passé composé.

Chère Claudine,

Je finis mes études de médecine au mois de mai. Puis je quitte Rouen avec Christine et nous voyageons jusqu'à Nice. Nous finissons notre voyage le 2 juin. Nous passons deux semaines à Nice sur la plage et puis nous rendons visite à des amis de Christine à Lyon.

Amitiés,

Marie

D. Jours de pluie. Racontez cette journée pluvieuse (*rainy*) au passé composé. Commencez par **Hier** (*Yesterday*)…

1. Il commence à pleuvoir à neuf heures.   2. Alors, je choisis un bon livre.   3. Paul trouve de vieilles revues.   4. Jean écoute un disque.   5. Thierry et Jean-Claude boivent l'apéritif.   6. Chantal, tu fais la sieste.   7. Nous sommes surpris par le tonnerre (*thunder*).   8. Nous finissons par rendre visite à nos voisins.

E. A Aix-en-Provence. Thierry donne des conseils à ses cousins Chantal et Jean-Claude… mais trop tard. Avec deux camarades, jouez les rôles selon le modèle.

MODÈLE: visiter Aix-en-Provence →
    Thierry: Visitez Aix-en-Provence.
    Chantal ou Jean-Claude: Nous avons déjà (*already*) visité Aix-en-Provence.

1. faire une promenade dans la vieille ville   2. prendre une photo de l'amphithéâtre romain   3. contempler la vieille fontaine   4. étudier les inscriptions romaines   5. apprendre l'histoire de France   6. acheter des cartes postales   7. envoyer une description de la ville à vos parents

F. Une journée au bord de la mer. Changez cette histoire du présent au passé composé.

Paul décide d'aller à la plage. D'abord (*First*), il emporte de l'huile solaire. Puis, il achète un slip de bain. Ensuite, il prend l'autobus. A la plage, il fait du ski nautique et il joue au volley. Après, il boit de l'eau minérale. Mais soudain (*suddenly*), il commence à pleuvoir. Donc (*Therefore*), il doit quitter la plage. Il prend un taxi pour retourner à l'hôtel.

G. Interview. Posez des questions à un(e) camarade sur ses activités du week-end passé. Voici des suggestions:

Le matin	L'après-midi	Le soir
dormir tard	pique-niquer	étudier une leçon
faire du sport	faire de la	finir une
regarder la	bicyclette	dissertation
télévision	nager	regarder un film
boire du café	faire du bateau	danser
prendre un petit	skier	dîner dans un
déjeuner copieux	travailler	grand restaurant
(*large*)	rendre visite à des	inviter des amis
?	amis	?
	jouer aux cartes	
	?	

Rencontre culturelle

Here are some phrases to use when looking for a hotel room in France.

Avez-vous une chambre pour deux personnes? une chambre à deux lits?

Oui, Mademoiselle (Monsieur, Madame). Pouvez-vous remplir cette fiche (*fill out this form*)?

Quel est le prix de la chambre?

Elle fait quatre-vingts francs la nuit (*per night*).

Est-ce que le petit déjeuner est compris?*

Oui, il est compris.

Est-ce qu'il y a une salle de bains dans la chambre?

Il y a un lavabo. Les toilettes (*toilet*) et la douche (*shower*) sont dans le couloir.

Acceptez-vous les cartes de crédit ou les chèques de voyage?

Nous préférons du liquide (*cash*), mais ça va.

A quelle heure doit-on quitter la chambre?

A dix heures.

Quand vous sortez de votre chambre, n'oubliez pas de laisser votre clef à la réception (*front desk*), s'il vous plaît!

La pêche est un sport idéal pour la détente et le repos.

© FRÉDÉRIC PITCHAL/VDN PICTURE LIBRARY

---

*Breakfast (coffee, tea, or hot chocolate with croissants or bread and butter) is included in the price of the room at many French hotels.

27. TIME EXPRESSIONS

Question d'entraînement

© PETER MENZEL/
STOCK, BOSTON

MONIQUE: *Depuis quand* participes-tu à des compétitions?

FRANÇOISE: *Depuis* l'été 1985. Et toi, *depuis combien de temps* fais-tu de la planche à voile?

MONIQUE: *Depuis* quinze jours seulement! *Voilà* cinq ans que je fais de la voile, j'ai aussi fait du surf *pendant* quelques mois et j'ai acheté ma planche à voile *il y a* trois semaines. C'est dur, mais c'est formidable!

FRANÇOISE: C'est vrai. *Depuis que* je fais de la planche à voile, je passe mes vacances à la mer.

MONIQUE: *Hier* j'ai même pu rester sur la planche *pendant* quatre minutes.

1. Depuis quand Françoise participe-t-elle à des compétitions?
2. Depuis combien de temps Monique fait-elle de la planche à voile?
3. Depuis combien de temps fait-elle de la voile?
4. Pendant combien de temps Monique a-t-elle fait du surf?
5. Quand Monique a-t-elle acheté une planche à voile?
6. Depuis quand Françoise passe-t-elle ses vacances à la mer?
7. Pendant combien de temps a-t-elle pu rester sur sa planche hier?

A. Time expressions with the present tense

1. **depuis quand... ? depuis combien de temps... ?**   These expressions are used with a verb in the present tense to ask how long something has been going on—how long an action that began in the past has continued into the present. Note that English uses a present perfect progressive tense.

Depuis quand est-elle ici?	*How long has she been here?*
Depuis combien de temps jouez-vous aux cartes?	*How long have you been playing cards?*

A question of training

MONIQUE: How long have you been entering contests?   FRANÇOISE: Since the summer of 1985. And you, how long have you been windsurfing?   MONIQUE: Only a couple of weeks. I've been sailing for five years, I surfed for a few months, and I bought my windsurfer three weeks ago. It's hard, but it's wonderful!   FRANÇOISE: That's true. Ever since I've been windsurfing, I spend my vacation on the coast.   MONIQUE: Yesterday I even managed (I was even able) to stay on the board for four minutes!

Questions with these expressions are answered in the present tense with **depuis** + *a period of time.*

Elle **est** ici **depuis vingt minutes.**	*She's been here for twenty minutes.*
Je **joue** aux cartes **depuis deux ans.**	*I've been playing cards for two years.*

2. **depuis** + *specific point in time*   When **depuis** is used with a specific point in time, rather than with a period or quantity of time, it means *since.*

J'apprends le français **depuis le mois de septembre.**	*I've been learning French since the month of September.*
Nous téléphonons à l'hôtel **depuis vendredi.**	*We've been telephoning the hotel since Friday.*
Ils font de la bicyclette **depuis 1982.**	*They've been bicycling since 1982.*

3. **il y a... que, voilà... que**   When used with the present tense, these expressions have the same meaning as **depuis.** Note the different word orders.

Il y a deux ans **que** je fais du ski.	
Voilà deux ans **que** je fais du ski.	*I've been skiing for two years.*
Je fais du ski **depuis** deux ans.	

B. Time expressions with a past tense

1. **il y a...**   When **il y a** is followed by a period of time, it means *ago.*

J'ai étudié cette leçon **il y a une semaine.**	*I studied this lesson a week ago.*
Nous avons passé nos vacances en Bretagne **il y a** deux ans.	*We spent our vacation in Brittany two years ago.*

2. The adjectives **passé(e)** and **dernier (dernière)** are synonymous. They mean *last* and can modify **la semaine** (*week*), **l'an, l'année** (*year*), and the seasons of the year.

J'ai commencé à apprendre à skier **la semaine passée (dernière).**	*I started to learn how to ski last week.*
Avez-vous fait un voyage en Espagne **l'année passée (dernière)?**	*Did you make a trip to Spain last year?*
Il a fait très beau **l'été passé (dernier).**	*The weather was very nice last summer.*

Note that in choosing between **l'an** and **l'année,** the former is used after a cardinal number and the latter is used in reference to a specific year. However, **l'an dernier** (or **l'an passé**) is acceptable.

J'ai appris à faire de la voile il y a **deux ans.**	*I learned how to sail two years ago.*
L'année 1982 a été une excellente **année** pour le beaujolais.	*The year 1982 was an excellent year for Beaujolais.*
Nous avons passé les vacances en Suisse **l'an dernier** (**l'année dernière**).	*We spent our vacation in Switzerland last year.*

3. **Hier** (*yesterday*) can either stand alone or modify **matin** (*morning*), **après-midi** (*afternoon*), or **soir** (*evening/night*). **Avant-hier** means *the day before yesterday.*

Avez-vous joué au frisbee **hier**?	*Did you play frisbee yesterday?*
Thierry a acheté un sac de couchage **hier après-midi.**	*Thierry bought a sleeping bag yesterday afternoon.*
Tu as dû parler avec Jacques **hier soir.**	*You must have spoken with Jacques last night.*

Deux marcheurs abordent un terrain volcanique de la région de Saint-Martin-Vésubie, une base d'alpinisme située dans les Alpes-Maritimes.

© ROGERS/MONKMEYER

C. **(Pendant) combien de temps...** + *present or past tense*

This expression asks either about the duration of an habitual or repeated action in the present or about the duration of an action or situation that began and ended in the past. The French often omit the word **pendant** from this construction.

(Pendant) combien de temps dormez-vous en cours chaque jour?	*How long do you sleep in class each day?*
Je dors **(pendant)** une minute en cours.	*I sleep for one minute in class.*
(Pendant) combien de temps ont-ils visité Paris?	*How long did they visit Paris?*
Ils ont visité Paris **pendant** les vacances.	*They visited Paris during vacation.*

Note that in the answers to the preceding questions, **pendant** is followed either by a period of time or by a noun that implies a period of time. If it is followed by the latter, it cannot be omitted.

Maintenant à vous

A. Les vacances. Transformez les phrases selon le modèle.

MODÈLE: Il y a trois ans que je passe mes vacances en Espagne. (depuis)
Je passe mes vacances en Espagne depuis trois ans.

1. Nous allons à la montagne en hiver depuis dix ans. (voilà... que)
2. Il y a trois semaines que j'apprends à nager. (depuis)
3. Nous essayons de téléphoner à l'hôtel depuis huit jours. (voilà... que)
4. Voilà deux semaines que tu fais de la bicyclette. (depuis)
5. Il pleut depuis une éternité! (il y a... que)

B. Activités. Dominique a beaucoup de distractions. Vous allez demander depuis quand ou depuis combien de temps elle a ces distractions. Avec un(e) camarade, jouez les deux rôles.

MODÈLE: J'ai besoin de réparer ma bicyclette. (trois ans)
Dominique: J'ai besoin de réparer ma bicyclette.
Vous: Depuis combien de temps fais-tu de la bicyclette?
Dominique: Je fais de la bicyclette depuis trois ans.

1. Je préfère les sports difficiles, comme (*like*) la planche à voile. (l'été passé)
2. Je vais participer à une compétition de tennis ce week-end. (1983)
3. Mon frère et moi, nous allons skier à Grenoble cet hiver. (cinq ans)

4. Hier, j'ai acheté un anorak, une tente et un sac de couchage au magasin de sport. (l'année passée)
5. Je vais jouer du piano au concert vendredi soir. (dix ans)

C. **En vacances.** Regardez le calendrier du mois d'août 1985 et répondez aux questions suivantes.

Le mois d'août 1985

lundi	mardi	mercredi	jeudi	vendredi	samedi	dimanche
			1 (Denise fait Planche à voile à Marseille.)	2 de la	3	4
5 (Denise fait (Nicolas	6 du bateau sur et Oliver font	7 le Rhône. du camping	8 dans le nord	9) de la France.	10)	11
12	13	14	15 (Pauline fait	16 de la bicyclette	17 sur les routes	18 de Bretagne.)
19 (Alain et (Nathalie et	20 Cécile font de Patricia nagent	21 l'alpinisme d et prennent le	22 ans les Pyrénées.) soleil sur les	23) plages d'Espagne.	24	25)
26	27	28	(29)	30		

windsurfing

1. Pendant combien de temps Denise a-t-elle fait de la planche à voile à Marseille?   2. Pendant combien de temps Nicolas et Olivier ont-ils fait du camping dans le nord de la France?   3. Pendant combien de temps Denise a-t-elle fait du bateau sur le Rhône?   4. Pendant combien de temps Pauline a-t-elle fait de la bicyclette sur les routes de Bretagne?   5. Pendant combien de temps Nathalie et Patricia ont-elles nagé et pris le soleil sur les plages d'Espagne?   6. Pendant combien de temps Alain et Cécile ont-ils fait de l'alpinisme dans les Pyrénées?

D. **C'est une erreur!** Regardez encore le calendrier du mois d'août 1985. Imaginez que nous sommes aujourd'hui le 29 août. Lisez (*Read*) les dates et les phrases suivantes, puis corrigez les phrases inexactes selon le modèle.

1.8.85	Denise achète une planche à voile.
8.8.85	Nicolas et Olivier passent la nuit dans la forêt des Ardennes.
15.8.85	Alain et Cécile quittent leurs amis à Toulouse.
19.8.85	Pauline vend sa bicyclette.
26.8.85	Nathalie et Patricia visitent Barcelone.

27.8.85   Denise vend sa planche à voile.

28.8.85   Nicolas et Olivier vendent leur tente.

MODÈLE: Denise a acheté une planche à voile il y a deux semaines. →
Vous: Non, elle a acheté une planche à voile il y a quatre semaines.

1. Denise a vendu sa planche à voile le week-end passé.   2. Alain et Cécile ont quitté leurs amis à Toulouse la semaine passée.   3. Nathalie et Patricia ont visité Barcelone avant-hier.   4. Nicolas et Olivier ont passé la nuit dans la forêt des Ardennes il y a deux semaines.   5. Ce matin, Nicolas et Olivier ont vendu leur tente.   6. Pauline a vendu sa bicyclette il y a six jours.

E. **Encore une fois.** Regardez une dernière fois le calendrier du mois d'août et les dates de l'exercice précédent. Imaginez maintenant que nous sommes aujourd'hui *le 22 août.* Répondez aux questions suivantes sans mentionner de date, selon le modèle.

MODÈLE: Quand Denise a-t-elle acheté une planche à voile? →
Elle a acheté une planche à voile il y a trois semaines.

1. Quand Nicolas et Olivier ont-ils passé la nuit dans la forêt des Ardennes?   2. Quand Alain et Cécile ont-ils quitté leurs amis à Toulouse?   3. Quand Pauline a-t-elle vendu sa bicyclette?   4. Depuis combien de temps Alain et Cécile sont-ils dans les Pyrénées?
5. Depuis combien de temps Nathalie et Patricia sont-elles en Espagne?

F. **Des vacances de rêve** (*A dream vacation*). Avec un(e) camarade, préparez un calendrier du mois de juillet passé. Utilisez le vocabulaire du chapitre, inventez des vacances de rêve pour vous et pour votre camarade et marquez les dates appropriées. Imaginez que vous êtes aujourd'hui le premier août. Expliquez aux autres vos activités en utilisant (*using*) des expressions comme **le week-end passé, pendant... , il y a... ,** etc.

Le français par les gestes: J'ai eu chaud!

A sudden shock or scare often causes a person to feel very hot and to perspire. "That was a close call," we might say. The French express the same idea with a gesture: that of wiping imaginary sweat from the forehead.

28. THE VERBS VOIR AND CROIRE

Promenade en bateau

GISÈLE: Tu ne prends pas de chandail!
RAOUL: Je ne *vois* pas pourquoi. Il fait si beau.
GISÈLE: Tu as *vu* ce brouillard arriver hier après-midi? Et d'après Monsieur Météo, à la télé…
RAOUL: Bon, d'accord. Je *crois* Monsieur Météo. Mais n'oublie pas ta boussole. S'il y a du brouillard…

Trouvez dans le dialogue les synonymes des expressions suivantes:

1. Je ne comprends pas pourquoi.
2. Je fais confiance à Monsieur Météo.

The verbs **voir** (*to see*) and **croire** (*to believe*) are irregular in form.

voir (*to see*)			croire (*to believe*)		
je vois	*nous*	voyons	*je* crois	*nous*	croyons
tu vois	*vous*	voyez	*tu* crois	*vous*	croyez
il, elle, on voit	*ils, elles*	voient	*il, elle, on* croit	*ils, elles*	croient
Past participle: vu			*Past participle:* cru		

Nous **voyons** souvent nos amis.
We often see our friends.

Nous allons **voir** nos cousins à Lyon.
We are going to see (visit) our cousins in Lyon.

J'**ai vu** Michèle à la plage la semaine passée.
I saw Michèle at the beach last week.

Est-ce que tu **crois** cette histoire?
Do you believe this story?

Revoir (*to see again*) is conjugated like **voir**.

Je **revois** les Moreau au mois d'août.
I'm seeing the Moreaus again in August.

Boating excursion
GISÈLE: You're not taking a sweater!   RAOUL: I don't see why. The weather is so nice.
GISÈLE: Did you see that fog come in yesterday afternoon? And according to Mr. Weather-report, on TV, . . .   RAOUL: Okay, fine, I believe Mr. Weather-report. But don't forget your compass. If it's foggy (if there is some fog) . . .

Croire à* means *to believe in* a concept or idea.

Nous **croyons** à la chance.   *We believe in luck.*

Maintenant à vous

A. Alpinisme dans le brouillard. Changez les phrases du singulier au pluriel ou vice versa.

1. Tu vois cette montagne?   2. Je ne vois pas de montagne.   3. Vous faites confiance à la carte (*map*)?   4. Non, nous croyons le guide. 5. Le guide ne voit pas de problèmes.   6. Non, il croit à la chance. 7. Tu as vu le guide?   8. J'ai vu le guide il y a une heure.   9. Je crois qu'on est perdu.

B. Conversation. Avec un(e) camarade, parlez d'un voyage qu'il/elle a fait récemment. Qu'est-ce qu'il/elle a vu? Qui a-t-il/elle vu? Qu'est-ce qu'il/elle veut revoir? Qui veut-il/elle revoir? Ensuite, racontez à la classe l'expérience la plus intéressante (*most interesting*) de votre camarade.

C. Interview. Interrogez un(e) camarade sur ses croyances. Est-ce qu'il/elle croit à la science? à la médecine? à la chance? à l'amour? au progrès? à la technologie? à la perception extra-sensorielle? à ___?__… Après l'interview, essayez de définir la personnalité de votre camarade d'après ses réponses. Est-ce qu'il/elle est sceptique? idéaliste? religieux (-ieuse)? réaliste? sentimental(e)? superstitieux (-ieuse)?

Étude de prononciation

The sounds [y] and [ɥ]

The sound [y] is represented in spelling by the letter **u.** Although it has no equivalent sound in English, it is pronounced somewhat like *ee* but with lips rounded as if to say *oo:* **une, russe, rue, bureau, musique, aventure.**

The sound [ɥ] also has no English equivalent. It is a short [y] sound, immediately followed by another vowel sound within the same syllable. Since [ɥ] does not constitute an entire syllable, it is called a semi-vowel. [ɥ] is represented in spelling by the letter **u** followed by a vowel sound: **huit, lui, aujourd'hui, nuit.**

A. Mots. Prononcez avec le professeur.

huile   fruit   cuisine   cuillère   saluer   annuaire   habitué
intellectuel   actualité   individualiste

---

*An exception is the expression **croire en Dieu,** *to believe in God.*

B. Phrases. Prononcez avec le professeur.

1. Une étudiante intellectuelle réussit à étudier jusqu'à minuit.
2. Hughes discute d'une revue utile sur la musique. 3. Julie cuisine une laitue et des crudités à l'huile. 4. Marius et Bruno saluent une habituée russe à Bruges.

Situation

UNE NUIT A L'AUBERGE DE JEUNESSE*

Contexte Sean fait un voyage en France depuis deux mois et il dort chaque nuit dans une auberge de jeunesse. L'avantage? Les auberges sont souvent situées près d'une gare,° elles ne coûtent pas cher et l'ambiance° est très sympathique. Ici, Sean arrive à l'Auberge de Jeunesse de Caen, en Normandie.

— *youth hostel*

train station / atmosphere

Objectif Sean réserve une place à l'auberge.

Dialogue

SEAN:	Bonjour, madame, est-ce que vous avez encore de la place° pour cette nuit?
LA DAME:	Oui, il y a de la place dans le petit dortoir.°
SEAN:	Ça fait combien, pour une nuit?
LA DAME:	C'est 19 francs la nuit. Vous avez besoin de draps°?
SEAN:	Non, j'ai mon sac de couchage.
LA DAME:	Nous ne servons pas de repas chaud, mais il y a une petite cuisine au rez-de-chaussée.°
SEAN:	Et bien, c'est d'accord. Voici 19 francs.
LA DAME:	Non, attendez, il y a 50 francs d'inscription,° 19 francs pour la nuit et 8 francs pour les draps.
SEAN:	Oui, mais je n'ai pas besoin de draps et j'ai une carte° de l'American Youth Hostels...
LA DAME:	Dans ce cas,° ça fait seulement° 19 francs. Faites bien attention: l'auberge ferme° à 22 heures. Ne rentrez° pas trop tard!

room (space)

sleeping quarters (dormitory)

sheets

ground floor

cinquante — *enrollment, membership*

(membership) card

case / only

closes / return

*l'auberge... the youth hostel

Variations

1. Rejouez le dialogue avec l'une des variations suivantes:

   - vous n'avez pas de sac de couchage
   - vous n'avez pas de carte de l'American Youth Hostels
   - il y a une cuisine pour les repas

2. Improvisez! Imaginez que vous réservez un emplacement (*space*) pour votre tente dans un terrain de camping (*campground*). Vous parlez au téléphone avec le gardien (*caretaker*), joué par un(e) camarade de classe. Votre dialogue est basé (*based*) sur la description suivante.

	Nombre d'emplacements	Tarif par personne	Réservation	Douches chaudes	Rivière ou lac	Téléphone	Pêche	Sports nautiques	Tennis	Dates d'ouverture
Dijon Camping du Lac 2, boulevard Kir tél. (80) 43.54.72	250	4,50	Oui	Non	Oui	Oui	Non	Oui	Non	1. IV au 15. XI

Commentaire culturel

If you go to France in summer, you will witness an amazing French custom: **les vacances.** Most French people get a minimum of five weeks paid vacation (**congé payé**), and 60 percent of the French take their vacation in August. For this reason, more than half of all French businesses shut down during that month, and there are terrible traffic jams on the highways. It has been said that the **congé** is to the French what **Carnaval** is to the Brazilians: a social phenomenon that contains an element of revolution, a breakdown in the rhythm of society that results in a kind of mass shutdown.

Some people stay at home during their vacation weeks, but they are a minority. Most go away to resorts, take organized tours, go camping, or stay in **villages de vacances** (*vacation towns*) or at a **pension de famille** (an inexpensive hotel with child-care facilities). Hotels are packed.

If *you* need a hotel in France, you might go to a local **syndicat d'initiative,** where you'll find information on hotels, free maps, and lists of places of interest. Or you might purchase the **Guide Michelin,** which provides a reliable rating of hotels and restaurants. In two short lines per entry, the symbols in the **Guide Michelin** tell you everything you need to know about prices, facilities, whether there are views, beaches, tennis courts, and so on.

For young people, of course, the whole summer is sometimes vacation time. Children may go to a government-sponsored **colonie de vacances** (*summer camp*) for a month or more, and young adults may travel the whole summer, camping or staying in **auberges de jeunesse.** Staying in a hostel is an excellent way to meet people of various ages and nationalities. Hostels are inexpensive because they are subsidized by the government, but they are usually spartan, and everyone is expected to do some sort of chore each day to help with upkeep. To obtain a list of hostels, write to the **Fédération Unie des Auberges de Jeunesse, 6, rue Mesnil, 75116 Paris (tél. 261-84-03).** For names of other places where young people can stay—with families or in summer camps where you can work for room and board—write to the **Centre d'information et de documentation pour la jeunesse (CIDJ), 101, quai de Branly, 75740 Paris.**

Mise au point

A. Vacances d'été. Formez des phrases complètes selon les indications.

MARC: où / passer / tu / vacances d'été? (*passé composé*)
PAULE: je / voyage / à la Guadeloupe avec mes parents (*passé composé*)
nous / camper / et / prendre le soleil (*passé composé*)
MARC: nager / vous / beaucoup? (*passé composé*)
PAULE: oui, il y a / plages magnifiques / et / ambiance / sympathique (*présent*)/ la Guadeloupe / être / vraiment / beau (*présent*)
MARC: manger / vous / bien? (*passé composé*)
PAULE: oui, / nous / manger / petit / restaurants / et nous / essayer / plats exotiques (*passé composé*)

B. Vacances d'hiver. Sylvie parle de ses vacances. Racontez son histoire au passé composé. Commencez par: *une semaine en février...*

_____, je finis mes cours vendredi après-midi et je quitte le campus avec Joël, Véronique et Jean-Louis. A six heures, nous prenons le train. Nous choisissons la montagne. Je fais du ski et Joël, Véronique et Jean-Louis apprennent à faire du ski. Nous louons trois petites chambres avec une belle vue sur le lac. On sert de très bons repas et nous dormons bien chaque nuit. Quelles vacances magnifiques!

C. En français, s'il vous plaît.
CORINNE: Two days ago, I met Bob, an American. I'm going out with him (**avec lui**) this evening.
SYLVIE: Oh, how long has he been in Paris?
CORINNE: Three days, but he's been traveling in France for four weeks.
SYLVIE: You know (**Tu sais**), I lived in Chicago for a year.
CORINNE: How long did you spend in the United States in all (**en tout**)?

SYLVIE: Two years. I left the United States in 1985. I would like (**J'aimerais**) to meet a young American.

CORINNE: I'm going to ask Bob if he has a friend.

SYLVIE: Thank you, Corinne.

D. Un choix difficile. Regardez cette image d'une famille prête à partir en vacances. Qu'est-ce que chacun (*each one*) porte? Qu'est-ce qu'il y a dans leurs valises? Où est-ce que chacun désire aller en vacances?

E. Vos vacances. Interviewez un(e) camarade sur ses vacances les plus (*the most*) intéressantes. Posez les questions suivantes et encore d'autres de votre invention.

1. Où as-tu passé les vacances les plus intéressantes?   2. Combien de temps as-tu passé à cet endroit?   3. Où as-tu logé?   4. Qu'est-ce que tu as fait pendant la journée?   5. Quel temps a-t-il fait?   6. Qu'est-ce que tu as acheté?   7. As-tu envie de retourner au même endroit l'année prochaine (*next*)?

F. Évolution. Parlez de vos activités passées et présentes. Complétez les phrases et posez la question.

1. J'étudie le français depuis..., et toi?
2. Je joue à/de... depuis..., et toi?
3. Il y a... ans que j'habite à..., et toi?
4. Il y a... ans que je fais..., et toi?
5. J'ai fait... il y a 10 ans, et toi?
6. J'ai visité... en 1981, et toi?
7. J'ai acheté... la semaine passée, et toi?
8. J'ai pris... en 1984, et toi?
9. J'ai passé mes vacances à... l'été passé, et toi?

Vocabulaire

Verbes

camper *to camp*
croire *to believe*
  croire à *to believe in*
devenir *to become*
dormir *to sleep*
fermer *to close*
nager *to swim*
obtenir *to obtain, get*
oublier *to forget*
partir (à) (de) *to leave (for)*
  (from)
quitter *to leave (someone or*
  someplace)
revenir *to return (someplace)*
revoir *to see again*
sentir *to feel; to sense; to smell*
servir *to serve*
sortir *to leave, go out; to take*
  out
tenir *to hold*
  tenir à + inf. *to be eager; to*
  be determined to (do
  something)
venir *to come*
  venir de + inf. *to have just*
  (done something)
voir *to see*

Substantifs

l'alpinisme
  (m.) mountaineering

l'an (*m.*) *year*
l'année (*f.*) *year*
le bateau (à voile) *(sail)boat*
la bicyclette *bicycle*
la campagne *country(side)*
le camping *camping*
la chose *thing*
le fleuve *(large) river*
la forêt *forest*
le lac *lake*
la mer *sea, ocean*
le mois *month*
la montagne *mountain*
la nuit *night*
le parapluie *umbrella*
la plage *beach*
la planche à voile *windsurfer*
la route *road*
la semaine *week*
le (la) voisin(e) *neighbor*

Les vêtements et l'équipement sportifs

l'anorak (*m.*) *(ski) jacket*
le gant (de ski) *(ski) glove*
les lunettes (*f.*) *glasses*
  ... de ski *goggles*
  ... de soleil *sunglasses*
le maillot de bain *swimsuit*
  (woman's)
le sac à dos *knapsack,*
  backpack

le sac de couchage *sleeping*
  bag
le short *shorts*
le ski *ski*
le slip de bain *swimsuit*
  (man's)
les tennis (*m.*) *tennis shoes*
la tente *tent*

Expressions temporelles

avant-hier *the day before*
  yesterday
depuis *since*
depuis combien de
  temps...? *for how long*
  . . . ?
depuis quand...? *for how long*
  . . . ? since when . . . ?
dernier, dernière *last*
hier *yesterday*
il y a... *ago*
il y a... que... (voilà...
  que...) *for (period of*
  time)
passé(e) *last*
pendant *during*

Mots divers

aussi *also*
comme *like*
seulement *only*
tard *late*

Intermède 7

VACANCES-ANTIDOTES

Avant de lire An awareness of patterns of spelling variations will help you recognize more cognates and guess the meaning of new words. Read the following hints and guess the meanings of the words you have not yet learned.

English words with the prefix **dis-** are often related in meaning to similar French words with the prefix **dé-** or **dés-**.

> décourager   désagréable   désordre   désastreux (-euse)

French words beginning with **es-** or **é-** often correspond to English words spelled with an initial **s-**.

> espace   estomac   état   étrange   étudier

The circumflex accent in French frequently corresponds to an **s** that has not disappeared from the English cognate.

> honnête   hôpital   île   tempête

The French prefix **a-** before **j** or **v** often corresponds to the English prefix **ad-**.

> ajuster   avancer   avantage

Many English nouns ending in **-or** or **-er** correspond to the masculine noun-ending in French of **-eur**.

> campeur   carburateur   collaborateur   professeur   réacteur

English adjectives with the ending **-ive** often have French analogues ending in **-if** in the masculine, **-ive** in the feminine.

> attentif   destructif   progressif

Watch out for the cognates that exhibit these spelling variations in "Vacances-antidotes."

*L*ES VACANCES PASSÉES à bronzer° sur la plage, à faire la sieste dans un hamac ou à faire de longues promenades tranquilles dans la forêt, c'est fini. L'été, les nouveaux vacanciers français cherchent l'antidote à la vie qu'ils mènent° le reste de l'année. Quelles sont ces vacances-remèdes contre les maux° de civilisation?

    Il y a d'abord l'antidote à la vie de bureau: les engins° motorisés, pour le vacancier sportif. Ce sont souvent des gadgets sophistiqués venus d'Amérique qui permettent de jouer au poisson° dans l'eau ou de voler° comme un aigle. Vous pouvez fendre les vagues° avec une moto des mers (un wetbike), ou surfer avec un catamaran de poche (un Hobie-Cat), sauter par-dessus° les vagues avec un Funboard, petite sœur de la planche à voile, ou avec une planche à moteur (un surfjet) quand il n'y a pas de vagues. Vous pouvez aussi voler, si vous avez plus de seize° ans, dans un deltaplane motorisé, l'ULM (Ultra-léger° motorisé). Ces sports un peu fous° sortent de l'ordinaire; on retrouve° avec eux° un contact rafraîchissant avec les éléments, le plaisir de maîtriser un sport nouveau, et peut-être de gagner° une compétition.

    L'anonymat de la vie moderne est un autre mal de la civilisation. Son antidote? Le stage° intensif qui permet de créer une nouvelle identité, de découvrir un talent inconnu,° un «moi»° oublié. Soyez chercheur d'or° en Ariège,* aquarelliste° en Aquitaine,† ou clown en Provence. L'immersion totale dans un monde étrange, le plaisir de développer ses possibilités et de vivre° pour un temps une autre vie, voilà une expérience inoubliable° qui va peut-être changer votre vie.

    Et puis toujours, le voyage reste un antidote à la routine de tous les jours. Les voyages sont souvent considérés aujourd'hui par les Français comme une aventure très personnelle: on refuse les tours organisés et on passe de spectateur à acteur. Une famille africaine sera° votre hôte ou vous échangerez° votre maison avec une famille indienne ou australienne. Les échangistes ont le virus de l'aventure culturelle. Avec sa maison, on échange sa culture, son mode de vie. On correspond, on découvre de nouvelles façons° de vivre, on fait de nouvelles connaissances. L'essentiel, c'est la qualité des contacts. Vivre dans une famille, c'est vivre un autre tourisme, loin de l'hôtel, près de la véritable hospitalité.

    Avez-vous besoin, vous aussi, de vacances-antidotes?

---

*Region in the French Pyrenees.

†Province in southwestern France.

---

devenir bronzé(e) sous le soleil

lead

le pluriel de **mal** (*evil*)

devices

jouer... imaginer qu'on est poisson / *fly*

fendre... *cut through the waves*

sauter... *jump* (*over*)

plus... 17, 18, 19, etc.

ultralight / bizarres

on... découvre / ces sports

triompher dans

période d'études

unknown / *self* / chercheur... *prospector*

watercolorist

live / *unforgettable*

va être

allez échanger

ways

Compréhension

A. Read the passage once again, underlining the sentences that describe or identify **les maux de la civilisation.** Which types of vacation are considered antidotes or remedies for each of them?

B. Identifiez l'expression qui n'exprime pas le sens (*sense, meaning*) de la lecture.
1. Pour le vacancier qui aime les sports, il y a…
   a. de nouvelles machines extraordinaires
   b. des gadgets motorisés américains
   c. de longues promenades tranquilles dans la forêt
2. On cherche une expérience vacancière…
   a. rafraîchissante
   b. tranquillisante
   c. exotique
3. On n'aime plus les vacances organisées parce que…
   a. elles sont trop chères
   b. on préfère les échanges culturels
   c. on désire une expérience moins (*less*) passive

Expression écrite

A. Les Américains et les vacances. Complétez le paragraphe suivant pour décrire les vacances aux États-Unis.

Les évasions préférées des Américains sont _____. Les Américains aiment/n'aiment pas les vacances organisées parce que _____. Ils préfèrent aller _____ et ils partent en vacances quand _____. J'aime/Je n'aime pas les vacances parce qu'(e) _____. Je prends mes vacances quand _____.

B. Des vacances désastreuses. Nous avons beaucoup parlé de vacances idéales. Maintenant pour vous amuser, racontez des vacances horribles.

Exemples: L'été passé, j'ai passé trois semaines chez ma grand-tante…
Pendant mes vacances de Noël, j'ai travaillé dans le bureau de ma mère…

A PROPOS

Comment demander de l'aide dans un hôtel

Pardon, mais les toilettes (*the toilet*) / l'ascenseur (*elevator*) / la douche ne marche(nt) pas (*doesn't/don't work*).

Excusez-moi, où est la douche? où sont les toilettes? Avez-vous un oreiller (*pillow*), s'il vous plaît?

Je voudrais (*would like*) téléphoner à l'extérieur (*make an outside call*). Le numéro est...

Excusez-moi, mais il y a une erreur dans la note (*bill*).

Interaction. Vous avez une chambre d'hôtel, mais vous n'aimez pas le traversin (*bolster, long pillow*), vous ne pouvez pas trouver la douche, les toilettes ne marchent pas, l'ascenseur ne marche pas et vous avez envie de téléphoner à un(e) ami(e). Téléphonez au (à la) propriétaire et expliquez vos problèmes. Voici des expressions utiles pour le/la camarade qui joue le rôle du (de la) propriétaire.

...au fond du couloir (*at the end of the hallway*)
...réparer (*to repair*)
...prendre l'escalier (*staircase*)
Que voulez-vous? (*What do you expect?*)
Ne coupez pas! (*Don't hang up!*)
Je suis navré(e) (*very sorry*).

CHAPITRE HUIT

Voyages et transports

© HELENA KOLDA

La Gare de Lyon à Paris dessert le sud-est de la France.

OBJECTIFS In this chapter, you will learn vocabulary related to travel and transportation, the names of a number of foreign countries, and the prepositions you need to use when speaking of countries, cities, or states. You will learn to find your way around an airport or a train station in a French-speaking country, and you will be able to talk about your own travel experiences by using the **passé composé** of a group of verbs conjugated with **être**, such as **partir** (*to leave*), **aller** (*to go*), and **retourner** (*to return*). You will also learn affirmative and negative adverbs and pronouns.

245

Étude de vocabulaire

Visitez le monde en avion

A. **A votre service.** De quelle nationalité est le personnel des compagnies aériennes suivantes?

1. une hôtesse de l'air d'Air France   2. un steward de British Airways   3. un pilote de Pan American   4. un steward d'Air Canada   5. une hôtesse de l'air d'Ibéria   6. un pilote d'Aéroflot

B. **Vols internationaux.** Quels sont les pays de départ et d'arrivée des vols suivants?

MODÈLE: Rabat–Paris → C'est un vol entre le Maroc et la France.

1. Pékin–New York
2. Alger–Moscou
3. Rio–Ottawa
4. Chicago–Paris
5. Mexico–Tokyo
6. Montréal–Acapulco

C. **A l'aéroport.** De quels pays arrivent les vols suivants?

MODÈLE: vol n⁰ 93 / Rabat → Le vol numéro quatre-vingt-treize arrive du† Maroc.

1. vol n⁰ 81 / Moscou
2. vol n⁰ 31 / Brasilia
3. vol n⁰ 88 / Pékin
4. vol n⁰ 61 / Tokyo
5. vol n⁰ 74 / Washington, D.C.
6. vol n⁰ 66 / Alger
7. vol n⁰ 99 / Acapulco
8. vol n⁰ 79 / Ottawa

---

*l'Union (*f.*) des Républiques Socialistes Soviétiques (où **la Russie** est le pays prédominant)

†To express *from,* use **du** or **des** with masculine countries and **de (d')** with feminine countries.

D. Leçon de géographie. Quels pays trouve-t-on _____?

MODÈLE: à l'ouest de l'Algérie? → A l'ouest* de l'Algérie on trouve le Maroc.

1. à l'est du Maroc? 2. au nord du Mexique? 3. au sud du Canada? 4. à l'ouest du Japon? 5. à l'est de la Chine? 6. au nord des États-Unis? 7. à l'est de l'U.R.S.S.? 8. à l'ouest de la Chine?

E. Devinez! Un(e) de vos camarades décrit la situation géographique d'un pays étranger qu'il (qu'elle) a visité ou d'un pays étranger visité par un ami ou un parent. Essayez de deviner le pays.

MODÈLE: *Votre camarade:* Ma cousine Betty a visité un pays au nord-ouest de l'Italie.
Vous: Ta cousine, a-t-elle visité la France?
Votre camarade: C'est exact.

Voici quelques possibilités: l'Irlande, l'Écosse (*Scotland*), le Danemark, la Suède, la Norvège, l'Autriche (*Austria*), la Grèce, l'Égypte, l'Éthiopie, l'Afrique du sud, le Zaïre, Israël, la Jordanie, la Syrie, l'Arabie Saoudite, l'Iraq, l'Iran, l'Australie, l'Argentine, la Colombie, le Vénézuéla, le Nicaragua

L'Europe en train

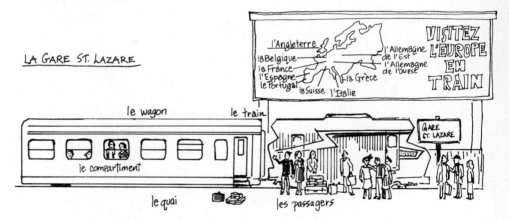

A. Définitions

1. Quel véhicule de transport trouve-t-on dans une gare?
2. Comment s'appelle chaque voiture d'un train?
3. Comment s'appellent les personnes qui voyagent?
4. Comment s'appelle la partie du wagon où les passagers sont assis (*seated*)?
5. Où est-ce que les passagers attendent l'arrivée d'un train?

---

*In the words **est** (*east*), **ouest** (*west*), and **sud** (*south*), the final consonant is pronounced.

B. **Capitales.** Les villes suivantes sont des capitales. Quels sont les pays? Suivez le modèle.

MODÈLE: Paris → Paris est la capitale de la France.

1. Londres   4. Berne   7. Lisbonne
2. Madrid   5. Bonn   8. Athènes
3. Bruxelles   6. Rome   9. Berlin

C. **Leçon de géographie.** Quels pays trouve-t-on _____?

1. au nord de l'Espagne? (On trouve _____)   2. à l'ouest de l'Allemagne de l'Est?   3. à l'est de la Belgique?   4. au sud-ouest de la France?   5. à l'est de la France?   6. à l'est du Portugal?

D. **Interview.** Demandez à un(e) camarade s'il (si elle) a voyagé en train. A-t-il/elle mangé dans un wagon-restaurant? A-t-il/elle dormi dans un wagon-lit? Quelle ville a-t-il/elle visitée pendant ce voyage? A qui a-t-il/elle rendu visite?

La France en voiture

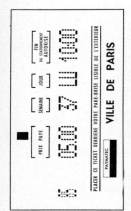

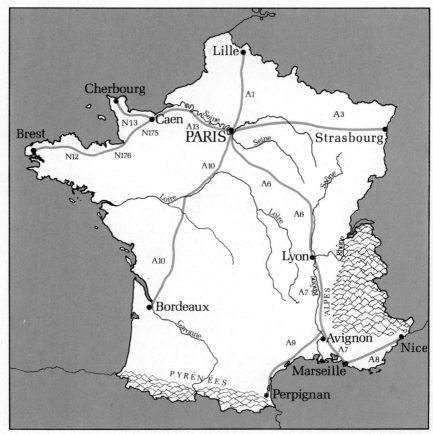

Toutes les routes mènent (*lead*) à Paris.

«Je conduis*
ma voiture. »

Il conduit son
camion.

«Tu conduis
cette moto? »

«Conduisez-
vous cet
autobus? »†

«Nous
conduisons sur
l'autoroute. »‡

Ils conduisent
sur la route
nationale.‡

A. Itinéraire. Trouvez la route selon le modèle.

> MODÈLE: de Paris à Cherbourg → Je peux prendre l'autoroute A13
> jusqu'à Caen et la route nationale N13 jusqu'à Cherbourg.

1. de Paris à Perpignan
2. de Caen à Bordeaux
3. de Marseille à Lyon
4. de Cherbourg à Lille
5. d'Avignon à Caen
6. de Paris à Avignon
7. de Strasbourg à Nice

B. Moyens de transport. Quel véhicule conduit-on dans les situations suivantes?

1. Votre famille déménage (*moves*).   2. La classe fait une excursion.
3. Vous êtes sportif (-ive).   4. Vous aimez conduire vite.   5. Vous passez le week-end avec votre famille.   6. Vous arrivez à l'aéroport d'une ville.

C. Conversation. Posez les questions suivantes à un(e) camarade.

1. Quels moyens de transport as-tu? Préfères-tu voyager en bus ou conduire une voiture? Quand as-tu fait de l'auto-stop (*hitchhiking*)?
2. Comment viens-tu en cours? à pied (*on foot*)? en voiture? en bus?
3. Quelles voitures de sport aimes-tu? As-tu conduit une voiture de sport?
4. A ton avis, quel moyen de transport est très économique? très rapide? très dangereux? très polluant? très agréable?

Maintenant, demandez au professeur quelle sorte de voiture il/elle conduit. Conduit-il/elle bien ou mal? vite ou lentement (*slowly*)?

---

*Note that the verb **conduire** is irregular in the present tense. The past participle is **conduit.**
†L'**autobus** can also be called le **bus.**
‡The **routes nationales** are roads with two-way traffic built to connect France's major cities and regions. There are many intersections and traffic is slow. The **autoroutes,** however, are fast, modern toll highways that often join other major European highways.

Rencontre culturelle

The private automobile is a popular means of transportation in France, which is third in Europe (after Sweden and West Germany) in the number of private cars in relation to population. The French "race-and-chase" driving style is due partly to high speed limits (130 kilometers or 81 miles per hour on main highways, and 90 kilometers or 56 miles an hour on other roads). Roads are generally kept in good condition because for many years road improvement has been a government priority. France has 82,000 kilometers of national highways, compared with 35,000 in West Germany, and 14,000 in Great Britain. Gasoline prices are twice as high in France as in the United States, but there is no lack of demand—the auto is a priority in the budget of the typical French family.

Étude de grammaire

29. THE *PASSÉ COMPOSÉ* WITH **ÊTRE**

Accident de voiture

JEAN-FRANÇOIS: ...et tout à l'heure, je *suis arrivé* au carrefour Magnan, et un camion *est passé* au feu rouge juste devant moi. Je n'ai pas pu l'éviter: je *suis rentré* dedans. Alors, avec l'autre conducteur, nous *sommes descendus* de voiture et nous avons... euh... discuté de priorité....

MICHÈLE: Mais Jean-François, pourquoi n'*es*-tu pas encore *reparti*?

JEAN-FRANÇOIS: Parce que les automobilistes derrière nous *sont restés* aussi pour donner leur avis et puis... eh bien, il y a un petit embouteillage ici maintenant.

Retrouvez la phrase correcte dans le dialogue.

1. Je viens d'arriver au carrefour.
2. Le camion vient de passer au feu rouge.
3. Je viens de rentrer dedans.
4. Nous venons de descendre de voiture.
5. Les automobilistes derrière nous sont encore ici.

Automobile accident
JEAN-FRANÇOIS: . . . and a moment ago I got to the Magnan crossroad, and a truck went through the red light in front of me. I couldn't avoid it: I bumped into it. So, with the other driver, we got out of our cars and we . . . well . . . discussed the right of way.
MICHÈLE: But Jean-François, why haven't you left yet?   JEAN-FRANÇOIS: Because the drivers of the cars behind us also stayed to give their opinions, and then . . . well, there is a small traffic jam here now.

A. The auxiliary verb **être**

Most French verbs use a form of **avoir** as an auxiliary verb in the **passé composé**. However, the **passé composé** of some verbs is generally formed with **être**; one of these verbs is **aller**.

passé composé of **aller** (*to go*): être + allé(e)(s)			
je	suis allé(e)	*nous*	sommes allé(e)s
tu	es allé(e)	*vous*	êtes allé(e)(s)
il, on	est allé	*ils*	sont allés
elle	est allée	*elles*	sont allées

In the **passé composé** with **être,** the past participle always agrees with the subject in gender and number. The following verbs take **être** in the **passé composé**. The drawing below lists most of these verbs, organized around the "house of **être.**"

aller: allé *to go*
arriver: arrivé *to arrive*
descendre: descendu *to go down, to get off*
devenir: devenu *to become*
entrer: entré *to enter*
monter: monté *to go up, to climb*
mourir: mort *to die*
naître: né *to be born*

partir: parti *to leave*
passer (par): passé *to pass (by)*
rentrer: rentré *to return, to go home*
rester: resté *to stay*
retourner: retourné *to return, to go back*
revenir: revenu *to come back*
sortir: sorti *to go out*
tomber: tombé *to fall*
venir: venu *to come*

Mme Bernard **est née** en France.	Mme Bernard was born in France.
Elle **est allée** aux États-Unis en 1940.	She went to the United States in 1940.
Elle **est arrivée** à New York.	She arrived in New York.
Elle **est partie** en Californie.	She left for California.
Elle **est restée** dix ans à San Francisco.	She stayed in San Francisco for ten years.
Ensuite, elle **est rentrée** en France.	Then she returned to France.
Elle **est morte** à Paris en 1952.	She died in Paris in 1952.

B. Negative and interrogative sentences in the *passé composé*

Word order in negative and interrogative sentences in the **passé composé** with **être** is the same as that for the **passé composé** with **avoir.**

Je **ne suis pas** allé en Allemagne.	I did not go to Germany.
Sont-ils arrivés à l'heure?	Did they arrive on time?
Ne sont-ils pas arrivés à l'heure?	Didn't they arrive on time?

Maintenant à vous

A. Une bonne soirée. Faites les substitutions et les changements nécessaires.

1. *Jean-Pierre* est arrivé à sept heures. (Madeleine, les Dupont, vous)
2. *Béatrice* est passée dire bonjour. (je, vous, tu)
3. *René et Annie* sont venus à huit heures. (Monique, mes amies, Paul, je)
4. *Nous* sommes sortis ensemble. (Patrick et René, vous, elles)
5. *Nous* sommes allés au restaurant. (Madeleine, mes parents, Paul)
6. *Nous* sommes rentrés tard. (tu, je, vous, ils)

B. Anniversaires. Suivez le modèle.

MODÈLE: Vincent va avoir 2 ans le 30 mai 1986. → Il est né le 30 mai 1984.

1. Michèle va avoir 20 ans le 15 février 1992.   2. Jacques va avoir 18 ans le 31 juillet 1988.   3. Marie va avoir 21 ans le 12 décembre 1992.   4. Le grand-père de Georges va avoir 73 ans le 30 janvier 1990.

C. Voyage en train. Mettez les phrases au passé composé.

MODÈLE: Vous allez à Toulouse. → Vous êtes allés à Toulouse.

1. Le train entre en la gare.   2. Les passagers viennent de Lyon.
3. Vous montez dans le train.   4. Je monte après (*after*) vous.
5. Deux passagères descendent.   6. Une passagère tombe sur le quai.
7. Elle ne meurt pas.   8. Les passagers sortent de la gare.   9. Nous entrons dans le compartiment.   10. Le train part.   11. Michèle, tu restes à ta place.   12. Claude et Jacques vont dans le couloir.
13. Nous allons au wagon-restaurant.   14. Tu retournes dans le compartiment.   15. Claude et Jacques, revenez-vous plus tard?
16. Le contrôleur (*ticket collector*) passe.   17. Le paysage (*countryside*) devient pittoresque.   18. Nous arrivons tôt (*early*) le matin.

D. **Départ en vacances.** Les Dupont, vos voisins, sont partis en vacances ce matin. Vous racontez maintenant la scène à vos amis (au passé, bien sûr!). Commencez par: *Ce matin, mes voisins les Dupont sont partis en vacances...*

Mes voisins, les Dupont, partent en vacances. Aujourd'hui ils vont à la mer. A huit heures Monsieur Dupont et son fils montent chercher les valises (*suitcases*). Ils entrent et sortent de la maison plusieurs fois (*several times*). Madame Dupont retourne cinq fois dans la maison pour chercher des objets oubliés. Enfin, trois heures plus tard, toute la famille monte dans la voiture et elle part. Bien sûr une des valises tombe de la galerie (*rack*) de la voiture. Monsieur Dupont et son fils reviennent la chercher et repartent. Moi, je rentre à la maison. Ma famille et moi, nous restons à la maison cet été.

E. **Projets de voyage.** Alice prépare un voyage en Europe. Elle vous pose des questions sur les activités de vos amis. Répondez à la forme négative.

1. Marianne est-elle déjà (*already*) montée dans le Concorde?   2. Son vol n'est-il pas arrivé à l'heure?   3. Sont-ils partis en vacances en train?   4. Êtes-vous allé(e) en France récemment (*recently*)?   5. Sont-ils restés longtemps (*a long time*) en Espagne?   6. Es-tu passé(e) par la Suisse?   7. N'es-tu pas rentré(e) en bateau?   8. Ne sont-elles pas revenues à San Francisco en septembre?

F. **Week-end en Suisse.** Utilisez le passé composé d'un des verbes suivants pour compléter les phrases.

aller, arriver, descendre, devenir, entrer, monter, naître, partir, rentrer, rester, sortir, tomber

1. Hier le train de Grenoble _____ en retard (*late*).   2. Bernard et Brigitte _____ du train à sept heures.   3. Nous _____ chercher nos deux amis en voiture.   4. Je _____ avec Bernard et Brigitte hier soir.
5. Aujourd'hui, Brigitte _____ à la maison.   6. J'ai montré ma maison natale à Bernard, la maison où je _____.   7. Nous _____ assez tard à la maison.

G. En français, s'il vous plaît.

Matthieu and Corinne arrived last night. They passed through Paris and came to our house. They stayed with us one night. I came down with their suitcases this morning at eight o'clock. Then my sister came down at nine. She went out with her friends, and Matthieu and Corinne left. Afterward (**Après**) I went up to my room to (**pour**) study.

H. Conversation. Décrivez les vacances de l'année passée d'un(e) camarade de classe. D'abord (*First*), posez les questions suivantes à votre camarade. Si vous voulez, posez encore d'autres questions. Ensuite, présentez à la classe une description de ses vacances.

1. Quand es-tu parti(e)? Quel moyen de transport as-tu pris? Es-tu monté(e) en avion? Où es-tu allé(e)? Es-tu resté(e) aux États-Unis ou es-tu allé(e) à l'étranger (*abroad*)?
2. Es-tu allé(e) voir l'endroit (*place*) où tes parents sont nés?
3. Comment es-tu rentré(e)? en avion? par bateau? Es-tu mort(e) de fatigue?
4. Prépares-tu déjà tes vacances de l'année prochaine (*next*)?

I. Profil psychologique. Posez à un(e) camarade des questions faites à partir des (*on the basis of*) éléments donnés. Utilisez le passé composé dans vos questions. Après, faites le portrait psychologique de votre camarade. Justifiez votre profil.

1. prendre un verre avec des amis hier soir   2. à quelle heure / rentrer   3. à quelle heure / arriver à l'université ce matin   4. entrer dans la salle de classe en retard, à l'heure ou en avance (*early or in advance*)   5. retourner souvent à l'endroit où il/elle est né(e)
6. passer la nuit tout(e) seul(e) dans une forêt   7. monter souvent au sommet d'une montagne   8. descendre souvent dans une grotte (*cave*)   9. refuser de passer sous une échelle (*ladder*)

Mots utiles: sociable, (ir)responsable, ponctuel(le), négligent(e), nostalgique, courageux (-euse), aventureux (-euse), (im)prudent(e), superstitieux (-euse)

Le français par les gestes: Ras le bol!

This gesture indicates that one is fed up with something. The bowl is full to the brim (**à ras bord**). The face expresses tired exasperation; the palm of the hand touches the forehead.

30. USING PREPOSITIONS WITH GEOGRAPHICAL NAMES

© PETER MENZEL

A l'aéroport Charles de Gaulle-Roissy

«Attention, attention! Embarquement immédiat pour les passagers en transit d'Alger et à destination *de Washington*, vol Air France n⍛ 82 avec escale *à Ottawa.* »

JEAN-LUC: Voilà, c'est pour nous.

MARYVONNE: Tu es sûr?

JEAN-LUC: Mais oui, elle vient de parler de nous: nous venons *d'Afrique, d'Algérie*; nous sommes restés en transit *en France* quelques heures et nous partons maintenant *en Amérique du Nord, au Canada* d'abord et ensuite *aux États-Unis*!

Répondez aux questions selon les indications.

1. D'où viennent Jean-Luc et Maryvonne? (continent, pays)
2. Où sont-ils en transit? (pays, ville)
3. Quelle est leur destination? (continent, pays)
4. Où vont-ils faire escale? (pays, ville)

A. Gender of geographical names

In French, most place names that end in **-e** are feminine; most others are masculine. One important exception is **le Mexique.** The names of the continents are feminine: **l'Europe, l'Afrique, l'Asie, l'Australie,* l'Amérique du Nord, l'Amérique du Sud.** The names of most states in the United States are masculine: **le Kentucky, le Connecticut.** The names of nine states end in **-e** in French and are feminine: **la Californie, la Caroline du Nord et du Sud, la Floride, la Géorgie, la Louisiane, la Pennsylvanie, la Virginie, la Virginie occidentale.**

B. *To, in,* and *from* with geographical names

1. With the names of cities, use **à** to express *to* or *in* and **de (d')** to express *from.*

Mlle Dupont habite **à Paris.** *Mlle Dupont lives in Paris.*

At Charles de Gaulle-Roissy Airport
"Attention, attention! Immediate boarding for passengers going from Algiers to Washington, Air France flight number 82, via (with a stopover in) Ottawa." JEAN-LUC: Listen (there), it's for us. MARYVONNE: Are you sure? JEAN-LUC: Of course, she just talked about us: we're coming from Africa, from Algeria; en route, we stayed in France for a few hours; and now we're leaving for North America, to Canada first and then to the United States!

*To refer to the Pacific islands and Australia as a whole, the French use **l'Océanie** (*f.*).

Ils sont allés **à New York.**	*They went to New York.*
Ils sont **de Carcassonne.**	*They are from Carcassonne.*
Elles sont parties **d'Orléans.**	*They left (from) Orléans.*

One exception is the city of New Orleans, whose feminine definite article is used with **à** or **de: Nous allons à** *La Nouvelle-Orléans.* **Êtes-vous de** *La Nouvelle-Orléans?*

2. With masculine countries, use **au (aux)** to express *to* or *in,* and **du (des)** to express *from.*

Les Doi habitent **au Japon.**	*The Dois live in Japan.*
Ils vont arriver **aux États-Unis** demain.	*They're going to arrive in the United States tomorrow.*
Es-tu jamais allé **au Mexique?**	*Have you ever been to Mexico?*
Quand sont-ils partis **des Pays-Bas?**	*When did they leave The Netherlands (Holland)?*

3. With names of continents, feminine countries and states, and masculine countries beginning with a vowel sound, use **en** to express *to* or *in* and **de (d')** to express *from.*

Le prof d'espagnol voyage **en Amérique du Sud.**	*The Spanish professor is traveling in South America.*
Je vais **en Belgique.**	*I'm going to Belgium.*
Elle est allée **en Israël.**	*She went to Israel.*
Pierre va passer un mois **en Californie.**	*Pierre is going to spend a month in California.*
M. Carter est **de Géorgie.**	*Mr. Carter is from Georgia.*

4. With the names of masculine states, usage varies. However, one may use **dans le (l')** for *to* or *in* and **du (de l')** for *from.* *

Sophie a passé la semaine **dans le Nevada.**	*Sophie spent the week in Nevada.*
Les Smith arrivent **de l'Illinois.**	*The Smiths are arriving from Illinois.*

Maintenant à vous

A. Avez-vous le sens de l'orientation? Où voyagent ces touristes? Suivez le modèle.

---

*There are notable exceptions to this rule. To say *in* or *to* Texas, the French always say **au Texas.** To distinguish the states of New York and Washington from the cities of the same name, the French say **dans l'état de New York (Washington)** and **de l'état de New York (Washington).** The usage for the state of New Mexico is based on the usage for **le Mexique: au Nouveau-Mexique, du Nouveau-Mexique.** Finally, the French say **à Hawaï** and **d'Hawaï.**

MODÈLE: Gainesville → *Un(e) ami(e):* Ils vont à Gainesville?

            Vous: Oui, ils voyagent dans le sud-est, en Floride.

1. New York	4. New Haven	7. Mobile
2. San Francisco	5. Minneapolis	8. Miami
3. Little Rock	6. Portland	9. Austin

B. Un jeune globe-trotter

  1. Jean-Paul fait le tour du monde. Vous discutez de ses destinations avec un(e) camarade. Utilisez les noms ci-dessous (*below*) selon le modèle.

    MODÈLE: *Un(e) ami(e):* Est-ce que Jean-Paul va en Asie?

            Vous: Oui, il va en Chine. (au Japon,…)

Continents: l'Afrique, l'Amérique du Nord, l'Amérique du Sud, l'Asie, l'Europe

Pays: l'Algérie, l'Allemagne, le Brésil, le Canada, la Chine, le Danemark, l'Égypte, les États-Unis, la France, la Grèce, l'Inde, l'Italie, le Japon, le Maroc, le Mexique, la Norvège

  2. Maintenant, dites (*say*) d'où viennent les cartes postales de Jean-Paul.

    MODÈLE: Afrique / Maroc →

        Un(e) ami(e): Cette carte-ci vient-elle d'Afrique?

            Vous: Oui, elle vient du Maroc. Jean-Paul est au Maroc.

a. Asie / Japon	e. Europe / Norvège
b. Amérique du Nord / Mexique	f. Asie / Inde
c. Asie / U.R.S.S.	g. Amérique du Sud / Brésil
d. Afrique / Égypte	h. Europe / Suisse

C. Interview. Posez les questions à vos voisins de droite (*right*) et de gauche (*left*).

  1. D'où viens-tu? de quelle ville? de quel état? et tes parents?
  2. Où habitent tes parents? Et le reste de ta famille?
  3. De quel pays est venue ta famille?
  4. Dans quels états as-tu voyagé?
  5. Est-ce qu'il y a un état que tu préfères? Pourquoi?
  6. Est-ce qu'il y a un état que tu n'aimes pas? Pourquoi?
  7. Dans quel état est-ce qu'il y a de beaux parcs? de beaux lacs? de belles montagnes? de grandes villes? de grands déserts?
  8. A ton avis, où dans le monde y a-t-il de jolies montagnes? de belles plages? des villes pittoresques? d'excellentes autoroutes?
  9. Tu es riche. Où vas-tu passer tes vacances?
 10. Tu n'as pas d'argent. Où vas-tu passer tes vacances?

31. AFFIRMATIVE AND NEGATIVE ADVERBS

Le train à grande vitesse

PATRICIA: Je *n'ai pas encore* voyagé en TGV... Tu as aimé ça?

FRÉDÉRIC: Oui, et c'est formidable. Le voyage est très rapide et il coûte le même prix que dans un autre train.

PATRICIA: On doit réserver sa place à l'avance, non?

CLAUDINE: Il n'y a *que* des places assises dans le TGV, alors on *ne* peut *jamais* le prendre sans réservation.

FRÉDÉRIC: Tu comprends, la SNCF refuse de transporter des passagers debout à trois cents kilomètres-heure!

CLAUDINE: Mais le système de réservation est ultra-rapide. On peut *encore* réserver sa place trois minutes avant le départ.

FRÉDÉRIC: On *n'arrête plus* le progrès; on prévoit *déjà* qu'en 1989 le TGV sera équipé de cabines téléphoniques.

Trouvez la phrase équivalente dans le dialogue.

1. Je n'ai toujours pas voyagé en TGV.
2. Il y a seulement des places assises dans le TGV.
3. On a toujours la possibilité de réserver sa place trois minutes avant le départ.

Maintenant, trouvez des phrases contraires dans le dialogue.

1. On peut parfois le prendre sans réservation.
2. On arrête toujours le progrès.

A. Ne... jamais, ne... plus, ne... pas encore

1. **Toujours, souvent,** and **parfois** are adverbs that generally follow the verb in the present tense. The expression **ne (n')... jamais,** constructed like **ne... pas,** is the negative adverb (**l'adverbe de négation**) used to express the fact that an action never takes place.

The "train à grande vitesse" (high-speed train)
PATRICIA: I haven't ridden the TGV yet . . . Did you like it?   FRÉDÉRIC: Yes, and it's great. The trip is very fast and it costs the same as other trains.   PATRICIA: You have to reserve your seat in advance, right?   CLAUDINE: There's sitting room only on the TGV, so you can never take it without a reservation.   FRÉDÉRIC: You see, the SNCF refuses to convey passengers standing up at three hundred kilometers per hour!   CLAUDINE: But the reservations system is super-fast. You can still reserve a seat three minutes before departure.   FRÉDÉRIC: You can no longer stop progress; they're already predicting that in 1989 the TGV will be equipped with telephone booths!

Henri voyage **toujours** en
train. *

Marie voyage **souvent** en
train. *

Hélène voyage **parfois** en
train.

Je **ne** voyage **jamais** en train.
I never travel by train.

Other adverbs that follow this pattern are:

affirmative	**negative**
encore *still*	**ne (n')... plus** *no longer, no more*
déjà *already*	**ne (n')... pas encore** *not yet*

Le train est **encore** sur le quai.
The train is still on the platform.

Le train **n'**est **plus** sur le quai.
The train is no longer on the platform.

Nos valises **ne** sont **pas encore** là.
Our suitcases are not there yet.

Nos valises sont **déjà** là?
Our suitcases are already there?

2. As with **ne (n')... pas,** the indefinite article and the partitive article become **de (d')** when they follow negative verbs. Definite articles do not change.

Je vois **toujours des Américains** dans l'autocar.
I always see Americans on the tourist bus.

Je **ne** vois **jamais de Français** dans l'autocar.
I never see (any) French people on the tourist bus.

Avez-vous **encore des billets** à vendre?
Do you still have (some) tickets to sell?

Non, je **n'**ai **plus de billets** à vendre.
No, I have no more (I don't have any more) tickets to sell.

Karen a **déjà des amis** en France.
Karen already has (some) friends in France.

Vincent **n'**a **pas encore d'amis** aux États-Unis.
Vincent doesn't have any friends in the United States yet.

but:

Je ne vois jamais **le** contrôleur (*conductor*) dans ce train.
Annick ne prend plus **l'**autoroute à Caen.
Éric ne voit pas encore **le** sommet de la montagne.

---

*Sentences whose verbs are modified by **toujours** and **souvent** may also be negated by **ne (n')... pas. Henri ne voyage pas toujours en train. Il voyage parfois en avion. Marie ne voyage pas souvent en train. Elle préfère conduire sa voiture.**

3. In the **passé composé,** the affirmative adverbs are generally placed between the auxiliary and the past participle.

> **M. Huet a toujours (souvent, parfois) pris l'avion.**

Note the negative and interrogative forms of the negative adverbial construction.

Marie, **n'**a-t-elle **jamais** voyagé en avion?	*Has Marie never traveled by air?*
—Non, elle **n'**a **jamais** voyagé en avion.	*—No, she has never traveled by air.*
—Non, elle **n'**a **pas encore** voyagé en avion.	*—No, she has not yet traveled by air.*

4. Note that **jamais** can be used without **ne** as an affirmative adverb. In such cases, it means *ever.*

Êtes-vous **jamais** allé à Mexico? —Non, je ne suis jamais allé à Mexico.	*Have you ever gone to Mexico City? —No, I have never gone to Mexico City.*

However, **jamais** means *never* when it is used without **ne** to answer a question.

Quand allez-vous prendre le Concorde? —**Jamais.**	*When are you going to take the Concorde? —Never.*

B. Ne... que

The expression **ne (n')... que (qu')** is the equivalent in meaning of **seulement.** It is used to indicate a limited quantity of something.

Je **n'**ai **qu'**un billet.	→ *I have only one ticket.*	←	J'ai **seulement** un billet.
Il **n'**y a **que** trois trains cet après-midi.	→ *There are only three trains this afternoon.*	←	Il y a **seulement** trois trains cet après-midi.

In the **passé composé, ne** precedes the auxiliary and **que** precedes the word or phrase that it limits.

Hélène **n'**a acheté **que deux billets.**	*Hélène bought only two tickets.*
Je **n'**ai pensé **qu'à mon voyage.**	*I thought only about my trip.*

Maintenant à vous _____

A. Une vie simple et une vie compliquée. Monique trouve que la vie est très compliquée. Par contre (*On the other hand*), votre vie est beaucoup plus simple. Donnez une forme négative pour chaque phrase affirmative selon le modèle.

MODÈLE: Monique a parfois sommeil en cours. → Je n'ai jamais sommeil en cours.

1. Monique a déjà des problèmes avec ses études.   2. Elle a souvent envie de changer de cours.   3. Elle a souvent peur des professeurs.   4. Elle a déjà besoin de vacances.   5. Elle croit toujours aux miracles.

B. Les gares de Paris. Il y a six gares à Paris. Le voyageur qui veut quitter Paris en train doit partir de la gare qui dessert (*serves*) la région où il veut aller. Suivez le modèle.

MODÈLE: la Gare du Nord / des trains qui vont dans le nord →
A la Gare du Nord il n'y a que des trains qui vont dans le nord.

1. la Gare de l'Est / des trains qui vont dans l'est
2. la Gare de Lyon / des trains qui vont dans le sud-est
3. la Gare d'Austerlitz / des trains qui vont dans le sud-ouest
4. la Gare Montparnasse et la Gare St.-Lazare / des trains qui vont dans l'ouest

C. Exagérations. Donnez une réponse affirmative pour chaque phrase négative selon le modèle.

MODÈLE: Vous n'avez pas encore trouvé nos valises? → Mais si!* J'ai déjà trouvé vos valises.

1. Nous ne faisons jamais de voyages agréables.   2. Nous ne sommes pas encore arrivés.   3. Il n'y a jamais de taxis à cette heure-là.   4. Il n'y a plus de wagons dans le métro.   5. Il n'y a jamais de téléphone à l'aéroport.   6. Il n'y a plus de voitures à louer.   7. Vous n'avez pas encore trouvé la carte.   8. Il n'y a plus de belles voitures sur les routes.   9. Nous ne sommes pas encore sur la bonne route.   10. Je ne peux plus conduire.

D. Voyages exotiques. Posez des questions à un(e) camarade selon le modèle.

MODÈLE: camper dans le Sahara →
Vous: As-tu jamais campé dans le Sahara?
Votre camarade: Non, je n'ai jamais campé dans le Sahara.
(*ou*) Oui, j'ai campé dans le Sahara (l'été passé, il y a deux ans, etc.).

1. faire du bateau sur le Nil   2. voir le Sphinx en Égypte   3. faire une expédition dans l'Antarctique   4. passer tes vacances à Tahiti

---

*Remember that **si** means *yes* when used to contradict a negative question or statement.

5. faire de l'alpinisme dans l'Himalaya   6. voir les chutes Victoria (*Victoria Falls*) en Afrique   7. faire de la voile dans les fjords de la Norvège

Qui dans votre classe a fait le voyage le plus exotique?

E. **Voyages chez nous.** Vous apprenez que votre camarade a très peu voyagé aux États-Unis. Posez des questions selon le modèle.

MODÈLE: voir les chutes du Niagara →

   Vous: N'as-tu pas encore vu les chutes du Niagara?
 Votre camarade: Non, je n'ai pas encore vu les chutes du Niagara.
   (ou) Si, j'ai déjà vu les chutes du Niagara.

1. visiter le Grand Canyon   2. aller à San Francisco   3. voir les Everglades en Floride   4. skier dans les Montagnes Rocheuses (*Rocky Mountains*)   5. visiter La Nouvelle-Orléans   6. voir le geyser «vieux fidèle» de Yellowstone

Qui dans votre classe a visité le plus grand nombre de sites extraordinaires en Amérique?

F. **Et dans votre région?** Pensez aux lieux intéressants dans la région où vous habitez et posez des questions à un(e) camarade. Commencez vos phrases par **As-tu jamais vu... , N'es-tu pas encore allé(e) à... , As-tu déjà vu... ,** etc.

32. AFFIRMATIVE AND NEGATIVE PRONOUNS

© HELENA KOLDA

La consigne automatique

SERGE: Qu'est-ce que tu as? Il y a *quelque chose* qui ne va pas?
JEAN-PIERRE: Non, *rien*. Enfin, presque *rien*. J'ai des ennuis avec la consigne.
SERGE: Ah, ça! Il n'y a *rien* de plus énervant!
JEAN-PIERRE: *Tout le monde* semble trouver une consigne qui marche, excepté moi.
SERGE: Attends. Quand *quelqu'un* sort ses bagages d'une consigne, tu es sûr qu'elle marche!

―――――――――

Coin-operated lockers
SERGE: What's wrong? Is something the matter?   JEAN-PIERRE: No, nothing. Well, almost nothing. I'm having some problems with the locker.   SERGE: Oh, that! There's nothing more exasperating.   JEAN-PIERRE: Everyone seems to find a locker that works except me. SERGE: Wait. When someone takes his luggage out of a locker, you know it works!   JEAN-PIERRE: That's great advice, but there's no one in the (baggage locker) room. The train just left.   SERGE: Be patient! Everything will be okay.

JEAN-PIERRE: C'est un excellent conseil, mais il n'y a *personne* dans la salle. Le train vient de partir!

SERGE: Patience! *Tout* va s'arranger.

Corrigez les phrases inexactes.

1. Tout va bien avec Jean-Pierre.
2. Il y a quelque chose de plus énervant (*something more exasperating*) qu'une consigne qui ne marche pas.
3. Jean-Pierre et deux autres passagers ne trouvent pas de consigne qui marche.
4. Quand quelqu'un place ses bagages dans une consigne, on est sûr qu'elle marche.

A. Affirmative pronouns

Quelqu'un[*] (*someone*), **quelque chose** (*something*), **tout** (*everything, all*), and **tout le monde** (*everybody*) are indefinite pronouns (**des pronoms indéfinis**). All four may serve as the subject of a sentence, the object of a verb, or the object of a preposition.

Quelqu'un est au guichet maintenant.	*Someone is at the ticket counter now.*
Vous avez vu **quelqu'un** sur le quai?	*Did you see someone on the platform?*
Jacques a parlé avec **quelqu'un** il y a un moment.	*Jacques spoke with someone a moment ago.*
Quelque chose est arrivé.	*Something has happened.*
Marie a acheté **quelque chose** au restaurant de la gare.	*Marie bought something at the station restaurant.*
Elle pense à **quelque chose,** mais à quoi?	*She's thinking about something, but what?*
Tout est possible.	*Everything is possible.*
Tout le monde est prêt?	*Is everybody ready?*

B. Negative pronouns

Personne (*no one, nobody, not anybody*) and **rien** (*nothing, not anything*) are negative pronouns generally used in a construction with **ne (n')**. They can be the subject of a sentence, the object of a verb, or the object of a preposition. As objects of a verb in the **passé composé, rien** precedes the past participle, but **personne** is placed after the past participle.

Personne n'est au guichet maintenant.	*No one is at the ticket counter now.*

---

[*]**Quelqu'un** is invariable in form: it can refer to both males and females.

Je **n'**ai vu **personne** sur le quai.	*I didn't see anyone on the platform.*
Jacques **ne** parle avec **personne** maintenant.	*Jacques isn't speaking with anyone right now.*
Rien n'est arrivé.	*Nothing has happened.*
Marie **n'**a **rien** acheté au restaurant de la gare.	*Marie didn't buy anything at the station restaurant.*
Elle **ne** pense à **rien.**	*She's not thinking about anything.*
Rien n'est impossible.	*Nothing is impossible.*
Personne n'est prêt.	*Nobody is ready.*

C. Rien and personne

Like **jamais, rien** and **personne** may be used without **ne** when they answer a question.

Qu'est-ce qu'il y a sur la voie? —**Rien.**	*What's on the track? —Nothing.*
Qui est au guichet? —**Personne.**	*Who's at the ticket counter? —Nobody.*

D. Expressions with negative pronouns

Affirmative and negative expressions with adjectives are formed with **quelque chose/quelqu'un/ne... rien/ne... personne** plus **de (d')** plus a masculine singular adjective.

Y a-t-il **quelque chose de bon** dans le wagon-restaurant?	*Is there something good in the restaurant car?*
Il y a **quelqu'un d'intéressant** dans ce compartiment.	*There is someone interesting in this compartment.*
Il **n'**y a **rien d'amusant** dans ce journal.	*There is nothing entertaining in this paper.*
Il **n'**y a **personne d'important** dans la salle d'attente.	*There is no one important in the waiting room.*

Maintenant à vous _____

A. **A la gare.** Transformez les phrases suivantes selon le modèle.

MODÈLE: Quelqu'un est en retard. → Personne n'est en retard.

1. Quelqu'un a acheté les billets.   2. Quelqu'un a apporté nos valises.   3. Tout est prêt.   4. Jean-Claude pense à quelque chose.   5. Éric a laissé quelque chose dans le taxi.   6. Claudine parle avec quelqu'un.   7. Quelque chose de grave va arriver.   8. Nous avons tout oublié!

B. Mais si! Donnez une réponse affirmative pour chaque phrase négative selon le modèle.

MODÈLE: Il n'y a personne à la caisse (*cash register*). →
Mais si! Il y a quelqu'un à la caisse.

1. Il n'y a personne dans ce restaurant. Il n'y a rien de bon sur la carte.
2. Il n'y a rien dans ce magasin de sport. Il n'y a rien de joli ici.
3. Il n'y a personne dans cette agence de voyages. Il n'y a rien d'intéressant dans ces brochures.
4. Il n'y a rien de moderne dans ce quartier. Il n'y a rien d'intéressant dans les rues.

C. Qu'est-ce qui se passe (*What's happening*)? Posez des questions à vos camarades pour apprendre ce qui se passe (*what's happening*) sur votre campus aujourd'hui.

Suggestions: Y a-t-il quelque chose d'intéressant dans la salle de conférences (*lecture hall*) ce soir? Y a-t-il quelqu'un d'intéressant au ciné-club ce soir? Y a-t-il quelque chose de délicieux au restau-u ce soir?

Étude de prononciation

Intonation

Stress is the length and emphasis given to a syllable. Pitch is the rise and fall of the voice. The variation of the pitch of the voice within a sentence is called intonation. Intonation conveys our intention when we say something; it indicates whether we are forming a statement, asking a question, or giving an order. It can also convey our emotions: fear, anger, surprise, and so on. Here are three basic French intonational patterns.

1. In *declarative sentences,* French intonation rises within each sense group (words that go together) and falls at the end of the sentence, starting with the last sense group.

   La plume de ma tante est sur la table de mon oncle.

   Je prends le métro.

2. In *yes/no questions,* the intonation rises at the end of the question.

   Tu prends le métro?   Est-ce que tu prends le métro?

3. In *information questions,* the intonation starts high and falls at the end of the question.

   Qui prend le métro?   Où est-ce qu'on prend le métro?

Maintenant à vous

A. Déclarations.

1. Mireille habite en Belgique.
2. Le chef de gare est sur le quai.
3. Les passagers montent dans le train.
4. Une voiture est passée au feu rouge.

B. Questions.

Premier groupe: 1. Mireille habite en Belgique? 2. Le chef de gare est sur le quai? 3. Les passagers montent dans le train? 4. Une voiture est passée au feu rouge? 5. Mireille voyage-t-elle en Europe? 6. Est-ce que vous allez en Australie? 7. Prenez-vous l'autoroute de Paris à Lyon? 8. Est-ce que vous avez pris le métro?

Deuxième groupe: 1. Qui a manqué le vol pour Rome? 2. Où est-ce que je prends ma correspondance? 3. A quelle station est-ce que je dois descendre? 4. Pourquoi est-ce qu'il y a un embouteillage?

— **Pourquoi sont-ils tous partis en même temps que nous ?** (Tetsu)

« Tiens! Il y a un train qui part pour Toulouse dans dix minutes. »

© MARK ANTMAN/THE IMAGE WORKS

EN VOITURE!*

Contexte Geoffroy est venu faire des études d'opto-métrie à Nice. Il n'a pas encore eu le temps de visiter le Sud-Est et a décidé de passer le week-end à Avignon pour voir le Palais des Papes° et le vieux pont.° Comme tout le monde, il prend le train.

Palais... Palace of the Popes / bridge

Objectif Geoffroy achète un billet° de train.

ticket

Dialogue

GEOFFROY (au guichet): A quelle heure est le prochain train pour Avignon, s'il vous plaît?

LE GUICHETIER: Vous avez un train dans vingt minutes et le suivant° est à 22 heures.

le... the next one

GEOFFROY: Combien coûte le billet aller-retour°?

round-trip

LE GUICHETIER: Quelle classe?

GEOFFROY: Deuxième° classe.

second

LE GUICHETIER: Il coûte 294 francs.

GEOFFROY: Je veux un aller simple,° s'il vous plaît. Je peux régler° par chèques de voyage?

aller... one-way ticket / payer

LE GUICHETIER: Oui, s'ils sont en francs. Voilà votre billet.

GEOFFROY: J'ai une place° dans le compartiment 23, et je pars du quai numéro 6.

seat

LE GUICHETIER: C'est ça, et n'oubliez pas de composter.°

have your ticket punched

Variations

1. Rejouez le dialogue avec une des variations suivantes:

   * vous prenez un billet aller-retour
   * vous allez à Paris et vous prenez une couchette (*berth*); le billet pour Paris coûte 650 F et le supplément couchette coûte 85 F
   * vous prenez un billet (de) première classe (supplément 125 F)
   * vous emmenez (*take*) votre chien pour qui vous achetez un billet demi-tarif seconde classe
   * vous avez une carte inter-rail;† vous payez demi-tarif

---

*En... *All aboard!*

†The **carte inter-rail** provides half-price tickets for young people between the ages of 12 and 25. It is valid on all trains, including the TGV, on weekdays other than holidays.

2. Vous allez maintenant acheter un billet d'avion pour un des pays suivants. Utilisez les tarifs Air-France pour votre dialogue avec l'employée du bureau des réservations.

VILLES DESSERVIES	Code Rapport	DEPART PARIS ➡ = Aéroport						Toutes heures locales		DESTINATION PARIS ➡ = Aéroport						Toutes heures locales		TARIFS en francs Taxes en sus, voir "!", p. 4		
R : Réservation	UTC	JOURS	VALIDITE du au	DEPART ➡✕	ARRIVEE ➡	APPA-REILS	Classe	VOLS sans escales : →	via	JOURS	VALIDITE du au	DEPART ➡✕	ARRIVEE ➡	APPA-REILS	Classe	VOLS sans escales : →	via	classe	ALLER	ALLER et RETOUR
DALLAS Texas USA Dallas/Ft Worth 30 km ☎ r : (800) 237 27 47	DFW -6	Concorde 1234567		11 00A	R 15 13	SSC/D10	R	AF 001 / AA 491	J/L ✱	Concorde 12345-7			07 00	R 22 45 A	727/SSC	R	AA 244 / AF 002	L/J✱	R	16690	30465
		-------7	25/11	12 10A	X 19 06	747/727	FJY	AF 067 / AA 544	HOU	1234567			13 10	X 08 10Aa	727/747	FJY	AA 164 / AF 070	NYC	F	14655	26810
		1--4-6-	'	12 10A	X 19 06	74M/727	FJY	AF 067 / AA 544	HOU	-2--5-7			16 00	X 10 40Aa	727/74M	FJY	AA 310 / AF 034	CHI	J	8260	15110
		-------7	6/1	12 10A	X 19 06	747/727	FJY	AF 067 / AA 544	HOU		25/11		21 49	X 15 55Aa	727/747	FJY	AA 109 / AF 068	HOU	Y	5985	10920
		1234567		13 00A	X 20 53	747/727	FJY	AF 077 / AA 081	NYC	1--4-6-	28/3		21 49	X 15 55Aa	727/74M	FJY	AA 109 / AF 068	HOU	YL AP 7y/2m	9160
		-2--5-7		14 30A	X 21 05	74M/767	FJY	AF 035 / AA 301	CHI	-------7	6/1		21 49	X 15 55Aa	727/747	FJY	AA 109 / AF 068	HOU	YL PX 14y/2m	5090
		✱ Changement d'appareil, voir Escales de Correspondance page 5								Tarifs variables selon les acheminements. Consultez les agences.											
DAMAS Syrie International 23 km car 2 livres - taxe 10 livres AF rue Sadallah al-Jabri BP 3000 ☎ 21 68 65	DAM +3	--3--6-		10 35A	R 17 15	AB3	FY	AF 142	→	--4--7			11 00	R 14 05 A	AB3	FY	AF 143	→	F	5755	11510
		-------7		12 50A	R 19 30	AB3	FY	AF 128	→	1------			18 00	X 21 05 A	AB3	FY	AF 129	→	Y	3915	7830
																			Y E 10/35j		5290
	⫸ MERIDIEN ☎ 22 49 50 Telex 411379																		Y E 10/14j		4505
																			Validité du tarif 10/14j : 1/11 - 14/12 et 6/1 - 30/6		
DAR-ES-SALAM Tanzanie Aéroport 13 km car 15 shillings - taxe 10usd AF Avalon House Zanaki st ☎ 203 5657	DAR +3	-----5-		13 45A	X 04 20a	AB3	FY	AF 489		-----6-			20 40	X 07 30aA	AB3	FY	AF 488		F	10985	21970
																			Y	7060	14120
		Fauteuils-couchettes en 1re classe sur le 747 d'Air France																	Y E 14/45j		9710
DELHI Inde Palam 12 km car 5 roupies taxe 100 roupies AF Scindia House Janpath ☎ 37 47 75 - R : 37 21 91	DEL +5.30	- 2 - - - - -		17 30A	X 11 50a	74M/AB3	FJY	AF 172 / IC 406	BOM	1------			20 30	X 09 00Aa	AB3/74M	FJY	IC 184 / AF 183	BOM	F	11030	22060
		--3----	⊘	12 15A	X 03 25a	74M	FJY	AF 174		--3----			20 30	X 07 55Aa	AB3/74M	FJY	IC 184 / AF 173	BOM	J	7770	15540
		---4---	⊘	14 10A	X 05 20a	74M	FJY	AF 188		---4---			22 55	X 06 20a	74M	FJY	AF 175		Y	7065	14130
		-----5-		12 15A	X 07 10a	747/AB3	FJY	AF 178 / IC 181	BOM	-----5-	⊘		22 55	X 06 35aA	74M	FJY	AF 189		Y PX 14/90j		5690 ⊘
		------6-	⊘	12 15A	X 03 25a	747	FJY	AF 180		------6-	⊘		18 30	X 06 05aA	737/747	FJY	IC 493 / AF 179	BOM			
		-------7		18 55A	X 19 05a	74M/AB3	FJY	AF 182 / IC 185	BOM	-------7			23 40	X 07 25aA	747	FJY	AF 181				

3. Voyage interplanétaire. Vous allez réserver une place sur la navette (*shuttle*) interplanétaire. Inventez le dialogue avec l'employé de l'agence de voyages interplanétaires. N'oubliez pas de choisir entre première ou deuxième classe, entre places assises (*seat only*) ou couchettes. Y a-t-il d'autres choix à faire? Peut-être un supplément hibernation? Inventez les tarifs.

La fusée Ariane.

© ALAIN NOGUES / SYGMA

Commentaire culturel

Trains are an important form of transportation, much more popular in France than in the United States. Since 1938, French railroads have been controlled by the **Société Nationale des Chemins de Fers Français (SNCF)**, a government-regulated monopoly. **SNCF**'s ads to attract passengers emphasize that trains save energy and are environmentally clean; safety and comfort are also stressed. The number of train passengers is steadily increasing. Traveling in France, you will find the train system to be your most economical and convenient form of transportation. Here are some points to keep in mind:

- For long trips, it is possible to reserve a seat or a berth in a sleeping compartment at the ticket window in the train station. If the station seems crowded, or if you are traveling during a French vacation time, be sure to make such a reservation. You can also ask the person at the window if it would be a good idea.

- On the door of each train compartment there is a notice that indicates if the seats inside are reserved. If you cannot find an unreserved seat or if you have not reserved a seat in advance, seek help from the conductor taking tickets. One of his or her responsibilities is to help people find seats. The conductor can also sell you a berth if you decide you want one after you have boarded.

- On the platform there is a notice board (**un tableau d'affichage**) that indicates which cars are first class and which are second. You can move from car to car within a given class, but often it is impossible to move from one class to another.

- Unless you have an enormous amount of luggage, carry your bags with you onto the train. There are racks over the seats where you can store them during your trip.

Some years ago, the **SNCF** joined forces with the **RATP (Régie Autonome des Transports Parisiens)**, the Parisian transportation authority, to create the **RER (Réseau Express Régional)**, a train system that serves Paris and has connections (**correspondances**) with the **métro.** The **RER** permits a traveler to cover wide distances in the Paris region much faster than with the regular **métro** lines alone, although these still seem amazingly efficient and pleasant to anyone used to American subway systems. The **RER** and **métro** lines are always clearly marked with maps and directions in the various stations.

Mise au point

A. Tout le monde voyage. Répondez aux questions suivantes selon le modèle.

MODÈLE: Où voyagez-vous? (Canada) → Je voyage au Canada.

1. Où passez-vous vos vacances? (Floride)
2. Où Suzanne est-elle allée cet été? (Portugal)
3. Où va Marc cet automne? (Afrique)

4. Où voyagent Paul et Corinne? (États-Unis)
5. Où Martine passe-t-elle le week-end? (Chicago)
6. Où veux-tu aller? (Suisse)
7. Où va Denis? (Mexique)
8. Où est Philippe? (Algérie)

B. Tour du monde francophone. Transformez les verbes du présent au passé composé.

1. Nous quittons New York pour aller à la Guadeloupe. 2. Ensuite, nous allons à la Martinique. 3. Les plages de ces îles sont reposantes (*relaxing*). 4. Ensuite, nous partons pour la Réunion. 5. On arrive à Tahiti et on passe une semaine magnifique. 6. Nous avons envie de rester dans cette île parce qu'il fait très beau. 7. Je visite aussi la Nouvelle-Calédonie. 8. Mes amis restent à Tahiti. 9. Nous passons aussi par la Guyane. 10. On descend les grands fleuves de la Guyane. 11. Nous retournons aux États-Unis très fatigués mais contents.

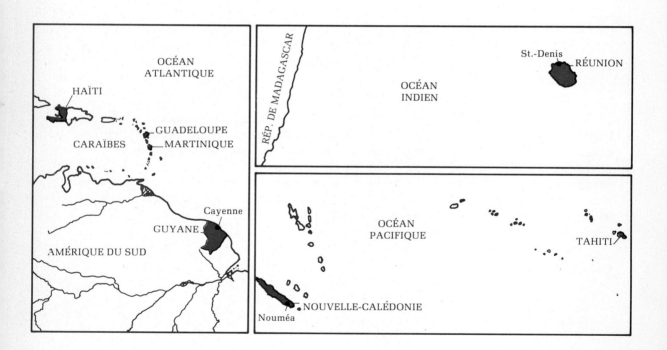

C. Différences culturelles. Les observations suivantes concernent la télévision américaine. Donnez le contraire de chaque phrase pour apprendre comment la télévision française diffère de la télévision américaine.

Aux États-Unis...　　　　　　　　**En France...**

1. Il y a toujours de la publicité
   pendant les programmes.
2. A deux heures du matin, il y
   a quelque chose à la télé.
3. A deux heures du matin, il y
   a quelqu'un devant la télé.
4. Il y a encore des programmes
   à quatre heures du matin.
5. Il y a déjà des téléspectateurs
   devant leur télé à six heures
   du matin.

D. Quel moyen de transport préférez-vous? Considérez le confort, le prix, la rapidité, la possibilité de travailler en route. Indiquez les avantages et les inconvénients de chaque moyen de transport.

Les moyens de transports:

　　Le train: la gare, les places et les couchettes réservé(e)(s), marcher (*to walk*), voyage monotone, paysage (*countryside*) magnifique

　La voiture: la circulation (*traffic*), l'autoroute, journée fatigante, le parking, l'indépendance

　　L'avion: l'aéroport, voyage court, les taxis, le prix

D'autres mots utiles: économique, pratique, cher, bon marché, rapide, lent(e) (*slow*), sûr(e) (*safe*), dangereux (-euse), polluant(e), toujours/jamais à l'heure, confortable, désagréable, agréable

E. Êtes-vous un grand voyageur? Où allez-vous pour voir les choses suivantes?

MODÈLE: la fontaine de Trévi → On va à Rome (en Italie) pour voir la fontaine de Trévi.

1. Carnac
2. le Pont-du-Gard
3. les Pyramides
4. Big Ben
5. l'Amazone
6. le Mont Everest
7. le Sahara
8. le Danube
9. la Grande Muraille (*wall*)

a. la Bretagne (France)
b. l'Égypte
c. Londres
d. l'Afrique
e. l'Asie
f. l'Amérique du Sud
g. l'Allemagne, l'Autriche (*Austria*)
h. la Provence (France)
i. la Chine

Faites le total des réponses correctes. Dans quelle catégorie êtes-vous?

　　8–9　Très bien! Vous êtes très bien informé(e) et vous aimez les voyages.

5–7 Pas mal, mais vous n'êtes pas un(e) voyageur (-euse) très passionné(e).

0–4 Restez à la maison et lisez un livre de géographie avant de partir en voyage.

Maintenant, nommez d'autres choses à voir dans d'autres pays et mettez à l'épreuve (*test*) les connaissances (*knowledge*) géographiques de vos camarades de classe.

Vocabulaire

Verbes

conduire *to drive*
coûter *to cost*
entrer *to enter*
monter *to go up, climb*
mourir *to die*
naître *to be born*
rentrer *to return, go home*
tomber *to fall*

Substantifs

l'aéroport (m.) *airport*
l'arrivée (f.) *arrival*
l'autoroute (f.) *highway*
l'avion (m.) *airplane*
le billet *ticket (train, airplane)*
le camion *truck*
le compartiment *compartment*
le (la) conducteur
      (-trice) *driver*
la couchette *berth*
le départ *departure*
l'endroit (m.) *place*
l'état (m.) *state*
la fois *time*
   une fois *once*
   deux fois *twice*
la gare *train station*
le guichet *(ticket) window*
l'hôtesse de l'air
      (f.) *stewardess*
le métro *subway*

le monde *world*
la motocyclette, la
      « moto » *motorcycle*
le (la) passager (-ère) *passenger*
le pays *country (nation)*
le pilote *pilot*
le quai *platform (train station)*
le steward *steward*
le train *train*
la valise *suitcase*
la ville *city*
le vol *flight*
le wagon *car (train)*

Expressions affirmatives et négatives

déjà *already*
ne... jamais *never*
ne... pas encore *not yet*
ne... personne *no one, nobody*
ne... plus *no longer*
ne... que *only*
ne... rien *nothing*
quelque chose *something*
quelqu'un *someone*
tout *everything*
tout le monde *everybody, everyone*

Pays

l'Algérie (f.) *Algeria*

l'Allemagne (f.) **de l'Est** *East Germany*
l'Allemagne (f.) **de l'Ouest** *West Germany*
l'Angleterre (f.) *England*
la Belgique *Belgium*
le Brésil *Brazil*
le Canada *Canada*
la Chine *China*
l'Espagne (f.) *Spain*
les États-Unis (m.) *United States*
la France *France*
la Grèce *Greece*
l'Italie (f.) *Italy*
le Japon *Japan*
le Maroc *Morocco*
le Mexique *Mexico*
le Portugal *Portugal*
la Suisse *Switzerland*
l'U.R.S.S. (f.) *U.S.S.R.*

Mots divers

à l'étranger *abroad, in a foreign country*
à l'heure *on time*
à mon avis *in my opinion*
chacun(e) *each, everyone*
en retard *late, not on time*
plusieurs *several*
prochain(e) *next*
si *yes*
tôt *early*

Lecture

LE PHÉNOMÈNE DEUX-CHEVAUX

Avant de lire When one begins reading a text of any kind, one has expectations about that text that will be either confirmed or altered in the process of reading it. We rarely if ever begin reading a text about which we have no expectations: it could be a newspaper whose headlines direct us to stories that interest us, a mystery book with a plot whose solution will appear only toward the end, a romance whose hero and heroine may or may not be reunited in the concluding pages, or a best-seller some friend has recommended. The information we have about a text before we begin reading influences the way we read, although we are often unaware of this.

By now, you have expectations about the readings in *Rendez-vous*; they contain cultural information about a given subject, they illustrate similarities and differences between the French and ourselves, and they confirm some of your preconceptions about the French and perhaps alter others.

Before reading "Le phénomène Deux-Chevaux," try to articulate your expectations about the text by doing the following exercise.

1. First, look at the title and then look at the cartoon and the photograph that illustrate the passage. Write one sentence in English explaining what you think the passage is about.
2. Now read the first sentence of each paragraph and write a second sentence describing a new fact you expect to find in the passage.
3. Now look at the glosses in the margin and write a third sentence explaining some further information you anticipate finding in the passage.
4. Finally, write a fourth sentence identifying something in American life you believe to be similar to what will be discussed in the reading.

After reading "Le phénomène Deux-Chevaux," read the sentences you have written. Which of your expectations were fulfilled and which were not? Are the sentences you wrote an accurate anticipation of the content of the passage?

Expectations characterize our reading of texts and even our reading of their fundamental units: titles, paragraphs, sentences, footnotes, etc. Being especially aware of the function of expectations facilitates reading, especially in a foreign language one is learning.

U N DES PHÉNOMÈNES les plus remarquables dans l'histoire de l'automobile française est sans doute une voiture construite° en 1948 par la société° Citroën, la Deux-Chevaux° (2 CV). Cette voiture de tôle ondulée,° minuscule, peu confortable et peu puissante,° occupe aujourd'hui une place d'honneur dans la culture populaire européenne. On a fait des sculptures, on a composé des odes à la 2 CV.

Quel est le secret de cette popularité? La 2 CV est une voiture prolétarienne. Mais à la différence de la Volkswagen, elle ne ressemble pas beaucoup à une voiture. Elle a un toit de toile° qu'on enroule° comme le couvercle° d'une boîte de sardines; on ouvre° ses fenêtres en les pliant vers le haut;° le levier de vitesse° sort du tableau de bord.° Les passionnés de la 2 CV affirment que ce n'est pas une voiture, c'est un état d'esprit.° Les conducteurs de 2 CV ne sont pas des automobilistes comme les autres non plus.°

Pierre Jules Boulanger, le créateur de la 2 CV, a ainsi décrit° le prototype à ses ingénieurs dans les années 40: c'est «une voiture qui peut transporter deux fermiers en sabots° et 50 kilos de pommes de terre à une vitesse maximale de 60 kilomètres-heure, avec une consommation d'essence° de trois litres aux cent kilomètres». Les ingénieurs ont interpreté: «quatre roues° sous un parapluie» et ils ont réduit° au minimum le poids° et le coût du modèle. Résultat: Citroën a vendu plus de 6,5 millions de 2 CV en Europe de l'Ouest, en Afrique francophone, en Amérique du Sud et en Yougoslavie… et même aux USA! Le club des fanas° américains de la Deux-Chevaux a son quartier général à Hollywood.

faite

compagnie / Deux…
  two horsepower (lit-
  erally, two horses)
tôle… corrugated iron /
  powerful

canvas / rolls up
top (covering) / opens
en… by folding them
  upward / le… the
  stickshift / ta-
  bleau… dashboard
mind
non… either
a… described thus

fermiers… farmers
  wearing wooden
  shoes
gas
wheels / reduced /
  weight

passionnés

La simplicité et le prix modeste de la 2 CV <u>font d'elle</u> une voiture idéale pour les jeunes. Elle est souvent pour cette raison la première voiture qu'on achète: est-ce pour cela qu'elle a tant d'amoureux°? Ou est-ce parce qu'elle représente, tout simplement, une plus grande aventure que les « vraies » voitures?

tant… so many lovers

Les conducteurs de Deux-Chevaux ne sont pas des automobilistes comme les autres.

Compréhension

A. Transformez en questions les expressions de la colonne de gauche. Un(e) camarade trouve une expression dans la colonne de droite pour répondre à la question, selon le modèle. Attention! Les expressions dans la colonne de droite ne sont pas dans le bon ordre!

MODÈLE: peu confortable →

Question: Pourquoi la Deux-Chevaux est-elle peu confortable?
Réponse: Parce qu'elle est minuscule.

Pour les questions	Pour les réponses
peu confortable	le prix est très modeste
elle ne ressemble pas à une « vraie » voiture	moteur de deux cylindres
peu puissante	minuscule
une voiture idéale pour les jeunes	le levier de vitesse sort du tableau de bord et le toit est en toile

B. A votre avis, quelles sont les qualités d'une bonne voiture? Faites une liste de ces qualités. Est-ce que la Deux-Chevaux a chacune de ces qualités?

Expression écrite

A. Écrivez trois paragraphes sur votre expérience avec les transports publics. Utilisez les questions suivantes comme guide.

1. Préférez-vous le métro ou l'autobus pour circuler dans une grande ville? Pourquoi? Aimez-vous prendre le taxi? Expliquez pourquoi.
2. Prenez-vous souvent le train? Combien de fois avez-vous pris le train? Pour aller où? Combien de temps avez-vous passé à cet endroit?
3. Avez-vous souvent pris l'avion? Pourquoi avez-vous pris l'avion? Où êtes-vous allé(e) en avion? Quelle ligne aérienne préférez-vous? Pourquoi?

B. Écrivez deux paragraphes sur votre expérience en automobilisme. Utilisez les questions suivantes comme guide.

1. Quelle marque (*make*) de voiture avez-vous ou quelle marque de voiture voulez-vous avoir un jour? Pourquoi?
2. Conduisez-vous bien ou mal? A quel âge avez-vous eu votre permis de conduire (*driver's license*)?

A. Sur les routes de France. Pour être un bon conducteur (une bonne conductrice), on doit reconnaître (*recognize*) les panneaux (*road signs*). Devinez ce que (*Guess what*) ces panneaux représentent.

1.   2.   3.   4.   5.   6.   7.   8.

a. sens interdit (*wrong way; do not enter*)
b. défense de stationner (*no parking*)
c. limite de vitesse
d. virage (*curve*) dangereux
e. défense de doubler (*no passing*)

f. passage pour piétons (*pedestrians*)
g. terrain de camping pour tentes et caravanes
h. attention aux animaux sauvages

Avec un(e) camarade, imaginez que vous êtes en route. C'est vous qui conduisez. Indiquez quatre des panneaux, l'un après l'autre, à votre camarade. A chaque fois, votre camarade doit vous donner un ordre correspondant au panneau que vous avez indiqué. Ensuite, changez de rôles et faites de même avec les autres panneaux.

Expressions utiles: Attention à ——!
Il est interdit de ——!
Ralentis! (*Slow down!*)
Fais demi-tour!

A PROPOS

Expressions utiles en voyage

En voiture:
Faites le plein (*Fill it up*), s'il vous plaît.
...de l'essence ordinaire ou du super?
Ma voiture est en panne (*broken down*).

En taxi:
Quels sont les tarifs (*fares*), s'il vous plaît?

Dans le métro:
(Je voudrais) un ticket (de métro), s'il vous plaît.
(Je voudrais) un carnet (*book of tickets*), s'il vous plaît.

Pour prendre l'autobus:
Où est l'arrêt d'autobus (*bus stop*), s'il vous plaît?
(Je voudrais) un ticket (d'autobus), s'il vous plaît.

B. Interaction. Avec un(e) camarade, jouez les trois scènes suivantes.

1. Vous faites la connaissance d'une personne francophone. Présentez-vous et entrez en conversation. (D'où viens-tu? Comment as-tu voyagé jusqu'à présent? Où vas-tu? Que veux-tu voir?)
2. Votre nouvel(le) ami(e) veut visiter un endroit assez loin de l'université. Vous offrez d'emmener (*to take*) votre ami(e) en voiture, ou vous recommandez le taxi ou l'autobus.
3. Maintenant, jouez une scène de taxi, d'autobus ou de voiture (par exemple, une scène de station-service). Prenez les rôles déterminés dans la deuxième partie de cet exercice et utilisez le vocabulaire de l'**A propos**.

C. Pour ou contre. Organisez un débat. Prenez parti **pour** ou **contre** et défendez votre opinion.

1. Êtes-vous pour ou contre la limitation de vitesse aux États-Unis à cinquante-cinq miles à l'heure? Est-ce qu'elle permet d'économiser de l'essence? Est-ce qu'on respecte cette limitation?
2. Êtes-vous pour ou contre les petites voitures? Sont-elles confortables? Est-ce qu'elles permettent d'économiser de l'essence? Sont-elles sûres (*safe*)?

Expressions utiles: Je (ne) suis (pas) d'accord. (*I [do not] agree.*) / Vous avez tort/raison. / A mon avis,... / Je n'ai pas terminé! (*I haven't finished!*) / Laissez-moi terminer!

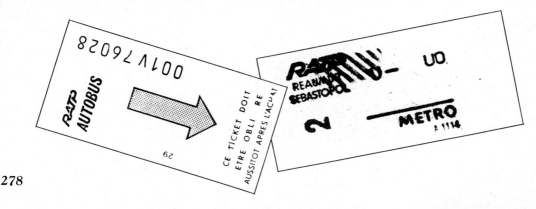

CHAPITRE NEUF

Bonnes nouvelles

© OWEN FRANKEN / STOCK, BOSTON

Quoi de neuf?

OBJECTIFS   The theme of this chapter is communication. You will learn words and expressions related to television, newspapers, magazines, and letter writing, and expressions that will help you to make phone calls in French. You will learn the **imparfait,** a descriptive past tense that will be contrasted to the **passé composé** in the next chapter. You will also learn direct and indirect object pronouns, allowing you to say such things as "I sent her a letter," "I saw it last night," or "I used to phone them often."

Étude de vocabulaire

Pour communiquer

1. Nous écrivons...

2. Nous lisons...

3. Nous parlons...

---

*Une revue is generally a monthly publication whose articles share a common theme and whose purpose is scholarly or informational. **Un magazine,** on the other hand, contains articles on a wide variety of topics and has many photographs and advertisements.

†In France, public telephone booths require a 50-centime coin for local calls and a 1-franc coin for the first three minutes of a call outside the local area.

4. Nous écoutons et nous regardons...

Les chaînes de la télévision française

un poste de télévision = la télé

Télévision Française 1
(TF1)
les nouvelles

Antenne 2
(A2)
la publicité

France-Régions 3
(FR3)
un programme de musique

Canal Plus
Télévision par cable privée

A. **Conseils** (*Advice*). Vous venez d'arriver en France et vous êtes un peu désorienté(e). Exposez votre problème et donnez des conseils, seul(e) ou avec un(e) camarade, selon le modèle.

MODÈLE: Je voudrais trouver du travail. → Cherche un journal!

1. Je voudrais acheter un journal.   2. Je voudrais appeler un ami.
3. Je voudrais appeler une amie en Afrique.   4. Je voudrais acheter un timbre.   5. Je voudrais envoyer cette lettre.

B. **Conversations sur la communication.** Regardez les dessins (*drawings*) et posez les questions suivantes à un(e) camarade.

1. *La correspondance.* Sur le dessin, où est la femme avec la lettre et la carte postale? Qu'est-ce qu'il y a sur l'enveloppe? Qu'est-ce qu'il y a dans la boîte aux lettres? Où sont les timbres? Comment commence une lettre d'affaires (*business*)? une lettre à une amie? Comment est-ce qu'on termine une lettre à des amis? Que fais-tu quand tu as besoin d'envoyer un message urgent?

2. *Au kiosque.* Où trouve-t-on les petites annonces? Où vas-tu pour acheter des journaux? Est-ce que *Paris-Match* est un journal? Est-ce que *Historia* est un magazine?

3. *Le téléphone.* Où vas-tu pour appeler tes amis? Où cherche-t-on un numéro inconnu (*unknown*)? Est-ce que tu appelles* souvent tes amis? Quelle pièce emploie-t-on pour appeler quelqu'un d'une cabine téléphonique? Quand le téléphone sonne (*rings*), qu'est-ce que tu dis (*say*)?

4. *La télévision et la radio.* Si tu n'aimes pas une émission (un programme), qu'est-ce que tu fais? Combien de chaînes de télévision y a-t-il en France? Qu'est-ce qu'il y a entre les émissions? Pour écouter de la musique, préfères-tu la télé ou la radio? et pour écouter les nouvelles? Y a-t-il trop de publicité à la télévision américaine?

---

*The verb **appeler** is an **-er** verb with a spelling change (see Section 18, Chapter 5). The consonant l is doubled only before a silent e: **j'appelle, tu appelles, il/elle/on appelle, nous appelons, vous appelez, ils/elles appellent.**

Quelques verbes de communication

Dire bonjour   Lire un journal   Écrire une lettre   Mettre de l'argent

	dire (*to say, to tell*)	**lire** (*to read*)	**écrire** (*to write*)	**mettre** (*to place, to put*)
je	dis	lis	écris	mets
tu	dis	lis	écris	mets
il, elle, on	dit	lit	écrit	met
nous	disons	lisons	écrivons	mettons
vous	dites	lisez	écrivez	mettez
ils, elles	disent	lisent	écrivent	mettent
Past participle:	dit	lu	écrit	mis

Dire, lire, and **écrire** have similar conjugations, except for the second person plural of **dire** and the **v** in the plural stem of **écrire.** Another verb conjugated like **écrire** is **décrire** (*to describe*).

A. Au foyer de la cité universitaire. Changez les phrases du singulier au pluriel et vice versa.

1. Ils disent bonjour au facteur (*mail carrier*).   2. Nous lisons les lettres de notre famille.   3. Il écrit une lettre à ses parents.   4. Elle a dit au revoir à son ami.   5. Avez-vous lu les petites annonces dans *Libération?*   6. Vous écrivez dans votre journal intime (*diary*). 7. Elles décrivent leur vie à l'université.   8. Nous avons écrit de très longues lettres à nos amies parisiennes.   9. Je dis la vérité (*truth*) sur mes problèmes.   10. Tu lis le télégramme de ton frère.   11. Elle a décrit son nouvel appartement dans sa dernière lettre.   12. Elle écrit l'adresse de ses parents sur l'enveloppe.   13. Ils lisent la carte postale de Jean.   14. Tu décris tes professeurs.

B. La communication. Discutez des réponses aux questions suivantes avec vos camarades.

1. Qu'est-ce qu'on met sur les enveloppes? Qu'est-ce que nous mettons dans une enveloppe? Qu'est-ce que vous écrivez à la fin (*end*) d'une lettre à un ami?
2. Écrivez-vous souvent des lettres? des télégrammes? des romans (*novels*)?
3. Pour appeler quelqu'un d'une cabine téléphonique, qu'est-ce que vous mettez dans l'appareil?
4. Qu'est-ce que vous lisez tous les jours (*every day*)? Est-ce que vos amis lisent des journaux? Lisez-vous toujours les petites annonces?
5. A quelle heure mettez-vous la télévision? Quel programme mettez-vous d'abord? Qu'est-ce que vous pensez de la télévision américaine?
6. Est-ce que vous avez récemment donné de vos nouvelles à vos amis ou à vos parents? A qui avez-vous écrit? téléphoné? De quoi avez-vous parlé?

Étude de grammaire

33. THE **IMPARFAIT**

Pauvre grand-mère!

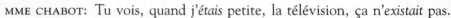

MME CHABOT: Tu vois, quand j'*étais* petite, la télévision, ça n'*existait* pas.
CLÉMENT: Mais alors, qu'est-ce que tu *faisais*, avec tes parents, le soir?
MME CHABOT: Eh bien, nous *lisions*, nous *bavardions*, nous *écoutions* nos parents raconter des histoires...
CLÉMENT: Pauvre Mémé, ça *devait* être triste de ne pas pouvoir regarder *Agents tous risques* le soir...

Qui parle dans les phrases suivantes, Mme Chabot ou Clément?

1. La télévision n'existait pas quand j'étais petite.
2. Ça devait être triste de ne pas regarder *Agents tous risques*.
3. Tu n'avais pas de télévision, mais avais-tu la radio?
4. La télévision existait-elle quand je suis né?
5. Nous n'avions que la radio et les journaux pour avoir les nouvelles.

Poor Grandmother!
MME CHABOT: You see, when I was little, television didn't exist.   CLÉMENT: But then, what did you and your parents do in the evening?   MME CHABOT: Well, we read, we chatted, we listened to our parents tell stories . . .   CLÉMENT: Poor Gram, it must have been sad not to be able to watch the *A-Team* at night. . . .

The **passé composé** is used to relate events that began and ended in the past. In contrast, the **imparfait** is used to describe continuous or habitual past actions or situations. [*]

A. Formation of the **imparfait**

The formation of the **imparfait** is identical for all French verbs except **être**. To find the regular imperfect stem, drop the **-ons** ending from the present tense **nous** form. Then add the imperfect endings.

nous parl~~ons~~	**parl-**	nous vend~~ons~~	**vend-**
nous finiss~~ons~~	**finiss-**	nous av~~ons~~	**av-**

imparfait OF **parler** (*to speak*): **parl** + *imperfect endings*			
je	parl**ais**	*nous*	parl**ions**
tu	parl**ais**	*vous*	parl**iez**
il, elle, on	parl**ait**	*ils, elles*	parl**aient**

J'**allais** au bureau de poste tous les matins.	*I used to go to the post office every morning.*
Mon grand-père **disait** toujours: « L'excès en tout est un défaut. »	*My grandfather always used to say, "Moderation in all things."*
Quand j'**habitais** avec les Huet, je **mettais** souvent de l'eau dans mon vin.	*When I lived with the Huets, I would often put water in my wine.*

Verbs with an imperfect stem that ends in **-i** (**étudier: étudi-**) have a double **i** in the first and second persons plural of the **imparfait: nous étudiions, vous étudiiez.** The **ii** is pronounced as a long i sound [i:], to distinguish the **imparfait** from the present tense forms **nous étudions** and **vous étudiez.**

Verbs with stems ending in **ç** [s] or **g** [ʒ] have a spelling change when the **imparfait** endings start with **a: je mangeais, nous mangions; elle commençait, nous commencions.** In this way, the pronunciation of the stem is preserved.

The **imparfait** has several equivalents in English. For example, **je parlais** can mean *I talked, I was talking, I used to talk,* or *I would talk.*

---

[*]The differences between the **passé composé** and the **imparfait** are presented in detail in Section 37 of the next chapter.

B. Imparfait of **être**

The verb **être** has an irregular stem in the **imparfait: ét-.**

imparfait OF être (*to be*)			
j'	**étais**	*nous*	**étions**
tu	**étais**	*vous*	**étiez**
il, elle, on	**était**	*ils, elles*	**étaient**

Quand tu **étais** petit, tu **aimais** bien lire les contes de la Mère l'oie.	*When you were little, you liked to read Mother Goose stories.*
J'**étais** très heureux quand j'**habitais** à Paris.	*I was very happy when I lived in Paris.*
Mes parents **étaient** à l'étranger à ce moment-là.	*My parents were abroad at that time.*

C. Uses of the **imparfait**

In general, the **imparfait** is used to describe continuous actions or situations that existed for an indefinite period of time in the past. There is usually no mention of the beginning or end of the event. The **imparfait** is used:

1. In descriptions, to set a scene:

C'**était** une nuit tranquille à Paris.	*It was a quiet night in Paris.*
Il **pleuvait** et il **faisait** froid.	*It was raining and (it was) cold.*
M. Cartier **lisait** le journal.	*Mr. Cartier was reading the newspaper.*
Mme Cartier **regardait** la télévision, et Achille, leur chat, **dormait.**	*Mrs. Cartier was watching television, and Achille, their cat, was sleeping.*

2. For habitual or repeated past actions:

Quand j'étais jeune, j'**allais** chez mes grands-parents tous les dimanches.	*When I was young, I went to my grandparents' home every Sunday.*
Nous **faisions** de belles promenades.	*We would take (used to take) lovely walks.*

3. To describe feelings and mental or emotional states:

Claudine **était** très heureuse— elle **avait** envie de chanter.	*Claudine was very happy—she felt like singing.*

4. To tell time of day or to express age in the past:

Il **était** cinq heures et demie du matin.	*It was 5:30 A.M.*
C'était son anniversaire; il **avait** douze ans.	*It was his birthday; he was twelve years old.*

5. To describe an action or situation that was happening when another event (usually in the **passé composé**) interrupted it:

Jean **lisait** le journal quand le téléphone a sonné.	*Jean was reading the paper when the phone rang.*

Maintenant à vous

A. Activités diverses. Utilisez les éléments entre parenthèses pour répondre aux questions suivantes.

1. Qui lisait le journal ce matin? (Marie-Thérèse, nous, tu)   2. Qui écoutait la radio à 6 heures du matin? (Jean-Pierre, je, elles)   3. Qui regardait les nouvelles à la télé chaque week-end? (tu, ma sœur, vous)   4. Qui mettait la télé tous les soirs? (nous, je, les étudiants)

B. Sorties. L'an dernier, vous sortiez régulièrement avec vos amis. Faites des phrases complètes selon le modèle.

MODÈLE: dîner ensemble → Nous dînions ensemble.

1. jouer aux cartes au café   2. boire des express   3. faire des promenades l'après-midi   4. pique-niquer à la campagne   5. aller à la discothèque tous les week-ends   6. partir en vacances ensemble

C. Créez une atmosphère. Imaginez que vous êtes romancier (-ière) (*novelist*) et que vous commencez un nouveau livre. Vous avez déjà composé le paragraphe suivant: «Il est huit heures du matin. De ma fenêtre, je vois le kiosque de la rue de la République. Les trottoirs (*sidewalks*) sont pleins de gens* (*filled with people*) qui vont au travail. Un groupe d'hommes attend l'autobus. Un autre groupe descend dans la station de métro. Près d'une cabine téléphonique un jeune homme lit le journal et une petite femme met des enveloppes dans une boîte aux lettres. Au café, les garçons servent du café et des croissants chauds. Il fait chaud. Je suis content(e).»

Mais non! Vous n'êtes pas satisfait(e). Recommencez. Mettez le paragraphe à l'imparfait: «Il était...»

Mais vous n'êtes toujours pas satisfait(e). Essayez encore une fois. Créez une atmosphère sombre et mystérieuse. Commencez par: «Il était onze heures du soir....»

---

*The French use **les gens** to refer to an indeterminate number of people (**Ces gens-là sont très polis**). If the number of people can be counted, the French use **les personnes** (**Il y avait dix personnes dans la salle**). One person is always **une personne.**

D. **Conversation.** Posez les questions suivantes à un(e) camarade. En 1975...

1. Quel âge avais-tu?   2. Habitais-tu à la campagne? dans une petite ville ou dans une grande ville? Avec qui habitais-tu?   3. Comment était ta maison ou ton appartement?   4. Étais-tu bon(ne) élève (*pupil*) à l'école (*school*)? Aimais-tu tes instituteurs (*teachers*)? Avais-tu des devoirs?   5. Étais-tu content(e)? Pourquoi ou pourquoi pas?

34. DIRECT OBJECT PRONOUNS*

Annick au téléphone

«Décrochez le combiné.» Voilà, je *le* décroche.
«Mettez une pièce d'un franc.» Je *la* mets... bon.
«Composez votre numéro.» Qu'est-ce que c'est, déjà? Ah! *Le* voilà.
Allô? allô? allô? Zut. Ça ne marche pas.
Bon, eh bien, ma bonne nouvelle, je vais *l'*envoyer par télégramme.

Trouvez la réponse correcte et complétez la phrase.

1. Qu'est-ce qu'Annick fait avec le combiné?
2. Qu'est-ce qu'elle fait avec la pièce d'un franc?
3. Qu'est-ce qu'elle fait avec le numéro?
4. Qu'est-ce qu'Annick va faire avec sa bonne nouvelle?

a. Elle _____ met.
b. Elle va _____ envoyer par télégramme.
c. Elle _____ décroche.
d. Elle _____ compose.

A. Direct object nouns and pronouns

Direct objects are nouns that receive the action of a verb. They usually answer the question *what?* or *whom?* For example, in the sentence *Robert dials the number,* the word *number* is the direct object of the verb *dials.*

Direct object pronouns replace direct object nouns: Robert dials *it.* In general, direct object pronouns replace nouns that refer to specific persons, places, objects, or situations, that is, nouns that have a definite article, a possessive adjective, or a demonstrative adjective, as well as proper nouns with no article.

Annick on the telephone
"Pick up the receiver." OK, I pick it up. "Put in a one-franc coin." I put it in . . . good. "Dial your number." What is it, now? Ah! Here it is. Hello? hello? hello? Darn. It doesn't work. OK then, as for my good news, I'll send it by telegram.

*Les pronoms (*m.*) compléments d'objet direct

J'admire **la France.** Je l'admire.	*I admire France. I admire it.*
Je regarde **ma sœur.** Je **la** regarde.	*I look at my sister. I look at her.*

B.   Forms and position of direct object pronouns

DIRECT OBJECT PRONOUNS			
me (m')	*me*	**nous**	*us*
te (t')	*you*	**vous**	*you*
le (l')	*him, it*	**les**	*them*
la (l')	*her, it*		

Robert compose **le numéro.**   Robert composait **le numéro.**

Robert **le** compose.   Robert **le** composait.

Robert a composé **le numéro.**

Robert **l'**a composé.

Usually, French direct object pronouns immediately precede the verb in the present and the imperfect tenses and the auxiliary verb in the **passé composé.** Third-person direct object pronouns agree in gender and in number with the nouns they replace: **le** replaces a masculine singular noun, **la** replaces a feminine singular noun, and **les** replaces plural nouns.

Pierre lisait-il **le journal?** —Oui, il **le** lisait.	*Was Pierre reading the newspaper? —Yes, he was reading it.*
Veux-tu **ma revue?** —Oui, je **la** veux.	*Do you want my magazine? —Yes, I want it.*
Est-ce que vous postez **ces lettres?** —Oui, je **les** poste.	*Are you mailing these letters? —Yes, I'm mailing them.*
Anne, a-t-elle lu **le journal?** —Oui, elle **l'**a lu.	*Did Anne read the newspaper? —Yes, she read it.*

If the verb following the direct object pronoun begins with a vowel sound, the direct object pronouns **me, te, le,** and **la** become **m', t',** and **l'.**

J'achète la carte postale. Je **l'**achète.	*I'm buying the postcard. I'm buying it.*
Monique **t'**admirait. Elle ne **m'**admirait pas.	*Monique used to admire you. She didn't admire me.*
Nous avons lu le journal. Nous **l'**avons lu.	*We read the newspaper. We read it.*

If the direct object pronoun is the object of an infinitive, it is placed immediately before the infinitive.

Annick va **chercher l'adresse.**	*Annick is going to get the*
Annick va **la chercher.**	*address. Annick is going to get it.*
Elle allait **la chercher.**	*She was going to get it.*
Elle est allée **la chercher.**	*She went to get it.*

In a negative sentence, the direct object pronoun always immediately precedes the verb of which it is the object.

Nous ne regardons pas **la télé.** Nous ne **la** regardons pas.	*We don't watch TV. We don't watch it.*
Je ne vais pas acheter **les billets.** Je ne vais pas **les** acheter.	*I'm not going to buy the tickets. I'm not going to buy them.*
Elle n'est pas allée chercher **le journal.** Elle n'est pas allée **le** chercher.	*She did not go to get the newspaper. She did not go to get it.*

The direct object pronouns also precede **voici** and **voilà.**

Le voici!	*Here he (it) is!*
Me voilà!	*Here I am!*

Maintenant à vous

A. Un coup de téléphone (*Phone call*). Suivez le modèle.

MODÈLE: Je cherche la cabine téléphonique. → Je la cherche.

1. Je consulte l'annuaire.   2. Je décroche le combiné.   3. Je mets la pièce.   4. Je compose le numéro.   5. J'écoute mes amis.

B. Eureka! Suivez le modèle.

MODÈLE: Je cherche le bureau de poste. → Le voilà.
                                   (*ou*) → Le voici.

1. Où est l'annuaire?   2. Elle a perdu le numéro de téléphone. 3. Où est le téléphone?   4. Il cherche le kiosque.   5. Il a envie de lire *Le Monde* d'hier.   6. Avez-vous deux francs?   7. Où est l'adresse des Huet?   8. J'ai besoin de la grande enveloppe blanche.

C. Des projets. Christian fait toujours comme Christiane. Avec un(e) camarade, parlez de leurs projets selon le modèle.

MODÈLE: chercher les salles de cours →
         Vous: Est-ce qu'elle va chercher les salles de cours?
      Un(e) ami(e): Oui, et il va les chercher aussi.

1. étudier la philosophie 2. lire les romans de Flaubert 3. prendre l'avion pour Paris en juin 4. visiter l'Italie 5. écrire les cartes postales à la famille

D. **Conversation négative.** Avec un(e) camarade, jouez les rôles de deux personnes qui parlent au téléphone.

MODÈLE: *Vous:* Tu m'admires?
Un(e) ami(e): Non, je ne t'admire pas.

1. Tu m'écoutes?
2. Tu m'entends?
3. Tu m'aimes?

4. Tu me comprends?
5. Tu m'invites à dîner?
6. Tu m'appelles dimanche?

Conversation positive. Répétez cette conversation selon le modèle.

MODÈLE: *Vous:* Vous m'admirez?
Un(e) ami(e): Oui, je vous admire.

E. **Interview.** Interviewez un(e) camarade de classe sur ses préférences. Votre camarade doit utiliser un pronom complément d'objet direct dans sa réponse.

1. Utilises-tu souvent le téléphone? 2. Appelles-tu souvent tes camarades de classe? tes professeurs? tes parents? 3. Est-ce que tes parents t'appellent souvent? et tes amis? 4. Regardes-tu souvent la télé? 5. Aimes-tu regarder la publicité? 6. Préfères-tu apprendre les nouvelles dans le journal ou à la radio? à la radio ou à la télé? 7. Essaies-tu de comprendre la politique internationale? la philosophie existentialiste? 8. Achètes-tu le journal tous les jours? 9. Lis-tu les romans de Sartre? les romans de Flaubert? les romans de Michener? d'autres romans?

Rencontre culturelle

In French, a business letter begins with **Monsieur, Madame,** or **Mademoiselle** or with **Cher Monsieur, Chère Madame, Chère Mademoiselle.** There is a formal closing, such as **Je vous prie, cher (chère) Monsieur (Madame, Mademoiselle), d'agréer l'expression de mes salutations distinguées.** A slightly less formal ending for a business letter might be: **Veuillez accepter, cher (chère) Monsieur (Madame, Mademoiselle), l'expression de mes sentiments distingués.**

A friendly letter beings with **Cher Jean (Chère Monique),** or **Mon cher Jean (Ma chère Monique)** if you know the person very well. Many young people begin friendly letters with **Salut.** You can end this kind of letter with **bien amicalement, amitiés, affectueusement,** or **avec mon amitié.** When writing to your family or to very close friends, you may end with **Je t'embrasse** (*I embrace* or *kiss you*), **Mille bises** (*a thousand kisses*), **Grosses bises,** or **Gros bisous.**

35. AGREEMENT OF THE PAST PARTICIPLE*

L'opinion d'un téléspectateur américain en France

LE REPORTER: Vous avez vu le premier épisode de *Châteauvallon*?

L'AMÉRICAIN: Oui, je *l'ai vu* hier soir.

LE REPORTER: Et vous pensez que les producteurs ont imité les « soaps » américains?

L'AMÉRICAIN: Oh oui, c'est sûr! Ils *les* ont *imités*.

LE REPORTER: Est-ce que vous avez aimé notre version française de *Dallas*?

L'AMÉRICAIN: Très peu. Je *l'ai trouvée*... « soaporifique »!

Lisez ces phrases du dialogue et répondez aux questions.

« Je *l'*ai vu hier soir. » Qu'est-ce qu'il a vu?

« Ils *les* ont imité. » Qu'est-ce qu'ils ont imité?

« Je *l'*ai trouvée soaporifique. » Qu'est-ce qu'il a trouvé soaporifique? Que veut dire *soporifique*?

In the **passé composé,** the past participle is generally used in its basic form. However, when a direct object—noun or pronoun—precedes the auxiliary verb **avoir** plus the past participle, the participle agrees with the preceding direct object in gender and number.

J'ai lu le journal.	J'ai lu les journaux.
Je l'ai **lu.**	Je les ai **lus.**
J'ai lu la revue.	J'ai lu les revues.
Je l'ai **lue.**	Je les ai **lues.**
Quels amis avez-vous **appelés**?	*Which friends did you call?*
Quelles émissions avez-vous **regardées**?	*Which programs did you watch?*

The opinion of an American TV viewer in France

THE REPORTER: Did you see the first episode of *Château-in-the-Valley*?   THE AMERICAN: Yes, I saw it last night.   THE REPORTER: And do you think the producers imitated the American soaps?   THE AMERICAN: Oh yes, for sure. They imitated them.   THE REPORTER: Do you like our French version of *Dallas*?   THE AMERICAN: Very little. I found it . . . soaporific (soporific).

*L'accord (m.) du participe passé

The agreement of the past participle is essentially a spelling rule. It can be heard only when the past participle ends in a consonant and the agreement is with a preceding feminine direct object: **Elle a mis** [mi] **la télévision.** → **Elle l'a mise** [miz].*

Maintenant à vous

A. Billet doux (*Love letter*). Remplacez l'expression en italique par un pronom complément d'objet direct. Attention à l'accord du participe passé.

MODÈLE: J'ai cherché *sa lettre.* → Je l'ai cherchée.

1. J'ai regardé *sa lettre.*   2. J'ai emporté *sa lettre.*   3. J'ai senti *sa lettre.*   4. J'ai lu *sa lettre.*   5. J'ai mis *sa lettre* sur mon bureau.   6. J'ai écrit *ma réponse.*   7. J'ai écrit *l'adresse* sur l'enveloppe.   8. J'ai mis *le timbre* sur l'enveloppe.   9. J'ai envoyé *ma lettre.*

B. Préparatifs difficiles. Donnez des réponses négatives selon le modèle.

MODÈLE: As-tu déjà fait les réservations? → Non, je ne les ai pas encore faites.

1. Sylvie a-t-elle déjà envoyé le télégramme?   2. Ton frère a-t-il déjà fait sa valise?   3. Jean et Pauline ont-ils perdu vos clefs?   4. Est-ce que quelqu'un a loué l'appartement?   5. Est-ce que ton père a mis sa chemise bleue dans sa valise?   6. As-tu trouvé la carte?   7. Est-ce que j'ai déjà écrit notre adresse sur la valise?   8. Sylvie a-t-elle appelé les propriétaires?   9. Jean et Pauline ont-ils oublié l'heure du départ?   10. Est-ce que quelqu'un est allé chercher les billets?

C. Conversation. Posez les questions suivantes à un(e) camarade. Il/Elle utilise, quand c'est possible, un pronom complément d'objet direct dans ses réponses.

1. Quand tu étais enfant, aimais-tu toujours l'école? les vacances? les voyages? l'aventure? Quelle sorte d'aventure aimais-tu?
2. L'année dernière, as-tu passé tes vacances à la montagne? à l'étranger? en famille?
3. As-tu déjà essayé le camping? l'alpinisme? le bateau? le ski?
4. As-tu lu le dernier numéro (*last issue*) de *Time*? de *Newsweek*? de *Sports Illustrated*? de *l'Express*?
5. As-tu lu les romans d'Albert Camus? les livres de Saint-Exupéry?
6. Quand as-tu appelé tes grands-parents? tes parents? ton professeur de français? Pourquoi?

---

*Note that many adjectives are identical in form to past participles: **Elle a décrit une semaine** *passée* **en Italie.**

36. INDIRECT OBJECT PRONOUNS*

Journalistes pour le Canard?

RÉGIS: Tu as écrit aux journalistes du *Canard Enchaîné?*[†]
NICOLE: Oui, je *leur* ai écrit.
RÉGIS: Ils *t'*ont répondu?
NICOLE: Oui, ils *nous* ont donné rendez-vous demain.
RÉGIS: Ils ont aimé nos caricatures politiques?
NICOLE: Ils ne *m'*ont encore rien dit: on va voir demain!

Retrouvez la phrase correcte dans le dialogue.

1. J'ai écrit aux journalistes.
2. Les journalistes ont donné rendez-vous à Nicole et à Régis.
3. Les journalistes n'ont encore rien dit à Nicole.

A. Indirect objects

As you know, direct object nouns and pronouns answer the questions *what?* or *whom?* Indirect object nouns and pronouns usually answer the questions *to whom?* or *for whom?* In English the word *to* is frequently omitted: I gave the book *to Paul.* → I gave *Paul* the book. In French, the preposition **à** is always used before an indirect object noun.

© KAREN JUDD

J'ai donné le livre **à** Paul.	*I gave the book to Paul.*
Elle a écrit une lettre **à** son ami.	*She wrote a letter to her friend.*
Nous montrons le château **aux** touristes.	*We show the chateau to the tourists.*
Elle prête de l'argent **à** sa famille.	*She lends money to her family.*

If a sentence has an indirect object, it usually has a direct object also. Some French verbs, however, may take only an indirect object. These include: **téléphoner à, parler à,** and **répondre à.**

Je téléphone (*parle*) **à** mes amis.	*I telephone (speak) (to) my friends.*
Elle a répondu **à** ma lettre.	*She has answered (to) my letter.*

Journalists for the *Canard?*
RÉGIS: Did you write to the journalists at the *Canard Enchaîné?* NICOLE: Yes, I wrote to them. RÉGIS: Did they answer you? NICOLE: Yes, they made an appointment with us for tomorrow. RÉGIS: Did they like our political cartoons? NICOLE: They haven't told me anything yet: we'll see tomorrow.

*Les pronoms compléments d'object indirect
[†]The *Canard Enchaîné* is a satirical weekly newspaper in Paris.

B. Indirect object pronouns

1. Indirect object pronouns replace indirect object nouns. They are identical in form to direct object pronouns, except for the third-person forms, **lui** and **leur.**

INDIRECT OBJECT PRONOUNS			
me, m'	(*to/for*) *me*	nous	(*to/for*) *us*
te, t'	(*to/for*) *you*	vous	(*to/for*) *you*
lui	(*to/for*) *him, her*	**leur**	(*to/for*) *them*

2. The placement of indirect object pronouns is identical to that of direct object pronouns.* However, the past participle does not agree with a preceding indirect object.

Je **lui** ai montré la réception.	*I showed him (her) the (front) desk.*
On **m'**a demandé l'adresse de l'auberge de jeunesse.	*They asked me for the address of the youth hostel.*
Marcel **nous** a envoyé une carte postale.	*Marcel sent us a postcard.*
Nous n'allons pas **leur** téléphoner maintenant.	*We're not going to telephone them now.*
Je **leur** ai emprunté la voiture.	*I borrowed the car from them.*
Ils **m'**ont prêté de l'argent.	*They loaned me some money.*

3. In negative sentences, the object pronoun immediately precedes the conjugated verb.

Je **ne** t'ai **pas** donné les billets.	*I didn't give you the tickets.*
Elle **ne** lui a **pas** téléphoné.	*She hasn't telephoned him.*

Maintenant à vous

A. Communications. Faites les substitutions indiquées.

1. A qui Jean-Michel écrivait-il des lettres? —Il *m'*écrivait des lettres. (te, nous, leur)
2. A qui le facteur a-t-il apporté le courrier (*mail*)? —Il *m'*a apporté le courrier. (vous, lui, te)
3. A qui a-t-il envoyé le télégramme? —Il *t'*a envoyé le télégramme. (me, nous, lui)
4. A qui va-t-il téléphoner ce soir? —Il va *te* téléphoner ce soir. (leur, vous, nous)

---

*The order of multiple object pronouns will be discussed in Section 42 of Chapter 11.

B. Quelle honte (*For shame*)! Répondez selon le modèle.

MODÈLE: Est-ce que tu as envoyé des cartes postales à ta mère? →
Non, je ne lui ai pas envoyé de cartes postales.

1. As-tu téléphoné à ton grand-père?   2. Tu as écrit à ton vieil oncle?   3. Tu as donné des timbres à ta nièce pour sa collection?
4. As-tu répondu à ton amie en France?   5. Est-ce que tu as dit bonjour à ton prof de français?

C. Recommandations. Imaginez le dialogue entre Jean-Michel et ses parents avant son départ en vacances. Jouez les rôles selon le modèle.

MODÈLE: devoir / rendre / livres / Simon →
Les parents: Tu dois rendre les livres à Simon.
Jean-Michel: Non, je ne vais pas lui rendre les livres.

1. devoir / téléphoner / ton professeur de français   2. devoir / parler / ta propriétaire   3. devoir / dire au revoir / nos voisins   4. ne... pas / devoir / emprunter* / argent / tes amis   5. devoir / rendre visite / nous   6. devoir / écrire / nous

D. Des prêts (*loans*). Qu'est-ce que vous allez prêter aux personnes suivantes? Suivez le modèle.

MODÈLE: Jean est à la montagne. Il fait très froid. → Je lui prête mon chapeau. Je lui prête aussi mon manteau....

Situations:

1. Marie est en ville. Il fait du vent, et elle a perdu son chapeau. Il pleut aussi.   2. Pierre et Marie sont au bord d'un lac. Il fait très chaud.   3. Vos parents font une promenade à la campagne. Ils sont fatigués (*tired*).   4. Marc et Christine font du camping. Ils ont oublié plusieurs choses essentielles.   5. Claudine va dîner dans un grand restaurant avec son fiancé et ses parents. Elle veut faire une très bonne impression.   6. Jacques va faire un long voyage. Il ne veut mettre que les choses les plus importantes dans sa valise.

E. En français, s'il vous plaît. Marc parle de ses vacances à la plage.

1. My French friends and I are spending our vacation at the beach.
2. I showed them the countryside.   3. I spoke to them about the region (**région**).   4. I sent postcards to my parents.   5. I explained (**expliquer**) the trip to them.   6. I telephoned a friend (**une amie**).
7. I talked to her about my vacation.   8. I sent her a telegram, too.
9. My friends needed money, so I lent them some francs.   10. They lent me some clothes.   11. I haven't yet had the time to go (**le temps d'aller**) to the beach!

---

*Emprunter (*to borrow*) may take both a direct object (the thing borrowed) and an indirect object (the person from [à] whom it is borrowed).

F. Êtes-vous communicatif? Posez les questions suivantes à un(e) camarade et créez de nouvelles questions sur le même sujet.

1. A qui as-tu écrit la semaine dernière? Qu'est-ce que tu as écrit? Pourquoi?
2. A qui as-tu téléphoné la semaine dernière? De quoi avez-vous parlé?
3. As-tu jamais envoyé un télégramme? A quelle occasion?

Ensuite, dites à la classe si votre camarade est très ou peu communicatif (-ive). Pouvez-vous déterminer la personne la plus (*the most*) communicative de la classe?

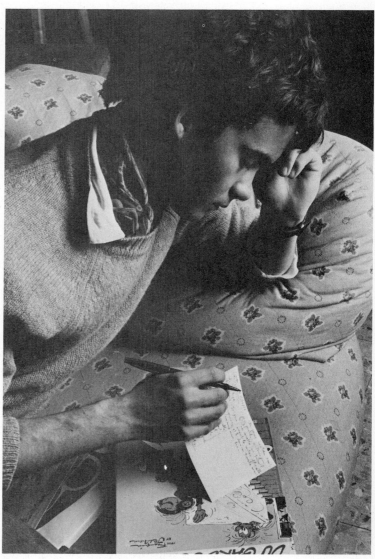

© PETER MENZEL

Étude de prononciation

Liaison

A consonant that occurs at the end of a word is often "linked" to the next word if that word begins with a vowel sound: les_amis [lɛ za mi]. This linking is called **liaison.** It occurs between words that are already united by meaning or syntax: Ils_ont_un_ami [il zɔ̃ tɛ̃ na mi].

Liaison is compulsory in the following cases:

1. between a pronoun and a verb	ils_ont
2. between a verb and a pronoun	ont-ils
3. between a preceding adjective and noun	de beaux_hommes
4. between short adverbs and adjectives	très_intéressant
5. between articles and nouns	un_exercice
6. between articles and following adjectives	les_autres pays
7. between a one-syllable preposition and its object	sans_argent huit_étudiants
8. after numbers	c'est_évident
9. after **est**	

Liaison *does not* take place in the following cases:

1. after a singular noun	un étudiant / intéressant
2. after **et**	il parle français et / anglais
3. before an aspirate **h**	un / Hollandais

Liaison produces the following sound changes:

1. a final **s** is pronounced [z]	les_étudiants
2. a final **x** is pronounced [z]	dix_étudiants
3. a final **z** is pronounced [z]	chez_elle
4. a final **d** is pronounced [t]	un grand_homme
5. a final **f** is pronounced [f] or [v]*	neuf_heures

Note that **liaison** and its uses vary according to language level. For example, in a poetic or dramatic reading, or in other very formal situations, many possible **liaisons** are made. Fewer and fewer are made as the level of language becomes more informal.

A. Prononcez avec le professeur.

1. un grand_appartement   2. les_écoles américaines   3. le jardinier anglais   4. les hors-d'œuvre   5. les deux_églises   6. Il est_ouvrier et artisan   7. Elles_étaient_à la mairie.   8. Vous_êtes sans_intérêt.
9. Vont-elles dans le centre-ville?   10. Tu ne m'as pas_écouté.
11. C'est_horrible.   12. C'est_un quartier ancien.

---

*Final **f** is pronounced [v] before the words **an** and **heure** only.

B. Prononcez avec le professeur.

1. Les deux auto-écoles sont à côté des pâtisseries hollandaises.
2. Trois ascenseurs étaient en panne au premier étage.
3. Mon arrondissement est un quartier intéressant.
4. Les nouveaux appartements ont changé de propriétaire.

Situation

COUP DE FIL*

Contexte Caroline Périllat rêve° d'être hôtesse. Elle a terminé ses études à l'École Internationale d'Hôtesses de Paris et elle vient de trouver son premier job. Elle téléphone à sa sœur, Stéphanie, qui habite encore au Sénégal. Elle aussi cherche une carrière où on peut beaucoup voyager: elle est étudiante à l'Institut Supérieur de Tourisme de Dakar.

dreams

Objectif Caroline parle au téléphone.

Dialogue

CAROLINE: Allô? Bonjour Madame, c'est bien l'Institut de Tourisme?

LA STANDARDISTE:° Oui, à qui voulez-vous parler?

operator, receptionist

CAROLINE: A Stéphanie Périllat, s'il vous plaît.

LA STANDARDISTE: C'est de la part de qui°?

C'est… Who may I say is calling?

CAROLINE: C'est de la part de Caroline Périllat, sa sœur.

LA STANDARDISTE: Ne quittez pas,° je vous passe le secrétariat.°

Ne… Please hold / je… I'll transfer you to the secretary's office

CAROLINE: Merci bien.

LA STANDARDISTE: C'est occupé.° Voulez-vous bien attendre?

busy

CAROLINE: Non, je vais rappeler° plus tard.° Merci!

call back / plus… later

Caroline rappelle deux heures plus tard et parle enfin avec sa sœur.

CAROLINE: Allô, Stéphanie? Devine°! Je viens de décrocher° mon premier job.

Guess (what)! / to land (literally, to take down, detach, unhook)

STÉPHANIE: Mais c'est formidable,° ça! Qu'est-ce que c'est?

wonderful

---

*Coup… Telephone call

CAROLINE:	Je suis chargée de l'accueil° des vedettes° au Palais des Festivals de Cannes!	chargée... *responsible for welcoming / stars*
STÉPHANIE:	Pour le Festival du Film? Félicitations°!	*Congratulations!*
CAROLINE:	Merci, et toi, comment ça marche°?	comment... *how's it going?*
STÉPHANIE:	Eh bien, mon stage° de fin d'année va être à Epcot, en Floride... à Disneyworld!	*training period*
CAROLINE:	C'est fantastique! Je regrette seulement de ne pas pouvoir célébrer tout ça avec toi.	
STÉPHANIE:	Je te quitte: tu vas avoir une facture° énorme. Mais je te rappelle demain soir, c'est d'accord?	*(phone) bill*
CAROLINE:	A demain. Dis bonjour aux parents pour moi.	

Variations

1. Rejouez le dialogue avec une des variations suivantes:

   - Changez l'identité des personnages. (C'est peut-être vous et votre frère ou votre sœur qui parlez au téléphone.) Imaginez une autre bonne nouvelle.

   - D'abord, vous avez obtenu le mauvais numéro. («C'est une erreur. ») Puis, la ligne est occupée mais vous ne voulez pas attendre: vous laissez un message.

2. Imaginez les conversations téléphoniques suivantes:

Commentaire culturel

Both mail and telephone services in France are run by the **Ministère des Postes et Télécommunications,** an important government agency. If you want to mail a letter, you can purchase stamps at a **tabac** (the tobacco counter in many bars), but to get information about postage rates, to send telegrams or packages, or to buy collectors' stamps, you have to go to a **bureau de poste,** marked by the sign **P et T** or **PTT.**

The post office plays an important role in every French community. One goes there not just to mail letters and packages but also to open a checking or savings account, to pay bills, to cash a check, or to make a telephone call. At the **bureau de poste,** you may ask the clerk to place long distance calls or you may dial yourself.

In France, letters to friends or family are normally handwritten rather than typed. The French rarely send printed cards of congratulations or sympathy without expressing their messages personally to show that they want to search for exactly the right expressions. Birthday and New Year's cards are used, but most people enjoy adding a few lines of their own.

Television is as important in France as it is in the United States. Eighty-five percent of French households have TV sets. The three main channels are operated as a public service by the state. State regulations are strict: commercial breaks average a total of only thirty-two minutes a day, ads cannot interrupt programs, no tobacco or alcoholic beverage commercials are permitted, and political use of TV is rigorously controlled. Programs are scheduled from noon to midnight and sometimes to 1:00 or 1:30 A.M. for the **cinéma de minuit.** Each program is briefly introduced by a **présentatrice** or **speakerine** (*female announcer*), who establishes a friendly, personal link between viewer and station. Many American shows, such as westerns and situation comedies, are shown, dubbed in French. Since 1984, there is also a privately owned cable station, **Canal Plus,** which broadcasts movies and sports events.

Mise au point

A. Touristes au Canada. Il y a trop de répétition dans les dialogues suivants. Remplacez les mots en italique par un pronom complément d'objet direct ou indirect selon le cas.

1. —Voici le journal. Est-ce que vous avez déjà lu *le journal* ce matin?
   —Non, je n'ai pas lu *le journal*, mais j'ai regardé les nouvelles à la télé. Avez-vous aussi regardé *les nouvelles*?
   —Non, je ne regarde jamais *les nouvelles* le matin.
2. —Quand tu étais à Montréal, écoutais-tu la radio?
   —Oui, j'écoutais souvent *la radio*.
   —Tu comprenais l'accent québécois?
   —Oui, je comprenais *l'accent québécois*, mais avec difficulté. Une fois, j'ai téléphoné à tes amis Jacques et Marie, qui ont un accent assez fort.
   —De quoi as-tu parlé *à Jacques et Marie*?
   —D'un film qu'on allait voir ensemble.
   —Avez-vous réservé les places?
   —Oui, c'est-à-dire que (*that is*) c'est Jacques qui a réservé *les places*.
3. —As-tu acheté les cartes postales?
   —Oui, j'ai acheté *les cartes postales*. A qui allons-nous envoyer *les cartes postales*?
   —A nos amis en Amérique.
   —J'ai déjà écrit des lettres *à nos amis en Amérique*.

—Alors, on va envoyer *les cartes postales* à nos parents.

—J'ai envoyé un télégramme *à nos parents* hier soir.

—Alors, tu peux garder (*keep*) *les cartes postales* comme souvenirs.

B. Un nouveau travail. Vous travaillez comme secrétaire. Votre patronne (*boss*) vous pose des questions. Répondez affirmativement ou négativement.

MODÈLE: Est-ce que vous avez regardé *le calendrier* ce matin? →
Oui, je l'ai regardé.
(*ou*) Non, je ne l'ai pas regardé.

1. Est-ce que vous donnez toujours notre numéro de téléphone *aux clients*? 2. Est-ce que vous avez écrit *l'adresse* sur les enveloppes? 3. Attendiez-vous *le facteur* à 5 heures hier soir? 4. Est-ce que vous allez lire *les lettres* avant midi? 5. Téléphonez-vous souvent *aux employés*? 6. Avez-vous parlé *à M. Huet et à Mme Dupont* ce matin? 7. M'avez-vous comprise? 8. Est-ce que je *vous* dérange (*bother*)?

C. Mon enfance. D'abord, posez les questions suivantes (et encore d'autres) à un(e) camarade. Ensuite, trouvez quelque chose que vous avez en commun avec ce/cette camarade et une chose que vous n'avez pas en commun.

• Quand tu étais petit(e), voyais-tu beaucoup de films? Quels films est-ce que tu aimais surtout (*especially*)? Avec qui allais-tu au cinéma?

• Qu'est-ce que tu regardais à la télé? Quels étaient tes programmes préférés? Jusqu'à quelle heure pouvais-tu regarder la télé?

• Lisais-tu beaucoup? Quels livres est-ce que tu aimais? quelles bandes dessinées (*comic strips*)? Quand est-ce que tu lisais?

D. Conversation au téléphone. Vous visitez la France et un ami français (une amie française) de vos parents vous appelle. Complétez la conversation.

L'ami(e)	Vous
1. Allô, _____. Ici _____. Je vous dérange (*disturb*)?	2. _____
3. Comment allez-vous?	4. _____
5. Très bien, merci. Alors, êtes-vous content(e) d'être en France?	6. _____
7. Quand est-ce que vous partez pour les États-Unis?	8. _____
9. Ah, c'est trop tôt. Avez-vous écrit à vos parents?	10. _____
11. Qu'est-ce que vous faites ce soir? Vous sortez?	12. _____

13. Très bien. Je peux vous
    montrer Paris demain?

14. _____

15. D'accord. Je vous rappelle
    demain. Passez une bonne
    soirée.

16. _____

Le français par les gestes: Tu as des sous?

In France, money is indicated by rubbing the thumb and index finger together as if there were a bill between them.

Vocabulaire

Verbes

appeler *to call*
chanter *to sing*
composer un numéro *to dial a number*
créer *to create*
décrire *to describe*
deviner *to guess*
dire *to say, tell*
écrire (à) *to write (to)*
emprunter (à) *to borrow (from)*
lire *to read*
mettre *to put, place*
pleuvoir *to rain*
prêter (à) *to lend (to)*
raconter *to tell, relate*
rappeler *to call back*
rêver *to dream*
sonner *to ring*

Substantifs

l'adresse (f.) *address*
l'anniversaire (m.) *birthday*
l'annuaire (m.) *telephone book*
la boîte aux lettres *mailbox*
le bureau de poste (la poste) *post office*
la cabine téléphonique *telephone booth*
la carte postale *postcard*
la chaîne *television channel*
le courrier *mail*
l'école (f.) *school*
l'enveloppe (f.) *envelope*
le (la) facteur (-trice) *mail carrier*
la fin *end*
les gens (m.) *people*
les informations (f.) (TV) *news*
le journal (les journaux) *newspaper*
le kiosque *kiosk; newsstand*
le magazine *(illustrated) magazine*
les nouvelles (f.) *news; information*
le numéro (de téléphone) *(telephone) number*
les petites annonces *classified ads*
la publicité *commercial; advertisement; advertising*
le roman *novel*

le télégramme *telegram*
le timbre *stamp*
la vérité *truth*

Adjectifs

content(e) *happy, pleased*
heureux (-euse) *happy, fortunate*
malade *sick, ill*
occupé(e) *busy, occupied*
seul(e) *only, alone*
triste *sad, unhappy*

Mots divers

bien amicalement (very) *sincerely*
je voudrais... *I would like . . .*
surtout *especially*

Au téléphone

Allô. *Hello.*
C'est de la part de qui? *Who may I say is calling?*
Ne quittez pas. *Please hold.*
Qui est à l'appareil? *Who's calling?*

Lecture

LIRE, ÉCRIRE ET TÉLÉMATISER...

Avant de lire The role of cognates and contextual guessing has been discussed and illustrated in previous chapters. However, from the point of view of the reader learning to read a foreign language, the fact that a given word is a cognate is of no help at all until it is recognized as such. In the following passage, there are cognates whose meanings are obvious to someone who speaks English, but there are also less obvious ones. The meanings of the obvious ones are clear even if one doesn't know in advance the general subject of the passage. Some of the obvious cognates in "Lire, écrire et télématiser" are:

le média	la ligne téléphonique
la banque	électronique
le terminal	transmettre

Along with the illustrations, the marginal glosses, the list you have just read, and the general knowledge you have of the kinds of topics found in these passages, you have probably realized that "Lire, écrire et télématiser" concerns new applications of computer and telecommunications technology in France today. With this context established, you can probably match the following less obvious cognates to their illustrations in the drawing below.

l'écran
les touches
la carte à mémoire

Are there any other objects in the drawing you can name? From your knowledge of word endings, can you infer what object in the drawing is the **lecteur,** given the fact that **lecture** means *reading?*

As you read the passage, note any word or expression that could be used to describe the drawing or an action that might occur in or near these objects. Try to visualize the drawing as you read the passage.

U N NOUVEAU MÉDIA est né en France en 1978 et il est en train de° révolutionner la vie quotidienne° des Français. Télétel est un nouveau moyen° de communication créé par les PTT. Cet outil° électronique utilise la ligne téléphonique pour transmettre des informations en langage simple sur l'écran d'un petit terminal peu coûteux, le Minitel. C'est le téléphone de l'an 2000.

Chaque abonné° téléphonique peut louer son terminal Minitel. Que peut-il faire avec? Grâce au Minitel, il a accès à de nombreux services de consultation. Les PTT, par exemple, ont substitué aux 15 000 pages de l'annuaire téléphonique une banque informatique de données,° l'annuaire électronique. Son prix? 50 centimes toutes les deux minutes° et un abonnement° initial modeste. Les services d'administration, les entreprises, la presse, les agences de voyage et les banques ont déjà créé plus de 200 banques de données qui offrent des services très variés. Poussez quelques touches, chez vous, à n'importe quelle° heure de la journée et vous pouvez apprendre quels sont les papiers nécessaires pour obtenir votre permis de conduire, quels sont les programmes des loisirs° et les horaires° de transport dans votre ville. Il devient possible de consulter les petites annonces locales, de trouver un restaurant encore ouvert à deux heures du matin ou de vérifier le solde° de votre compte en banque.°

Mais la magie° de Télétel n'est pas limitée à l'information. Grâce à une autre invention française de pointe,° la carte à mémoire, vous pouvez, sans quitter la maison, réserver des places de théâtre ou des billets d'avion, commander un nouveau vêtement ou faire un règlement bancaire° à l'aide d'un lecteur de carte de crédit qui se branche sur° votre Minitel. Autre fonction encore: Minitel peut être utilisé comme une boîte aux lettres qui enregistre les messages téléphoniques, ou comme un agenda individuel. Minitel 85 concurrence° déjà avec succès l'ordinateur° personnel.

Déjà utilisé dans de nombreuses régions de France, Télétel va bientôt être accessible à tous les abonnés téléphoniques français. Ce nouveau joujou° électronique apporte à l'individu un moyen très puissant° de communication avec le monde extérieur. Le Français ne va-t-il plus beaucoup s'aventurer° hors° de chez lui? Télétel est bien là° et se multiplie: il n'y avait que 2 500 abonnés en 1981; ils vont être 3 millions en 1987. Alors à vos touches, il est temps d'apprendre à télématiser!

en... *in the process of*
de tous les jours
means / tool

subscriber

banque... *data bank*
toutes... *every 2 minutes*
somme d'argent payée par l'**abonné**

à... *at any*

leisure(time) / schedules

balance / compte... *bank account*
magic
de... *up to date, state of the art*
règlement... *banking transaction*
se... *connects to, plugs into*

competes with / computer

du verbe **jouer** / *powerful*

venture / outside / there

Compréhension

A. Lesquelles des (*Which of the*) expressions suivantes décrivent bien le système Télétel? Substituez des expressions correctes à celles (*those*) qui ne le sont pas.

1. électronique
2. compliqué
3. services peu variés
4. révolutionnaire
5. accessible
6. vieux
7. difficile à utiliser

B. Formez des phrases complètes avec les éléments en désordre et dites si elles sont vraies ou fausses. Si une phrase est fausse, dites pourquoi.

1. un billet d'avion / réserver / on / capable de / n'est pas encore / avec Télétel
2. laisser / peut / on / sur / un / Minitel / message
3. bientôt / va / on / voir / beaucoup / Télétels / plus de

C. Imaginez que vous avez Télétel chez vous. Comment l'utilisez-vous?

La journée du facteur est longue, mais c'est une belle promenade à bicyclette.

© JEAN-PAUL DUMONTIER / VDN PICTURE LIBRARY

Expression écrite

A. La télévision américaine. Complétez les phrases suivantes selon vos opinions.

Le téléspectateur américain a le choix entre _____ chaînes. La publicité est _____ et les nouvelles sont _____. Les émissions les plus regardées par les Américains sont _____. Je regarde _____. Je préfère les émissions sportives de _____, les informations de _____ et les émissions culturelles de _____. Je trouve que la télévision américaine est _____.

B. Les ordinateurs personnels. Écrivez un paragraphe sur le rôle des ordinateurs dans votre vie ou dans la vie d'un(e) ami(e). Si vous utilisez un ordinateur personnel, décrivez cet ordinateur et expliquez comment vous l'utilisez et pourquoi.

Mots utiles: un programme, un programmeur/une programmeuse, une mémoire (64 K), la création de graphiques, tracer des images directement sur l'écran, le logiciel (*software*), le matériel (*hardware*), imprimer (*to print*), imprimeur, stocker des langages de programmation, brancher des moniteurs vidéo, les disquettes (*f.*)

Activités

_____ A PROPOS _____

Comment réagir (react) à une nouvelle

Une bonne nouvelle: C'est sensationnel!
C'est formidable!
C'est super!
J'en suis très heureux (-euse). (*I'm very happy about this.*)

Une mauvaise nouvelle: C'est triste.
C'est horrible.
C'est dégoûtant (*disgusting*).
C'est un scandale!
Ça me rend malade. (*That makes me sick.*)

Une nouvelle qui vous laisse indifférent(e): Oh, ça m'est égal. (*That's all the same to me.*)
Ça n'a pas d'importance.
Je m'en fiche. (*I don't care.*)

A. Interaction. Avec un(e) camarade, jouez les rôles d'une personne qui apprend une nouvelle et de la personne qui l'annonce. Puis, posez et répondez à des questions selon les suggestions.

1. Un(e) ami(e) vous dit que votre petit(e) ami(e) (*boyfriend/girlfriend*) sort avec quelqu'un d'autre.

   Suggestions: Avec qui? Comment s'appelle-t-il/elle? Où sont-ils allés? Qu'est-ce qu'ils ont fait? Où les as-tu vus? Comment as-tu appris qu'ils sortent ensemble?

2. Une lettre indique que vous avez gagné (*won*) 10 000 dollars à la loterie. Téléphonez à un(e) ami(e) pour lui annoncer la nouvelle.

   Suggestions: Qu'est-ce que tu vas faire avec cet argent? Vas-tu être généreux (-euse) ou avare (*stingy*)? Peux-tu me prêter des sous?

B. Une semaine de télévision française. Il y a trois chaînes principales en France: TF 1 (Télévision Française 1), A 2 (Antenne 2) et FR 3 (France-Régions 3). Regardez les programmes du soir du 10 au 16 août à la page 308. Cherchez les émissions suivantes. (Donnez le nom de l'émission, la chaîne où elle est télévisée et l'heure et la date de l'émission.)

1. une émission sportive
2. une émission sur les animaux
3. un film sur les voitures
4. un feuilleton (*series*) américain
5. un film sur une femme de lettres anglaise
6. un programme de science-fiction
7. un programme sur une actrice allemande

Imaginez que vous passez les jours du 10 au 16 août en France et que vous voulez passer un soir à regarder la télévision française. Quel soir choisissez-vous et pourquoi?

C. Enquête (*Survey*) sur la télévision.

Première partie: Faites une enquête parmi (*among*) vos camarades sur le nombre d'heures qu'ils passent devant la télé chaque semaine. Qui sont les cinq téléspectateurs les plus fervents (*most enthusiastic*)?

Deuxième partie: Maintenant, interviewez les cinq personnes sur leurs opinions comme téléspectateur. Utilisez comme guide les questions suivantes.

1. Qu'est-ce que vous pensez de la télévision américaine en général? 2. Selon vous, quelle est la meilleure (*best*) chaîne pour les informations? pour les films? pour les programmes sportifs? 3. Êtes-vous pour ou contre la publicité destinée aux enfants? Donnez vos raisons. Pour ou contre la publicité pour l'alcool (*alcohol*)? Pour ou contre la publicité au milieu des (*in the middle of the*) programmes? 4. Qu'est-ce que vous pensez de la télévision publique américaine?

Troisième partie: Qui dans la classe ne regarde jamais la télévision? Pourquoi?

Télé : L'Express a noté

Vendredi
10 AOÛT

8 heures
A 2 : Jeux olympiques. Egalement à 14 h 30 et à 0 heure. Sur **TF 1**, à 12 heures et à 19 h 40. Jusqu'au 12 août.

18 h 20
TF 1 : ★★ Document. Les paysans, par Jean-Claude Bringuier. La terre, défrichée, déchiffrée (suite le 13, à 18 h 20).

20 h 35
TF 1 : Salut les Mickey. Donald, Mickey, et Michel Jonasz, Alex Métayer, Roland Giraud.
A 2 : ★ Naumachos (suite).
FR 3 : ★★ Vendredi. Carte blanche à Anne Gaillard.

21 h 35
A 2 : ★★ Apostrophes. « Des hommes de caractère ». Robert Escarpit, Jérôme Hesse, Hervé Le Boterf, Pierre Montlaur, Norbert Rouland.
FR 3 : ★★ Mazarin (suite).

Samedi
11

17 h 40
TF 1 : ★★ Aurore et Victorien. Feuilleton de Maurice Toesca et Jean-Paul Carrère. Avec Véronique Jannot et Jacques Buron. Au XVIIIᵉ siècle, en Auvergne, un jeune paysan, un comte, une riche héritière. Sans tomber dans le chromo, de la fraîcheur et de l'entrain.

20 h 35
TF 1 : ★ Le Sexe faible, d'Edouard Bourdet. Une assez jolie satire 1930 du snobisme, de la frivolité et de l'argent. Mise en scène au Festival de Pau par Roger Hanin et Pierre Vielhescaze. Avec Bernard Haller, Claude Gensac.
A 2 : ★★ Le Petit Monde de Fernand Contandin dit Fernandel. Par Claude-Jean Philippe, un portrait-hommage, à travers films, chansons et interviews.
FR 3 : Dynastie.

22 h 10
TF 1 : ★ Alfred Hitchcock présente.

23 h 55
TF 1 : ★★★ Journal de voyage avec André Malraux. Les entretiens célèbres de Jean-Marie Drot avec Malraux.

Dimanche
12

17 h 20
A 2 : ★★ Les Dames de la côte (suite).

18 heures
TF 1 : ★★ Des autos et des hommes. Les années 1925-1930 : Hotchkiss, Hispano, Delage et, surtout, la Royale de Bugatti, la voiture la plus extraordinaire de tous les temps.

20 h 35
A 2 : ★ La Chasse aux trésors. A Carrare.
FR 3 : La Terre des vivants et le royaume des morts. En France, il y a douze mille ans.

23 h 30
TF 1 : ★★ Marlene Dietrich. Ses chansons, ses souvenirs. Le mythe.

Lundi
13

13 h 35
A 2 : ★★ Voyages au fond des mers. Nouveau feuilleton américain quotidien de Jerry Hopper, avec Richard Basehart. Un sous-marin, un équipage de choc et des aventures aux frontières de la science-fiction.

20 h 35
A 2 : ★★ Le Grand Echiquier. Nouvelle diffusion de la soirée Julia Migenes Johnson.

22 h 40
TF 1 : ★★★ Agatha Christie. Par Gérard Jourd'hui, un portrait-entretien de la vieille dame indigne qui écrivait avec limpidité des histoires de crime. Une certaine Angleterre, « désuète, délicieuse et vipérine ».

Mardi
14

15 h 30
A 2 : ★★ Akagera. Nouvelle série de Gérard Vienne sur les animaux et sur ceux qui les filment. Un double regard décapant.

18 h 20
TF 1 : ★★ L'Art au monde des ténèbres. Série de Mario Ruspoli : à la recherche de l'homme préhistorique et de son art. Nᵒ 1 : la grotte de Lascaux. Le 15, l'âge du renne. Le 16, les premières grandes inventions.

20 h 25
TF 1 : Les Mardis de l'information.

21 h 35
TF 1 : Dialogue avec le sacré. Les masques des Gouro, en Côte-d'Ivoire.

Mercredi
15

20 h 35
TF 1 : Dallas.
A 2 : ★ Si la Garonne avait voulu. Téléfilm de Guy Lessertisseur, avec Jacques Serres, Roger Souza. Deux amis se retrouvent, à Toulouse, où ils vécurent leur jeunesse. Mi-amères, mi-douces, les comédies du quotidien.
FR 3 : ★★ Léo Ferré (suite).

21 h 45
TF 1 : ★★★ Mémoire. Fernand Braudel. Par Jean-Claude Bringuier, le portrait joyeux de l'un des plus inventifs historiens de ce temps.

22 h 5
A 2 : Cent Ans d'automobile française (suite).

Jeudi
16

20 h 35
TF 1 : Passeport pour la forme. Aux Amaldies (Sénégal), Philippe Lavil, Alain Chamfort, Sacha Distel, etc.
A 2 : ★ Le Club des télévisions du monde. Ce soir, la Belgique, avec un téléfilm sur l'autodéfense, une course de brouettes et des variétés, Plastic Bertrand, Michel Fugain, Break Machine, Jacques Dutronc...
FR 3 : Le Lieutenant du diable. Téléfilm allemand en deux parties de John Goldschmidt. Un fait divers, en Autriche, au début du siècle (suite le 23 août).

21 h 35
TF 1 : Docteur Teyran. Dramatique en trois parties de Jean Chapot. Un père chirurgien, une mère écrivain et leur fille qui tombe amoureuse d'un truand. Michel Piccoli, Nadine Alari, Pascale Bardet.

CHAPITRE DIX

La vie urbaine

© PETER MENZEL

Bordeaux. Pourquoi a-t-on éliminé la circulation automobile dans cette rue?

OBJECTIFS Paris and city life in France are the subjects of this chapter. The vocabulary and structures presented here will enable you to find your way around any French-speaking city, although special care is taken to make sure you will have no trouble taking advantage of the Paris **métro**. You will practice speaking about situations and events in the past, not only by using the **imparfait** and the **passé composé** in contrasting fashion, but also by using some new time expressions with those tenses. You will also learn the object pronouns **y** and **en**.

Étude de vocabulaire

Une petite ville

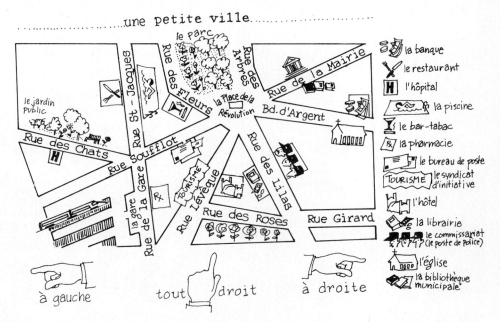

Comment va-t-on de la banque à la pharmacie? On **prend** le boulevard d'Argent à droite et on va **jusqu'à** la place de la Révolution. On **traverse** la rue des Lilas et on **prend la rue** Lévêque à gauche. On **continue tout droit jusqu'au coin** et on **prend** la rue de la Gare à droite. La pharmacie est **en face de** la gare.

A. Les endroits importants. Où va-t-on...

1. pour toucher (*to cash*) un chèque de voyage?   2. pour acheter de l'aspirine?   3. pour parler avec le maire de la ville?   4. pour obtenir des brochures touristiques?   5. pour nager?   6. pour admirer les plantes et les fleurs?   7. pour assister aux (*to attend*) services religieux? 8. pour acheter des timbres?   9. pour boire une bière?

B. Où est-ce? Précisez l'emplacement des endroits suivants selon le modèle.

MODÈLE: Où est l'hôtel? → L'hôtel est en face du syndicat d'initiative dans la rue Lévêque.*

1. Où est le jardin public?
2. Où est le restaurant?
3. Où est la bibliothèque municipale?
4. Où est l'église?
5. Où est la librairie?
6. Où est le syndicat d'initiative?

---

*The French say **dans la rue,** but **sur le boulevard** and **sur l'avenue.**

C. A pied (*On foot*). Expliquez comment on va de la banque aux endroits suivants.

1. à l'hôpital
2. à la piscine
3. à la bibliothèque
4. au syndicat d'initiative

D. Trouvez votre chemin (*way*). Regardez le plan de la ville. Imaginez que vous êtes à la gare. Un(e) touriste vous demande où est le bureau de poste; vous lui indiquez le chemin selon le modèle. Jouez les rôles avec un(e) camarade.

MODÈLE: *Le/La touriste:* Excusez-moi, voulez-vous bien me dire où est le bureau de poste?

Vous: Tournez à gauche. Prenez la rue Soufflot à droite et vous y êtes (*you're there*).

Le/La touriste: Je tourne à gauche, je prends la rue Soufflot à droite et j'y suis.

1. le bar-tabac
2. le restaurant
3. l'hôtel
4. la banque
5. le poste de police
6. le parc
7. la mairie
8. la pharmacie
9. le jardin public
10. la Place de la Révolution
11. la piscine
12. le syndicat d'initiative

E. Conversation. Avec un(e) camarade de classe, faites une liste de cinq ou six endroits sur votre campus ou dans votre ville. A tour de rôle (*Taking turns*), indiquez le chemin pour aller à ces endroits. Votre salle de classe est votre point de départ.

Paris et sa banlieue (*suburbs*)

Les vingt arrondissements (*wards*) de Paris

1er	le premier	8e	le huitième	15e	le quinzième
2e	le deuxième	9e	le neuvième	16e	le seizième
3e	le troisième	10e	le dixième	17e	le dix-septième
4e	le quatrième	11e	le onzième	18e	le dix-huitième
5e	le cinquième	12e	le douzième	19e	le dix-neuvième
6e	le sixième	13e	le treizième	20e	le vingtième
7e	le septième	14e	le quatorzième		

Ordinal numbers (*first, second,* and so on) are formed by adding **-ième** to cardinal numbers. Note the irregular form **premier (première)**, and the spelling of **cinquième** and **neuvième**. **Le** and **la** do not elide before **huitième** and **onzième: le huitième**. The superscript abbreviation ᵉ indicates that a number should be read as an ordinal: 7 / **sept**; 7ᵉ / **le/la septième**.

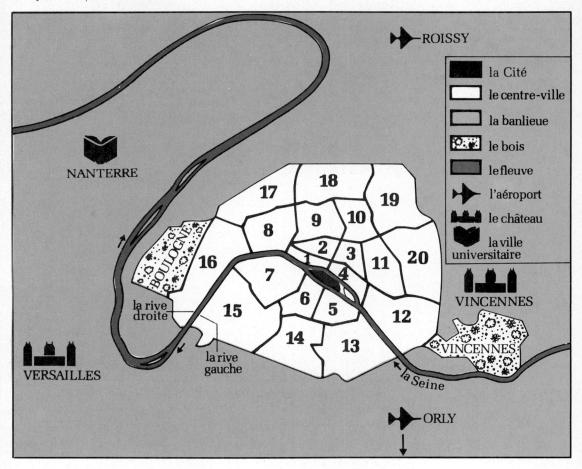

A. Les arrondissements de Paris. Quels arrondissements trouve-t-on sur la Rive (*bank*) gauche de la Seine? sur la Rive droite?

B. La carte (*map*) de Paris. Suivez le modèle.

MODÈLE: Versailles → C'est un château. Il est dans la banlieue de Paris.

1. Roissy
2. la Seine
3. Boulogne
4. Vincennes
5. Nanterre
6. la Cité*
7. Orly

C. Quelques adresses importantes.

Air France   119, avenue des Champs-
                                 Élysées (8ᵉ)
l'Assemblée nationale   128, rue de l'Université (7ᵉ)
la Bibliothèque nationale   58, rue Richelieu (2ᵉ)

---

*The **Cité** is the historical center of Paris, on the **Île de la Cité,** one of the two islands on the Seine in Paris. The other is the **Île St-Louis.**

la Comédie-Française (un théâtre)	2, rue Richelieu (1er)
Crazy Horse Saloon	12, avenue Georges V (8e)
Faculté des Lettres (Sorbonne)	17, rue de la Sorbonne (5e)
Faculté de Médecine	12, rue de l'École-de-Médecine (6e)
Faculté de Pharmacie	4, avenue de l'Observatoire (6e)
Faculté des Sciences (Sorbonne)	1, rue Victor-Cousin (5e)
le Musée d'Art Moderne	11, avenue du Président Wilson (16e)
l'Opéra	1, place de l'Opéra (9e)
la Pitié	83, boulevard de l'Hôpital (13e)
le Sénat (Palais du Luxembourg)	15, rue de Vaugirard (6e)
le Stade (*stadium*) Roland Garros	2, avenue Gordon Bennett (16e)
Syndicat d'Initiative de Paris	127, avenue des Champs-Élysées (8e)

Imaginez que vous êtes à Paris avec un(e) camarade et vous cherchez des distractions. Votre camarade cherche des adresses selon le modèle.

MODÈLE: *Vous:* Je voudrais aller à l'Opéra. Quelle est l'adresse?
Votre camarade: C'est le 1, place de l'Opéra.
            Vous: C'est dans quel arrondissement?
Votre camarade: C'est dans le neuvième.

1. la Comédie-Française
2. le Stade Roland Garros
3. le Crazy Horse Saloon
4. le Musée d'Art Moderne
5. le Syndicat d'Initiative de Paris

D. Visites indispensables. Consultez de nouveau (*again*) la liste d'adresses. Imaginez que vous êtes à Paris et que vous parlez avec un Parisien ou une Parisienne. Jouez les rôles avec un(e) camarade.

MODÈLE: *Vous:* Moi, je suis étudiant(e) en pharmacie.
Le/La Parisien(ne): Alors, vous devez visiter la Faculté de Pharmacie sur l'avenue de l'Observatoire.
            Vous: C'est dans quel arrondissement?
Le/La Parisien(ne): C'est dans le sixième.

1. étudiant(e) en lettres
2. étudiant(e) en médecine
3. étudiant(e) en sciences
4. étudiant(e) en sciences politiques
5. amateur de musique (*music lover*)
6. amateur de danse

Centre-ville

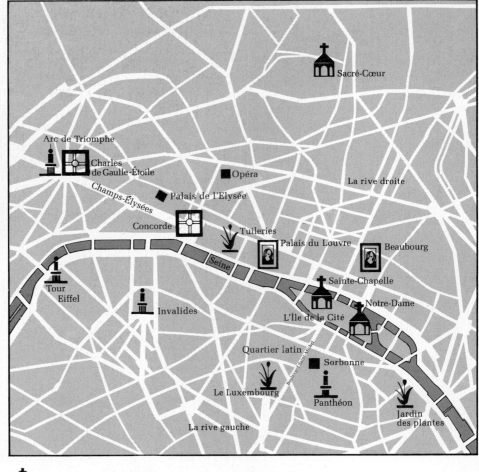

A. Les endroits intéressants de Paris. Dans l'Île de la Cité, sur la Rive gauche ou sur la Rive droite? Suivez le modèle.

MODÈLE: Charles de Gaulle-Étoile → C'est une place sur la Rive droite.

1. la Sorbonne
2. le Palais du Louvre
3. le Luxembourg
4. les Champs-Élysées
5. la Tour Eiffel
6. le Centre Beaubourg
7. les Tuileries
8. l'Arc de Triomphe
9. la Sainte-Chapelle
10. Notre-Dame
11. le Jardin des Plantes
12. la place de la Concorde
13. le boulevard Saint-Michel

B. Conversation. Imaginez que vous allez recommander des endroits à visiter à un(e) touriste. Quels sont les musées, les églises, les monuments, ou les jardins importants de votre campus, de votre ville ou de la région où vous habitez? Où sont-ils?

Rencontre culturelle

Because nearly three-fourths of all French people live in cities—and the proportion is increasing—you can expect to encounter an active city life in France. Visitors to France from America will be surprised by the individuality of French cities. Each town has a distinct personality. Through the centuries, French towns have been influenced by many cultures and have acquired a variety of street patterns, monuments, types of housing, and buildings. There are tall towns and low towns; new industrial towns and towns established during the time of the Gauls (the inhabitants of France at the time of the Roman invasion); there are ochre, yellow, black, or gray towns, depending on the type of material used in construction. Even the names of French towns give an idea of their diversity: **Paris** was originally Lutetia, then Parisii, the name of the Celtic tribe that founded it; **Marseille** was Massalia, a Greek city-state, and **Lyon** was the Roman colony of Lugdunum.

Tu viens souvent ici?

© PIERRE MICHAUD / VDN PICTURE LIBRARY

37. THE _PASSÉ COMPOSÉ_ VERSUS THE IMPARFAIT

Retour de France

© PETER MENZEL

ALAIN: Dites-moi, en France, _avez_-vous _trouvé_ une différence entre le Nord et le Midi?

FRANÇOISE: Ah oui. A Roubaix, les rues _étaient_ très propres et très animées, mais les gens ne _faisaient_ que passer dans la rue.

JEAN-PIERRE: Quand nous _sommes arrivés_ à Marseille, il nous _a semblé_ que les gens _passaient_ leur vie dans la rue!

FRANÇOISE: Alors, nous _avons fait_ comme les autres... et nous _avons passé_ des heures à boire du pastis* à la terrasse des cafés et à flâner sur l'avenue de la Canebière.

Complétez les phrases pour retrouver le sens du dialogue.

1. En France, ———.

    a. Jean-Pierre et Françoise n'ont pas trouvé de différence entre le Nord et le Midi.
    b. Jean-Pierre et Françoise ont trouvé une différence entre le Nord et le Midi.

2. A Roubaix, ———.
3. A Marseille, ———.

    a. les rues n'étaient pas propres.
    b. les rues étaient très propres.
    c. les gens ne vivaient pas dans la rue.
    d. les gens ne faisaient que passer.
    e. les gens vivaient dans la rue.
    f. Jean-Pierre et Françoise ont passé des heures dans la rue.

Back from France

ALAIN: Tell me, in France, did you find a difference (in the way of life) in the North and in the South? FRANÇOISE: Oh, yes. In Roubaix [city in northern France], the streets were very clean, but the people only passed through them. JEAN-PIERRE: When we arrived in Marseille, it seemed that the people lived in the street! FRANÇOISE: So we did as they do . . . and we spent hours drinking pastis on the terraces of the cafés and strolling along Canebière Avenue!

*Pastis is a licorice-flavored alcoholic beverage that is very popular in the south of France.

When speaking about the past in English, you choose which past tense forms to use in a given context: *I wrote letters, I did write letters, I was writing letters, I used to write letters,* and so on. Usually only one of these options will convey exactly the meaning you want to express. Similarly in French, the choice between the **passé composé** and the **imparfait** depends on the speaker's perspective: how does the speaker view the action or state of being?

The **passé composé** is used to indicate a single completed action, something that began and ended in the past, or a sequence of such actions.

The **imparfait** usually indicates an ongoing or habitual action in the past. It does not emphasize the end of that action.

J'**écrivais** des lettres.	*I was writing letters. (ongoing action)*
J'**ai écrit** des lettres.	*I wrote (have written) letters. (completed action)*
Je **commençais** mes devoirs.	*I was starting my homework. (ongoing)*
J'**ai commencé** mes devoirs.	*I started (have started) my homework. (completed)*
Elle **allait** au parc le dimanche.*	*She went (used to go) to the park on Sundays. (habitual)*
Elle **est allée** au parc dimanche.	*She went to the park on Sunday. (completed)*

Contrast the basic difference between the two tenses by translating the sentences in this chart.

Imparfait	Passé composé
1. *Ongoing action with no emphasis on the completion or end of the action*	*Completed action*
J'**allais** en France.	Je **suis allé** en France.
Je **visitais** des monuments.	J'**ai visité** des monuments.
2. *Habitual or repeated action*	*A single event*
Je **voyageais** en France tous les ans.	J'**ai voyagé** en France l'année dernière.
Je **visitais** souvent le Centre Beaubourg.	Un jour j'**ai visité** Beaubourg.

---

*Note the role of the definite article with days of the week: **le dimanche** (*on Sundays*); **dimanche** (*on Sunday*).

3. *Description or "background" information; how things were or what was happening when . . .*

    Je **visitais** Beaubourg...

    J'**étais** à Paris...

. . . an event or events occurred ("foreground" information).

    ...quand on **a annoncé** la projection d'un vieux film de Chaplin.

    ...quand une lettre **est arrivée.**

4. *Physical or mental states of being*

    Ma nièce **avait** peur des chiens.

Changes or interruptions in an existing physical or mental state

    Ma nièce **a eu** peur quand le chien a aboyé (*barked*).

In summary, the **imparfait** is generally used for descriptions in the past and the **passé composé** is generally used for the narration of specific events in the past. Also, the **imparfait** often sets the stage for an event expressed with the **passé composé**.

Imparfait	Passé composé
Il **faisait** beau; le ciel (*sky*) **était** clair; les terrasses des cafés **étaient** pleines (*filled*) de gens; c'**était** un beau jour de printemps à Paris.	J'**ai continué** tout droit sur la rue Mouffetard, j'**ai traversé** le boulevard de Port-Royal et j'**ai descendu** l'avenue des Gobelins jusqu'à la place d'Italie.

Here are some time expressions that often accompany the **imparfait** and the **passé composé**.

Imparfait	Passé composé
d'habitude (*usually*)	une fois (*once*), deux fois...
autrefois (*formerly*)	plusieurs fois
le week-end	un week-end
le lundi (le mardi...)	un jour, ce jour-là
	lundi (mardi...)
	soudain (*suddenly*)

D'habitude, nous **étudiions** à la bibliothèque.

Quand j'étais jeune, nous **allions** à la plage **le week-end.**

Ce jour-là, nous **avons étudié** au café.

Un week-end, nous **sommes allés** à la montagne.

Maintenant à vous

A. **Changement d'habitudes.** Quand Marc Dufort était votre voisin, il faisait certaines choses régulièrement. Mais un jour, il a changé d'habitudes. Faites des phrases pour décrire ses activités.

MODÈLE: le samedi / aller danser → Le samedi, Marc allait danser.

un samedi / aller au cinéma → Mais un samedi, il est allé au cinéma.

1. souvent / aller au musée
   un jour / aller au théâtre
2. parfois / regarder le match de football à la télévision
   un jour / aller voir un match au stade
3. d'habitude le dimanche / rendre visite à des amis
   dimanche dernier / rester à la maison
4. chaque été / aller à la plage
   l'été dernier / faire du camping
5. le soir / étudier les maths
   hier soir / jouer aux cartes

B. **Interruptions.** Annie était à la maison hier soir. Elle voulait faire plusieurs choses, mais il y a eu toutes sortes d'interruptions. Décrivez-les selon le modèle.

MODÈLE: étudier… téléphone / sonner → Annie étudiait quand le téléphone a sonné.

1. parler au téléphone / un ami… l'employé / couper la ligne (*to cut the line*)
2. écouter / disques… son voisin / commencer à faire / bruit (*noise*)
3. lire / journal… la propriétaire / venir demander / argent
4. faire / devoirs… un ami / arriver
5. regarder / informations… son frère / changer / chaîne
6. dormir… téléphone / sonner de nouveau

C. **Une année à l'université de Caen.** Marc a passé un an à Caen, une des grandes villes de Normandie. Il raconte son histoire. Donnez le temps correct du verbe, l'imparfait ou le passé composé.

Je (*étudier*) tous les jours à la bibliothèque. Les cours (*être*) le matin de huit à onze heures. En octobre nous (*faire*) une excursion à Rouen. Chaque dimanche nous (*aller*) à la campagne. A Noël je (*rentrer*) chez mes parents. En février je (*aller*) faire du ski dans les Alpes. De temps en temps (*from time to time*) je (*manger*) chez les Levergeois. Le jeudi je (*perfectionner*) mon français avec un groupe d'étudiants. Finalement, un jour de mai je (*devoir*) quitter Caen. Je ne (*être*) pas content de partir.

D. En français, s'il vous plaît.

1. It was late and it was raining.   2. There was nobody on the streets.   3. We were going home, along (**le long de**) the Saint-Michel Boulevard.   4. Suddenly we heard a noise on our right.   5. Someone was coming (**arriver**).   6. We couldn't see anything.   7. I was scared.   8. Then I saw a friend from the office.   9. He was bringing my keys, forgotten on my desk.   10. We were so (**si**) happy that (**que**) we invited him to dinner.

E. Conversation. L'année dernière _____?

1. Où étiez-vous? Où avez-vous étudié? Qu'est-ce que vous avez étudié?   2. Qu'est-ce que vous avez fait pendant vos vacances? Avez-vous fait un voyage intéressant? Êtes-vous allé(e) à l'étranger? en France? Comment était le voyage?   3. Et vos amis? Où étaient-ils l'année dernière? Qu'est-ce qu'ils ont fait?

La Tour Montparnasse est la plus haute tour de Paris.

F. **Un récit** (*story*). Demandez à un(e) camarade de vous raconter une histoire originale et captivante au passé. Utilisez les questions suivantes comme guide. Faites attention au choix entre l'imparfait et le passé composé.

1. Dans ton histoire, quelle est la date?   2. Quelle heure est-il?
3. Quel temps fait-il?   4. Où es-tu? Avec qui?   5. Qui arrive? Décris cette personne.   6. Que fait cette personne? Que fais-tu?   7. Décris la fin de ton histoire.

Le français par les gestes: Au poil!

Appreciation of good things is expressed by forming a circle with the thumb and index finger and moving the hand toward the side of the face and then away, to convey the idea "perfectly done."

38. ADVERBS OF TIME AND SUCCESSION

Naissance d'une ville

D'abord, on a défriché.
Puis, on a groupé les habitations.
Ensuite, on a protégé la ville.
Après, on l'a administrée.
Enfin, on l'a industrialisée.

Faites une narration synonyme à partir des éléments suivants. Mettez les expressions de gauche, qui sont déjà dans le bon ordre, avec les phrases de droite, qui ne le sont pas.

D'abord,…	…on l'a équipée d'industries.
Puis,…	…on a fortifié la ville.
Ensuite,…	…on a préparé le terrain.
Après,…	…on a disposé les logements en groupe.
Enfin,…	…on a assuré l'administration de la ville.

D'abord (*first, at first, first of all*), **puis, ensuite, après,** and **enfin** (*finally, last, at last*) are adverbs of time that may be used to indicate the succession of events. In the past tense, they are generally used with the **passé composé**.

The birth of a city
First, they cleared the ground. Next, they grouped the dwellings. Then, they protected the city. Afterward, they administered it. Finally, they industrialized it.

D'abord, j'ai garé la voiture.	*First, I parked the car.*
Puis, j'ai cherché une cabine téléphonique.	*Then I looked for a telephone booth.*
Ensuite, j'ai tout expliqué au mécanicien.	*Then I explained everything to the mechanic.*
Après, j'ai attendu dans la voiture.	*Afterward, I waited in the car.*
Enfin, il est arrivé.	*At last, he arrived.*
Maintenant, le carburateur fonctionne à merveille.	*Now, the carburetor works beautifully.*

These same adverbs may be used with a series of statements explaining one's opinion on a given subject or one's reasons for doing something. In English, one often uses ordinal numbers (*first, second, third,* etc.) to list a sequence of arguments or reasons. In French, while **d'abord** is always first and **enfin** is generally last, **puis** and **ensuite** are similar to less specific expressions such as *next, then,* or *and then.*

Pourquoi préférez-vous la vie en banlieue? —D'abord, on a le calme. Et puis, on peut avoir un jardin. Ensuite, il y a la proximité de la campagne. Et puis aussi, il y a moins de pollution. Enfin, on peut avoir un logement plus spacieux.	*Why do you prefer life in the suburbs? —First (of all), you (we) have peace (and quiet). Next, you (we) can have a garden. And then, the countryside is nearby. And then also, there's less pollution. Finally, you (we) can have a more spacious place to live.*

Maintenant à vous

A. Un peu d'histoire parisienne. Complétez les tirets (*blanks*) au début des phrases suivantes avec un adverbe de temps. Mettez les phrases dans l'ordre chronologique.

1. _____, au 12ᵉ siècle (*century*), le roi Philippe Auguste l'a transformée en un centre urbain très important.
2. _____, au troisième siècle, les Romains ont construit (*built*) des arènes (*arenas*) et des bains publics.
3. _____, en 52 avant l'ère chrétienne, les Romains l'ont conquise (*conquered*).
4. _____, en 456, Paris est devenu la capitale du royaume (*kingdom*) du roi (*King*) Clovis.
5. _____, avant l'ère chrétienne, les Celtes ont fondé (*founded*) près de la Seine la ville de Lutèce.

B. Biographie de Mme Bernard. Mettez les phrases suivantes dans l'ordre chronologique et racontez la vie de Mme Bernard. Utilisez des adverbes de temps.

1. Elle est allée aux États-Unis en 1940.   2. Elle est revenue en France en 1952.   3. Mme Bernard est née en France.   4. Elle est morte à Paris en 1961.   5. Elle a passé onze ans à New York.

Maintenant, racontez brièvement (*briefly*) votre propre autobiographie. Utilisez des adverbes de temps.

39. THE PRONOUNS **Y** AND **EN**

© PETER MENZEL

Les trésors du bouquiniste*

JEAN-MARC: Tu as de vieux timbres? J'*en* fais collection.

VÉRONIQUE: J'*en* ai trouvé de très beaux chez un bouquiniste du quai du Louvre.

JEAN-MARC: Fantastique! Dis... comment fait-on pour *y* aller?

VÉRONIQUE: Vas-*y* en métro: tu prends la ligne Vincennes-Neuilly en direction Château de Vincennes et tu descends à la station du Louvre. Tu traverses la rue de Rivoli, tu passes devant le musée et tu *y* es.

JEAN-MARC: Ça ne va pas prendre longtemps. J'espère seulement que ton bouquiniste a encore de vieux timbres.

VÉRONIQUE: Oh, je pense que oui. Il n'*en* avait pas beaucoup, mais... ils étaient hors de prix!

Retrouvez la phrase correcte dans le dialogue.

1. Je fais collection de vieux timbres.
2. J'ai trouvé de très beaux timbres chez un bouquiniste du quai du Louvre.
3. Comment fait-on pour aller au quai du Louvre?
4. Va au quai du Louvre en métro.
5. ...tu passes devant le musée et tu es au quai du Louvre.
6. Il n'avait pas beaucoup de vieux timbres, mais ils étaient hors de prix.

The bookseller's treasures

JEAN-MARC: Do you have any old stamps? I collect them.   VÉRONIQUE: I found some very beautiful ones at a bookstall on the Quai du Louvre.   JEAN-MARC: Great! Tell me . . . how do you get there?   VÉRONIQUE: Go by metro. You take the Vincennes-Neuilly line toward the Château de Vincennes and get off at the Louvre station. You cross the Rue de Rivoli, walk past the museum, and you're there.   JEAN-MARC: That won't take long. I just hope your bookseller still has some old stamps.   VÉRONIQUE: Oh, I think so. He didn't have many (of them), . . . but they were outrageously expensive!

*Un bouquin** is slang for **un livre. Les bouquinistes** are booksellers who set up their stalls along the Seine and often sell stamps, engravings, postcards, and posters, as well as used and rare books.

A. The pronoun **y**

The pronoun **y** can refer to a place that has already been mentioned. It replaces a prepositional phrase, and its English equivalent is *there*.

Jean est-il né **en France?** —Oui, il **y** est né.	*Was Jean born in France? —Yes, he was born there.*
Martine est-elle allée **à l'aéroport?** —Non, elle n'**y** est pas allée.	*Did Martine go to the airport? —No, she didn't (go there).*
On va **chez les Martin?** —Oui, on **y** va.	*Are we going to the Martins' house? —Yes, we are (going there).*

After some verbs that take the preposition **à** before a noun (**répondre à, réfléchir à, réussir à, penser à**), the word **y** can replace the **à** plus noun when the noun refers to a place or to a thing. **Y** cannot replace **à** plus a noun that refers to a person; a direct or indirect object pronoun is used instead.

As-tu répondu **à la lettre?** —Oui, j'**y** ai répondu.	*Did you answer the letter? —Yes, I answered it.*
Vous pensez **au voyage?** —Non, je n'**y** pense pas.	*Are you thinking about the trip? —No, I'm not thinking about it.*

but:

As-tu déjà répondu **à ta mère?** —Oui, je **lui** ai répondu.	*Have you already answered your mother? —Yes, I answered her.*

The placement of **y** is identical to that of object pronouns: it precedes a conjugated verb, an infinitive, or an auxiliary verb in the **passé composé.**

La ville de Nice? Nous **y** **cherchons** une maison.	*The city of Nice? We're looking for a house there.*
Le bateau va **y arriver** jeudi.	*The boat will arrive there on Thursday.*
Y es-tu allé en train ou en avion?	*Did you go there by train or by plane?*

B. The pronoun **en**

The pronoun **en** can replace a noun preceded by a partitive article (**du, de la, de l', des**) or by an indefinite article (**un, une, des**). **En** is then equivalent to English *some* or *any*. Like other object pronouns, **en** is placed directly before the verb of which it is the object and, in the case of the **passé composé,** directly before the auxiliary verb.

Y a-t-il **des musées intéressants** à Avignon? —Oui, il y **en** a.

Avez-vous **des tickets de métro?** —Non, je n'**en** ai pas.

A-t-il acheté **des souvenirs?** —Non, il n'**en** a pas acheté.

Voici **du vin. En** veux-tu? —Non, merci. Je n'**en** veux pas.

Are there any interesting museums in Avignon? —Yes, there are (some).

Have you any subway tickets? —No, I don't have any.

Did he buy any souvenirs? —No, he didn't buy any.

Here's some wine. Do you want some? —No, thank you. I don't want any.

En can also replace a noun modified by a number or by an expression of quantity, such as **beaucoup de, un kilo de, trop de, deux,** and so on. The noun is dropped, but the number or expression of quantity (minus **de**) remains. The English equivalent of **en** in this case is *of it, of them,* or *any.* While these phrases are often omitted in English, **en** cannot be omitted in French.

Avez-vous **une chambre?** —Oui, j'**en** ai **une.***

Y a-t-il **beaucoup de parcs?** —Oui, il y **en** a **beaucoup.**

Combien de places voulez-vous? —J'**en** voudrais **cinq.**

Do you have a room? —Yes, I have one.

Are there many parks? —Yes, there are many (of them).

How many seats would you like? —I would like five (of them).

En is also used to replace **de** plus a noun and its modifiers (unless the noun refers to people) in sentences with verbs or expressions that use **de: parler de, avoir envie de,** and so on.

Avez-vous **besoin de ce guide?** —Oui, j'**en** ai **besoin.**

Parliez-vous **des ruines romaines?** —Non, nous n'**en** parlions pas.

Do you need this guide? —Yes, I need it.

Were you talking about the Roman ruins? —No, we weren't talking about them.

C. Y and **en** together

Y precedes **en** when they are the objects of the same verb.

Est-ce qu'on trouve des ruines romaines dans le sud? —Oui, on **y en** trouve.

Can you find Roman ruins in the south? —Yes, you can find some (there).

---

*In a negative answer to a question containing **un(e),** the word **un(e)** is not repeated: **Je n'en ai pas.**

The combination of **y en** is very common in the expression **il y a.**

Combien de livres y a-t-il?	*How many books are there?*
—Il **y en** a sept.	*—There are seven (of them).*
Combien de magazines y avait- il sur la table? —Il **y en** avait quatre.	*How many magazines were there on the table? —There were four (of them there).*

Maintenant à vous

A. **Distractions parisiennes.** Remplacez les expressions convenables (*suitable*) par le pronom **y.**

1. Ma sœur est partie pour la forêt de Fontainebleau.   2. Mon frère est allé nager au Club des Nageurs de Paris.   3. J'adore faire des promenades au Bois de Boulogne.   4. Nous avons déjeuné au restaurant de la Tour Eiffel.   5. Mon ami a passé l'après-midi aux Galeries Lafayette.   6. Nous allons faire du bateau sur le lac du Bois de Boulogne.   7. Mon frère est resté longtemps au musée Gustave Moreau.

B. **Roman policier.** Paul Marteau est détective. Il file (*trails*) une suspecte, Pauline Dutour. Doit-il aller partout (*everywhere*) où elle va?

MODÈLE: Pauline Dutour va à Paris. → Marteau y va aussi.
(*ou*) Marteau n'y va pas.

1. La suspecte entre dans un magasin de vêtements.   2. Elle va au cinéma.   3. Elle entre dans une cabine téléphonique.   4. Pauline reste longtemps dans un bistro.   5. La suspecte monte dans un taxi.
6. Elle retourne au magasin.   7. Elle va chez le coiffeur (*hairdresser*).
8. Elle entre dans un hôtel.   9. La suspecte va au bar de l'hôtel.
10. Maintenant elle va en prison.

Maintenant, racontez les aventures de Marteau au passé composé.

C. **Un dîner chez Maxim's.** Un(e) ami(e) vous interroge sur votre choix.

MODÈLE: pâté (oui) → *Un(e) ami(e):* Tu as envie de manger du pâté? (Prends-tu du pâté? Vas-tu commander du pâté?)
Vous: Oui, j'en ai envie. (Oui, j'en prends. Oui, je vais en commander.)

1. hors-d'œuvre (oui)	5. légumes (oui)
2. soupe (non)	6. vin (oui)
3. escargots (oui)	7. dessert (non)
4. viande (oui)	8. café (non)

D. Au bar-tabac. Avec un(e) camarade, jouez les rôles selon le modèle.

MODÈLE: revues (3) → *L'employé:* Combien de revues voulez-vous?
Vous: J'en veux trois.

1. cartes postales (2)
2. timbres (6)
3. films (*rolls of film*) (2)
4. tasses de café (4)

5. verres de vin (3)
6. glaces (2)
7. journaux (1)
8. cigares (3)

E. Correspondance. Debbie va visiter la France. Elle pose des questions aux amis qui l'ont invitée. Répondez **oui** aux questions selon le modèle.

MODÈLE: Est-ce qu'on vend de la bonne moutarde à Dijon? →
Oui, on y en vend.

1. Est-ce qu'on boit du pastis à Marseille?   2. Est-ce qu'on mange beaucoup de pizza à Nice?   3. Est-ce qu'on trouve des ruines romaines à Arles?   4. Est-ce qu'on trouve des châteaux près de Tours?   5. Est-ce que nous pouvons faire du bateau à Quimper?   6. Est-ce qu'on fait du vin à Bordeaux?

Les escaliers roulants de la façade occidentale du Centre Beaubourg sont un exemple de style architectural qui harmonise les formes et les fonctions.

© PIERRE MICHAUD / VDN PICTURE LIBRARY

F. Échange d'opinions. Avec un(e) camarade, donnez des opinions sur des sujets divers. Suivez le modèle.

> MODÈLE: *Vous:* Que penses-tu des voitures japonaises?
> *Votre camarade:* Elles sont jolies (trop petites, bon marché…). Qu'en penses-tu?
> *Vous:* Je (ne) les aime (pas). Elles (ne) sont (pas)…

Suggestions: les musées, les touristes, les chauffeurs de taxi, les monuments, les grandes villes américaines, la télévision, les transports publics

G. Énigme. Décrivez à vos camarades un pays où vous désirez passer vos vacances. Ils doivent deviner le nom du pays. Suivez le modèle.

> MODÈLE: *Vous:* Je veux y aller parce qu'il y fait du soleil. On y trouve la mer, des oranges et des danseurs de Flamenco.
> *Un(e) ami(e):* Tu veux aller en Espagne! Tu penses à l'Espagne.
> *Vous:* Oui, c'est bien à l'Espagne que je pense.

40. THE VERBS **SAVOIR** AND **CONNAÎTRE**

Labyrinthe

> MARCEL: Taxi! Vous *connaissez* la rue Vaucouleurs?
> LE CHAUFFEUR: Mais bien sûr, je *sais* où elle est! Je *connais* Paris comme ma poche!
> MARCEL: Je ne *sais* pas comment vous faites. Je me suis perdu hier dans l'Île de la Cité.
> LE CHAUFFEUR: Je *connais* mon métier et puis, vous *savez,* avec un plan de Paris, ce n'est pas si difficile!

Faites des phrases complètes pour décrire ce qui se passe (*what happens*) dans le dialogue.

© BERYL GOLDBERG

	sait	la rue Vaucouleurs
Marcel	ne sait pas	où est la rue Vaucouleurs
le chauffeur	connaît	Paris
	ne connaît pas	comment le chauffeur fait son métier

Labyrinth

MARCEL: Taxi! Are you familiar with Vaucouleurs Street? DRIVER: But of course, I know where it is! I know Paris like the back of my hand (like my pocket). MARCEL: I don't know how you do it. I got lost yesterday on the Île de la Cité. DRIVER: I know my job, and besides, you know, with a map of Paris, it's not all that difficult!

The irregular verbs **savoir** and **connaître** both correspond to the English verb *to know,* but they are used differently.

savoir *(to know)*			
je	sais	*nous*	savons
tu	sais	*vous*	savez
il, elle, on	sait	*ils, elles*	savent
	Past participle: su		
connaître *(to know)*			
je	connais	*nous*	connaissons
tu	connais	*vous*	connaissez
il, elle, on	connaît	*ils, elles*	connaissent
	Past participle: connu		

Savoir means *to know* or *to have knowledge of* a fact, *to know by heart,* or *to know how to* do something. It is frequently followed by an infinitive or by a subordinate clause introduced by **que, quand, pourquoi,** and so on.

Sais-tu l'heure qu'il est?	*Do you know what time it is?*
Sait-elle parler français?	*Does she know how to speak French?*
Je **sais** qu'il va en France cet été.	*I know that he's going to France this summer.*

In the **passé composé,** **savoir** means *to learn* or *to find out.*

| **J'ai su** hier qu'il allait à Paris. | *I found out yesterday that he was going to Paris.* |

Connaître means *to know* or *to be familiar (acquainted) with* someone or something. **Connaître**—never **savoir**—means *to know a person.* **Connaître** is always used with a direct object; it cannot be followed directly by an infinitive or by a subordinate clause.

Connais-tu Marie-Françoise?	*Do you know Marie-Françoise?*
Non, je ne la **connais** pas.	*No, I don't know her.*
Ils **connaissent** très bien Dijon.	*They know Dijon very well.*

In the **passé composé,** **connaître** means *to meet for the first time.* It is the equivalent of **faire la connaissance de.**

| **J'ai connu** Jean à l'université. | *I met Jean at the university.* |

Maintenant à vous

A. Dialogue. Complétez les phrases avec **connaître** ou **savoir**.

1. _____-vous Paris, Monsieur?   2. Je _____ seulement que c'est la capitale.   3. _____-vous quelle est la distance entre Paris et Marseille?   4. Non, mais je _____ une agence de voyages où on doit le _____. Ils _____ très bien le pays.   5. _____-vous s'il y a d'autres villes intéressantes à visiter?   6. Comme j'ai dit, je ne _____ pas bien ce pays, mais hier j'ai fait la connaissance d'un homme qui _____ où aller pour passer de bonnes vacances.   7. Je voudrais bien _____ cet homme. _____-vous où il travaille?

B. Et vous? Connaissez-vous Paris? Avec un(e) camarade, posez des questions et répondez selon le modèle.

MODÈLE: l'Opéra → *Vous:* Connaissez-vous l'Opéra?
Un(e) ami(e): Oui, je le connais. Je sais qu'on y va pour écouter de la musique.

Endroits	**Définitions**
l'Opéra	C'est le quartier des étudiants à Paris.
les Invalides	Le Président y habite.
le Panthéon	On y va pour écouter de la musique.
le Palais de l'Élysée	On y trouve une vaste collection de livres.
la Bourse	Napoléon y est enterré (*buried*).
la Bibliothèque nationale	D'autres grands hommes de France y sont enterrés.
le Quartier latin	C'est le centre des affaires (*business*).

C. Une ville. Donnez le nom d'une ville que vous connaissez bien. Ensuite racontez ce que (*what*) vous savez sur cette ville.

MODÈLE: Je connais New York. Je sais qu'il y a d'immenses gratte-ciel (*skyscrapers*).

D. Vos connaissances. Utilisez ces phrases pour interviewer un(e) ami(e). Dans les réponses, utilisez les verbes **savoir** ou **connaître**.

1. Nomme trois choses que tu sais faire.   2. Nomme trois choses que tu veux savoir faire un jour.   3. Nomme trois domaines (*fields*) où tu es plus ou moins incompétent(e). (*Je ne sais pas...*)   4. Nomme trois domaines où tu es particulièrement fort(e) (*strong*). (*Je sais très bien...*)   5. Nomme un fait (*fact*) que tu as appris récemment.

Étude de prononciation

Final consonants

Final consonants are generally silent in French.

> le candidat   le progrès   le choix   le riz
> *Exceptions:*   est   ouest   sud

However, **c, r, f,** and **l** at the end of a word are pronounced in many words.

> l'échec   le devoir   le chef   l'hôtel

Exceptions:

1. **c** is usually silent in words ending in **-nc:** blanc   franc
2. **r** is usually silent in words of two or more syllables ending in **-er:** le cahier   le quartier   le dîner
3. **f** is silent in the plural form of **œuf** and **bœuf:** un œuf → des œufs
4. A few words do not follow the rules: porc   tabac   clef   gentil

Une rue étroite (*narrow*) dans un vieux quartier de Lyon.

© MARK ANTMAN / THE IMAGE WORKS

Words of foreign origin tend to retain the pronunciation of final consonants.

le tennis   le short   le curriculum

A. Mots. Prononcez avec le professeur.

le bœuf	l'hôtel	le short	le tennis
la mer	l'échec	le port	attentif
le loyer	le passager	le vert	exact
le lac	le concours	la clef	gentil
le porc	le dîner	le sud	normal

B. Phrases. Prononcez avec le professeur.

1. Neuf gentils chats noirs dorment sur le grand tapis blanc et gris.   2. Monsieur Leblanc aime les œufs, le bifteck, le porc et le bœuf au déjeuner.   3. Ce week-end, ma sœur et son fils vont faire du jogging et du tennis.   4. Je mange beaucoup de sandwichs et d'escargots en apéritif avant le dîner.

Situation

AVENTURE EN MÉTRO

Contexte Charles, un étudiant canadien, veut aller à l'École de Médecine, au Quartier latin à Paris. Ses amis, Francis et Geneviève, lui expliquent comment y aller en métro.

Objectif Charles utilise le métro.

Dialogue

GENEVIÈVE: Charles, tu peux y aller en métro, à l'École de Médecine.

CHARLES: Oui, mais comment fait-on pour y aller en métro?

GENEVIÈVE: Viens, on va regarder la carte: quelle est la station près de l'École?

CHARLES: Odéon.

FRANCIS: Bon, maintenant, quelle est la station près de chez nous?

CHARLES: Oberkampf.

GENEVIÈVE: C'est ça. Maintenant, cherche la route entre Oberkampf et Odéon.

CHARLES: C'est Oberkampf, Strasbourg Saint-Denis, Odéon.

FRANCIS: Parfait. Ta correspondance° est Strasbourg Saint-Denis: c'est là que tu changes de ligne.   *transfer*

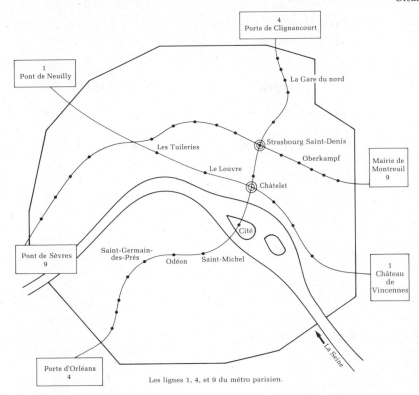

Les lignes 1, 4, et 9 du métro parisien.

CHARLES: C'est simple.

FRANCIS: Mais oui, l'essentiel, c'est de vérifier la direction de ta ligne.

GENEVIÈVE: Quand tu vas de Oberkampf à Strasbourg Saint-Denis, c'est la direction Pont de Sèvres.

CHARLES: Et quand je vais de Strasbourg Saint-Denis à Odéon, c'est la direction Porte d'Orléans. Maintenant, je comprends.

Charles quitte ses amis et va à pied jusqu'à la station Oberkampf, où il achète un ticket.

CHARLES: Bonjour. Un ticket de seconde, s'il vous plaît.

LE GUICHETIER: Voilà. Ça fait trois francs.

UNE INCONNUE:° Excusez-moi, monsieur, je suis perdue. Je veux aller au boulevard Saint-Michel. Pouvez-vous me dire comment le faire?   *stranger*

CHARLES: C'est très simple. Regardons la carte. Prenez la ligne 9 en direction Pont de Sèvres, descendez à Strasbourg Saint-Denis, prenez la ligne 4 en direction Porte d'Orléans et sortez à Saint-Michel.

L'INCONNUE: Épatant°! Il y a longtemps que vous habitez ici?   *Wonderful!*

CHARLES: Pas vraiment.° Mais j'apprends vite.   *really*

Variations

1. Rejouez la scène avec cette différence: Charles veut prendre le métro pour retrouver (*to meet*) un ami qui arrive à la Gare du Nord.
2. Imaginez que vous habitez à Montreuil. Une amie américaine vous rend visite et veut visiter le musée du Louvre. Vous ne pouvez pas l'accompagner, mais vous lui expliquez comment y aller en métro. Pour vérifier qu'elle a bien compris, demandez-lui de vous expliquer comment elle va revenir chez vous après sa visite au musée. Jouez les rôles avec un(e) camarade.
3. Improvisez! Expliquez à un(e) de vos camarades comment aller en autobus (ou en métro) de votre université à un endroit intéressant de votre ville ou de votre région.

Commentaire culturel

The Paris **métro (le métropolitain)**, arguably the best subway system in the world, is the fastest and most economical form of transportation in the city. It consists of 16 lines and 350 stations and carries more than a billion passengers each year. It is administered by the **RATP (Régie Autonome des Transports Parisiens)**.

The **métro** is also a microcosm of Parisian culture. The stations that are not named after the **quartiers** they serve, nearby streets, or famous buildings, monuments, or institutions are named in commemoration of historic French military victories or in memory of French writers, scientists, artists, and historical figures. The **station du Louvre** is a small museum where paintings, artifacts, and art objects are exhibited on the platforms. The **station du Forum des Halles** provides direct access to the luxury shopping mall of the same name. The corridors of the **métro** often seem as animated as the streets above. Singers and musicians perform, hoping

© BERYL GOLDBERG

for small change from passersby. From time to time these "illegal" entertainers are forced to leave, but they always return and their presence has become such a tradition that the **RATP** has designated **journées musicales** for certain stations. One also finds artisans selling wares and **clochards** (*tramps*) panhandling.

The **métro** is very easy to use. You could buy one of the color-coded maps available in the stations; they are also in many of the guidebooks sold at **kiosques** or in bookstores. To use the system, you simply have to know the name of the station you have entered, the station you want to reach, and the direction you need to travel in order to reach either your destination (if it is on the same line as your point of entry) or a station where you can transfer to a line serving your destination. Each line is numbered, and its two possible directions are named after its terminal stations. Here are a few things to keep in mind when traveling on the **métro**:

- You can buy either a single ticket or a book of ten tickets (**un carnet**), more economical if you use the system often, or a four- to seven-day **billet de tourisme,** or even a **carte orange,** a commuter pass good for one month.
- To travel economically, you will be buying a **ticket de seconde.** Be careful not to get on the first-class car, usually in the middle of the train. If you are traveling at rush hour, however, you may want to go first class to travel more comfortably. You would then buy a **ticket de première.**
- Do not smoke on the **métro** or take photographs.
- The **métro** opens at 5:30 A.M. and closes at 12:30 A.M.
- There is usually a **chef de station** at each station to handle any problems that may arise.
- Most doors on the **métro** trains do not open automatically. You need to open them yourself to get on or off.
- If the **métro** workers are on strike, remember that your tickets are valid on the city buses.

Mise au point

A. En ville. Avec un(e) camarade, préparez des questions à partir des mots donnés. Répondez à la forme affirmative et négative et remplacez les noms par un complément d'objet direct ou indirect, **y** ou **en,** selon le modèle.

MODÈLE: aller / en ville / aujourd'hui →
      Vous: Vas-tu en ville aujourd'hui?
   Un(e) camarade: Oui, j'y vais. Et toi?
      Vous: Non, je n'y vais pas.

1. visiter / centre-ville / cet après-midi
2. visiter / des musées / ce matin
3. connaître / la banlieue
4. connaître / l'agent de police
5. avoir / envie / voir / des gratte-ciel (*skyscrapers*)
6. rester / en ville / ce soir

B. **Les grandes villes.** Formez des phrases complètes et mettez les verbes de cette narration au passé composé ou à l'imparfait.

1. je / aimer / les grandes villes / quand / je / être / jeune
2. il y avoir / toujours / beaucoup / choses / à voir
3. les gens / être / intéressant / et / les bâtiments / être / beau
4. un jour / je / être / la banque / et je / voir / un hold-up
5. le voleur (*robber*) / avoir / un revolver / et il / le / montrer (*to show*) / gens
6. nous / avoir / peur
7. le voleur / prendre / l'argent / et il / partir
8. quelqu'un / téléphoner / la police
9. la police / le / trouver / en dix minutes / parce qu'il / avoir / difficultés / avec / voiture
10. voilà pourquoi / je / acheter / une maison / campagne

C. **Projets touristiques.** Imaginez que vous visitez avec un(e) camarade la petite ville illustrée à la page 310. Hier, votre camarade était malade et il/elle est resté(e) à l'hôtel. Aujourd'hui, votre camarade vous demande où vous êtes allé(e) et comment faire pour y aller aussi. Utilisez les expressions **d'abord, puis, ensuite, après** ou **enfin** selon le modèle.

MODÈLE: le bureau de poste →
   Votre camarade: Où es-tu allé(e) hier?
         Vous: D'abord, je suis allé(e) au bureau de poste pour acheter des timbres.
   Votre camarade: Moi aussi, j'en ai besoin. Comment est-ce que je fais pour y aller?
         Vous: D'abord, tu vas jusqu'à la place de la Révolution. Ensuite, tu prends la rue Soufflot à gauche et tu y es.
   Votre camarade: D'accord. Où es-tu allé(e) après?
         Vous: Après,…

1. la librairie
2. le parc
3. la piscine
4. la mairie
5. la bibliothèque municipale

D. **La «grosse pomme».** Un(e) camarade vous pose des questions sur la ville de New York en utilisant le verbe **savoir** ou **connaître.** Dans vos réponses, utilisez un pronom complément d'objet direct. Suivez le modèle.

MODÈLE: *Un(e) camarade:* Connais-tu le maire de New York?
         Vous: Oui, je le connais.
         (*ou*) Non, je ne le connais pas.

1. utiliser le métro de New York 2. combien de théâtres il y a sur Broadway 3. Greenwich Village 4. que la France nous a donné la Statue de la Liberté 5. le musée Guggenheim 6. comment aller du centre-ville à l'aéroport JFK 7. le quartier Little Italy

E. Interview. Interviewez un(e) camarade au sujet de sa première visite à une grande ville loin de chez lui/elle.

Suggestions: Où es-tu allé(e)? Quand? Combien de temps y es-tu resté(e)? Avec qui étais-tu? Qu'est-ce que tu y as fait? Qu'est-ce que tu y as vu? Étais-tu content(e) de ta visite? Pourquoi ou pourquoi pas?

Maintenant, résumez (*summarize*) pour la classe la visite de votre camarade.

Vocabulaire

Verbes

connaître *to know; to be familiar with*
construire *to build, construct*
savoir *to know (how)*
toucher *to cash (a check); to touch; to concern*

Substantifs

la banlieue *suburbs*
le bar-tabac *bar-tobacconist*
le bois *forest, woods*
le bruit *noise*
la carte *map*
le centre-ville *downtown*
le château *castle, château*
le chemin *way (road)*
le coin *corner*
le commissariat (le poste de police) *police station*
l'église (*f.*) *church*
l'île (*f.*) *island*
la mairie *town hall*
la piscine *swimming pool*
la place *square*
le poste de police *police station*

la Rive droite *the Right Bank (in Paris)*
la Rive gauche *the Left Bank (in Paris)*
le stade *stadium*
le syndicat d'initiative *tourist information bureau*
la tour *tower*

Les nombres ordinaux

le premier (la première), le (la) deuxième,... , le (la) cinquième,... , le (la) huitième, le (la) neuvième,... , le (la) onzième, etc.

Les expressions temporelles

autrefois *formerly*
d'abord *first, first of all, at first*
de temps en temps *from time to time*
d'habitude *usually*
enfin *finally*
soudain *suddenly*

Mots divers

à droite (*prep.*) *on (to) the right*
à gauche (*prep.*) *on (to) the left*
de nouveau (*adv.*) *again*
en (*pron.*) *of them; of it; some*
en face de (*prep.*) *across from*
là (*adv.*) *there*
partout (*adv.*) *everywhere*
propre (*adj.*) *clean*
tout droit (*adv.*) *straight ahead*
y (*pron.*) *there*

Mots apparentés

Verbes: **continuer, tourner, traverser, commencer**
Substantifs: **la banque, l'hôpital** (*m.*)**, l'hôtel** (*m.*)**, la ligne, le monument, le musée, le parc, la pharmacie, la plante, la station (de métro), le week-end**
Adjectifs: **municipal(e), public (publique)**

Lecture

AUDACES ET CONTROVERSES

Avant de lire As in most languages, certain constructions in French are used more often in writing than in conversation. One example of this is the passive voice (**la voix passive**) of verbs. You will learn how to use this form in the final chapter of *Rendez-vous*, but it is not difficult and you should be able to recognize it when you come across it in reading passages.

In a passive voice sentence, the direct object of the corresponding active voice sentence becomes the subject of the verb **être** followed by the past participle of the active voice verb.

Active voice	**Passive voice**
Les touristes **visitent** la ville.	La ville **est visitée** par les touristes.
The tourists are visiting the city.	*The city is visited by the tourists.*

In the passive voice, the agent of the action is often not expressed. *Active voice:* **On a touché les chèques.** *Passive voice:* **Les chèques ont été touchés.** Note that the verb tenses in these two sentences are the same.

In the following passage, you will be able to guess the meaning of most of the verbs that appear in the passive voice. Here are the less familiar ones, with active and passive voice versions of the use you will find in the passage.

Infinitive	Passive voice	Active voice
peindre (*to paint*)	L'intérieur de Notre-Dame **a été peint.**	**On a peint** l'intérieur de Notre-Dame.
enlever (*to remove*)	Ses statues **ont été enlevées.**	**On a enlevé** ses statues.
bâtir (*to build*)	Le Centre Beaubourg **a été bâti.**	**On a bâti** le Centre Beaubourg.
envahir (*to invade*)	Paris **est envahi.**	**On envahit** Paris.

EN 2 000 ANS de vie, Paris a hérité de 33 ponts,° 1 245 kilomètres de rues, 304 jardins et parcs publics, 2 bois, plus de 440 000 arbres, 16 cimetières, 6 500 bancs° publics, 32 000 plaques° de rue... et un nombre incalculable de bâtiments.° Résultat de sa longévité, Paris est un pot-pourri

bridges

benches / on y voit le nom de la rue
buildings

de styles d'architecture très divers. Chaque siècle a ajouté ses trésors et a parfois détruit° des trésors plus anciens. Même Notre-Dame n'a pas toujours plu:° au XVIIe siècle, son intérieur a été peint en blanc, ses vitraux° ont été remplacés par du verre ordinaire, ses statues ont été enlevées.

En dépit de° cette diversité, le visage° de Paris a conservé une harmonie qui séduit toujours le visiteur. Peut-être cette harmonie vient-elle de la constante bataille qui oppose les audaces architecturales à la vigoureuse opinion publique parisienne. En voici quelques exemples.

Quand Alexandre-Gustave Eiffel a conçu° sa fameuse Tour pour l'Exposition internationale de Paris en 1889, le centenaire de la Révolution française, il a provoqué une véritable révolution. Trois cents Parisiens illustres ont publié un manifeste° contre cette « affreuse° construction de métal ». « Paris est défiguré », ont-ils affirmé. Mais la vieille dame de fer,° construite en deux ans, deux mois et deux jours, est aujourd'hui le symbole même° de la capitale!

Les controverses continuent d'éclater° de nos jours. En 1977, le Centre Beaubourg a été inauguré dans une atmosphère de bataille: cette immense construction de verre et de métal, aux escaliers° et tuyauteries° visibles et de couleurs brillantes, contraste de façon frappante° avec l'architecture harmonieuse du vieux quartier où elle est bâtie. Le Centre Beaubourg, qualifié de° « raffinerie » par certains, a plus de visiteurs aujourd'hui que le Louvre et la Tour Eiffel ensemble.

En 1968, les Halles, l'ancien marché de Paris, ont été transférées près de l'aéroport d'Orly. En ville, sur le site des Halles, on a voulu redonner une atmosphère à ce vieux quartier populaire. Tous les projets ont échoué,° le débat a duré des années, et le terrain vide° a été ironiquement rebaptisé le « trou »° des Halles. Mais récemment le « trou » a trouvé sa destination définitive, un centre commercial futuriste d'arcades, de verre et d'acier,° autour d'une grande place, le Forum des Halles.

Dernier désastre en date, Paris est envahi par des tours et des gratte-ciel à l'américaine. La construction de ces grands buildings modernes a été limitée à certains quartiers seulement. Mais on n'aime pas cette architecture verticale à Paris, et la presse condamne la « manhattanisation » de Paris, qu'elle considère comme une menace pour la qualité de la vie parisienne. Bien sûr°! Mais la vue est bien belle de la Tour Montparnasse, la plus haute° de Paris.

Compréhension

A. Résumez la lecture en répondant aux questions suivantes.

   1. Quels sont les monuments qui servent d'exemple d'audace architecturale?   2. Décrivez le contraste entre le Centre Beaubourg et le quartier où il est situé.   3. Pourquoi commence-t-on à parler de la « manhattanisation » de Paris?

B. Lisez les phrases suivantes et dites si elles sont vraies ou fausses. Trouvez des phrases de la lecture qui justifient vos réponses.

Notre-Dame de Paris. Combien de tours quadrangulaires voyez-vous dans cette photo? Combien de flèches (*spires*)? d'arcs-boutants (*flying buttresses*)? de rosaces (*rose windows*)?

© PETER MENZEL

1. On voit beaucoup de styles architecturaux différents à Paris.   2. On n'a jamais changé le décor de la cathédrale de Notre-Dame.   3. Les Parisiens ont tendance à résister aux innovations architecturales.   4. La Tour Eiffel est l'attraction touristique numéro un à Paris.   5. Le Forum des Halles sert d'exemple de la « manhattanisation » de Paris.

Expression écrite

Écrivez une petite composition de trois paragraphes pour décrire un changement qui a eu lieu (*has taken place*) dans votre ville ou dans votre région et qui vous intéresse personnellement. Voici des suggestions:

Paragraphe 1: *Une description du temps passé*
        Quand j'étais jeune, j'aimais beaucoup…
Paragraphe 2: *Une description de la transformation*
        Un jour, on a détruit (*remplacé, enlevé, bâti, peint*)…
Paragraphe 3: *Une description de votre attitude envers ce changement*
        Cet événement m'a plu(e) (*pleased*)/m'a déplu(e) (*displeased*) parce que…

Activités

A PROPOS

Comment demander son chemin

Pouvez-vous (Peux-tu) me dire
    où est… ?
    dans quelle direction est… ?
    par où je dois passer pour… ?
    si… est loin d'ici/près d'ici?

Comment indiquer le chemin

C'est… là-bas (*there, yonder*)
    tout droit
    à droite (de)…
    à gauche (de)…
    derrière…
    devant…
    à côté de…
    de l'autre côté de…
    en face de…

A. Interaction. Utilisez les expressions de l'**A propos** pour demander ou pour indiquer le chemin pour aller dans divers endroits de votre campus. Un(e) étudiant(e) joue le rôle d'un nouvel étudiant (d'une nouvelle étudiante) qui demande son chemin. Soyez précis(e) dans vos directions. Le nouvel étudiant (La nouvelle étudiante) doit répéter les directions pour vérifier qu'il/elle les a bien comprises.

MODÈLE:
Le nouvel étudiant
(La nouvelle étudiante): Excusez-moi. Pouvez-vous me dire par où je dois passer pour trouver la salle de sport?
Un(e) étudiant(e): Vous devez passer par les bureaux de l'administration, là-bas. Ensuite, tournez à gauche devant le restaurant universitaire et continuez tout droit. La salle de sport est à droite de la bibliothèque.

Le nouvel étudiant
(La nouvelle étudiante): Je dois passer par les bureaux de l'administration, là-bas. Puis, je tourne à gauche devant le restaurant universitaire et je continue tout droit. Vous dites que la salle de sport est à droite de la bibliothèque?
Un(e) étudiant(e): C'est ça.

B. Les problèmes urbains d'Amérique. Choisissez les quatre problèmes urbains les plus graves (*most serious*) de cette liste. Mettez ces problèmes dans l'ordre de vos priorités.

_____ 1. la pollution de l'air
_____ 2. le bruit
_____ 3. les taudis (*slums*)
_____ 4. la criminalité (les hold-ups, par exemple)

_____ 5. le chômage (*unemployment*)
_____ 6. le gaspillage (*waste*) d'énergie
_____ 7. les embouteillages (*traffic jams*)
_____ 8. _____?

Expliquez pourquoi vous avez choisi ces problèmes. Ensuite répondez aux questions suivantes.

1. Quels problèmes urbains touchent l'individu? Quels problèmes concernent toute la société? 2. Quels problèmes concernent l'avenir (*future*) de nos enfants? 3. Quels problèmes concernent notre santé (*health*)? 4. Quels problèmes représentent une question de vie ou de mort? 5. Quels problèmes concernent la tranquillité de notre vie quotidienne? 6. Quelles solutions ont déjà été apportées à ces problèmes? Quelles autres sont à l'étude? Quelles sont vos suggestions personnelles?

CHAPITRE ONZE

Les études en France

© ROGERS/MONKMEYER

La Cour d'honneur et la Chapelle de la Sorbonne à Paris. Pensez-vous que l'architecture exerce une influence sur l'éducation?

OBJECTIFS   In this chapter, you will become familiar with the basic structure of the French educational system, from preschool to the various institutes where college graduates earn their higher degrees. You will learn words and expressions related to teachers, courses, subjects, lectures, and, of course, exams. The language skills you will develop include the formation of adverbs from adjectives and the use of multiple object pronouns before a single indicative verb and after affirmative commands.

Étude de vocabulaire

L'enseignement en France

L'école maternelle
—de 2 à 6 ans

(L'enseignement pré-élémentaire n'est pas obligatoire.)

L'enseignement élémentaire

L'apprentissage et le perfectionnement de la lecture, de l'écriture et du calcul; les bases de connaissance en biologie, histoire et géographie.

L'école primaire
—de 6 à 11 ans

L'enseignement secondaire

Le collège (le premier cycle des études secondaires)
—de 11 à 15 ans
Le lycée (le deuxième cycle des études secondaires)
—de 15 à 18 ans
Les bacs d'enseignement général
—les lettres
—les maths
—les arts
—les sciences

La langue et la littérature françaises, les langues étrangères, les mathématiques (la géométrie, l'algèbre), les sciences naturelles (la physique, la chimie, la biologie), l'histoire, la géographie, les sciences économiques. Les beaux-arts ne sont pas obligatoires.

Les bacs de technicien

1.
2.
3.
4.
5.

la gestion   la comptabilité   la vente   l'informatique   le génie civil

le commerce

L'examen du baccalauréat

↓

L'enseignement supérieur

le droit   la médecine   la peinture   le dessin

Les universités
   La faculté des lettres et sciences
      humaines
…des sciences
…de droit et sciences économiques
…de médecine
…de pharmacie
Les diplômes—la licence
           la maîtrise
           le doctorat ↓

Les Grandes Écoles
—le commerce
—l'administration
—le génie civil et militaire
—les beaux-arts
    —la peinture
    —la sculpture
    —le dessin
    —la musique
    —l'art dramatique
Les diplômes des Grandes Écoles

A. **Compréhension.** Regardez le schéma ci-dessus et répondez aux questions suivantes.

1. Marie a 4 ans, mais elle ne va pas à l'école. Pourquoi?
2. Gilles a 7 ans et il n'aime pas aller à l'école. Mais il n'a pas le choix. Pourquoi?
3. Quel âge ont les élèves (*pupils*) dans les écoles maternelles? dans les écoles primaires? dans les collèges? dans les lycées?
4. Quelles matières étudie-t-on à l'école primaire?
5. Combien de cycles y a-t-il dans l'enseignement secondaire? Quels sont-ils?
6. Quelles matières peut-on étudier au collège et au lycée?
7. Nommez deux catégories du baccalauréat.
8. Vincent est lycéen, mais il n'étudie ni (*neither*) la peinture, ni (*nor*) la sculpture, ni le dessin, ni la musique, ni l'art dramatique. Pourquoi?
9. Quels sont les diplômes universitaires en France? Y a-t-il aussi trois diplômes dans les universités américaines?
10. Quels sont les choix des étudiants dans l'enseignement supérieur en France?
11. Quelle est ou quelle va être votre spécialité à l'université?

B. A l'École Victor Hugo. Lisez les paragraphes suivants et remplacez les tirets par les mots appropriés.

1. M. Sellier est instituteur (*teacher*) à l'École Victor Hugo. Les élèves de son cours préparatoire ont déjà appris l'alphabet. Aujourd'hui ils vont essayer d'identifier les lettres dans des mots très simples. C'est leur première leçon de _____.

2. Mme Dupont est institutrice à l'École Victor Hugo. Les élèves de son cours élémentaire 2ème année écrivent des lettres au Père Noël. C'est une leçon d'_____.

3. Mlle Beaulieu enseigne (*teaches*) aussi à l'École Victor Hugo. Ses élèves font des opérations arithmétiques. Jean-Paul ne fait jamais d'erreurs. Il est très bon en _____.

4. L'École Victor Hugo est une école _____. Les trois premières années (le cours préparatoire et les cours élémentaires 1 et 2), les élèves font l'_____ de la lecture, de l'écriture et du calcul.

5. Les élèves de l'école apprennent aussi des bases de _____ en biologie, histoire et géographie.

C. Identification. A partir des éléments donnés, nommez la discipline. Suivez le modèle.

MODÈLE: la botanique, la zoologie, la génétique, l'embryologie,…
→ C'est la biologie.

1. l'étude des éléments, des composés, des catalyseurs
2. l'algèbre, la géométrie, le calcul infinitésimal
3. l'anglais, l'allemand, l'italien, le russe, l'espagnol
4. la littérature, l'histoire, la philosophie
5. l'art dramatique, la musique, le dessin, la sculpture, la peinture
6. les prix, les facteurs de production, le capitalisme, les besoins
7. la mémoire, l'utilisateur, le programmeur, le logiciel (*software*)

D. Au Lycée Henri IV. Pendant une visite du Lycée Henri IV à Paris, vous passez près des salles de classes où vous entendez parler les professeurs. Identifiez les cours selon les phrases que vous entendez. Suivez le modèle.

MODÈLE: «Comment est-ce qu'on épelle (*spell*) les mots *through, rough, plough* et *dough*?» → C'est un cours d'anglais.

1. «Qui a fini de lire *La Révolution française* de Michelet?»
2. «Vous devez commencer par chercher les coordonnées des points.»
3. «On doit toujours prendre en considération le rôle de l'État dans la production et la consommation.»
4. «Comment peut-on trouver le centre de gravité de cet objet?»
5. «N'oubliez pas de me rendre demain vos compositions sur l'*Étranger* de Camus.»
6. «Dans ces équations, nous allons substituer cette valeur numérique par la lettre *x*.»

7. « Attention! C'est un gaz combustible! »
8. « Aujourd'hui, Claudine va nous faire une petite conférence (*lecture*) sur la climatologie du bassin parisien. »
9. « Tout le monde a son scalpel? Commençons la dissection. »

E. Études techniques. Complétez les définitions suivantes.

1. Le crédit, le débit et la balance des comptes sont des éléments essentiels de la _____.
2. La publicité et le marketing sont des techniques de _____.
3. Les ordinateurs sont des calculatrices électroniques très sophistiquées. Ils jouent un rôle décisif dans l'_____, la science de l'utilisation de l'information.
4. Les techniques de construction étudiées par les étudiants qui veulent devenir ingénieurs, c'est le _____.
5. L'administration, la direction et l'organisation d'une entreprise représentent des techniques de _____.
6. Un commerçant qui fait de l'exportation et de l'importation est engagé dans le _____ international.

F. Diplômés des Universités et des Grandes Écoles. Lisez les courtes autobiographies scolaires suivantes et remplacez les tirets par les mots appropriés. (Il y a des mots-clé dans les phrases.)

1. Mon père est cardiologue, ma tante est dermatologiste et mon oncle est radiologue. Mon grand-père était médecin généraliste. Alors, la médecine, c'est une tradition de famille. J'ai passé un bac en maths-physiques, et j'ai fait mes études supérieures à la Faculté de _____ à l'Université de Toulouse.
2. Je suis avocat (*lawyer*) parce que la science juridique m'intéresse beaucoup. Comment une société détermine-t-elle les règles (*rules*) de son organisation et de son fonctionnement? Comment trouve-t-on l'équilibre entre les droits de l'individu et les droits de la collectivité? C'est une question difficile, mais décisive. J'ai passé un bac en sciences économiques et j'ai fait mes études supérieures à la Faculté de _____ à Paris.
3. Je suis illustrateur de livres. J'ai passé mon bac en lettres et en arts et puis j'ai fait des études à l'École Normale Supérieure des Beaux-Arts où j'ai fait un peu de tout. J'aime bien sculpter des figurines et des statuettes, alors j'ai étudié la _____. J'aime bien peindre (*paint*) des portraits, alors j'ai fait de la _____. Mais dessiner au crayon, c'est ma passion. En fait (*In fact*), je crois que le _____ est la base de tous les arts.
4. Je fais à présent du marketing pour une grande compagnie aérienne. Au lycée, j'ai étudié la gestion et la vente. J'ai passé un bac en techniques commerciales et puis, après deux ans de préparation, j'ai commencé des études supérieures à H.E.C. (l'École des Hautes Études Commerciales) où j'ai continué à étudier le _____.

5. Je suis P.-D.G. (président-directeur général) de la S.N.C.F. J'ai fait un bac en techniques administratives. Je trouve que l'administration des services publics est une responsabilité très gratifiante. J'ai fait mes études supérieures à l'École Nationale d'_____ et voilà dix ans que je suis à la S.N.C.F.

G. Et vous? Répondez aux questions suivantes.

1. Quand avez-vous commencé votre apprentissage de la lecture? de l'écriture? du calcul?
2. A quel âge avez-vous commencé vos études secondaires?
3. Avez-vous fait des études techniques au lycée? Si oui, quelles études avez-vous faites?
4. Aux États-Unis, a quel moment dans votre éducation choisissez-vous un programme spécifique d'études?
5. Maintenant, imaginez que vous êtes français(e). Inventez pour vous-même une courte autobiographie scolaire.

Deux verbes irréguliers

suivre (*to follow*)				vivre (*to live*)			
je	suis	*nous*	suivons	*je*	vis	*nous*	vivons
tu	suis	*vous*	suivez	*tu*	vis	*vous*	vivez
il, elle, on	suit	*ils, elles*	suivent	*il, elle, on*	vit	*ils, elles*	vivent
Past participle: suivi				*Past participle:* vécu			

Suivre (*to follow*) and **vivre** (*to live*) are irregular verbs, and they have similar conjugations in the present tense. **Suivre un cours** means *to take a course.* **Poursuivre** (*to pursue*) is conjugated like **suivre.**

Combien de cours **suis-tu**?	*How many courses are you taking?*
Suivez mes conseils!	*Follow my advice!*
A-t-il **poursuivi** ses études de médecine?	*Did he pursue his medical studies?*

A. Études ou vacances?

1. Qui suit le cours de sociologie? *Jean* le suit. (nous, Marie, vous, les Dupont)
2. Qui ne vit que pour les vacances? *Chantal* ne vit que pour les vacances. (je, Marie et Françoise, tu)

B. Conversation.

1. Quels cours suivez-vous ce semestre? Avez-vous suivi d'autres cours de langue avant ce cours-ci? Lesquels?

2. Avez-vous toujours vécu dans cette ville ou dans cette région? dans ce pays? Où viviez-vous avant de venir à l'université?
3. Allez-vous poursuivre des études pour votre maîtrise? pour votre doctorat? Si oui, dans quelle matière?

Le calendrier universitaire

octobre à mai: On suit les cours. On assiste aux conférences. On prépare les examens. On révise. On passe les examens.*

juin: On réussit. On obtient un diplôme.
  ou
  On échoue. On n'obtient pas de diplôme.

juillet: On part en vacances.
  ou
  On prépare un deuxième examen.

octobre: On reprend les études.
  ou
  On passe le deuxième examen et si on réussit, on continue ses études.

A. Études en France. Répondez aux questions suivantes.

1. Que fait-on avant de préparer les examens? avant de réussir aux examens? avant de préparer le deuxième examen? avant de partir en vacances? 2. Que fait-on du mois d'octobre au mois de mai?

B. En français, s'il vous plaît.

1. I have to take a history exam tomorrow. 2. I'm going to study a lot tonight. 3. I need to review the readings and learn all the dates. 4. I passed the first exam and I failed the second exam, but I didn't prepare (for) it very well. 5. To get my diploma, I have to pass this third exam.

C. Conversation.

1. Quel diplôme avez-vous déjà obtenu? 2. Révisez-vous beaucoup avant de passer un examen? Pourquoi? 3. A quelle occasion échouez-vous à un examen? 4. Réussissez-vous toujours aux examens finals? Pourquoi ou pourquoi pas? 5. Aimez-vous assister aux conférences? Lesquelles? 6. Préférez-vous les travaux pratiques?†

---

*Note that **passer un examen** means *to take an exam*, not *to pass an exam*. With exams, **réussir (à)** means to pass.

†**Les travaux pratiques** include work in the language lab or science lab, interaction with other students in small groups, and other similar individualized educational experiences.

Étude de grammaire

41. STRESSED PRONOUNS*

© FRÉDÉRIC PITCHAL /
VDN PICTURE LIBRARY

L'après-bac

JEAN-PIERRE: Salut, Françoise. Justement, je pensais à *toi*. Qu'est-ce que tu vas faire après le bac?

FRANÇOISE: Je ne sais pas, j'y pense beaucoup, mais ça semble si compliqué!

DENISE: *Moi*, mon conseiller d'orientation m'a donné une tonne de brochures... c'est décourageant!

FRANÇOISE: Mon frère, *lui*, me dit que l'essentiel, c'est d'agir, de prendre le risque...

JEAN-PIERRE: Et *toi*, Claude, qu'est-ce que tu en penses?

CLAUDE: Si on ne pense qu'à ça, on panique. Alors, *moi*, j'écoute, je réfléchis... et j'attends mon heure.

Les phrases suivantes sont des variantes des phrases dans le dialogue. Complétez ces phrases avec **moi, toi** ou **lui.**

Qu'est-ce que tu vas faire, _____?
Je ne sais pas, _____.
Qu'est-ce qu'il en pense, _____?

Stressed pronouns are used as objects of prepositions or for clarity or emphasis.

A. Forms of stressed pronouns

The forms of the stressed pronouns are:

moi	*I, me*	**nous**	*we, us*
toi	*you*	**vous**	*you*
lui	*he, him, it*	**eux**	*they, them (m.)*
elle	*she, her, it*	**elles**	*they, them (f.)*

After-bac

JEAN-PIERRE: Hi, Françoise. I was just thinking about you. What are you going to do after the baccalaureat exam? FRANÇOISE: I don't know; I think about it a lot, but it seems so complicated! DENISE: As for me, my counselor gave me a ton of brochures . . . it's discouraging! FRANÇOISE: My brother tells me that the important thing is to act, to take a chance . . . JEAN-PIERRE: And you, Claude, what do you think about it? CLAUDE: If you think only about that, you panic. So, I listen, I think, . . . and I bide my time.

*Les pronoms disjoints

Note that several of the stressed pronouns (**elle, nous, vous, elles**) are identical in form to subject pronouns.

B. Use of stressed pronouns

Stressed pronouns are used:

1. as objects of prepositions

Nous allons étudier chez **toi** ce soir.	*We're going to study at your house tonight.*
Après **vous**!	*After you!*

2. as part of compound subjects

Martine et elle* ont eu une bonne note à l'interrogation écrite.	*Martine and she got a good grade on the written test.*
Claude et moi avons vécu un an en France.	*Claude and I spent a year living in France.*

3. with subject pronouns, to emphasize the subject

Et **lui,** a-t-il un doctorat?	*He has a doctorate?*
Eux, ils ont de la chance.	*They are lucky.*
Tu es brillant, **toi.**	*You are brillant.*

When stressed pronouns emphasize the subject, they can be placed at the beginning or the end of the sentence.

4. after **ce + être**

C'est **vous,** M. Lemaître? —Oui, c'est **moi.**	*Is it you, M. Lemaître? —Yes, it's me (it is I).*
C'est **lui** qui faisait le cours de philosophie.	*It's he who was teaching the philosophy course.*

5. in sentences without verbs, such as one-word answers to questions and tag questions

Qui a échoué à l'examen? —**Toi!**	*Who failed the exam? —You!*
As-tu pris mon livre? —**Moi?**	*Did you take my book? —Me?*
Nous allons au théâtre. **Et lui?**	*We're going to the theatre. What about him?*

6. in combination with **même(s)** for emphasis

Préparent-ils la conférence **eux-mêmes?**	*Are they preparing the lecture by themselves?*
Allez-vous donner les résultats **vous-même?**	*Are you going to give the results yourself?*

---

*In conversation, the plural subject is sometimes expressed in addition to the compound subject: **Martine et elle, elles ont eu une bonne note.**

Note that the stressed pronouns plus **même(s)** are the equivalent of English pronouns plus *self/selves*.

7. to replace nouns referring to people after the expressions **penser à** and **penser de**

Pense-t-elle souvent à Charles? —Oui, elle pense souvent à **lui.**

Does she often think about Charles? —Yes, she thinks about him often.

Que penses-tu du président?

What do you think of the president?

Que penses-tu de **lui**?

What do you think of him?

Maintenant à vous

A. **Tempête de neige** (*Snowstorm*). Il neigeait hier soir et les étudiants suivants ont dû rester chez eux. Décrivez leurs activités selon le modèle.

MODÈLE: vous → Vous avez fait vos devoirs chez vous.

1. nous
2. je
3. Marie et toi
4. Pierre et Marie
5. tu
6. mon ami Marc
7. les étudiantes en médecine
8. les étudiants de mon cours

B. **Bachotage** (*Cramming*). La nuit après la tempête de neige la bibliothèque était pleine de monde (*filled with people*). On préparait des examens. Décrivez les étudiants selon le modèle.

MODÈLE: nous / occupé → Nous, nous étions occupés.

1. je / fatigué
2. tu / attentif
3. ils / bavard (*talkative*)
4. vous / sérieux
5. elle / travailleur
6. elles / paresseux
7. il / calme
8. ils / content

C. Une dissertation* sur l'existentialisme. Remplacez les mots en italique par des pronoms qui correspondent aux mots entre parenthèses.

1. Qui doit écrire une dissertation sur l'existentialisme? C'est *moi* qui dois le faire. (Jacques, Mireille et Chantal, Marc et son ami)
2. Vous faites la dissertation vous-même? Oui, *je* la fais moi-même. (elle, Marie, nous, tu, ton ami et toi)

***Dissertation** is the equivalent of a term paper. (A doctoral dissertation in France is **une thèse**.)

D. Quelle aventure! Tout d'un coup (*Suddenly*) il n'y a plus d'électricité à la bibliothèque. On n'y voit plus rien. Chacun essaie de trouver ses camarades dans le noir. En français, s'il vous plaît.

THÉRÈSE: Nicole, is that you?

NICOLE: Yes, it's me. Where are you?

THÉRÈSE: Me? I'm here, next to Jean-Michel.

UNE VOIX: I'm not Jean-Michel!

JEAN-MICHEL: I'm near the window. Where's Christophe?

NICOLE: I don't know. Is that him next to the door?

THÉRÈSE: I think that's him. Claude is next to him, isn't he?

JEAN-MICHEL: No, that's not Claude. It's a coatrack (**un portemanteau**). He was studying with Marlène.

NICOLE: With her? Why is he studying with her?

JEAN-MICHEL: You know why. She always passes the exams.

E. Après l'interrogation (*exam*). Complétez le dialogue avec les pronoms corrects.

CAMILLE: Claude et _____ avons choisi le sujet sur Jean-Paul Sartre. Et _____ ?

ROBERT: _____, j'ai fait comme _____.

CAMILLE: Et Jacques?

ROBERT: _____! Il a rendu feuille blanche (*blank page*).

CAMILLE: C'est _____ qui a rendu cette feuille blanche? Mais c'est _____ qui révise depuis dix jours!

Rencontre culturelle

The French educational system is complex and offers a greater variety of career opportunities than could be shown in the **Étude de vocabulaire** of this chapter. For example, at the end of the fourth year of secondary education, after the **collège** and before the **lycée,** students who do not plan to undertake university studies may enter a separate trade or technical school since most high schools do not offer courses in typing, auto repair, or other vocational education. Many of these students enter a program of **apprentissage** in industrial, mechanical, or agricultural professions in order to earn the **C.A.P. (Certificat d'aptitude professionnelle).**

For those who continue their high school studies, the **baccalauréat** becomes an increasingly important institution in their lives. The **baccalauréat** refers both to a specialized program of study and to the comprehensive examination, taken on completion of the last year (**la terminale**) of high school, that must be passed before the student may pursue advanced studies. There are approximately thirty different **bac** programs that combine various disciplines in what may be described loosely as a "major." In addition to the **bacs d'enseignement général** and the **bacs de technicien,** there are **brevets de technicien,** programs of study that develop advanced skills useful in industry, agriculture, and transport.

42. ORDER OF OBJECT PRONOUNS

© GUY LE QUERREC/
MAGNUM

Un chercheur universitaire

LAURENT: Est-ce que le type de l'Université Antilles-Guyane était à la conférence?

ANNE-MARIE: Oui, nous *l'y* avons rencontré samedi.

LAURENT: Il fait des recherches sur les parlers créoles,* n'est-ce pas?

FRANÇOISE: Oui, il *nous en* a parlé. Ses recherches sont vraiment passionnantes!

ANNE-MARIE: Il *nous les* a expliquées pendant la conférence: il veut faire fusionner les différents parlers créoles.

FRANÇOISE: Créer un créole commun, a-t-il dit, c'est une façon de réconcilier la culture créole avec sa double identité française et africaine.

Les phrases suivantes sont les variantes de quelles phrases dans le dialogue?

1. Nous avons rencontré le maître-assistant à la conférence.
2. Il nous a parlé de ses recherches sur les parlers créoles.
3. Il nous a expliqué ses recherches.

When several object pronouns are used in a declarative sentence, they occur in a fixed sequence. If the sentence has both a direct object pronoun and an indirect object pronoun, the direct object pronoun is usually **le, la,** or **les.** The indirect object pronouns **me, te, nous,** and **vous** precede **le, la,** and **les. Lui** and **leur** follow them.[†] The pronouns **y** and **en,** in that order, come last.

A university researcher
LAURENT: Was the guy from the University of the Antilles at Guyana at the conference? ANNE-MARIE: Yes, we met him there Saturday. LAURENT: He's researching Creole dialects, right? FRANÇOISE: Yes, he spoke to us about it. His research is really fascinating. ANNE-MARIE: He explained it to us during the conference. He wants to unify the various spoken forms of Creole. FRANÇOISE: Standardizing Creole, he said, is a way of reconciling Creole culture with its dual French and African identity.

*Le créole consists of a number of dialects formed by various combinations of French, Spanish, Portuguese, English, Dutch, and African languages and is spoken in certain communities in the islands of the Caribbean and in Louisiana.

[†]It might help you to remember this formula: *first and second person before third; direct before indirect.* Apply the first part if it is relevant, then the second.

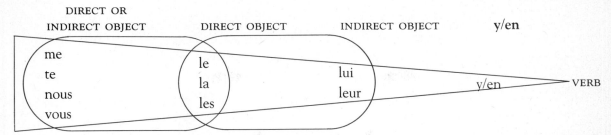

DIRECT OR INDIRECT OBJECT	DIRECT OBJECT	INDIRECT OBJECT	y/en
me te nous vous	le la les	lui leur	y/en → VERB

Le prof vous a-t-il expliqué le système de notation? —Oui, il **nous l'**a expliqué.

Did the professor explain the grading system to you? —Yes, he explained it to us.

Avez-vous montré la traduction aux autres? —Oui, je **la leur** ai montrée.

Did you show the translation to the others? —Yes, I showed it to them.

Y a-t-il de bonnes lectures dans ce livre? —Oui, il **y en** a.

Are there some good readings in that book? —Yes, there are (some).

Est-ce qu'il a donné les livres à ses amis? —Oui, il **les leur** a déjà donnés.

Has he given the books to his friends? —Yes, he has already given them to them.

In negative sentences with object pronouns, **ne** precedes the object pronouns and **pas** follows the conjugated verb and precedes the past participle in the **passé composé.**

Ils nous ont envoyé les horaires? —Non, ils **ne** nous les ont **pas** envoyés.

Did they send us the schedules? —No, they didn't send them to us.

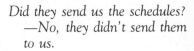

Penser que je ne dois plus penser à mes soucis, ça m'y fait penser!

In interrogative sentences, the order of object pronouns remains the same. In negative interrogatives, **ne** precedes the object pronouns and **pas** follows the conjugated verb or the inverted verb/subject.

Nous l'a-t-il expliqué?
Est-ce que je **la leur** ai montrée?
Y en a-t-il?

Les leur a-t-il déjà donnés?
Il ne **le leur** enseigne **pas**?
Ne nous les ont-ils **pas** envoyés?

Maintenant à vous

A. **Réussite.** Frédéric a réussi à un examen difficile. A qui montre-t-il sa note? Répondez selon le modèle.

MODÈLE: à sa sœur → Il la lui montre.

1. à ses parents	4. à nous	7. à son camarade de chambre
2. à moi	5. à son frère	8. à vous
3. à son amie	6. à toi	

B. **Travail d'équipe** (*Teamwork*). Gisèle aide* ses camarades de chambre, Christine et Sylvie, à réviser pour l'examen de français. Transformez les phrases selon le modèle.

MODÈLE: Gisèle donne son cahier à Christine. → Elle le lui donne.

1. Elle prête le texte de la conférence à Christine et à Sylvie.   2. Elle donne ses notes sur le cours d'histoire à Sylvie.   3. Elle donne ses cahiers à ses camarades de chambre.   4. Elle explique la conférence à Christine.   5. Elle explique les réponses à Sylvie.

C. **Détails pratiques.** A l'université, où faites-vous les choses suivantes? Répondez par **oui** ou **non** selon le modèle.

MODÈLE: Achetez-vous vos livres de classe à la librairie? → Oui, je les y achète. (Non, je ne les y achète pas.)

1. Prenez-vous vos repas au café?   2. Passez-vous vos examens dans l'amphithéâtre?   3. Achetez-vous vos cahiers à la librairie universitaire?   4. Obtenez-vous votre carte d'étudiant au secrétariat (*administration office*)?   5. Suivez-vous vos cours de français dans un amphithéâtre?   6. Étudiez-vous les sciences naturelles dans le laboratoire?   7. Rencontrez-vous vos amis sur le campus?

D. **Premier contact.** Éric vient d'arriver à l'université. Il pose des questions à son camarade de chambre, Jérôme. Répondez par **oui** ou **non** selon le modèle.

MODÈLE: Trouve-t-on beaucoup de livres français à la bibliothèque? → Oui, on y en trouve beaucoup. (Non, on n'y en trouve pas beaucoup.)

1. A-t-on besoin d'une carte d'étudiant à la bibliothèque?   2. Doit-on avoir des tickets de repas au restaurant universitaire?   3. A-t-on souvent des desserts au restaurant universitaire?   4. Les professeurs donnent-ils beaucoup d'interrogations orales dans le cours de littérature?   5. Doit-on faire beaucoup d'expériences de laboratoire en sciences naturelles?

---

*aider, to help: aider plus direct object plus à plus infinitive

E. Interview. Interrogez un(e) camarade sur un cours que vous pensez suivre et qu'il/elle a déjà suivi. Suivez le modèle.

MODÈLE: *Vous:* Voit-on de bons films dans le cours sur le cinéma européen?
     Votre camarade: Oui, on y en voit de très bons.

43. COMMANDS WITH OBJECT PRONOUNS

On conteste les examens!

MARYSE: La nécessité des examens…
JACQUES: Ne *m'en* parle pas! C'est un mythe.
MARYSE: Qu'est-ce que tu suggères, à la place, dis-*le-moi.*
GILBERT: Oui, c'est ça, des suggestions: si tu en as, donne-*les-nous!*
JACQUES: Alors, écoutez-*les…* Vous n'avez jamais entendu parler du dossier de l'étudiant? Moi, je crois aux diplômes par examen de dossier!

Trouvez la phrase correcte dans le dialogue.

Ne me parle pas de la nécessité des examens!
Dis-moi ce que tu suggères à la place des examens.
Donne-nous tes suggestions!
Alors, écoutez mes suggestions.

© ROGERS / MONKMEYER

A. Negative commands with one or more object pronouns

The order of object pronouns in a negative command is the same as the order in declarative sentences. The pronouns precede the verb.

Ne me le donnez pas.	*Don't give it to me.*
Ne le leur dites pas.	*Don't tell it to them.*
Ne m'en parle pas.	*Don't talk to me about it.*
N'y allons pas.	*Let's not go there.*

They're objecting to exams!
MARYSE: The need for exams . . .   JACQUES: Don't talk to me about it! It's a myth.
MARYSE: And just what would you put in their place, tell me.   GILBERT: Yes, that's right, suggestions; if you have any, give them to us!   JACQUES: Well, listen to them (*these*). You've never heard (tell) of a student's record (*literally,* file)? Me, I believe in diplomas awarded on the basis of a review of the student's record!

B.   Affirmative commands with one object pronoun

In affirmative commands, object pronouns follow the verb and are attached with a hyphen. When **me** and **te** come at the end of the expression, they become **moi** and **toi**.

La lettre? **Écrivez-la!**	*The letter? Write it!*
Tes amis? **Écris-leur!**	*Your friends? Write (to) them!*
Voici du papier. **Prends-en!**	*Here's some paper. Take some!*
Parlez-moi des examens!	*Tell me about the exams!*

As you know, the final **-s** is dropped from the **tu** form of regular **-er** verbs and of **aller** to form the **tu** imperative: **Parle! Va tout de suite!** However, to avoid pronouncing two vowels together, the **-s** is *not* dropped before **y** or **en** in the affirmative imperative: **Parles-en!** [parl zã], **Vas-y** [va zi]!

C.   Affirmative commands with more than one object pronoun

When there is more than one pronoun in an affirmative command, all direct object pronouns precede indirect object pronouns, followed by **y** and **en,** in that order. All pronouns follow the command form and are attached by hyphens. The forms **moi** and **toi** are used except before **y** and **en,** where **m'** and **t'** are used.

	DIRECT OBJECT	INDIRECT OBJECT		y/en
	le	moi (m')	nous	y/en
VERB	la	toi (t')	vous	
	les	lui	leur	

Voulez-vous ma carte d'étudiant? —Oui, **donnez-la-moi.**	*Do you want my student ID card? —Yes, give it to me.*
Je t'apporte du papier? —Oui, **apporte-m'en.**	*Shall I bring you some paper? —Yes, bring me some.*
Tu veux que je tape ton curriculum vitae? —Oui, **tape-le-moi.**	*Do you want me to type your résumé? —Yes, type it for me.*
Est-ce que je dis aux autres que l'entrevue est à cinq heures? —Oui, **dites-le-leur.**	*Shall I tell the others that the (job) interview is at five o'clock? —Yes, tell them (it).*

Maintenant à vous _____

A. **Une carrière.** Solange vient de réussir à son bac. Elle a besoin de conseils pour l'an prochain. Vous hésitez. D'abord vous donnez une réponse positive et ensuite une réponse négative. Suivez le modèle.

MODÈLE: *Solange:* Est-ce que je dois continuer mes études de langue et
de littérature?
Vous: Oui, continue-les. Ah, non, ne les continue pas.

1. entrer à l'université?   2. entrer dans une école de langues
étrangères?   3. étudier les sciences humaines?   4. étudier le droit?
5. passer ma licence d'histoire?   6. passer ma licence de français?
7. commencer des études de sciences physiques?   8. choisir des
matières qui m'intéressent?   9. suivre des cours de sociologie?
10. suivre des cours de pharmacie?

B. Pour devenir un étudiant modèle. Dans les phrases suivantes remplacez
les mots en italique par des pronoms.

1. Ne parlez pas *à vos camarades dans la bibliothèque.*   2. Ne posez pas
de questions inutiles à votre professeur.   3. N'oubliez pas *vos notes en
classe.*   4. Ne donnez pas *de réponses stupides à vos professeurs.*
5. Écrivez *les mots français* au tableau.   6. Étudiez *vos conjugaisons* chez
vous.   7. A la fin de l'année, invitez *votre professeur* à dîner.

C. Les études. Quels conseils donnez-vous à un ami qui a besoin d'étudier
ce soir? Répondez avec **Oui, vas-y!** ou **Non, n'y va pas!** selon le cas.

1. Est-ce que je dois aller à la discothèque ce soir?   2. Est-ce que mes
camarades m'attendent à la salle de sports?   3. Est-ce que je dois aller
à la bibliothèque?   4. Tu crois que c'est une bonne idée d'aller jouer
au volley-ball?   5. Est-ce que je dois étudier au restaurant universitaire
ce soir?

D. Trouver du travail. Jean-Luc cherche du travail pour l'été. Demain il va
rendre visite au directeur d'une agence de travail temporaire. Donnez-lui
des conseils pour cette entrevue. Avec un(e) camarade, jouez les deux
rôles.

MODÈLE: arriver à l'entrevue en avance →
Jean-Luc: Est-ce que je dois arriver à l'entrevue en avance?
Vous: Oui, arrives-y en avance. (Non, n'y arrive pas en
avance.)

1. donner son curriculum vitae au directeur   2. porter des vêtements
bizarres   3. dire bonjour à tous les employés du bureau   4. apporter
des fleurs pour la femme du directeur   5. inventer des histoires fausses
sur son expérience professionnelle   6. inviter la secrétaire de l'agence à
dîner   7. donner des cigarettes au directeur   8. lui demander combien
coûte sa cravate   9. lui parler de son expérience et de ses études
10. lui dire qu'il est très sympathique

E. Situations. Vous entendez des fragments de conversation. Imaginez la
situation.

MODÈLE: N'y touche pas! → La mère de Jean vient de faire un gâteau.
Jean essaie d'en manger un morceau.

1. Vas-y!
2. N'y touche pas!
3. Ne m'en donne pas!
4. Ne les regardez pas!

5. Donne-la-lui!
6. Ne lui parle pas si fort!
7. Montre-les-moi!
8. Ne le lui dis pas!

44. ADVERBS

© MARTINE FRANCK/
MAGNUM

En cours de sociologie

SABINE: Je pense qu'en France, l'idéal du succès c'est *toujours* la
« performance culturelle ».

LE PROFESSEUR: Analysez *rapidement* pour nous les rapports entre cet idéal
de la réussite et le système scolaire français.

SABINE: On peut dire que c'est à cause de cet idéal que
l'enseignement français est *principalement* centré sur le
diplôme.

JÉRÔME: Le diplôme, en France, est un moyen d'ascension
sociale; les Français croient *beaucoup* à une élite
diplômée.

LE PROFESSEUR: Dites-moi *maintenant* si vous pensez que cette attitude
diffère *sensiblement* dans les autres pays. Aux États-Unis,
par exemple...

1. Pour Sabine, est-ce que l'idéal du succès en France est parfois la
« performance culturelle »?
2. Le professeur demande-t-il à Sabine d'analyser en détail les rapports
entre cet idéal et le système scolaire?
3. Est-ce que Jérôme pense que les Français croient peu à une élite
diplômée?

A. The function and formation of adverbs

Adverbs (**les adverbes,** *m.*) modify a verb, an adjective, another adverb, or
even a whole sentence: She learns *quickly.* He is *extremely* hard-working.
They see each other *quite* often. *Afterward,* we'll go downtown. You have
already learned a number of adverbs, such as **souvent, parfois, bien, mal,
beaucoup, trop, peu, très, vite, d'abord, puis, ensuite, après,** and **enfin.**

In sociology class
SABINE: I think that in France, the ideal of success is always "social achievement."
PROFESSOR: Analyze quickly (briefly) for us the relationship between this ideal of success and
the French educational system.   SABINE: You might say that it is because of this ideal that
French education is centered principally on (obtaining) the diploma.   JÉRÔME: The
diploma, in France, is a means of upward mobility; the French believe strongly in an
educated elite.   PROFESSOR: Now, tell me if you think that this attitude is noticeably
different in other countries. In the United States, for example . . .

Many adverbs are formed from adjectives by adding the ending **-ment,** which often corresponds to *-ly* in English.

1. If the masculine form of the adjective ends in a vowel, **-ment** is usually added directly to the masculine adjective.

MASCULINE ADJECTIVE	ADVERB	
admirable (*m.* or *f.*)	**admirablement**	*admirably*
absolu	**absolument**	*absolutely*
poli	**poliment**	*politely*
vrai	**vraiment**	*truly, really*

2. If the masculine form of the adjective ends in a consonant, **-ment** is usually added to the feminine form of the adjective.

MASCULINE ADJECTIVE	FEMININE ADJECTIVE	ADVERB	
actif	active	**activement**	*actively*
franc	franche	**franchement**	*frankly*
heureux	heureuse	**heureusement**	*happily, fortunately*
lent	lente	**lentement**	*slowly*

3. If the masculine form of the adjective ends in **-ent** or **-ant,** the corresponding adverbs have the endings **-emment** and **-amment,** respectively. Note the identical pronunciation of the two endings: [a-mã].

MASCULINE ADJECTIVE	ADVERB	
différent	**différemment**	*differently*
évident	**évidemment**	*evidently, obviously*
constant	**constamment**	*constantly*
courant	**couramment**	*fluently*

4. **Brièvement** (*briefly*) and **gentiment** (*nicely*) are two irregular adverbs.

B. Position of adverbs

When adverbs qualify adjectives or other adverbs, they usually precede them.

Elle est **très** intelligente.	*She is very intelligent.*
Il va **assez** souvent à la bibliothèque.	*He goes rather often to the library.*

When a verb is in the present or imperfect tense, the qualifying adverb usually follows it. In negative constructions, the adverb comes after **pas.**

Je travaille **lentement.**	*I work slowly.*
Elle voulait **absolument** devenir médecin.	*She wanted without question (absolutely) to become a doctor.*

Vous ne l'expliquez pas **bien**.	*You aren't explaining it well.*

Adverbs of time and place usually come at the beginning or end of a sentence.

Je vais à Lyon **demain**. (**Demain**, je vais à Lyon.)	*I'm going to Lyon tomorrow.*
Ici, on dîne tard. (On dîne tard **ici**.)	*Here we eat late.*
Êtes-vous allé voir Marie **hier**?	*Did you visit Marie yesterday?*

However, **bien, souvent, toujours,** and **déjà** are generally placed before the past participle in the **passé composé**.

Je n'ai pas **souvent** échoué aux examens.	*I have not often failed exams.*
Mon frère y a **toujours** réussi.	*My brother always passed them.*
Mon petit-fils a **déjà** commencé ses cours primaires.	*My grandson has already started elementary school.*

Other short adverbs also usually precede the past participle when the verb is in a compound form, coming after **pas** in a negative construction.

J'ai **trop** étudié ce semestre.	*I've studied too much this semester.*
Jean a **vite** répondu.	*Jean answered quickly.*
Elle ne m'a pas **beaucoup** parlé de cette conférence.	*She didn't say much to me about that lecture.*

Adverbs ending in **-ment** follow a verb in the present or imperfect tense, and usually follow the past participle when the verb is in the **passé composé**.

Tu parles **couramment** le français.	*You speak French fluently.*
Il était **vraiment** travailleur.	*He was really hard-working.*
Paul a répondu **intelligemment**.	*Paul responded intelligently.*

Maintenant à vous

A. **Ressemblances.** Donnez l'équivalent adverbial de chacun des adjectifs suivants.

1. heureux	6. rapide	11. poli
2. actif	7. certain	12. gentil
3. long	8. constant	13. bref
4. vrai	9. absolu	14. intelligent
5. différent	10. admirable	

B. **Carrières.** Complétez les paragraphes suivants avec un adverbe logique.

1. Le linguiste. Adverbes: **bien, ensuite, couramment, vite, bientôt, naturellement, évidemment, probablement.**

Jean-Luc parle _____ l'anglais. Il a vécu aux États-Unis. Il est allé au lycée aux États-Unis et il a très _____ appris la langue pendant son séjour. _____, à l'université il a choisi la section langues étrangères. Il va _____ passer sa licence d'anglais. _____, il doit _____ choisir entre la recherche (*research*) et l'enseignement. Ses parents sont professeurs et je pense qu'il va _____ choisir de devenir professeur.

2. Le médecin. Adverbes: **exactement, beaucoup, absolument, fréquemment, seulement, constamment, souvent, bien, très.**

Marie-Hélène veut _____ devenir médecin. Elle travaille _____ pour y arriver: en général, le matin, elle arrive à l'hôpital à six heures _____ et elle y reste _____ jusqu'à neuf heures du soir. Dans la journée, elle travaille _____ et prend _____ quinze minutes pour déjeuner. _____, elle est fatiguée le soir. Mais je pense qu'elle va réussir parce qu'elle est _____ travailleuse et ambitieuse.

C. Opinions et habitudes. Posez les questions à un(e) camarade. Dans sa réponse il/elle doit employer des adverbes.

1. A ton avis, doit-on beaucoup travailler pour réussir?
2. Comment doit-on parler à un directeur pendant une entrevue?
3. Comment doit-on parler à un professeur en classe?
4. Est-ce que l'argent fait le bonheur (*happiness*)?
5. Est-ce que l'amitié est plus importante que la réussite (*success*)?
6. Sors-tu souvent avec tes amis?
7. Aimes-tu faire de longs voyages?

Sont-elles tout à leur leçon d'écriture?

Le français par les gestes: Doucement

The French use this gesture to suggest that someone calm down or take it easy. The palms are down and the hands move up and down several times.

Étude de prononciation

Open and closed vowels

There are three pairs of vowel sounds in French that represent alternate pronunciations of the same orthographic group. The phonetic symbols representing these pairs are [ɛ] and [e], [ɔ] and [o], and [œ] and [ø]. The first vowel in each pair is *open* and is pronounced with the lips slightly more open than the *closed* vowels, the second vowel in each pair.

Open vowels	Closed vowels
[ɛ]: j'aime [ʒɛm]	[e]: j'ai [ʒe]
cher [ʃɛʀ]	chez [ʃe]
[ɔ]: vol [vɔl]	[o]: vos [vo]
bol [bɔl]	beau [bo]
[œ]: œuf [œf]	[ø]: œufs [ø]
fleur [flœʀ]	feu [fø]
peuvent [pœv]	peut [pø]

A general rule, called the law of position (**la loi de position**), is that a vowel is *open* if it is followed by a pronounced consonant (**j'aime, cher, vol, bol, œuf, fleur, peuvent**) and *closed* if it is followed by a silent consonant or if it is found at the end of a word (**j'ai, chez, vos, beau, œufs, feu, peut**).

A. Prononcez avec le professeur.

jaune   robe   rose   vol   note   gros   chaud   pomme   pauvre
poste   corps   gauche   short   drôle   beau   porte   veau
homme   l'eau   jeune   vieux   fleur   bleu   neveu   sœur
bœufs   bœuf   feu   heure   œufs   beurre   œil   yeux   meuble
œuf   feuille   deux   chaise   chef   nez   mer   pied   cher
lait   thé   neige   chez   télé   vert   café   fier   recette   été
chaîne   sujet   tête

B. Prononcez avec le professeur.

1. J'ai deux beaux yeux bleus et de beaux cheveux propres. 2. Paule porte une jolie robe rose et jaune à la mode. 3. Aimez-vous ces grosses fleurs jaunes ou préférez-vous ces belles fleurs bleues? 4. Mes deux jeunes sœurs aiment le bœuf et les œufs très frais avec du beurre.

Situation

DÉDALE* ADMINISTRATIF

Contexte Martin est un étudiant californien qui arrive à Nice pour y étudier pendant un semestre. Il doit faire beaucoup de démarches° pour son inscription à la Faculté des lettres et il a certains problèmes. Heureusement, Didier, son voisin à la résidence universitaire, est là pour l'aider dans ses démarches et les lui expliquer.

(necessary) steps

Objectif Martin fait une démarche administrative.

Dialogue

MARTIN: Écoute, ça te gêne de° me donner un coup de main° avec ma fiche° d'inscription?

ça… is it a bother for you / me… m'aider form

DIDIER: Pas du tout. Qu'est-ce qui ne va pas?

MARTIN: Eh bien, est-ce que je dois cotiser° à la Sécurité Sociale?

subscribe

DIDIER: Oui, mais comme° tu es un étudiant étranger, tu vas d'abord avoir besoin d'une attestation du Ministère des Affaires étrangères.

since

MARTIN: D'accord. Et la mutuelle,† est-ce qu'elle m'intéresse,° à ton avis?

est-ce que… does it concern me

DIDIER: Oh oui, la mutuelle complète ton assurance° avec la Sécurité Sociale. Avec les deux, tu es couvert° à 100 pour cent.

insurance
covered

MARTIN: Est-ce que tu me recommandes de cotiser à un sport?

DIDIER: Absolument! Ça te permet de faire du basket, du volley, du tennis, du ski, du judo et de la danse pour presque° rien.

almost

---

*Maze

†**La Mutuelle Nationale des Étudiants de France** is a health and hospitalization insurance program available to all students in France 18 years old or older.

MARTIN: Voilà, alors, j'ai tout rempli.° Mon total à payer est   *filled out*
1 250 francs pour le semestre.

DIDIER: Oui, mais tu n'as pas encore fini. Maintenant, tu dois
aller au secrétariat pour choisir tes heures de cours et on
va te donner un bulletin de vote.°   *bulletin... voting paper*

MARTIN: Pourquoi? Pour voter pour le conseil des étudiants°?   *conseil... student*
DIDIER: C'est ça.   *council*

MARTIN: Et ensuite, je vais certainement attendre longtemps°   *beaucoup de temps*
pour avoir ma carte d'étudiant.

DIDIER: Tu vas pouvoir l'obtenir vite si tu montres° ces papiers,   *show*
ton passeport et des photos d'identité.

MARTIN: Tu sais, j'ai l'impression d'être en train de° passer un   *en... in the process of*
examen...

Variations

1. Rejouez le dialogue avec ces variations:

   * vous choisissez les cours que vous préférez
   * il est aussi nécessaire de passer une visite médicale
   * vous avez une assurance internationale: vous n'avez besoin de cotiser ni à la Sécurité Sociale ni à la mutuelle

2. Improvisez! Expliquez à un étudiant français (une étudiante française) comment obtenir son inscription dans votre université. Jouez la scène.

Commentaire culturel

The American who enrolls in a French university or applies for health insurance in France may well be surprised by the array of administrative details involved. The French themselves often complain about the complexity of their government bureaucracy, although polls show that other Europeans tend to admire the French for their organizational skills.

The size of the French bureaucracy reflects the large number of public sector responsibilities that have been entrusted to the government. Besides the public schools and universities, the postal system, and the numerous social welfare programs, the state operates the country's three largest banks (**Banque Nationale de Paris, Crédit Lyonnais, Société Générale**), the utility companies (**Électricité de France, Gaz de France**), the automobile manufacturer **Renault,** the railway system (**SNCF**), and **Air France.** Under the socialist government of President François Mitterrand, the country's largest military suppliers have been nationalized, along with the larger steel, chemical, glass, and electronic appliance companies, several large insurance companies, and some forty banks. Almost 20 percent of the working population of France works directly or indirectly for the French government.

Despite the role of the French government in the civil and economic life of the country, the bureaucratic system is not as onerous to French citizens as one might expect. Many highly motivated students prepare to become **fonctionnaires** (civil service employees), not only because of the employment security and benefits that government positions offer, but also because it is possible, through good job evaluations and high grades on on-the-job tests and examinations, to advance through various job classifications to positions allowing more and more personal initiative, as well as increased salaries and seniority. There is also a great deal of prestige associated with higher administrative positions, often filled by graduates of the **École Nationale d'Administration (E.N.A.).** The **énarques,** as they are called, feel that they have a role in a historic tradition of administration that continues uninterrupted during times of weak or changing governments and during times of national crisis, such as the two devastating world wars that have occurred this century.

Mise au point

A. Une soirée studieuse. Complétez l'histoire. Choisissez la réponse correcte parmi (*among*) les réponses suggérées.

Pierre veut emprunter le livre d'histoire de Marc. Mais Marc a besoin de son livre. Donc (*For that reason, therefore*) Marc ne (*la lui, le leur, le lui*) donne pas.

Marc va étudier chez Michèle. Il demande à Pierre s'il veut étudier avec (*elles, eux, lui*). Marc veut appeler Michèle. Pierre et lui cherchent son numéro dans l'annuaire. Enfin, ils (*le, lui en, le lui*) trouvent.

Quand Pierre et Marc arrivent chez Michèle, elle prépare du café pour eux. Puis elle (*leur en, le lui, la leur*) offre.

Michèle demande à Marc de lire un passage à Pierre et à elle. Marc (*les leur, le lui, le leur*) lit. Enfin, ils essaient de répondre aux questions à la fin du chapitre. Ils prennent leurs cahiers et ils (*y, lui, leur*) écrivent leurs réponses.

B. Les devoirs. Remplacez les expressions en italique par le pronom correct.

RENAUD: Est-ce que je prête mes cahiers à ta sœur?

NATHALIE: A ma sœur? Pourquoi est-ce que tu donnes *tes cahiers à ma sœur?*

RENAUD: *Ta sœur* et son ami Marc ont besoin *de ces cahiers.*

NATHALIE: Ils préparent leurs devoirs pour le cours de maths?

RENAUD: Oui. Selon *Marie-Claude et Marc,* le professeur de maths donne trop de travail *aux élèves.* Que penses-tu du *professeur de maths?*

NATHALIE: *Le professeur de maths?* Il est sévère. Quand est-ce que Marie-Claude va te rendre *tes cahiers?*

RENAUD: Pourquoi? Tu veux emprunter *mes cahiers* après *Marie-Claude et Marc?*

NATHALIE: Pourquoi pas? Tu peux me montrer *tes cahiers* avant l'examen, n'est-ce pas?

C. Il a séché (*cut*) le cours. Marc a séché le cours de philosophie hier matin. Il vous demande de lui prêter votre cahier, vos notes de classe, etc. Comme vous êtes une personne généreuse, vous voulez bien l'aider. Avec un(e) camarade de classe, jouez les deux rôles. Suivez le modèle.

MODÈLE: *Marc:* Tu me prêtes tes notes de classe?
Vous: Oui, je te les prête.
Marc: Alors, prête-les-moi.

1. Tu me prêtes ton cahier? 2. Tu me donnes ta copie de la conférence? 3. Tu prêtes aussi tes notes de classe à mon ami Olivier? 4. Tu me montres tes devoirs? 5. Tu donnes la copie de l'examen à tes camarades?

D. Qu'en pensez-vous? Posez les questions suivantes à des camarades. Ils vont répondre en utilisant des adverbes.

MODÈLE: Qu'est-ce qu'on doit faire pour avoir de bonnes notes? →
On doit étudier constamment.
On doit travailler intelligemment.
On doit aller souvent à la bibliothèque.

1. Qu'est-ce qu'on doit faire pour être bon professeur? 2. Qu'est-ce qu'on doit faire pour devenir président(e) des États-Unis? 3. Qu'est-ce qu'on doit faire pour courir dans un marathon? 4. Qu'est-ce qu'on doit faire pour devenir riche? 5. Qu'est-ce qu'on doit faire pour avoir de bons rapports (*a good relationship*) avec une autre personne?

Suggestions: vite, tranquillement, admirablement, diligemment, heureusement, malheureusement, constamment, couramment, évidemment, franchement, poliment, absolument, lentement, souvent, intelligemment, brièvement, gentiment...

Vocabulaire

Verbes _____

aider (quelqu'un à faire quelque chose) *to help (someone do something)*
assister à *to attend (a class, a lecture, etc.)*
échouer (à) *to fail*
enseigner *to teach*
montrer *to show*

passer *to take (an exam)*
poursuivre *to pursue*
remplir *to fill (in, up, out)*
reprendre *to take again; to continue; to start again*
réviser *to review (for a test)*
suivre *to follow; to take (a course)*
vivre *to live*

Substantifs _____

l'apprentissage (m.) *apprenticeship, learning*
le baccalauréat (le bac) *French secondary school program and diploma*
les beaux-arts (m.) *fine arts*
le calcul *arithmetic; computation*

le collège *first cycle of secondary school in France*
la comptabilité *accounting*
la conférence *lecture; conference*
la connaissance *knowledge*
le dessin *drawing*
le droit *law*
l'école maternelle (*f.*) *preschool, kindergarten*
l'école primaire (*f.*) *elementary school*
l'écriture (*f.*) *writing; handwriting*
l'élève (*m., f.*) *pupil*
l'enseignement (*m.*) *teaching (profession)*
le génie civil *engineering*
la gestion *business management*
l'informatique (*f.*) *computer science; data processing*
l'instituteur (-trice) *teacher (preschool and elementary levels)*
la lecture *reading; reading material*

la licence *bachelor's degree (in France)*
le lycée *second cycle of French secondary school*
la maîtrise *master's degree*
la note *grade*
la peinture *painting*
les sciences (*f.*) **économiques** *economics*
le secrétariat *administrative center; office*
la vente *sales*

Substantifs apparentés ⎯⎯⎯⎯⎯⎯

l'administration (*f.*), **l'algèbre** (*f.*), **l'art dramatique** (*m.*), **le commerce**, **le cycle**, **le diplôme**, **le doctorat**, **la géométrie**, **la médecine**, **le perfectionnement**, **la sculpture**

Adjectifs ⎯⎯⎯⎯⎯⎯⎯⎯⎯⎯

absolu(e) *absolute*
bref (brève) *brief, short*

certain(e) *certain*
constant(e) *constant*
lent(e) *slow*
malheureux (-euse) *unhappy*
obligatoire *required*
poli(e) *polite*
rapide *rapid, fast*
secondaire *secondary*
supérieur(e) *graduate (studies); superior*

Adverbes ⎯⎯⎯⎯⎯⎯⎯⎯⎯⎯

assez *rather*
brièvement *briefly*
couramment *fluently*
gentiment *kindly*

Pronoms disjoints ⎯⎯⎯⎯⎯⎯

moi, toi, lui, elle, nous, vous, eux, elles

Mots divers ⎯⎯⎯⎯⎯⎯⎯⎯

avant de (+ *inf.*) *before (doing something)*
comme *since*

Lecture*

LA VIE DE PROF

QUAND ON PARLE d'un enseignant° en France, on l'appelle en général « le prof ». C'est un raccourci° faussement familier qui révèle le mélange d'irrévérence et de respect des Français pour leurs enseignants. Les Français ont depuis toujours aimé leurs professeurs. Mais cette profession a connu la crise° que traverse aujourd'hui l'enseignement en France. A quoi ressemble la vie de prof de nos jours?

Le professeur français est nommé et payé par le Ministère de l'Éducation: c'est un fonctionnaire.° Les inspecteurs généraux du gouvernement sont responsables de la promotion des enseignants. Ils sont une centaine,° nommés directement par le Ministère de l'Éducation. Ils inspectent le prof dans sa classe et lui donnent une note pédagogique.

Quels sont les privilèges du prof? L'avantage du fonctionnariat est la sécurité de l'emploi—et avec lui, l'assurance d'un salaire garanti qui est relativement modeste mais qui va doubler en fin de carrière, plus ou moins rapidement selon ses notes et ses promotions. Autre privilège, les profs ne travaillent que trente-cinq semaines par an et ils ont la liberté de faire la moitié° de leur travail chez eux. Les avantages supplémentaires sont l'assurance automobile et médicale et les coopératives d'achat° réservées au service des professeurs.

Pourtant,° tout n'est pas rose dans la vie du prof d'aujourd'hui. La profession est fragmentée en une infinité de catégories et la formation° est mal adaptée aux changements sociaux. Ces problèmes contribuent au

un professeur ou un(e) instituteur (-trice)
abridgement

crisis

il est payé par l'État

approximativement 100

cinquante pour cent

(Pensez au verbe **acheter.**)

Mais

l'éducation professionnelle

---

*Beginning with the **Intermède** section of this chapter, the reading sections of *Rendez-vous* will no longer be introduced by the **Avant de lire.** Please remember that underlined elements in the readings represent structures that may be new to you but whose meanings you should be able to guess either from related words and expressions you already know or from the context in which they appear.

«stress», la tension qui constitue de 60 à 75 pour cent des maladies des profs. L'un des grands désavantages de la centralisation du système est la nomination° de certains professeurs loin de leur lieu d'habitation. Les profs qui passent une grande partie de leurs journées en train sont parfois appelés des «turbo-profs». Enfin, le prof est toujours au centre des problèmes sociaux.

assignment

Une des crises récentes dans le système de l'éducation nationale concerne l'école privée,° en majorité catholique, qui veut préserver son autonomie sans perdre les subsides du gouvernement. Étrange paradoxe, alors que la presse, le Parlement et la rue s'enflamment° à cette question, les profs des écoles publiques restent passifs. Pour eux, cette controverse est marginale par rapport aux vrais problèmes éducatifs. Et les chiffres° leur donnent raison. Aux examens, le privé obtient des résultats inférieurs. La formation des profs du public est généralement supérieure à la formation de leurs collègues de l'enseignement privé.

le contraire de **public (publique)**

≠ rester calme

les nombres (la statistique)

Les enseignants ont la particularité de ne jamais voir travailler leurs collègues, de vivre une expérience professionnelle solitaire. En ce moment de crise de l'éducation, le professeur va-t-il pouvoir conserver l'affection et le respect du public?

Compréhension

A. Lisez les citations (*quotations*) suivantes et décidez si c'est un professeur du privé, un professeur du public ou bien un inspecteur général qui parle.

1. «Mes problèmes comme enseignant? Eh bien, j'ai beaucoup trop d'étudiants. Et il y en a trop qui ont tendance à ne pas prendre leurs études très au sérieux. Et puis, j'ai été nommé à un poste à 50 kilomètres de chez moi. J'ai donc de trois à quatre heures de route par jour et je n'ai vraiment pas le temps de bien préparer mes cours.»

2. «Monsieur Dupont est un excellent enseignant. C'est une personne intelligente qui est respectée par ses étudiants. Dupont leur donne beaucoup de travail et ils le font avec enthousiasme. Il va certainement obtenir la promotion que j'ai recommandée.»

3. «Heureusement, il y a encore des secteurs de la vie française qui ne sont pas contrôlés par l'État. Mes étudiants ont confiance en moi, et leurs parents aussi.»

B. Voici quelques idées mentionnées dans «La vie de prof». D'abord, expliquez ce que vous en savez, et puis, faites une comparaison avec la vie de prof aux États-Unis.

France	États-Unis
• le respect pour les professeurs	?
• les profs—fonctionnaires	?
• la sécurité de l'emploi, trente-cinq semaines de travail par an, l'assurance automobile et médicale, les coopératives d'achat	?
• la tension	?
• le turbo-prof	?
• un travail solitaire	?

Expression écrite

A. Mes études. Complétez les phrases pour décrire vos études.

1. En ce moment j'étudie _____....
2. Je suis des cours à la Faculté de _____.
3. Je vais avoir mon diplôme en _____.
4. Je suis un cours de français parce que _____...
5. Ce trimestre (semestre) je suis aussi des cours de _____...
6. Mon cours préféré est mon cours de _____ parce que _____...
7. Après mes études universitaires, je vais _____...

B. Diplômes et débouchés (*job openings*). Écrivez quelques (*a few*) paragraphes sur le rapport entre les études que vous faites maintenant et la profession que vous espérez exercer après vos études à l'université. Utilisez les questions suivantes comme guide.

Étudiez-vous une matière qui va vous permettre de trouver du travail? L'avez-vous choisie pour cette raison? Pourquoi l'avez-vous choisie? Êtes-vous content(e) de votre choix? Connaissez-vous quelqu'un qui a un diplôme mais qui travaille dans un domaine très différent (par exemple, quelqu'un qui a un M.A. en beaux-arts mais qui enseigne le français)? Quelle est la meilleure (*best*) discipline quand on veut pouvoir trouver du travail?

A. Le rôle de l'université. Quel est le rôle de l'université? Choisissez les quatre rôles les plus importants. Classez-les dans l'ordre de vos préférences.

L'université est _____.

_____ 1. un centre de promotion sociale
_____ 2. un centre de recherche scientifique
_____ 3. un centre de formation professionnelle
_____ 4. un centre de développement personnel
_____ 5. une institution qui va permettre de gagner de l'argent

Qui n'est pas d'accord avec vous? Discutez des différents rôles et essayez de définir la fonction principale d'une université aux États-Unis. Croyez-vous qu'il existe des différences fondamentales entre les universités américaines et les universités en France?

Vos profs font-ils parfois leurs cours dehors?

A PROPOS

Comment *féliciter* (to congratulate) *quelqu'un*

Félicitations!
Formidable!
Extra!
Super!
Bravo!
Génial!
Je suis content(e) pour vous/toi.
Je suis fier (fière) de vous/toi.
On doit fêter (*celebrate*) cette bonne nouvelle!

Comment consoler quelqu'un

Quel dommage! (*Too bad!*)
Quelle mauvaise nouvelle!
Je suis désolé(e) pour vous/toi.
Ne vous en faites pas./Ne t'en fais pas. (*Don't worry.*)
Cela n'a aucune (*no*) importance.
C'est la vie!

B. Interaction. Avec un(e) camarade, jouez les scènes suivantes. Utilisez les expressions de l'**A propos** et créez des conversations.

1. Une amie vous appelle pour vous dire qu'elle a réussi à son examen de chimie, un examen très difficile. Vous décidez ensemble comment vous allez fêter ce succès.

2. Un ami avec qui vous suivez un cours vous téléphone pour vous dire qu'il est allé voir le professeur et qu'il a vu votre examen. Vous avez reçu (*received*) une très mauvaise note.

   Suggestions: C'était sûrement un examen très difficile.
   Tu peux le repasser plus tard.
   Je vais t'aider à le préparer.
   Tu vas contester les résultats? C'était sûrement une erreur!

CHAPITRE DOUZE
La vie de tous les jours

© FRANK SITEMAN / STOCK, BOSTON

« Que penses-tu de la vie à deux? »

OBJECTIFS   In this chapter, you will learn words and expressions related to love, marriage, friendship, the parts of the body, and the routines of everyday life. You will acquire vocabulary useful in explaining physical problems to a doctor, and you will read about the various social welfare programs that reflect French attitudes toward the role of government in people's daily lives. The language skills you will develop include the use of pronominal verbs and the comparative and superlative forms of adjectives.

Étude de vocabulaire

L'amour et le mariage

Ils se rencontrent.

Les amoureux: le coup de foudre*

Ils se marient.

Le couple: le voyage de noces

Mais ils ne s'entendent pas toujours.

Les nouveaux mariés: parfois, ils se disputent.

A. **Ressemblances.** Quels verbes de la colonne de droite correspondent aux différentes étapes (*stages*) d'un mariage?

1. la rencontre
2. le coup de foudre
3. les rendez-vous
4. les fiançailles (*engagement*)
5. la cérémonie
6. le premier voyage
7. l'installation (*setting up house*)

a. Ils vont en voyage de noces.
b. Ils se marient.
c. Ils sortent ensemble.
d. Ils tombent amoureux. (*They fall in love.*)
e. Ils se rencontrent.
f. Ils s'installent.
g. Ils se fiancent.

B. **Seul ou ensemble?** D'après vous, quels sont les avantages et les inconvénients _____?

1. des fiançailles?
2. du mariage?

3. du célibat (*single life*)?
4. du divorce?

Mots utiles: être indépendant, solitaire, en sécurité, responsable, irresponsable, bourgeois, ennuyeux (*boring*), patient, libre

C. **Conversation.** Posez les questions suivantes à un(e) camarade.

1. Sors-tu souvent seul(e)? avec un(e) ami(e)? avec d'autres couples?
2. Es-tu déjà tombé(e) amoureux (-euse)? Tombes-tu souvent amoureux (-euse)?
3. Est-ce que le coup de foudre est une réalité? En as-tu fait l'expérience?
4. Est-ce que tout le monde doit se marier? Pourquoi? Pourquoi pas? A quel âge?

---

*Literally, *flash of lightning* = *love at first sight.*

Le corps humain

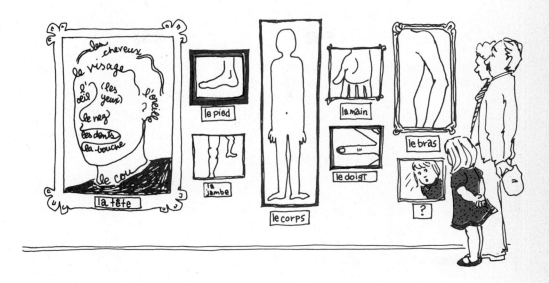

A. **Caractéristiques.** Quelle est la caractéristique essentielle des personnages suivants?

MODÈLE: un géant → Il a un très grand corps.

1. un vampire
2. une girafe
3. un cyclope
4. un éléphant
5. Cléopâtre
6. le loup (*wolf*) du Petit Chaperon Rouge

B. **Énigme.** Trouvez la partie ou les parties du corps définie(s) par chaque phrase.

1. Elle sert à parler.   2. Elles servent à écouter.   3. Ils servent à faire une promenade.   4. Ils servent à regarder.   5. Elles servent à toucher.   6. Elles servent à manger.   7. Il sert à sentir.   8. Ils servent à jouer du piano.

C. **Exercice d'imagination.** Où ont-ils mal (*Where do they hurt*)?

MODÈLE: Il y a beaucoup de bruit chez Martine. → Elle a mal à la tête.

1. Vous portez des paquets très lourds (*heavy*).   2. Les nouvelles chaussures d'Henri-Pierre sont trop petites.   3. J'ai mangé trop de chocolat.   4. Vous apprenez à jouer de la guitare.   5. Patricia a marché très longtemps.   6. La cravate de Patrice est trop serrée (*tight*).   7. Ils font du ski et il y a beaucoup de soleil.   8. Il fait extrêmement froid dehors (*outside*) et vous n'avez pas de gants.
9. Claudine va chez le dentiste.

To refute an unconvincing argument, the French pull down their lower eyelid with the index finger, as if to say: "I dare you to look me in the eye and say that again!" But all one needs to say is "**Mon œil!**"

La vie quotidienne*

Ils se réveillent et ils se lèvent.

Ils se brossent les dents.

Elle se maquille.

Ils se peignent.

Ils s'habillent.

Ils s'en vont au travail.

Ils s'amusent.

Ils se reposent.

Ils se couchent.

Ils s'endorment.

A. Et votre journée? Décrivez-la. Employez le vocabulaire du dessin.

MODÈLE: A _____ heures, je me _____. → A sept heures, je me réveille.

B. Habitudes quotidiennes. Dites dans quelles circonstances on utilise les objets suivants.

*Everyday life

1. un réveil
2. une brosse à dents
3. des vêtements
4. une chaîne stéréo

5. un lit
6. un peigne
7. du rouge à lèvres
8. du dentifrice

Étude de grammaire

45. PRONOMINAL VERBS*

Une rencontre

DENIS: Madeleine! Comment vas-tu?
VÉRONIQUE: Vous *vous trompez*, je ne *m'appelle* pas Madeleine.
DENIS: Je *m'excuse*, je *me demande* si je ne vous ai pas déjà rencontrée....
VÉRONIQUE: Je ne *me souviens* pas de vous avoir rencontré. Mais ça ne fait rien... je *m'appelle* Véronique. Comment *vous appelez-vous*?

Retrouvez la phrase correcte dans le dialogue.

1. Vous avez tort, mon nom n'est pas Madeleine.
2. Pardon, je pense que je vous ai déjà rencontrée.
3. Mon nom est Véronique. Quel est votre nom?

Pronominal verbs are conjugated with the reflexive pronouns **me, te,** and **se** in the singular, and **nous, vous,** and **se** in the plural. These pronouns precede the verb and correspond to the subject of the verb.

A. The reflexive construction

In reflexive constructions, the action of the verb "reflects back" to the subject: *The child dressed **himself**. Did you hurt **yourself?** She talks to **herself**.* In these examples, the subject and the object are the same person. The object pronouns shown in boldface are called reflexive pronouns. They can be either direct object pronouns (as in the first two example sentences above) or indirect object pronouns (as in the last sentence).

Meeting
DENIS: Madeleine! How are you?   VÉRONIQUE: You're mistaken, my name isn't Madeleine.   DENIS: I'm sorry, I wonder if I haven't met you before. . . .   VÉRONIQUE: I don't remember having met you before. But it doesn't matter . . . my name is Véronique. What's yours?
*Les verbes pronominaux

	s'habiller (*to get dressed*)		**se coucher** (*to go to bed*)
je	m'habille	*je*	me couche
tu	t'habilles	*tu*	te couches
il, elle, on	s'habille	*il, elle, on*	se couche
nous	nous habillons	*nous*	nous couchons
vous	vous habillez	*vous*	vous couchez
ils, elles	s'habillent	*ils, elles*	se couchent

A quelle heure **vous couchez-vous?**

What time do you go to bed?

Je dois **m'habiller** vite ce matin.

I have to get dressed quickly this morning.

Note that the reflexive pronouns **me, te,** and **se** become **m', t',** and **s'** before a vowel or a nonaspirate *h.*

B.   Reflexive pronominal verbs

Some common reflexive pronominal verbs include:

s'amuser *to have fun*   **se laver** *to wash oneself*
s'arrêter *to stop*   **se lever** *to get up*
se baigner *to bathe; to swim*   **se maquiller** *to put on makeup*
se brosser *to brush*   **se peigner** *to comb one's hair*
se coucher *to go to bed*   **se raser** *to shave*
s'excuser *to excuse oneself*   **se regarder** *to look at oneself*
s'habiller *to get dressed*   **se réveiller** *to wake up*
s'installer *to settle down*

L'autobus ne **s'arrête** pas devant la maison.

The bus doesn't stop in front of the house.

Pierre **se brosse** les cheveux.

Pierre is brushing his hair.

Note that word order in the negative, infinitive, and question forms follows the usual word order for pronouns: the reflexive pronoun precedes the verb. Most reflexive pronominal verbs can also be used nonreflexively.

Le bruit **réveille** tout le monde.

The noise wakes up everyone.

Pierre **lave** la voiture.

Pierre is washing his car.

C.   Reflexive pronominal verbs with two objects

Some reflexive pronominal verbs can have two objects, one direct and one indirect. This frequently occurs with the verbs **se brosser** and **se laver** plus a part of the body. The definite article—not the possessive article, as in English—is used with the part of the body.

Chantal se brosse **les** dents.	*Chantal is brushing her teeth.*
Je me lave **les** mains.	*I'm washing my hands.*

D. Idiomatic pronominal verbs

When certain verbs are used with reflexive pronouns, their meaning changes.

aller *to go*	→ **s'en aller** *to go away*
appeler *to call*	→ **s'appeler** *to be named*
demander *to ask*	→ **se demander** *to wonder*
endormir *to put to sleep* *	→ **s'endormir** *to fall asleep*
entendre *to hear*	→ **s'entendre** *to get along*
ennuyer *to bother*	→ **s'ennuyer** *to be bored*
marier *to marry*[†]	→ **se marier** *to marry, get married*
mettre *to place, to put*	→ **se mettre à** *to begin*
promener *to (take for a) walk*[‡]	→ **se promener** *to take a walk*
rappeler *to call (back), to remind*	→ **se rappeler** *to remember*
reposer *to lie (down)*	→ **se reposer** *to rest, relax*
tromper *to deceive*	→ **se tromper** *to be mistaken*
trouver *to find*	→ **se trouver** *to be located*

Les jeunes mariés **s'en vont** en voyage de noces.	*The newlyweds are going away on their honeymoon trip.*
Véronique va bientôt **se mettre à** chercher un appartement.	*Véronique is going to start looking for an apartment soon.*
Tu **te trompes!** Elle en a déjà trouvé un.	*You're wrong! She's already found one.*
Où **se trouve**-t-il?	*Where is it located?*

Two commonly used idiomatic pronominal verbs have no nonreflexive form: **se dépêcher (de),** *to hurry up* or *to be in a hurry;* and **se souvenir de,** *to remember.*

Marie **se dépêche d'**aller en ville.	*Marie is in a hurry to go downtown.*
Jean-Luc **ne se souvient pas de** son numéro de téléphone.	*Jean-Luc does not remember his phone number.*

---

*Ce livre **endort** Paul.

[†]M. et Mme Auban veulent **marier** leur fille à un médecin (*doctor*). C'est triste!

[‡]Jacques **promène** son chien tous les matins à six heures.

Maintenant à vous _____

A. **La famille Martin.** Tous les membres de la famille se couchent à une heure différente. A quelle heure se couchent-ils?

MODÈLE: Sylvie Martin / 8 h 30 → Sylvie Martin se couche à huit heures et demie.

1. les grands-parents / 10 h
2. vous / 9 h 30
3. tu / 10 h 45
4. je / 11 h
5. nous / 11 h 15
6. Mme Martin / 11 h 30
7. M. Martin / minuit
8. Bernard / 1 h du matin

B. **Habitudes matinales.** Chacun a ses habitudes le matin. Faites des phrases complètes pour les décrire.

1. Sylvie / se regarder / longtemps / dans / le miroir
2. tu / se brosser / dents / avec / dentifrice
3. nous / se lever / du pied gauche*
4. je / se réveiller / toujours / très tôt
5. Bernard et M. Martin / s'habiller / rapidement
6. vous / se préparer / tard / le matin

C. **Synonymes.** Racontez l'histoire suivante. Remplacez l'expression en italique par un verbe pronominal.

A sept heures du matin, Sylvie *ouvre les yeux,* elle *sort de son lit, fait sa toilette* et *met ses vêtements.* A huit heures, elle *quitte la maison.* Au travail, elle *commence à* parler au téléphone. Sylvie *finit de* travailler vers six heures; elle *fait une promenade* et parfois ses amies et elle vont *nager* à la piscine. Le soir, elle *va au lit* et elle *trouve le sommeil* très vite!

D. **En français, s'il vous plaît.**

MARTHA: I wonder where St. Pierre-et-Miquelon is located.
SAM: In France, I think.
HANK: No, you're mistaken. St. Pierre-et-Miquelon is located in Canada.
SAM: How do you remember (**se souvenir de**) these things?
HANK: I'm always going to remember (**se rappeler**) my geography lessons (**leçons**). I fell in love with the teacher!

E. **Interview.** Interrogez un(e) camarade sur une journée typique de sa vie à l'université. Posez-lui des questions avec les verbes **se réveiller, se lever, s'habiller, se laver, se brosser, se dépêcher, s'en aller (en cours), s'amuser, s'ennuyer, se reposer, se promener** et **se coucher.** Ensuite, expliquez à la classe les différences et les ressemblances entre votre journée et la journée de votre camarade.

---

*Se lever du pied gauche** is the equivalent of *to get up on the wrong side of the bed.*

46. THE RECIPROCAL PRONOMINAL VERBS*

Le coup de foudre

Ils s'aiment!

1. Est-ce qu'ils s'embrassent (*kiss*)?
2. Est-ce qu'ils se détestent?
3. Est-ce qu'ils se regardent?
4. Est-ce qu'ils s'adorent?
5. Est-ce qu'ils se disputent?

The plural reflexive pronouns **nous, vous,** and **se** can be used with first-, second-, or third-person plural verbs, respectively, to show that an action is reciprocal or mutual. Almost any verb that can take a direct or indirect object can be used reciprocally with **nous, vous,** and **se.**

Ils **s'**aiment.	*They love each other.*
Allons-nous **nous** téléphoner demain?	*Are we going to phone each other tomorrow?*
Vous ne **vous** quittez jamais.	*You are inseparable (never leave each other).*

Maintenant à vous

A. De grands amis. Racontez l'amitié des familles Marnier et Chabot.

1. *Nous* nous voyons surtout pendant les vacances. (les enfants)
2. *Pierre et Marcel* se connaissent depuis dix ans. (nous)
3. Est-ce que *Denise et Gisèle* s'entendent très bien? (vous)
4. *Nos enfants* ne se quittent pas. (nous)
5. *Martine et Béatrice* s'aiment bien. (vous)
6. *Yves et Gérard* se rencontrent tous les jours. (Denise et moi)
7. *Pierre et toi,* vous vous téléphonez souvent pendant l'année. (les fils)
8. *Nous* nous écrivons aussi régulièrement. (Martine et Béatrice)
9. *Nous* ne nous disputons jamais. (Pierre et toi)

Love at first sight
  They love each other!

*Les verbes pronominaux réciproques

B. **Une brève rencontre.** Racontez au présent l'histoire un peu triste d'un jeune homme et d'une jeune fille qui ne forment pas le couple idéal. Dites quand et où chaque action a lieu (*takes place*).

1. se voir
2. se rencontrer
3. s'admirer
4. se donner rendez-vous
5. se téléphoner
6. s'écrire souvent
7. se revoir
8. se disputer
9. (ne plus) s'entendre
10. se détester
11. se quitter

C. **Amis et adversaires.** Complétez les phrases suivantes pour décrire vos amis et les gens que vous n'aimez pas beaucoup.

1. _____ et moi nous nous téléphonons souvent.
2. _____ et moi nous nous aimons bien.
3. _____ et moi nous nous voyons souvent.
4. _____ et moi nous ne nous entendons pas!
5. _____ et moi nous nous _____.

Rencontre culturelle

Sonnet

Se voir le plus possible,° et s'aimer seulement,
Sans ruse et sans détours, sans honte ni mensonge,°
Sans qu'un désir nous trompe, ou qu'un remords nous ronge,°
Vivre à deux et donner son cœur° à tout moment;

Respecter sa pensée aussi loin qu'on y plonge,°
Faire de son amour un jour au lieu d'un songe,°
Et dans cette clarté° respirer° librement—
Ainsi° respirait Laure* et chantait son amant.°

Vous dont° chaque pas° touche à la grâce suprême,
C'est vous, la tête en fleurs, qu'on croirait sans souci,°
C'est vous qui me disiez qu'il faut° aimer ainsi.

Et c'est moi, vieil enfant du doute et du blasphème,
Qui vous écoute, et pense, et vous réponds ceci;°
Oui, l'on vit autrement, mais c'est ainsi qu'on aime.

Alfred de Musset
Poésies nouvelles, 1849

le... *as often as possible*
≠ vérité
qu'... (*with*) *no remorse tormenting us*
♡

dives, submerges
au... plutôt qu'un rêve
lucidité, transparence, lumière (*light*) / aspirer de l'air (par le nez)
De cette façon / une personne qui aime et qui est aimée
de qui / l'action de se promener consiste à prendre des **pas**
qu'... *whom one would believe carefree*
qu'... qu'il est nécessaire d'...

this

*The woman celebrated in the *Canzoniere*, a collection of sonnets written by the fourteenth-century Italian poet Petrarch, who developed the sonnet into the most popular form of love poetry.

47. PRONOMINAL VERBS IN THE *PASSÉ COMPOSÉ* AND THE IMPERATIVE

Un mariage d'amour

MARTINE: Comment *vous êtes-vous rencontrés?*
DENIS: *Nous nous sommes vus* pour la première fois à Concarneau.
VÉRONIQUE: *Souviens-toi!* Il pleuvait, tu es entré dans la boutique où je travaillais et....
DENIS: Et ça a été le coup de foudre! *Nous nous sommes mariés* cette année-là.

1. Véronique et Denis se sont-ils rencontrés par hasard?
2. Où se sont vus Véronique et Denis pour la première fois?
3. Quand se sont-ils mariés?

A. **Passé composé** of pronominal verbs

All pronominal verbs are conjugated with **être** in the **passé composé.** The past participle agrees with the reflexive pronoun in number and gender when the pronoun is the *direct* object of the verb, but not when it is the *indirect* object.

PASSÉ COMPOSÉ OF **se baigner** (*to bathe; to swim*)			
je	me suis baigné(e)	*nous*	nous sommes baigné(e)s
tu	t'es baigné(e)	*vous*	vous êtes baigné(e)(s)
il	s'est baigné	*ils*	se sont baignés
elle	s'est baignée	*elles*	se sont baignées
on	s'est baigné(e)		

Nous **nous sommes mariés** en octobre. — *We got married in October.*

Se sont-ils promenés? — *Did they go for a walk?*

Vous ne vous **êtes** pas **vus** depuis Noël? — *You haven't seen each other since Christmas?*

Here are some of the more common pronominal verbs whose past participles do not agree with the pronoun: **se demander, se dire, s'écrire,**

A love match
MARTINE: How did you two meet? DENIS: We saw each other for the first time in Concarneau. VÉRONIQUE: Remember? It was raining, you came into the shop where I worked, and . . . DENIS: And it was love at first sight! We got married that same year.

s'envoyer, se parler, se téléphoner. The reflexive pronoun of these verbs is indirect (**demander à, parler à,** etc.)

Elles se sont **écrit** des cartes postales.	*They wrote postcards to each other.*
Ne se sont-ils pas **téléphoné** hier soir?	*Didn't they phone each other last night?*
Vous êtes-vous **dit** bonjour?	*Did you say hello to each other?*

B. Imperative of pronominal verbs

Reflexive pronouns follow the rules for the placement of object pronouns. In the affirmative imperative, they follow and are attached to the verb with a hyphen; **toi** is used instead of **te.** In the negative imperative, reflexive pronouns precede the verb.*

Habillez-**vous.** Ne **vous** habillez pas.	*Get dressed. Don't get dressed.*
Lève-**toi.** Ne **te** lève pas.	*Get up. Don't get up.*

Maintenant à vous _____

A. **Avant la soirée.** Hier, il y avait une soirée dansante à la Maison des Jeunes. Décrivez les préparatifs de ces jeunes gens. Faites des phrases complètes au passé composé.

1. Christine / se reposer
2. Roger / s'habiller / avec soin (*care*)
3. Valérie / s'amuser / à passer des disques
4. Sylvie / s'endormir / sur son lit
5. Christian / s'installer / devant la télévision

B. **Après la soirée.** Chacun s'est couché à une heure différente. Suivez le modèle.

MODÈLE: Sylvie / 11 h → Sylvie s'est couchée à onze heures.

1. vous / 11 h 30	4. Christine / 12 h 35
2. nous / 11 h 45	5. je / 1 h 15
3. tu / 12 h	6. Roger et Christian / 1 h 20

C. **Souvenirs.** Mettez les verbes pronominaux au passé composé.

1. Elle s'installe pour regarder son album de photos.   2. Elle s'arrête à la première page.   3. Elle se souvient de son premier amour.   4. Elle ne se souvient pas de son nom.   5. Elle se trompe de personne.
6. Elle se demande où il est aujourd'hui.   7. Elle s'endort sur la page ouverte.

_____

*Note the imperative forms of **s'en aller: va-t'en! ne t'en va pas! allez-vous-en!** and **ne vous en allez pas!**

D. **Un rendez-vous difficile. Réagissez (*React*)!** Utilisez l'impératif du verbe selon le modèle.

MODÈLE: Je ne *me suis* pas encore *préparé*. (vite) → Prépare-toi vite!

1. A quelle heure est-ce que je dois *me rendre* chez elle? (à cinq heures)
2. Je n'ai pas envie de *m'habiller*. (tout de suite [*immediately*])
3. Je ne *me souviens* pas de la rue. (rue Mirabeau)
4. J'ai peur de *me tromper*. (ne... pas)
5. Je dois *m'en aller* à six heures. (maintenant)

E. **Ne bougez plus (*Don't move*)!** Vous êtes photographe: dites au jeune couple comment poser. Suivez le modèle.

MODÈLE: se préparer → Préparez-vous!

1. ne pas se disputer   2. se rapprocher (*to draw close together*)   3. se regarder   4. ne pas se parler   5. s'embrasser

F. **Rapports.** Utilisez des verbes pronominaux au passé composé pour décrire les rapports entre les personnages historiques et fictifs suivants selon le modèle.

MODÈLE: Roosevelt, Churchill, de Gaulle →
Ils se sont vus, ils se sont parlé, ils se sont écrit des lettres et parfois ils se sont disputés.

1. Roméo et Juliette
2. Laurel et Hardy
3. Charlie Brown et Lucy
4. Sherlock Holmes et le Dr Watson
5. Antoine et Cléopâtre
6. Socrate et ses disciples
7. Caïn et Abel
8. Pierre et Marie Curie
9. Tarzan et Jane

Côte d'Ivoire. Deux ivoiriens se préparent à faire le marché.

© BERYL GOLDBERG

48. THE COMPARATIVE AND SUPERLATIVE OF ADJECTIVES*

© JEAN-PAUL DUMONTIER
VDN PICTURE LIBRARY

Problèmes de fin de mois

VÉRONIQUE: Tu sais, Denis, *la plus grande* de nos dépenses en ce moment, c'est l'alimentation.

DENIS: Eh bien, achetons tout à Carrefour†—leurs prix sont *les meilleurs.*

VÉRONIQUE: Nous pouvons aussi manger dans des restaurants *moins chers.*

DENIS: D'accord. Quand les prix sont élevés, il est bon de mener une vie *plus simple.*

1. Quelle est la plus grande des dépenses de ce jeune ménage?
2. Où est-ce que les prix sont les meilleurs?
3. Comment peuvent-ils réduire (*to lower*) leurs dépenses?
4. Quand est-il bon de mener une vie plus simple?

A. Comparison of adjectives

In French, the following constructions can be used with adjectives to express a comparison. It is not always necessary to state the second term of the comparison.

1. **plus... que** (*more . . . than*)

   Marina est **plus** intelligente (**que** sa sœur).

   Marina is more intelligent (than her sister).

2. **moins... que** (*less . . . than*)

   Gilles est **moins** sérieux (**que** Jérôme).

   Gilles is less serious (than Jérôme).

3. **aussi... que** (*as . . . as*)

   Jean-Paul est **aussi** blond **que** sa sœur.

   Jean-Paul is as blond as his sister.

Stressed pronouns are used after **que** when a pronoun is required.

   Elle est plus amoureuse que **lui.**

   She is more in love than he is.

End-of-the-month problems
VÉRONIQUE: You know, Denis, our biggest expense right now is food. DENIS: Well, let's buy everything at Carrefour—their prices are the best. VÉRONIQUE: We can also eat in less expensive restaurants. DENIS: OK. When prices are high, it's good to lead a simpler life.

*Le comparatif et le superlatif des adjectifs

†supermarché très populaire

B. Superlative form of adjectives

To form the superlative of an adjective, use the appropriate definite article with the comparative adjective.

Monique est frisée. → Solange est plus frisée que Monique. → Alice est **la** plus frisée des trois.

ou

Alice est frisée. → Solange est moins frisée qu'Alice. → Monique est **la** moins frisée des trois.

Superlative adjectives normally follow the nouns they modify, and the definite article is repeated.

Alice est la jeune fille **la plus frisée** des trois.

Alice is the girl with the curliest hair of the three.

Adjectives that usually precede the nouns they modify can either precede or follow the noun in the superlative construction. If the adjective follows the noun, the definite article must be repeated.

les plus longues jambes   *ou* les jambes les plus longues

The preposition **de** expresses *in* or *of* in a superlative construction.

Voilà le couple le plus jeune **du** groupe.

There's the youngest couple in the group.

Ce sont les nouvelles les plus intéressantes **de** la semaine.

That's the most interesting news of the week.

C. Irregular comparative and superlative forms

The adjectives **bon(ne)** (*good*) and **mauvais(e)** (*bad*) have irregular comparative and superlative forms. **Mauvais(e)** has a regular and an irregular form.

	Comparative	*Superlative*
bon(ne)	meilleur(e)	le/la meilleur(e)
mauvais	plus mauvais(e) pire	le/la plus mauvais(e) le/la pire

Ma santé est bonne, mais ta santé est **meilleure.**	My *health is good, but your health is better.*
Hélène a obtenu **la meilleure** note de la classe.	*Hélène received the best grade in the class.*
Ce livre-ci est **plus mauvais (pire)** que ce livre-là.	*This book is worse than that book.*
C'était **le plus mauvais (le pire)** des présidents.	*He was the worst of the presidents.*

Maintenant à vous

A. Esprit de contradiction. Juliette et Claude ne sont pas d'accord sur les qualités des gens. Avec un(e) camarade, jouez les rôles selon le modèle.

MODÈLE: *Claude:* Anne est si gentille! (Denise)
Juliette: Oui, mais Denise est plus gentille qu'elle.
Claude: Non, moi je la trouve moins gentille qu'Anne.

1. Ton frère est vraiment intelligent. (Pierre)
2. Tes parents sont très sympathiques. (tes parents)
3. Michèle est extrêmement jolie. (ta sœur)
4. Catherine et Sylvie sont très ambitieuses. (Marie)
5. Pierre est si élégant. (Jean-Jacques)
6. Paul et Vincent sont vraiment intéressants. (ton père)
7. Marie-Thérèse est travailleuse. (Paul)

B. Georges et ses amis. Georges a toujours tendance à exagérer. Que dit-il au sujet de ses amis? Suivez le modèle. (> = plus, < = moins)

MODÈLE: Nathalie / étudiante / > / brillante / classe → Nathalie est l'étudiante la plus brillante de la classe.

1. Jean-Paul / ami / > / fidèle / monde
2. Anne-Marie / étudiante / < / sympathique / classe
3. Mlle Lebrun / l'assistante / > / sympathique / faculté
4. Leroux / professeur / > / indifférent / université
5. M. Michaux / homme / > / bavard (*talkative*) / quartier

C. Le travail et la vie quotidienne. Voici une évaluation récente faite en France sur les professions suivantes (colonne de gauche). On a utilisé le système de notation suivant:

1 = une note supérieure à la moyenne (*average*)
2 = une note légèrement (*slightly*) supérieure à la moyenne
3 = une note légèrement inférieure à la moyenne
4 = une note très inférieure à la moyenne

	REVENUS ÉLEVÉS (*HIGH INCOME*)	TRAVAIL INTÉRESSANT	BONNES CONDITIONS DE TRAVAIL
un publicitaire (*publicity agent*)	2	2	2
un(e) psychologue	3	1	2
un chirurgien (*surgeon*)	1	2	2
un(e) secrétaire	4	4	4
un(e) dentiste	2	2	2
un(e) vétérinaire	2	2	3
un professeur de tennis	3	3	1

Faites des comparaisons selon le modèle.

MODÈLE: publicitaire, psychologue →

Un publicitaire a des revenus plus élevés, un travail moins intéressant et des conditions de travail aussi bonnes qu'un psychologue.

ou:

Un psychologue a des revenus moins élevés, un travail plus intéressant et des conditions de travail aussi bonnes qu'un publicitaire.

1. publicitaire, chirurgien
2. chirurgien, dentiste
3. secrétaire, vétérinaire
4. secrétaire, professeur de tennis
5. professeur de tennis, publicitaire
6. vétérinaire, psychologue
7. dentiste, vétérinaire
8. vétérinaire, publicitaire

Maintenant, faites deux phrases avec un superlatif pour chaque catégorie: **revenus élevés, travail intéressant, bonnes conditions de travail.**

MODÈLE: Les chirurgiens ont les revenus les plus élevés.

D. Sondage en cours de français. En groupes de trois ou quatre, faites un sondage dans votre classe. Chaque groupe choisit une catégorie et prépare une liste de cinq ou six questions à poser aux autres membres de la classe et aussi au professeur. Ensuite, annoncez les résultats.

MODÈLE: **Catégorie:** l'amour

Questions: 1. Qui forme le couple le plus amoureux de l'histoire?

2. Qui a été le mari/la femme le/la plus horrible?

3. Quel est le mariage le plus célèbre de notre temps?

4. Quelle est la chose la plus importante en amour?

Résultats: Selon nos camarades, Roméo et Juliette forment le couple le plus amoureux de l'histoire, Henri VIII a été le mari le plus horrible, Lady Macbeth a été la femme la plus horrible, et le mariage entre le prince Charles et la princesse Diana est le plus célèbre de notre temps. La chose la plus importante en amour, c'est _____.

Catégories suggérées: votre université (*les professeurs, les cours, les résidences, etc.*), les acteurs/actrices, la littérature (*les livres les plus intéressants ou les plus ennuyeux*), la politique (*les meilleurs et les plus mauvais présidents*), les produits (*le dentifrice, le maquillage, les vêtements*)

Étude de prononciation

The Sound [j]*

The sound [j] is pronounced like the y in *yes*. It is a short sound immediately preceded or followed by another vowel sound within the same syllable. It is called a semivowel. The vowel sound that comes before or after [j] should always be carefully and clearly pronounced.

The sound [j] has several spellings:

1. *i* + vowel: **radio** [radjo]
2. *y* + vowel: **yeux** [jø]
3. vowel + *y* + vowel: **employé** [ãmplwaje]
4. vowel + **il** or **ille: travail** [travaj], **travailler** [travaje]
5. consonant + **ille: fille** [fij]

There are three exceptions: **mille** [mil], **ville** [vil], **tranquille** [trãkil].

Prononcez avec le professeur...

A. Mots

1. bien   mieux   fier   nièce   chien   kiosque   pied   science
2. payer   envoyer   moyenne   voyage   s'ennuyer   yeux

---

*This sound is called **le yod** in French.

3. travail   vieil   chandail   conseil   sommeil   appareil
4. vieille   meilleur   cuillère   taille   bouteille   feuille
5. fille   gentille   billet   brillant
6. télévision   émission   pharmacien   profession   version   ancien

B. Phrases

1. Ce vieil infirmier est bien qualifié.   2. Les clients de l'ingénieur ont oublié de payer.   3. Ce brillant étudiant travaille en banlieue.
4. Nous envoyons cette feuille d'inscription à Lucienne.

VISITE A DOMICILE

Contexte Madame Guirardi est un médecin généraliste° qui continue, typiquement, à aller voir ses malades° chez eux. Elle fait souvent ses visites à domicile le matin et voit ses autres patients dans son cabinet° l'après-midi. Le tarif de ses consultations est fixé par la Sécurité Sociale.

médecin... *general practitioner*
patients

bureau

Objectif Jérôme s'explique avec le médecin.

Dialogue

JÉRÔME: Bonjour, Docteur.

DR GUIRARDI: Bonjour, Jérôme. Asseyez-vous.* Alors, qu'est-ce qui ne va pas?

JÉRÔME: Docteur, j'ai très mal à la gorge.°   *throat*

DR GUIRARDI: Est-ce que vous avez pris votre température?

JÉRÔME: Oui, j'ai un peu de fièvre.

DR GUIRARDI: Et cela dure° depuis combien de temps?   *persiste*

JÉRÔME: Ça fait quatre ou cinq jours, déjà.

DR GUIRARDI: Bon, eh bien, laissez-moi vous ausculter°... Un peu de congestion, mais rien de grave. Ouvrez la bouche et dites *Aaaah*...   (avec un stéthoscope)

JÉRÔME: Aaaah...

DR GUIRARDI: Très bien. Vous avez des points° blancs dans la gorge, jeune homme. Je crois que c'est une angine.°   *spots* / inflammation de la gorge

---

Sit down. Consult the verb charts in the back of the text for the conjugation of the irregular verb **s'asseoir** (*to be seated, to sit down*). The form most useful to you now is the imperative: **Asseyez-vous; assieds-toi.**

JÉRÔME: Ça fait très mal quand j'avale.° *swallow*

DR GUIRARDI: Nous allons vous prescrire un sirop qui va arranger ça. Êtes-vous allergique à certains médicaments?

JÉRÔME: Non, pas à ma connaissance.

DR GUIRARDI: Alors, voici votre ordonnance.° Prenez ces comprimés° *prescription / tablets* trois fois par jour pendant cinq jours.

JÉRÔME: Merci bien, Docteur.

DR GUIRARDI: Si votre fièvre monte, appelez-moi. Et je veux vous revoir si ça ne va pas mieux° dans quatre ou cinq jours. *better*

JÉRÔME: C'est d'accord. Je vous dois combien, Docteur?

DR GUIRARDI: Soixante-quinze francs; c'est le tarif... Merci. Alors, soignez-vous° bien. *take care of yourself (se soigner)*

JÉRÔME: Promis! Au revoir, Docteur!

Variations

1. Rejouez la scène avec une des variations suggérées ci-dessous (*below*).

a. **Un accident sportif**

Le/La malade explique: se tordre (*p.p.:* tordu) la cheville (*to twist an ankle*); ne pas pouvoir marcher (*to walk*)...
Le diagnostic: pas de fracture; une entorse (*sprain*)...
Les soins: bander (*to bandage*); prendre des bains d'eau chaude salée (avec du sel); ne pas marcher; prendre un peu d'aspirine si c'est nécessaire...

b. **Un accident de moto(cyclette)**

Le/La blessé(e) (*injured person*) explique: l'épaule (*shoulder*), le bras, la jambe, etc.
Le diagnostic: (se) casser (*to break*)...
Les soins: prendre rendez-vous à la clinique pour faire des radios (*X-rays*); porter un plâtre (*cast*) pendant _____?...

c. **Une maladie**

Le/La malade explique: mal au ventre (*abdomen*); fièvre; la nausée...
Le diagnostic: ce n'est pas l'appendicite; une mauvaise grippe asiatique (*Asian flu*); très contagieux (-ieuse)...
Les soins: rester au lit; ne prendre que du bouillon; attendre que ça passe...

2. Improvisez! Vous avez très mal aux dents et vous allez voir un(e) dentiste. Prenez rendez-vous par téléphone et puis, jouez la visite.

Expressions utiles: une dent de sagesse (*wisdom tooth*); arracher une dent (*to pull a tooth*); un mauvais plombage (*filling*); remplacer; l'anesthésie locale; **Aïe [aj]!** (*Ouch!*)

Commentaire culturel

In France, virtually everyone, **du berceau à la tombe** (_from the cradle to the grave_), is covered by **la Sécurité Sociale,** administered by the **Ministère de la santé** (_health_) and the **Ministère des finances.** Two-thirds of the costs of Social Security are paid by employer taxes. The rest is funded by withholdings from employees' salaries and various other taxes, such as the tax one pays when buying automobile insurance. The French Social Security system is very broad. Here are its primary programs:

Assurance médicale

Medical insurance reimburses all French citizens for any medical treatment: visits to (or by!) the doctor, hospitalization, surgery, prescription drugs, and dental care. The medical insurance program includes sixteen weeks of paid maternity leave (**le congé de maternité**) to pregnant women. It also includes medical treatment for injury or sickness incurred at the workplace and partially covers loss of income due to illness or injury. Finally, the medical insurance program includes a life insurance policy for all citizens.

Allocations familiales

Family benefits are paid to parents or guardians (**les tuteurs**) for each of their children after the first. Payments begin at pregnancy and continue until the child's second birthday. There are also benefits for any child who has lost one or both parents, or who has been abandoned. In the latter two cases, the payments are made to the child's legal guardian. Family allocations are also made to single-parent families with a child or children three years old or younger. Families with a handicapped child receive benefits for the child's education until he or she is twenty years old.

Pension vieillesse

Retirement benefits are paid to all citizens (and some noncitizens) who reach the age of sixty-five. This is true even in the case of someone who has never been employed and who has therefore never had income withheld for Social Security.

Programmes d'assistance sociale

There are a half-dozen programs designed to help out the less fortunate members of society. Economically disadvantaged senior citizens receive benefits to help them pay for in-home care; unskilled workers and ex-convicts receive funds to pay for educational and rehabilitation programs; and people who have been institutionalized receive benefits to ensure that they receive proper care.

The costs of such an array of public sector programs are enormous and often result in political controversy, especially in periods of economic recession. However, these programs have existed during times of conservative, liberal, and socialist governments and consequently represent a general consensus among the French concerning the proper role of government in **la vie de tous les jours.**

A. **Vie quotidienne.** Faites des phrases complètes. Utilisez les verbes indiqués au temps convenable.

1. Le dimanche, nous / se réveiller / tard. Mais le week-end passé, nous / se lever / assez tôt / et nous / se promener / le parc.
2. Autrefois (*Formerly*) ma sœur / se coucher / avant minuit. Maintenant elle / se préparer / à passer / examen. Elle / se mettre / travailler / semaine passée / et maintenant / elle / travailler / tout le temps.
3. Tu / se brosser / les cheveux / ce matin? Préparer / toi / plus vite. Tu / s'habiller / trop lentement. Rappeler / toi / l'entrevue (*job interview*) / neuf heures.
4. Je / se demander / si les voisins / s'amuser / hier chez nous. Ils / partir / vers dix heures / soir. Ils / se regarder / plusieurs fois / avant de partir.

B. **Qui est-ce?** Regardez vos camarades de classe et décidez...

1. qui a les cheveux les plus longs de la classe? qui a les cheveux les plus roux? les plus noirs? les plus frisés?
2. qui est la personne la plus petite de la classe? la plus grande?
3. qui a le nom le plus long? le plus court?
4. qui est le plus jeune? le plus âgé?
5. qui est la personne la plus bavarde? la plus animée?
6. qui porte les vêtements les plus intéressants? les plus à la mode? les plus excentriques? qui porte les chaussures les plus inhabituelles?

Maintenant, trouvez d'autres camarades qui méritent une description au superlatif.

C. **Tête-à-tête.** Posez les questions suivantes à un(e) camarade. Ensuite, faites une observation intéressante sur votre camarade.

1. Est-ce que tu t'entends bien avec tes amis? avec tes professeurs? avec tes parents? (Si votre camarade ne s'entend pas bien avec eux, demandez-lui pourquoi.)
2. Est-ce que tu te rappelles pourquoi tu as décidé d'aller à l'université? d'étudier le français? Est-ce que tes premières raisons sont toujours valables?
3. Viens-tu de rencontrer une personne qui t'a beaucoup impressionné(e)? Comment s'appelle cette personne? De quels traits physiques (yeux, visage, cheveux, taille, etc.) te souviens-tu?
4. Veux-tu te marier un jour? à quel âge? Où veux-tu t'installer avec ton mari/ta femme?

Verbes

avoir mal (à) *to have pain; to hurt*

s'amuser (à) *to have a good time, have fun*

s'appeler *to be called, be named*

s'arrêter (de) *to stop*

se baigner *to bathe; to swim*

se brosser (les cheveux, les dents) *to brush (one's hair, one's teeth)*

se coucher *to go to bed*

se demander *to wonder*

se dépêcher (de) *to hurry up*

se disputer *to argue*

s'en aller *to go away, go off (to work)*

s'endormir *to fall asleep*

s'ennuyer *to be bored*

s'entendre (avec) *to get along (with)*

s'habiller *to get dressed*

s'installer *to settle down, settle in*

se laver *to wash oneself*

se lever *to get up*

se maquiller *to put on makeup*

se marier (avec) *to marry (someone)*

se mettre à (+ inf.) *to begin to (do something)*

se peigner *to comb one's hair*

se préparer *to get ready*

se promener *to take a walk*

se rappeler *to remember*

se rencontrer *to meet*

se reposer *to rest, relax*

se réveiller *to awaken, wake up*

se souvenir de *to remember*

se tromper (de) *to be mistaken*

se trouver *to be located*

tomber amoureux (-euse) *to fall in love*

Substantifs

l'amour (m.) *love*

l'amoureux (-euse) *lover, sweetheart*

la bouche *mouth*

le bras *arm*

le corps *body*

le cou *neck*

le coup de foudre *flash of lightning; love at first sight*

la dent *tooth*

le doigt *finger*

la gorge *throat*

la jambe *leg*

la main *hand*

le mariage *marriage*

le nez *nose*

l'œil (m.) (les yeux) *eye*

l'oreille (f.) *ear*

le pied *foot*

la rencontre *meeting, encounter*

la tête *head*

le ventre *abdomen*

le visage *face*

Adjectifs

amoureux (-euse) *loving, in love*

élevé(e) *high*

ennuyeux (-euse) *boring*

frisé(e) *curly*

meilleur(e) *better*

pire *worse*

quotidien(ne) *daily, everyday*

Mots divers

asseyez-vous (assieds-toi) *sit down*

aussi... que *as . . . as*

moins... que *less . . . than*

plus... que *more . . . than*

Lecture

ASTROFORME

Augmentez votre énergie pour mieux <u>faire face</u> aux jours stressants: mangez selon votre signe astrologique! Une astrologue et une diététicienne vous donnent leurs conseils pour une meilleure vie quotidienne.

BÉLIER
(21 mars–19 avril)

Quand vous vous mettez en colère,° vous êtes facilement fiévreux. Vous avez besoin de <u>vous laisser aller</u>! Consommez des aliments à base de fer.°

> vous... *you get angry*
> un métal (Fe)

TAUREAU
(20 avril–20 mai)

Vous êtes gourmand; vous aimez une nourriture riche. Pour vous, des aliments sains° et frais, comme les céréales et les fruits. Abstenez-vous de manger de la charcuterie et du sucre.

> *healthy*

GÉMEAUX
(21 mai–20 juin)

Vous êtes nerveux et vous vous dépêchez toujours. Vous avez besoin de sommeil pour récupérer votre forme. Préparez des aliments phosphorés: poissons, œufs, fruits secs.°

> sans liquide

CANCER
(21 juin–22 juillet)

Votre forme est très changeante: elle nécessite un repos régulier. Vous avez besoin d'iode, qui active la thyroïde. Mangez des fruits de mer,° tous les poissons de mer et des fromages frais.

> fruits... *seafood*

LION
(23 juillet–22 août)

Vous réagissez aux chocs émotionnels et votre santé° dépend vraiment de votre état émotif. Votre organisme a besoin de magnésium. Pour vous, tous les agrumes,° et aussi les abricots, les figues et les dattes.

> *health*

> les oranges, les mandarines, les citrons (*lemons*), etc.

VIERGE ♍
(23 août–22 septembre)

Vous avez tendance à vous croire souvent malade. Vous adorez essayer de nouvelles recettes, de nouveaux régimes. Vous avez besoin de calcium: fromages, céréales, œufs, légumes verts, laitages.°   produits de lait

BALANCE ♎
(23 septembre–22 octobre)

Vous êtes plus gourmet que gourmand et vous supportez° mal les excès   tolérez
alimentaires. Conseil: les aliments à base de soufre et de phosphore: œufs, poissons, huîtres et légumes secs.

SCORPION ♏
(23 octobre–21 novembre)

Vous n'aimez pas vous préoccuper de votre santé. Vous avez le tempérament très robuste, mais vous avez besoin de fer et de magnésium pour vous aider à le préserver.

SAGITTAIRE ♐
(22 novembre–21 décembre)

Vous avez besoin d'une nourriture plus saine. Mangez beaucoup d'aliments à base de fer et de sodium: les légumes à feuilles° vertes, le riz et   *leaves*
les fruits bien mûrs.°   *ripe*

CAPRICORNE ♑
(22 décembre–19 janvier)

Vous êtes plus préoccupé par votre travail que par la bonne nourriture et vous avez la digestion difficile. Vous avez besoin de calcium et de magnésium.

VERSEAU ♒
(20 janvier–18 février)

Vous êtes très capricieux. Vous mangez ou vous ne mangez pas, selon vos humeurs.° Mangez plus régulièrement. Votre organisme a besoin de riz   *moods*
complet et de poisson.

POISSONS ♓
(19 février–20 mars)

Vous avez un tempérament très «psychique» et vous vous laissez trop influencer par les autres. Vous avez besoin d'un climat d'harmonie. Mangez en général plus de poisson que de viande.

Compréhension

A. Lisez les petits dialogues suivants et corrigez les mauvais conseils selon la lecture. (Attention! Tous les conseils ne sont pas nécessairement inexacts.)

1.   *Un client:* Je suis né le 10 octobre.
     L'astrologue: Vous êtes moins gourmand que gourmet.
2.   *Une cliente:* Je suis née le 28 décembre.
     L'astrologue: Vous adorez essayer de nouvelles recettes.
3.   *Une cliente:* Je suis née le 17 mai.
     L'astrologue: Abstenez-vous de manger des céréales et des fruits.
4.   *Un client:* Je suis né le 1er novembre.
     L'astrologue: Pour vous, les agrumes.
5.   *Un client:* Je suis né le 30 mars.
     L'astrologue: Soyez moins impulsif.
6.   *Un client:* Je suis né le 25 août.
     L'astrologue: Surtout, ne mangez pas de yaourt.*
7.   *Une cliente:* Je suis née le 12 décembre.
     L'astrologue: Vous avez de très bonnes habitudes gastronomiques.
8.   *Une cliente:* Je suis née le 21 juin.
     L'astrologue: Vous devez moins dormir.
9.   *Un client:* Je suis né le 30 juillet.
     L'astrologue: Vous avez une vie très tranquille en ce moment.
10. *Un client:* Je suis né le 15 février.
     L'astrologue: Vous êtes raisonnable et persévérant.
11. *Une cliente:* Je suis née le 2 juin.
     L'astrologue: Mangez des fruits secs.

B. Et vous? Répondez aux questions suivantes.

1. Quel est votre signe astrologique?   2. Est-ce que la description de votre signe dans *Astroforme* est correcte pour vous? Pourquoi ou pourquoi pas?   3. Croyez-vous à l'astrologie?   4. Consultez-vous votre horoscope dans le journal?   5. Le consultez-vous même si vous ne croyez pas à l'astrologie? Pourquoi?

---

*Le mot **yoghourt** (*m.*) s'emploie aussi.

Expression écrite

Imaginez que vous êtes un(e) astrologue-diététicien(ne) et que vous répondez à vos clients par la poste. Un(e) client(e) vous a écrit pour vous demander son portrait astrologique et des conseils sur son régime alimentaire. Il/Elle vous a donné sa date de naissance. Faites son portrait et donnez-lui des conseils très détaillés sur la meilleure façon de passer sa journée. Utilisez l'impératif des verbes pronominaux quand c'est possible.

Activités

A PROPOS

Pour exprimer votre compassion à un(e) ami(e) malade

Oh, mon (ma) pauvre!
Comme c'est dommage! (*That's too bad!*)
Je suis désolé(e). (*I'm very sorry.*)
Comment est-ce que je peux t'aider?
Je peux t'apporter quelque chose?
Guéris vite! (*Get well soon!*)

Pour exprimer votre manque (lack) de compassion à un(e) ami(e) malade

Tant pis! (*Too bad!*)
C'est de ta faute, tu sais!
   (*It's your fault, you know!*)
Tu l'as cherché!
Tu as eu tort de... (te coucher si tard, manger tout cela, etc.)

A. Interaction. Jouez les scènes suivantes avec des camarades. Utilisez les expressions de l'**A propos.**

1. Vous voyagez en France avec un(e) ami(e). Il/Elle tombe malade. Essayez de trouver pourquoi il/elle est tombé(e) malade. Qu'est-ce qu'il/elle a mangé? Quand s'est-il/elle couché(e)? Depuis quand a-t-il/elle mal au ventre, à la tête, etc. Ayez de la compassion pour lui/elle.

2. La scène se passe (*takes place*) dans une résidence universitaire. Un(e) de vos amis est sorti(e) hier soir et il/elle a trop mangé et trop bu dans un restaurant très cher. Aujourd'hui il y a un examen, et votre ami(e) vient vous demander de l'aider à s'y préparer. Vous n'avez pas de compassion pour lui/elle.

B. Rappelons-nous Napoléon. Jouez les scènes suivantes avec des camarades.

Expressions utiles: un complexe d'infériorité, un petit homme mais un grand général, l'empereur des Français, se prendre pour Napoléon

CHAPITRE TREIZE

Cherchons une profession

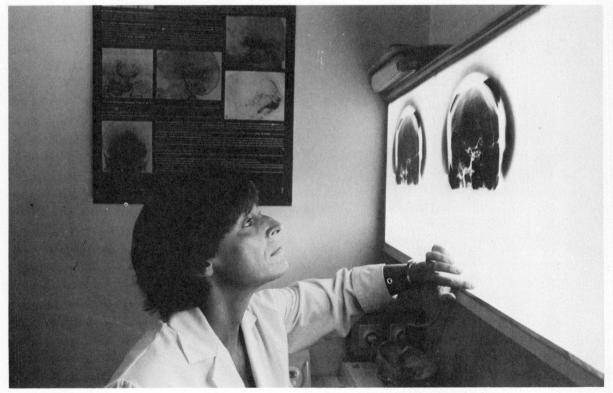

© OWEN FRANKEN

Un médecin examine des radiographies.

OBJECTIFS   In this chapter, you will learn words and expressions related to professions and occupations, you will read about French attitudes toward work, and you will find out about the kinds of summer jobs American students can sometimes find in France. You will learn the future and future perfect tenses and the relative pronouns **qui, que, dont,** and **où,** the French equivalents of *who, whom, whose* (or *of which*), and *where.*

Étude de vocabulaire

Les Français au travail

1. La profession agricole:

un agriculteur   un ouvrier agricole
(une ouvrière agricole)

2. Les fonctionnaires:

un agent de police   un banquier   une douanière   un magistrat
(une banquière)   (un douanier)

3. Les travailleurs indépendants:

Autres: les architectes, les chanteurs, les chanteuses, les danseurs, les danseuses, les artistes-peintres

un artisan   une avocate   un médecin
(une artisane)   (un avocat)

4. Les travailleurs salariés:

Autres: les ingénieurs, les interprètes, les comptables, les infirmiers, les infirmières, les vétérinaires, les publicitaires, les assureurs

un cadre   une employée   un ouvrier
(un employé)   (une ouvrière)

A. Études. Qu'ont-ils étudié?

MODÈLE: les avocats→ Les avocats ont étudié le droit.

1. les médecins
2. les architectes
3. les banquières
4. les ingénieurs
5. les artistes-peintres
6. les interprètes
7. les magistrats
8. les publicitaires

B. Définitions. Quelle est la profession des personnes suivantes?

MODÈLE: Elle enseigne à l'école primaire. → C'est une institutrice.

1. Elle vend des objets qu'elle a faits elle-même.   2. Il travaille à la campagne.   3. Il règle la circulation automobile.   4. Elle vérifie les valises à la douane.   5. Il s'occupe de la santé de ses patients.   6. Il distribue les lettres.   7. Il vend des assurances-vie.   8. Elle s'occupe de la santé des animaux.   9. Il préside au tribunal.   10. Il fait des portraits, des paysages (*landscapes*) ou des natures mortes (*still lifes*).

C. Embauche (*Hiring*). Vous louez les services de professionnels pour les activités suivantes. Suivez le modèle.

MODÈLE: pour ouvrir (*to open*) une banque → Je cherche des secrétaires, des comptables, un directeur.

1. pour construire une maison   2. pour créer une entreprise   3. pour installer une ferme (*farm*)   4. pour publier un journal   5. pour donner un spectacle   6. pour ouvrir un restaurant   7. pour ouvrir une école

Des professionels: agriculteur, chanteur, danseur, directeur (*manager*), employé, ingénieur, journaliste, libraire, maître d'hôtel, musicien, ouvrier, ouvrier agricole, professeur, secrétaire, serveur

D. Curriculum vitae. Interrogez votre professeur sur son expérience professionnelle. Demandez-lui:

1. quels emplois il/elle a eus dans le passé   2. quels jobs il/elle a aimés ou détestés   3. s'il/si elle a travaillé à l'étranger (si oui, demandez-lui ce qu'il/elle y a fait, pendant combien de temps, etc.)   4. quand et pourquoi il/elle a décidé de devenir professeur   5. depuis quand il/elle est professeur et depuis quand il/elle enseigne dans votre université 6. quelles études il/elle a faites pour devenir professeur

Qu'est-ce que vous avez appris sur la vie de votre professeur que vous ne saviez pas avant? Répondez selon le modèle.

MODÈLE: Moi, je sais maintenant que vous avez étudié à la Sorbonne.

A la banque (I)

Pour changer de l'argent

1. Présentez-vous au guichet avec votre passeport et l'argent ou le(s) chèque(s) à changer.

2. L'employé calcule le montant selon le cours et vous donne un reçu.

3. Présentez le reçu à la caisse. Le caissier vous donne votre argent en billets français.

A. **Au guichet et à la caisse.** Complétez les phrases suivantes avec le nom ou la forme verbale convenable.

1. Bonjour, monsieur. Je voudrais _____ cent dollars en argent français, s'il vous plaît. Voici mon _____.
2. Très bien, monsieur. Le _____ est à 10 francs aujourd'hui. Vous m'avez donné cent dollars. Ça vous fait _____ francs. Voici votre reçu. Vous pouvez passer à la _____ maintenant.
3. Bonjour, madame. Voici mon _____.
4. Très bien. Un, _____, trois, _____, cinq, _____, sept, _____, neuf, _____ billets de cent francs.

B. **Au bureau de change.*** Donnez le nombre approximatif de francs français que ces touristes américains vont obtenir au bureau de change. Utilisez un cours de 10 F, ou un cours plus actuel (*current*).

MODÈLE: Jim va changer dix dollars. → On va lui donner cent francs.

1. Maria va toucher un chèque de cinquante dollars.
2. Sylvia a un chèque de quatre-vingt-cinq dollars.
3. Peter va changer son salaire: deux cent vingt dollars.
4. William a un dollar à changer!

---

*To change money, one may also go to a **bureau de change.**

A la banque (II)

un carnet de
chèques

un compte d'épargne
(pour pouvoir faire
des économies)

un compte courant
(pour pouvoir faire
des chèques)

déposer de l'argent

retirer (*withdraw*) de
l'argent

signer un chèque

endosser un chèque

Définitions. Complétez les phrases suivantes.

1. En général vous portez vos chèques dans un _____ de chèques.
2. N'oubliez pas de _____ les chèques que vous écrivez et d'_____ les chèques que vous déposez sur votre compte.
3. De temps en temps on reçoit de sa banque un relevé de compte (*statement*) où on a noté par écrit les sommes d'argent qu'on a _____ sur un compte et les sommes qu'on a _____.
4. L'argent déposé sur un compte d'_____ augmente automatiquement parce que la banque paie des intérêts.

A la banque (III): The Verb *ouvrir*

ouvrir (*to open*)			
j'	ouvre	*nous*	ouvrons
tu	ouvres	*vous*	ouvrez
il, elle, on	ouvre	*ils, elles*	ouvrent
	Participe passé: ouvert		

The verb **ouvrir** (*to open*) is an irregular verb. Verbs conjugated like **ouvrir** are **couvrir** (*to cover*), **découvrir** (*to discover*), **offrir** (*to offer*), and **souffrir** (*to suffer*). Note that these verbs are conjugated like **-er** verbs.

A. Finances.

1. *Jean-Paul* ouvre un compte d'épargne. (nous, je, tu)
2. Hier, *Sylvie* a ouvert un compte courant. (Paul et Henri, vous, elle)
3. Comment couvres-*tu* ces dépenses (*expenses*)? (elles, on, vous)
4. *Je* vous offre mille francs. (nous, il, elles)
5. *Il* m'a offert de l'argent! (ils, Claudine et Marie)
6. *Il* souffre d'être trop riche. (je, ils, tu)
7. A-t-*on* beaucoup souffert pendant la crise de 29? (nos grands-parents, vous, elles)

B. Profil psychologique. Demandez à un(e) camarade:

1. s'il (si elle) a un compte bancaire (Si oui, quelle sorte de compte a-t-il/elle?) (Si c'est un compte d'épargne, quel est le taux (*rate*) d'intérêt?)
2. dans quelle banque il/elle a ouvert son compte et pourquoi
3. s'il (si elle) touche souvent des chèques et à quelles occasions
4. s'il (si elle) a jamais souffert des pertes (*losses*) d'argent et dans quelles circonstances
5. s'il (si elle) couvre toujours ses dépenses
6. s'il (si elle) a jamais perdu son carnet de chèques ou son portefeuille (*wallet*)
7. combien de fois par semaine, ou par mois, il/elle retire de l'argent de son compte et combien de fois il/elle dépose de l'argent sur son compte
8. si quelqu'un lui a offert de l'argent à Noël et ce qu'il/elle en a fait
9. s'il (si elle) fait des économies (*saves money*) et pourquoi

Maintenant, dites ce que vous avez appris et faites un petit portrait psychologique de votre camarade.

Mots utiles: avare (*stingy*), économe, impulsif (-ive), généreux (-euse), (im)prudent(e), négligent(e), un magnat d'affaires (*business magnate*)

49. THE FUTURE*

Son avenir

LE PÈRE: Il *sera* écrivain, il *écrira* des romans et nous *serons* célèbres.
LA MÈRE: Il *sera* homme d'affaires, il *dirigera* une société et nous *serons* riches.
L'ENFANT: On *verra*... je *ferai* mon possible.

1. D'après son père, quelle sera la profession de l'enfant? Que fera-t-il?
2. D'après sa mère, quelle sera la profession de l'enfant? Que fera-t-il?
3. D'après l'enfant, que fera-t-il?

A. The future tense

In English, the future is a compound tense: *to write → I shall/will write.* In French, the future is a simple tense, formed with the infinitive as the stem plus the endings **-ai, -as, -a, -ons, -ez, -ont.** Note that the future endings are the same as the present-tense endings of **avoir.** The final **-e** of the infinitive of **-re** verbs is dropped.

	parler (to speak)	**finir** (to finish, to end)	**vendre** (to sell)
je	parler**ai**	finir**ai**	vendr**ai**
tu	parler**as**	finir**as**	vendr**as**
il, elle, on	parler**a**	finir**a**	vendr**a**
nous	parler**ons**	finir**ons**	vendr**ons**
vous	parler**ez**	finir**ez**	vendr**ez**
ils, elles	parler**ont**	finir**ont**	vendr**ont**

Demain nous **parlerons** avec le conseiller d'orientation.

Tomorrow we will talk with the job counselor.

His future
FATHER: He'll be a writer, he'll write novels, and we'll be famous.   MOTHER: He'll be a businessman, he'll direct a corporation, and we'll be rich.   CHILD: We'll see . . . I'll do my best.
*Le futur

Il te **donnera** des conseils.	*He will give you some advice.*
Ces conseils t'**aideront** peut-être à trouver du travail.	*Maybe this advice will help you to find a job.*

B. Verbs with irregular future stems

The future endings are always regular. Some verbs, however, have either minor spelling changes in the future stem or have entirely irregular future stems.

1. Verbs with completely irregular future stems include:

aller: **ir-**	faire: **fer-**	venir: **viendr-**
avoir: **aur-**	pleuvoir: **pleuvr-**	voir: **verr-**
devoir: **devr-**	pouvoir: **pourr-**	vouloir: **voudr-**
envoyer: **enverr-**	savoir: **saur-**	
être: **ser-**		

J'aurai bientôt un poste.	*I will soon have a position.*
Demain, on **devra** partir tôt.	*Tomorrow, we will have to leave early.*
Quand **enverras**-tu ta demande d'emploi?	*When will you send your job application?*
Je crois qu'il **pleuvra**.	*I think it will rain.*

2. In some verbs whose infinitives end in **-eler** or **-eter,** such as **appeler** (*to call, name*) and **jeter** (*to throw*), the **l** or **t** is doubled before a silent **e.**

PRESENT	FUTURE
j'appe**ll**e	j'appe**ll**erai
nous appelons	nous appe**ll**erons
je je**tt**e	je je**tt**erai
nous jetons	nous je**tt**erons

3. In verbs such as **acheter** or **répéter,** the **e** or **é** in the stem becomes **è** before a syllable containing a silent **e.**[*]

PRESENT	FUTURE
j'ach**è**te	j'ach**è**terai
nous achetons	nous ach**è**terons
je rép**è**te	je rép**è**terai
nous répétons	nous rép**è**terons

4. In verbs ending in **-yer,** such as **employer,** the change in the present tense of **y** to **i** before a silent **e** is maintained in the future.

---

[*]These verbs have infinitives that end in **e** or **é** + *consonant* before **-er.** Exceptions are **espérer** and **préférer,** whose future forms are regular in spite of the changes in the present tense: **je préférerai, j'espérerai.**

PRESENT	FUTURE
j'emploie	j'emploierai
nous employons	nous emploierons

C. Uses of the future tense

As you can see from the preceding examples, the use of the future tense parallels that of English. This is also true of the tense of verbs after an *if*-clause in the present tense.

Si je **réussis** à cet examen, **je poserai** ma candidature à l'École Polytechnique.
If I pass this test, I will apply for the École Polytechnique.

However, in time clauses (dependent clauses following words like **quand, lorsque,** * **dès que** [*as soon as*], or **aussitôt que** [*as soon as*]), the future tense is used in French if the action is expected to occur at a future time. English uses the present tense in this case.

Je te **téléphonerai** *dès que* j'**arriverai.**
I'll phone you as soon as I arrive.

Nous **pourrons** en discuter *lorsque* l'avocat **sera** là.
We'll be able to discuss it when the lawyer arrives.

La construction **commencera** *dès que* les ingénieurs **seront** prêts.
Construction will begin as soon as the engineers are ready.

Maintenant à vous

A. Notre avenir économique.

1. Qui gagnera (*will earn*) beaucoup d'argent? *Je gagnerai 4 580 F par mois.* (elle / 4 800; ils / 9 870; tu / 6 750; vous / 3 520)
2. Qui économisera beaucoup d'argent? *Tu économiseras 1 000 F par mois.* (nous / 400; ils / 250; vous / 1 000; je / 100; elle / 500)
3. Qui vendra sa voiture? *Vous vendrez votre voiture pour 45 000 F.* (nous / 12 000; elle / 32 000)

B. Stratégies. Mettez les verbes au futur.

1. Je cherche du travail.   2. Mon frère m'aide à chercher.   3. Il en parle à son directeur.   4. Mes parents m'offrent leur aide.   5. Nous mettons une petite annonce.   6. Tu m'aides à préparer une entrevue. 7. Je vais au rendez-vous.   8. L'entrevue se passe bien.   9. Je trouve un poste.   10. Nous fêtons ce succès ensemble.

*****Quand** and **lorsque** (*when*) are synonyms. **Lorsque,** however, cannot be used as an interrogative.

C. La carrière idéale? Mettez les verbes entre parenthèses aux temps convenables.

Si j'____ (étudier) les langues étrangères, je ____ (pouvoir) devenir diplomate. Si je ____ (devenir) diplomate, je n'____ (avoir) pas beaucoup de temps libre. Si je n'____ (avoir) pas beaucoup de temps libre, je ____ (être) malheureux. Si je ____ (être) malheureux, je ____ (changer) de carrière.

D. Chez la voyante (*fortune teller*). Avec des camarades, jouez un dialogue entre la voyante et ses clients selon le modèle.

MODÈLE: *La voyante:* Vous ferez le portrait des meilleurs acteurs d'Hollywood. →

Son/Sa client(e): Vous voulez dire que je serai artiste en Californie?

1. Vous planterez des légumes près de Rome.   2. Vous vendrez des bijoux à Alger.   3. Vous jouerez le rôle de Hamlet à Londres. 4. Vous participerez à la construction d'un stade à Mexico.   5. Vous écrirez des articles pour le *New York Times.*   6. Vous vendrez des assurances-automobile à Québec.   7. Vous ferez de la publicité pour Toyota.   8. Vous vous occuperez des malades à Dakar.   9. Vous enseignerez dans une école primaire à Seattle.

50. THE FUTURE PERFECT*

Le stage: un baptême professionnel

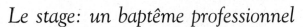

DIDIER: Quelle est ta stratégie, maintenant, pour devenir publicitaire?
VIVIANNE: Je vais commencer à téléphoner partout dès que *j'aurai envoyé* mes curriculum vitae.
CHANTAL: Je parie qu'ensuite tu vas essayer de décrocher un stage dans une agence de publicité...
DIDIER: Et puis, tu essaieras de te rendre utile...
VIVIANNE: Oui, c'est ça. Quand *j'aurai tout appris*, ils ne pourront plus se passer de moi.

1. Quand Vivianne va-t-elle commencer à téléphoner partout?
2. Quand l'agence de publicité ne pourra-t-elle plus se passer de Vivianne?

The training period: professional baptism
DIDIER: What kind of plans do you have, now, to become an advertising agent?   VIVIANNE: I'm going to start telephoning all over the place as soon as I've sent out my curriculum vitae.   CHANTAL: I bet that then you will try to land a training period with an advertising agency.   DIDIER: And then, you'll try to make yourself useful.   VIVIANNE: Exactly. And when I've learned everything, they'll no longer be able to do without me.

*Le futur antérieur

The future perfect in French is expressed by the future of the auxiliary verbs **avoir** or **être** plus the past participle of the main verb: **j'aurai parlé, elle sera partie, ils se seront couchés.** The future perfect is used to express a future action that will have already taken place before or by some other specific future time.

A dix heures, Jean-Paul **aura fini** son travail.

At 10:00 Jean-Paul will have finished his work.

Nous **aurons terminé** ce chapitre avant la fin du mois.

We will have finished this chapter before the end of the month.

Les animaux **se seront** déjà **réveillés** avant le lever du soleil.

The animals will have already awakened before sunrise.

In French, the future perfect is often found in clauses introduced by the expressions **quand, lorsque, aussitôt que,** and **dès que,** which describe future actions that precede the main action (in the simple future) of the sentence.

Quand j'**aurai terminé** mes études, je chercherai du travail.

When I've finished my studies, I'll look for work.

Je m'occuperai des problèmes du bureau **lorsque** nos visiteurs **seront partis.**

I'll take care of the office problems when our visitors have left.

Son père lui achètera une voiture **dès qu**'elle **aura appris** à conduire.

Her father will buy her a car as soon as she has learned how to drive.

Maintenant à vous

A. Demain à midi. Voici la liste des activités quotidiennes de Chantal. Aura-t-elle fait toutes ces choses demain à midi?

MODÈLE: se brosser les dents → Elle se sera déjà brossé les dents.
dîner → Elle n'aura pas encore dîné.

1. se lever
2. prendre le petit déjeuner
3. dire bonsoir à son petit ami
4. s'habiller
5. se maquiller
6. regarder les nouvelles du soir
7. aller en cours
8. se coucher
9. aller au cinéma

B. A la banque. Complétez les phrases suivantes avec les expressions entre parenthèses. Attention! Ces expressions ne sont pas nécessairement dans le bon ordre.

1. L'employé _____ le chèque _____ Jean-Paul l'_____. (endosser, déposer, dès que)

2. Le caissier _____ l'argent à Vivianne _____ elle lui _____ le reçu. (aussitôt que, donner, présenter)

3. Je vous _____ un chèque _____ je _____ mon carnet. (faire, trouver, quand)

4. Je _____ à la banque _____ mon père _____ le chèque. (signer, aller, aussitôt que)

5. L'employé vous _____ les billets _____ il _____ le montant. (donner, calculer, dès que)

C. Projets d'avenir. Complétez les phrases de façon personnelle.

1. Dès que j'aurai terminé mes études, je _____.
2. Lorsque j'aurai examiné toutes les carrières possibles, je _____.
3. Quand j'aurai trouvé du travail, je _____.
4. Aussitôt que nous aurons terminé ce cours, nous _____.
5. Dès que je me serai marié(e), je _____.

51. RELATIVE PRONOUNS*

Interview d'un chef d'entreprise

© DONALD DIETZ / STOCK, BOSTON

LE JOURNALISTE: Et pourquoi dites-vous que vous avez fait trois ans d'études inutiles?

GENEVIÈVE: Parce que pendant tout ce temps-là, c'était la création de bijoux *qui* m'intéressait.

LE JOURNALISTE: Les bijoux *que* vous créez sont fabriqués avec des matériaux naturels?

GENEVIÈVE: Oui. Je dessine aussi pour les magazines des bijoux fantaisie *qu'*on peut réaliser à la maison.

LE JOURNALISTE: Maintenant, votre entreprise fabrique des milliers de bijoux *dont* les trois-quarts partent au Japon?

GENEVIÈVE: Oui, j'ai des tas de projets. C'est vraiment merveilleux de se réaliser soi-même dans quelque chose.

1. Qu'est-ce qui intéressait Geneviève pendant ses études?
2. Qu'est-ce qu'on peut réaliser à la maison?
3. Les trois-quarts de quoi partent au Japon?

Interview with the director of a company
JOURNALIST: And why do you say that you wasted three years studying? GENEVIÈVE: Because all that time it was jewelry-making that interested me. JOURNALIST: The jewelry that you create is made with natural materials? GENEVIÈVE: Yes. I also design for women's magazines costume jewelry that people can make at home. JOURNALIST: And your business currently manufactures thousands of pieces of jewelry of which three-fourths are exported to Japan? GENEVIÈVE: Yes, I've got heaps of projects. It's truly marvelous to realize one's potential in something.

*Les pronoms relatifs

A relative pronoun (*who, that, which, whom, whose*) links a dependent (relative) clause to a main clause. A dependent clause is one that cannot stand by itself, for example, the italicized parts of the following sentences: The suitcase *that he is carrying* is mine; there is the store *in which we met*. In French, there are two sets of relative pronouns: those used as the subject or direct object of a dependent clause and those used after a preposition.

A. Relative pronouns used as subject or direct object of a dependent clause

The relative pronoun used as the *subject* of a dependent clause is **qui** (*who, that, which*). The relative pronoun used as the *direct object* of a dependent clause is **que** (*whom, that, which*). Both can refer to people and to things.

> **Subject:** Je cherche l'artisane. **Elle** fabrique des bijoux.
>
> Je cherche l'artisane **qui** fabrique des bijoux.
>
> **Object:** J'ai acheté des bijoux. Geneviève a fabriqué **ces bijoux.**
>
> J'ai acheté les bijoux **que** Geneviève a fabriqués.

Qui replaces the subject (**elle**) in the dependent clause in the first sentence above. Since it is the subject of the clause, **qui** will always be followed by a conjugated verb (**qui fabrique**).

Que replaces the direct object (**ces bijoux**) in the second sentence above. **Que** is followed by a subject plus a conjugated verb (**...que Geneviève a fabriqués**).

qui + *conjugated verb*	**que** + *subject* + *verb*
Les architectes **qui sont arrivés** à huit heures viennent des États-Unis.	Les architectes **que j'ai vus** à la conférence viennent des États-Unis.

Note the agreement of the past participle in dependent clauses containing the **passé composé**: in the sentence with **arriver,** it agrees with the plural subject **qui,** and in the sentence with **voir,** the past participle agrees with the preceding plural direct object **que.**

Qui never elides with a following vowel sound: L'architecte **qui est** arrivé à huit heures vient des États-Unis. **Que** does elide: L'architecte **qu'elle** a rencontré vient des États-Unis.

B. Relative pronouns used as objects of prepositions

The relative pronoun **qui** can be used as the object of a preposition to refer to people.

> Le comptable **avec qui** je travaille est agréable.
>
> *The accountant with whom I work is pleasant.*

L'ouvrier **à qui** M. Mesnard a
donné du travail est
travailleur.

*The worker to whom M.
Mesnard gave some work is
industrious.*

C. The pronoun **dont** is used to replace **de** (**du, de la, de l', des**) plus an object.

Où est le reçu? J'ai besoin du
reçu.

*Where is the receipt? I need the
receipt.*

↓

↓

Où est le reçu **dont** j'ai besoin?

Where is the receipt that I need?

The pronoun **dont** is also used to express possession.

C'est la passagère. Ses valises
sont à la douane.

*That's the passenger. Her
suitcases are at the customs
office.*

↓

↓

C'est la passagère **dont** les
valises sont à la douane.

*That's the passenger whose
suitcases are at the customs
office.*

D. **Où** is the relative pronoun of time and place. It can mean *where, when,* or *which.**

Le guichet **où** vous changez
votre argent est là-bas.

*The window where you change
your money is over there.*

Le 1ᵉʳ janvier, c'est le jour **où**
je commence mon nouveau
travail.

*The first of January, that's the
day (when) I begin my new
job.*

L'aéroport d'**où** vous êtes partis
est maintenant fermé.

*The airport from which you
departed is closed now.*

Maintenant à vous ⸻

A. A la recherche d'une carrière. Jean-Claude raconte sa semaine. Reliez
(*Link*) les phrases suivantes avec le pronom relatif **qui**.

1. Lundi, j'ai déjeuné avec un ami. Il connaît beaucoup de comptables.
2. Mardi, je suis allé voir la Banque Nationale de Paris. Elle est près de
la place de la Concorde.
3. Mercredi, j'ai parlé à un employé du Crédit Lyonnais. Il m'a
beaucoup encouragé.

⸻

*Quand is never used as a relative pronoun.

4. Jeudi, j'ai pris rendez-vous avec un membre de la Chambre de Commerce. Il est expert-comptable.

5. Vendredi, j'ai lu le livre de Bernard Croquette. Il est professeur à l'École Supérieure de Commerce.

B. A la Gare de Lyon. Vous travaillez aux objets perdus (*Lost and Found*) de la Gare de Lyon. Avec un(e) camarade, imaginez un dialogue avec les passagers selon le modèle.

MODÈLE: *Le/La passager* (*-ère*): Je cherche ma valise.
    Vous: Est-ce que c'est la valise que vous cherchez?
    Le/La passager (*-ère*): Ah oui, voilà la valise que je cherche.

Voici les phrases des passagers:

1. Je cherche mes clefs.   2. J'ai perdu ma valise.   3. Je cherche mes billets de train pour Cologne.   4. J'ai perdu mon parapluie.
5. Elle cherche ses bagages.

C. Promenade sur la Seine. Cet été, Marie-Claude travaille comme guide sur un bateau-mouche* à Paris. Un touriste lui pose des questions. Complétez leur dialogue avec les pronoms relatifs **qui** ou **que**.

LE TOURISTE: Mademoiselle, quels sont ces bâtiments (*buildings*) _____ je vois sur la Rive Gauche?
MARIE-CLAUDE: C'est la Conciergerie _____ a été autrefois une prison.
LE TOURISTE: Et là, cette tour _____ ma femme prend en photo?
MARIE-CLAUDE: C'est Notre-Dame. Vous voyez cette statue _____ ressemble à la Statue de la Liberté? C'est l'original de la statue _____ la France a donnée aux Américains.
LE TOURISTE: Et ici, qui est ce jeune homme _____ on filme? Je crois que c'est un acteur _____ j'ai vu au cinéma.
MARIE-CLAUDE: C'est possible. Les quais de la Seine sont pleins (*full, filled*) de gens _____ viennent de tous les coins du monde.
LE TOURISTE: Regardez ces jeunes _____ jouent de la guitare.
MARIE-CLAUDE: Ce sont sans doute des étudiants _____ viennent de la Sorbonne entre les cours.

D. Présentations. Jeannine présente ses amis à ses parents. Suivez le modèle.

MODÈLE: Voici une jeune femme. Son mari est architecte. → Voici la jeune femme dont le mari est architecte.

1. C'est un artisan. Vous avez vu sa photo.   2. Ce sont des danseuses. Nous vous avons parlé de ces danseuses.   3. Michel est un jeune artiste. J'aime beaucoup ses tableaux.   4. Voici un professeur. J'aime ses cours.   5. M. Dupont est un bon médecin. Son fils est en

---

*The **bateaux-mouche** are well-known tourist boats that travel up and down the Seine.

France.   6. Voici l'agent de police. Je suis sa voisine.   7. Voici l'avocate. Nous avons besoin d'elle.   8. Voici une commerçante (*storekeeper*). Son magasin est à côté d'ici.

E. **Énigme.** Décrivez un objet, une personne ou un endroit à vos camarades. Utilisez des pronoms relatifs. Vos camarades vont essayer de trouver la chose dont vous parlez.

MODÈLE: *Vous:* Je pense à un gâteau qui est français et dont le nom commence par un *e.*
          Un(e) ami(e): Est-ce que c'est un éclair?

Catégories suggérées: une ville, un pays, un plat, une personne, une classe, un moyen de transport, une profession

Maintenant, continuez ce jeu avec une différence. Vous ne donnez que le nom d'un objet ou d'une personne. Vos camarades vous demandent des précisions selon le modèle.

MODÈLE: *Vous:* Je pense à un film.
          Vos camarades: C'est un film que tu as vu il y a longtemps?
          C'est un film dont l'action se passe (*happens*) à l'étranger?
          C'est un film qui a gagné un «Oscar»?
          C'est un film où Ben Kingsley a joué le rôle principal?
          C'est *Gandhi!*

Autres catégories suggérées: un film, un programme de télévision, une pièce de théâtre, un(e) acteur (-trice), un(e) chanteur (-euse), un homme/une femme politique (*politician*), un(e) athlète

Rencontre culturelle

Women in their traditional role of homemaker are more highly valued and appreciated in France than in Anglo-Saxon countries. One reason for this, perhaps, is that success and money used to be considered (and still are, to a certain extent) less important in France than in North America. For most French people, a job that paid well was not necessarily more desirable than one that afforded prestige or social influence. The "two-salary" household was less frequent. In that context, motherhood was more highly respected. This respect is reflected even today in the legal system: women who are heads of households are entitled to legal help and economic protection.

In France as in North America, however, the traditional role of women is changing. A high proportion of working women are married and have children, in spite of the heavy demands motherhood places on them. There is now a cabinet-level government department, **le Ministère des droits de la femme,** that wages vigorous campaigns for women's rights. Women today are entering many occupations and professions traditionally held by men. In independent professions, things seem to be easier for women. There are proportionately more women dentists, physicians, lawyers, and pharmacists than engineers or business executives—perhaps because private employers are not yet willing to pay a woman as much as a man for the same job. In France, the traditional family with the mother at home is fast disappearing, and surveys of girls in high school show that the vast majority plan to have a career as well as a family.

Étude de prononciation

The front, rounded vowels [y], [ø], and [œ]

The sounds [y], [ø], and [œ] are pronounced with rounded lips and the tongue pushed toward the front of the mouth. These three sounds—called front, rounded vowels—are used in French and need careful practice. Note that the lips protrude more and that the teeth are closer together for [y] than for [ø], for [ø] than for [œ].

A. Prononcez avec le professeur.

[y]	[ø]	[œ]
fut	feu	fleur
eu	eux	heure
pu	peux	peur
plu	pleut	pleure
bu	bœufs	bœuf
sur	ceux	sœur
nu	nœud	neuf
du	deux	deuil
jus	jeu	jeune

B. Prononcez les phrases suivantes.

1. Une russe rousse joue d'une flûte rouge.   2. L'autre neveu de Claude veut trop peu de choses.   3. La sœur de Paul sort avec un jeune acteur snob.   4. Il pleut sur la lune?

Le français par les gestes: Il me rase. Il me barbe.

These expressions are slang for "he bores me." The backs of the fingers of one hand rub against the cheek, as if shaving. The trick is not to get caught in the act by the person being described!

UN TRAVAIL TEMPORAIRE

Contexte Il y a beaucoup de travaux agricoles qui récla-ment° des travailleurs saisonniers° entre juillet et octobre. Et en particulier, il y a les vendanges° qui sont un rendez-vous traditionnel des étudiants français et étrangers. Jean-Marc sait qu'il va gagner un peu d'argent mais qu'il ne fera pas fortune aux vendanges. Il sait aussi qu'il aura vécu une expérience enrichissante: l'accueil,° chez les viticulteurs,° est chaleureux° et l'ambiance des vendanges toujours joyeuse.

nécessitent / adj. de
saison
grape harvests

welcome
wine-growers / warm

Objectif Jean-Marc cherche du travail.

Des travailleurs saisonniers travaillent dans les vignobles d'Epernay, l'un des principaux centres de fabrication des vins de Champagne.

© ROGERS / MONKMEYER

Dialogue

JEAN-MARC: Bonjour, Monsieur, j'ai entendu dire que vous embauchez pour les vendanges.

M. MICHAUD: Oui, c'est exact. Vous avez déjà vendangé? C'est pas toujours drôle, on travaille sous le soleil, sous la pluie…

JEAN-MARC: Oui, je sais, mais je travaille bien. Vous payez à l'heure?

M. MICHAUD: Oui, nous payons 15 francs de l'heure.

JEAN-MARC: Et vous demandez des journées longues?

M. MICHAUD: Je demande des journées de huit à dix heures.

JEAN-MARC: Et pour le logement et les repas?

M. MICHAUD: Je retiens° deux heures de travail par jour seulement. *withhold, charge*

JEAN-MARC: Je suppose que ça va durer° deux ou trois semaines au maximum? *last*

M. MICHAUD: Oh oui, sans doute, s'il ne fait pas trop mauvais temps.

JEAN-MARC: Eh bien, si vous voulez bien me prendre, ça m'intéresse.

M. MICHAUD: C'est d'accord. Mais n'oubliez pas: ici, on s'amuse bien, mais on travaille dur°! *hard*

Variations

1. Rejouez la scène en utilisant les variations suivantes.

   - M. Michaud paie 150 francs par jour.
   - Les journées sont de neuf heures maximum.
   - Le logement et les repas sont gratuits.

2. Improvisez! Vous cherchez un job de serveur/serveuse dans un café. Un(e) camarade joue le rôle de M. Marius, le cafetier. Voici le scénario:

   - On gagne 17 francs de l'heure, plus les pourboires.
   - Vous êtes embauché à mi-temps (*part-time*).
   - Vous allez servir des consommations et des sandwichs.
   - Vous devez être rapide, adroit et aimable.

Commentaire culturel

Many foreign students who would like to travel in France during the summer months are also interested in having a more meaningful interaction with French people than they could have as tourists. With the exception of seasonal harvesting and occasional babysitting or tutorial positions, summer jobs are very difficult to find. However, for students willing to work a certain number of hours per day in exchange for lodging with a French family or with a group of young French people, there are a number of volunteer organizations one can contact. These are organizations that run or supervise projects involving historical renovation, environmental protection, or social services of various kinds. For information on these projects, you can write to the addresses on the next page.

Club du Vieux Manoir 10, rue de la Cossonnerie 75001 Paris	**Concordia** 27, rue du Pont-Neuf B.P. 238 75024 Paris Cedex 01	**Études et Chantiers** 33 rue Campagne Première 75014 Paris
Compagnons Bâtisseurs 5, rue des Immeubles Industriels 75011 Paris		**Le Moulin des Apprentis** 23220 Bonnat (Creuse)

Mise au point

A. Dialogue entre amies. En français, s'il vous plaît.

SIMONE: Will you travel to Europe next summer?
THÉRÈSE: Yes. I'll leave as soon as my vacation starts.
SIMONE: Who will you go with?
THÉRÈSE: With Claudine Rousseau. I think she'll have the time.
SIMONE: Claudine? Is she a lawyer?
THÉRÈSE: No, she's a journalist. She's one of the best journalists in the city.
SIMONE: Well, you're one of the best professors in the city.
THÉRÈSE: Yes, but my schedule (**mes horaires**) isn't as flexible (**souples**) as Claudine's schedule.

B. Un poste au Canada. Choisissez le mot juste.

Claudette, (*qui/que/qu'*) est une jeune Parisienne, (*ira/sera/aura*) travailler au Canada l'an prochain. Elle habitera chez les Regimbault (*qui/que/qu'*) sont des amis de ses parents et chez (*dont/que/qui*) ses parents sont restés quand ils (*seront/ont/sont*) passés par Québec il y a assez longtemps. Le jour (*que/qui/où*) Claudette (*arrivera/arrive/ arrivée*), la famille Regimbault (*viendront/viendra/verra*) la chercher à l'aéroport. Son avion, (*que/qui/où*) partira de l'aéroport Roissy-Charles de Gaulle, passera par New York. Ses malles (*trunks*), (*dont/que/où*) elle (*ont mis/mettra/aura mis*) beaucoup de vêtements et de cadeaux (*gifts*), arriveront plus tard. M. et Mme Regimbault, (*qui/que/dont*) le père de Claudette lui a beaucoup parlé, sont très gentils. Le bureau (*où/que/qui*) Claudette travaillera n'est pas loin de chez eux. Ce (*sera/aura été/a été*) un séjour (*stay, sojourn*) très agréable.

C. Travail et vacances. Reliez les deux phrases avec un pronom relatif. Le symbol ▲ indique le début (*beginning*) d'une proposition relative.

MODÈLE: Je travaille au tribunal (*court*). ▲Je suis avocate au tribunal. →
Je travaille au tribunal où je suis avocate.

1. Je prendrai bientôt des vacances. ▲J'ai vraiment besoin de ces vacances.
2. Ma camarade de chambre ▲viendra avec moi. Elle s'appelle Élise.
3. Elle travaille avec des comptables. ▲Ces comptables sont très exigeants (*demanding*).
4. Nous irons à Neufchâtel. ▲Les parents d'Élise ont une maison à Neufchâtel.
5. Le père d'Élise ▲nous a invitées. Élise a téléphoné à son père la semaine passée.
6. Élise a envie de voir sa mère. ▲Elle pense souvent à sa mère.
7. J'ai acheté une nouvelle valise. ▲Je mettrai tous mes vêtements de ski dans cette valise.
8. Nous resterons deux jours à Strasbourg. ▲Nous visiterons le Parlement Européen à Strasbourg.
9. Nous rentrerons trois semaines plus tard, prêtes à reprendre le travail. ▲Ce travail se sera accumulé.

D. **Un poste pour l'été.** Vous cherchez un poste pour l'été. Voilà une liste de postes possibles. Choisissez le poste que vous préférez (ou un autre qui vous intéresse) et imaginez la vie que vous aurez.

MODÈLE: Je serai _____.
Je travaillerai à/en/dans _____.
Je gagnerai _____ par mois.
Je serai content(e) parce que _____.

Métiers et professions: serveur/serveuse, secrétaire, chauffeur de taxi, caissier/caissière dans un supermarché, vendeur/vendeuse, moniteur/monitrice (*camp counselor*), donner des leçons particulières (*private*), charpentier (*carpenter*)

E. **Conversation.** Posez les questions suivantes à un(e) camarade, qui vous les posera à son tour.

Ce soir _____?

1. qu'est-ce que tu vas manger? 2. qu'est-ce que tu vas étudier? 3. qu'est-ce que tu vas lire? 4. avec qui vas-tu parler? 5. de quoi allez-vous parler? 6. à quelle heure vas-tu te coucher?

L'été prochain _____?

1. qu'est-ce que tu écriras? 2. qu'est-ce que tu liras? 3. qu'est-ce que tu achèteras? 4. qui verras-tu? 5. où iras-tu? 6. que feras-tu? auras-tu un job?

Dans cinq ans _____?

1. où auras-tu voyagé? 2. auras-tu terminé tes études? 3. auras-tu choisi une profession? 4. seras-tu toujours étudiant(e)? 5. te seras-tu marié(e)? 6. auras-tu des enfants?

Vocabulaire

Verbes

couvrir *to cover*
déposer *to deposit*
endosser *to endorse (a check)*
faire des économies *to save (up) money*
gagner *to earn; to win*
intéresser *to interest*
s'intéresser à (quelque chose) *to be interested in (something)*
offrir *to offer*
ouvrir *to open*
retirer *to withdraw*
signer *to sign*
souffrir *to suffer*

Substantifs

l'avenir (m.) *future*
la caisse *cash register*
le carnet de chèques *checkbook*
le chèque *check*
le compte *account*
le compte courant *checking account*
le compte d'épargne *savings account*
le conseil *advice*
le cours *exchange rate*
la dépense *expense*

l'horaire (m.) *schedule (working hours)*
le montant *sum; amount*
le passeport *passport*
le portefeuille *wallet*
le reçu *receipt*

Les professions

l'agent (m.) **de police** *policeman*
l'agriculteur (m.) *farmer*
l'artisan(e) *artisan, craftsperson*
l'artiste-peintre (m., f.) *artist (painter)*
l'assureur (m.) *insurance agent*
l'avocat(e) *lawyer*
le cadre *manager*
le (la) caissier (-ière) *cashier*
le (la) chanteur (-euse) *singer*
le (la) commerçant(e) *storekeeper, merchant*
le (la) comptable *accountant*
le (la) douanier (-ière) *customs officer*
l'employé(e) *employee*
le (la) fonctionnaire *civil servant*
l'infirmier (-ière) *nurse*
le magistrat *judge*

le médecin *doctor*
l'ouvrier (-ière) *worker*
le publicitaire *advertising agent*
le (la) travailleur (-euse) *worker*
le travailleur indépendant *self-employed worker*
le travailleur salarié *salaried worker*

Cognate professions

l'architecte (m., f.), **le (la) banquier (-ière), le (la) danseur (-euse), l'ingénieur** (m.), **l'interprète** (m., f.), **le (la) journaliste, le (la) vétérinaire**

Mots divers

agricole *agricultural*
aussitôt que *as soon as*
dès que *as soon as*
dont *whose, of whom, of which*
dur(e) *hard, difficult*
lorsque *when*
que *whom, that, which*
qui *who, that, which*

ALLERGIE AU TRAVAIL

L' ALLERGIE AU TRAVAIL » est le titre de l'une des multiples études récentes qui analysent l'attitude actuelle° des Français à l'égard du travail. Leur conclusion? La majorité des Français rêve de moins travailler, même s'ils doivent gagner moins. A tous les niveaux° professionnels, on note un désintérêt passionné de la réussite° matérielle ou de l'esprit° carriériste.

contemporaine

levels

la... le succès / l'... la mentalité

Cette allergie au travail va dans le sens° des réformes sociales mises en place récemment. Les salariés français bénéficient de cinq semaines de congés° payés, et beaucoup ne travaillent déjà plus que trente-cinq heures par semaine. La retraite° anticipée à soixante ans est encouragée par une prime° de l'État. Le travail à mi-temps et les horaires flexibles sont déjà des réalités dans un grand nombre d'entreprises privées et publiques. La semaine de quatre jours et l'année sabbatique sont à l'étude.

le... la direction

vacances

fin de la carrière

une somme d'argent

En dépit de ces avantages, le Français, travailleur salarié ou indépendant, continue à garder° une certaine distance à l'égard du travail: les fous du boulot° ne sont qu'une minorité. En fait,° un nombre croissant° de travailleurs trouve le courage de rompre avec° le cercle infernal mais sécurisant du métro-boulot-dodo.* Pour les salariés, qui constituent 83 pour cent de la population active° totale, ce changement prend la forme d'une organisation spéciale des horaires de travail, comme pour cette jeune mère qui préfère renoncer à une partie de son salaire pour passer ses mercredis, jour de congé scolaire, avec son enfant. Pour les travailleurs indépendants, ce refus du travail ressemble parfois à une aventure: tel° ce couple parisien qui a tout laissé et investi toutes ses économies dans l'achat° et la rénovation d'un vieux château qu'il a transformé en hôtel-restaurant.

maintenir

les... *workaholics* / En... *In fact* / qui se multiplie

de... de se dégager de qui travaille

par exemple

substantif du verbe **acheter**

Ce phénomène d'allergie à l'aspect aliénant du travail révèle l'importance que l'on donne, en France, à la qualité de la vie. Le bonheur,° pour beaucoup de Français, ce n'est pas la réussite matérielle, mais la

le fait d'être heureux

---

*Métro-boulot-dodo** is the French equivalent of the expression *nine-to-five grind.* **Boulot** is a colloquial word for **travail** and **dodo** derives from the expression **faire dodo,** used with children to mean **dormir.**

réalisation de soi.° On aime prendre le temps de vivre. C'est une victoire de la vie créative contre la vie de consommation. Cette conception du travail ne nuit pas° nécessairement à la productivité. Éliminer le stress, c'est améliorer° la qualité du travail. La réalisation de soi permet au salarié de connaître un meilleur équilibre personnel dans son travail, et de retrouver un rythme plus naturel et efficace.° Finie la routine. Le Français est à la reconquête de son temps.

la… self-realization

ne… ne fait pas mal
rendre meilleur

efficient

Compréhension

Lisez les phrases suivantes. Trouvez la partie de la phrase qu'on peut changer pour accorder le sens de la phrase au sens de la lecture.

1. «L'allergie au travail» est le titre de l'une des rares études récentes qui analysent l'attitude contemporaine des Français à l'égard du travail.
2. A certains niveaux professionnels, on note un désintérêt passionné de la réussite financière ou de l'esprit carriériste.
3. Cette allergie au travail va dans le sens des réformes sociales mises en place il y a longtemps.
4. La semaine de quatre jours et l'année sabbatique sont inconcevables.
5. Au contraire, de plus en plus de travailleurs trouvent le courage d'interrompre le cercle infernal mais sécurisant du métro-boulot-dodo.
6. Ce phénomène d'allergie à l'aspect enrichissant du travail révèle l'importance que l'on donne, en France, à la qualité de la vie.
7. C'est une victoire de la vie de consommation contre la vie créative.

Expression écrite

A. L'Amérique et vous. Êtes-vous de l'opinion de la majorité des Américains à l'égard du travail? Écrivez trois petits paragraphes sur les attitudes des Américains dans leur vie professionnelle tout en donnant (*while giving*) votre propre opinion. Utilisez les questions suivantes comme guide.

1. Quelles professions les Américains admirent-ils? Pourquoi? Quelles professions admirez-vous? Pourquoi? Quelles professions les Américains admirent-ils le moins? Et vous? Pourquoi?
2. Est-ce que les Américains admirent certaines professions où on gagne peu d'argent? Quelles sont ces professions? Est-ce que vous les admirez aussi? Pourquoi ou pourquoi pas?

3. Est-ce que les Américains prennent leur travail au sérieux? Est-ce qu'ils aiment leur travail? Et vous, aimez-vous vos études? Pourquoi ou pourquoi pas? Avez-vous aimé vos jobs? Pourquoi ou pourquoi pas? Aimerez-vous votre profession? Pourquoi ou pourquoi pas?

B. L'avenir. Imaginez une visite chez une voyante. Qu'est-ce qu'elle vous dit sur votre avenir professionnel? Utilisez les phrases suivantes pour écrire une composition. Utilisez le futur.

MODÈLE: Vous trouverez le travail idéal dans plusieurs mois.

Expressions: trouver un nouvel emploi, finir vos études, trouver beaucoup de débouchés (*job openings*), dépenser (*to spend*) de l'argent, découvrir un intérêt passionné pour quelque chose de nouveau, avoir une entrevue à l'étranger, acheter un château en France, ouvrir un restaurant italien à New York, devenir membre de l'équipe de natation aux Jeux olympiques...

Activités

A PROPOS

Comment parler au téléphone

Allô, j'écoute.
Qui est à l'appareil? (C'est Vincent qui parle.)
C'est bien le 376-89-21?
Ne quittez pas! (*Just a moment! Lit., Don't hang up!*)
Rappelez plus tard, s'il vous plaît.
Je vous passe (la personne à qui vous voulez parler).
C'est de la part de qui?
C'est de la part de (Jacques).
A qui voulez-vous parler?
Je voudrais parler (avec, à)...
Au revoir, monsieur (madame, mademoiselle).

A. Interaction. Jouez la scène suivante avec un ou plusieurs camarades.

Vous téléphonez à une personne qui cherche un tuteur (une tutrice) pour donner des leçons particulières (*tutorial lessons*) à ses enfants. Vous avez vu son annonce dans le journal et vous avez besoin d'un job à mi-temps. Utilisez les expressions de l'**A propos** et n'oubliez pas de vous renseigner (*to get information*) sur les horaires, le salaire, le nombre d'enfants, leur âge, les matières étudiées, etc. Rappelez plus tard pour dire si vous acceptez ou refusez le poste en question et expliquez pourquoi. Si l'employeur vous refuse le poste, il/elle vous expliquera pourquoi.

B. Offres d'emploi. Imaginez que vous avez votre diplôme d'études commerciales. Vous cherchez un travail dans les petites annonces suivantes. Choisissez le poste que vous préférez et expliquez pourquoi à la classe. Essayez de comprendre l'essentiel des textes plutôt que de les comprendre dans le détail. Imaginez aussi que vous avez l'âge requis (*required*).

Expressions utiles:

Ce travail consiste à (+ infinitif)…
J'aurai pour fonction de…
Mon salaire sera de…
Je dirigerai (*will direct*) _____ employés.
Je travaillerai à…
J'aurai une voiture de fonction (*company car*) et…
Je dois pouvoir parler…

CHAPITRE QUATORZE

Vive les loisirs!

Pierre Quinon a gagné la médaille d'or du saut à la perche (*pole vault*) aux Jeux olympiques de Los Angeles de 1984.

OBJECTIFS   In this chapter, you will learn words and expressions related to outdoor activities, sports and sports events, games, hobbies, and other forms of entertainment. While learning how the French like to spend their leisure time, you will be comparing your own preferences with theirs, as well as with those of your classmates. You will learn the comparative and superlative forms of adverbs and nouns, more about verbs followed by prepositions, and the use of the present conditional mood of verbs. You will also complete your introduction to French interrogative forms.

429

Étude de vocabulaire

Les loisirs préférés des Français

Les spectacles
La chanson de variété*
Le cinéma

Les activités de plein air
La pétanque
La pêche
Un pique-nique

Les manifestations sportives
Le cyclisme
Le football

Les jeux
Les jeux de hasard
Les jeux de société

Le bricolage†
Le jardinage

Les passe-temps
Les collections
La lecture

---

*__Une chanson de variété__ is a popular song, frequently associated with a particular singer—in the past, Édith Piaf, Jacques Brel—and sung in a music hall, such as **l'Olympia,** or in a small nightclub.

†**Le bricolage** is puttering around, doing odd jobs around the house, building and repairing things oneself.

A. Catégories. La chanson de variété est un spectacle. Dans quelle(s) catégorie(s) de distractions classez-vous _____?

1. un match de boxe?
2. une collection de papillons (*butterflies*)?
3. la fabrication de nouvelles étagères?
4. la pêche?
5. la roulette?
6. la lecture?
7. une partie (*game*) de frisbee?
8. la réparation de votre bicyclette?
9. un pique-nique?
10. la loterie nationale?
11. un concert de jazz?
12. la pétanque?
13. le cyclisme?

B. Loisirs. Le jardinage et la construction d'un barbecue sont deux formes de bricolage. Nommez deux formes de loisirs pour chaque catégorie.

1. manifestations sportives
2. jeux de société
3. bricolage
4. spectacles
5. activités de plein air
6. passe-temps

C. Interview et reportage. Posez les questions suivantes à un(e) camarade. Si vous apprenez quelque chose sur lui (elle) que vous ne saviez pas avant, dites-le à la classe. Parlez brièvement du caractère ou de la personnalité de votre camarade.

Demandez-lui:

1. quelles sortes de chansons il/elle aime (les chansons d'amour? les chansons folkloriques? politiques?)
2. qui est son chanteur favori et sa chanteuse favorite, et pourquoi
3. à quelles sortes de spectacles il/elle assiste souvent et à quel spectacle il/elle a assisté récemment
4. s'il (si elle) préfère faire du sport ou s'il (si elle) préfère assister à des manifestations sportives; à quelle manifestation sportive a-t-il/elle assisté récemment
5. s'il (si elle) est fort(e) (*good*) au frisbee et combien de temps cela lui a pris pour apprendre à bien le lancer (*to throw*)
6. quel jeu de société il/elle préfère (le bridge? le poker? le Monopoly?)
7. à quels jeux de hasard il/elle a joué, où il/elle y a joué et combien il/elle a gagné ou perdu
8. s'il (si elle) aime bricoler et quels objets il/elle a réparés ou fabriqués (= *construits*)
9. s'il (si elle) collectionne quelque chose

Expressions utiles: sentimental(e), terre à terre (= pratique), actif (-ive), passif (-ive), paresseux (-euse), sportif (-ive), énergique, (peu) doué(e) (*gifted*) pour les sports, audacieux (-euse), (im)prudent(e), adroit(e), être un homme à tout faire (*handy*), (n')avoir (pas) le goût du risque

Deux verbes irréguliers

	courir (*to run*)	**rire** (*to laugh*)
je	cours	ris
tu	cours	ris
il, elle, on	court	rit
nous	courons	rions
vous	courez	riez
ils, elles	courent	rient
Past participle:	couru	ri
Future stem:	courr-	rir-

vive la détente!

A. Sport, détente, humour. Transformez les phrases suivantes et faites les changements nécessaires.

1. *Mon ami Jacques* court pendant une heure tous les jours. (nous, Sylvie, tu)
2. *Pierre, a-t-il* couru pour arriver à l'heure? (vous, Chantal et Yvette, Marie)
3. L'année prochaine, *je* courrai dans un marathon. (vous, Henri et Vincent, nous)
4. *Pierre* rit facilement. (nous, Patricia et Béatrice, tu)
5. *Claudine* riait souvent quand elle *était* enfant. (mes cousins, nous, je)
6. *Avez-vous* ri pendant le film? (tu, Jacques, elles)

B. Le jogging. Faites-vous du jogging? Si vous avez répondu **oui**:

1. Combien de fois courez-vous par semaine?
2. Pendant combien de temps courez-vous chaque fois?
3. Combien de kilomètres faites-vous? (1 *mile* = 1,6 kilomètres)
4. Depuis quand faites-vous du jogging?

Si vous avez répondu **non**:

1. Pourquoi ne courez-vous pas?
2. Pratiquez-vous un autre sport?
3. Qu'avez-vous contre le jogging?
4. Que pensez-vous des gens qui courent souvent?

C. Le rire. Le rire est le loisir préféré de beaucoup de gens. Pourquoi les gens aiment-ils rire? Comment le sens de l'humour nous aide-t-il à vivre? Avec un(e) camarade, choisissez trois situations où le sens de l'humour nous aide, et expliquez pourquoi.

Le sens de l'humour nous aide dans les occasions où _____.
_____ on a peur.
_____ on est embarrassé.
_____ on veut critiquer quelqu'un.
_____ il y a de la tension.
_____ on cache (*is hiding, concealing*) quelque chose.
_____ ?

Et vous? Aimez-vous rire? Avec un(e) autre camarade, répondez aux questions suivantes. Chaque fois que vous répondez **oui,** donnez un exemple.

1. Racontez-vous des blagues (*jokes*)?   2. Faites-vous souvent des jeux de mots?   3. Aimez-vous jouer des tours (*tricks*)?   4. Inventez-vous des anecdotes?   5. Avez-vous un(e) comique préféré(e)?
6. Aimez-vous particulièrement un film amusant ou une pièce amusante?   7. Aimez-vous lire des revues satiriques?

Le français par les gestes: Marrant! (Very funny!)

This gesture is almost always used ironically. It accuses someone of not being as funny as he thinks he is.

52. INTERROGATIVE PRONOUNS*

Au match de rugby

BILL: *Qu'est-ce qu'*ils essaient donc de faire?

JEAN-PAUL: Eh bien, ils essaient de poser le ballon derrière la ligne de but de l'équipe adverse.

BILL: Oui, oui, je sais, mais *que* font-ils en ce moment?

JEAN-PAUL: Ça s'appelle une mêlée.

BILL: *Qu'est-ce que c'est qu'*une mêlée?

JEAN-PAUL: C'est un moment du jeu où plusieurs joueurs de chaque équipe sont regroupés autour du ballon. Tu vois, un des joueurs l'a récupéré.

BILL: *Lequel?*

JEAN-PAUL: Philippot.

BILL: *Qu'est-ce qui* l'empêche de le passer vers le but?

JEAN-PAUL: Les règles du jeu, mon vieux! C'est du rugby, ce n'est pas du football américain.

© OWEN FRANKEN
STOCK, BOSTON

Voici des réponses. Quelles en sont les questions?

1. Ils essaient de plaquer (*tackle*) le joueur qui court avec le ballon.
2. C'est Duval qui passe le ballon à Philippot.
3. Un essai, c'est l'avantage obtenu quand un joueur réussit à poser le ballon derrière la ligne de but.

Interrogative pronouns—in English *who? whom? which? what?*—can be used as the subject in a question, as the object of the verb, or as the object of a preposition. You have been using some of the French interrogative pronouns: **qui, qu'est-ce que,** and **quoi.** Here is a list of French interrogative pronouns. Note that several have both a short form and a long form that is based on **est-ce que.**

At the rugby match

BILL: Now what are they trying to do? JEAN-PAUL: Well, you see, they're trying to place the ball behind the opposing team's goal line. BILL: Yes, yes, I know, but what are they doing right now? JEAN-PAUL: That's called a scrum. BILL: What's a scrum? JEAN-PAUL: It's when several players from each team are clustered around the ball. You see, one of the players came up with it. BILL: Which one? JEAN-PAUL: Philippot. BILL: What's keeping him from throwing it toward the goal? JEAN-PAUL: The rules of the game, my friend. This is rugby, not American football.

*Les pronoms interrogatifs

USE	PEOPLE	THINGS
Subject of a question	⎰ qui ⎱ qui est-ce qui	*(no short form)* qu'est-ce qui
Object of a question	⎰ qui ⎱ qui est-ce que	que qu'est-ce que
Object of a preposition	à qui	à quoi

A. Interrogative pronouns as the subject of a question

As the *subject* of a question, the interrogative pronoun that refers to people has both a short and a long form. The pronoun that refers to things has only one form. Note that **qui** is the last element before the verb.

PEOPLE

⎰ **Qui** fait du jogging ce matin?
⎱ **Qui est-ce qui** fait du jogging ce matin?

THINGS

Qu'est-ce qui se passe *(What's happening)*?

B. Interrogative pronoun as the object of a question

As the *object* of a question, both interrogative pronouns referring to people and those referring to things have both a short and a long form.

1. *Long forms:*   The following word order is used in French when the long forms of the interrogative pronouns are used as the object of a question.

> *People:* **Qui est-ce que**
> *Things:* **Qu'est-ce que**   +   *subject*   +   *verb*   +   *(other elements)*?

Qui est-ce que tu as vu sur le court de tennis ce matin?

Whom did you see on the tennis court this morning?

Qu'est-ce que Marie veut faire ce soir?

What does Mary want to do this evening?

Remember that **qu'est-ce que c'est que** is a set phrase used to ask for a definition: *What is* _____? **Qu'est-ce que c'est que la pétanque?**

2. *The short form* **qui:**   When **qui** is the object of a question, the pronoun subject and verb are inverted. If the subject is a noun, it is retained.

> **Qui**   (+   *noun subject*)   +   *verb-pronoun*   +   *(other elements)*?

Qui as-tu vu à la salle de sports?	*Whom did you see at the gym?*
Qui Marie a-t-elle vu sur le court de tennis?	*Whom did Marie see on the tennis court?*

3. *The short form que:* When **que** is the object of a question, the subject and verb are inverted. This is true for both noun and pronoun subjects.

Que + *verb* + *subject (noun or pronoun)* + *(other elements)?*

Que cherches-tu?	*What are you looking for?*
Que cherche Jacqueline?	*What is Jacqueline looking for?*

C. Use of **qui** and **quoi** after prepositions

After a preposition or as a one-word question, **qui** is used to refer to people, and **quoi** is used to refer to things (including things that are indefinite or unknown).

De qui parles-tu?	*Whom are you talking about?*
As-tu vu mon ami? —**Qui?**	*Have you seen my friend? —Who?*
De quoi parlez-vous?	*What are you talking about?*
Est-ce que tu m'entends? —**Quoi?**	*Do you hear me? —What?*

D. The interrogative pronoun **lequel**

Lequel, laquelle, lesquels, and **lesquelles** (*which one[s]?*) are used to ask about a person or thing that is known and specified. These pronouns agree in gender and number with the nouns to which they refer.

Avez-vous vu cet opéra? —**Lequel?**	*Have you seen this (that) opera? —Which one?*
Vous rappelez-vous cette pièce de théâtre?—**Laquelle?**	*Do you remember this (that) play?—Which one?*

The forms **lequel, lesquels,** and **lesquelles** must combine with **à** and **de**.

Tu penses à un roman de Sartre. —**Auquel?**	*You're thinking of a novel by Sartre. —Which one?*
Vous avez besoin de livres d'anglais. —**Desquels** avez-vous besoin?	*You need some English books. —Which ones do you need?*

But:

Tu penses à une pièce de
théâtre de Ionesco. —**A
laquelle?**

*You're thinking of an Ionesco
play. —Which one?*

Maintenant à vous

A. Qu'est-ce qui se passe à la MJC?* Remplacez les pronoms interrogatifs longs par une forme brève.

1. Qu'est-ce qu'on a fait dans le cours de poterie?   2. Qu'est-ce qu'on a fait dans la classe de guitare?   3. Qu'est-ce que Jean a préparé dans l'atelier (*workshop*)?   4. Qu'est-ce que Marie a appris pendant le cours de tennis?   5. Qu'est-ce que Sylvie préfère comme activités?

B. Posons des questions. Remplacez le(s) mot(s) en italique par un pronom interrogatif.

MODÈLE: Claire invite *le professeur*. → Qui Claire invite-t-elle? (Qui est-ce que Claire invite?)

1. Marie court après *le bus*.   2. Jean court après *Marie*.   3. *Marie* court après sa sœur.   4. Mme Dulac fabrique *des étagères*.   5. M. *Dulac* fabrique une table.   6. M. Leroux a ouvert *la bouteille*.   7. *Jean* a ouvert la porte.   8. *Gautier* rit de Jean.   9. Paulette a appris à faire de *la poterie*.   10. *Jean-Paul* a étudié la peinture.

C. Bricoleurs du dimanche. Jean et Paula aiment bricoler chez eux. Paula demande à Jean certaines précisions. Posez les questions de Paula selon le modèle.

MODÈLE: *Jean:* J'ai besoin d'une chaise. →
Paula: De laquelle as-tu besoin?

Voici les phrases de Jean.

1. Je cherche un de nos nouveaux miroirs.   2. Passe-moi les clous (*nails*).   3. J'ai besoin d'un marteau (*hammer*).   4. Tiens le clou.
5. J'ai perdu le clou.   6. Je me suis fait mal au doigt.   7. J'ai besoin d'un de ces pansements (*bandages*).   8. Allons à la pharmacie.

D. Hésitations. Henri a aussi besoin de précisions. Jouez le rôle d'Henri et posez des questions avec **qui** ou **quoi.** Suivez le modèle.

MODÈLE: Avec ＿＿＿ sors-tu ce soir? → Avec qui sors-tu ce soir?

---

*The **MJC (Maison des jeunes et de la culture)** are recreational centers created by the French government in 1961 at the request of André Malraux, the Minister of Culture. There are now **MJC**s all over France. They offer work areas (**ateliers**) and courses in many hobbies and sports, and sponsor cultural events, such as concerts, plays, art exhibits, and movies.

1. Avec _____ peut-on pratiquer ce sport, avec Annick?
2. A _____ préfères-tu que je pense—à la pièce de théâtre ou au dîner?
3. Avec _____ veux-tu dîner ce soir?
4. De _____ est-ce que tu as ri hier soir, de la conversation ou de la pièce?
5. Avec _____ préfères-tu jouer au tennis?
6. De _____ désires-tu parler, de spectacles ou de cyclisme?
7. A _____ as-tu offert une place du théâtre?
8. A _____ penses-tu maintenant—à tes amis de Nice?

E. **Interview.** Avec un(e) camarade de classe, posez des questions selon le modèle.

MODÈLE: acteurs comiques: Woody Allen, Eddie Murphy →
      Vous: Lequel de ces acteurs comiques préfères-tu, Woody Allen ou Eddie Murphy?
  Un(e) ami(e): Je préfère Eddie Murphy. Et toi, lequel préfères tu?
      Vous: Je préfère _____.

1. actrices: Meryl Streep, Sally Field 2. peintres: les Français Monet et Degas, les Espagnols Picasso et Dali 3. chanteuses: Diana Ross, Bette Midler 4. loisirs: le bricolage, le jardinage 5. spectacles: les manifestations sportives, les chansons de variété 6. cours: les cours de langues, les cours de sciences 7. restaurants: McDonald's, Burger King 8. chansons: les chansons romantiques de Barry Manilow, les chansons rock de Bruce Springsteen

F. **Un jeu.** Pensez à un sport. Un(e) camarade vous pose des questions pour deviner le sport auquel vous pensez.

MODÈLE: *Votre camarade:* Avec quoi est-ce qu'on joue à ce sport?
      Vous: On y joue avec un ballon.
  Votre camarade: Qu'est-ce qu'on fait avec le ballon?
      Vous: On le lance et on le passe.
  Votre camarade: Chaque équipe a combien de joueurs?
      Vous: Cinq.
  Votre camarade: Penses-tu au basket-ball?
      Vous: Oui, c'est ça. Je pense au basket-ball.

Mots utiles: une balle: le ping-pong, le tennis, le hockey sur gazon (*field hockey*), le base-ball; **un ballon**: le football, le football américain, le rugby, le volley-ball, le basket-ball; **un palet** (*puck*): le hockey sur glace; **les buts** (*goal; goalposts*): le hockey, le football américain, le rugby, le water-polo; **un coup de pied** (*kick*); **dribbler**: le football, le basket-ball; **frapper** (*to hit, to strike*); **le terrain de jeu** (*playing area*): le basket-ball, le football; **le court**: le tennis, le squash, le badminton; **le filet** (*net*): le tennis, le volley-ball

53. THE PRESENT CONDITIONAL*

Les loisirs sont parfois fatigants.

FRANÇOIS: Qu'est-ce que vous *aimeriez* faire aujourd'hui?
VINCENT: S'il faisait beau, nous *pourrions* aller au match de football.
FRANCINE: Si nous étions libres ce soir, Paul et Yvette *aimeraient* nous emmener dîner Chez Marcel.
VINCENT: Si vous aviez le temps, on *pourrait* aller au cinéma pour voir un western.
FRANÇOIS: Vous ne trouvez pas que ça *serait* formidable si nous ne faisions rien pendant tout un week-end?

Racontez les suggestions de Vincent, de Francine et de François pour passer leur week-end.

A. Forms of the conditional

In English, the conditional is a compound verb form consisting of *would* plus the infinitive: *he would travel, we would go.* In French, the **conditionnel** is a simple verb form. The imperfect tense endings **-ais, -ais, -ait, -ions, -iez, -aient** are added to the infinitive. The final **-e** of **-re** verbs is dropped before the endings are added.

	parler (*to speak*)	**finir** (*to finish,* *to end*)	**vendre** (*to sell*)
je	parler**ais**	finir**ais**	vendr**ais**
tu	parler**ais**	finir**ais**	vendr**ais**
il, elle, on	parler**ait**	finir**ait**	vendr**ait**
nous	parler**ions**	finir**ions**	vendr**ions**
vous	parler**iez**	finir**iez**	vendr**iez**
ils, elles	parler**aient**	finir**aient**	vendr**aient**

Leisure is sometimes tiring.
FRANÇOIS: What would you like to do today?   VINCENT: If the weather were good, we could go to the soccer game.   FRANCINE: If we were free tonight, Paul and Yvette would like to take us to dinner at Chez Marcel.   VINCENT: If you had the time, we could go to the movies to see a western.   FRANÇOIS: Don't you think it would be wonderful if we did nothing for a whole weekend?

*Le conditionnel présent

J'**aimerais** vous accompagner au match de football.	I'd like to go with you to the soccer game.
Nous, entre un match de boxe et une soirée à l'opéra, nous **choisirions** le match de boxe.	For us, between a boxing match and an evening at the opera, we would choose the boxing match.
Il a dit qu'il nous **attendrait** à la piscine.	He said that he would wait for us at the pool.

Verbs that have irregular stems in the future tense (Section 49) have the same irregular stems in the conditional.

J'ai promis aux enfants que nous **irions** tous à la pêche.	I promised the children that we would all go fishing.
Elle **voudrait** les chercher.	She would like to pick them up.
Richard m'a dit qu'il **aurait** le temps d'aller au match.	Richard told me he would have time to go to the game.

B. Uses of the conditional

1. The conditional is used to express wishes or requests. It lends a tone of deference or politeness that makes a request seem less abrupt. Compare these sentences.

Je **veux** un billet.	I want a ticket.
Je **voudrais** un billet.	I would like a ticket.
Voulez-vous me suivre?	Do you want to follow me?
Voudriez-vous me suivre?	Would you like to follow me?
Pouvez-vous m'indiquer ma place?	Can you show me my seat?
Pourriez-vous m'indiquer ma place?	Could you show me my seat?

2. The conditional expresses a projected or future action as seen from a point in the past.

Les Labreton ont dit qu'ils **voyageraient** en Suisse en juin.	The Labretons said that they would travel to Switzerland in June.
Je savais qu'il **irait** au théâtre ce week-end.	I knew that he would go to the theater this weekend.

3. The conditional is used in the main clause of some sentences containing **si-** (if-)clauses. When the verb of an if-clause is in the imperfect, it expresses a condition, a conjecture, or a hypothetical situation that may or may not come true. The conditional is used in the main clause to express what would happen if the hypothesis of the if-clause were true.

Si j'**avais** le temps, je **jouerais** au tennis.	If I had time, I would play tennis.

Si je **pouvais** pique-niquer tous les jours, je **serais** content.	*If I could go on a picnic every day, I would be happy.*
J'**irais** avec vous au bord de la mer si je **savais** nager.	*I would go to the seashore with you if I knew how to swim.*
Ils **joueraient** à la pétanque s'ils **avaient** des boules.	*They would play bocce ball if they had some bowling balls.*

The **si**-clause containing the condition is sometimes understood but not directly expressed.

Je **viendrais** avec grand plaisir... (si tu m'invitais, si j'avais le temps, etc.).	*I would like to come . . . (if you invited me, if I had the time, etc.).*

Remember that an *if*-clause in the present expresses a condition that, if fulfilled, will result in a certain action (stated in the future).

Si j'**ai** le temps, je **jouerai** au tennis cet après-midi.	*If I have the time, I'll play tennis this afternoon.*

Note that the future and the conditional are *never* used in the dependent clause (after **si**) of an *if*-clause sentence.

4. The present conditional of the verb **devoir** is used to give advice and corresponds to the English *should*.

J'aime bien les jeux de hasard. —Vous **devriez** aller à Monte Carlo.	*I like games of chance. —You should go to Monte Carlo.*
Elle a besoin d'exercice. —Elle **devrait** faire du jogging.	*She needs some exercise. —She should go jogging.*
Mon ami s'intéresse aux livres sur les sports. —Il **devrait** visiter le Métro-polivre dans le premier arrondissement.	*My friend is interested in books about sports. —He should visit the Métro-polivre in the first arrondissement.*

Maintenant à vous _____

A. **Préférences.** Qu'est-ce que ces amis voudraient faire ce soir?

1. je / vouloir / voir / pièce de théâtre
2. Robert / préférer / travailler / atelier
3. tu / choisir / match de boxe
4. nous / vouloir / parler / amis / café
5. Anne et Mireille / vouloir / nous / emmener (*to take*) / cinéma
6. vous / aller / piscine

B. **Soyons diplomates.** Vous avez un(e) ami(e) qui donne des ordres au lieu de (*instead of*) poser des questions poliment. Donnez-lui deux façons de dire la même chose, mais poliment. Commencez avec **pourriez-vous...** et **je voudrais....** Jouez les rôles avec deux camarades selon le modèle.

MODÈLE: *Un(e) ami(e):* Dites-moi à quelle heure le spectacle commence.

             Vous: Non! Pourriez-vous me dire à quelle heure le spectacle commence?

      Un(e) autre ami(e): Tu peux dire aussi: Je voudrais savoir à quelle heure le spectacle commence.

1. Donnez-moi un billet pour l'opéra jeudi soir!   2. Indiquez-moi quand commence le premier acte!   3. Dites-moi où sont les places!   4. Dites-moi qui joue le rôle principal!   5. Expliquez-moi pourquoi les places sont si chères!   6. Donnez-moi des places moins chères!   7. Dites-moi à quelle heure le spectacle se termine!   8. Vendez-moi quatre billets!

C. **Changements.** Les projets de vos amis ont changé un peu. Suivez le modèle.

MODÈLE: Maurice / arriver / sept heures (huit) → Maurice a dit qu'il arriverait à sept heures. En fait, il est arrivé à huit heures.

1. tu / faire du cyclisme (aller au match de boxe)
2. Marie / faire du bricolage (jardinage)
3. nous / travailler / atelier (chez nous)
4. ils / jouer / jeux de hasard (jeux de société)
5. elles / nous / emmener / opéra (pièce de théâtre)

D. **Jour de pluie.** Que ferait-on s'il ne pleuvait pas aujourd'hui?

MODÈLE: Elisabeth / aller / parc → S'il ne pleuvait pas, Elisabeth irait au parc.

1. Brigitte / jouer / tennis
2. les étudiants / faire / pique-nique
3. je / prendre / ma voiture de sport
4. nous / finir / travail / dans le jardin
5. nos amis / réparer / la fenêtre
6. Jeanne et Marc / jouer / cartes
7. nous / pouvoir / jouer / pétanque
8. vous / passer / temps / en plein air
9. les étudiants / jouer / football

Et vous? S'il pleuvait aujourd'hui, qu'est-ce que vous feriez?

E. **Problèmes de loisir.** Un(e) ami(e) vous confie qu'il/elle a des difficultés à organiser son temps libre. Donnez-lui des conseils. Commencez par: A ta place, je _____.

MODÈLE: *Un(e) ami(e):* J'ai envie de danser!

            Vous: A ta place, j'irais dans une boîte de nuit (*nightclub*).

1. J'aime les sports.   2. J'aime les timbres rares.   3. J'ai envie de lire quelque chose d'intéressant.   4. J'aime fabriquer des meubles.   5. J'ai besoin de tranquillité.   6. J'admire les tableaux des impressionnistes français.

F. Imaginez. Complétez les phrases suivantes.

1. Si j'étais riche, je _____.   2. Si j'avais un mois de vacances, je _____.   3. Si je parlais parfaitement français, je _____.   4. S'il faisait beau ce week-end, je _____.   5. Si j'étais libre de voyager, je _____.   6. Si j'étais le recteur (*chancellor, president*) de l'université, je _____.

54. THE USE OF PREPOSITIONS AFTER VERBS

DIANE DUFRESNE.
© FRANÇOIS DUCASSE /
PHOTO RESEARCHERS

Sortie *au cabaret*

CORINNE: Ce soir, nous avons *décidé de* t'emmener au cabaret de la Contrescarpe, à Montmartre.

CHUCK: Qu'est-ce que c'est qu'un cabaret?

JACQUES: Un cabaret, c'est une sorte de café où on *peut écouter* des chansons poétiques, ou satiriques...

CORINNE: Tu connais Georges Brassens, Jacques Brel, Barbara?

JACQUES: C'est grâce aux cabarets qu'ils *ont réussi à* percer.

1. Qu'est-ce que Corinne et Jacques ont décidé de faire?
2. Qu'est-ce qu'on peut faire dans un cabaret?
3. Qu'est-ce que Georges Brassens, Jacques Brel et Barbara ont réussi à faire grâce aux cabarets?

A. Verbs directly followed by an infinitive

Some verbs can be directly followed by an infinitive, without an intervening preposition. Among the most frequently used are:

aimer	**détester**	**laisser**	**savoir**
aller	**devoir**	**pouvoir**	**venir**
désirer	**espérer**	**préférer**	**vouloir**

Night out in a cabaret
CORINNE: This evening we've decided to take you to the cabaret Contrescarpe, in Montmartre.   CHUCK: What's a cabaret?   JACQUES: A cabaret is a kind of café where you may hear poetic or satiric songs . . .   CORINNE: Have you heard of Georges Brassens, Jacques Brel, Barbara?   JACQUES: It's thanks to cabarets that they succeeded in making it big.

J'espère **devenir** chanteur un de ces jours; j'**aimerais transformer** mon passe-temps en profession.	*I hope to become a singer one of these days; I would love to turn my hobby into a profession.*
Mes amis **viennent m'écouter** au cabaret ce soir.	*My friends are coming to listen to me tonight at the cabaret.*

B.   Verbs followed by **à** before an infinitive

Other verbs require that the preposition **à** come directly before the infinitive.

aider à	commencer à	s'habituer à	se préparer à
s'amuser à	continuer à	inviter à	réussir à
apprendre à	enseigner à	se mettre à	tenir à
chercher à			

Paul **apprend à faire** la cuisine, et il **s'est habitué à utiliser** les expressions gastronomiques françaises.	*Paul is learning how to cook, and he has gotten used to using French cooking expressions.*
Corinne et Jacques **ont invité** Chuck **à passer** la soirée avec eux à la Contrescarpe.	*Corinne and Jacques invited Chuck to spend the evening with them at the Contrescarpe.*

C.   Verbs followed by **de** before an infinitive

Other verbs require that the preposition **de** come directly before the infinitive.

accepter de	décider de	oublier de	rêver de
s'arrêter de	demander de	permettre de	venir de
choisir de	empêcher de	refuser de	
conseiller de	essayer de		

Mireille **a accepté de travailler** comme interprète à l'ONU; cela ne l'**empêchera** pas **de continuer** ses études.	*Mireille has accepted a job as an interpreter at the UN; it won't keep her from continuing her studies.*
Mon médecin m'**a conseillé de faire** du sport; alors, j'**ai décidé de prendre** des leçons de judo.	*My doctor advised me to be active in sports; so I chose to take judo lessons.*

D.   **Commencer à** and **finir de**

These two verbs are regularly followed by **à** or **de** plus an infinitive. When they are followed by **par,** their meaning changes.

Il y a deux mois **nous avons commencé à aller** aux boîtes le samedi soir. Une fois là, **nous commençons** toujours **par danser.** Quand **on a fini de danser, on commence à parler** de choses et d'autres. **On finit** toujours **par être fatigué,** mais heureux.

Two months ago we started to go to nightclubs every Saturday night. Once there, we always start by dancing. When we've finished dancing, we begin to talk about one thing or another. We always end up (being) tired, but happy.

E. **Penser** + *infinitive*

When **penser** is followed by an infinitive, it means to count or to plan on doing something.

Je pense rester chez moi ce week-end.

I'm planning on staying home this weekend.

F. **Venir**

Note the change in meaning that occurs when the verb **venir** is directly followed by an infinitive and when it is followed by **de.**

Ils **viennent dîner.**

They are coming to dinner (to dine).

Ils **viennent de dîner.**

They've just had dinner (dined).

G. Verbs + **à** + *indirect object* + **de** + *infinitive*

Several verbs require a construction with two prepositions.

Chantal a demandé **à Vincent de l'accompagner** au match de rugby.

Chantal asked Vincent to accompany her to the rugby match.

La concierge **a dit aux enfants de ne pas jouer** au frisbee dans la cour.

The concierge told the children not to play frisbee in the courtyard.

Other such verbs include **commander, conseiller, permettre** (*to permit*), and **offrir.**

Maintenant à vous

A. **Au début.** Comment commencez-vous les activités suivantes? Suivez le modèle.

MODÈLE: les rites du matin (*the morning ritual*) → Je commence par me brosser les dents.

1. le petit déjeuner   2. l'étude d'un nouveau chapitre de *Rendez-vous*
3. une conversation au téléphone   4. la rédaction (*drafting*) d'une
lettre à un(e) ami(e)   5. un voyage à l'étranger

B. **Conséquences.** Quelles sont les conséquences des actions suivantes?
Suivez le modèle.

MODÈLE: courir 10 kilomètres → Je finis par être fatigué.

1. manger trop   2. mal préparer un examen   3. partir à midi pour un
rendez-vous à midi moins le quart   4. jouer à un jeu de hasard
5. lire un roman ennuyeux très tard le soir

C. **Projets et activités.** Posez des questions à vos camarades pour vous
informer de leurs projets et de leurs activités. Suivez le modèle.

MODÈLE: aller / ce soir → *Vous:* Qu'est-ce que tu vas faire ce soir?
Votre camarade: Je vais...

1. vouloir / ce week-end
2. rêver / l'été prochain
3. devoir / demain
4. tenir / bientôt
5. penser / la semaine prochaine
6. désirer / avant la fin du semestre
7. espérer / de ta vie

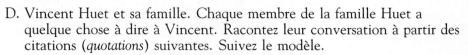

D. **Vincent Huet et sa famille.** Chaque membre de la famille Huet a
quelque chose à dire à Vincent. Racontez leur conversation à partir des
citations (*quotations*) suivantes. Suivez le modèle.

JACQUELINE (L'AÎNÉE)*: Réponds au téléphone, s'il te plaît.
MME HUET: Fais la vaisselle.
M. HUET: Tu devrais trouver un job d'été.
JULIE (LA CADETTE): Peux-tu m'emmener au zoo?
M. SAULNIER (L'ONCLE): Je peux faire la vaisselle, si ça t'aide.
MME SAULNIER: Rentre avant minuit!

MODÈLE: Jacqueline / demander
Elle lui a demandé de répondre au téléphone.

1. Mme Huet / commander   4. M. Saulnier / offrir
2. M. Huet / conseiller   5. Mme Saulnier / dire
3. Julie / demander

E. **Interview.** Posez les questions suivantes—en français, s'il vous plaît—à
un(e) camarade de classe. Puis faites un résumé de ses réponses.
Demandez à votre camarade _____.

---

*The French refer to the oldest brother or sister in a family as **l'aîné(e)**; the younger brother
or sister is **le cadet** or **la cadette,** and the youngest of three or more is **le benjamin** or **la
benjamine.**

1. what he/she likes to do in the evening   2. what he/she hates to do in the house   3. if he/she is learning to do something interesting, and what it is   4. what he/she is eager to do soon   5. if he/she has decided to continue to study French   6. what he/she has to do after class   7. if he/she has fun (**s'amuser à**) going to museums   8. if he/she prefers going to a play or to a movie   9. if he/she has just read a good book, and what it was   10. what he/she knows how to do well   11. what he/she doesn't do well but likes to do   12. if he/she forgot to do something this morning, and what it was   13. if he/she has stopped doing something recently, and what it was   14. ?

Rencontre culturelle

Visitors to Paris have an enormous variety of entertainment from which to choose. Weekly entertainment guides, such as **L'Officiel des spectacles, Pariscope, Parispoche,** and **La Semaine de Paris,** may be purchased at kiosks. They give a detailed listing of the week's films, plays, operas, concerts, ballets and modern dance performances, music hall, cabaret, and nightclub shows, circuses, museum and art gallery exhibitions, and lectures.

55. COMPARATIVE AND SUPERLATIVE FORMS OF ADVERBS AND NOUNS

Danse, disco et vidéoclips

DANNY: Qu'est-ce que vous faites, en général, le week-end?
MARTINE: *Le plus souvent,* nous allons danser en boîte.
HENRI: Tu aimes le disco?
DANNY: J'avoue que j'ai *plus de disques* de country *que de disco....*
MARTINE: Moi, j'adore les vidéoclips qu'on y projette *autant que* la musique.
HENRI: C'est vrai, il y avait *moins d'ambiance,* avant le vidéoclip!

Corrigez les phrases erronées.

1. Henri et Martine dansent rarement en boîte.
2. Danny a autant de disques de country que de disco.
3. Martine adore l'ambiance des boîtes autant que la musique.
4. Henri croit qu'il y avait plus d'ambiance dans les boîtes avant le disco.

A. Comparative forms of adverbs

The same constructions you learned in Chapter 12 for the comparative forms of adjectives are used for the comparative forms of adverbs. Remember that it will not always be necessary to state the second term of the comparison.

1. **plus... que** (*more . . . than*)

Jeannine assiste aux manifestations sportives **plus** volontiers (**que** moi*).

Jeannine attends sports events more willingly (than I).

2. **moins... que** (*less . . . than*)

Mary Decker court **moins** vite **que** Greta Weitz.

Mary Decker runs less fast than Greta Weitz.

Dancing, disco, and music videos
DANNY: What do you generally do on weekends?   MARTINE: Most often we go dancing in bars (*nightclubs*).   HENRI: Do you like disco?   DANNY: I (*must*) admit that I have more country records than disco.   MARTINE: I love the music videos they show as much as the music.   HENRI: It's true, there was really less atmosphere before music videos.

*Remember that stressed pronouns are used after **que** when a pronoun is required.

3. **aussi... que** (*as . . . as*)

Nous nous promenons à la montagne **aussi** souvent **que** possible.	*We take walks in the mountains as often as possible.*

B. Superlative forms of adverbs

To form the superlative of an adverb, place **le** in front of the comparative form (**le plus...**, or **le moins...**). Since there is no direct comparison, **que** is not used.

Pierre s'en va tard.   Louis s'en va plus tard.   Michel s'en va **le plus tard.**

C. The irregular and superlative forms of **bien** and **mal**

Note the irregular comparative and superlative forms of **bien.** The comparative and superlative forms of **mal** are regular.*

	Comparative	Superlative
bien	mieux	le mieux
mal	plus mal	le plus mal

Tu parles français **mieux** que moi.	*You speak French better than I.*
Mais c'est Jean-Claude qui le parle **le mieux.**	*But Jean-Claude speaks it best.*
Roland joue **plus mal** au tennis que moi.	*Roland plays tennis worse than I.*
Mais c'est Marc qui y joue **le plus mal.**	*But Marc plays the worst.*

D. Comparisons with nouns

Plus de... (que), moins de... (que), and **autant de... (que)** express quantitative comparisons with nouns.

---

*There exist irregular comparative and superlative forms of **mal** (**pis, le pis**), but the regular forms are much more commonly used.

| Ils ont **plus d'**argent (**que** nous), mais nous avons **moins de** problèmes (**qu'**eux). | *They have more money (than we), but we have fewer problems (than they).* |
| Je suis **autant de** cours **que** toi ce semestre. | *I'm taking as many courses as you this semester.* |

Maintenant à vous

A. Deux ménages. Les Bayard sont plutôt riches; les Pascal sont assez pauvres. Utilisez **plus de... que, moins de... que** et **autant de... que**. Imaginez leur vie.

MODÈLE: Les Bayard ont plus de... que les Pascal.
Les Pascal ont moins de... que les Bayard.

Mots utiles: argent, maisons, voitures, domestiques, vêtements, enfants, problèmes, moments heureux, moments amoureux, dépenses, scènes de ménage

B. Travail et loisirs. Dans un sondage (*poll*) récent, les Français ont évalué certaines professions selon le temps que chaque profession laisse pour les loisirs. Dans le système de notation utilisé, le nombre **1** indique que la profession demande peu de travail et le nombre **5** indique que la profession demande beaucoup de travail. Faites au moins trois comparaisons pour chaque profession selon le modèle.

MODÈLE: Le chirurgien a plus de travail que le professeur d'université, il a autant de travail que l'avocat et il a moins de travail que le comptable.

Chirurgien	4	Assureur	3
Professeur d'université	2	Footballeur	2
Avocat	4	Cadre	4
Magistrat	3	Musicien	1
Comptable	5	Vétérinaire	3

Quelles observations peut-on faire sur les professions de comptable et de musicien (qu'on ne peut pas faire sur les autres) selon ce sondage?

C. Opinions. Comparez les activités suivantes du point de vue des dépenses, des risques et de l'équipement. Ensuite, demandez à un(e) camarade s'il (si elle) est d'accord avec vous.

MODÈLE: le golf, le frisbee → Le golf demande plus de dépenses, moins de risques et plus d'équipement que le frisbee. Es-tu d'accord, _____?

1. le poker, le Monopoly   2. le cyclisme, le ski   3. une collection de timbres, une collection de papillons (*butterflies*)   4. les sorties en cabarets, les sorties en salles de spectacle   5. le football américain, le rugby

D. Habitudes (*Habits*). Demandez à un(e) camarade combien de fois par semaine, par jour, par mois, ou par an il/elle fait quelque chose et puis comparez sa réponse avec vos propres habitudes selon le modèle.

> MODÈLE: *Vous:* Combien de fois par semaine vas-tu au cinéma?
> *Un(e) camarade:* Une ou deux fois par semaine.
> *Vous:* J'y vais plus (moins, aussi) souvent que toi.

Étude de prononciation

The sounds [ã], [ɔ̃], and [ɛ̃]

Like French, American English has a set of nasal vowel sounds. Compare the pronunciation of English *cap* and *camp*; *camp* has a nasal vowel sound. However, while *n* or *m* following a vowel is normally pronounced in English, it is not normally pronounced in French: **camp** [kã]. In French, *n* or *m* following a vowel is pronounced only if the vowel sound is *not* nasal: **Jean** [ʒã], **Jeanne** [ʒan].

A. Prononcez avec le professeur.

	Nasal	*Non-nasal*		*Nasal*	*Non-nasal*
1.	an	Anne	7.	flan	flâne
2.	saint	Seine	8.	bonbon	bonbonne
3.	bon	bonne	9.	nom	nomme
4.	Jean	Jeanne	10.	chien	chienne
5.	mien	mienne	11.	roman	romane
6.	non	nonne	12.	vin	vaine

B. Prononcez avec le professeur.

[ã]   cent   banc   temps   pan   lent   ment   faon
[ɔ̃]   son   bon   ton   pont   long   mon   font
[ɛ̃]   sain   bain   teint   peint   lin   main   faim

C. Prononcez les phrases suivantes avec le professeur. (Contrast nasal and non-nasal vowels carefully.)

1. Ces anciens clients aiment encore mon jambon de Bayonne.
2. Cet enfant blond de cinq ans attend sa chienne blanche.
3. Nous pensons donner ce prénom à notre prochain enfant.
4. La tante de Jeanne prend souvent de ces bonnes oranges.

SÉANCE DE CINÉMA

Contexte Maureen, une Américaine, travaille au pair dans une famille française à Toulouse. Aujourd'hui elle va au cinéma avec une amie française, Gisèle.

Objectif Gisèle explique certaines différences culturelles.

Dialogue

GISÈLE:	Bonjour, je voudrais deux billets pour la séance° de deux heures, s'il vous plaît. Tiens, Maureen, tu peux donner les tickets à l'ouvreuse°?	*show* *usherette*
MAUREEN:	Oui, mais qu'est-ce que tu fais?	
GISÈLE:	Je cherche un peu de monnaie pour lui donner un pourboire.	
MAUREEN:	Ah, d'accord… C'est curieux, il n'y a pas de queue.°	*line*
GISÈLE:	Oui, ici les cinémas ouvrent un peu avant la séance et on attend dans la salle.	
MAUREEN:	Et il n'y a rien à boire ou à manger?	
GISÈLE:	Si, une ouvreuse va passer pendant l'entracte.°	*intermission*
MAUREEN:	Il y a un entracte au milieu du° film?	*au… in the middle of the*
GISÈLE:	Seulement si le film est long. Autrement, l'entracte est après l'annonce des nouveaux films, le court-métrage et les publicités.°	*commercials*
MAUREEN:	Qu'est-ce que c'est que ce court-métrage?	
GISÈLE:	C'est souvent un film composé par de jeunes cinéastes° ou peut-être un vieux classique.	*directors*

Maureen et Gisèle regardent l'annonce d'un film de Steven Spielberg, Les aventuriers de l'arche perdue, *un vidéoclip de Michael Jackson comme court-métrage et les publicités. Puis, c'est l'entracte.*

MAUREEN:	J'aimerais bien grignoter quelque chose.° Il y a du popcorn?	*grignoter… nibble, have a snack*
GISÈLE:	Pas de popcorn, désolée°! Appelle l'ouvreuse!	*sorry*
MAUREEN:	S'il vous plaît! Qu'est-ce que vous avez comme crèmes-glacées°?	*ice cream bars*
L'OUVREUSE:	J'ai des Mikos à la vanille, au chocolat, à la fraise et à la pistache.	
GISÈLE:	Je voudrais un Miko-fraise, s'il vous plaît.	
MAUREEN:	Et moi, un Miko à la pistache. Écoute, Gisèle, c'est vraiment trop drôle.	
GISÈLE:	Qu'est-ce qui est drôle?	

MAUREEN: C'est d'entendre Harrison Ford parler français, avec
cette drôle de voix.°   *voice*

GISÈLE: C'est vrai, j'ai oublié. Souvent les films étrangers sont
doublés° ici. Ça surprend°!   *dubbed / surprises*
(people)

Variations

1. Rejouez la scène avec cette différence: qu'elle se passe maintenant en
   Amérique et c'est Maureen qui explique les différences culturelles à
   Gisèle.
2. Improvisez! Imaginez qu'un ami français (une amie française) vous rend
   visite en Amérique et que vous assistez ensemble à un spectacle ou à
   une manifestation sportive (un match de base-ball ou un match de
   football américain, par exemple). Votre ami(e) vous pose beaucoup de
   questions sur les coutumes (*customs*) américaines. Jouez les rôles avec
   un(e) camarade.

Commentaire culturel

Although there are lots of cultural differences between going to the movies in France and going
to the movies in the United States, the popularity of films is something the two cultures have
in common. And in both France and the United States, films are especially popular with young
people. Fifty-five percent of moviegoers in France are between fifteen and twenty-four years
old. American films are widely distributed in France and are, along with television, the
primary source for the ideas the French have about life in the United States.

The French have virtually no knowledge of American football or baseball, although
basketball is gaining in popularity and there are a number of professional basketball teams in
France. The most popular sport in France is soccer (**le football**); the **Fédération française de
football** has a million members. During international competitions, the streets are nearly
empty because everyone is indoors watching the games on TV. Skiing is probably next in
popularity. The **Fédération française de ski** has 825,000 members, and France now has some
of the most extensive ski areas in the world. Other outdoor sports many people engage in
include mountaineering and hiking, horseback riding, swimming, sailing, fishing, hunting,
and the ever-popular cycling. The **Tour de France** is the most famous professional bicycle race
in the world. The French have used bicycles as a form of transportation for a long time, and
today cycling along small, picturesque roads is a very popular activity.

Another leisure activity is **le bricolage,** which occupies many French people on weekends
and during vacations. It is as popular in France as in the United States to spend time
decorating or fixing up one's home, or even to have a country house to fix up. Nearly every
large store has a "do-it-yourself" department. Every year people who are fond of **le jardinage**
spend large sums of money on gardening equipment—seeds, plants, and tools.

Finally, in any discussion of French pastimes, one must mention conversation. A glance in
any café in France will confirm the popularity of this activity. Cafés are important to the older
generation, who gather there to talk, smoke, or play chess, checkers, or **la belote,** a game

similar to spades, and to young people who meet there to play arcade games, to socialize, and to make plans for the evening or the weekend.

La course cycliste la plus importante du monde, le Tour de France dure plus de trois semaines et se termine à Paris.

© HELENA KOLDA

Mise au point

A. **Projets du soir.** Complétez le dialogue suivant avec un pronom interrogatif ou un verbe au conditionnel.

PAUL: _____ nous faisons ce soir?

MARIE: Nous avons invité des amis, tu t'en souviens?

PAUL: _____ est-ce que nous avons invité?

MARIE: Martine et Jean-Luc.

PAUL: Ah oui! Tu sais, nous _____ (*pouvoir*) jouer aux cartes.

MARIE: _____ tu _____ (*dire*) si je servais une bonne bouteille de vin?

PAUL: C'est une excellente idée!

MARIE: Et que _____-tu (*penser*) si j'achetais un beau gâteau.

PAUL: Je _____ (*être*) très content.

MARIE: Tant mieux, parce que je l'ai déjà acheté.

B. **Loisirs et vacances.** Les Français peuvent voyager sans passeport et sans visa dans les départements et les territoires français d'outre-mer (*overseas*). Faites des phrases complètes pour décrire ces vacances.

1. si / on / avoir (*imparfait*) / temps / argent / on / pouvoir │ aller en Guyane, aux Antilles, en Polynésie ou à la Réunion

2. on / pouvoir / fréquenter / petits restaurants / à la Réunion
3. on / nous / inviter / survoler (*fly over*) / île / en avion
4. les plages / nous / permettre / goûter (à) / plaisirs des tropiques
5. on / pouvoir / apprendre / faire de la pêche sous-marine (*underwater*)
6. à Tahiti / on / nous / conseiller / visiter / parcs / où / on / cultiver / perles (*pearls*) noires
7. aux Antilles / nous / (ne... pas) pouvoir / s'empêcher / goûter / fruits exotiques
8. (ne... pas) oublier (*impératif*) / manger / plats créoles
9. en Guyane / nous / s'amuser / descendre / grands fleuves
10. si / on / choisir (*imparfait*) / voyage organisé / on / trouver / meilleur prix / mais / on / (ne... pas) s'amuser / autant

C. Nommez trois choses... Donnez par écrit (*in written form*) votre réaction spontanée aux questions suivantes. Écrivez des phrases complètes. Puis, comparez vos réponses avec les réponses d'un(e) camarade de classe. Lesquelles sont identiques?

1. Nommez trois choses que vous feriez si vous étiez riche.   2. Donnez trois raisons pour lesquelles vous vous battriez (*you would fight*) si c'était nécessaire.   3. Nommez trois instruments de musique dont vous aimeriez jouer.   4. Nommez trois sports auxquels vous aimeriez bien jouer.   5. Nommez trois personnes qui vous font souvent rire. 6. Nommez trois chanteurs (ou chanteuses) que vous admirez. 7. Nommez trois choses que vous feriez ce week-end si vous aviez le temps.

D. Tête-à-tête. Avec un(e) camarade de classe, jouez les rôles d'un(e) étudiant(e) qui décrit un problème et de son ami(e) qui lui donne conseil selon le modèle.

MODÈLE: *Serge:* Le cours de calcul est peut-être (*perhaps*) trop difficile pour moi.
         Son ami(e): Tu devrais en parler avec M. Pascal, le prof de maths.

1. *Jean-Pierre:* J'ai besoin de lire des articles sur les tropiques.
2. *Patricia:* Je cherche des articles de revue sur la profession de programmeur.
3. *Vincent:* Je me demande s'il y a des programmes d'été dans les universités francophones d'Afrique.
4. *Hélène:* J'ai grand besoin d'un job à mi-temps.

Maintenant, expliquez à votre camarade un de vos problèmes actuels.

E. Interview. Posez les questions suivantes en français à un(e) camarade. Ensuite, résumez ses réponses.

1. Who in class has more leisure time than you? Why?
2. What sport would you like to be able to play better?

3. Which American plays tennis best?
4. What athlete (**athlète,** *m. et f.*) would you like to speak to the most?
5. With whom in the French class have you played a sport or a game? Who won?
6. Who in the class runs faster than you? How do you know?
7. Who in the class goes to the library as often as you?
8. Who in the class needs to study the least in order to (**pour**) have good grades (**notes,** *f.*)?

Vocabulaire

Verbes

collectionner   *to collect, make a collection of*
conseiller (à, de)   *to advise*
courir   *to run*
emmener   *to take (someone)*
empêcher (de)   *to prevent*
fabriquer   *to make*
fumer   *to smoke*
s'habituer (à)   *to become accustomed to*
indiquer   *to show, point out*
lancer   *to throw*
se passer   *to happen, take place*
permettre (de)   *to permit*
promettre (de)   *to promise*
refuser (de)   *to refuse*
rire   *to laugh*

Substantifs

l'atelier (*m.*)   *workshop, studio, work area*
le bricolage   *do-it-yourself work, puttering*
la chanson de variété   *popular song*
la collection   *collection*
le cyclisme   *cycling*
la détente   *relaxation*
l'équipe (*f.*)   *team*
le jardinage   *gardening*
les jeux de hasard (*m.*)   *games of chance*
les jeux de société (*m.*)   *social games, group games*
les loisirs (*m.*)   *leisure activities*
la manifestation sportive   *sporting event*
le match   *game (sports)*
l'oiseau (*m.*)   *bird*
le passe-temps   *hobby*
la pêche   *fishing*
la pétanque   *bocce ball, lawn bowling*
la pièce de théâtre   *play (theater)*
la règle   *rule*
la séance   *show (movies)*
le spectacle   *show, performance*
le vidéoclip   *music video*

Adjectifs

désolé(e)   *sorry*
doué(e) (pour)   *talented, gifted (in)*
fatigué(e)   *tired*
formidable   *wonderful*
plein(e)   *full, filled*
   de plein air   *outdoors (activities)*
   en plein air   *outdoors*
ravi(e)   *delighted*

Expressions interrogatives

qui est-ce que, qu'est-ce qui, lequel, laquelle, lesquels, lesquelles

Mots divers

autant (de)... que   *as much (many) . . . as*
autour de   *around (something)*
avant   *before*
bien, mieux, le mieux   *well, better, best*
être en train de   *to be in the process of; to be in the middle of*
peut-être   *perhaps*
qu'est-ce qui se passe?   *what's happening? (what's going on?)*

APPÉTIT DE LOISIRS

MOINS DE TEMPS de travail, davantage° de temps libre: le Français a l'appétit des loisirs. Pour occuper ce temps personnel, il choisit souvent des activités qui révèlent un double intérêt pour son enrichissement personnel et pour la communication avec les autres.

Le stage° est symptomatique de ce besoin de réalisation personnelle. Le concept de stage est né dans les années 65–70 avec le sentiment° écologique: on redécouvrait° poterie, tissage,° agriculture biologique. Mais aujourd'hui, les stagiaires° ne sont plus des marginaux:° ils sont cadres supérieurs, fonctionnaires, enseignants, membres de professions libérales ou paramédicales. La passion des stages est aussi récupérée par° les professionnels du tourisme et par les associations. Par exemple, on voit un restaurateur° de la Creuse* proposer une «initiation à la pêche à la mouche°» ou une association sportive offrir un stage «ski et tennis». Le Club Méditerranée, qui se spécialise depuis longtemps dans les vacances organisées, a ouvert depuis 1970 de nombreux ateliers, y compris° le cinéma, la magie,° la vie pratique ou «comment ne pas passer pour un(e) idiot(e) aux yeux de son conjoint°» avec au programme: électricité, plomberie, maçonnerie, jardinage et mécanique!

Cet engouement° pour le stage se double d'une passion pour la vie associative. La France est un pays d'adhérents:° ils seraient vingt millions selon certains sondages, des plus sérieux aux plus farfelus.° Il existe, par exemple, une association «pour le droit à la paresse»,° et d'autres pour les «descendants des corsaires»,° pour les «parents bébés nageurs» ou encore pour les «astronomes amateurs de Toulouse». Il existe ainsi entre trois cent et cinq cent mille associations. Avec les années, de nouveaux thèmes apparaissent:° l'informatique, par exemple. La politique, pourtant,° en est presque° exclue: il existe beaucoup plus de pêcheurs à la ligne et de boulistes que de militants antinucléaires. De même, chez les jeunes, 35 pour cent seraient membres d'associations sportives, et seulement 14 pour cent feraient partie d'un syndicat.°

plus

période d'études
le... la conscience
rediscovered / weaving
personnes qui font un stage / minoritaires
récupérée... utilisée pour le profit de...

personne qui tient un restaurant
la... *fly-fishing*

y... *including*
magic
son... son mari ou sa femme

admiration
membres d'une association
≠ sérieux
substantif de **paresseux**
aventuriers, pirates

appear / however
almost

labor union

*département (unité administrative) au centre de la France

Beaucoup de jeunes sont membres d'une MJC, c'est-à-dire d'une Maison des jeunes et de la culture. Ces centres de loisirs pour jeunes, situés dans de nombreuses villes de France, sont subventionnés° par l'État, par la ville et par les cotisations° de leurs adhérents. Ils comprennent° en général un théâtre, une discothèque, une bibliothèque, des salles de réunion et parfois un bar-restaurant. De nombreux «ateliers», clubs, conférences et manifestations culturelles s'y tiennent tous les jours. La MJC est un lieu de rencontre et aussi un lieu d'apprentissage.

subsidized

l'argent qu'on paie pour être membre / *include*

S'associer en petits groupes d'intérêts communs, pour les Français, c'est retrouver une vie plus locale et plus sociable. Cette nouvelle mode des loisirs refuse aussi le plus souvent la facilité.° L'ère de la sieste et du farniente° est-elle terminée?

substantif de **facile**

temps passé à ne rien faire

Compréhension

A. Vrai ou faux? Corrigez les phrases inexactes selon la lecture.

1. Plus de travail, moins de temps libre: le Français perd l'appétit des loisirs.
2. Les stages sont un bon exemple du besoin de réalisation personnelle.
3. Aujourd'hui, les stagiaires sont encore des marginaux.
4. Le Club Méditerranée, qui se spécialise depuis peu dans les vacances organisées, a lancé depuis 1980 de nombreux ateliers.
5. Il y a entre 300 000 et 500 000 associations.
6. Avec les années, de nouveaux thèmes disparaissent: l'informatique, par exemple.
7. Les MJC ne sont subventionnées que par les cotisations de leurs adhérents.

B. Commentaire. En Amérique, existe-t-il des associations et des stages comparables à ceux (*those*) que vous venez de découvrir? Êtes-vous membre d'une association? Laquelle? Avez-vous fait des stages? Décrivez-les, s'il vous plaît.

Expression écrite

A. Paraphrases. Cherchez dans la lecture «Appétit de loisirs» les phrases indiquées, puis écrivez des phrases synonymes selon le modèle.

MODÈLE: (paragraphe 2) récupérer / profiter →
Les professionnels du tourisme et les associations profitent de la passion des stages.

1. (paragraphe 1) un double intérêt / vouloir
2. (paragraphe 2) être symptomatique / révéler
3. (paragraphe 3) se doubler / s'accompagner
4. (paragraphe 4) se tenir / avoir lieu

B. Composition. Imaginez que vous allez fonder une association et organiser un stage. Donnez un nom à votre association et décrivez ses activités. Ensuite, donnez un nom au stage que vous allez offrir et décrivez les activités qu'il propose.

Grenoble. Aimeriez-vous faire du ski de randonnée en haute montagne? Pourquoi ou pourquoi pas?

© RICHARD FRIEMAN / PHOTO RESEARCHERS

FAÇONS DE SE DISTRAIRE	MARCHÉ COMMUN	ALLEMAGNE	BELGIQUE	FRANCE	HOLLANDE	ITALIE	LUXEM-BOURG	GRANDE-BRETAGNE
AU MOINS 3 FOIS PAR SEMAINE	%	%	%	%	%	%	%	%
S'asseoir devant la porte et regarder passer les gens	19	26	11	13	9	21	13	4
Lire des livres (autres que livres de classe)	33	34	20	42	45	21	41	45
Regarder la télévision	43	45	44	33	51	49	25	85
Lire un journal	72	83	71	76	89	48	89	93
AU MOINS UNE FOIS PAR SEMAINE								
Faire du jardinage	30	34	33	42	34	11	60	45
Faire des mots croisés	12	17	7	9	18	8	12	24
Aller à un club	6	10	3	3	11	2	17	21
Aller au café	17	13	18	14	7	27	35	26
Jouer aux cartes	20	17	23	18	29	23	21	22
Jouer aux échecs ou aux dames	5	5	2	5	7	4	5	11
Ecouter de la musique chez soi	50	54	47	59	69	34	80	76
Jouer d'un instrument de musique chez soi	4	6	3	3	9	2	6	5
Pratiquer un sport	7	8	5	7	13	3	10	13
Pour les femmes: tricoter, broder, coudre	66	68	71	84	85	42	89	82
Pour les hommes: bricoler	25	20	34	21	37	29	57	41
Discuter avec des amis	39	33	23	49	37	40	43	67
Lire une revue	42	47	36	47	72	25	51	63
AU MOINS UNE FOIS PAR MOIS								
Assister à une manifestation sportive	16	16	19	16	23	14	28	20
Aller au cinéma	30	23	27	30	15	44	51	20
Lire des poèsies	6	6	4	7	7	5	7	8
Se promener à pied ou à bicyclette	33	45	26	38	42	12	64	35
Aller danser	8	9	7	7	9	8	19	14
Inviter des gens ou être invité	27	28	7	55	20	5	32	20
Faire de la gymnastique, du judo, du yoga	4	5	2	3	9	2	7	3
AU MOINS UNE FOIS PAR AN								
Aller au théâtre, music-hall, concert, opéra	17	22	15	14	18	13	45	27
Visiter des musées, expositions, monuments	10	9	10	15	11	7	29	22
Assister à une réunion politique	4	6	3	3	5	4	15	5

Activités

A. Les distractions. Regardez à la page 460 la comparaison entre les distractions préférées des habitants de différents pays européens.

Faites maintenant une enquête sur les distractions préférées de vos camarades de classe. Que font-ils au moins trois fois par semaine? une fois par semaine? une fois par mois? une fois par an? Utilisez comme guide les phrases de la colonne à gauche, **Façons de se distraire** (*Ways of entertaining oneself*).

Faites une synthèse des réponses de vos camarades et comparez-les avec celles (*those*) des Français. Est-ce que les Américains et les Français sont vraiment différents? Pourquoi ou pourquoi pas?

A PROPOS

© KAREN JUDD

Comment critiquer un film

Pour exprimer une opinion favorable:
Quel chef d'œuvre!
Je l'ai trouvé extraordinaire.
C'est un film remarquable.
Ce film a vraiment retenu mon attention.
Il est extra.
Il est super.

Pour exprimer une opinion défavorable:
Je ne le recommande à personne.
C'est un film vraiment minable (*shabby*), très décevant (*disappointing*), banal, ennuyeux.
Quel désastre!
Quel navet (*flop*)!

Expressions utiles:
le metteur en scène ⎱ (*director*)
le cinéaste ⎰
tourner un film (*to make a film*)

les personnages (*m.*) (*characters*)
  jouer le rôle principal
la séquence (*scene*)
l'intrigue (*f.*) (*plot*)
  vraisemblable (*believable, realistic*)
  invraisemblable (*unbelievable, unrealistic*)
l'action
  lente, rapide, ennuyeuse, sensationnelle/passionnante (*exciting*),
  mouvementée (*action-packed*), inexistante

B. Interaction. Les expressions apprises ci-dessus vous seront utiles dans les activités suivantes.

1. En groupe de trois ou quatre, créez des scènes où des amis sortent du cinéma en parlant (*while speaking*) du film qu'ils viennent de voir. Ils ne font pas mention du titre. Les autres étudiants essaient de deviner quel est le film en question.

   Suggestions: *Le Magicien d'Oz, Autant en emporte le vent, L'Empire contre-attaque, Le Retour du Jedih, Diva, Amadeus, La Panthère rose, La Cage aux folles...*

2. Chaque membre de la classe nomme le dernier film qu'il (qu'elle) a vu et explique aux autres pourquoi ils devraient ou ne devraient pas aller le voir.

3. Chaque membre de la classe nomme son film, son acteur (actrice) ou son cinéaste favori et explique brièvement pourquoi.

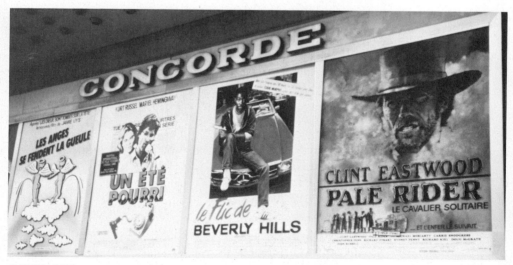

CHAPITRE QUINZE

Opinions et points de vue

© PETER MENZEL

Que voulez-vous (*What do you expect*)?

OBJECTIFS   In this chapter, you will learn how to express opinions and judgments in French, you will express your own attitudes on a wide variety of topics, and you will encounter the attitudes the French have toward American culture. To express points of view, the French often use the subjunctive mood of verbs. You will learn the regular subjunctive conjugations, the more commonly used irregular subjunctive forms, and the uses of the subjunctive after verbs of volition and after impersonal expressions.

463

Étude de vocabulaire

L'un des problèmes de la vie contemporaine: l'environnement

le gaspillage des sources d'énergie
la pollution de l'atmosphère
les déchets industriels

NE gaspillez pas les sources d'énergie!
CONTRÔLEZ LES DÉCHETS INDUSTRIELS!
NE POLLUEZ PAS L'ATMOSPHÈRE!
Il faut conserver les sources d'énergie!
IL FAUT RECYCLER
IL FAUT DÉVELOPPER L'ÉNERGIE SOLAIRE
PROTÉGEZ LA NATURE

la conservation des sources d'énergie
le recyclage
le développement de l'énergie solaire
la protection de la nature

A. **Association de mots.** Quels problèmes écologiques associez-vous avec les verbes suivants? Suivez le modèle.

MODÈLE: gaspiller → le gaspillage des sources d'énergie

1. conserver
2. protéger
3. polluer
4. recycler
5. développer

B. **Remèdes.** Expliquez quelles sont les actions nécessaires pour sauver (*to save*) notre planète selon la philosophie écologiste. Utilisez **Il faut** ou **Il ne faut pas** suivi d'un infinitif selon le modèle.

MODÈLE: le contrôle des déchets industriels → Il faut contrôler les déchets industriels.
le gaspillage de l'énergie → Il ne faut pas gaspiller l'énergie.

PARC DES OISEAUX
VILLARS LES DOMBES, AIN

1. la pollution de l'environnement
2. la protection de la nature
3. le développement de l'énergie solaire
4. la conservation des sources d'énergie
5. le gaspillage des ressources naturelles
6. le développement des transports publics

C. D'autres questions contemporaines. Composez un slogan pour exprimer votre opinion sur les sujets suivants selon le modèle.

MODÈLE: la peine de mort (*death penalty*) → Contre la peine de mort! (Non à la peine de mort! Halte à la peine de mort!)

   ou

   Pour la peine de mort! (Oui à la peine de mort! Feu vert [*green light*] à la peine de mort!)

1. l'alcoolisme au volant* (*drunk-driving*)   2. la faim dans le monde
3. l'analphabétisme (*illiteracy*)   4. la réduction des impôts (*taxes*)
5. l'essor (*soaring*) du budget militaire   6. l'ouverture des frontières (*borders*) aux immigrants   7. la légalisation de la marijuana   8. la course aux armements (*arms race*)   9. le sexisme

D. Et vous? Présentez votre opinion sur les questions mentionnées dans l'Exercice C. Suivez le modèle.

MODÈLE: l'analphabétisme → Il est nécessaire (essentiel, possible, impossible, important, utile, inutile, indispensable, urgent) de combattre l'analphabétisme.

   Verbes suggérés: arrêter, contrôler, développer, légaliser, réduire, assurer, éliminer

Un point de vue personnel

A mon avis,...
Personnellement,...
Pour ma part,...

je crois que...
j'estime que...
je trouve que...

A. A mon avis. Choisissez une des expressions ci-dessus pour exprimer votre point de vue selon le modèle.

MODÈLE: possible / contrôler le problème des déchets nucléaires
   A mon avis (Personnellement, Pour ma part), je crois (estime, trouve) qu'il est (qu'il n'est pas) possible de contrôler le problème des déchets nucléaires.

---

*le volant (*steering wheel*)

1. essentiel / développer de nouvelles sources d'énergie
2. impossible / empêcher les accidents nucléaires
3. important / respecter la femme dans les publicités
4. indispensable / accorder aux médias la liberté d'expression
5. inutile / donner aux étudiants beaucoup d'examens
6. ennuyeux / lire des romans d'amour

B. Réagissez! Donnez votre opinion personnelle sur les idées suivantes.

1. envoyer des cartes de Noël   2. obtenir toujours de bonnes notes
3. avoir un job d'été   4. apprendre une langue étrangère   5. voter
dans les élections   6. avoir un diplôme universitaire   7. savoir utiliser
un ordinateur   8. être sociable avec tout le monde

Étude de grammaire

56. THE REGULAR SUBJUNCTIVE*

Votez pour Jean-Michel!

JEAN-MICHEL: Vous désirez que je *pose* ma candidature au Conseil de l'université!

SIMONE: Oui, nous souhaitons que le Conseil *sorte* de son inertie et que ses délégués *prennent* conscience de leurs responsabilités politiques.

JEAN-MICHEL: Mais, je veux que vous vous *rappeliez* que je me suis présenté sans succès l'an dernier.

LUC: Cette année, Jean-Michel, nous voulons que tu *réussisses*. Et nous te soutiendrons jusqu'au bout.

Retrouvez la phrase correcte dans le dialogue.

1. Est-ce que je dois poser ma candidature au Conseil de l'université?
2. Nous espérons que le Conseil sortira de son inertie.
3. Nous espérons que ses délégués prendront conscience de leurs responsabilités.
4. Vous devez vous rappeler que j'ai échoué l'an dernier.
5. Nous espérons que tu réussiras cette année.

Vote for Jean-Michel!
JEAN-MICHEL: You want me to run for the University Council!   SIMONE: Yes, we want the council to overcome (come out of) its inertia and that its delegates become aware of their political responsibilities.   JEAN-MICHEL: But I want you to remember that I ran for this office unsuccessfully last year.   LUC: This year, Jean-Michel, we want you to succeed. And we will support you all the way.
*Les formes régulières du subjonctif

A. The subjunctive mood

All the verb tenses you have learned so far have been in the *indicative* mood (past, present, and future) or in the *imperative* mood, which is used for direct commands or requests. In this chapter, you will begin to learn about the *subjunctive* mood.

The indicative is used to state facts and to ask questions. The subjunctive is used to express the opinions or attitudes of the speaker. It expresses such personal feelings as uncertainty, doubt, emotion, possibility, and volition rather than fact.

The subjunctive is used infrequently in English. Compare the use of the indicative and the subjunctive in the following examples.

Indicative	Subjunctive
He *goes* to Paris.	I insist that he *go* to Paris.
We *are* on time.	They ask that we *be* on time.
She *is* the president.	She wishes that she *were* the president.

Paris. La manifestation du 4 mai 1985 pour l'autonomie des écoles privées.

In French, the subjunctive is used more frequently. As in English, it almost always occurs in a dependent clause beginning with **que** (*that*). The main clause contains a verb that expresses volition, emotion, uncertainty, or some other subjective view of the action to be performed. Here and in Grammar Section 57, where the forms of the subjunctive are presented, the examples and the exercises will illustrate the use of the subjunctive in dependent clauses introduced by **que** after verbs of volition, such as **désirer, souhaiter** (*to want, to wish*), **vouloir, aimer bien** (*to like*), and **préférer.**

Usually, the subjects of the main and dependent clauses are different.

MAIN CLAUSE:		
INDICATIVE	DEPENDENT CLAUSE:	SUBJUNCTIVE
Je veux	**que**	vous **partiez.**

B. The meaning of the subjunctive

The French subjunctive has many possible English equivalents.

> **que je parle** → *that I speak, that I'm speaking, that I do speak, that I may speak, that I will speak, me to speak*

De quoi veux-tu **que je parle**?	*What do you want me to talk about?*
Il préfère **que je** lui **parle.**	*He prefers that I speak to him.*

C. Forms of the present subjunctive

For most verbs, whether they are regular or irregular in the indicative, the stem for the singular and third-person plural forms (**je, tu, il, elle, on, ils, elles**) of the subjunctive is found by dropping the **-ent** of the third-person plural (**ils/elles**) form of the present indicative. To this stem are added the endings **-e, -es,** and **-ent.**

Infinitive	**parler**	**vendre**	**finir**	**voir**
Stem	(ils) **parl**/ent	(ils) **vend**/ent	(ils) **finiss**/ent	(ils) **voi**/ent
...*que je*	parle	vende	finisse	voie
...*que tu*	parles	vendes	finisses	voies
...*qu'il, elle, on*	parle	vende	finisse	voie
...*qu'ils, elles*	parlent	vendent	finissent	voient

The stem for the first- and second-person plural (**nous, vous**) subjunctive forms is found by dropping the **-ons** from the first-person indicative plural (**nous**). To this stem, add **-ions** and **-iez.**

Infinitive	**parler**	**vendre**	**finir**	**voir**
Stem	(nous) **parl**/ons	(nous) **vend**/ons	(nous) **finiss**/ons	(nous) **voy**/ons
...que nous	parlions	vendions	finissions	voyions
...que vous	parliez	vendiez	finissiez	voyiez

Note that for verbs that are regular in the indicative mood, the subjunctive stem is the same for all persons. However, for the verbs that are irregular in the indicative or that have spelling changes in their conjugations, it is important to remember that the subjunctive has two stems.

⎰Marc veut que je **parl**e maintenant avec la journaliste.
⎱Mais elle préfère que nous nous **parl**ions plus tard.

⎰J'aimerais bien qu'on **prenn**e le métro.
⎱Mais Jacqueline préfère que vous **pren**iez l'autobus.

⎰Voulez-vous que je lui **rappell**e l'heure du rendez-vous?
⎱Je veux bien que vous la lui **rappel**iez.

Maintenant à vous ____

A. Stratégie. Un groupe d'étudiants prépare la campagne pour élire (*elect*) son candidat au Conseil de l'université. Que dit leur chef, Jean-Michel?

1. Jean-Michel veut que *vous* choisissiez un candidat. (les étudiants, nous, le secrétaire)   2. Il préfère que *nous* agissions tout de suite (*immediately*). (tu, vous, je)   3. Il voudrait que *Michel* finisse les affiches. (Martine et Paulette, le secrétaire, vous)   4. Il souhaite que *tu* réfléchisses à notre budget. (la trésorière, je, elles)   5. Il désire qu'*elles* réussissent à obtenir des votes. (tu, nous, vous)

B. Dictature. M. Lamoureux dirige (*runs, directs*) son entreprise en véritable dictateur. Voici des ordres qu'il a donnés ce matin. Exprimez-les avec **je veux que...** selon le modèle.

MODÈLE: Vous devez *écouter* votre chef de service. → Je veux que vous **écoutiez** votre chef de service.

1. Vous devez *travailler* mieux.   2. Elle doit *arriver* à l'heure.   3. Ils doivent *trouver* une solution.   4. Nous devons *envoyer* ce télégramme.   5. Tu dois m'*expliquer* tes problèmes.   6. Il doit s'*excuser* de son erreur.   7. Nous devons *convoquer* les employés.   8. Ils doivent *taper* (*type*) plus vite à la machine.   9. Vous devez *appeler* un inspecteur.   10. Tu dois te *rappeler* le nouvel horaire.

C. Opinions. Complétez les phrases suivantes et donnez vos opinions personnelles. Commencez avec **Je voudrais que** ____.

1. notre gouvernement (choisir de) _____.   2. notre Président (essayer de) _____.   3. les étudiants (manifester plus/moins/pour) _____.
4. nous (apprendre à) _____.   5. nous (ne pas oublier que) _____.

57. IRREGULAR SUBJUNCTIVE VERBS

Ministre des droits de la femme

© FRENCH EMBASSY PRESS & INFORMATION GROUP

LA JOURNALISTE: On vous appelle « le ministre qui fait des remous ». Pourquoi?

YVETTE ROUDY: C'est parce que j'ai lancé beaucoup de campagnes pour les droits de la femme.

- pour la contraception: je voulais que les femmes *soient* convenablement informées.

- contre le sexisme: nous ne voulons pas qu'on *puisse* exploiter le corps féminin dans les publicités.

- pour la féminisation des noms de profession: nous ne voulons pas qu'il y *ait* des métiers féminins et des métiers masculins, mais des métiers pour tous!

- pour l'orientation et la formation professionnelle des femmes: nous souhaitons que les femmes *sachent* s'engager vers des métiers d'avenir.

1. On est souvent mal informé sur la contraception. Mme Roudy veut que les femmes _____ (être) convenablement informées.
2. Aujourd'hui les publicitaires exploitent souvent les femmes. Mme Roudy ne veut pas qu'on _____ (pouvoir) exploiter le corps féminin.
3. Il y a des métiers masculins (*e.g.*, **le magistrat**) et des métiers féminins (*e.g.*, **l'ouvreuse**). Mme Roudy ne veut pas qu'il y _____ (avoir) des métiers féminins et des métiers masculins, mais des métiers pour tous.
4. Souvent, les filles ne savent pas s'engager vers des métiers d'avenir. Mme Roudy veut qu'elles le _____ (savoir).

Some verbs have irregular subjunctive stems. Except for the endings of the **nous** and **vous** forms of **avoir** and **être,** the endings themselves are all regular.

Minister of Women's Rights
JOURNALIST: They call you "the minister who makes waves." Why?   YVETTE ROUDY: It's because I've launched many campaigns for women's rights. • for contraception: I wanted women to be suitably informed. • against sexism: we don't want people to be able to exploit the female body in advertisements. • for the feminization of the names of professions: we don't want there to be professions for women and professions for men, but professions for everyone! • for the professional counseling and training of women: we want women to know how to aim for the jobs of the future.

	aller: *aill-/all-*	faire: *fass-*	pouvoir: *puiss-*	savoir: *sach-*	vouloir: *veuill-/voul-*	avoir: *ai-*	être: *soi-*
...que je/j'	aille	fasse	puisse	sache	veuille	aie	sois
que tu	ailles	fasses	puisses	saches	veuilles	aies	sois
qu'il, elle, on	aille	fasse	puisse	sache	veuille	ait	soit
que nous	allions	fassions	puissions	sachions	voulions	ayons	soyons
que vous	alliez	fassiez	puissiez	sachiez	vouliez	ayez	soyez
qu'ils, elles	aillent	fassent	puissent	sachent	veuillent	aient	soient

Le prof veut que nous **allions** au laboratoire.

The professor wants us to go to the laboratory.

Son parti veut que le gouvernement **fasse** des réformes.

His (Her) party wants the government to make reforms.

Le Président préfère que les sénateurs **soient** présents.

The President prefers the Senators to be there.

Maintenant à vous

A. **Revendications.** Les délégués du Conseil de l'université donnent leurs directives aux étudiants.

1. Nous préférons que *les étudiants* aillent à la manifestation. (vous, il)   2. Nous ne voulons pas que *vous* alliez en cours. (tu, Jean-Michel)   3. Jean-Michel veut que *vous* fassiez grève (*strike*). (les étudiants, nous)   4. Jean-Michel désire que *tu* fasses de bonnes affiches. (je, on)

B. **Engagement politique.** Les Legrand ont des opinions libérales. Quels conseils donnent-ils à leurs enfants? Suivez le modèle.

MODÈLE: Patrick—tu / être réactionnaire → Patrick, nous ne voulons pas que tu sois réactionnaire.

Fabrice / être courageux → Nous voulons que Fabrice soit courageux.

1. Thierry / être actif politiquement
2. Corinne et Thierry / avoir le courage de leurs opinions
3. Vous / avoir des amis anarchistes
4. Patrick / être bien informé
5. Sylvain—tu / être violent
6. Vous / être intolérant
7. Fabrice—tu / avoir une ambition politique
8. Patrick et Sylvain / avoir un idéal pacifiste

C. **Confrontation.** Avant les élections législatives, Monsieur Chabot, candidat à l'Assemblée nationale,* discute avec les électeurs (*voters*). Faites des phrases complètes.

Les électeurs: D'une façon générale, nous voulons que notre député _____.

1. pouvoir / étudier les problèmes
2. savoir / défendre nos intérêts
3. savoir / parler avec éloquence

Les électeurs: En particulier, M. Chabot, nous voulons que vous _____.

4. pouvoir / passer trois jours par semaine ici
5. pouvoir / souvent rencontrer vos électeurs
6. savoir / répondre clairement à nos questions

M. Chabot: Je voudrais que les électeurs _____.

7. savoir / me parler avec confiance
8. pouvoir / soutenir (*support*) mes efforts

M. Chabot: Je voudrais aussi que nous _____.

9. savoir / travailler ensemble
10. pouvoir / garder (*keep, maintain*) le contact

D. **Slogans.** Composez votre propre slogan politique selon les modèles dans les dessins. Utilisez **Vous voulez que _____?** et les verbes suivants: **avoir, être, faire, pouvoir, savoir, choisir, réformer, réussir à, servir à, vivre, perdre, comprendre, changer, préparer, s'unir, écouter, gagner, apporter, élire, voter.**

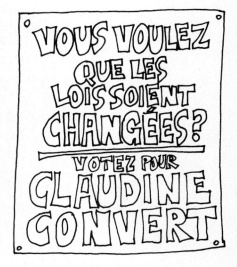

---

*One of the two bodies of the French **Parlement.** The other is **le Sénat.**

58. SUBJUNCTIVE WITH VERBS OF VOLITION AND IMPERSONAL EXPRESSIONS

© ROGERS / MONKMEYER

Service militaire obligatoire ou volontaire?

PATRICK FAURE (22 ANS): A mon avis, le service obligatoire, c'est un anachronisme à l'âge nucléaire.

FRANCIS CRÉPIN (35 ANS): *Il se peut* que l'armée ait seulement besoin de quelques réformes...

GÉRARD BOURRELLY (26 ANS): *Il est possible* que les jeunes s'intéressent plus à un service comprenant une formation professionnelle complémentaire.

PATRICK FAURE: *Il faut* qu'on abolisse le service obligatoire et qu'on établisse une armée de métier.

CHARLES PALLANCA (18 ANS): Mais si j'étais volontaire, *j'exigerais* que la solde soit au moins de 5 000 francs par mois!

Retrouvez la phrase correcte selon le dialogue.

1. Il est possible que l'armée ait seulement besoin de quelques réformes.
2. Il se peut que les jeunes s'intéressent plus à un service comprenant une formation professionnelle complémentaire.
3. Il faut abolir le service obligatoire et établir une armée de métier.
4. J'insisterais pour que la solde soit au moins de 5 000 francs par mois!

A. Subjunctive with verbs of volition

When a verb expressing preference, desire, will, or a wish is in the main clause, the subjunctive is used in a dependent clause if there is a change of subject. Remember that in French, such a dependent clause is always introduced by **que: Je veux que *tu ailles* au cinéma.** If there is no change of subject, an infinitive construction is used: **Je veux *aller* au cinéma.**

Je **veux** que vous **gagniez** l'élection.   *I want you to win the election.*

Compulsory or voluntary military service?
PATRICK FAURE (22 YEARS OLD): In my opinion, compulsory military service is an anachronism in the nuclear age.   FRANCIS CRÉPIN (35 YEARS OLD): It's possible that the army needs only a few reforms.   GÉRARD BOURRELLY (26 YEARS OLD): It's possible that young people would be more interested in a service that included complimentary professional training.   PATRICK FAURE: They must abolish obligatory service and establish a professional army.   CHARLES PALLANCA (18 YEARS OLD): But if I were a volunteer, I would demand that the pay be at least 5000 francs per month!

La loi **exige** que nous **payions** des impôts.	*The law demands that we pay taxes.*
Je **veux bien** qu'elle **fasse** un discours.	*I am willing for her to make a speech.*
Tout le monde **désire** que la presse **soit** libre.	*Everyone wants the press to be free.*
Nous **souhaitons** que le candidat nous **parle** de l'économie.	*We wish the candidate would talk about the economy.*

Verbs of volition include: **aimer bien, désirer, exiger** (*to demand*), **préférer, souhaiter, vouloir,** and **vouloir bien.**

B. The subjunctive with impersonal expressions

An impersonal expression is one in which the subject does not refer to any particular person or thing. In English, the subject of an impersonal expression is usually *it: **It** is important that I go to class.* In French, many impersonal expressions—especially those that express will, necessity, emotion, judgment, possibility, or doubt—are followed by the subjunctive in the dependent clause.

IMPERSONAL EXPRESSIONS USED WITH THE SUBJUNCTIVE		
Will or necessity	*Emotion*	*Possibility, judgment, or doubt*
il est essentiel que	il est stupide que	il est normal que
il est important que	il est bizarre que	il est peu probable que
il est indispensable que	il est bon que	il est possible/impossible que
il est nécessaire que	il est dommage que (*it's too bad that*)	il se peut que (*it's possible that*)
il faut que* (*it's necessary that*)	il est étrange que	il semble que (*it seems that*)
	il est juste/injuste que	
	il est préférable que	
	il est utile/inutile que	
	il vaut mieux que* (*it's better that*)	

Il est peu probable que le sexisme **soit** tout à fait éliminé.	*It's not likely that sexism will be totally eliminated.*

---

*The infinitive of the verb conjugated in the expression **il faut que** is **falloir** (*to be necessary*). The infinitive of the verb in **il vaut mieux que** is **valoir** (*to be worth*).

Il se peut que d'autres pays **possèdent** des armes nucléaires.	*It's possible that other countries possess nuclear weapons.*
Il est dommage que l'Union Soviétique et les États-Unis ne **s'entendent** pas mieux.	*It's too bad the Soviet Union and the United States don't get along better.*
Il est important que tu **voyages** à l'étranger.	*It's important that you travel abroad.*
Est-il bon que nous **exprimions** toujours nos opinions?	*Is it good that we always express our opinions?*
Il faut que vous **soyez** au courant de la politique internationale.	*You must (it's necessary that you) keep up with international politics.*

C. The infinitive with impersonal expressions

As you know, when no specific subject is mentioned, the infinitive follows impersonal expressions instead of the subjunctive. Compare the following sentences.

Il vaut mieux **attendre.**	*It's better to wait.*
Il vaut mieux **que nous attendions.**	*It's better that we wait.*
Il est important **de voter.**	*It's important to vote.*
Il est important **que vous votiez.**	*It's important that you vote.*

Remember that the preposition **de** is used before the infinitive after impersonal expressions that contain **être.**

D. The indicative with expressions of certainty or probability

When impersonal expressions imply certainty or probability, they are followed by the *indicative* in the dependent clause.

IMPERSONAL EXPRESSIONS USED WITH THE INDICATIVE	
il est certain que	il est probable que
il est clair que	il est sûr que
il est évident que	il est vrai que

Il est probable qu'il va pleuvoir demain.	*It's probable that it will rain tomorrow.*

Il est clair que l'influence américaine **restera** importante en Europe.	*It's clear that American influence will remain important in Europe.*
Il est vrai que les Européens **veulent** préserver leur propre identité.	*It's true that Europeans want to preserve their own identity.*

The subjunctive, however, can be used in negative or interrogative sentences with these expressions to express uncertainty, doubt, or conjecture.

Il n'est pas certain que la liberté d'expression **soit** toujours une bonne chose.	*It's not certain that freedom of expression is always a good thing.*
Est-il vrai que la pauvreté **soit** en train d'augmenter en France?	*Is it true that poverty is (in the process of) increasing in France?*

Maintenant à vous

A. **Longévité.** Quel est le secret des centenaires (*100-year-old persons*)? Jouez le rôle de Jean Laviolette, un centenaire, et donnez des conseils aux gens qui veulent vivre longtemps. Suivez le modèle.

MODÈLE: Il est important de bien manger. → Il est important que vous mangiez bien!

1. Il faut prendre un peu de vin à chaque repas. 2. Il est essentiel de ne pas fumer. 3. Il est nécessaire de rester calme en toutes circonstances. 4. Il est bon de faire de la gymnastique régulièrement. 5. Il faut s'intéresser aux autres. 6. Il est indispensable d'avoir envie de vivre. 7. ?

B. **Possibilités et probabilités.** Quelle sera votre vie? Répondez aux questions suivantes. Dans chaque réponse, utilisez une de ces expressions: **il est certain que, il se peut que, il est peu probable que, il est impossible que.**

MODÈLE: Ferez-vous une découverte (*discovery*) importante? → Il est peu probable que je fasse une découverte importante.
(Il est certain que je ferai une découverte importante.)

1. Vous marierez-vous? 2. Apprendrez-vous une langue étrangère? 3. Voyagerez-vous beaucoup? 4. Deviendrez-vous célèbre? 5. Serez-vous riche? 6. Saurez-vous jouer du piano? 7. Écrirez-vous un roman? 8. Ferez-vous la connaissance d'un Président des États-Unis? 9. Irez-vous en Chine? 10. Vivrez-vous jusqu'à l'âge de cent ans?

Maintenant, utilisez ces questions pour interviewer un(e) camarade de classe. Commencez les questions avec une de ces expressions: **Est-il certain que tu... ? Est-il probable que tu... ? Est-il sûr que tu... ?** →

MODÈLE: Feras-tu une découverte importante? →

> *Vous:* Est-il probable que tu fasses une découverte importante?
>
> *Un(e) ami(e):* Oui, il est probable que je ferai une découverte importante. (Non, il n'est pas probable que je fasse une découverte importante.)

C. **Problèmes contemporains.** Donnez une réaction personnelle aux opinions suivantes. Utilisez **il est normal que, il est dommage que, il est vrai que, il n'est pas vrai que, il semble que, il est juste que, il est clair que, il est étrange que.**

1. Le monde est de plus en plus (*more and more*) pollué.   2. Aux États-Unis nous gaspillons trop d'énergie.   3. L'exploration spatiale est peut-être la solution à tous nos problèmes.   4. La pauvreté est le problème le plus important du monde.   5. Il y a toujours des réfugiés qui sont à la recherche d'une nouvelle vie.   6. La vie contemporaine est très compliquée.

Offrez des solutions à certains de ces problèmes. Utilisez une des expressions suivantes: **il est important que, il faut que, il est nécessaire que, il est indispensable que, il est essentiel que, il est préférable que.**

D. **Et vous?** Y a-t-il quelqu'un qui essaie d'influencer vos choix? Suivez le modèle.

MODÈLE: Oui. Mes amis veulent que j'arrête de fumer.
   (*ou*) Oui. Mon ami Philippe me dit qu'il est essentiel que j'arrête de fumer.

Le français par les gestes: Que veux-tu que j'y fasse!

The French express powerlessness—what can I do about it?—by slightly raising their shoulders and showing the palms of their hands, fingers pointing down, to the person they are addressing.

59. THE SUBJUNCTIVE WITH EXPRESSIONS OF EMOTION, DOUBT, AND UNCERTAINTY

La majorité à 18 ans

Depuis plus de dix ans, les Français atteignent leur majorité légale à 18 ans. Qu'en pensent les personnes suivantes?

JEAN-PIERRE: Je *regrette* que la majorité ne *puisse* pas être à l'âge où on
(16 ANS) gagne sa vie!

ISABELLE: Je suis *contente* qu'il me *soit* maintenant permis de
(18 ANS) voter, de me marier librement et d'ouvrir un compte en banque.

M. ANCELLIN: Je *doute* que les jeunes *aient* suffisamment de maturité
(65 ANS) pour ne pas se laisser manipuler politiquement.

MME GATET: Je suis *furieuse* qu'on *vote* une loi sociale si importante
(51 ANS) simplement pour recruter des votes électoraux supplémentaires.

M. ET MME CHABANNE: Nous *avons peur* que cette loi *fasse* beaucoup de mal
(43 ET 40 ANS) aux rapports parents-enfants.

Complétez les phrases selon le dialogue.

1. Isabelle est _____ qu'il lui _____ maintenant permis de voter, de se marier librement et d'ouvrir un compte en banque.
2. M. et Mme Chabanne _____ que cette loi _____ beaucoup de mal aux rapports parents-enfants.
3. Jean-Pierre _____ que la majorité ne _____ pas être à l'âge où on gagne sa vie.
4. Mme Gatet est _____ qu'on _____ une loi sociale si importante simplement pour recruter des votes électoraux supplémentaires.
5. M. Ancellin _____ que les jeunes _____ suffisamment de maturité pour ne pas se laisser manipuler politiquement.

© ROGERS/MONKMEYER

Legal age at 18
For more than ten years now, the French have attained their legal majority at age 18. What do the following people think about this? JEAN-PIERRE (16 YEARS OLD): I'm sorry that legal age cannot be (attained) at the age when you're supporting yourself. ISABELLE (18 YEARS OLD): I'm happy that I'm allowed to vote, marry (when I wish), and open a bank account. M. ANCELLIN (65 YEARS OLD): I doubt that young people are sufficiently mature to keep from being politically manipulated. MME GATET (51 YEARS OLD): I'm furious that they instituted such important social legislation just to recruit some extra votes. M. ET MME CHABANNE (43 AND 40 YEARS OLD): We're afraid this law will harm the relationship between parents and their children.

A. Expressions of emotion

The subjunctive is frequently used after expressions of emotion, such as **avoir peur, être content/désolé/furieux/heureux/surpris,** and **regretter** (*to be sorry*). As with verbs of volition, there must be a different subject in the dependent clause.

Le Président **est content** que les électeurs **aient** confiance en lui.	*The president is pleased that the voters have confidence in him.*
Les électeurs **ont peur** que l'inflation **soit** un problème insoluble.	*The voters are afraid that inflation is an insurmountable problem.*
Les écologistes **sont furieux** que les forêts et les rivières **soient** polluées.	*The ecologists are distressed that the forests and rivers are polluted.*

B. Expressions of doubt and uncertainty

The subjunctive is also used—with a change of subject—after expressions of doubt and uncertainty, such as **je doute, je ne suis pas sûr(e),** and **je ne suis pas certain(e).**

Beaucoup de femmes **ne sont pas sûres** que leur statut **soit** égal au statut des hommes.	*Many women aren't sure that their status is equal to the status of men.*
Les jeunes **doutent** souvent que les hommes et les femmes politiques **soient** honnêtes.	*Young people often doubt that politicians are honest.*

C. **Penser** and **croire**

In the affirmative, verbs such as **penser** and **croire** are followed by the indicative. In the negative and interrogative, they express a degree of doubt and uncertainty and can then be followed by the subjunctive. In spoken French, however, the indicative seems to be more commonly used.

	Je **pense** que la presse **est** libre.	*I think the press is free.*
	Pensez-vous que la presse **soit** libre?	*Do you think the press is free?*
ou	**Pensez-vous** que la presse **est** libre?	
	Je **ne crois pas** que la démocratie **soit** en danger.	*I don't think that democracy is in danger.*
ou	Je **ne crois pas** que la démocratie **est** en danger.	

Maintenant à vous _____

A. Discussion politique. Avec un(e) camarade, discutez les phrases ci-dessous. Choisissez une phrase et posez une question. Votre camarade répond selon sa conviction.

MODÈLE: Le Président est honnête. →
   Vous: Crois-tu que le Président soit honnête?
   Un(e) ami(e): Oui, je crois qu'il est honnête. (Non, je ne crois pas qu'il soit honnête.)

Les phrases à discuter

1. Le Président des États-Unis est compétent (honnête).   2. Les sénateurs veulent représenter les intérêts des citoyens de leurs états (leurs propres intérêts).   3. Les lois sont toujours justes (injustes). 4. Il y a beaucoup d'espionnage politique dans le Gouvernement (corruption dans le Gouvernement).   5. Nous avons besoin d'une armée plus moderne (de plus de programmes sociaux).   6. Le public américain sait voter intelligemment.   7. Les Américains veulent aider les pays pauvres (les pauvres aux États-Unis).   8. Le gouverneur de votre état a de bonnes idées (des idées progressistes).   9. Le pouvoir (*power*) doit être dans les mains du peuple* (dans les mains d'un dictateur).   10. Les législateurs font de bonnes choses la plupart du temps (*most of the time*).

Réponses possibles

Je crois _____.   Je ne crois pas _____.   Je pense _____.   Je ne pense pas _____.   Je suis sûr(e) _____.   Je doute _____.   Je suis certain(e) _____.   Je ne suis pas certain(e) _____.   J'espère _____.

B. Êtes-vous sceptique? Vos camarades et vous allez faire des observations douteuses (*doubtful*). Suivez les modèles.

MODÈLE: *Un(e) étudiant(e):* Bruce Springsteen a quarante-trois ans.
   Un(e) autre étudiant(e): Je doute (je ne suis pas sûr[e], ne suis pas certain[e]) qu'il ait quarante-trois ans.

                        ou

                        Il n'est pas vrai qu'il ait quarante-trois ans.

         Un(e) étudiant(e): Perth est la capitale de l'Australie.
   Un(e) autre étudiant(e): Je doute…

_____

*The French use the term **le peuple** to contrast the working class with **la bourgeoisie** (*middle class*): **Jean-Jacques Rousseau a été un enfant du peuple.** **Le peuple** is also used to refer to the population of a nation: **Le peuple français a perdu un grand chef quand de Gaulle est mort.**

C. **Réactions aux nouvelles.** Vos amis et vous parlez des nouvelles. Chacun raconte un événement (*event*) qui s'est passé récemment et un autre exprime l'émotion qu'il en a ressenti (*felt*).

MODÈLE: *Un(e) étudiant(e)*: En 1985, les footballeurs de San Francisco ont gagné la coupe (*championship*).

Un(e) autre étudiant(e): J'étais furieux (-euse)/content(e) qu'ils gagnent parce que...

Rencontre culturelle

Since 1793, France has had five Republics, each one defined by a new constitution. The **Cinquième République,** established in 1958 by General Charles de Gaulle, has had four presidents: de Gaulle himself (1958–1969), Georges Pompidou (1969–1974), Valéry Giscard d'Estaing (1974–1981), and François Mitterrand (1981–   ), who was elected by a coalition of French Socialist parties.

Charles de Gaulle (1890–1970), homme d'état, général et Président de la République Française de 1958 à 1969, parle avec Alekseï Kossyguine, homme politique soviétique.

© ELLIOTT ERWITT/MAGNUM

The constitution of 1958 has been called **présidentielle** because it gives the president much power, especially in international affairs. Elected for a period of seven years, the president appoints ministers (including the prime minister), signs important decrees, heads the armed forces, can negotiate and ratify treaties, and can dissolve the National Assembly, the popularly elected body of the French **Parlement.** Since 1962, the president has been elected in a general election. French voters, citizens at least 18 years old, elect 491 **députés** to serve for a period of five years in the National Assembly. They also elect their local officials. The **Sénat,** the other national legislative body of the **Parlement,** is elected by a board of electors and consists of 306 **sénateurs** who serve for nine years.

L'AMÉRIQUE EN QUESTION

Contexte Linda est une étudiante américaine en première année de faculté à l'Université de Montpellier. Ses amis, tous étudiants français ou francophones, aiment qu'elle discute avec eux des États-Unis. Les opinions de ses amis français ne sont pas toujours favorables.

Objectif Linda participe à un échange d'opinion.

Dialogue

LINDA: Il y a des stéréotypes sur les Américains ici?

NADINE: Oui, on dit souvent que les Américains sont naïfs, qu'ils ne pensent qu'à l'argent...

LINDA: En général, quels sont les sentiments° des Français envers° l'Amérique?   *opinions / toward*

LOUIS: Il y a toujours eu une véritable fascination pour certains aspects des États-Unis chez nous: Hollywood, les hippies, la conquête de l'espace,° la Silicon Valley...   *la... the conquest of space*

LINDA: C'est un sentiment un peu ambivalent, quand même,° non?   *quand... all the same*

VIVIANE: Oui, en politique, ça a été très difficile pour les Français de voir des présidents américains qui n'étaient pas des «spécialistes», tu sais... des membres d'une élite intellectuelle.

LINDA: Je crois que c'est particulièrement vrai des Parisiens. En province, on admire l'Amérique, non?

NADINE: Oui, mais il y a aussi des cycles d'opinion en France. En 68, l'Amérique, c'était l'impérialisme. Avec Carter, c'était l'idéalisme un peu puéril.° Maintenant, c'est la réussite économique.   *childish*

LOUIS: Je crois que l'Amérique a connu avant nous des problèmes sociaux très graves: racisme, drogue,° violence...   *drugs*

DANIEL: Maintenant que nous nous débattons° aussi avec ces problèmes, il est difficile d'être aussi critique envers les U.S.A.   *nous... we're struggling*

LINDA: Mais est-ce que vous connaissez l'Amérique seulement par les films et les journaux?

LOUIS: Moi, j'ai vécu aux États-Unis, et j'ai trouvé qu'il faut beaucoup se battre° pour survivre.° On n'est pas protégé contre la maladie ou le chômage,° on n'a pas beaucoup de famille proche.° Finalement, j'ai trouvé que l'individu est très isolé.   *se... fight, struggle / survive / employment / close (by)*

VIVIANE: Moi, j'ai aussi l'impression qu'on vise° trop la rentabi- *aims for, aspires to*
lité immédiate° chez vous. Alors, tout reste un peu *la... quick prof-*
superficiel. *it(ability)*

DANIEL: Moi aussi, j'ai passé un an aux U.S.A.: les gens sont ou-
verts, ils ne critiquent pas tout, comme ici.

VIVIANE: En fait, maintenant, la plupart de mes amis voudraient
partir vivre aux États-Unis. Ils veulent tenter° l'aventure *essayer*
américaine.

DANIEL: En ce moment, les Français envient le dynamisme de la
société américaine. On dit souvent ici que tous les
grands mouvements commencent aux U.S.A.

NADINE: Mais, dis-nous, Linda, qu'est-ce que les Américains pensent de la France?

Variations

1. Recréez la scène. Jouez le rôle de Linda et donnez vos opinions
   personnelles sur les observations suivantes:

   - Les Américains sont naïfs.

   - L'argent est la préoccupation essentielle aux États-Unis.

   - Les présidents américains n'appartiennent (*belong*) pas à une élite
     intellectuelle.

   - L'individu est isolé et mal protégé.

2. Improvisez! Avec des camarades, continuez le dialogue. Linda parle des
   stéréotypes américains sur les Français. Les étudiants français y
   réagissent.

3. Une nouvelle patrie (*nation, homeland*). Imaginez que vous travaillez
   pour une grande société (*company*) internationale qui veut vous envoyer
   à l'étranger pour quatre ans. On vous donne le choix du pays. Discutez
   avec vos camarades des avantages et des inconvénients des pays qui vous
   attirent (*attract*). Ensuite, prenez une décision commune. (Votez, si c'est
   nécessaire!)

Commentaire culturel

Ever since the French historian Alexis de Tocqueville (1805–1859) completed his book *De la
démocratie en Amérique,* which is still considered—even by American scholars—one of the
most penetrating and prophetic analyses of American civilization, the French have expressed
an ambivalent attitude toward the United States, both admiring and criticizing the American
way of life.

Young people in France today share this traditional attitude. Many learn to speak English very well, many prefer American styles of clothing (especially jeans, printed T-shirts, as well as **les sweats** and **les trainings**), and many eagerly await the release of a new record by their favorite American band. At the same time, however, they can be highly critical of American culture, even vehemently so.

Many French people perceive American culture in terms of a sometimes brutal and uncaring individualism. For example, they see this country's rate of violent crime, astronomical in comparison with that of European countries, as a result of Americans' lack of commitment to social legislation. The lack of a national health insurance system in the United States is seen by many as evidence that Americans lack a sense of public sector values. Many French see American life simply as a frantic rush toward money and material goods, with little appreciation for higher values.

Nevertheless, it is true that American culture has had an enormous influence in Europe, and this might well explain, at least in part, the ambivalence of the French attitude toward the United States. The devastation of Europe during World War II left a cultural and economic vacuum subsequently filled with American economic aid, American commercialism, American products, and, finally, American values. The French view of the United States should be seen in the light of the understandable fear on the part of the French that their own way of life could be overwhelmed by a continuing process of "Americanization." However, American travelers in France, although they see much evidence of American influence there, almost never return with the impression that the French are losing their cultural identity. Indeed, many Americans would argue that we have imported more things French than we have exported things American.

Mise au point

A. La réunion du Club de Ski ou le film? Chantal et son amie Christine parlent de ce qu'elles vont faire ce soir. En français, s'il vous plaît.

CHANTAL: I'm happy that we have that meeting this evening!
CHRISTINE: I think there will be a lot of people (**beaucoup de monde**) there.
CHANTAL: Yes. Is your friend Michel coming with us?
CHRISTINE: I doubt that he's coming this evening. He wants Paul to go with him to the movies.
CHANTAL: Do you think we can go with them?
CHRISTINE: What? I thought that you wanted to go to the meeting! Do you want me to call him?
CHANTAL: Let's call him! I hope we can find his number!

B. Émotions. Complétez les phrases qui se trouvent à côté de chaque dessin. Puis, un(e) étudiant(e) fait sa propre phrase pour expliquer cette émotion. Enfin, les autres étudiants choisissent la phrase qu'ils préfèrent comme légende (*caption*).

1. Pierre est content que _____.

   a. sa sœur / s'en aller / bientôt / université
   b. son père / venir de / lui / acheter / voiture
   c. ?

2. Chantal est triste que _____.

   a. Jean-Pierre / (ne... pas) vouloir / sortir / soir
   b. personne / (ne...) comprendre / son / idées
   c. ?

3. Jacques est furieux que _____.

   a. tu / (ne... pas) / le prendre / au sérieux
   b. Chantal / lui / (ne... pas) téléphoner / plus souvent
   c. ?

4. Mme Hugo doute que _____.

   a. son mari / être / à l'heure / soir
   b. ses enfants / comprendre / son / problèmes
   c. ?

C. L'avenir. Comment sera la société de l'avenir? Exprimez vos opinions. Commencez chaque phrase par une des expressions de la colonne de droite.

1. Il y aura des colons (*settlers*) sur la lune (*moon*).	Il est possible que
2. Il n'y aura qu'une seule nation.	Il se peut que
3. L'anglais sera la langue universelle.	Il est peu probable que
4. Les robots auront remplacé les gens dans beaucoup de domaines.	Il est sûr que
5. Tous les robots parleront anglais.	J'espère que
6. Les fleurs auront disparu (*will have disappeared*).	Il est préférable que
7. On fera tout par ordinateur.	Il est probable que
8. Les villes seront sous terre (*underground*).	

D. Problèmes sociaux. Donnez votre réaction aux idées suivantes. Utilisez des expressions que vous avez apprises dans ce chapitre.

MODÈLE: La technologie change la vie. →
   A mon avis, il est évident que la technologie change la vie.

1. On gaspille très peu d'énergie aujourd'hui. 2. L'atmosphère est moins polluée maintenant qu'il y a dix ans. 3. Le gouvernement est en train de développer l'énergie solaire. 4. Il n'est pas nécessaire de conserver l'énergie. 5. Les déchets industriels ne posent plus de problèmes. 6. On n'a plus besoin d'économiser l'essence. 7. Les femmes sont toujours respectées dans les publicités. 8. Les médias ont trop de liberté. 9. La guerre existera toujours. 10. La faim n'existe plus dans le monde.

Vocabulaire

Verbes _____

abolir to abolish
conserver to conserve
contrôler to inspect, monitor
développer to develop
douter to doubt
élire to elect
estimer to consider; to believe; to estimate
exiger to require; to demand
falloir to be necessary
gaspiller to waste
manifester to demonstrate
polluer to pollute
protéger to protect
reconnaître to recognize
recycler to recycle
regretter to regret, be sorry
sauver to save, rescue
souhaiter to wish, desire
valoir to be worth

Substantifs _____

le (la) citoyen(ne) citizen
le contrôle control, overseeing
le déchet waste (material)
l'électeur (-trice) voter
le gaspillage waste
la guerre war

le problème problem
la réussite success, accomplishment

Termes apparentés _____

l'accident (m.), **l'atmosphère** (f.), **le budget (militaire), le conflit, la conservation, le développement, l'énergie** (f.) **nucléaire/ solaire, l'environnement** (m.), **le gouvernement, l'inflation** (f.), **la légalisation, la liberté d'expression, les médias** (m.), **la nature, l'opinion publique** (f.), **la pollution, la prolifération, la protection, le recyclage, la réforme, les ressources naturelles, le sexisme, la source**

Adjectifs _____

écologique ecological
furieux (-euse) furious
industriel(le) industrial
sûr(e) sure, certain
surpris(e) surprised

Les expressions impersonnelles _____

il est... it is . . .
  dommage too bad
  étrange strange
  fâcheux unfortunate
  (in)utile useless/useful
il faut (que)... it is necessary (that . . .)
il se peut que... it is possible that . . .
il semble que... it seems that . . .
il vaut mieux (que)... it is better (that . . .)

Expressions apparentées _____

il est... clair, essentiel, évident, important, (im)possible, (in)juste, indispensable, nécessaire, normal, peu probable, préférable, probable, stupide, urgent

Mots divers _____

la plupart (de) most (of)
personnellement personally
pour ma part in my opinion, as for me

Lecture

LA FIN DU PRÊT-A-PENSER

O N N'EST PLUS « de gauche » ou « de droite ». Depuis 1981,[*] il semble que les Français refusent les termes traditionnels du discours politique. « Plus ça change, plus c'est la même chose. » Voilà leur grand reproche.

Quelle est l'origine de ce désenchantement? Pour certains, ce serait la disparition du sentiment d'appartenance° à une communauté. Pour d'autres, ce serait la redistribution des classes sociales. On observe, dans cette société où 85 pour cent de la population active est salariée, une division non plus entre la droite et la gauche, mais entre le haut° et le bas.

L'Association pour l'Étude des Structures de l'Opinion Publique (AESOP) identifie chaque année les thèmes d'actualité° qui alimentent° les discussions des Français. Ce sont ces thèmes—ces « conflits » d'opinion—qui permettent à chacun de se situer politiquement. Parmi° une centaine° de thèmes, en voici quelques-uns qui ont beaucoup changé depuis trois ans.

Thèmes qui sont en forte baisse:° l'intérêt pour l'égalisation° des revenus, pour l'écologie et pour les syndicats.° En forte hausse,° on trouve l'intérêt pour la famille, l'angoisse du chomâge° et le sentiment d'insécurité.

Les analyses statistiques de l'AESOP permettent aussi d'identifier des « familles de pensée », c'est-à-dire des groupes de convictions communes, qui ne correspondent pas aux étiquettes° traditionnelles « de droite » ou « de gauche ».

Le conservateur: près d'un Français sur trois ferait partie de cette catégorie. Il a le respect des valeurs éternelles—famille, travail, patrie,° soif d'ordre. Il est contre les syndicats, mais toutefois° moderniste, favorable au progrès technique et à la construction des centrales nucléaires.

L'égalitaire: 17 pour cent des Français préfèrent l'idéologie au réalisme. Ils ont foi° dans la justice sociale, le progrès technique et les idées de fraternité. Ils ont aussi un grand désir d'épanouissement° personnel, et prennent position pour l'écologie, pour la qualité de la vie. Ils sont en général étudiants, enseignants, cadres moyens plutôt jeunes, plutôt Parisiens.

appartenir = to belong

top

d'… dont on parle
  maintenant / *nourish, feed*
Among
approximativement
  100
en… de moins en
  moins important /
  equalization
associations
  d'ouvriers / ≠
  baisse
l'angoisse… *anxiety of
  unemployment*
labels

nation, homeland
nevertheless

confiance
réalisation

_____

[*]L'année de l'élection de François Mitterrand à la présidence de la République Française.

Le démuni:° souvent de condition modeste, sur la défensive, 18 pour cent des Français allient un radicalisme politique et social avec un certain rigorisme moral. Contre l'avortement° et l'homosexualité, pour l'état interventionniste, ils veulent l'égalisation des revenus et sont favorables à l'écologisme. Marié et relativement âgé, le démuni vote à gauche et vit beaucoup plus souvent dans le nord ou l'ouest de la France qu'à Paris.

unprovided (for) (lower middle class)

abortion

Le néolibéral: un Français sur dix aime la modernité, la méritocratie° et préfère moins d'interventionnisme. Il est pour les télévisions privées, l'école privée et la dénationalisation des industries. Il prend position contre l'avortement et contre l'émancipation féminine. Il est le plus souvent cadre moyen ou supérieur, chef d'entreprise, technicien ou agriculteur.

progression sociale basée sur le mérite

L'impertinent: un Français sur quatre a pour devise° «Chacun pour soi».° Individualiste, libéraliste moral, il refuse les valeurs reçues,° il est aussi contre le mariage, le travail, l'idée de patrie et le racisme. Il est hostile à la classe politique. En général d'origine bourgeoise, sa philosophie valorise le plaisir immédiat et le refus des bons sentiments.° Les impertinents sont souvent des femmes ou des jeunes aux revenus et au niveau° d'instruction peu élevés.

motto

himself / traditionnelles

des... des opinions traditionnelles
level

Vous reconnaissez-vous dans l'une de ces cinq grandes familles?

Compréhension

A. Trouvez la «famille de pensée» à laquelle chacune des personnes suivantes appartient.

1. Monique n'aime pas le mariage et son travail lui déplaît. Elle estime que la plupart des gens suivent aveuglément (*blindly*) les valeurs traditionnelles. Elle ne vit que pour le plaisir du moment.

2. Paul n'est pas du tout comme Monique. Il est traditionnel. Il est marié et très fier de son travail. Patriote, il trouve que la construction de centrales nucléaires offre la meilleure solution à la crise de l'énergie.

3. Anne-Marie est parisienne. Elle fait partie d'un groupe écologiste et elle manifeste quand l'occasion se présente pour la qualité de la vie. Elle est optimiste.

4. Marc pense qu'il est essentiel que le gouvernement intervienne dans la vie économique du pays. Socialiste, il habite à Lille.

5. Jean-François est contre la nationalisation. Il croit que c'est à l'individu de trouver «sa place au soleil». Pourtant, sa femme ne travaille pas. Elle reste à la maison pour s'occuper de leurs deux enfants, et Jean-François en est très satisfait.

B. Et en Amérique? Peut-on dire qu'il existe en Amérique des «familles de pensée», «des groupes de convictions communes» en dehors (*outside*) des grands partis politiques? Identifiez quelques-uns de ces groupes et décrivez leurs opinions politiques ou leurs valeurs sociales.

Expression écrite

A. Le monde idéal. Faites par écrit cinq suggestions pour améliorer la société moderne. Utilisez des verbes de volition et des expressions impersonnelles.

MODÈLES: Il est important que nous ne fassions plus la guerre.

J'aimerais que le gouvernement vote une loi qui égalise le salaire des hommes et des femmes qui ont le même travail.

B. A vous de proposer. Identifiez un problème social contemporain que vous considérez être assez grave, mais pour lequel vous estimez qu'il existe une solution relativement simple. Utilisez les phrases suivantes comme guide.

A mon avis, _____ est un des problèmes les plus graves de notre société. L'origine de ce problème est _____. Il en résulte que (*As a result,*) _____. Il me semble qu'il y a une solution assez simple. Il faudrait que _____.

Activités

A. Vous intéressez-vous à la politique? Avec un(e) camarade de classe ou seul(e), répondez aux questions suivantes pour déterminer si vous vous intéressez à la politique ou non.

1. Avez-vous voté aux dernières élections? Pourquoi ou pourquoi pas?   2. Appartenez-vous à un parti politique? Quel parti?   3. Avez-vous déjà manifesté (*demonstrated*)? Quand et pourquoi?   4. Avez-vous déjà fait campagne pour un(e) candidat(e)? Pour qui?   5. Avez-vous déjà donné de l'argent pour une cause politique? Pour quelle cause?   6. Êtes-vous abonné(e) (*subscriber*) à une revue politique? A laquelle?   7. Assistez-vous à des réunions

politiques? Auxquelles? 8. Avez-vous jamais fait un discours politique? Quand? 9. Avez-vous jamais distribué des tracts? Où?

Comptez combien de fois vous avez répondu oui.

8–9: Vous serez un jour candidat(e) à une fonction politique.
4–7: Vous vous intéressez à la politique et vous êtes bon(ne) citoyen(ne).
0–3: Vous n'êtes pas très actif (-ive) politiquement. Expliquez à la classe pourquoi la politique ne vous intéresse pas.

A PROPOS

Comment donner des conseils

Je vous (te) conseille de (+ *infinitif*)…
A votre (ta) place, je (+ *verbe au conditionnel*)…
Je suis convaincu(e)/persuadé(e) que (+ *sujet* + *verbe au subjonctif*)…
Ne savez-vous (sais-tu) pas que (+ *sujet* + *verbe au subjonctif*)…
Je recommande que vous (tu) (+ *verbe au subjonctif*)…
Il me semble que* vous devriez (tu devrais) (+ *infinitif*)…
N'oubliez (oublie) pas que (+ *sujet* + *verbe à l'indicatif*)…

B. Interaction. Avec plusieurs camarades, jouez une scène. Une personne doit prendre une décision de grande importance. Les autres étudiants donnent des conseils à cette personne et discutent avec elle de son problème. Utilisez les expressions de l'**A propos.**

Suggestions: Quelqu'un va…

- refuser de s'inscrire (*register*) au service militaire
- manifester contre les centrales nucléaires
- poser sa candidature au Conseil de l'université
- se marier avec quelqu'un dont il vient de faire la connaissance
- quitter l'université sans obtenir son diplôme

*The construction **il me semble que…** is generally followed by a subject and a verb in the indicative mood, whereas the construction **il semble que…** is generally followed by a subject and a verb in the subjunctive mood.

CHAPITRE SEIZE

La France et son patrimoine

© JANINE NIÉPCE, RAPHO / PHOTO RESEARCHERS

A l'est de Paris, la Brie est une région de grandes propriétés agricoles.

OBJECTIFS This chapter will acquaint you with some of the major features of the French historical, cultural, and environmental legacy. Along with words and expressions helpful in discussing historical periods, you will learn the use of two past tenses, the pluperfect and the conditional past. You will also learn the use of demonstrative pronouns (in English, *this one, that one, those,* etc.) and review the uses of the indefinite adjectives and pronouns you have already learned.

Étude de vocabulaire

Le patrimoine historique

L'époque romaine: 59 av. J.C.*–Ve siècle

Le moyen âge (l'époque médiévale): Ve siècle–XIVe siècle

Les arènes de Nîmes (Ier siècle)

© YAN, RAPHO / PHOTO RESEARCHERS

La cathédrale de Chartres (XIIIe siècle)

© PHOTO BELZEAUX, RAPHO / PHOTO RESEARCHERS

La Renaissance: XVe–XVIe siècle

Le château de Chenonceaux (XVIe siècle)

© LOUIS HENRI, RAPHO / PHOTO RESEARCHERS

*avant Jésus Christ (B.C.)

L'époque classique: XVIIe siècle

Le château de Versailles (XVIIe siècle)

A. Définitions. Complétez les phrases suivantes.

1. Une période historique, c'est une _____.
2. Une durée de cent ans, c'est un _____.
3. On a bâti (*built*) la cathédrale de Chartres à l'époque _____.
4. La résidence vaste et somptueuse bâtie au XVIIe siècle sous le règne (*reign*) de Louis XIV, c'est _____.
5. L'époque historique qui se situe entre le Ve siècle et le XIVe siècle s'appelle le _____.
6. Au moyen âge, on a bâti des églises très grandes qui s'appellent des _____.
7. Au milieu (*In the middle*) de l'amphithéâtre romain, les gladiateurs combattaient dans _____.
8. Le château de Versailles date de l'époque _____.
9. Les arènes de Nîmes datent de l'époque _____.

B. Leçon d'histoire. Faites une phrase complète pour nommer l'époque où les événements (*events*) suivants se sont passés. Remplacez les éléments en italique avec des pronoms selon le modèle.

MODÈLE: *Christophe Colomb* est arrivé *au Nouveau Monde* en 1492. → Il y est arrivé à l'époque de la Renaissance.

1. *Blaise Pascal* a inventé *la première machine à calculer* en 1642.
2. On a bâti *les arènes de Nîmes* au premier siècle.
3. *Guillaume, Duc de Normandie*, a conquis (*conquered*) *l'Angleterre* en 1066.
4. *La ville de Paris* s'est appelée Lutèce du IIe siècle av. J.C. jusqu'au IVe siècle après J.C.
5. *Jacques Cartier* a pris possession *du Canada* au nom de la France en 1534.
6. *Jeanne d'Arc* a essayé de prendre *la ville de Paris* en 1429.
7. *René Descartes* a écrit *sa «Géométrie»* en 1637.
8. *Charlemagne* est devenu roi (*king*) en 768.

C. **L'histoire plus récente.** Répondez aux questions suivantes selon le modèle.

MODÈLE: A quel siècle Thomas Edison a-t-il inventé l'ampoule (*light bulb*) électrique? → Il l'a inventée au dix-neuvième siècle.

1. A quel siècle a-t-on inventé la photographie?
2. A quel siècle Neil Armstrong a-t-il marché sur la lune?
3. A quel siècle a-t-on inventé la télévision?
4. A quel siècle a-t-on découvert (*discovered*) de l'or (*gold*) en Californie?

D. **A vous.** Imaginez que votre classe de français est à Paris. Votre guide vous propose le choix de quatre sites à visiter cet après-midi. Divisez-vous en groupes de trois ou quatre pour décider du site. Chaque groupe doit justifier son choix. Les autres peuvent poser des questions et faire des objections. Enfin, on vote.

Voici les sites et les endroits à considérer:

Les arènes de Lutèce:

Histoire: des arènes romaines de 15 000 places avec une arène séparée pour les combats des gladiateurs

Aujourd'hui: un jardin public très agréable où on peut flâner (*stroll*), casser la croûte (*snack*), ou rêver

A proximité: le Quartier latin

Le Château de Vincennes:

Histoire: un excellent exemple de l'architecture militaire du XIVe siècle avec sa tour centrale et ses quatre tours carrées (*square*)

Aujourd'hui: le quartier général de la Légion Étrangère

A proximité: le bois de Vincennes, un très grand zoo, un parc floral, un hippodrome (*racecourse*) et deux lacs artificiels

Le Palais du Louvre:

Histoire: ancienne résidence royale commencée au XIIIe siècle

Aujourd'hui: un des plus célèbres et des plus riches musées au monde

A proximité: le quartier élégant de l'Opéra où se trouvent les plus beaux magasins de mode de Paris

La Cathédrale de Notre-Dame:

Histoire: Le grand chef-d'œuvre (*masterpiece*) du moyen âge. Commencée en 1163 et finie en 1330. Son architecture de style gothique crée une atmosphère de mystère et de beauté.

Aujourd'hui:	Toujours une église catholique. Il faut du courage pour monter les 387 marches (*steps*) qui conduisent jusqu'au sommet de sa tour où on peut prendre les photos de Paris les plus romantiques
A proximité:	le Quartier latin, l'Île Saint-Louis, l'Hôtel-de-Ville (*City Hall*) de Paris

Le patrimoine naturel

La terre

A. Définitions. Complétez les phrases suivantes.

1. Une exploitation agricole, c'est une _____.
2. Un espace (*space*) ouvert où on cultive la terre, c'est un _____.
3. Le fruit qui donne le vin est le _____. On le cultive sur la _____, qui se trouvent dans le _____. La personne qui fait le vin s'appelle un

   _____.
4. Les _____ sont des régions où la flore et la faune sont protégées et où seule la chasse (*hunting*) photographique est autorisée.

B. Les parcs nationaux. Imaginez que vous êtes employé au Ministère de l'environnement. A l'aide des descriptions ci-dessous, conseillez les personnes suivantes selon le modèle à la page 496.

Le Parc national du Mercantour: gorges rouges et arides; forêts, lacs et cascades impressionnantes

Le Parc national de l'Île de Port-Cros: sur la côte méditerranéenne; îles; réserve naturelle; oiseaux migrateurs

Le Parc national du Vercors: falaises (*cliffs*) vertigineuses; sites grandioses

---

MODÈLE: Je vais passer trois semaines de vacances dans le sud de la France et je voudrais savoir s'il y a des sites maritimes protégés. → Vous devriez visiter le Parc national de l'Île de Port-Cros, où il y a une réserve naturelle.

1. Je suis zoologiste et je voudrais savoir où on peut observer des animaux migrateurs en France.   2. Je suis photographe et je travaille pour la revue *National Geographic*. On m'a demandé de prendre des photos originales.   3. Je suis cinéaste et je vais tourner un film d'aventures en France. Il y a une scène où notre héros doit descendre une chute d'eau (*waterfall*). Où peut-on faire cela?

C. Et en Amérique? Y a-t-il des parcs nationaux aux États-Unis où on peut trouver des sites semblables aux (*similar to*) parcs du Mercantour, de l'Île de Port-Cros ou du Vercors? Quels parcs nationaux américains avez-vous visités ou aimeriez-vous visiter? Pourquoi? Qu'est-ce qu'on peut y trouver?

Un verbe irrégulier: *recevoir*

PRESENT TENSE OF **recevoir** (*to receive; to welcome*)			
je	reçois	*nous*	recevons
tu	reçois	*vous*	recevez
il, elle, on	reçoit	*ils, elles*	reçoivent
	Past participle:	reçu	
	Future stem:	recevr-	

Other verbs conjugated like **recevoir** include **apercevoir** (*to perceive; to see*) and **s'apercevoir (de)** (*to notice*).

A. Patrimoine et tourisme. Répondez aux questions suivantes selon les indications entre parenthèses. Utilisez le verbe **recevoir.**

1. Est-ce que la Cathédrale de Chartres *voit venir* de nombreux vacanciers? (oui)
2. Est-ce que les autorités *enregistrent* (*receive*) de nombreuses plaintes (*complaints*) au sujet des touristes dans la cathédrale? (non)
3. Combien de visiteurs le château de Versailles *voit-il venir* chaque année? (des millions)
4. *Entendez-vous* parfois des informations sur les expositions du musée du Louvre? (non)
5. *Acceptons-nous* trop de touristes dans nos parcs nationaux? (oui)

B. **A la campagne.** Complétez les phrases avec **recevoir, apercevoir** ou **s'apercevoir.**

1. Nous avons _____ des nouvelles de Mireille.
2. De sa nouvelle chambre, elle dit qu'elle _____ Notre-Dame.
3. Moi, de mon bureau, j'_____ une ferme ancienne.
4. Ma sœur et moi nous _____ que nous dormons mieux depuis que nous habitons à la campagne.
5. Vous êtes-vous _____ du bruit que l'on entend la nuit, en ville?
6. Les citadins (*city dwellers*) ne s'_____ même plus de ce bruit!
7. Venez nous rendre visite, nous vous _____ dans le jardin.
8. Vous _____ qu'il fait bon (*it's nice*) vivre à la campagne.

C. **Chez vous.** Répondez aux questions suivantes.

1. Qu'est-ce que vous avez reçu récemment dans le courrier? 2. Que feriez-vous si vous receviez un cadeau de cinq mille dollars? 3. Chez vous, qu'est-ce qu'on aperçoit de la fenêtre de la cuisine? de la salle de séjour? 4. Chez vous, vous êtes-vous aperçu de quelque chose de bizarre récemment? Expliquez.

Le pont du Gard, l'aqueduc romain de Nîmes, se compose de trois rangs d'arcades superposés.

60. THE PLUPERFECT*

© DEAN ABRAMSON/
STOCK, BOSTON

Le Mont-Saint-Michel est en danger

Sandrine et Marc, touristes canadiens, viennent de visiter le Mont-Saint-Michel.

SANDRINE: Nous n'*avions* jamais *vu* le Mont-Saint-Michel avant notre visite récente. C'est vraiment splendide!

RAYMOND: Est-ce qu'on n'a pas découvert récemment qu'on *avait détruit* son équilibre écologique?

MARC: C'est exact. Si on ne fait rien, le Mont-Saint-Michel ne sera plus une île en 1991.

SANDRINE: La première fois que j'en ai entendu parler, les experts *avaient* déjà *estimé* le budget pour sauver le site à cent millions de francs.

RAYMOND: C'est un budget énorme, mais c'est aussi le site le plus visité en province.

Trouvez une phrase synonyme dans le dialogue.

1. Nous n'avions jamais visité le Mont-Saint-Michel avant cette visite.
2. On a découvert qu'on avait ruiné son équilibre écologique.
3. En 1983, les experts avaient déjà calculé le budget pour restaurer le site à 100 millions de francs.

The pluperfect tense (also called the past perfect) is used to indicate an action or event that occurred before another past action or event, either stated or implied: *I **had already left** for the country* (*when my friends arrived in Paris*). Like the English pluperfect, the French pluperfect is formed with the imperfect of the auxiliary (**avoir** or **être**) plus the past participle of the main verb.

Mont-Saint-Michel is endangered
Sandrine and Marc, Canadian tourists, have just visited Mont-Saint-Michel.
SANDRINE: We had never seen Mont-Saint-Michel before our recent visit. It's really splendid! RAYMOND: Didn't they discover recently that people had destroyed its ecological balance? MARC: That's right. If nothing is done, Mont-Saint-Michel will no longer be an island in 1991. SANDRINE: The first time I heard tell of it, the experts had already estimated the budget (needed) to save the site at a hundred million francs! RAYMOND: That's an enormous budget, but it's also the most (often) visited site in the provinces.

*Le plus-que-parfait

	parler	**sortir**	**se réveiller**
je/j'	avais parlé	étais sorti(e)	m'étais réveillé(e)
tu	avais parlé	étais sorti(e)	t'étais réveillé(e)
il, elle, on	avait parlé	était sorti(e)	s'était réveillé(e)
nous	avions parlé	étions sorti(e)s	nous étions réveillé(e)s
vous	aviez parlé	étiez sorti(e)(s)	vous étiez réveillé(e)(s)
ils, elles	avaient parlé	étaient sorti(e)s	s'étaient réveillé(e)s

Quand j'ai téléphoné aux Dupont, ils **avaient** déjà **décidé** d'acheter la ferme.

Nous étions pressés parce que les autres **étaient** déjà **partis** à la campagne.

Marie **s'était réveillée** avant moi. Elle **était** déjà **sortie** à sept heures.

When I phoned the Duponts, they had already decided to buy the farm.

We were in a hurry because the others had already left for the countryside.

Marie had awakened before me. She had already left by seven o'clock.

Maintenant à vous

A. **Excursion.** Faites des phrases selon le modèle.

MODÈLE: nous / acheter / carte / lorsque / quitter / ville →
Nous avions acheté une carte lorsque nous avons quitté la ville.

1. dès que / Jean-Pierre / étudier / carte / partir
2. nous / manger / lorsque / aller chercher / voiture
3. tu / conduire / jusqu'au / Mont Blanc / quand / s'arrêter
4. après que / je / admirer / panorama (*m.*) / continuer / excursion
5. Juliette et Marion / se reposer / sous / arbre / lorsque / reprendre / route
6. vous / étudier / effets de la pollution / quand / vous / arriver / camp (*m.*)
7. aussitôt que / Vincent / trouver / traces de déchets industriels / commencer / prendre / photos
8. après que / ils / s'apercevoir / pureté (*f.*) de l'air / retourner / à / pollution / urbain

B. **Des excursions.** Voici comment Marc et Marie-Claire Lesage ont passé le week-end dernier. Connaissaient-ils déjà ces endroits? Suivez le modèle.

MODÈLE: Ce week-end nous avons fait une excursion. (Marc) →
Ce week-end nous avons fait une excursion que Marc avait déjà faite.

1. Marie-Claire a visité une ferme. (nous)   2. Nous nous sommes promenés dans les champs. (Marc)   3. La famille a acheté des produits (*products*) de la ferme. (on)   4. Elle a vu beaucoup d'animaux. (nous)   5. Marc a visité un vignoble. (Marie-Claire)

C. **Aujourd'hui.** Qu'est-ce que vous aviez déjà fait ou pas encore fait aux moments suivants? Suivez le modèle.

MODÈLE: Ce matin / 4 h 30 → Ce matin à quatre heures et demie je ne m'étais pas encore levé(e).

1. hier / 17 h
2. ce matin / 7 h
3. ce matin / 9 h 30
4. il y a une heure
5. 5 minutes avant le cours de français
6. hier soir / minuit

Suggestions: se réveiller, se brosser les dents, s'habiller, se coucher, préparer la leçon de français

61. THE PAST CONDITIONAL; SUMMARY OF *IF*-CLAUSE SENTENCES

Une aventure en pleine nature

MARC: Si tu n'*avais* pas *oublié* la boussole, nous ne *nous serions* jamais *perdus*.

YVETTE: Mais si je ne l'*avais* pas *oubliée*, notre randonnée* n'*aurait* pas été si palpitante....

MARC: Tu veux dire que je n'*aurais* pas *attrapé* un rhume, sans doute!

YVETTE: Voyons, Marc, pense à ce que nous *aurions manqué*: une journée de marche en pleine nature, le plaisir d'exercer notre sens pratique. C'est mieux que la télé, tu ne trouves pas?

Que serait-il arrivé si Yvette n'avait pas oublié la boussole? Complétez les phrases selon le dialogue.

1. Ils ne se ____.
2. Leur randonnée ne ____.
3. Marc ____.
4. Ils auraient manqué ____.

An adventure in the wilderness
MARC: If you hadn't forgotten the compass, we would never have gotten lost.   YVETTE: But if I hadn't forgotten it, our hike wouldn't have been as exciting. . . .   MARC: You undoubtedly mean that I wouldn't have caught a cold!   YVETTE: Look, Marc, think of the things we'd have missed: a day of hiking in the wilderness, the joy of using our common sense. It's better than TV, don't you think?

***La randonnée,** a form of hiking, is a popular outdoor activity in France. People use a compass and a detailed map to guide them through the countryside.

A. Forms of the past conditional

The past conditional (or conditional perfect) is used to express an action or event that would have occurred if some set of conditions (stated or implied) had been present: *We **would have worried** (if we had known)*. The French past conditional, **le conditionnel passé,** is formed, like the English past conditional, with the conditional of the auxiliary (**avoir** or **être**) plus the past participle of the main verb.

	parler	**sortir**	**se réveiller**
je/j'	aurais parlé	serais sorti(e)	me serais réveillé(e)
tu	aurais parlé	serais sorti(e)	te serais réveillé(e)
il, elle, on	aurait parlé	serait sorti(e)	se serait réveillé(e)
nous	aurions parlé	serions sorti(e)s	nous serions réveillé(e)s
vous	auriez parlé	seriez sorti(e)(s)	vous seriez réveillé(e)(s)
ils, elles	auraient parlé	seraient sorti(e)s	se seraient réveillé(e)s

B. Uses of the past conditional

The past conditional is used in the main clause of an *if*-clause sentence when the verb of the *if*-clause is in the pluperfect.

Si j'**avais eu** le temps, j'**aurais visité** le Château de Vincennes.	*If I had had the time, I would have visited the Château of Vincennes.*
Si j'**avais grandi** dans une ferme, j'**aurais eu** un cheval.	*If I had grown up on a farm, I would have had a horse.*
Si les Normands n'**avaient** pas **conquis** l'Angleterre en 1066, l'anglais **aurait été** une langue très différente.	*If the Normans had not conquered England in 1066, English would have been a very different language.*

The underlying set of conditions (the *if*-clause) is sometimes not stated.

A ta place, j'**aurais parlé** au guide.	*In your place, I would have spoken to the guide.*
Nous **serions allés** au lac.	*We would have gone to the lake.*
Aurais-tu fait une randonnée à bicyclette avec nous?	*Would you have taken a bike trip with us?*

C. The past conditional of **devoir**

The past conditional of **devoir** means *should have* or *ought to have*. It expresses regret about something that did not take place in the past.

J'**aurais dû prendre** l'autre chemin.	*I should have taken the other road.*

Nous **aurions dû acheter** de l'essence.	*We should have bought some gasoline.*

D. Time sequence in *if*-clause sentences

In French as in English, there are three tense sequences most often used in *if*-clause sentences.

Context	If-clause		Main (result) clause
Plans for the future:	**si** + *present*	→	future (indicative)
Present situation:	**si** + *imperfect*	→	conditional
Past situation:	**si** + *pluperfect*	→	past conditional

S'il ne **pleut** pas, nous **irons** à la montagne demain.	*If it doesn't rain, we'll go to the mountains tomorrow.*
S'il ne **pleuvait** pas, nous **irions** à la montagne.	*If it weren't raining, we'd go to the mountains.*
S'il n'**avait** pas **plu,** nous **serions allés** à la montagne.	*If it hadn't rained, we would have gone to the mountains.*

Note that the future and the conditional never immediately follow **si** in an *if*-clause sentence.

Maintenant à vous_____

A. Occasions manquées (*Missed opportunities*). Transformez les phrases suivantes.

1. Si *j'*avais visité le Château de Vincennes, *j'*aurais pu aussi visiter le zoo. (Marie, tu, vous)
2. Si *vous* étiez venus dans le vignoble avec nous, *vous* auriez eu l'occasion de parler avec le vigneron. (nous, Carole et Éliane, ils)
3. Si *nous* nous étions levés avant huit heures, *nous* aurions pris notre petit déjeuner avec le guide. (tu, je, Georges et Francine)

B. Si on pouvait choisir? Dans un cours d'histoire, le professeur demande aux étudiants de décrire une période historique qu'ils aimeraient observer s'ils le pouvaient. Lisez leurs réponses et dites à quelle époque ou à quel siècle ils auraient aimé vivre.

VINCENT: Je m'intéresse beaucoup à la vie de Jules César. Je trouve qu'il serait fascinant de connaître la vie de la Rome antique.

CHRISTINE: Moi, j'admire le courage des individus qui s'opposent à un gouvernement qu'ils n'ont pas choisi. L'époque des révolutions américaine et française a dû être extraordinaire.

JEAN-CLAUDE: J'étudie les beaux-arts. Si je pouvais observer de près (*close up*) les techniques artistiques de Michel-Ange ou de Léonard de Vinci, j'aurais quelque chose à dire à mon prof de peinture!

ROLAND: Pour moi, les cathédrales sont la plus grande réussite artistique de l'Europe. Je voudrais bien voir de près le travail qu'on a eu pour les bâtir.

COLETTE: Ce sont les grands navigateurs que j'admire. J'aimerais bien voir arriver Jacques Cartier dans le nouveau monde. J'ai l'esprit d'aventure et j'adore la voile.

C. **A leur place.** Qu'est-ce que vous auriez fait si vous aviez été à la place des personnes suivantes? (**J'aurais..., je serais..., je me serais...**)

1. Maurice faisait du camping dans la forêt quand il a entendu un bruit mystérieux et terrifiant. 2. Hélène se promenait en famille au bois de Vincennes quand sa nièce est tombée dans le lac. 3. Marylou et Amy-Jo flânaient dans le quartier élégant de l'Opéra quand elles ont vu Pierre Cardin. 4. Mme Gaudin faisait une randonnée dans le Parc national des Pyrénées quand elle a rencontré un ours (*bear*).

D. **Conseils.** Utilisez le verbe **devoir** pour conseiller les personnes suivantes. Qu'est-ce qu'elles auraient dû faire pour éviter (*avoid*) ces situations?

1. Pierre est arrivé à l'hôtel, mais il n'y avait plus de chambres.
2. Marguerite a écrit une lettre à ses amis parisiens pour leur dire qu'elle allait arriver, mais ils avaient quitté Paris avant de recevoir sa lettre.
3. Isabelle et moi, nous voulions vous envoyer une carte postale, mais nous n'avions pas de timbres. 4. Françoise a fait la connaissance d'un jeune homme admirable, mais elle ne sait pas où il habite. 5. David a passé toute une journée à la plage sur la Côte d'Azur. Il a fini par avoir très mal aux yeux.

62. DEMONSTRATIVE PRONOUNS*

La restauration d'un château

Laura a participé cet été à la restauration d'un château situé au sud-ouest de Paris.

SYLVAIN: Il y a beaucoup de châteaux en ruine dans la région?

LAURA: Oui, *celui-ci* a été détruit pendant la Révolution.

SYLVAIN: Et tu disais qu'il y avait des tableaux aux murs quand vous avez commencé la restauration?

LAURA: Oui, *ceux* qui étaient en bon état attendent dans un musée la fin des travaux.

---

*Les pronoms démonstratifs

SYLVAIN: Et les autres?

LAURA: *Ceux-là,* on est en train de les restaurer également.

SYLVAIN: Est-ce que vous avez fait beaucoup de découvertes pendant votre travail?

LAURA: Ah oui, *celle* qui m'a le plus impressionnée, c'est la découverte d'un passage secret sous le château!

Trouvez la phrase correcte dans le dialogue.

1. Ce château-ci a été détruit pendant la Révolution.
2. Les tableaux qui étaient en bon état attendent dans un musée la fin de notre restauration.
3. Les autres, on est en train de les restaurer.
4. La découverte qui m'a le plus impressionnée, c'est celle d'un passage secret sous le château.

A.   Forms of the demonstrative pronouns

Demonstrative pronouns such as *this one, that one,* and so on refer to a person, thing, or idea that has been mentioned previously. In French, they agree in gender and number with the nouns they replace.

		SINGULAR	PLURAL
Masculine	**celui**	*this one, that one, the one*	**ceux** *these, those, the ones*
Feminine	**celle**	*this one, that one, the one*	**celles** *these, those, the ones*

B.   Uses of demonstrative pronouns

French demonstrative pronouns cannot stand alone. They must be used in one of the following ways:

1. with the suffix **-ci** (to indicate someone or something located close to the speaker) or **-là** (for someone or something more distant from the speaker)

Restoration of a chateau

This summer Laura worked on the restoration of a chateau located southwest of Paris. SYLVAIN: Are there lots of ruined chateaus in the area?   LAURA: Yes, this one was destroyed during the Revolution.   SYLVAIN: And you were saying there were paintings on the walls when you began the restoration?   LAURA: Yes, those that were in good shape are being stored in a museum until we've finished the (restoration) work.   SYLVAIN: And the others?   LAURA: They're being restored also.   SYLVAIN: Have you made many (interesting) discoveries during your work?   LAURA: Yes, the one that struck me the most was the discovery of a secret passageway under the chateau!

Voici deux affiches. Préférez-vous **celle-ci** ou **celle-là**?	*Here are two posters. Do you prefer this one or that one?*
L'article sur les villages restaurés est dans quelle revue? **Celle-ci** ou **celle-là**?	*The article about restored villages is in which magazine? This one or that one?*

2. followed by a prepositional phrase (often a construction with **de**)

Quelle époque t'intéresse? **Celle** du moyen âge ou **celle** de la Renaissance?	*Which period interests you? That of the Middle Ages or that of the Renaissance?*
Jacqueline prépare une étude comparative de deux châteaux de la Renaissance: **celui** de Chenonceaux et **celui** de Fontainebleau.	*Jacqueline is preparing a comparative study of two Renaissance chateaus: the one at Chenonceaux and the one at Fontainebleau.*

3. followed by a dependent clause introduced by a relative pronoun

On trouve des villages anciens dans plusieurs parcs: **ceux** qui sont dans le Parc de la Brière sont en ruine; **ceux** qui sont dans les parcs de la Lorraine et du Morvan ont été restaurés.	*One finds very old villages in several parks: those that are in Brière Park are in ruins; those that are in the Lorraine and Morvan parks have been restored.*
Ce guide-là est très intelligent, mais **celui** qui a parlé tout à l'heure ne m'a pas beaucoup impressionné.	*That guide is very intelligent, but the one who spoke a little while ago did not impress me very much.*

C. Indefinite demonstrative pronouns

Ceci (*this*), **cela** (*that*), and **ça** (*that,* informal) are indefinite demonstrative pronouns; they refer to an idea or thing with no definite antecedent. They do not show gender or number.

Cela (**Ça**) n'est pas important.	*That's not important.*
Regarde **ceci** de près.	*Look at this closely.*
Qu'est-ce que c'est que **ça**?	*What's that?*

Maintenant à vous

A. **Au musée.** Monsieur Legrand et Mademoiselle Chabot parlent des œuvres d'art qu'ils admirent au Louvre. Jouez les rôles selon le modèle.

MODÈLE: le tableau → M. *Legrand:* J'aime beaucoup ce tableau-ci.
Mlle *Chabot:* Personnellement, je trouve que celui-là est meilleur.

1. la sculpture
2. le portrait
3. le paysage (*landscape*)
4. la statue
5. le tableau
6. le dessin
7. la tapisserie (*tapestry*)

B. Histoire comparative. Comparez l'époque moderne à celles du passé selon le modèle. Utilisez une variété d'adjectifs.

MODÈLE: les moyens de transport / l'époque médiévale →
Les moyens de transport modernes sont plus rapides que ceux de l'époque médiévale.

1. la médecine / l'époque médiévale
2. les fermes / l'époque romaine
3. la science / l'époque de la Renaissance
4. les universités / l'époque classique
5. les loisirs / l'époque médiévale
6. la vie urbaine / l'époque romaine
7. les sources d'énergie / l'époque de la Renaissance
8. la religion / l'époque médiévale
9. les gouvernements / l'époque classique

Mots utiles: bon, mauvais, grand, important, agréable, simple, sûr, équipé, accessible, sophistiqué, varié (*varied*), efficace (*efficient*), démocratique, abstrait (*abstract*)

C. Vos préférences. Nommez le site, l'endroit ou l'œuvre qui vous a le plus impressionné ou que vous aimeriez voir surtout. Suivez le modèle.

MODÈLE: le tableau → Celui qui m'a le plus impressionné, c'est *Guernica* de Picasso.

ou

Celui que j'aimerais surtout voir, c'est la *Joconde* (*Mona Lisa*).

1. le parc national
2. le monument
3. le pays
4. l'île
5. la cathédrale
6. l'état
7. le musée

D. Leçon de piano. Voici une conversation un peu décourageante entre un professeur de musique et son élève. Traduisez-la en français, s'il vous plaît.

A: Don't do that. Do this.
B: Why?
A: Because this is going to be important someday (**un de ces jours**).
B: But my other teacher never taught me this.
A: That's not true. In fact, you played this the day before yesterday.
B: I don't remember that.
A: If you learn this well, you'll play in Carnegie Hall someday.
B: That will never happen (**arriver**).
A: That's a bad attitude (*f.*). Let's begin this now.

63. SUMMARY OF INDEFINITE ADJECTIVES AND PRONOUNS

Un petit village renaît

BENOÎT: Voilà *plusieurs* mois que je n'ai pas vu Marion et Clément. *Tout* va bien chez eux?

VINCENT: Oui, ils font *quelque chose* de passionnant, avec *quelques* amis.

BENOÎT: Tu parles de ce petit village abandonné qu'ils sont *tous* en train de reconstruire?

VINCENT: Oui, chacun y a acheté une maison en ruine. *Quelques-uns* travaillent à la construction, *d'autres* au jardinage....

BENOÎT: *Chaque* fois que j'entends parler d'eux, j'ai envie de *tout* laisser tomber ici et de les rejoindre!

VINCENT: Tu devrais d'abord terminer *quelques-uns* des projets de bricolage que tu as commencés l'année dernière!

1. Depuis combien de temps Benoît n'a-t-il pas vu Marion et Clément?
2. Est-ce que tout va bien chez eux?
3. Qu'est-ce qu'ils sont en train de faire?
4. Est-ce que d'autres amis travaillent avec eux?
5. Que devrait faire Benoît, selon Vincent?

A. Forms and uses of **tout**

1. the adjective **tout** (**toute, tous, toutes**)
   As an adjective, **tout** can be followed by an article, a possessive adjective, or a demonstrative adjective.

Nous avons marché **toute la journée** pour arriver au sommet.	*We hiked all day to reach the summit.*
Voilà **tous mes amis.**	*Here are all of my friends.*
Veux-tu apporter **toutes ces provisions?**	*Do you want to bring all those supplies?*

2. the pronoun **tout**
   As a pronoun (masculine singular), the form **tout** means *all, everything.*

Tout va bien!	*Everything is fine!*

A village is reborn

BENOÎT: I haven't seen Marion and Clément for several months. Are things going well for them? VINCENT: Yes, they're doing something fascinating with some friends. BENOÎT: Are you talking about that small abandoned village that they're all in the process of rebuilding? VINCENT: Yes, each of them bought a ruined house there. Some are working in construction, others in gardening. . . . BENOÎT: Every time I hear about them, I feel like dropping everything and joining them. VINCENT: First you should finish some of the do-it-yourself projects you started last year!

Tout est possible dans ce monde.	*Everything is possible in this world.*

Tous and **toutes** mean *everyone, every one (of them), all of them.* When **tous** is used as a pronoun, the final **s** is pronounced: **tous** [tus].

Tu vois ces jeunes gens? **Tous** veulent faire du camping.	*Do you see those young people? All of them want to go camping.*
Ces lettres sont arrivées hier. Dans **toutes,** il est question d'écologie.	*These letters arrived yesterday. All of them deal with ecology.*

B.   Other indefinite adjectives and pronouns

Indefinite adjectives and pronouns refer to unspecified things, persons, or qualities. They are also used to express sameness (the same one) and difference (another). Here is a list of the most frequently used indefinite adjectives and pronouns in French.

Adjectives	*Pronouns*
quelques ⎱ ⎰ + *noun* **chaque** ⎰	**quelqu'un** ⎱ + **de** + *masculine adjective* **quelque chose** ⎰ **quelques-uns/unes** ⎱ + **de** + *noun* **chacun/chacune** ⎰
Expressions used as adjectives and pronouns	
un(e) autre **d'autres*** **l'autre/les autres**	**certain(e)s** **le/la même; les mêmes** **plusieurs (de)**

Adjectives	**Pronouns**
J'ai **quelques** amis à la campagne.	→ **Quelques-uns** (de mes amis) sont vignerons. **Quelqu'un** m'a envoyé un livre sur l'écologie. Lui as-tu envoyé **quelque chose**?
Nous avons **plusieurs** choix.	→ **Plusieurs** de ces choix sont extrêmement difficiles.

---

*Note that **de** is used without an article before **autres** whether **autres** modifies a noun or stands alone as a pronoun.

Chaque étudiante suit le cours de gymnastique.	→ **Chacune** des étudiantes recevra une note de gymnastique au Bac.
Veux-tu **une autre** tasse de thé?	→ Non, si j'en prenais **une autre,** je ne pourrais pas dormir.
Où est **l'autre** avion du club?	→ **L'autre** est parti.
Les autres passagers sont partis.	→ **Les autres** sont partis.
J'ai **d'autres** problèmes.	→ J'en ai **d'autres.**
Ce sont **les mêmes** étudiants.	→ **Les mêmes** sont absents.

The indefinite pronouns **quelqu'un** and **quelque chose** are singular and masculine. Remember that adjectives that modify these pronouns follow them and are introduced by **de**.

Je connais **quelqu'un d'intéressant.**	*I know someone interesting.*
Je veux **quelque chose de bon** à manger.	*I want something good to eat.*

Maintenant à vous

A. **Excursion.** Faites les substitutions indiquées.

1. Jean-Paul a vu tout le *paysage.* (fermes, champs, vignobles)
2. Tous mes *camarades* ont pris des photos. (amis, professeurs, amies)
3. Nous avons apporté tous les *appareils-photo* (*cameras*). (provisions, tentes, vêtements)

B. **Marée noire** (*Oil spill*). Un accident en mer a provoqué une grave marée noire en Bretagne. A la suite de (*After*) cette catastrophe, il y a eu une conférence sur la protection des océans.

1. *Plusieurs* pays étaient représentés à la conférence. (quelques, mêmes, autres, chaque, autre)
2. Les victimes de la marée noire ont affirmé quelque chose d'*intéressant.* (scandaleux, important, sérieux)
3. *D'autres* ont parlé d'une autre marée noire en Californie. (quelqu'un, les autres, quelques-unes, plusieurs, chacun)
4. C'est toujours la même *histoire.* (problèmes, dangers, discussions)

C. **La conférence continue.** Transformez les phrases selon le modèle.

MODÈLE: Quelques étudiants ont téléphoné à l'ambassade. →
Quelques-uns d'entre eux ont téléphoné à l'ambassade.

1. Quelques plages ont échappé (*escaped*) à la marée noire.
2. Quelques femmes sont allées avec leurs maris à une manifestation écologiste. 3. Plusieurs chefs de gouvernement sont allés à la

conférence.   4. Chaque pays y était représenté.   5. Chaque nation avait des intérêts différents.   6. Une autre conférence aura lieu (*will take place*) dans un mois.   7. Les mêmes pays y seront représentés. 8. D'autres problèmes écologiques y seront discutés.

D. La première chose qui vient à l'esprit (*mind*). Avec un(e) camarade de classe, posez des questions—en français, s'il vous plaît—à partir des indications suivantes. Votre camarade doit donner la première réponse qui lui vient à l'esprit. Suivez le modèle.

MODÈLE: someone boring → Nomme quelqu'un d'ennuyeux. → ?

1. someone important   2. something important   3. something stupid   4. something red   5. someone funny   6. all the large cities in the state   7. a few of the French professors in the university 8. several French artists (authors, singers, _____)   9. other French artists (authors, singers, _____)   10. another French artist (author, singer, _____)   11. ?

E. Sondage. Quelques étudiants préparent deux ou trois questions sur la vie dans votre université. Les autres donnent leurs réponses par écrit. Les premiers examinent les réponses et annoncent les résultats en utilisant (*using*) des adjectifs ou des pronoms indéfinis.

Par exemple,

Certains étudiants disent que…
Quelqu'un a répondu que…
Plusieurs d'entre nous pensent que…
Quelqu'un estime que…
Le même étudiant ajoute (*adds*) que…
Les autres trouvent que…

Rencontre culturelle

Each summer in France, volunteer groups work to restore monuments, chateaus, and other historical sites that have fallen into ruin. Under the auspices of organizations such as **R.E.M.P.A.R.T.S. (Réhabilitation et Entretien des Monuments et du Patrimoine Artistique)**, these groups work under the supervision of an engineer, architect, or archeologist to prepare a site for professional restoration or even to participate in the final stages of the reconstruction itself. These summer projects are of special interest to students of architectural history who learn not only to reconstruct the original design and floor plan of a historical building from the vestiges of beams, doors, and curtains, but also to complete the restoration with authentic materials. For instance, when cement is used to rebuild the wall of a chateau, it is mixed from the chalk, sand, and rock found in the vicinity, as it would have been done in any period before the nineteenth century. The work of groups such as **R.E.M.P.A.R.T.S.** reflects the French feeling of "connectedness" to their past and their active commitment to **le patrimoine.**

UN VILLAGE PERCHÉ* EN PROVENCE

Contexte Francine montre son pays natal à Karen, une jeune Américaine qui étudie avec elle à l'Université de Nice. Les deux étudiantes se dirigent vers° Vence, où elles vont passer quelques jours dans la petite maison de campagne de la famille de Francine. Karen connaît les plages et les villes célèbres de la Côte d'Azur. Mais elle n'a jamais vu les collines° pittoresques de l'arrière pays.° Le village perché de Saint-Paul de Vence est pour elle une véritable découverte.

se... make their way toward

hills / l'arrière... inland

Objectif Karen exprime son admiration pour le paysage vençois.°

de Vence

Dialogue

FRANCINE: Voilà, nous arrivons. Ce village fortifié, là-bas,° c'est Saint-Paul de Vence.

over there

KAREN: Mais il est absolument spectaculaire, ce village: il est bâti sur un rocher.°

rock

FRANCINE: C'est parce que les villageois° devaient se protéger contre les pirates maures,° au moyen âge. Tous les vieux villages par ici sont construits sur des hauteurs.°

habitants d'un village
Moorish
heights

KAREN: Je n'ai jamais rien vu d'aussi beau! Le rempart ressemble un peu à un grand navire.°

ship

FRANCINE: Maintenant, regarde la vue du côté de la Méditerranée.

KAREN: Quel panorama splendide! Les couleurs sont si brillantes.

FRANCINE: J'adore revenir par ici, de temps en temps. On comprend pourquoi tant de° peintres sont venus vivre ici.

tant... so many

KAREN: La plupart d'entre eux étaient des artistes du dix-neuvième et surtout du vingtième siècle, n'est-ce pas?

FRANCINE: Oui, demain nous pourrions aller voir la chapelle Matisse, ou le musée Picasso ou la maison de Renoir. Ils sont tous près d'ici. Viens, on va s'arrêter ici un moment, et prendre quelque chose.

Francine et Karen garent° leur voiture au pied des remparts de Saint-Paul et se dirigent vers l'entrée de la ville. Elles passent devant l'entrée d'un joli restaurant.

park

---

*hillside (lit., perched)

KAREN: La Colombe d'Or... C'est un café?

FRANCINE: C'est un restaurant-musée!

KAREN: Un restaurant-musée?

FRANCINE: Les artistes venaient souvent manger ici autrefois; ils
            étaient pauvres et ils ont donné certaines de leurs toiles°   tableaux
            au propriétaire pour payer leur note.°   bill

KAREN: C'est incroyable°! La valeur de ces tableaux doit être   impossible à croire
            astronomique!

FRANCINE: Nous, nous allons au Café de la Place.

KAREN: Là où il y a tous ces joueurs de pétanque?

FRANCINE: Oui, si tu regardes bien, tu verras peut-être Charles
            Bronson, Harry Belafonte ou une autre célébrité. C'est le
            coin favori des vedettes° ici, surtout pendant le Festival   stars
            de Cannes.

KAREN: Ça alors! Je crois rêver!

FRANCINE: Tu sais, demain nous pouvons visiter Grasse, la capitale
            du parfum, ou nous pouvons visiter le monument romain
            de la Turbie, ou encore chercher des fossiles sur le
            plateau de Caussols, ou bien aller au casino de Monte
            Carlo...

KAREN: Quel pays de légende!

Variations

1. Recréez le dialogue. Changez la structure des exclamations de Karen.
   Par exemple: «il est absolument spectaculaire, ce village» devient:
   «Quel village extraordinaire!»

2. Improvisez! Imaginez que vous montrez un site extraordinaire (New
   York? San Francisco? Yosemite? le Grand Canyon?) à un ami français
   (une amie française) qui visite l'Amérique pour la première fois. Créez
   un nouveau dialogue rempli d'expressions d'admiration.

Commentaire culturel

The **villages perchés,** along with the red brick or thatched houses in Normandy, the white
farmhouses of Brittany, the red-tiled roofs of homes in the south of France, and the half-
timbered houses in Alsace, are among the architectural features that stir the French consciousness of their unique culture. The French tend to be very attached to their way of life and
aware of the wealth of their cultural and natural legacy. The historian Jules Michelet once
said, "La France est une personne," and the French attitude toward traditional or historical
sites in **la patrie** (*the homeland*) indeed constitutes a kind of personification.

Governmental institutions reflect this concern with the preservation of this heritage. The
Ministère de la culture is the cabinet-level department responsible for the protection of the
cultural legacy. Its jurisdiction includes the acquisition of works of art in the nation's museums,
the classification of historical monuments, the establishment of archeological sites, and the

administration of historical archives, as well as the **Centre national du film,** a library of French films. The extent of this ministry's role is better understood when one realizes that in France there are approximately 110,000 historical monuments, more than four million works of art in museums, 20,000 archeological sites, and more than 400,000 reels in the **Centre national du film.** Each year at least 3000 works of art are added to the nation's museums—and this in a country somewhat smaller than the state of Texas!

The French concern with the quality of life is also reflected in the more recent mandate of the **Ministère de l'environnement et du cadre de vie.** Millions of francs are spent each year in an attempt to control air and water pollution. Many new national and regional parks are being created in scenic areas to protect them from development. In many elections, there are political candidates who identify themselves as ecologists and who present their programs in the context of the traditional French concern with preserving the beauty of the unspoiled countryside.

Le français par les gestes: La cravate

Self-praise, most often slightly ironic, is expressed by the French with a gesture that imitates the act of tightening the knot of a tie, thus bringing flattering attention to oneself: "Aren't I wonderful!"

Mise au point

A. Qu'est-ce que vous allez faire? Vous avez beaucoup travaillé cette semaine. Vous avez envie de vous amuser ce week-end. Qu'est-ce que vous allez faire? Suivez le modèle. (Si vous n'aimez pas les choix entre parenthèses, créez votre propre réponse.)

MODÈLE: Dans quel restaurant allez-vous manger? (qui se trouve au coin de la rue, qui se trouve près de l'université) →
Je vais manger dans celui qui se trouve au coin de la rue.

1. Quel film allez-vous voir? (de Truffaut, de Steven Spielberg)
2. Quelle exposition allez-vous voir? (de photographie, de sculpture)
3. Quel parc allez-vous visiter? (qui est une réserve naturelle, qui se trouve sur la côte)   4. A quel vignoble allez-vous? (de Champagne, de Napa Valley)

B. Projets du soir. Complétez le dialogue suivant avec une forme des verbes entre parenthèses, ou un adjectif ou un pronom indéfini.

BÉNÉDICTE: Qu'allons-nous faire ce soir? Si nous avions de l'argent, nous _____ (pouvoir) descendre à Monte Carlo.

JULIEN: Moi, je tiens à faire _____ d'intéressant.

BÉNÉDICTE: D'accord. Qui pouvons-nous inviter? _____ tes amis sont ennuyeux.

JULIEN: Ce n'est pas vrai. Nous n'avons pas vu Benoît et Laurence depuis trois mois. Invitons-les.

BÉNÉDICTE: Oh, _____ là! Ils n'arrêtent pas de parler. J'aimerais plutôt aller voir un film. Il y a un film américain au Bijou.

JULIEN: Auquel penses-tu?

BÉNÉDICTE: Je pensais à _____ de Woody Allen, *Broadway Danny Rose*.

JULIEN: Très bien. Si tu n'as pas _____ idées, je _____ (téléphoner) pour demander à quelle heure est la séance.

BÉNÉDICTE: Si j'_____ (avoir) le temps hier, j'_____ (pouvoir) acheter l'*Officiel des spectacles*.

JULIEN: Tant pis (*Too bad*). _____-là est le meilleur guide des spectacles, mais c'est trop tard.

C. **Une aventure en pleine nature.** En français, s'il vous plaît.

1. Last year, a friend and I went to a national park for a vacation.
2. We decided that we wanted to escape the city.   3. The forest and the mountains are always beautiful.   4. If we were lucky, we wouldn't see anyone.   5. The day we arrived, we saw only a few insects (**insecte** [*m.*]).   6. The next day, we saw several campers, some more insects, and a few birds.   7. That night, a bear (**un ours**) surprised (**surprendre**) us.   8. I think it was looking for food (**de la nourriture**), but we didn't have any.   9. After that, we couldn't sleep . . .
10. We also started to think about something good to eat.   11. Oh, if we had known all these things, we would have planned (**organiser**) a different vacation.   12. Next year, we'll plan something quieter.

D. **Si j'avais pu...** Qu'est-ce que vous auriez fait pour améliorer (*to improve*) les conditions de vie dans votre université l'année passée ou dans votre ville de naissance quand vous étiez plus jeune? Faites au moins six phrases complètes. Utilisez chaque phrase de la colonne de gauche. Les phrases de la colonne de droite sont des suggestions.

Les occasions

1. si je / avoir / argent
2. si je / avoir / courage
3. si on / me / écouter
4. si je / avoir / temps
5. si je / être élu(e) au Congrès

Des actions suggérées

(ne pas) augmenter / prix / essence

(ne pas) protéger / la vie animale / l'environnement

(ne pas) organiser / manifestation / contre / centrales nucléaires (*nuclear power plants*)

(ne pas) interdire (*to forbid*) / voitures / dans le centre-ville

Verbes

apercevoir *to perceive*
  s'apercevoir de *to become aware of*
avoir lieu *to take place*
avoir l'occasion (de) *to have the chance (opportunity) (to do something)*
bâtir *to build*
diriger *to direct, lead*
  se diriger (vers) *to make one's way (toward); to go*
échapper à *to escape*
flâner *to stroll*
recevoir *to receive*

Substantifs

l'appareil-photo (m.) *(still) camera*
les arènes (f.) *arena*
la cathédrale *cathedral*
le champ *field*
la chasse *hunt*
le chef-d'œuvre *masterpiece*

l'époque (f.) *period (of history)*
l'événement (m.) *event*
la ferme *farm*
la feuille *leaf; sheet (of paper)*
le moyen âge *Middle Ages*
l'œuvre (d'art) (f.) *work (of art)*
l'or (m.) *gold*
le palais *palace*
le patrimoine *legacy, patrimony*
le paysage *countryside, landscape*
le raisin *grape*
la randonnée *cross-country hike*
la Renaissance *Renaissance*
le roi (la reine) *king (queen)*
le siècle *century*
le tableau *painting*
la terre *earth; land; ground*
la vigne *vine*
le vigneron *wine grower*
le vignoble *vineyard*

Adjectifs

classique *classical*
gothique *Gothic*
incroyable *unbelievable*
médiéval(e) *medieval*
national(e) *national*
pareil(le) (à) *similar (to)*
romain(e) *Roman*

Mots divers

à votre (ta) place *in your place (if I were you, . . .)*
ceci *this (one)*
cela (ça) *that (one)*
c'est-à-dire *that is to say (in other words, . . .)*
le (la) même *the same one*
quelques (adj.) *some, a few*
quelques-uns/unes (pron.) *some, a few*
tant (de) *so much, so many*
un de ces jours *one of these days (someday)*
vers *toward (a place)*

L'imposante forteresse médiévale de Carcassonne fait de la ville un grand centre touristique.

Lecture

LA CHASSE AUX TRÉSORS

L E SOUS-SOL° FRANÇAIS est une véritable caverne d'Ali Baba. Toutes les régions de France ont connu des invasions barbares ou romaines, d'incessantes migrations humaines et de longues périodes troublées. Un grand nombre de trésors est encore à découvrir.° Par exemple, le trésor de Louis XVI: lorsque le roi a décidé de fuir° le royaume,° en 1791, il a appris qu'une troupe de révolutionnaires l'attendait près de la frontière belge. On l'a arrêté avant le village de Montmédy, où l'attendait une fortune considérable destinée à préparer son retour. Les soldats royalistes ont caché les caisses° d'or et d'argent° dans un souterrain.° Et le trésor de Louis XVI dort toujours.

De nos jours, la vente de <u>centaines</u> de <u>milliers</u> de détecteurs de métaux apporte de grands changements dans le monde de la chasse au trésor. Les Français se transforment en «détectives du passé» et <u>n'en finissent pas</u> de sonder° le sous-sol à la recherche d'un trésor enterré.°

Jean, 35 ans, est un de ces prospecteurs passionnés. Il passe en <u>moyenne</u> quinze à vingt heures par semaine à prospecter. Son butin°? Mille deux cent cinquante pièces de monnaie d'argent de l'époque romaine, un calice° en argent, une magnifique bague° de 1925 et cent cinquante bagues et alliances° contemporaines! Où prospectent les chasseurs de trésors? Dans les mares,° les sources,° les fontaines; dans les rivières, près des piles de pont;° dans les caves,° dans les bois, et près des anciennes voies° romaines, souvent transformées en routes nationales. Pourtant, il est rare de trouver un véritable trésor par hasard. En général, ces trésors ne sont détectés qu'après de longues recherches en bibliothèque. Il faut explorer les archives et lire les anciennes cartes. Il faut connaître son histoire, et certains vétérans connaissent par cœur° les textes anciens, en particulier les *Commentaires sur la conquête des Gaules* de Jules César!

Ce nouveau loisir préoccupe très sérieusement le Ministère de la culture. Le pillage d'un terrain qui contient des vestiges archéologiques est punissable d'un mois à deux ans de prison. En fait, seuls des prospecteurs

---

subsoil

à... *to be discovered*
quitter brusquement à cause d'un danger / un roi règne sur son **royaume**

grandes boîtes / un métal (Ag) / passage sous le sol

examiner / déposé sous la terre

haul, plunder
cup, chalice
on la porte au doigt
l'anneau d'**alliance** est la bague symbolisant le mariage
ponds / springs /
piles... bridge piers
cellars (of houses) /
routes

connaissent... ont mémorisé

surpris° sur l'un des vingt mille sites archéologiques connus ont été con-
damnés à ce jour. Des sites d'intérêt historique sont chaque jour saccagés°
par les prospecteurs amateurs. Une pièce de monnaie trouvée dans une
couche° de sol brûlé° peut aider à préciser la date où ce feu° s'est produit. On
peut alors dater tout autre objet découvert dans cette même couche et
reconstituer l'histoire du site. Le patrimoine français est en danger. La
guerre est ouverte entre prospecteurs amateurs et archéologues. Certains
archéologues voudraient faire interdire° la vente des détecteurs de métaux.
D'autres réclament° l'institution d'un «permis de fouilles°». Dans plusieurs
régions, des responsables des antiquités ont répandu° sur les sites des morceaux d'aluminium, qui trompent les détecteurs. Mais ce phénomène est
difficile à arrêter: la tentation est bien grande. Récemment on vient de
découvrir des trous° dans les jardins du Louvre. Les coupables°? Des prospecteurs, bien sûr. Il faut dire que peu avant son arrestation, Louis XVI
(encore lui!) avait enterré mille louis d'or,° quelques bijoux° et une partie
du trésor national sous les pelouses° du Louvre! Comment résister?

trouvés
mis au pillage

layer / burned / fire

rendre illégal
demandent / *exca-
vation*
distribué

holes / les personnes
responsables du
crime
louis... ancienne
monnaie / les
bagues, les
bracelets, etc.
lawns

Compréhension

A. Répondez aux questions suivantes.

1. Pourquoi y a-t-il tant de trésors cachés dans le sous-sol français?   2. Qu'est-ce qui a
beaucoup changé la chasse aux trésors en France?   3. Pourquoi peut-on trouver des trésors
près des routes nationales en France?   4. Quel est le rôle des bibliothèques dans la chasse
aux trésors?   5. Pourquoi le Ministère de la culture s'occupe-t-il des prospecteurs?
6. Pourquoi a-t-on percé des trous dans les jardins du Louvre?

B. La lecture fait allusion à plusieurs personnages historiques ou fabuleux. Pouvez-vous les
identifier à partir des descriptions suivantes?

1. A l'époque romaine, ce peuple habitait dans la région qui s'appelle aujourd'hui la
France.   2. Mari de Marie-Antoinette, il a été guillotiné par les révolutionnaires en 1793.
3. Général et homme d'état romain qui a conquis la Gaule.   4. Héros des *Mille et une nuits*,
cet artisan pauvre découvre par hasard le secret qui donne accès aux trésors des quarante
voleurs.

Expression écrite

A. **Eureka!** Imaginez que vous êtes un(e) prospecteur (-trice) et que vous venez de trouver quelque chose de fascinant. Écrivez un paragraphe sur le trésor que vous avez trouvé, les recherches que vous avez faites pour le découvrir, le terrain que vous avez exploré et ce que vous allez en faire.

B. **L'Amérique et son patrimoine.** Écrivez deux paragraphes sur le patrimoine américain selon votre point de vue.

Paragraphe 1: **Le patrimoine naturel.** Quelle est la plus belle région des États-Unis? Décrivez le paysage. Y a-t-il des fleuves, des montagnes, des fermes ou des plages? Combien de fois l'avez-vous visitée? Qu'est-ce que vous y avez fait?

Paragraphe 2: **Le patrimoine culturel.** Qui est votre écrivain (*writer*), peintre ou architecte américain préféré? Décrivez son œuvre. Expliquez pourquoi vous estimez que son œuvre est importante.

Activités

A PROPOS

Comment exprimer l'admiration ou l'indignation

Verbes:

J'aime (admire, adore)…   Je n'aime pas (réprouve, déteste)…

Constructions verbales:

Ça me plaît.   Ça me déplaît.
Ça me séduit (*appeals to me*).   Ça me dépasse. (*That's beyond me.*)
Ce qui me plaît, c'est que…   Ce qui me déplaît, c'est que…

Constructions suivies d'adjectifs:

C'est agréable.   C'est désagréable.
…beau.   …moche.
…merveilleux.   …scandaleux.

Exclamations avec **quel:**

Quelle beauté!   Quelle horreur!
Quelle splendeur!

Interaction. Quelle est votre réaction devant les photos ci-dessous et à la page 520? Discutez-en avec des camarades. Utilisez les expressions de l'**A propos.**

Près du Centre Pompidou à Paris.

Musée d'art moderne à Villeurbane.

© FRANÇOIS-XAVIER SEREN / VDN PICTURE LIBRARY

Le monde francophone 1

Québec est la ville la plus ancienne du Canada.

OBJECTIFS   In this chapter, you will learn about the French-speaking regions of North America and the Caribbean. You will read about the history of the French presence in these areas and the cultural diversity that characterizes them today. The language structures you will practice include the restrictive constructions, such as **à condition que...** (*on condition that . . .*), more relative pronouns, and the use of the past subjunctive, as well as alternatives to the subjunctive common in both written and spoken French.

Étude de vocabulaire

Le Nouveau Monde francophone

A. Un peu d'histoire et de géographie. Complétez les phrases suivantes.

1. Le _____ est la plus grande province du Canada. La ville de _____, la capitale, est la ville la plus ancienne du Canada. A 290 kilomètres à l'ouest de cette ville se trouve la ville de _____, la deuxième ville francophone du monde. A l'est de la province de Québec se trouve celle de _____ et au sud-est se trouve la _____.

2. _____ a exploré le Canada au XVIe siècle. Il a pris possession de ces territoires au nom de la France.

3. La ville de La _____-_____ est passée aux États-Unis en 1803, avec le reste de la Louisiane, qui comprenait alors (*at that time*) un territoire dix fois plus vaste que l'état de la Louisiane admis aux États-Unis en 1804. C'est Napoléon qui a vendu ce territoire aux _____.

4. Christophe Colomb a exploré la mer des _____. Il a découvert* l'Île d'_____ en 1492, la _____ en 1493 et la _____ en 1502.†

---

*The verb **découvrir** (*to discover*) is conjugated like **couvrir** and **ouvrir**.

†Haïti a obtenu son indépendance en 1804. La Guadeloupe et la Martinique sont devenues départements français d'outre-mer (*overseas*) en 1946.

B. L'Amérique francophone. Trouvez sur la carte des États-Unis des villes américaines portant (*bearing*) un nom français. Savez-vous ce que (*what*) ces noms veulent dire?

C. Interview. Bien sûr, il n'y a pas que des personnes d'origine française en Amérique! Interrogez un(e) camarade sur l'origine de sa famille et ensuite, présentez à la classe un résumé de ce que (*what*) vous avez appris. Demandez à votre camarade...

1. de quelle nationalité il/elle est   2. d'où viennent ses parents, ses grands-parents et ses arrière-grands-parents (*great-grandparents*)
3. quand ses ancêtres sont venus en Amérique   4. quelle a été, à son avis, la réaction de ses ancêtres quand ils sont arrivés aux États-Unis
5. s'il (si elle) a visité (ou visitera) le pays de ses ancêtres   6. s'il (si elle) parle la langue de ses ancêtres   7. si on conserve, chez lui/elle, certaines traditions ethniques   8. s'il (si elle) trouve qu'il est important de connaître ses origines

Le Carnaval et le Mardi Gras

Le défilé de chars

Les costumes d'Haïti

Le grand bal masqué à la French Opera House de La Nouvelle-Orléans

Le bonhomme de neige, roi du Carnaval à Québec

A. Définitions. Complétez les phrases suivantes selon les dessins ci-dessus.

1. Chez les catholiques, le _____ _____ est le dernier jour du _____, une fête populaire qui précède la période de Carême (*Lent*), une période de prière (*prayer*) et de pénitence qui commence 46 jours avant Pâques (*Easter*).

2. Une procession de personnes déguisées (*disguised*) et de musiciens s'appelle un ____.
3. Une construction mobile et décorée qui fait partie d'un défilé s'appelle un ____.
4. A Haïti les gens portent des ____ magnifiques pour fêter le Mardi Gras.
5. A La Nouvelle-Orléans, il y a un très grand ____ ____ qui se passe à la French Opera House.
6. Quand il neige, les enfants construisent des ____ ____ ____.
7. A Québec, un ____ ____ ____ est le roi du Carnaval.

B. Et vous? Répondez aux questions suivantes. Donnez autant de détails que possible.

1. Connaissez-vous d'autres pays, régions ou villes où on fête le Mardi Gras?
2. Avez-vous déjà participé au Carnaval? Où et quand?
3. A quelle occasion y a-t-il un grand défilé à New York? Y en a-t-il aussi dans votre ville ou votre région? De quoi se compose généralement ce défilé?
4. Construit-on des chars dans votre université, dans votre ville ou dans votre région? A quelles occasions? Comment ces chars sont-ils décorés en général?
5. Pour quelle fête américaine se déguise-t-on généralement? Quels costumes avez-vous portés dans le passé? Quel costume avez-vous l'intention de porter la prochaine fois?
6. Avez-vous jamais eu de grandes aventures lorsque vous étiez déguisé(e)? Racontez-les à la classe.

Rencontre culturelle

The French spoken in the province of **Québec** is **le québécois**. Isolated from the linguistic evolution of continental French since the eighteenth century, it has been greatly influenced by English, the other official language of Canada and the language of the majority of Canadians. Here is a sample of the **anglicismes** characteristic of **le québécois**.

Mots québécois	Forme anglaise	Forme française
une station-wagon	station wagon	une familiale/un break
un locker	locker	une armoire/un casier
les annonces classées	classified ads	les petites annonces
un tapis mur à mur	wall-to-wall carpet	une moquette
lousse	loose	relâché(e)
un tinque	tank	un réservoir

64. THE SUBJUNCTIVE AFTER CERTAIN CONJUNCTIONS

Des îles françaises près du Canada

MONIQUE: Je vais rendre visite à mes cousins français à St.-Pierre-et-Miquelon *avant que* mes vacances *se terminent.*

GÉRARD: Je ne sais pas où c'est... *à moins que* ce *soient* ces îles au sud de Terre-Neuve?

MONIQUE: C'est ça! *Quoique* ces îles *soient* très petites, on y trouve plus de cinq mille Français.

BERNARD: Et *bien que* Cartier les *ait* découvertes il y a plus de quatre cent quarante ans, elles sont restées territoire français jusqu'à nos jours. Des îles françaises à la porte des États-Unis!

1. Quand est-ce que Monique va à St.-Pierre-et-Miquelon?
2. Est-ce que Gérard sait où ces îles se trouvent?
3. Combien de Français y vivent?
4. En dépit de (*In spite of*) quelles circonstances ces îles sont-elles restées territoire français?

In French, certain conjunctions are always followed by the subjunctive.

1. conjunctions of purpose:

afin que, pour que	*in order that, so that*
Nous lirons des pièces québécoises **afin que tu connaisses** un peu la langue avant ton voyage.	*We will read some Quebecois plays so that you will be somewhat familiar with the language before your trip.*

2. conjunctions of concession:

bien que, quoique	*although, even though*

French islands near Canada

MONIQUE: I'm going to visit my French cousins in St. Pierre and Miquelon before my vacation ends.   GÉRARD: I don't know where that is . . . unless they're those islands south of Newfoundland?   MONIQUE: That's right. Although those islands are very small, more than 5,000 French people can be found there.   BERNARD: And even though Cartier discovered them more than 440 years ago, they have remained French territory until our time. French islands at the door of the United States!

Bien que 28 pour cent des Canadiens **soient** francophones, il y a seulement douze quotidiens français au Canada.	*Although 28 percent of Canadians are French-speaking, there are only twelve daily French newspapers in Canada.*

3. conjunctions of limitation or time restriction:

LIMITATION	TIME RESTRICTION
à condition que *on the condition that*	**avant que** *before*
à moins que *unless*	**jusqu'à ce que** *until*
pourvu que *provided that*	
sans que *without*	

Nous irons au défilé de Mardi Gras **pourvu qu'il fasse** beau.	*We'll go to the Mardi Gras parade provided that the weather is nice.*
Nous allons partir **sans qu'elle** le **sache.**	*We're going to leave without her knowing it.*
Je vais rester ici **jusqu'à ce que tu** me **téléphones.**	*I'll stay here until you call me.*

Note that most of these conjunctions express contingency or conjecture. They introduce something that may or may not take place, or something that will take place only if certain conditions are met.

Maintenant à vous

A. **Visite du Canada.** Complétez les phrases suivantes pour décrire vos vacances au Canada. Suivez le modèle.

MODÈLE: Nous allons au Canada afin que _____.
elle / voir / pays → Nous allons au Canada afin qu'elle voie le pays.

Nous allons au Canada afin que _____.

1. ils / apprendre / français
2. vous / voir / enfin / le Saint-Laurent
3. elle / pouvoir / visiter / grandes villes
4. vous / perfectionner / votre français

Nous y allons bien que _____.

5. voyage / être / cher
6. nos amis canadiens / venir / ici
7. vous / connaître / déjà ce pays
8. vacances / être / court
9. je / ne pas parler / français

Nous irons à Montréal pourvu que _____.

10. billets d'avion / ne pas être / trop cher
11. tu / avoir / envie d'y aller
12. vous / trouver / hôtel bon marché
13. il / faire / beau
14. elle / avoir / encore / argent
15. nos amis / être / là-bas

B. **Une journée à Québec.** Reliez les deux phrases avec la conjonction entre parenthèses. Suivez le modèle.

MODÈLE: Je viendrai. Tu es là. (à condition que) → Je viendrai à condition que tu sois là.

1. Je conduirai la voiture. Marie-Claire peut lire le guide de Québec. (afin que)   2. Nous quitterons l'hôtel. Les magasins ferment. (avant que)   3. J'achèterai ce roman canadien. Vous l'aimez. (pourvu que)   4. Je te donnerai le guide. Tu trouves facilement la rue Soufflet. (pour que)   5. Les gens de Québec semblent sympathiques. Nous ne les connaissons pas. (quoique)   6. Nous resterons ici. Vous arrivez. (jusqu'à ce que)   7. Marc ne voudra pas parler aux Dupont. Vous les lui présentez. (à moins que)

C. **Une semaine à Laval.** En français, s'il vous plaît.

CLAIRE: What do you want to do this week?
ANDRÉ: I would like to go to the hockey match (**le match de hockey**) on Saturday provided that I don't have too much work to do.
CLAIRE: Me too, and I'd like to go to the Woody Allen movie, even though it's the same day as the hockey match.
ANDRÉ: So that we can do both (**les deux**), we should study on Friday.
CLAIRE: That's a good idea. The lecture on astronomy seems (**avoir l'air**) interesting, unless it's too technical (**technique**).
ANDRÉ: I'll go with you on the condition that you go to the Ecology Party meeting (**la réunion du Parti écologiste**) with me.
CLAIRE: Oh, no, not that! I'll leave without your knowing it and I'll do it even (**même**) before the meeting starts!

D. **De bonnes intentions.** Complétez avec imagination les phrases suivantes.

1. J'étudie le français afin que mes amis français _____.
2. Je continuerai mes études à l'université à condition que mes parents _____.
3. J'obtiendrai un diplôme bien que les études _____.
4. Je terminerai mes cours avant que les vacances _____.
5. J'étudierai beaucoup ce soir à moins qu'il y _____.
6. Je suivrai un cours de français le trimestre prochain pourvu que l'examen de français de ce trimestre ne _____.

65. THE RELATIVE PRONOUNS **CE QUI, CE QUE,** AND **LEQUEL**

© FRENCH GOVERNMENT
TOURIST OFFICE

Départ pour Basse-Terre, à la Guadeloupe

JEAN-LUC: Basse-Terre, c'est une île française des Caraïbes, n'est-ce pas?

MARIE-JOSÉ: Oui, c'est l'île sur *laquelle* se trouve le volcan de la Soufrière.

JEAN-LUC: Tu sais déjà *ce que* tu vas faire, là-bas?

MARIE-JOSÉ: Oui, je vais travailler à Caraïbe Export.

VINCENT: Si c'était moi, j'aimerais mieux travailler dans un village de vacances...

MARIE-JOSÉ: Mais enfin, j'ai bien trouvé du travail, *ce qui* est un véritable coup de chance, là-bas.

JEAN-LUC: C'est vrai, la Guadeloupe a de sérieux problèmes économiques.

Complétez les phrases selon le dialogue.

1. La Guadeloupe, c'est une île sur _____ se trouve le volcan de la Soufrière.
2. _____ Marie-José va faire, c'est travailler à Caraïbe Export.
3. _____ est un véritable coup de chance, c'est de trouver du travail à la Guadeloupe.

A. **Ce qui** and **ce que**

Ce qui is an indefinite relative pronoun similar in meaning to **la chose qui** or **les choses qui.** Like **qui** (*who, whom, that*), it is used as the *subject* of a dependent clause. It refers to an idea or a subject that is unspecified and has neither gender nor number. It is often the equivalent of *what.*

> Dites-moi **ce qui** est arrivé au touriste américain. —Je ne sais pas **ce qui** lui est arrivé.

> *Tell me what happened to the American tourist. —I don't know what happened to him.*

Ce que also refers to something indefinite or unspecified. Like **que,** it is used as the *object* of a dependent clause. It is similar in meaning to **la chose que** or **les choses que.**

Departure for Basse-Terre, in Guadeloupe
JEAN-LUC: Basse-Terre, that's a French island in the Caribbean, right? MARIE-JOSÉ: Yes, it's the island where (on which) the Soufrière volcano is located. JEAN-LUC: Do you already know what you're going to do down there? MARIE-JOSÉ: Yes, I'm going to work for Caribbean Export. VINCENT: As for me, I'd rather work in a vacation village. MARIE-JOSÉ: But really, I actually found some work, which is a true stroke of luck down there. JEAN-LUC: That's true. Guadeloupe has serious economic problems.

Dites-moi **ce que** vous avez fait à Pointe-à-Pitre. —Je n'ai pas le temps de vous dire tout **ce qu'**on a fait.	*Tell me what you did in Pointe-à-Pitre. —I don't have time to tell you everything we did.*

Ce qui and **ce que** often appear at the beginning of a segmented sentence. The first clause, introduced by **ce qui** or **ce que,** describes something that will be defined or explained in the second clause, introduced by **c'est.** This is especially common in conversation.

Ce qui est vraiment important pour l'économie des Antilles, **c'est** d'augmenter le nombre d'emplois.	*What's really important for the economy of the Antilles is to increase the number of jobs.*
Ce que les Antillais cultivent, **c'est** surtout la canne à sucre.	*The people of the Antilles grow mostly sugarcane.*

B. Indirect questions* with **ce qui** and **ce que**

Ce qui and **ce que** are used in indirect questions, where the corresponding direct questions would require **qu'est-ce qui?** or **qu'est-ce que?**

Direct question		Indirect question
Qu'est-ce qui est arrivé?	→	Sais-tu ce qui est arrivé? (Je ne sais pas ce qui est arrivé.)
Qu'est-ce que Pierre a dit?	→	Sais-tu ce que Pierre a dit? (Je ne sais pas ce que Pierre a dit.)

Ce que c'est que is used in indirect questions where the corresponding direct question is **qu'est-ce que c'est que?**

Sais-tu **ce que c'est que** le vaudou?	*Do you know what voodoo is?*

C. **Lequel**

Lequel (laquelle, lesquels, lesquelles) is the relative pronoun used as an object of a preposition to refer to things and people. **Lequel** and its forms contract with **à** and **de.**

Où est l'agence de voyage **devant laquelle** il attend?	*Where is the travel agency in front of which he's waiting?*

*Indirect questions are questions that can be answered *yes* or *no* but imply the speaker's desire for further information.

L'hôtel **auquel** j'écris est à la Guadeloupe.	*The hotel to which I am writing is in Guadeloupe.*
Ce sont des gens parmis **lesquels** je me sens bien.	*They're people among whom I feel comfortable.*

Maintenant à vous

A. Une pièce peu intéressante? Jean-Paul s'est endormi au théâtre hier soir. Quand ses amis lui posent des questions sur la pièce, il n'a pas de réponse. Jouez le rôle de Jean-Paul selon le modèle.

MODÈLE: Qu'est-ce qui est arrivé dans la première scène? →
Je ne sais pas ce qui est arrivé.

1. Qu'est-ce que l'orchestre a joué en ouverture?   2. Qu'est-ce qui s'est passé dans le deuxième acte?   3. Qu'est-ce que l'actrice principale portait comme costume?   4. Qu'est-ce que le héros a dit à l'héroïne? 5. Qu'est-ce que l'héroïne lui a répondu?   6. Qu'est-ce qui est arrivé pendant l'entracte (*intermission*)?   7. Qu'est-ce qui s'est passé à la fin?   8. Qu'est-ce que les critiques ont dit au sujet de (*concerning*) la pièce?

B. Visite au musée de Montréal. Jean-Luc et Marie-Thérèse sont allés au Musée des Beaux-arts à Montréal avec Annie, une autre amie. Marie-Thérèse n'entend pas bien ce que dit Jean-Luc. Avec un(e) camarade, jouez les deux rôles selon le modèle. Utilisez un pronom relatif pour relier les deux phrases.

MODÈLE: *Jean-Luc:* Voilà le taxi. J'ai téléphoné à ce taxi.
     Marie-Thérèse: Est-ce que c'est le taxi auquel tu as téléphoné?

Voici ce que dit Jean-Luc:

1. Voilà le musée. Annie nous attend devant ce musée.
2. Voilà un groupe de jeunes gens. Annie doit arriver avec ce groupe.
3. Voilà le grand chapeau. Annie ne sort jamais sans ce grand chapeau.
4. Voilà les tickets. Nous avons obtenu un rabais (= une réduction) pour ces tickets.
5. Voilà la salle principale. Nous avons beaucoup parlé de cette salle.

C. Interview. Posez des questions à votre professeur pour mieux le connaître. Puis faites un résumé de ses réponses.

MODÈLE: les choses qu'il/elle aime faire → Dites-nous ce que vous aimez faire.

1. les choses qui l'amusent   2. les choses qui l'ennuient   3. les choses qu'il/elle admire   4. les choses qu'il/elle déteste   5. les choses qu'il/elle veut voir   6. les choses qu'il/elle trouve intéressantes   7. les choses qu'il/elle trouve choquantes   8. la chose dont il/elle a le plus besoin   9. ?

Le français par les gestes: Il est rond

Drunkenness is indicated by French-speaking people with a gesture that imitates the act of taking a cork out of a bottle . . . the neck of the bottle being one's nose! The fist is rotated around the tip of the nose.

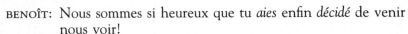

66. THE PAST SUBJUNCTIVE*

A *Québec*

Françoise Broussard, une Louisianaise de Baton Rouge, rend visite à ses cousins québécois Benoît et Jean Lafleur.

BENOÎT: Nous sommes si heureux que tu *aies* enfin *décidé* de venir nous voir!

JEAN: Oui, mais c'est un peu dommage que tu *sois arrivée* trop tard pour le Carnaval de Québec.

BENOÎT: Quand même, tu as de la chance que *nous* n'*ayons* pas encore *fait* les sucres. Il a beaucoup neigé cette année et c'est pour ça qu'on les fait en avril.

FRANÇOISE: C'est comme chez nous. Vous avez beaucoup de fêtes. Ce mois-ci en Louisiane, par exemple, nous avons une course d'écrevisses, la fête de la grenouille et le grand festival du gumbo!

A partir des éléments ci-dessous, faites des phrases complètes pour répondre aux questions suivantes.

1. Pourquoi Benoît et Jean sont-ils contents?
2. Qu'est-ce qui est dommage?
3. En quoi Françoise a-t-elle de la chance?

   …qu'ils n'aient pas encore fait les sucres.
   …que Françoise ait enfin décidé de venir les voir.
   …que Françoise soit arrivée trop tard pour le Carnaval de Québec.

In Quebec

Françoise Broussard, from Baton Rouge, Louisiana, is visiting her Quebec cousins Benoît and Jean Lafleur.   BENOÎT: We're so happy that you finally decided to come see us!   JEAN: Yes, but it's a shame you arrived too late for the Carnival of Quebec.   BENOÎT: All the same, you're lucky that we haven't already made the maple sugar. It snowed a lot this year and that's why we're making it in April.   FRANÇOISE: It's just like home. You have lots of celebrations (here). This month in Louisiana, for instance, we've got the crayfish race, the frog celebration, and our (big) gumbo festival.

*Le passé du subjonctif

A.   Formation of the past subjunctive

The past subjunctive is formed with the present subjunctive of **avoir** or **être** plus a past participle.

	PAST SUBJUNCTIVE OF **parler**	PAST SUBJUNCTIVE OF **venir**
que je/j'	**aie parlé**	sois venu(e)
que tu	**aies parlé**	sois venu(e)
qu'il, elle, on	**ait parlé**	soit venu(e)
que nous	**ayons parlé**	soyons venu(e)s
que vous	**ayez parlé**	soyez venu(e)(s)
qu'ils, elles	**aient parlé**	soient venu(e)s

Je suis content que tu **aies parlé** avec Claudette.

I'm glad you've spoken with Claudette.

Il est dommage qu'elle ne **soit** pas encore **venue.**

It's too bad that she hasn't come yet.

B.   Use of the past subjunctive

The past subjunctive is used for the same reasons and in the same situations as the present subjunctive except that it indicates that the action or situation described in the dependent clause occurred or may have occurred *before* the action or situation described in the main clause. Compare these sentences:

Je suis content que tu **viennes.**

I'm happy that you are coming.

Je suis content que tu **sois venu(e).**

I'm happy that you came.

Je doute qu'ils le **comprennent.**

I doubt that they understand it.

Je doute qu'ils l'**aient compris.**

I doubt that they have understood it.

Est-il possible que vous me **prêtiez** ce livre?

Is it possible for you to lend me this book?

Est-il possible que vous m'**ayez** déjà **prêté** ce livre?

Is it possible that you already lent me this book?

Maintenant à vous

A. Départ du Canada. A l'aéroport, les touristes rentrent de leurs vacances au Canada. Quelles sont leurs réactions?

MODÈLE: Je suis très content que _____. (nous / voir / Ottawa) →
Je suis très content que nous ayons vu Ottawa.

1. nous / aller / au Canada   2. vous / être / si gentil   3. les Canadiens / être / si sympathiques   4. il / faire / si beau
5. nous / passer / vacances ici   6. nous / partir / ensemble

B. **Impressions de France.** Diane et Jean, tous deux québécois, sont allés en France pour la première fois. Voici leurs réactions. Reliez les deux phrases selon le modèle.

MODÈLE: Diane est surprise. On a parlé anglais à l'hôtel. →
Diane est surprise qu'on ait parlé anglais à l'hôtel.

1. Jean est content. Ils ont enfin découvert Paris!   2. Jean est surpris. On n'a pas bien compris leur accent!   3. Diane est heureuse. Les Français ont été très gentils!   4. Diane est désolée. Leur voyage s'est terminé trop tôt!   5. Ils sont malheureux. Il a fait si mauvais pendant leur séjour à Paris.

C. **Retour du Canada.** On ne fait jamais tout ce qu'on veut pendant un voyage. Quels sont les regrets des touristes qui rentrent de leurs vacances au Canada?

MODÈLE: Il est dommage que _____. (nous / manquer [*to miss*] / le Carnaval) → Il est dommage que nous ayons manqué le Carnaval.

1. je / ne pas pouvoir / rester plus longtemps (*longer*)
2. le voyage / être / si court
3. vous / ne pas voir / les Chutes du Niagara
4. mes amis / ne pas visiter / l'Université Laval
5. tu / ne pas venir / en hiver
6. nous / ne pas prendre / plus de photos

D. **Souvenirs de vacances.** Après vos dernières vacances, quelles étaient vos impressions? Complétez les phrases suivantes et racontez vos souvenirs.

1. J'ai été content(e) que _____.   2. J'ai été malheureux (-euse) que _____.   3. J'ai été surpris(e) que _____.   4. J'ai été content(e) bien que _____.

67. ALTERNATIVES TO THE SUBJUNCTIVE

Les Antilles, mythe et réalité

FRANCINE: Les Antilles, pour moi, ce sont les récifs coraliens, les sites archéologiques précolombiens, les plages de sable blanc…
SYLVAIN: *Il faut* tout de même *savoir* que nous n'avons pas que du soleil à vendre!

> VINCENT: *Avant de partir,* tu devrais visiter une bananeraie, une
> distillerie de rhum et notre port très moderne.
> SYLVAIN: *J'espère* que *tu sais* que notre niveau de vie, ici en
> Martinique,[*] est le plus élevé des Caraïbes...
> FRANCINE: C'est vrai, *il est important* de *se moderniser.* Mais j'espère, moi,
> que *vous saurez* protéger la beauté de votre pays.

Trouvez la phrase équivalente selon le dialogue.

1. Il faut qu'on sache que nous n'avons pas que du soleil à vendre.
2. Avant que tu partes, tu devrais visiter une bananeraie, une distillerie
   de rhum et notre port très moderne.
3. Je souhaite que tu saches que notre niveau de vie, ici en Martinique,
   est le plus élevé des Caraïbes.
4. C'est vrai, il est important que les pays se modernisent.
5. Mais je veux, moi, que vous sachiez protéger la beauté de votre pays!

A. Infinitive as alternative to the subjunctive

An infinitive is generally used instead of the subjunctive if the subject of
the dependent clause is the same as that of the main clause, or if the
subject is not specified.

1.

conjugated verb + *infinitive*	*conjugated verb* + **que** + *subjunctive*
Je **veux** le **savoir.** (*I want to know it.*)	Je **veux que** tu le **saches.** (*I want you to know it.*)

2.

preposition + *infinitive*	*conjunction* + *subjunctive*
Nous t'appellerons **avant de partir.** (*We'll call you before leaving./We'll call you before we leave.*)	Nous t'appellerons **avant que tu partes.** (*We'll call you before you leave.*)
Prepositions with a corresponding conjunction include **à condition de, à moins de, afin de, avant de, pour,** and **sans.**	

The Antilles, myth and reality

FRANCINE: For me, the Antilles are coral reefs, pre-Columbian architectural sites, white sand
beaches . . .   SYLVAIN: All the same, one should know that it isn't only sunshine we sell
here!   VINCENT: Before leaving, you should visit a banana plantation, a rum distillery, and
our modern port.   SYLVAIN: I hope you know that our standard of living, here in
Martinique, is the highest of the Caribbean islands.   FRANCINE: That's true. It's important
to modernize. But I, for one, hope you'll know how to (be able to) protect the beauty of
your country.

[*]The French generally say **à la Martinique** and **à la Guadeloupe,** while the inhabitants of
those islands tend to say **en Martinique** and **en Guadeloupe.**

3.

impersonal expression − infinitive	impersonal expression + **que** + subject + conjunction
Il est bon de faire ce voyage. (*It's a good idea to take this trip.*)	Il est bon **que vous fassiez** ce voyage. (*It's good for you to take this trip./ It's good that you're taking this trip.*)

B. **Espérer** plus indicative

The verb **espérer,** followed by the indicative, can be used instead of the verb **souhaiter** or other constructions that express a wish or desire. When **espérer** is in the main clause, the verb in the dependent clause is in the future tense if the action is expected to occur in the future.

Je **souhaite** que ton voyage **soit** intéressant.

I hope that your trip is (will be) interesting.

J'**espère** que ton voyage **sera** intéressant.

I hope that your trip will be interesting.

C. **Devoir** plus infinitive

The verb **devoir,** followed by an infinitive, can sometimes be used instead of **il faut que** or **il est nécessaire que.** There is a slight difference in meaning, however, since **devoir** does not convey as strong a sense of obligation as **il faut que** and **il est nécessaire que.**

Je **dois aller** en classe.

I must (should) go to class.

Il **faut que** j'**aille** en classe.

I have to go to class.

Il **est nécessaire que** j'**aille** en classe.

It's necessary for me to go to class.

Maintenant à vous

A. Un étudiant modèle. Peter est un étudiant modèle. Jouez le rôle de Peter et complétez les phrases suivantes avec des infinitifs.

1. Ce soir, je vais beaucoup étudier afin de _____.
2. Je ne vais pas regarder la télévision avant de _____.
3. Je ne vais pas me coucher sans _____.

Mots utiles: apprendre tout le vocabulaire, terminer mes devoirs, apprendre toute la leçon, bien étudier le Chapitre 17, perfectionner mon français

B. Cours d'été à Montréal. La classe de Thierry va suivre des cours d'été dans une université canadienne. Exprimez leurs espoirs (*hopes*). Employez **espérer** au lieu de **souhaiter.**

MODÈLE: Je souhaite que mes amis puissent me rendre visite! → J'espère que mes amis pourront me rendre visite!

1. Nous souhaitons que le campus soit agréable.   2. Je souhaite que les cours soient intéressants.   3. Mes camarades souhaitent qu'on aille danser tous les soirs.   4. Tu souhaites qu'il y ait un bon restaurant à la faculté.   5. Notre professeur souhaite que nous apprenions beaucoup.

C. **Vie européenne.** Il faut que les Canadiens francophones et anglophones apprennent à vivre ensemble. En Europe, la diversité linguistique et culturelle est encore plus prononcée. Qu'est-ce qui est important pour les Européens? Donnez l'équivalent de chaque phrase suivante. Utilisez **devoir** + *infinitif* au lieu de l'expression **il faut que.**

MODÈLE: Il faut que nous nous respections mutuellement. →
Nous devons nous respecter mutuellement.

1. Il faut que l'Europe soit unie (*unified*) politiquement.   2. Il faut que nous développions nos échanges culturels.   3. Il faut que les nations européennes travaillent ensemble.   4. Il faut que les Anglais achètent des Renault.   5. Il faut que les Français achètent des Rolls Royce!

D. **Des conseils.** Donnez des conseils à vos amis qui vous expliquent leurs souhaits. Utilisez des expressions comme **il faut, il est nécessaire de, vous devez, j'espère que.**

1. Je veux vivre longtemps (*a long time*). Qu'est-ce que je dois faire?
2. Je veux perfectionner mon français. Qu'est-ce que je dois faire?
3. Je veux être riche un jour. Qu'est-ce que je dois étudier?   4. Je veux m'amuser beaucoup cet été. Où est-ce que je dois voyager?   5. Je veux rencontrer beaucoup de francophones. Qu'est-ce que je peux faire aux États-Unis pour en rencontrer? et à l'étranger?

Situation

PROMENADE A LA NOUVELLE-ORLÉANS

Contexte Corinne Legrand, dont le père est français et la mère américaine, et ses cousins français, Thierry et Fabrice, font le tour de La Nouvelle-Orléans, où Corinne est née. Partout en ville, les deux frères retrouvent les traces de l'héritage français, mais ils découvrent aussi une culture spécifique, résultat d'une histoire mouvementée° qui a rassemblé° avec les Créoles* des populations d'origines et de cultures très diverses.

avec beaucoup d'événements différents / a... a groupé

*Here, **Créoles** refers to the descendants of French settlers in Louisiana and the Antilles.

Objectif Corinne raconte l'histoire du vaudou de La Nouvelle-Orléans.

Dialogue

THIERRY: Dis-moi ce que ça représente, ce culte vaudou de La Nouvelle-Orléans.

CORINNE: C'est un mélange° de superstitions et de catholicisme dont le but° est de libérer l'homme du démon.°

un... une fusion, une combinaison
objectif / Satan

FABRICE: Mais quelle est l'origine du vaudou?

CORINNE: Eh bien, son développement est lié° à l'histoire des Antilles françaises.

attaché

THIERRY: Raconte... C'est Christophe Colomb qui a découvert les Antilles, n'est-ce pas?

CORINNE: Oui, mais bien que ce soit lui qui ait découvert les Antilles, ce sont les Français qui les ont colonisées.

FABRICE: Et alors, qu'est-ce qui s'est passé?

THIERRY: Alors, ces colons° ont créé d'immenses plantations de canne à sucre, de café et de coton pour lesquelles il fallait° trouver une main-d'œuvre° très abondante.

les pionniers qui colonisent

*imparfait de **falloir** / une... des groupes de travailleurs*

FABRICE: C'est à ce moment-là qu'a commencé le commerce des esclaves?

CORINNE: Exactement. Et les esclaves africains ont introduit leurs croyances° dans les Caraïbes.

*substantif du verbe **croire***

THIERRY: Mais, quel rapport avec la Louisiane?

CORINNE: Eh bien voilà: d'abord, beaucoup d'esclaves antillais sont venus en Louisiane lorsque la Révolution française a aboli l'esclavage en 1794. Ensuite, un très grand nombre de planteurs blancs ont abandonné Haïti quand ce pays est devenu une république indépendante en 1804.

FABRICE: Et bien sûr, ils ont emmené leurs esclaves avec eux.

CORINNE: C'est exact. Et c'est comme ça que La Nouvelle-Orléans est devenue une capitale du vaudou.

FABRICE: Et ce culte, est-ce qu'il existe toujours?

CORINNE: Ça, c'est une autre histoire...

Variations

1. Voici une série de phrases qui raconte très brièvement l'histoire d'une autre partie de la population francophone de Louisiane. Avec des camarades, transformez cette narration en un dialogue entre une personne qui raconte l'histoire et une ou plusieurs autres personnes qui posent de temps en temps des questions.

- Jacques Cartier a exploré le Canada au XVIᵉ siècle.

- En 1608, des colons ont fondé la Nouvelle-France.

- La Nouvelle-France comprenait (*included*) l'Acadie.

- En 1763, le traité de Paris a donné les provinces canadiennes aux Anglais.

- C'est d'abord les gens francophones qu'ils ont voulu asservir (*subjugate*).

- Ils les ont déportés.

- Les Anglais ont déporté des milliers (*thousands*) d'Acadiens qui sont partis à travers (*across*) le continent américain.

- Beaucoup d'entre eux sont allés dans l'état où il y avait déjà beaucoup de francophones.

- C'était la Louisiane.

- C'est là l'origine de la population Cajun des bayous louisianais.

- Le mot **cajun** vient du mot **acadien.**

- Il y avait d'autres Acadiens qui se sont installés en Nouvelle-Angleterre ou qui sont retournés en Acadie.

- Aujourd'hui, l'Acadie, c'est la Nouvelle-Écosse.

- Il y existe une communauté acadienne avec sa propre culture et sa propre langue.

2. Improvisez! Racontez l'aventure des pèlerins (*pilgrims*) du *Mayflower*, ou bien d'un autre peuple immigré dont vous connaissez l'histoire.

Commentaire culturel

The French heritage of the United States and Canada is highly visible. Many U.S. cities were named by French settlers: Baton Rouge, Terre Haute, Des Moines, Presque Isle, Montpelier, Eau Claire, and Detroit, for example. Places named for French explorers include Marquette, Joliet, La Salle, Juneau, Fremont, Duluth (**Du Luth**), Dubuque, and Champlain. The word *Ozark* is probably a corruption of **Aux Arcs,** the name of a French trading post established in the Ozark Mountains.

Nowhere in the United States is French influence so obvious as in Louisiana. In 1682 the explorer La Salle claimed the Louisiana Territory for Louis XIV and named it for him. By 1718 **La Nouvelle-Orléans** was established. The number of French settlers grew rapidly with the arrival of the Acadians, French Canadians who had settled in **Acadie** (Nova Scotia) and who were expelled when that province was ceded to the British. Although the Acadians settled in many areas of the United States, most of them went to the Louisiana bayous, where they became known as Cajuns, a corruption of the word *Acadian*. In Louisiana, the Cajuns preserved their French language and customs. In fact, French and English spoken with a French accent are still heard in some areas of Louisiana today.

Comment s'appelle cette boîte de nuit, au coin de la rue Dauphine à La Nouvelle-Orléans?

© FRITZ HENLE / PHOTO RESEARCHERS

In Canada, 28 percent of the population is French-speaking, with much of it concentrated in the province of Quebec, where the five million French Canadians (**Québécois**) make up 80 percent of the population. The rivalry between French and English in Quebec is well known. By the 1960s, the French Canadians had intensified their demands for self-government to include an attempt to separate Quebec entirely from Canada. In 1967 the separatists received unexpected support from General Charles de Gaulle (then president of France), who, during an official state visit to Canada, ended a speech with the cry « **Vive le Québec libre!** » His encouragement contributed to the growth of the **Parti Québécois.** In 1974 French alone became the official language of Quebec, instead of both French and English, as in the rest of Canada.

A. Les francophones d'Amérique. Reliez les deux phrases avec la conjonction entre parenthèses.

1. Certaines familles acadiennes ont émigré. On les laisse tranquille. (pour que)
2. D'autres familles se sont installées dans le Maine. Le climat y est très rude (*harsh*). (bien que)
3. Certains Acadiens sont restés au Canada. La coexistence avec les Anglais n'a pas été facile. (quoique)
4. Au Canada, on a voté une loi sur les langues officielles en 1975. Les Québécois francophones peuvent travailler sans devoir connaître l'anglais. (afin que)
5. A Québec, on emploie beaucoup de mots anglais. Plus de 80 pour cent des Québécois parlent français. (bien que)

B. Voyage au Québec. En français, s'il vous plaît.

1. It is essential that we try to learn French.
2. I want to learn it before going to Montreal.
3. It is better to speak French to each other when we go to Quebec.
4. It is unlikely that we'll take the train to Quebec.
5. We're happy that we're taking the plane.
6. Is it true that the trip is expensive?
7. I don't know how much the trip costs.
8. I'll go there, provided that it's not too expensive.
9. I'm glad that my friends have already gone to Quebec.
10. I'm sure that the stay (**le séjour**) will be interesting.

C. Interview. Interrogez un(e) camarade sur l'importance de l'étude des langues étrangères. Vous allez utiliser des constructions subjonctives dans vos questions, mais votre camarade va éviter (*avoid*) l'emploi du subjonctif dans ses réponses.

MODÈLE: *Vous:* Est-il important qu'on connaisse d'autres cultures?
Votre camarade: Oui, il est très important de connaître d'autres cultures parce que...

Suggestions: Demandez à votre camarade...

- s'il est préférable que les gens parlent deux langues (et pourquoi ou pourquoi pas)
- s'il est essentiel qu'il/elle parle français dans un ou deux ans (et pourquoi ou pourquoi pas)
- s'il est nécessaire qu'il/elle étudie le français tous les jours (et pourquoi ou pourquoi pas)

- s'il est important qu'il/elle aille souvent au laboratoire de langues (et pourquoi ou pourquoi pas)
- s'il est possible qu'il/elle visite un pays francophone un jour (et pourquoi ou pourquoi pas)
- ?

Vocabulaire

Verbes

amener *to bring (a person somewhere)*
coloniser *to colonize*
découvrir *to discover*
se déguiser *to disguise oneself (to dress up in disguise)*
fêter *to celebrate*
perfectionner *to perfect*

Noms géographiques

l'Acadie (*f.*) *Acadia*
les Antilles (*f.*) *Antilles (Islands) (Caribbean Islands)*
la mer des Caraïbes (la mer des Antilles) *Caribbean Sea*
la Guadeloupe *Guadeloupe*
Haïti (*m.*) *Haiti*
la Martinique *Martinique*
Montréal *Montreal*
la Nouvelle-Écosse *Nova Scotia*
La Nouvelle-Orléans *New Orleans*
le Québec *Quebec* (*province*)
Québec *Quebec* (*city*)

Terre-Neuve (*f.*) *Newfoundland*

Substantifs

l'ancêtre (*m.*) *ancestor*
le bal masqué *masked ball*
le bonhomme de neige *snowman*
le Carnaval *Carnival*
le char *float* (*parade*)
le colon *colonist, settler*
le costume *costume*
le culte *cult*
le défilé *parade*
l'écrevisse (*f.*) *crayfish*
l'esclave (*m.*) *slave*
le Mardi Gras *Mardi Gras, Shrove Tuesday*
le mélange *mixture*
le québécois *Quebecois (language)*
le vaudou *voodoo*

Conjonctions et prépositions

à condition que (à condition de) *on the condition that*
à moins que (à moins de) *unless*
afin que (afin de) *in order that, so that*
avant que (avant de) *before*
bien que *although, even though*
jusqu'à ce que *until*
pour que (pour) *in order that, so that*
pourvu que *provided that*
quoique *although, even though*
sans que (sans) *without*

Adjectifs

acadien(ne) *Acadian, Cajun*
anglophone *English-speaking*
francophone *French-speaking*
québécois(e) *of Quebec*

Pronoms relatifs

ce que *what, that which (object of a verb)*
ce qui *what, that which (subject of a verb)*
lequel, laquelle, lesquels, lesquelles *which (object of a preposition)*

Mots divers

longtemps *a long time*

Lecture

FOLKLORE FRANÇAIS D'AMÉRIQUE

LES TRADITIONS ET LÉGENDES des pays francophones d'Amérique ont une saveur très particulière: celle d'une culture qui mêle° intimement ses origines françaises et ses coutumes locales.

Ces deux légendes cajuns évoquent sous une forme poétique les moments difficiles de la déportation des acadiens:

La légende des écrevisses

Lorsque les Acadiens ont été déportés de Nouvelle-Écosse, leurs amies les langoustes° les ont suivis jusqu'en Louisiane. Épuisées° par le voyage, les langoustes ont tant souffert qu'elles se sont transformées en écrevisses.

La légende de la Barbe Espagnole°

La fiancée d'un jeune Acadien est morte de chagrin pendant son absence. Alors, le jeune Acadien est retourné auprès du chêne° de ses amours pour y suspendre une mèche de cheveux de sa bien-aimée. Symbole de fidélité et d'amour, la mèche s'est transformée miraculeusement en barbe espagnole.

Les croyances africaines sont à l'origine de ces deux légendes haïtiennes:

Les couleurs vives°

Les Haïtiens portent des chemises de couleurs très vives: c'est une tradition qui veut que les couleurs protègent contre la visite de mauvais esprits.°

Les tombes

Les pierres tombales° des cimetières haïtiens sont très massives pour protéger les cadavres contre les sorciers qui les feraient revivre° pour les envoyer travailler aux champs.

Enfin, dans ce conte° antillais nous trouvons le bon Dieu° des colons français liés à une interprétation indigène° du monde:

La mer des Caraïbes

Autrefois, la lune° était mariée avec le soleil. Mais elle s'ennuyait; alors, un jour elle est descendue sur la terre. Là, elle a nagé dans la mer. Comme

fusionne

spiny lobsters /
Très fatiguées

la... *Spanish moss*

oak tree

brillantes

mauvais... démons

Les... *tombstones*
les... *would (otherwise) revive them*

histoire / le... *the Lord*
locale

satellite de la Terre

après huit jours elle n'était toujours pas revenue, le bon Dieu a demandé aux poissons de la capturer. Ils l'ont <u>rapportée</u> au bon Dieu très déchirée,° mais le bon Dieu lui a redonné sa forme première, l'a raccrochée° dans le ciel° et, pour la punir,° l'a séparée de son mari le soleil: depuis ce temps-là, quand il se lève, elle se couche et quand il se couche, elle se lève. Enfin, le bon Dieu a pris les bouts° de lune déchirés et en a fait une poussière° qu'il a lancée dans la mer. Et c'est depuis ce moment-là que la mer des Caraïbes est phosphorescente.

lacérée

remettre en place / *sky*

≠ récompenser

les parties, les morceaux / *dust*

Compréhension

A. Résumé d'un conte antillais. Complétez les phrases suivantes pour raconter le conte antillais à propos de la lune.

1. La lune s'ennuyait. Alors, elle _____.
2. Après huit jours, elle n'était pas revenue. Alors, le bon Dieu _____.
3. Pour la punir, le bon Dieu _____ de son mari le soleil.
4. C'est pour cela que quand le soleil _____.

B. Reconstitution. A partir des éléments en désordre ci-dessous, faites des phrases complètes pour reconstituer (1) une légende cajun, (2) une autre légende cajun, (3) une croyance haïtienne et (4) un conte antillais.

les langoustes	la barbe
vives	se transformer en
espagnol	protéger contre
les mauvais esprits	les écrevisses
les couleurs	une mèche de cheveux

Expression écrite

A. Fable. Racontez, en un paragraphe, une fable que vous connaissez. Si vous n'en connaissez pas, inventez-en une pour répondre à une des questions suivantes.

1. Pourquoi les feuilles (*leaves*) tombent-elles?   2. Pourquoi est-ce que les oiseaux volent (*fly*)?   3. Pourquoi l'éléphant a-t-il une trompe (*trunk*)?   4. D'où vient le feu (*fire*)?
5. Quelle est l'origine d'une des constellations?

543

B. **La France chez vous.** Êtes-vous sensible à l'influence française autour de vous? Écrivez trois petits paragraphes pour décrire les aspects «français» de votre vie. Utilisez les questions suivantes comme guide.

Paragraphe 1: Quelle nourriture ou boisson française prenez-vous de temps en temps? Quel est votre plat français préféré? Y a-t-il un restaurant français dans votre ville? Comment s'appelle-t-il? Décrivez son atmosphère.

Paragraphe 2: Vend-on des produits français dans votre ville? des pneus Michelin? des vêtements de marque française? des voitures françaises? des revues ou des magazines français? Quels produits français y a-t-il dans votre maison? Êtes-vous consommateur de produits français?

Paragraphe 3: Est-ce qu'on passe de temps en temps des films français dans votre ville ou dans votre région? Lequel avez-vous vu? Quelles idées ou quelles impressions vous a-t-il données de la France?

A PROPOS

Comment hésiter en français

L'hésitation, dans la conversation, joue un rôle important dans toutes les langues. Voici des expressions qui marquent l'hésitation en français.

Euh,... ou Heu (*alternate spelling*) [ø]   ...vous savez...
Voyons,...   ...tu sais...
Écoutez...   ...comment dirais-je,...
Eh bien...

Interaction. Voici une bande dessinée qui raconte une histoire. Avec des camarades, décrivez chacune des actions ou chaque incident au passé en utilisant les expressions à la page 546. Quand vous devez hésiter, utilisez les expressions de l'**A propos**.

1

2

3

4

→

1. un jour
2. tout d'un coup
3. alors
4. ensuite
5. un peu plus tard
6. enfin
7. à ce moment-là
8. et alors
9. depuis (ce jour)

MODÈLE: Un jour, M. et Mme Dupont sont allés faire une promenade dans leur Deux Chevaux.

CHAPITRE DIX-HUIT

Le monde francophone II

Léopold Senghor, homme d'état et poète sénégalais, a été président de la République du Sénégal de 1963 à 1980.

OBJECTIFS   In this chapter, you will learn about the French-speaking regions of Africa, their history, customs, and relationship to France today. You will also learn words and expressions related to literature. The language structures practiced in this chapter include the present participle, possessive pronouns, use of the verb **faire** with an infinitive to show that the subject of the sentence is causing something to be done by someone or something other than itself, and the passive voice of verbs.

547

Étude de vocabulaire

L'Afrique francophone

La langue et la culture françaises représentent un moyen (*means*) de communication pour une grande partie de l'Afrique, continent d'une immense diversité linguistique et culturelle.

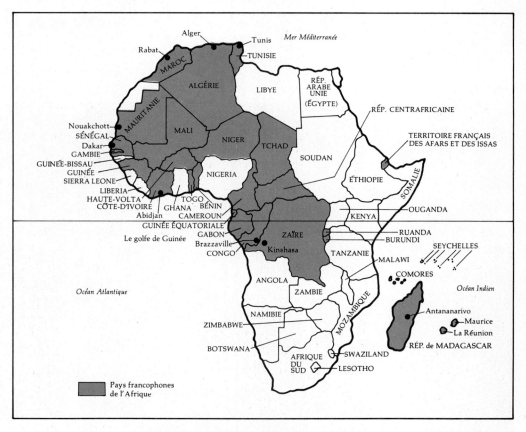

A. Nationalités africaines. D'où viennent ces étudiants? Avec un(e) camarade, jouez les rôles selon le modèle.

MODÈLE: Salima, Rabat, le Maroc →
    Vous: Salima, d'où venez-vous?
    Salima: Je viens de Rabat, au Maroc. Je suis marocaine.

1. Gisèle, Antananarivo, la République de Madagascar 2. Rangira et Kalunga, Dakar, le Sénégal 3. Allal et Evelyne, Alger, l'Algérie (*f.*) 4. Boniface et Didi, Brazzaville, le Congo 5. Kayembe, Abidjan, la Côte-d'Ivoire 6. Rabah et Karim, Tunis, la Tunisie

Adjectifs: sénégalais(e); marocain(e); ivoirien(ne); malgache (de Madagascar); tunisien(ne); algérien(ne); congolais(e)

B. **Noms et lieux.** Répondez aux questions suivantes en consultant la carte.

1. Nommez les trois pays francophones de l'Afrique du Nord.
2. Nommez quelques pays francophones situés sur la côte ouest de l'Afrique.   3. Nommez plusieurs grands pays francophones de l'Afrique de l'Ouest qui ne sont pas situés sur la côte.   4. Quel est le plus grand pays anglophone de l'Afrique de l'Ouest?   5. Où est-ce qu'on parle français en Afrique orientale (*eastern*)?   6. Quelle est la plus grande île francophone d'Afrique?

C. **Splendeurs africaines.** Il est assez facile de voyager en avion d'Europe en Afrique. Regardez les affiches et répondez aux questions suivantes.

1. Quels sont les paysages typiques de chaque pays?   2. Décrivez-nous le climat de chaque pays.   3. Qu'est-ce qu'on peut faire dans ces pays?   4. Comment s'appelle la compagnie aérienne de chaque pays?   5. Combien coûte le voyage?   6. Quels pays africains connaissez-vous? Comment est-ce que vous les avez connus? d'après des lectures? des cours? Est-ce que vos amis vous en ont parlé?

Les écrivains francophones

Les auteurs

Marguerite Yourcenar. Une romancière écrit des romans.

Eugène Ionesco. Un dramaturge écrit des pièces de théâtre.

Un poète écrit des poèmes.

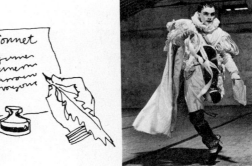

Les personnes fictives d'une pièce de théâtre, d'un roman ou d'un poème sont des personnages (*m.*).

A. **Exemples.** Complétez les phrases suivantes.

1. Les sonnets de Shakespeare sont des _____.
2. Herman Melville a été un grand _____ américain.
3. *La Ménagerie de verre* est une _____ de Tennessee Williams.
4. Roméo et Juliette sont les _____ principaux d'une tragédie de Shakespeare.

B. **Anthologie.** Nommez en anglais ou en français une des œuvres suivantes: un roman d'Albert Camus, une pièce de théâtre d'Oscar Wilde, un poème d'Edgar Allan Poe et un personnage d'une des pièces de Shakespeare.

C. **Expatriés.** De nombreux écrivains étrangers ont vécu et travaillé en France. Faites des phrases complètes à partir des éléments suivants. Notez qu'ils ne sont pas dans le bon ordre. Suivez le modèle.

MODÈLE: Gertrude Stein était une femme poète américaine qui a écrit «Une rose est une rose est une rose».

F. Scott Fitzgerald		*De l'importance d'être constant*
James Joyce		*Tropique du cancer*
Henry James	roumain	*La Cantatrice chauve*
Oscar Wilde	irlandais	*Les Européens*
Henry Miller	américain	*L'Adieu aux armes*
Eugène Ionesco		*Gatsby le magnifique*
Ernest Hemingway		*Ulysse*

D. **Et vous?** Nommez trois ou quatre romans ou pièces de théâtre que vous avez lus ou que vous avez vu jouer récemment. Ensuite, dites quel ouvrage (*work*) vous avez aimé le mieux et lequel vous avez aimé le moins. Expliquez pourquoi.

Tunis, la capitale de la Tunisie.

Étude de grammaire

68. THE PRESENT PARTICIPLE*

L'étiquette sénégalaise

PATRICK: Dites-moi, à table, vous avez des manières différentes, chez vous?

ADAMA: Et bien, chez nous, au Sénégal, on commence le repas *en disant* « Bisimillaay ».

SIDI: Et on mange *en se servant* seulement de la main droite.

ADAMA: Oui, et il ne faut jamais s'appuyer sur la main gauche *en mangeant*...

SIDI: Il y a d'autres règles encore: par exemple, en général, on ne parle pas *en mangeant*.

ADAMA: Et on ne boit pas non plus. Il y a des exceptions, bien sûr. Par exemple, au cas où tu mordrais dans un piment fort *en croyant* que c'est une tomate, tu n'hésites pas à demander de l'eau!

1. Comment commence-t-on un repas au Sénégal?
2. Comment mange-t-on?
3. Quand est-ce qu'il ne faut pas s'appuyer sur la main gauche?
4. Quand est-il permis de boire en mangeant?

A. Forming the present participle

In English, the present participle ends in *-ing*. It is used to describe an action that takes place simultaneously with the action of the main verb: *While reading a book about the Congo, John began to understand the problems of colonialism.*

The French present participle is formed by dropping the **-ons** ending from the **nous** form of the present indicative and adding **-ant.**

donner: nous donnóns → donn- → **donnant**
finir: nous finissóns → finiss- → **finissant**
perdre: nous perdóns → perd- → **perdant**

Senegalese etiquette
PATRICK: Tell me, do you have different table manners in Senegal? ADAMA: Well, in our country, in Senegal, we begin a meal by saying "Bisimilai." SIDI: And we eat using only the right hand. ADAMA: Yes, and one must never lean on the left hand while eating. SIDI: There are other rules: for example, we don't generally speak while eating. ADAMA: And we don't drink either. Of course, there are exceptions. For example, if (in case) you were to bite into a hot pepper thinking it was a tomato, you wouldn't hesitate to ask for some water!

*Le participe présent

Three French verbs have irregular present participles:

avoir: **ayant**   être: **étant**   savoir: **sachant**

B. Uses of the present participle

The present participle is frequently used with the preposition **en.** In this construction, it expresses an action that is taking place at the same time as the main action of the sentence and describes *when* or *how* the main action takes place. **En** corresponds to the English prepositions *while* and *by.*

Au Sénégal, on ne boit pas **en mangeant.**	*In Senegal, they don't drink while eating.*
En étudiant sa langue, nous avons découvert la culture du pays.	*While studying its language, we've learned about the culture of the country.*
J'apprends le français **en parlant** souvent avec mes amis marocains.	*I'm learning French by speaking often with my Moroccan friends.*

Maintenant à vous

A. Pour perfectionner son français. Jeff Stevens, un étudiant américain, a été invité à venir vivre dans la République de Madagascar. Il prépare son voyage en parlant français toute la journée. Qu'est-ce qu'il fait? Suivez le modèle.

MODÈLE: se lever → Il parle français en se levant.

1. se baigner
2. s'habiller
3. prendre son petit déjeuner
4. conduire sa voiture
5. aller en cours
6. faire du jogging
7. promener son chien
8. préparer son dîner
9. regarder la télé
10. s'endormir

B. En Côte-d'Ivoire. Jean-Luc et Marie-José Chabanne vivent en Côte-d'Ivoire. Ils veulent convaincre (*convince*) une amie française, Claudine, de venir leur rendre visite. Transformez les phrases selon le modèle.

MODÈLE: Viens chez nous, en Côte-d'Ivoire: tu apprendras à te détendre (*to relax*). → Tu apprendras à te détendre en venant chez nous, en Côte-d'Ivoire.

1. Visite les villages des savanes: tu trouveras le vrai visage de la Côte-d'Ivoire.
2. Promène-toi dans les marchés des villages: tu trouveras des masques extraordinaires.
3. Fais de la pêche dans le golfe de Guinée: tu pourras te détendre.

4. Viens habiter chez nous: tu comprendras mieux notre culture.
5. Nage dans le golfe de Guinée: tu oublieras tous tes problèmes.

C. Interview. Avec un(e) camarade, posez-vous les questions indiquées. Répondez en utilisant un participe présent selon le modèle.

MODÈLE: Demandez à votre camarade comment il/elle apprend le français. → Comment apprends-tu le français?
J'apprends le français en étudiant (en écoutant bien le professeur, en allant au laboratoire de langues...).

Demandez à votre camarade...

1. comment il/elle se prépare pour ses examens de français
2. comment il/elle se détend le mieux   3. comment il/elle s'amuse le plus   4. dans quelles circonstances il/elle s'ennuie le plus
5. comment il/elle gagnera de l'argent à l'avenir   6. comment il/elle se tient au courant (*keeps up with*) des actualités (*news events*)
7. comment il/elle maintient de bons rapports avec les autres

69. POSSESSIVE PRONOUNS*

© F. B. GRUNZWEIG/
PHOTO RESEARCHERS

Objets d'art

CHANTAL: Quel masque remarquable! Il t'*appartient*?
OUSMANE: Oui, il est *à moi*. C'était un masque d'initiation dans notre région.
LÉON: Dans *la nôtre*, les masques d'initiation ressemblent à une antilope. Nous les utilisons toujours pour danser au cours des cérémonies traditionnelles.
OUSMANE: Mon masque me fait souvent penser au Cameroun, à mon pays, *aux miens* et à mes amis qui sont encore là-bas.

Retrouvez la phrase correcte dans le dialogue.

1. Il est à toi?
2. Il m'appartient.
3. Dans notre région, les masques ressemblent à une antilope.
4. Je pense à ma famille et à mes amis.

Art objects
CHANTAL: What a remarkable mask! Does it belong to you?   OUSMANE: Yes, it's mine. It was an initiation mask in our area.   LÉON: In ours, initiation masks look like an antelope. We still use them in ceremonial dances.   OUSMANE: My mask often reminds me of Cameroun, my country, of my family, and of my friends who are still over there.
*Les pronoms possessifs

Possessive pronouns replace nouns that are modified by a possessive adjective or other possessive construction. In English, the possessive pronouns are *mine, yours, his, hers, its, ours,* and *theirs.*

Possessive adjective + *noun*	**Possessive pronoun**
They're my tickets.	→ They're mine.
Is that your book?	→ Is that yours?

A.   Forms and use of the possessive pronouns

In French, the definite article is always used with the appropriate forms of the possessive pronoun.

	SINGULAR		PLURAL	
	Masculine	*Feminine*	*Masculine*	*Feminine*
mine	le mien	la mienne	les miens	les miennes
yours	le tien	la tienne	les tiens	les tiennes
his/hers/its	le sien	la sienne	les siens	les siennes
ours	le nôtre	la nôtre	les nôtres	
yours	le vôtre	la vôtre	les vôtres	
theirs	le leur	la leur	les leurs	

Be careful to differentiate between the pronunciation of the letter **o** in the possessive adjectives **notre/votre** [ɔ], and the letter **ô** in the possessive pronouns **nôtre/vôtre** [o]. French possessive pronouns agree in gender and number with the noun to which they refer (not with the possessor as in English).

la voiture de Charles	→	sa voiture	→	**la sienne**	*his*
la voiture de Marie	→	sa voiture	→	**la sienne**	*hers*
le père d'Estelle	→	son père	→	**le sien**	*hers*
la mère de Marc	→	sa mère	→	**la sienne**	*his*

Compare these sentences in which possessive constructions with nouns are contrasted with possessive pronouns.

Possessive construction + *noun*	**Possessive pronoun**
Où sont **leurs bagages**?	→ **Les leurs** sont ici.
C'est **mon frère** là-bas.	→ Ah oui? C'est **le mien** à côté de lui.
La **voiture de Frédérique** est plus rapide que **ma voiture**.	Ah oui? **La sienne** est aussi plus rapide que **la mienne**.

The prepositions **à** and **de** contract with the definite article that precedes the possessive pronouns.

Nous parlons de nos coutumes
et vous parlez **des vôtres.**

*We're talking about our customs
and you're talking about
yours.*

Tu t'intéresses à nos traditions,
et je m'intéresse **aux vôtres.**

*You're interested in our
traditions, and I'm interested
in yours.*

B. Alternatives to possessive pronouns

The use of **être** + **à** + *noun/pronoun* is a frequent alternative to the use of possessive pronouns, as is the verb **appartenir** (*to belong*) plus an indirect object. Compare these sentences.

Possessive pronoun	**être à** + *noun/pronoun*	**appartenir** *with indirect object*
Ce livre est **le mien.**	Ce livre **est à moi.**	Ce livre **m'appartient.**
Ce sont les livres de Paul. Ce sont **les siens.**	Ces livres sont à Paul. Ils **sont à lui.**	Ces livres appartiennent à Paul. Ils **lui appartiennent.**
Leurs lettres? Voici **les leurs.**	Ces lettres **sont à eux/elles.**	Ces lettres **leur appartiennent.**

These alternatives to the possessive pronouns are generally *not* used to refer to people or to countries.

Maintenant à vous

A. **Retour de voyage.** Henri et Jean-François ont toutes leurs affaires dans la même valise.

1. Voilà un *portefeuille.* Est-ce que c'est le mien? (passeport, raquette de tennis, cigarettes, appareil-photo, cartes postales)   2. Voici un *chandail.* C'est le mien, n'est-ce pas? (journaux, paquet de chewing-gum, photos, livres)

B. **Que de confusion!** Il semble que des affaires appartenant à d'autres étudiants sont aussi dans leur valise. Avec un(e) camarade, jouez les deux rôles selon le modèle.

MODÈLE: maillot de bain / Paul →

Henri: Et ce maillot de bain, ce n'est pas le mien. Il est à Paul?

Jean-François: Oui, je crois que c'est le sien.

1. chaussures de tennis / Marie-Claire
2. masque / Jacques
3. chemise / Paulette
4. shorts / Sylvie
5. tee-shirts / Marc
6. pantalon / Chantal
7. chapeau / Jean
8. cravates / Paul

C. **Souvenirs d'Afrique.** Répondez aux questions en donnant trois réponses différentes. Suivez le modèle.

MODÈLE: Est-ce que c'est ton affiche du Cameroun? →
    Oui, c'est la mienne.
    Oui, elle est à moi.
    Oui, elle m'appartient.

1. Est-ce que ce sont tes bracelets d'argent?   2. Est-ce que c'est le masque d'Amélan?   3. Est-ce que ce sont vos diamants du Congo?   4. Est-ce que c'est ta statue de Côte-d'Ivoire?   5. Est-ce que ce sont vos souvenirs tunisiens, Thérèse?   6. Est-ce que c'est une photo des parents de Tassou?   7. Est-ce que ce sont vos statues sénégalaises?   8. Est-ce que c'est le tambour (*drum*) congolais de tes amis?

D. **Madeleine et vous.** Voici une présentation de Madeleine Traoré, une jeune Africaine.

Madeleine Traoré vient de Sendégué, un village sur le fleuve Niger au Mali. Elle a quatre frères et trois sœurs. Deux de ses frères ont des fermes prospères où ils cultivent du riz (*rice*). Un de ses frères travaille au Musée national à Niamey au Niger.

Madeleine va à l'Université de Neuchâtel en Suisse, où elle poursuit ses études de biologie. Son cours favori est pourtant celui de littérature française.

Les ancêtres de Madeleine étaient *griots*, musiciens des rois du Mali. Son instrument préféré est la flûte; elle en joue très bien. Elle a beaucoup de talent et beaucoup d'élégance.

Est-ce que vous avez quelque chose en commun avec Madeleine? Faites des comparaisons en suivant le modèle.

MODÈLE: vos noms → Le sien est Traoré. Le mien est _____.

1. vos villes natales   2. vos familles (petite? grande?)   3. vos frères/sœurs   4. la profession de chaque membre de votre famille   5. vos universités   6. vos études   7. vos cours préférés   8. vos ancêtres   9. votre instrument de musique préféré   10. vos talents

70. CAUSATIVE **FAIRE**[*]

Une spécialité nord-africaine

JEAN-LUC: Nous allons te *faire goûter* le couscous, aujourd'hui; c'est le plat le mieux connu d'Afrique du Nord.

LINDA: Comment le prépare-t-on?

JEAN-LUC: Avec un couscoussier, une marmite à deux étages. Dans le bas, tu *fais bouillir* de l'eau salée avec du poulet, du mouton, des légumes et des épices.

VINCENT: Dans le haut, qui est un tamis, tu *fais cuire* à la vapeur de la semoule de blé dur.

JEAN-LUC: Ensuite, on sert le couscous avec de la viande, des légumes et du bouillon.

VINCENT: Et du harissa, une sauce très forte qui te *fera penser* au tabasco mexicain.

JEAN-LUC: C'est pour ça que le complément indispensable au couscous, à mon avis, c'est le thé vert à la menthe: il est très fort, très chaud et très sucré!

1. A qui Jean-Luc et Vincent vont-ils faire goûter le couscous?

2. Pour préparer le couscous, qu'est-ce qu'on met dans le bas du couscoussier? Et dans le haut?

3. Quel sera l'effet du harissa, selon Vincent?

A. Formation and meaning of causative **faire**

When a form of the verb **faire** is directly followed by an infinitive, it indicates that the subject of the sentence is causing something to be done to something or someone, or making someone do something. The word order is:

subject + **faire** + *infinitive* + *noun object*

Je **fais laver** ma voiture.   *I'm having my car washed.*

A North African specialty

JEAN-LUC: Today, we're going to have you try some couscous, the best-known North African dish.   LINDA: How is it made?   JEAN-LUC: With a couscous pot, a (type of) double boiler. In the bottom, you boil salted water with some chicken, lamb, vegetables, and spices.   VINCENT: In the top, which is a sieve, you steam-cook cracked wheat (semolina).   JEAN-LUC: Then, you serve the couscous with the meat, the vegetables, and the broth.   VINCENT: And (with some) harissa, a very strong sauce that will remind you of Mexican tabasco sauce.   JEAN-LUC: That's why, in my opinion, (drinking) green mint tea is a necessary complement to couscous: it's very strong, very hot, and very sweet!

[*]**Faire causatif**

If the object is replaced by a pronoun, the word order is:

*subject + pronoun object + **faire** + infinitive*

Je la **fais laver.** *I'm having it washed.*

Compare these sentences:

Le professeur **fait étudier** les étudiants. ⎫	*The professor makes the students study.*
Le professeur **les fait étudier.** ⎬	*The professor makes them study.*
L'acteur **fait rire** les spectateurs. ⎫	*The actor makes the audience laugh.*
L'acteur **les fait rire.** ⎬	*The actor makes them laugh.*

In negative sentences, **ne pas** surrounds **faire** in simple tenses. **Ne pas** surrounds the auxiliary in compound tenses.

Nous **ne faisons pas** attendre nos visiteurs.	*We don't make our visitors wait.*
Nous **n'avons pas** fait attendre nos visiteurs.	*We didn't make our visitors wait.*

B. Affirmative imperative of causative **faire**

When the verb **faire** is in an imperative form, the word order is:

WITH A NOUN OBJECT: *imperative of **faire** + infinitive + noun object*
WITH A PRONOUN OBJECT: *imperative of **faire** + pronoun object + infinitive*

Fais laver la voiture!	*Have the car washed!*
Fais-la laver!	*Have it washed!*
Faites venir nos valises!	*Have our suitcases brought here!*
Faites-les venir!	*Have them brought here!*

Maintenant à vous

A. **Un beau quartier d'Antananarivo.** Les voisins de Jacques Chabot prennent grand soin (*care*) de leur maison. Décrivez les travaux qu'ils font faire selon le modèle.

MODÈLE: M. Grenier / construire / garage → M. Grenier fait construire un garage.

1. M. Girard / réparer / toit (*roof*)
2. les Coquard / repeindre (*to repaint*) / maison
3. nous / construire / mur
4. vous / planter / arbres
5. tu / réparer / porte d'entrée
6. M. Delorme / laver / fenêtres

7. je / réparer / garage
8. voisins / construire / piscine

B. **Encore des réparations.** Répétez l'Exercice A en utilisant un pronom objet direct selon le modèle.

MODÈLE: M. Grenier / construire / garage → M. Grenier le fait construire.

C. **Préparatifs.** Des amis viennent bientôt rendre visite à Roger et Mireille Macouba, qui habitent l'île Maurice. Leurs parents leur donnent des suggestions. Avec un(e) camarade, jouez les deux rôles selon le modèle.

MODÈLE: *Les parents:* Faisons laver la voiture!
          Roger et Mireille: Non, nous ne la ferons pas laver. Nous venons de la laver....

1. Faites préparer les chambres.   2. Faisons nettoyer (*to clean*) la maison.   3. Faites décorer la terrasse.   4. Faisons planter des fleurs.   5. Faites laver les rideaux.

D. **Profil psychologique.** Avec un(e) camarade, posez les questions indiquées. Ensuite, décrivez la personnalité de votre camarade en citant (*quoting*) quelques-unes de ses réponses. Demandez à votre camarade...

1. quelle musique le/la fait toujours danser ou chanter   2. quels films ou quelles pièces de théâtre l'ont fait réfléchir à des choses sérieuses   3. quels acteurs et quelles actrices le/la font toujours rire   4. quel film ou quel roman le/la fait penser à son enfance   5. quel acteur ou quelle actrice l'a fait pleurer (*to cry*) et dans quel film ou dans quelle pièce de théâtre

Mots utiles: avoir le sens de l'humour, doué(e) pour les lettres, enthousiaste, sentimental(e), imaginatif (-ive), intuitif (-ive), romantique, susceptible (*easily offended*), nostalgique, capricieux (-euse)

Le français par les gestes:
C'est bon! Ça marche! (That's that!)

This gesture resembles the American gesture of rubbing the hands together, except that the French clasp the hands first before rubbing them. It is generally used when some task has just been accomplished or some piece of business concluded. It can also accompany the phrase **Au boulot!** (*Let's get to work!*).

71. THE PASSIVE VOICE*

La décolonisation

PATRICK: La décolonisation *est considérée* un moment douloureux dans l'histoire des pays africains.

BERNARD: Oui, et surtout dans les pays où il y avait beaucoup de colons français, comme l'Algérie.

MICHÈLE: C'est parce que les structures politiques africaines y *avaient été* complètement *éliminées* par les colonisateurs.

PATRICK: Pour certains pays, comme en Côte-d'Ivoire, par exemple, cela s'est relativement bien passé.

MICHÈLE: Oui, parce que la décolonisation ivoirienne *a été facilitée* par une grande stabilité politique grâce à Félix Houphouët-Boigny.†

PATRICK: Les colons français *ont,* eux aussi, *été* très *affectés* par la décolonisation.

BERNARD: Les familles de certains de mes amis ont tout perdu. Beaucoup de gens qui ont quitté les colonies se sentent exilés en France encore aujourd'hui.

1. Qui a éliminé les structures politiques africaines?
2. Qu'est-ce qui a facilité la décolonisation en Côte-d'Ivoire?
3. Qu'est-ce qui a affecté les colons français?

A. The passive voice

In passive voice constructions, the subject receives the action of the verb instead of performing it. Compare these sentences. The subjects are in italics.

Decolonization

PATRICK: Decolonization is considered a painful moment in the history of African countries. BERNARD: Yes, and especially in the countries where there were lots of French people, like Algeria. MICHÈLE: That's because African political structures had been completely eliminated by the colonists. PATRICK: For certain countries, such as the Ivory Coast, for example, things went relatively well. MICHÈLE: Yes, because decolonization in the Ivory Coast was facilitated by a great political stability, thanks to Félix Houphouët-Boigny. PATRICK: The French colonists themselves were greatly affected by decolonization. BERNARD: The families of some of my friends lost everything. Lots of people who left the colonies still feel exiled in France today.

*La voix passive

†African statesman who founded the **Rassemblement Démocratique Africain** in 1946. He was the first prime minister of the **République de Côte-d'Ivoire** in 1959 and has been president since 1960.

Active voice	Passive voice
Les Arqué vendent la maison.	*La maison* est vendue par les Arqué.
Un ami algérien a acheté leur voiture.	*Leur voiture* a été achetée par un ami algérien.
Leurs amis français les ont invités à venir à Toulouse.	*Ils* ont été invités à venir à Toulouse par leurs amis français.

The passive voice consists of a form of **être** plus a past participle, which agrees in number and gender with the subject. If the person or thing that causes the action is expressed, it is introduced by the word **par.** The tense of **être** is the same as the tense of the verb in the corresponding active voice sentence.

Active voice	Passive voice
Jean-Paul **apporte** les provisions.	Les provisions **sont apportées par** Jean-Paul.
Jean-Paul **a apporté** les provisions.	Les provisions **ont été apportées par** Jean-Paul.
Jean-Paul **apportera** les provisions.	Les provisions **seront apportées par** Jean-Paul.
Jean-Paul **aurait apporté** les provisions.	Les provisions **auraient été apportées par** Jean-Paul.

B. Avoidance of the passive voice

The passive voice is not used very frequently in spoken French. The active voice, the subjects **on** or **ils** ("they"), or a pronominal construction is often used instead. Compare these sentences.

Passive voice	Construction with *on/ils*
La maison **sera vendue** facilement.	**On vendra** facilement la maison.
	Ils vendront facilement la maison.
	La maison **se vendra** facilement.

Maintenant à vous

A. Décolonisation. Mettez les phrases suivantes aux temps du verbe indiqué entre parenthèses.

1. Les citoyens français sont protégés par les lois (*laws*). (**futur, passé composé, imparfait**)
2. La culture africaine a été transformée. (**plus-que-parfait, conditionnel présent, présent**)

B. **Transformation.** Transformez les phrases selon le modèle.

MODÈLE: On vend la maison. → La maison est vendue.

1. On avait vendu la ferme.   2. On a commencé le voyage hier.
3. On encouragera les enfants à faire de nouvelles connaissances.
4. On achètera une nouvelle maison.   5. On recommencera la vie.

C. **Écrivains francophones.** Complétez les descriptions suivantes avec la forme passive convenable (*suitable*) du verbe entre parenthèses.

1. **Samuel Beckett.** Romancier et dramaturge né à Dublin en 1906. Son œuvre donne une vision dérisoire (*ridiculous, absurd*) de l'activité humaine. Aujourd'hui, ses pièces de théâtre _____ (*considérer*) comme le meilleur exemple du théâtre de l'Absurde.
2. **Antonine Maillet.** Romancière franco-canadienne qui a reçu le prix Goncourt* en 1979. L'histoire et la culture du peuple acadien _____ (*décrire*) dans son œuvre.
3. **Léopold Senghor.** Poète et homme d'état sénégalais, membre de l'Académie française. Son œuvre exprime l'espoir d'une réconciliation universelle entre les races et sert d'exemple pour la littérature de « négritude » où la condition des Noirs _____ (*examiner*).
4. **Marguerite Yourcenar.** Romancière française née à Bruxelles, habitant maintenant aux États-Unis. Elle a été la première femme élue à l'Académie française. Elle _____ (*connaître*) surtout pour ses romans historiques et ses traductions (*translations*).
5. **Jean-Jacques Rousseau** (1712–1778). Écrivain et philosophe genevois (= de Genève) qui a célébré les vertus (*virtues*) de la vie naturelle et qui a fait la critique de la civilisation. Les révolutionnaires français _____ (*influencer*) par son œuvre.
6. **Aimé Césaire.** Poète et homme d'état antillais. La soif de liberté du peuple noir _____ (*exalter*) dans ses poèmes.
7. **Georges Simenon.** Écrivain belge qui a écrit surtout des romans policiers qui _____ (*construire*) autour du personnage du commissaire de police Maigret.

D. **Et vous?** Chaque membre de la classe nomme une de ses œuvres littéraires ou un de ses films préférés (pas nécessairement français). Les autres en indentifient l'auteur ou le cinéaste (*director*) selon le modèle.

MODÈLE: 1ᵉʳ⁽ᵉ⁾ étudiant(e): *L'Étranger*
             2ᵉᵐᵉ: C'est un roman qui a été écrit par Albert Camus.
             3ᵉᵐᵉ: *L'Argent de poche*
             4ᵉᵐᵉ: C'est un film qui a été fait par François Truffaut.

---

*France's most prestigious annual literary prize.

UN MARCHÉ MALIEN

Contexte On marchande° beaucoup dans un marché africain. Il y a certains produits pour lesquels on ne marchande pas: par exemple, le sucre et le riz dont les prix sont fixés. Mais on peut marchander pour tout le reste. Le marchandage procède toujours plus ou moins de la même façon. Quand le client demande le prix d'un article, le marchand lui donne un prix très élevé. Le client offre alors environ le tiers ou la moitié° de ce premier prix. Le marchandage continue jusqu'à ce que les protagonistes se mettent d'accord. Parfois, le client fait mine de° s'en aller en espérant que le marchand lui offrira un dernier rabais.° Dans ce dialogue, Monique, une jeune Malienne, est en train de faire ses courses.

haggles, bargains

environ... approximativement ⅓ ou ½

fait... makes as if to
réduction de prix

Objectif Monique marchande.

Dialogue

MONIQUE:	Bonjour! Combien il coûte, votre thon°?
LE MARCHAND:	Trois cents francs.
MONIQUE:	Quoi? Vous me faites rire! J'en ai acheté un hier qui ne coûtait que cent francs. Et il était aussi gros° que le vôtre. C'est bien trop cher!
LE MARCHAND:	Oui, mais ce poisson, il a été pêché ce matin même! Il n'y en a pas de plus frais!
MONIQUE:	C'est quand même° trop cher... Je vous l'achète pour cent cinquante francs.
LE MARCHAND:	Bon, je vous le fais à deux cent cinquante francs.
MONIQUE:	Deux cent francs!
LE MARCHAND:	Deux cent vingt-cinq!
MONIQUE:	Deux cent dix!
LE MARCHAND:	J'y perds beaucoup, mais je vous le laisse pour deux cent quinze francs.
MONIQUE:	C'est bon. Vous avez la monnaie de cinq cents francs?
LE MARCHAND:	Vous êtes ma première cliente, ce matin. Je n'ai pas de monnaie. Mais regardez ce qu'on va faire: je vais vous donner mon thon et ces deux grosses carpes pour cinq cents francs en tout. C'est donné°!
MONIQUE:	Eh bien, c'est d'accord.
LE MARCHAND:	Vous voyez, on a fini par s'entendre. Vous n'y connaissez rien en poisson,° mais je vais vous donner ce petit

tuna

grand

quand... all the same

C'est... It's a gift!

n'y... don't know anything about fish

> poisson-là en plus, pour vous montrer que je ne vous en
> veux pas.°
> MONIQUE: C'est très gentil. Merci. A bientôt.

je... I don't hold it against you

REPUBLIQUE DU MALI

POSTES

60F   LE POTIER
F. COUMARE

Variations

1. Rejouez la scène avec cette différence: Monique va au marché pour acheter les ingrédients nécessaires à la recette suivante. Les prix sont ceux que les marchands ou les marchandes demandent au début (= commencement) du marchandage.

Poulet aux bananes

1 poulet de 700 grammes	250 francs
1 douzaine d'échalotes (*shallots*)	20 francs pièce (*apiece*)
100 grammes de lard (*bacon*)	80 francs les 500 g
10 bananes vertes	7 francs pièce

2. Improvisez! Chaque membre de la classe dessine (*draws*) rapidement un objet qu'il veut vendre. Il/Elle montre son dessin à la classe, décrit l'objet qui y est représenté et propose un prix. Les autres membres de la classe marchandent avec lui/elle. (C'est à la classe de déterminer si les achats sont pour de vrai!)

Commentaire culturel

The southern coast of France faces the northern coast of Africa across the Mediterranean Sea. Beginning in the early nineteenth century, France competed with other European nations to create an empire in Africa. Three North African colonies—in Algeria, Morocco, and Tunisia—had very close ties with France, particularly Algeria, which won back its independence in 1962. South of the Sahara Desert, in black Africa, French colonies in western and equatorial Africa also achieved independence.

Of all the European nations, France appears to have succeeded best in preserving the good will of its former African colonies. It has remained the primary economic and cultural partner of most French-speaking nations in Africa, including Mauritania, Senegal, Guinea, Mali, Burkina Faso (Upper Volta), the Ivory Coast, Niger, Togo, Benin, Chad, Cameroun, Central African Republic, Gabon, the Congo, Zaire, Rwanda, Burundi, the Comoro Islands, Madagascar, Reunion (a French **département**), the Seychelle Islands, and Mauritius. In all of these countries, French is either the official language or the most commonly used European language, taught at all levels in the schools, either along with the local language or by itself. Since some African nations have many dialects or a national language different from that of neighboring countries, the widespread use of the French language is a unifying force that enhances communication and the exchange of ideas among African nations as well as between Africa and other parts of the world.

Many young African men and women spend a few years studying or working in France or in other French-speaking countries, such as Belgium or Canada. Often they do not wish to return home, and the exodus of educated Africans is one of the problems of modern African nations. Nevertheless, the bonds between France and French-speaking African nations provide benefits to both.

Mise au point

A. **Deux familles ivoiriennes.** Tassou et Akissi, deux jeunes Africains, comparent leurs familles. Avec un(e) camarade, jouez les rôles. Suivez le modèle.

MODÈLE 1 : sœur / organiser des safaris (travailler comme dentiste) →
Tassou: Ma sœur gagne sa vie en organisant des safaris.
Akissi: La mienne gagne sa vie en travaillant comme dentiste.

1. père / travailler comme comptable (enseigner au lycée)
2. frère / conduire un taxi (pratiquer la médecine)
3. mère / donner des cours de langue (tenir une boutique)
4. oncle / gagner sa vie / travailler pour l'État comme fonctionnaire (construire des autoroutes)

MODÈLE 2 : parents / décider / partir d'Abidjan (préférer / rester / Abidjan) →
Tassou: Mes parents ont décidé de partir d'Abidjan. Et les tiens?
Akissi: Les miens préfèrent rester à Abidjan.

5. deuxième / frère / vouloir / partir pour la Tunisie (aimer / voyager / France)
6. sœur aînée / penser / étudier la chirurgie aux États-Unis (chercher / obtenir / diplôme en chimie)
7. oncle / refuser / travailler (adorer / beaucoup / travailler)
8. petite sœur / nous / empêcher / étudier (commencer / apprendre / s'amuser / seule)

B. **Exigences.** Transformez les phrases suivantes selon le modèle.

MODÈLE: Le professeur décide que Paul doit travailler. →
Le professeur décide de le faire travailler.

1. Le professeur veut que les étudiants travaillent.   2. Les parents d'Akissi décident qu'elle doit voyager aux États-Unis.   3. Les parents de Léopold décident qu'il doit étudier.   4. L'institutrice veut que les élèves lisent bien.   5. Le Gouvernement veut que je parte pour l'Afrique.   6. Le Gouvernement veut que nous travaillions dans notre pays.

C. **Vacances au Maghreb.** Martine et Paul sont dans le Maghreb, une région qui comprend le Maroc, l'Algérie et la Tunisie. En français, s'il vous plaît.

MARTINE: Can I borrow your guidebook (**guide,** *m.*)? Mine is lost.

PAUL: Someone borrowed mine. Why don't you ask Louise if you can use hers?

MARTINE: Hers is very old. I'll try to remember to buy one tomorrow. We're learning a lot by traveling. By reading, also. If I had that guidebook . . .

PAUL: I want to see the great mosque (**la grande mosquée**) of Tunis.

MARTINE: And we must go see the Roman ruins (**les ruines romaines**) in Algeria. The Romans also had beautiful mosaics (**mosaïques,** *f.*) made.

PAUL: I'd rather take a hike in the desert (**le désert**).

MARTINE: Then we'd better buy a new guidebook . . . or find a good guide.

D. « **Remue-méninges** » (*Trivial Pursuit*). Faites des groupes de trois ou quatre. Ensuite, faites une liste de cinq ou six œuvres artistiques, littéraires ou cinématographiques dont les auteurs ne seront probablement pas bien connus par les autres groupes. Calculez le score de chaque groupe pour déterminer lequel est le plus « cultivé ».

MODÈLE: *Le Penseur* →
Le Penseur, c'est une sculpture qui a été faite par Rodin.

Vocabulaire

Verbes

appartenir (à) *to belong (to)*
se détendre *to relax*
marchander *to bargain, haggle (over a price)*

Substantifs

le désert *desert*
le (la) dramaturge *playwright*
la fête *holiday; celebration*
la loi *law*
le personnage *character (in fiction)*
le poème *poem*
le poète *poet*
le riz *rice*
le (la) romancier (-ière) *novelist*
la savane *savannah*

Pays africains

le Congo *Congo*
la Côte-d'Ivoire *Ivory Coast*
le Mali *Mali*
la République de Madagascar *Madagascar*
le Sénégal *Senegal*
la Tunisie *Tunisia*

Adjectifs

algérien(ne) *Algerian*
congolais(e) *Congolese*
ivoirien(ne) *from the Ivory Coast*
malgache *from Madagascar*
marocain(e) *Moroccan*
sénégalais(e) *Senegalese*
tunisien(ne) *Tunisian*

Mots utiles

pourtant *however; yet*

APPENDICE

The International Phonetic Alphabet

The *passé simple*

Conjugation of verbs

THE INTERNATIONAL PHONETIC ALPHABET

The International Phonetic Alphabet (IPA) consists of the phonetic symbols used to represent the different sounds of a language. The sounds of the French language are listed below. The IPA symbol representing a sound appears in the column on the left. In the middle column is the normal spelling of a word or words containing that sound. On the right is the phonetic transcription of that word in the IPA.

ORAL VOWELS		
[a]	madame	[madam]
[i]	dix	[dis]
[e]	répétez	[repete]
[ɛ]	merci	[mɛrsi]
[u]	jour	[ʒur]
[y]	salut	[saly]
[o]	**au**	[o]
[ɔ]	Robert	[rɔbɛr]
[ø]	deux	[dø]
[œ]	neuf	[nœf]
[ə]	de	[də]

NASAL VOWELS		
[ã]	en, comment	[ã], [kɔmã]
[ɛ̃]	bien, vingt	[bjɛ̃], [vɛ̃]
[ɔ̃]	bon, pardon	[bɔ̃], [pardɔ̃]

SEMI-VOWELS		
[ɥ]	huit	[ɥit]
[j]	rien	[rjɛ̃]
[w]	moi, oui	[mwa], [wi]

CONSONANTS					
[b]	bon	[bɔ̃]	[n]	non	[nɔ̃]
[ʃ]	chalet	[ʃalɛ]	[p]	plaît	[plɛ]
[d]	des	[de]	[r]	revoir	[rəvwar]
[f]	photo	[foto]	[k]	comme	[kɔm]
[g]	Guy	[gi]	[s]	ça, si	[sa], [si]
[ʒ]	je	[ʒə]	[z]	mademoiselle	[madmwazɛl]
[ɲ]	champagne	[ʃɑ̃paɲ]	[t]	Martin	[martɛ̃]
[l]	appelle	[apɛl]	[v]	va	[va]
[m]	mal	[mal]			

THE *PASSÉ SIMPLE*

A.   The **passé simple** is a past tense used in modern French in historical and literary works, and often in newspapers and magazines. It is a written and not a conversational past tense. Like the **passé composé,** it is used for completed past actions; actions that would be in the **passé composé** in informal speech or writing are in the **passé simple** in literary or formal style.

It is called the "simple" past because it needs no auxiliary verb (in contrast to the **passé composé,** or compound past). You should learn to recognize the forms of this tense for reading purposes. The forms of the **passé simple** of regular verbs consist of the verb stem plus the endings **-ai, -as, -a, -âmes, -âtes,** and **-èrent** for **-er** verbs and **-is, -is, -it, -îmes, -îtes,** and **-irent** for **-ir** or **-re** verbs:

	parler	**finir**	**perdre**
je	parlai	finis	perdis
tu	parlas	finis	perdis
il, elle, on	parla	finit	perdit
nous	parlâmes	finîmes	perdîmes
vous	parlâtes	finîtes	perdîtes
ils, elles	parlèrent	finirent	perdirent

B.   There are many irregular verbs in the **passé simple**; two important ones are **avoir** and **être**:

	avoir	**être**
j', je	eus	fus
tu	eus	fus
il, elle, on	eut	fut
nous	eûmes	fûmes
vous	eûtes	fûtes
ils, elles	eurent	furent

C.   Many verbs that are irregular in the **passé simple** have a past stem that looks like the past participle:

INFINITIVE	PAST PARTICIPLE	PASSÉ SIMPLE	INFINITIVE	PAST PARTICIPLE	PASSÉ SIMPLE
boire	bu	on but	pleuvoir	plu	il plut
connaître	connu	on connut	pouvoir	pu	on put
courir	couru	on courut	prendre	pris	on prit
croire	cru	on crut	rire	ri	on rit
devoir	dû	on dut	savoir	su	on sut
dire	dit	on dit	suivre	suivi	on suivit
falloir	fallu	il fallut	valoir	valu	on valut
lire	lu	on lut	vouloir	voulu	on voulut
mettre	mis	on mit			
plaire	plu	on plut			

Nous **connûmes** ce monsieur à New York.	*We met that gentleman in New York.*
Il **fallut** lui parler très fort parce qu'il ne pouvait guère entendre.	*One had to speak loudly because he could hardly hear.*
Nous **dîmes** que nous voulions le voir chez lui.	*We said that we wanted to see him at his house.*

D.   Other irregular verbs include:

conduire	on conduisit	naître	on naquit
craindre	on craignit	ouvrir	on ouvrit
écrire	on écrivit	tenir	on tint
faire	on fit	venir	on vint
mourir	on mourut		

Napoléon **naquit** en Corse.	*Napoleon was born in Corsica.*

CONJUGATION OF VERBS

The verb charts presented in the following pages contain the conjugations of **avoir** and **être,** model conjugations for each of the three regular verb groups (**-er, -ir,** and **-re** verbs), intransitive verbs conjugated with **être,** stem-changing verbs, and the conjugation of 35 common irregular verbs.

The left-hand column of each chart contains the infinitive, the present participle, and the past participle of the verb being conjugated. Please note that all the verbs have been conjugated without subject pronouns.

A. Auxiliary verbs

avoir (to have), ayant, eu

INDICATIVE

PRESENT	IMPERFECT	PASSÉ SIMPLE	FUTURE
ai	avais	eus	aurai
as	avais	eus	auras
a	avait	eut	aura
avons	avions	eûmes	aurons
avez	aviez	eûtes	aurez
ont	avaient	eurent	auront

PASSÉ COMPOSÉ	PLUPERFECT	FUTURE PERFECT
ai eu	avais eu	aurai eu
as eu	avais eu	auras eu
a eu	avait eu	aura eu
avons eu	avions eu	aurons eu
avez eu	aviez eu	aurez eu
ont eu	avaient eu	auront eu

CONDITIONAL

CONDITIONAL	PAST CONDITIONAL
aurais	aurais eu
aurais	aurais eu
aurait	aurait eu
aurions	aurions eu
auriez	auriez eu
auraient	auraient eu

SUBJUNCTIVE

PRESENT	PAST
aie	aie eu
aies	aies eu
ait	ait eu
ayons	ayons eu
ayez	ayez eu
aient	aient eu

IMPERATIVE

aie
ayons
ayez

être (to be), étant, été

INDICATIVE

PRESENT	IMPERFECT	PASSÉ SIMPLE	FUTURE
suis	étais	fus	serai
es	étais	fus	seras
est	était	fut	sera
sommes	étions	fûmes	serons
êtes	étiez	fûtes	serez
sont	étaient	furent	seront

PASSÉ COMPOSÉ	PLUPERFECT	FUTURE PERFECT
ai été	avais été	aurai été
as été	avais été	auras été
a été	avait été	aura été
avons été	avions été	aurons été
avez été	aviez été	aurez été
ont été	avaient été	auront été

CONDITIONAL

CONDITIONAL	PAST CONDITIONAL
serais	aurais été
serais	aurais été
serait	aurait été
serions	aurions été
seriez	auriez été
seraient	auraient été

SUBJUNCTIVE

PRESENT	PAST
sois	aie été
sois	aies été
soit	ait été
soyons	ayons été
soyez	ayez été
soient	aient été

IMPERATIVE

sois
soyons
soyez

B. Regular verbs

-er verbs: parler (to speak) / parlant / parlé

INDICATIVE							CONDITIONAL		SUBJUNCTIVE		IMPERATIVE
PRESENT	PASSÉ COMPOSÉ	IMPERFECT	PLUPERFECT	PASSÉ SIMPLE	FUTURE	FUTURE PERFECT	CONDITIONAL	PAST CONDITIONAL	PRESENT	PAST	
parle	ai parlé	parlais	avais parlé	parlai	parlerai	aurai parlé	parlerais	aurais parlé	parle	aie parlé	
parles	as parlé	parlais	avais parlé	parlas	parleras	auras parlé	parlerais	aurais parlé	parles	aies parlé	parle
parle	a parlé	parlait	avait parlé	parla	parlera	aura parlé	parlerait	aurait parlé	parle	ait parlé	
parlons	avons parlé	parlions	avions parlé	parlâmes	parlerons	aurons parlé	parlerions	aurions parlé	parlions	ayons parlé	parlons
parlez	avez parlé	parliez	aviez parlé	parlâtes	parlerez	aurez parlé	parleriez	auriez parlé	parliez	ayez parlé	parlez
parlent	ont parlé	parlaient	avaient parlé	parlèrent	parleront	auront parlé	parleraient	auraient parlé	parlent	aient parlé	

-ir verbs: finir (to finish) / finissant / fini

INDICATIVE							CONDITIONAL		SUBJUNCTIVE		IMPERATIVE
PRESENT	PASSÉ COMPOSÉ	IMPERFECT	PLUPERFECT	PASSÉ SIMPLE	FUTURE	FUTURE PERFECT	CONDITIONAL	PAST CONDITIONAL	PRESENT	PAST	
finis	ai fini	finissais	avais fini	finis	finirai	aurai fini	finirais	aurais fini	finisse	aie fini	
finis	as fini	finissais	avais fini	finis	finiras	auras fini	finirais	aurais fini	finisses	aies fini	finis
finit	a fini	finissait	avait fini	finit	finira	aura fini	finirait	aurait fini	finisse	ait fini	
finissons	avons fini	finissions	avions fini	finîmes	finirons	aurons fini	finirions	aurions fini	finissions	ayons fini	finissons
finissez	avez fini	finissiez	aviez fini	finîtes	finirez	aurez fini	finiriez	auriez fini	finissiez	ayez fini	finissez
finissent	ont fini	finissaient	avaient fini	finirent	finiront	auront fini	finiraient	auraient fini	finissent	aient fini	

VERB	INDICATIVE				CONDITIONAL	SUBJUNCTIVE	IMPERATIVE
	PRESENT	IMPERFECT	PASSÉ SIMPLE	FUTURE	CONDITIONAL	PRESENT	
re verbs	perds	perdais	perdis	perdrai	perdrais	perde	
perdre	perds	perdais	perdis	perdras	perdrais	perdes	perds
(*to lose*)	perd	perdait	perdit	perdra	perdrait	perde	
perdant	perdons	perdions	perdîmes	perdrons	perdrions	perdions	perdons
perdu	perdez	perdiez	perdîtes	perdrez	perdriez	perdiez	perdez
	perdent	perdaient	perdirent	perdront	perdraient	perdent	
	PASSÉ COMPOSÉ	PLUPERFECT		FUTURE PERFECT	PAST CONDITIONAL	PAST	
	ai perdu	avais perdu		aurai perdu	aurais perdu	aie perdu	
	as perdu	avais perdu		auras perdu	aurais perdu	aies perdu	
	a perdu	avait perdu		aura perdu	aurait perdu	ait perdu	
	avons perdu	avions perdu		aurons perdu	aurions perdu	ayons perdu	
	avez perdu	aviez perdu		aurez perdu	auriez perdu	ayez perdu	
	ont perdu	avaient perdu		auront perdu	auraient perdu	aient perdu	

C. Intransitive verbs conjugated with *être*[1]

VERB	INDICATIVE				CONDITIONAL	SUBJUNCTIVE	IMPERATIVE
	PRESENT	IMPERFECT	PASSÉ SIMPLE	FUTURE	CONDITIONAL	PRESENT	
entrer	entre	entrais	entrai	entrerai	entrerais	entre	
(*to enter*)	entres	entrais	entras	entreras	entrerais	entres	entre
entrant	entre	entrait	entra	entrera	entrerait	entre	
entré	entrons	entrions	entrâmes	entrerons	entrerions	entrions	entrons
	entrez	entriez	entrâtes	entrerez	entreriez	entriez	entrez
	entrent	entraient	entrèrent	entreront	entreraient	entrent	
	PASSÉ COMPOSÉ	PLUPERFECT		FUTURE PERFECT	PAST CONDITIONAL	PAST	
	suis entré(e)	étais entré(e)		serai entré(e)	serais entré(e)	sois entré(e)	
	es entré(e)	étais entré(e)		seras entré(e)	serais entré(e)	sois entré(e)	
	est entré(e)	était entré(e)		sera entré(e)	serait entré(e)	soit entré(e)	
	sommes entré(e)s	étions entré(e)s		serons entré(e)s	serions entré(e)s	soyons entré(e)s	
	êtes entré(e)(s)	étiez entré(e)(s)		serez entré(e)(s)	seriez entré(e)(s)	soyez entré(e)(s)	
	sont entré(e)s	étaient entré(e)s		seront entré(e)s	seraient entré(e)s	soient entré(e)s	

[1]Other intransitive verbs conjugated with **être** in compound tenses are **aller, arriver, descendre, devenir, monter, mourir, naître, partir (repartir), passer, rentrer, rester, retourner, revenir, sortir, tomber,** and **venir.** Note that **descendre, monter, passer, retourner,** and **sortir** may sometimes be used as transitive verbs (i.e., with a direct object), in which case they are conjugated with **avoir** in compound tenses.

D. Pronominal verbs

VERB	INDICATIVE							CONDITIONAL		SUBJUNCTIVE		IMPERATIVE
	PRESENT	IMPERFECT	PASSÉ SIMPLE	FUTURE	PASSÉ COMPOSÉ	PLUPERFECT	FUTURE PERFECT	CONDITIONAL	PAST CONDITIONAL	PRESENT	PAST	
Pronominal verb	me lave	me lavais	me lavai	me laverai	me suis lavé(e)	m'étais lavé(e)	me serai lavé(e)	me laverais	me serais lavé(e)	me lave	me sois lavé(e)	
se laver	te laves	te lavais	te lavas	te laveras	t'es lavé(e)	t'étais lavé(e)	te seras lavé(e)	te laverais	te serais lavé(e)	te laves	te sois lavé(e)	lave-toi
(*to wash oneself*)	se lave	se lavait	se lava	se lavera	s'est lavé(e)	s'était lavé(e)	se sera lavé(e)	se laverait	se serait lavé(e)	se lave	se soit lavé(e)	
se lavant	nous lavons	nous lavions	nous lavâmes	nous laverons	nous sommes lavé(e)s	nous étions lavé(e)s	nous serons lavé(e)s	nous laverions	nous serions lavé(e)s	nous lavions	nous soyons lavé(e)s	lavons-nous
lavé	vous lavez	vous laviez	vous lavâtes	vous laverez	vous êtes lavé(e)(s)	vous étiez lavé(e)(s)	vous serez lavé(e)(s)	vous laveriez	vous seriez lavé(e)(s)	vous laviez	vous soyez lavé(e)(s)	lavez-vous
	se lavent	se lavaient	se lavèrent	se laveront	se sont lavé(e)s	s'étaient lavé(e)s	se seront lavé(e)s	se laveraient	se seraient lavé(e)s	se lavent	se soient lavé(e)s	

E. Stem-changing verbs

VERB	PRESENT	IMPERFECT	PASSÉ COMPOSÉ	PASSÉ SIMPLE	FUTURE	CONDITIONAL	PRESENT SUBJUNCTIVE	IMPERATIVE
commencer[1]	commence	commençais	ai commencé	commençai	commencerai	commencerais	commence	
(*to begin*)	commences	commençais	as commencé	commenças	commenceras	commencerais	commences	commence
commençant	commence	commençait	a commencé	commença	commencera	commencerait	commence	
commencé	commençons	commencions	avons commencé	commençâmes	commencerons	commencerions	commencions	commençons
	commencez	commenciez	avez commencé	commençâtes	commencerez	commenceriez	commenciez	commencez
	commencent	commençaient	ont commencé	commencèrent	commenceront	commenceraient	commencent	
manger[2]	mange	mangeais	ai mangé	mangeai	mangerai	mangerais	mange	
(*to eat*)	manges	mangeais	as mangé	mangeas	mangeras	mangerais	manges	mange
mangeant	mange	mangeait	a mangé	mangea	mangera	mangerait	mange	
mangé	mangeons	mangions	avons mangé	mangeâmes	mangerons	mangerions	mangions	mangeons
	mangez	mangiez	avez mangé	mangeâtes	mangerez	mangeriez	mangiez	mangez
	mangent	mangeaient	ont mangé	mangèrent	mangeront	mangeraient	mangent	

[1]Verbs like **commencer**: dénoncer, divorcer, menacer, placer, prononcer, remplacer, tracer

[2]Verbs like **manger**: bouger, changer, dégager, engager, juger, loger, mélanger, nager, obliger, partager, voyager

VERB	PRESENT	IMPERFECT	PASSÉ COMPOSÉ	PASSÉ SIMPLE	FUTURE	CONDITIONAL	PRESENT SUBJUNCTIVE	IMPERATIVE
appeler[3]	appelle	appelais	ai appelé	appelai	appellerai	appellerais	appelle	
(*to call*)	appelles	appelais	as appelé	appelas	appelleras	appellerais	appelles	appelle
appelant	appelle	appelait	a appelé	appela	appellera	appellerait	appelle	
appelé	appelons	appelions	avons appelé	appelâmes	appellerons	appellerions	appelions	appelons
	appelez	appeliez	avez appelé	appelâtes	appellerez	appelleriez	appeliez	appelez
	appellent	appelaient	ont appelé	appelèrent	appelleront	appelleraient	appellent	
essayer[4]	essaie	essayais	ai essayé	essayai	essaierai	essaierais	essaie	
(*to try*)	essaies	essayais	as essayé	essayas	essaieras	essaierais	essaies	essaie
essayant	essaie	essayait	a essayé	essaya	essaiera	essaierait	essaie	
essayé	essayons	essayions	avons essayé	essayâmes	essaierons	essaierions	essayions	essayons
	essayez	essayiez	avez essayé	essayâtes	essaierez	essaieriez	essayiez	essayez
	essaient	essayaient	ont essayé	essayèrent	essaieront	essaieraient	essaient	
acheter[5]	achète	achetais	ai acheté	achetai	achèterai	achèterais	achète	
(*to buy*)	achètes	achetais	as acheté	achetas	achèteras	achèterais	achètes	achète
achetant	achète	achetait	a acheté	acheta	achètera	achèterait	achète	
acheté	achetons	achetions	avons acheté	achetâmes	achèterons	achèterions	achetions	achetons
	achetez	achetiez	avez acheté	achetâtes	achèterez	achèteriez	achetiez	achetez
	achètent	achetaient	ont acheté	achetèrent	achèteront	achèteraient	achètent	
préférer[6]	préfère	préférais	ai préféré	préférai	préférerai	préférerais	préfère	
(*to prefer*)	préfères	préférais	as préféré	préféras	préféreras	préférerais	préfères	préfère
préférant	préfère	préférait	a préféré	préféra	préférera	préférerait	préfère	
préféré	préférons	préférions	avons préféré	préférâmes	préférerons	préférerions	préférions	préférons
	préférez	préfériez	avez préféré	préférâtes	préférerez	préféreriez	préfériez	préférez
	préfèrent	préféraient	ont préféré	préférèrent	préféreront	préféreraient	préfèrent	

[3] Verbs like **appeler**: épeler, jeter, projeter, (se) rappeler

[4] Verbs like **essayer**: employer, payer

[5] Verbs like **acheter**: achever, amener, emmener, (se) lever, (se) promener

[6] Verbs like **préférer**: célébrer, considérer, espérer, (s')inquiéter, pénétrer, posséder, répéter, révéler, suggérer

F. Irregular verbs

VERB	PRESENT	IMPERFECT	PASSÉ COMPOSÉ	PASSÉ SIMPLE	FUTURE	CONDITIONAL	PRESENT SUBJUNCTIVE	IMPERATIVE
aller	vais	allais	suis allé(e)	allai	irai	irais	aille	
(to go)	vas	allais	es allé(e)	allas	iras	irais	ailles	va
allant	va	allait	est allé(e)	alla	ira	irait	aille	
allé	allons	allions	sommes allé(e)s	allâmes	irons	irions	allions	allons
	allez	alliez	êtes allé(e)(s)	allâtes	irez	iriez	alliez	allez
	vont	allaient	sont allé(e)s	allèrent	iront	iraient	aillent	
asseoir[1]	assieds	asseyais	ai assis	assis	assiérai	assiérais	asseye	
(to seat)	assieds	asseyais	as assis	assis	assiéras	assiérais	asseyes	assieds
asseyant	assied	asseyait	a assis	assit	assiéra	assiérait	asseye	
assis	asseyons	asseyions	avons assis	assîmes	assiérons	assiérions	asseyions	asseyons
	asseyez	asseyiez	avez assis	assîtes	assiérez	assiériez	asseyiez	asseyez
	asseyent	asseyaient	ont assis	assirent	assiéront	assiéraient	asseyent	
battre	bats	battais	ai battu	battis	battrai	battrais	batte	
(to beat)	bats	battais	as battu	battis	battras	battrais	battes	bats
battant	bat	battait	a battu	battit	battra	battrait	batte	
battu	battons	battions	avons battu	battîmes	battrons	battrions	battions	battons
	battez	battiez	avez battu	battîtes	battrez	battriez	battiez	battez
	battent	battaient	ont battu	battirent	battront	battraient	battent	
boire	bois	buvais	ai bu	bus	boirai	boirais	boive	
(to drink)	bois	buvais	as bu	bus	boiras	boirais	boives	bois
buvant	boit	buvait	a bu	but	boira	boirait	boive	
bu	buvons	buvions	avons bu	bûmes	boirons	boirions	buvions	buvons
	buvez	buviez	avez bu	bûtes	boirez	boiriez	buviez	buvez
	boivent	buvaient	ont bu	burent	boiront	boiraient	boivent	
conduire	conduis	conduisais	ai conduit	conduisis	conduirai	conduirais	conduise	
(to lead,	conduis	conduisais	as conduit	conduisis	conduiras	conduirais	conduises	conduis
to drive)	conduit	conduisait	a conduit	conduisit	conduira	conduirait	conduise	
conduisant	conduisons	conduisions	avons conduit	conduisîmes	conduirons	conduirions	conduisions	conduisons
conduit	conduisez	conduisiez	avez conduit	conduisîtes	conduirez	conduiriez	conduisiez	conduisez
	conduisent	conduisaient	ont conduit	conduisirent	conduiront	conduiraient	conduisent	
connaître	connais	connaissais	ai connu	connus	connaîtrai	connaîtrais	connaisse	
(to be	connais	connaissais	as connu	connus	connaîtras	connaîtrais	connaisses	connais
acquinted)	connaît	connaissait	a connu	connut	connaîtra	connaîtrait	connaisse	
connaissant	connaissons	connaissions	avons connu	connûmes	connaîtrons	connaîtrions	connaissions	connaissons
connu	connaissez	connaissiez	avez connu	connûtes	connaîtrez	connaîtriez	connaissiez	connaissez
	connaissent	connaissaient	ont connu	connurent	connaîtront	connaîtraient	connaissent	

[1]**S'asseoir** (pronominal form of **asseoir**) means *to be seated* or *to take a seat*. The imperative forms of **s'asseoir** are **assieds-toi**, **asseyons-nous**, and **asseyez-vous**.

VERB	PRESENT	IMPERFECT	PASSÉ COMPOSÉ	PASSÉ SIMPLE	FUTURE	CONDITIONAL	PRESENT SUBJUNCTIVE	IMPERATIVE
courir	cours	courais	ai couru	courus	courrai	courrais	coure	
(to run)	cours	courais	as couru	courus	courras	courrais	coures	cours
courant	court	courait	a couru	courut	courra	courrait	coure	
couru	courons	courions	avons couru	courûmes	courrons	courrions	courions	courons
	courez	couriez	avez couru	courûtes	courrez	courriez	couriez	courez
	courent	couraient	ont couru	coururent	courront	courraient	courent	
craindre	crains	craignais	ai craint	craignis	craindrai	craindrais	craigne	
(to fear)	crains	craignais	as craint	craignis	craindras	craindrais	craignes	crains
craignant	craint	craignait	a craint	craignit	craindra	craindrait	craigne	
craint	craignons	craignions	avons craint	craignîmes	craindrons	craindrions	craignions	craignons
	craignez	craigniez	avez craint	craignîtes	craindrez	craindriez	craigniez	craignez
	craignent	craignaient	ont craint	craignirent	craindront	craindraient	craignent	
croire	crois	croyais	ai cru	crus	croirai	croirais	croie	
(to believe)	crois	croyais	as cru	crus	croiras	croirais	croies	crois
croyant	croit	croyait	a cru	crut	croira	croirait	croie	
cru	croyons	croyions	avons cru	crûmes	croirons	croirions	croyions	croyons
	croyez	croyiez	avez cru	crûtes	croirez	croiriez	croyiez	croyez
	croient	croyaient	ont cru	crurent	croiront	croiraient	croient	
devoir	dois	devais	ai dû	dus	devrai	devrais	doive	
(to have to,	dois	devais	as dû	dus	devras	devrais	doives	dois
to owe)	doit	devait	a dû	dut	devra	devrait	doive	
devant	devons	devions	avons dû	dûmes	devrons	devrions	devions	devons
dû	devez	deviez	avez dû	dûtes	devrez	devriez	deviez	devez
	doivent	devaient	ont dû	durent	devront	devraient	doivent	
dire[2]	dis	disais	ai dit	dis	dirai	dirais	dise	
(to say,	dis	disais	as dit	dis	diras	dirais	dises	dis
to tell)	dit	disait	a dit	dit	dira	dirait	dise	
disant	disons	disions	avons dit	dîmes	dirons	dirions	disions	disons
dit	dites	disiez	avez dit	dîtes	direz	diriez	disiez	dites
	disent	disaient	ont dit	dirent	diront	diraient	disent	
dormir[3]	dors	dormais	ai dormi	dormis	dormirai	dormirais	dorme	
(to sleep)	dors	dormais	as dormi	dormis	dormiras	dormirais	dormes	dors
dormant	dort	dormait	a dormi	dormit	dormira	dormirait	dorme	
dormi	dormons	dormions	avons dormi	dormîmes	dormirons	dormirions	dormions	dormons
	dormez	dormiez	avez dormi	dormîtes	dormirez	dormiriez	dormiez	dormez
	dorment	dormaient	ont dormi	dormirent	dormiront	dormiraient	dorment	

[2] Verbs like dire: contredire (vous contredisez), interdire (vous interdisez), prédire (vous prédisez)

[3] Verbs like dormir: mentir, partir, repartir, sentir, servir, sortir. (Partir, repartir and sortir are conjugated with être.)

VERB	PRESENT	IMPERFECT	PASSÉ COMPOSÉ	PASSÉ SIMPLE	FUTURE	CONDITIONAL	PRESENT SUBJUNCTIVE	IMPERATIVE
écrire[4] (to write) écrivant écrit	écris	écrivais	ai écrit	écrivis	écrirai	écrirais	écrive	
	écris	écrivais	as écrit	écrivis	écriras	écrirais	écrives	écris
	écrit	écrivait	a écrit	écrivit	écrira	écrirait	écrive	
	écrivons	écrivions	avons écrit	écrivîmes	écrirons	écririons	écrivions	écrivons
	écrivez	écriviez	avez écrit	écrivîtes	écrirez	écririez	écriviez	écrivez
	écrivent	écrivaient	ont écrit	écrivirent	écriront	écriraient	écrivent	
envoyer (to send) envoyant envoyé	envoie	envoyais	ai envoyé	envoyai	enverrai	enverrais	envoie	
	envoies	envoyais	as envoyé	envoyas	enverras	enverrais	envoies	envoie
	envoie	envoyait	a envoyé	envoya	enverra	enverrait	envoie	
	envoyons	envoyions	avons envoyé	envoyâmes	enverrons	enverrions	envoyions	envoyons
	envoyez	envoyiez	avez envoyé	envoyâtes	enverrez	enverriez	envoyiez	envoyez
	envoient	envoyaient	ont envoyé	envoyèrent	enverront	enverraient	envoient	
faire (to do, to make) faisant fait	fais	faisais	ai fait	fis	ferai	ferais	fasse	
	fais	faisais	as fait	fis	feras	ferais	fasses	fais
	fait	faisait	a fait	fit	fera	ferait	fasse	
	faisons	faisions	avons fait	fîmes	ferons	ferions	fassions	faisons
	faites	faisiez	avez fait	fîtes	ferez	feriez	fassiez	faites
	font	faisaient	ont fait	firent	feront	feraient	fassent	
falloir (to be necessary) fallu	il faut	il fallait	il a fallu	il fallut	il faudra	il faudrait	il faille	
lire[5] (to read) lisant lu	lis	lisais	ai lu	lus	lirai	lirais	lise	
	lis	lisais	as lu	lus	liras	lirais	lises	lis
	lit	lisait	a lu	lut	lira	lirait	lise	
	lisons	lisions	avons lu	lûmes	lirons	lirions	lisions	lisons
	lisez	lisiez	avez lu	lûtes	lirez	liriez	lisiez	lisez
	lisent	lisaient	ont lu	lurent	liront	liraient	lisent	
mettre[6] (to put) mettant mis	mets	mettais	ai mis	mis	mettrai	mettrais	mette	
	mets	mettais	as mis	mis	mettras	mettrais	mettes	mets
	met	mettait	a mis	mit	mettra	mettrait	mette	
	mettons	mettions	avons mis	mîmes	mettrons	mettrions	mettions	mettons
	mettez	mettiez	avez mis	mîtes	mettrez	mettriez	mettiez	mettez
	mettent	mettaient	ont mis	mirent	mettront	mettraient	mettent	

[4]Verbs like **écrire**: **décrire**   [5]Verbs like **lire**: **élire, relire**   [6]Verbs like **mettre**: **permettre, promettre, remettre**

VERB	PRESENT	IMPERFECT	PASSÉ COMPOSÉ	PASSÉ SIMPLE	FUTURE	CONDITIONAL	PRESENT SUBJUNCTIVE	IMPERATIVE
mourir (to die) mourant mort	meurs meurs meurt mourons mourez meurent	mourais mourais mourait mourions mouriez mouraient	suis mort(e) es mort(e) est mort(e) sommes mort(e)s êtes mort(e)(s) sont mort(e)s	mourus mourus mourut mourûmes mourûtes moururent	mourrai mourras mourra mourrons mourrez mourront	mourrais mourrais mourrait mourrions mourriez mourraient	meure meures meure mourions mouriez meurent	meurs mourons mourez
naître (to be born) naissant né	nais nais naît naissons naissez naissent	naissais naissais naissait naissions naissiez naissaient	suis né(e) es né(e) est né(e) sommes né(e)s êtes né(e)(s) sont né(e)s	naquis naquis naquit naquîmes naquîtes naquirent	naîtrai naîtras naîtra naîtrons naîtrez naîtront	naîtrais naîtrais naîtrait naîtrions naîtriez naîtraient	naisse naisses naisse naissions naissiez naissent	nais naissons naissez
ouvrir[7] (to open) ouvrant ouvert	ouvre ouvres ouvre ouvrons ouvrez ouvrent	ouvrais ouvrais ouvrait ouvrions ouvriez ouvraient	ai ouvert as ouvert a ouvert avons ouvert avez ouvert ont ouvert	ouvris ouvris ouvrit ouvrîmes ouvrîtes ouvrirent	ouvrirai ouvriras ouvrira ouvrirons ouvrirez ouvriront	ouvrirais ouvrirais ouvrirait ouvririons ouvririez ouvriraient	ouvre ouvres ouvre ouvrions ouvriez ouvrent	ouvre ouvrons ouvrez
plaire (to please) plaisant plu	plais plais plaît plaisons plaisez plaisent	plaisais plaisais plaisait plaisions plaisiez plaisaient	ai plu as plu a plu avons plu avez plu ont plu	plus plus plut plûmes plûtes plurent	plairai plairas plaira plairons plairez plairont	plairais plairais plairait plairions plairiez plairaient	plaise plaises plaise plaisions plaisiez plaisent	plais plaisons plaisez
pleuvoir (to rain) pleuvant plu	il pleut	il pleuvait	il a plu	il plut	il pleuvra	il pleuvrait	il pleuve	
pouvoir (to be able) pouvant pu	peux, puis peux peut pouvons pouvez peuvent	pouvais pouvais pouvait pouvions pouviez pouvaient	ai pu as pu a pu avons pu avez pu ont pu	pus pus put pûmes pûtes purent	pourrai pourras pourra pourrons pourrez pourront	pourrais pourrais pourrait pourrions pourriez pourraient	puisse puisses puisse puissions puissiez puissent	

[7]Verbs like **ouvrir: couvrir, découvrir, offrir, souffrir**

VERB	PRESENT	IMPERFECT	PASSÉ COMPOSÉ	PASSÉ SIMPLE	FUTURE	CONDITIONAL	PRESENT SUBJUNCTIVE	IMPERATIVE
prendre[8]	prends	prenais	ai pris	pris	prendrai	prendrais	prenne	
(*to take*)	prends	prenais	as pris	pris	prendras	prendrais	prennes	prends
prenant	prend	prenait	a pris	prit	prendra	prendrait	prenne	
pris	prenons	prenions	avons pris	prîmes	prendrons	prendrions	prenions	prenons
	prenez	preniez	avez pris	prîtes	prendrez	prendriez	preniez	prenez
	prennent	prenaient	ont pris	prirent	prendront	prendraient	prennent	
recevoir[9]	reçois	recevais	ai reçu	reçus	recevrai	recevrais	reçoive	
(*to receive*)	reçois	recevais	as reçu	reçus	recevras	recevrais	reçoives	reçois
recevant	reçoit	recevait	a reçu	reçut	recevra	recevrait	reçoive	
reçu	recevons	recevions	avons reçu	reçûmes	recevrons	recevrions	recevions	recevons
	recevez	receviez	avez reçu	reçûtes	recevrez	recevriez	receviez	recevez
	reçoivent	recevaient	ont reçu	reçurent	recevront	recevraient	reçoivent	
rire	ris	riais	ai ri	ris	rirai	rirais	rie	
(*to laugh*)	ris	riais	as ri	ris	riras	rirais	ries	ris
riant	rit	riait	a ri	rit	rira	rirait	rie	
ri	rions	riions	avons ri	rîmes	rirons	ririons	riions	rions
	riez	riiez	avez ri	rîtes	rirez	ririez	riiez	riez
	rient	riaient	ont ri	rirent	riront	riraient	rient	
savoir	sais	savais	ai su	sus	saurai	saurais	sache	
(*to know*)	sais	savais	as su	sus	sauras	saurais	saches	sache
sachant	sait	savait	a su	sut	saura	saurait	sache	
su	savons	savions	avons su	sûmes	saurons	saurions	sachions	sachons
	savez	saviez	avez su	sûtes	saurez	sauriez	sachiez	sachez
	savent	savaient	ont su	surent	sauront	sauraient	sachent	
suivre	suis	suivais	ai suivi	suivis	suivrai	suivrais	suive	
(*to follow*)	suis	suivais	as suivi	suivis	suivras	suivrais	suives	suis
suivant	suit	suivait	a suivi	suivit	suivra	suivrait	suive	
suivi	suivons	suivions	avons suivi	suivîmes	suivrons	suivrions	suivions	suivons
	suivez	suiviez	avez suivi	suivîtes	suivrez	suivriez	suiviez	suivez
	suivent	suivaient	ont suivi	suivirent	suivront	suivraient	suivent	
tenir	tiens	tenais	ai tenu	tins	tiendrai	tiendrais	tienne	
(*to hold,*	tiens	tenais	as tenu	tins	tiendras	tiendrais	tiennes	tiens
to keep)	tient	tenait	a tenu	tint	tiendra	tiendrait	tienne	
tenant	tenons	tenions	avons tenu	tînmes	tiendrons	tiendrions	tenions	tenons
tenu	tenez	teniez	avez tenu	tîntes	tiendrez	tiendriez	teniez	tenez
	tiennent	tenaient	ont tenu	tinrent	tiendront	tiendraient	tiennent	

[8]Verbs like **prendre: apprendre, comprendre, surprendre** [9]Verbs like recevoir: **apercevoir, s'apercevoir de, décevoir**

VERB	PRESENT	IMPERFECT	PASSÉ COMPOSÉ	PASSÉ SIMPLE	FUTURE	CONDITIONAL	PRESENT SUBJUNCTIVE	IMPERATIVE
valoir (to be worth) valant valu	vaux vaux vaut valons valez valent	valais valais valait valions valiez valaient	ai valu as valu a valu avons valu avez valu ont valu	valus valus valut valûmes valûtes valurent	vaudrai vaudras vaudra vaudrons vaudrez vaudront	vaudrais vaudrais vaudrait vaudrions vaudriez vaudraient	vaille vailles vaille valions valiez vaillent	vaux valons valez
venir[10] (to come) venant venu	viens viens vient venons venez viennent	venais venais venait venions veniez venaient	suis venu(e) es venu(e) est venu(e) sommes venu(e)s êtes venu(e)(s) sont venu(e)s	vins vins vint vînmes vîntes vinrent	viendrai viendras viendra viendrons viendrez viendront	viendrais viendrais viendrait viendrions viendriez viendraient	vienne viennes vienne venions veniez viennent	viens venons venez
vivre (to live) vivant vécu	vis vis vit vivons vivez vivent	vivais vivais vivait vivions viviez vivaient	ai vécu as vécu a vécu avons vécu avez vécu ont vécu	vécus vécus vécut vécûmes vécûtes vécurent	vivrai vivras vivra vivrons vivrez vivront	vivrais vivrais vivrait vivrions vivriez vivraient	vive vives vive vivions viviez vivent	vis vivons vivez
voir (to see) voyant vu	vois vois voit voyons voyez voient	voyais voyais voyait voyions voyiez voyaient	ai vu as vu a vu avons vu avez vu ont vu	vis vis vit vîmes vîtes virent	verrai verras verra verrons verrez verront	verrais verrais verrait verrions verriez verraient	voie voies voie voyions voyiez voient	vois voyons voyez
vouloir (to wish, to want) voulant voulu	veux veux veut voulons voulez veulent	voulais voulais voulait voulions vouliez voulaient	ai voulu as voulu a voulu avons voulu avez voulu ont voulu	voulus voulus voulut voulûmes voulûtes voulurent	voudrai voudras voudra voudrons voudrez voudront	voudrais voudrais voudrait voudrions voudriez voudraient	veuille veuilles veuille voulions vouliez veuillent	veuille veuillons veuillez

[10]Verbs like venir: devenir (elle est devenue), revenir (elle est revenue), maintenir (elle a maintenu), obtenir (elle a obtenu), se souvenir de (elle s'est souvenue de...)

LEXIQUE FRANÇAIS-ANGLAIS

This end vocabulary provides contextual meanings of French words used in this text. It does not include exact cognates or regular past participles if the infinitive is listed. Adjectives are listed in the masculine singular form, with irregular feminine endings or forms included in parentheses. An asterisk (*) indicates words beginning with an aspirate *h*. Active vocabulary is indicated by the number of the chapter in which it is first listed. The active vocabulary of the *Premier rendez-vous* is indicated by (0).

Abréviations

adj. adjective
adv. adverb
art. article
conj. conjunction
contr. contraction
fam. familiar or colloquial

f. feminine noun
inf. infinitive
int. interjection
inv. invariable
m. masculine noun
n. noun

inv. invariable
pl. plural
p.p. past participle
prep. preposition
pron. pronoun
Q. Quebec usage

A

à *prep.* to, at, in, with (1)
abandonner to leave; to abandon
abolir to abolish (15)
abominable *adj.* abominable
abondant *adj.* abundant
abonné(e) *m., f.* subscriber
abonnement *m.* subscription
abordable *adj.* affordable
aborder to approach
aboyer to bark
absent *adj.* absent
absolu *adj.* absolute (11)
absolument *adv.* absolutely; completely
absurde *m.* the absurd; nonsense
académie *f.* academy; society of learned people
Acadie *f.* Acadia (17)
acadien(ne) *adj.* Acadian, Cajun (17)
accentuer to accentuate; to emphasize
accepter to accept; to agree to (4)
accès *m.* access
accident *m.* accident (15)
accompagner to accompany
accord *m.* agreement; **d'accord** okay (1); **être d'accord** to agree
accordéon *m.* accordion
accorder to grant; to award
accrocher to hang up; to hook
accueil *m.* reception; welcome
accumuler to accumulate
achat *m.* purchase; **faire des achats** to go shopping
acheter to buy (5)
acier *m.* steel
acte *m.* act; action
acteur (-trice) *m., f.* actor, actress

actif (-ive) *adj.* active; energetic
activité *f.* activity
actualité *f.* actuality; current event or situation
actuel(le) *adj.* present, contemporary
adapter: s'adapter (à) to adapt (to)
addition *f.* bill, check (6)
adhérent *m.* subscriber
adieu *int.* good-bye
adjectif *m.* adjective
administratif (-ive) *adj.* administrative
administration *f.* government, management (11)
admirablement *adv.* admirably, wonderfully
admirer to admire; to wonder at
admis *p.p.* of **admettre** to admit
adopter to adopt
adorer to adore, love (1)
adresse *f.* address (9)
adresser to address; **s'adresser (à)** to be directed to; to appeal to
adroit *adj.* skilled
adulte *m., f.* adult
adverbe *m.* adverb
adversaire *m.* adversary, opponent
adverse *adj.* contrary, opposite
aérien(ne) *adj.* aerial; **ligne** (*f.*) **aérienne** airline
aérobique *f.* aerobics
aéroport *m.* airport (8)
affaire *f.* business; affair; bargain; *pl.* personal effects; business; **homme (femme) d'affaires** *m., f.* businessman (woman)
affecté *p.p.* of **affecter** to affect
affectueusement *adv.* with love, with affection
affiche *f.* poster, placard (3)

afficher to post, to publish
affirmativement *adv.* affirmatively
affirmer to affirm; **s'affirmer** to grow stronger
affreux (-euse) *adj.* terrible
afin *prep.*: **afin de** (+ *inf.*) in order to (17); **afin que** (+ *subject*) *conj.* so that (17)
africain *adj.* African (18)
âge *m.* age
âgé *adj.* old
agence *f.* agency; bureau
agent(e) *m., f.* agent; **agent de police** policeman (13)
agir to act (3); **s'agir de** to be a question of
agitation *f.* agitation; restlessness
agréable *adj.* agreeable, pleasant (2)
agréer to accept; **prier d'agréer l'expression de mes sentiments distingués...** yours truly (*formal style*)
agricole *adj.* agricultural (13)
agriculteur *m.* farmer, farm worker (13)
agrumes *m. pl.* citrus fruits
aide *f.* support, relief
aider to help (11)
aigle *m.* eagle
aigu *adj.* acute
aile *f.* wing
ailleurs *adv.* elsewhere; **d'ailleurs** besides
ailloli *m.* garlic sauce
aimable *adj.* kind, amiable
aimer to like, love (1); **aimer mieux** to prefer (1)
aîné *adj.* elder, eldest
ainsi *adv.* thus, so; **ainsi que** *conj.* as well as

air *m.* air, atmosphere; **avoir l'air** to look, seem; **en plein air** in the open air
ajouter to add
ajuster to adjust
alarme *f.* alarm; uneasiness
alcool *m.* alcohol
alerte *adj.* alert, lively
algèbre *f.* algebra (11)
Algérie *f.* Algeria (8)
algérien(ne) *adj.* Algerian (18)
aliénant *adj.* alienating
aliment *m.* food
alimentaire *adj.* related to food
alimentation *f.* nourishment
Allemagne (de l'Est/Ouest) *f.* (East/West) Germany (8)
allemand *adj.* German (1)
aller to go (4); **aller mal** to feel ill (4); **aller mieux** to feel better; **comment allez-vous?** how are you? **s'en aller** to go away (12)
alliance *f.* wedding ring
allô *int.* hello (*telephone*) (9)
allocation *f.* allowance
alors *adj.* then; in that case (4); **zut alors!** *int.* darn!
alpinisme *m.* mountaineering (7)
altruiste *adj.* altruistic
amant(e) *m., f.* lover
ambassade *f.* embassy
ambitieux (-ieuse) *adj.* ambitious
améliorer to improve
amener to lead, bring (*a person*) (17)
amer (amère) *adj.* bitter, harsh
américain *adj.* American (1)
américanophile *adj.* pro-American
ami(e) *m., f.* friend (1)
amicalement *adj.* amicably; **bien amicalement** truly yours (*informal*) (9)
amitié *f.* friendship, affection
amour *m.* love (12)
amoureux (-euse) *adj.* in love, amorous (12)
amphithéâtre *m.* lecture hall, amphitheatre (1)
ampoule *f.* light bulb
amusant *adj.* entertaining, amusing (2)
amuser to entertain; **s'amuser** to have a good time (12)
an *m.* year (7); **Jour** (*m.*) **de l'An** New Year's Day
analyser to analyze
ananas *m.* pineapple
anarchiste *adj.* anarchistic
ancestral *adj.* ancestral
ancêtre *m., f.* ancestor (17)
ancien(ne) *adj.* former; old, ancient (6)
angine *f.* tonsillitis
anglais(e) *adj.* English, British (1)
Angleterre *f.* England (8)
anglicisme *m.* Anglicism
anglophone *adj.* English-speaking (17)
angoisse *f.* anguish, distress
animal *m.* (*pl.* **animaux**) animal, beast
animateur (-trice) *m., f.* leader, organizer
animé *adj.* animated; **dessin** (*m.*)

animé cartoon
anneau *m.* ring
année *f.* year (7)
anniversaire *m.* birthday; anniversary (9)
annonce *f.* advertisement, sign; **annonce publicitaire** commercial; **petites annonces** want-ads (9); **annonces classées** Q. want-ads
annoncer to announce
annuaire *m.* telephone directory (9)
annuel(le) *adj.* yearly, annual
annuler to annul
anonymat *m.* anonymity
anonyme *adj.* anonymous
anorak *m.* windbreaker, ski-type jacket (7)
anormal *adj.* abnormal
anticipé *adj.* anticipated, expected
anticonformiste *adj.* nonconformist
antillais *adj.* West Indian
Antilles *f. pl.* Antilles, West Indies (17); **la mer des Antilles** *f.* the Caribbean Sea (17)
antilope *f.* antelope
antipathique *adj.* unpleasant
antique *adj.* ancient
antiquité *f.* antiquity
août *m.* August (0)
apercevoir to perceive (16); **s'apercevoir de** to become aware of (16)
aperçu *p.p.* of **apercevoir**
apéritif *m.* aperitif (*before-dinner drink*)
apôtre *m.* apostle
apparaître to appear
appareil *m.* telephone; **qui est à l'appareil?** who is on the line? (9)
appareil-photo *m.* camera (16)
apparenté *adj.* similar; **mot apparenté** cognate
appartement *m.* apartment (4)
appartenance *f.* belonging; membership
appartenir (à) to belong (to) (18)
appeler to call; to name (9); **s'appeler** to be called, named (12); **comment vous appelez-vous?** what is your name? (0) **je m'appelle...** my name is . . . (0)
appendicite *f.* appendicitis
appétit *m.* appetite
apporter to bring; to supply (6)
apprécier to appreciate
apprendre to learn, to teach (5)
apprenti(e) *m., f.* apprentice
apprentissage *m.* apprenticeship (11)
appris *p.p.* of **apprendre**
approprié *adj.* appropriate
approuver to sanction, approve of
approximatif (-ive) *adj.* approximate
appuyer to dwell on; to stress
après *prep.* after (4); **d'après** according to; **de l'après-midi** P.M., in the afternoon (0)
après-midi *m. or f.* afternoon
aquarelliste *m.* water-colorist
arabe *adj.* Arabic
arbre *m.* tree (4)
arc *m.* arch
arcade *f.* archway
archéologue *m., f.* archaeologist

architecte *m., f.* architect (13)
arène *f.* arena (16)
argent *m.* money; silver (6)
aride *adj.* dry, arid
arme *f.* arm, weapon
armée *f.* army
armement *m.* armament; arms
armoire *f.* armoire, wardrobe
arracher to tear out
arranger: s'arranger to work out; to sort itself out
arrestation *f.* arrest
arrêt *m.* stop, pause
arrêter to stop (*someone, something*); **s'arrêter** to stop (oneself) (12)
arrière-grands-parents *m. pl.* great grandparents
arrière-pays *m.* hinterland
arrivée *f.* arrival, landing (8)
arriver to arrive, reach (2); **arriver (à)** to manage; to succeed (in)
arrondissement *m.* district, ward (in Paris)
art: *m.* **art dramatique** *m.* dramaturgy (11); **œuvre d'art** *f.* work (of art) (16)
artère *f.* main road, artery
artificiel(le) *adj.* artificial
artisan(e) *m., f.* craftsperson (13)
artiste *m., f.* artist; **artiste-peintre** artist (13)
ascenseur *m.* elevator
aspirer to aspire to; to desire
assaisonnement *m.* seasoning
assassinat *m.* murder, assassination
assemblée *f.* assembly, meeting; **l'Assemblée nationale** one of the two houses of the French parliament
asseoir to seat; **s'asseoir** to sit down; **asseyez-vous (assieds-toi)** sit down (12)
asservir to enslave
assez *adv.* rather (11); **assez (de)** enough (of) (5)
assiette *f.* plate (5)
assis *adj.* seated
assister à to attend (11)
associer to associate
assurance *f.* insurance
assurer to assure; to guarantee; to insure
assureur *m.* insurance agent (13)
astérisque *m.* asterisk
astrologie *f.* astrology
astrologique *adj.* astrological
astrologue *m., f.* astrologer
astronome *m.* astronomer
astronomique *adj.* astronomical
atelier *m.* studio, workshop (14)
Atlantique *m.* Atlantic Ocean
atmosphère *f.* atmosphere (15)
atomique *adj.* atomic
attaché *adj.* attached
attaque *f.* attack
atteindre to attain; to reach
attendre to wait (for) (4)
attente *f.* waiting; **salle** (*f.*) **d'attente** waiting room
attentif (-ive) *adj.* attentive, considerate

attention *f.* attention; *int.* look out!
attestation *f.* certificate
attirer to attract, draw
attraper to catch
au *contr.* of **à le**
auberge *f.* inn; **auberge de jeunesse** youth hostel
aucun: ne... aucun *adj., pron.* no, no one, not any
audace *f.* imprudence, daring
audacieux (-ieuse) *adj.* audacious, daring
augmenter to raise, augment
aujourd'hui *adv.* today
auprès *adv.* near; close to, by
auquel *contr.* of **à lequel**
au revoir good-bye
ausculter to examine through a stethoscope
aussi *adv.* also (2); **aussi... que** as ... as (12)
aussitôt *adv.* immediately; **aussitôt que** as soon as (13)
autant *adv.* much, many; **autant de** as much (many) (14); **autant que** as much (many) as (14)
auteur *m.* author, creator
authentique *adj.* authentic, genuine
autobiographie *f.* autobiography
autobus *m.* bus (4)
auto-école *f.* driving school
automatique *adj.* automatic
automne *m.* autumn (0)
automobiliste *m., f.* motorist, driver
autonome *adj.* autonomous
autorisé *adj.* authorized
autoritaire *adj.* authoritarian
autorité *f.* authority
autoroute *f.* highway, freeway (8)
auto-stop *m.* hitchhiking
autour (de) *prep.* around (14)
autre *adj.* other (3)
autrefois *adv.* formerly, in the past (10)
autrement *adv.* otherwise, in another way
aux *contr.* of **à les**
avaler to swallow
avance *f.* advance; **en avance** early, beforehand
avancé *adj.* advanced
avancement *m.* advancement
avancer to advance, go forward
avant (de) *prep.* before (11); **avant tout** first of all; **avant que** *conj.* before (17); **avant-hier** *adv.* the day before yesterday (7)
avantage *m.* advantage
avare *adj.* stingy
avec *prep.* with (1)
avenir *m.* the future (13)
aventure *f.* adventure
aventurier (-ière) *m., f.* adventurer
aveuglément *adv.* blindly
avion *m.* airplane (8)
avis *m.* opinion; **à mon avis** in my opinion (8)
avocat(e) *m., f.* lawyer, counsel (13)
avoir to have (3); **avoir besoin de** to need (3); **avoir chaud** to be hot (3);

avoir de la chance to be lucky (3); **avoir... ans** to be ... years old (3); **avoir envie (de)** to want (to) (3); **avoir faim** to be hungry (3); **avoir froid** to be cold (3); **avoir honte** to be ashamed; **avoir l'air de** to look, appear (3); **avoir lieu** to take place (16); **avoir mal** to have (a) pain (12); **avoir l'occasion** to have the chance, opportunity (16); **avoir peur** to be afraid (3); **avoir raison** to be right (3); **avoir soif** to be thirsty (3); **avoir sommeil** to be sleepy (3); **avoir tort** to be wrong (3)
avortement *m.* abortion
avouer to confess, admit
avril *m.* April (0)
Azur: Côte *(f.)* **d'Azur** French Riviera (7)

B

bac(calauréat) *m.* French secondary school program of study; examination for university admission; diploma required for university admission (11)
bachotage *m.* cramming
bagage(s) *m. pl.* baggage
baguette (de pain) *f.* loaf of French bread (6)
baigner to bathe; **se baigner** to go swimming (12)
bain *m.* bath; **maillot** *(m.)* **de bain** *(woman's)* swimsuit (7); *(f.)* **salle** *(f.)* **de bains** bathroom; **slip** *(m.)* **de bain** *(man's)* swimsuit (7)
baisser to lower; to fall off
bal *m.* dance; **bal masqué** masked ball (17)
balance: balance des comptes *f.* account balance
balcon *m.* balcony
balle *f.* ball
ballon *m.* balloon, ball *(football, soccer)*
banal *adj.* ordinary, common
banane *f.* banana
bananeraie *f.* banana plantation
banc *m.* bench
bancaire *adj.* banking
bande: bande dessinée *f.* comic strip
bander to bandage
banlieue *f.* suburb (10)
banque *f.* bank (10)
banquier (-ière) *m., f.* banker (13)
baptême *m.* christening, baptism
baptiser to baptize
barbare *adj.* barbarian
barbe *f.* beard
bar-tabac *m.* bar-tobacconist (10)
bas (basse) *adj.* low; **à bas** down with; **là-bas** over there
bassin *m.* pond
bataille *f.* battle
bateau (à voile) *m.* (sail)boat (7); **bateau-mouche** passenger riverboat; **faire du bateau** to go boating
bâtiment *m.* building
bâtir to build (16)

bâtisseur *m.* builder
battre to beat; **se battre** to fight
bavard *adj.* talkative
beau (bel, belle) *adj.* beautiful (3); **beaux-arts** *(m. pl.)* fine arts (11); **il fait beau** it's nice out (0)
beaucoup *adv.* very much, a lot (0); many
beauté *f.* beauty
bébé *m.* baby
belge *adj.* Belgian
Belgique *f.* Belgium (8)
bélier *m.* ram; **Bélier** Aries
belle-mère *f.* mother-in-law; stepmother
belle-sœur *f.* sister-in-law; stepsister
bénéficier to profit, benefit
benjamin(e) *m., f.* youngest son, daughter
berceau *m.* cradle
besoin *m.* need; **avoir besoin de** to need; to want
beurre *m.* butter (5)
bibliothèque *f.* library (1)
bicyclette *f.* bicycle (7)
bien *m.* property; *adv.* well, very (14); completely; **bien que** *conj.* although (17); **bien sûr** of course (6); **eh bien!** well! now then! (2) **ou bien** or, or else; **vouloir bien** to be willing
bien-aimé *adj.* beloved
bien-être *m.* well-being, comfort
biens *m. pl.* property, possessions
bientôt *adv.* soon; **à bientôt** see you soon (0)
bienvenue *f.* welcome
bière *f.* beer (5)
bifteck *m.* steak (5)
bijou *m.* jewel
billet *m.* ticket (8); bill *(currency)* (6)
biologie *f.* biology (1)
biologique *adj.* biological
bise *f. fam.* kiss
bisous *m. pl. fam.* kisses
bistro(t) *m.* café; bar
blague *f.* joke; trick
blanc (blanche) *adj.* white (2)
blasé *adj.* indifferent
blé *m.* corn, wheat
blesser to wound; to hurt
bleu *adj.* blue (2)
blond *adj.* blond (3)
bœuf *m.* beef
boire to drink (5)
bois *m.* forest, wood (10)
boisson *f.* drink (5)
boîte *f.* box, can (6); **boîte aux lettres** mail box (9); **boîte de nuit** nightclub; **boîte de conserve** can (of food) (6)
bol *m.* bowl (5); **ras le bol!** I've had it!
bombe *f.* bomb
bon(ne) *adj.* good (6); **bon courage** keep your chin up; **bon marché** *inv.* cheap, inexpensive (6)
bonbon *m.* candy
bonheur *m.* happiness; prosperity
bonhomme: bonhomme de neige *m.* snowman (17)
bonjour *int.* hello, good day (0)

bonsoir *int.* good night, good evening (0)

bord *m.* edge, shore

borné *adj.* limited, narrow-minded

botanique *f.* botany (1)

botte *f.* boot (2)

bouche *f.* mouth (12)

boucher (-ère) *m.*, *f.* butcher

boucherie *f.* butcher's shop (6)

bouder to shy away from, avoid; to sulk; to regret

bouger to stir, budge

bouillabaisse *f.* fish soup

bouillir to boil

boulanger (-ère) *m.*, *f.* baker

boulangerie *f.* bakery (6)

boule *f.* ball, bowl, bead; *pl.* bocce ball

bouliste *m.* bocce ball player

boulot *m. fam.* job, work

bouquiniste *m.* used-book dealer

bourgeois *m.* middle-class person

bourse *f.* scholarship; stock exchange

boussole *f.* compass

bout *m.* end

bouteille *f.* bottle (5)

boutique *f.* shop

boxe *f.* boxing

branche *f.* branch, division

brancher to connect up

bras *m.* arm (12)

brasser to mix; to brew

brasserie *f.* bar, restaurant

bref (brève) *adj.* brief, short (11); *adv.* in a word

Brésil *m.* Brazil (8)

breton(ne) *adj.* from Brittany

bricolage *m.* do-it-yourself work, puttering around (14)

brie *m.* Brie cheese

brièvement *adv.* briefly (11)

brillant *adj.* brilliant, bright

britannique *adj.* British

bronzer to tan

brosse *f.* brush; **brosse à dents** toothbrush

brosser to brush; **se brosser les...** to brush (*one's hair, teeth, etc.*) (12)

brouillard *m.* fog, mist

brouillon *m.* draft, rough copy

broussaille *f.* brushwood

bruit *m.* noise (10)

brûlant *adj.* burning, eager

brun *adj.* brown

brusquement *adv.* abruptly, suddenly

bûche: bûche de Noël *f.* typical Christmas dessert; **bûche** fire-log

buget (militaire) *m.* military budget (15)

bulletin *m.* registration form; voting paper

bureau *m.* office; desk (0); **bureau de poste** post office (9); **employé(e) de bureau** white-collar worker

but *m.* mark, objective, goal

butin *m.* plunder, loot

C

ça *pron.* it; that (6); **ça va?** *informal* how are you? (0); **ça va bien** *informal*

fine (0); **comme ci, comme ça** so-so (0)

cabaret *m.* public house, nightclub

cabine *f.* cabin; **cabine téléphonique** telephone booth (9)

cabinet *m.* office; (doctor's) consulting room

cacher to hide

cadavre *m.* corpse

cadeau *m.* gift

cadet(te) *adj.* younger (child)

cadre *m.* manager (13); *pl.* management; **cadre moyen** middle manager; **cadre supérieur** executive

café *m.* coffee; café (1)

cafetier *m.* café owner

cahier *m.* notebook (0)

caisse *f.* cash register (13)

caissier (-ière) *m.*, *f.* cashier (13)

calcul *m.* arithmetic (11); **calcul infinitésimal** calculus

calculatrice *f.* calculator

calculer to calculate

calendrier *m.* calendar

calice *m.* chalice

calme *m.* calm, stillness (2)

camarade *m.*, *f.* friend; companion; **camarade de chambre** roommate (3)

cambriolage *m.* burglary

camembert *m.* Camembert cheese

camion *m.* truck (8)

campagne *f.* countryside, the country (7)

camper to camp (7)

campeur (-euse) *m.*, *f.* camper

camping *m.* camping (7)

Canada *m.* Canada (8)

canadien(ne) *adj.* Canadian (2)

canard *m.* duck

canaux *m. pl.* canals

candidat(e) *m.*, *f.* candidate; applicant

candidature *f.* candidacy; application

canne à sucre *f.* sugarcane

cantatrice *f.* (professional) singer

capricieux (-ieuse) *adj.* capricious

car *conj.* for, because

caractère *m.* character

caractériser to characterize; to distinguish

caractéristique *f.* characteristic

carafe *f.* carafe (5)

Caraïbes: mer des Caraïbes *f.* Caribbean Sea (17)

caravane *f.* trailer

cardiologue *m.*, *f.* cardiologist

Carnaval *m.* Carnival, Mardi Gras (17)

carnet *m.* notebook; book of *métro* tickets; **carnet de chèques** checkbook (13)

carotte *f.* carrot (5)

carré *adj.* square

carrefour *m.* crossroads

carrière *f.* career

carte *f.* menu (6); map (10); **carte postale** postcard (9)

cas *m.* case, instance; **en tout cas** in any case, however

cascade *f.* waterfall

cassé *adj.* broken

casse-croûte *m.* snack

casse-tête *m.* puzzle

catalyseur *m.* catalyst

catégorie *f.* category

cathédrale *f.* cathedral (16)

cause *f.* cause; **à cause de** because of

cavalier *m.* horseman

caverne *f.* cave

ce *pron.* it; **ce que** what (17); **ce qui** what, that (17); **c'est** it (that) is (0); **c'est-à-dire** that is to say (16)

ceci *pron.* this (16)

cédille *f.* cedilla

cela *pron.* that (16)

célèbre *adj.* famous

célibat *m.* single life; celibacy

célibataire *adj.* unmarried

celui (celle) *pron.* the one; **celui-ci** this one; **celui-là** that one

Cendrillon Cinderella

cent one hundred; **pour cent** percent

centaine *f.* about a hundred

centenaire *m.*, *f.* centenarian

centième *adj.* hundredth

centime *m.* one hundredth of a franc (*coin*) (6)

centrale nucléaire *f.* nuclear power plant

centralisation *f.* centralization

centre *m.* center; **centre-ville** *m.* downtown (10)

cependant *adv.* meanwhile; *conj.* however, nevertheless

cercle *m.* circle

céréale *f.* cereal

cérémonie *f.* ceremony

certain *adj.* positive, certain (11)

certificat *m.* certificate, diploma

cerveau *m.* brain

ces *adj.* these, those

cessation *f.* suspension

cesse *f.* respite; **sans cesse** unceasingly

cesser to cease, stop

ceux (celles) *pron.* those, these; **ceux-ci** the latter; **ceux-là** the former

chacun(e) *pron.* each one (8)

chaîne *f.* channel (*TV*) (9); **chaîne stéréo** stereo system (3)

chaise *f.* chair (0); **chaise-longue** lounge chair

chaleureux (-euse) *adj.* warm, cordial

chambre *f.* room, bedroom (3)

champ *m.* field (16)

champagne *m.* champagne (5)

champignon *m.* mushroom

chance *f.* luck, fortune; **avoir de la chance** to be lucky

chandail *m.* sweater

chandelle *f.* candle

changement *m.* variation, change

changer (de) to change (4)

chanson *f.* song; **chanson de variété** popular song (14)

chant *m.* song, melody

chanter to sing (9)

chanteur (-euse) *m.*, *f.* singer (13)

chapeau *m.* hat (2)

chapelle *f.* chapel

chaperon *m.* hood; **le Petit Chaperon Rouge** Little Red Riding Hood

chapitre *m.* chapter

chaque *adj.* each, every (3)
char *m.* wagon, cart, tank (17)
charcuterie *f.* pork butcher's shop, delicatessen (6)
charcutier (-ière) *m., f.* pork butcher
chargé de *adj.* charged with
charmant *adj.* charming, delightful (2)
charpentier *m.* carpenter
chasse *f.* hunting (16)
chasser to hunt; to chase
chasseur (-euse) *m., f.* hunter
chat *m.* cat (3)
châtain *adj.* chestnut brown (hair) (3)
château *m.* castle, mansion, palace (10); **Château-la-Pompe** *m. fam.* tap water
chaud *adj.* hot, warm; **il fait chaud** it's hot (weather) (0)
chauffeur *m.* driver
chaussée *f.* roadway; **rez-de-chaussée** *m.* ground floor
chaussette *f.* sock (2)
chaussure *f.* shoe (2)
chauve *adj.* bald
chef *m.* leader, head; chef
chef-d'œuvre *m.* masterpiece (16)
chemin *m.* road, way (10)
cheminée *f.* chimney, fireplace
chemise *f.* shirt (2)
chemisier *m.* blouse (2)
chèque *m.* check (13)
cher (chère) *adj.* expensive, dear (2)
chercher to look for (2); **chercher à** to try to
cheval *m.* (*pl.* **chevaux**) horse
chevelure *f.* hair
cheveux *m. pl.* hair (3)
cheville *f.* ankle
chez *prep.* at the house of (4); **chez vous** where you live
chicorée *f.* chicory
chien *m.* dog (3)
chiffre *m.* number, digit
chimie *f.* chemistry (1)
chimique *adj.* chemistry
Chine *f.* China (8)
chinois *adj.* Chinese (1)
chirurgie *f.* surgery
chirurgien(ne) *m., f.* surgeon
choc *m.* shock
chocolat *m.* chocolate (5)
choisir to choose (3)
choix *m.* choice (3)
chômage *m.* unemployment
choquant *adj.* offensive
choquer to shock
chose *f.* thing (7); **pas grand-chose** not much
choucroute *f.* sauerkraut
chouette *adj. fam.* neat, great
chrétien(ne) *adj.* Christian
chronologique *adj.* chronological
chute *f.* fall; waterfall
ci-dessous *adv.* below
cimetière *m.* cemetery
cinéaste *m., f.* film producer, filmmaker
ciné-club *m.* film club
cinéma *m.* cinema, movies (1)
circonflexe *m.* circumflex
circonstance *f.* circumstance

circulation *f.* traffic
citadin(e) *m., f.* citizen, city-dweller
citation *f.* quotation
cité *f.* city; **la Cité** historical center of Paris; **cité universitaire** university living quarters, dormitory (1)
citer to cite, name; to quote
citoyen(ne) *m., f.* citizen (15)
citron *m.* lemon; **citron pressé** lemonade
civilisation *f.* civilization
clair *adj.* clear, light (15)
clarté *f.* light
classe *f.* class; **en classe** at school
classer to classify, sort
classique *adj.* classical (16)
clef *f.* key (4)
clientèle *f.* clientele
climat *m.* climate
climatique *adj.* climatic
clochard(e) *m., f.* hobo
clos *m.* field, enclosure
clôturer to enclose
clou *m.* nail, stud
cœur *m.* heart
coiffeur (-euse) *m., f.* hairdresser
coin *m.* corner (10)
colère *f.* anger
collection *f.* collection (14)
collectionner to collect (14)
collège *m.* first cycle of French secondary school (11)
collègue *m., f.* colleague
colline *f.* hill
colon *m.* colonist, settler (17)
colonie *f.* colony; **colonie de vacances** summer camp
colonisateur (-trice) *m., f.* colonizer
colonisation *f.* colonization
coloniser to colonize (17)
colonne *f.* column, row
coloré *adj.* colored
combat *m.* fight, battle
combattant(e) *m., f.* combatant, fighter
combattre to combat, fight
combien *adv.* how much, how many (0)
combinaison *f.* combination
combiner to combine
comédie *f.* comedy, theatre
comique *adj.* comical
commander to order (a meal) (5)
comme *adv.* as, like, how (7); *conj.* because, since (11); **comme ci comme ça** so-so (0)
commencer to begin (10)
comment *adv.* how (0); **comment?** what? (3); **comment allez-vous?** how are you? (0); **comment vous appelez-vous?** what is your name? (0)
commentaire *m.* commentary
commerçant(e) *m., f.* merchant, storekeeper (13)
commerce *m.* business, trade (11)
commercial *adj.* commercial
commissaire *m.* superintendent
commissariat *m.* police station (10)
commode *f.* chest of drawers (3)
commun *adj.* common; **Marché**

commun Common Market
communauté *f.* community
communicatif (-ive) *adj.* communicative, talkative
communiquer to communicate
compagnie *f.* company
comparaison *f.* comparison
comparer to compare
compartiment *m.* compartment (*train*) (8)
compétent *adj.* competent, qualify
compétition *f.* competition
complément *m.* complement; compliment; **complément d'objet** object (*of verb*)
complémentaire *adj.* complementary
complet *m.* suit; *adj.* (**complète** *f.*) full, complete
compléter to complete
compliquer to complicate
comporter: se comporter to act, behave
composé *adj.* compound; **passé composé** present perfect tense
composer to dial (9)
composter to date; to cancel
compréhension *f.* comprehension
comprendre to understand (5)
comprimé *m.* tablet (*pharmaceutical*)
compris *p.p.* of **comprendre**; *adj.* included
comptabilité *f.* bookkeeping (11)
comptable *m., f.* accountant (13)
compte *m.* account (13); **compte courant** checking account (13); **compte d'épargne** savings account (13); **prendre en compte** to take in account
compter to count
concerner to concern, regard
concevoir to imagine, conceive
Conciergerie *f.* chateau that houses the Palace of Justice in Paris
concours *m.* competitive examination
concurrence *f.* competition
condition condition; **à condition que** *conj.* on condition that (17)
conditionnel *m.* conditional tense
conducteur (-trice) *m., f.* conductor, driver (8)
conduire to drive (8); **permis (m.) de conduire** driver's license
conférence *f.* conference, lecture (11)
confiance *f.* confidence, trust; **faire confiance (à)** to trust (in)
confier to confide, entrust
confiture *f.* preserve, jam
conflit *m.* conflict (15)
conformisme *m.* conformity
conformiste *adj.* conformist (2)
confort *m.* comfort
congé *m.* leave, vacation
Congo *m.* the Congo (18)
congolais *adj.* Congolese (18)
conjugaison *f.* conjugation
conjuguer to conjugate
connaissance *f.* acquaintance; knowledge (11); **faire la connaissance de** to make the acquaintance of

connaître to know, understand, be familiar with (10)
connu *p.p.* of **connaître**
conquête *f.* conquest
conscience *f.* consciousness, awareness; **prendre conscience de** to become conscious of
conseil *m.* advice, counsel (13)
conseiller to advise (14); *m.* (**conseillère** *f.*) counselor
conséquence *f.* consequence, result
conséquent *adj.* rational; **par conséquent** consequently
conservateur (-trice) *adj.* conservative
conservation *f.* conservation (15)
conserve *f.* preserve, canned food; **boîte** (*f.*) **de conserve** tin, can (*of food*)
conserver to preserve, retain (15)
considérer to consider
consigne *f.* cloak room, baggage room
consister (à) to consist (of)
consommateur *m.* consumer
consommation *f.* consumption
constamment *adv.* constantly, steadily
constant *adj.* constant (11)
constituer to constitute
construire to construct, build (10)
consulter to consult
contagieux (-ieuse) *adj.* contagious
conte *m.* story
contempler to contemplate
contemporain *adj.* contemporary
contenir to contain, consist of
content *adj.* content, pleased (9)
contenter to satisfy
continu *adj.* continuous (10)
continuer to continue (10)
contradiction *f.* opposition; **esprit** (*m.*) **de contradiction** contrariness
contraire *m.* opposite; **au contraire** on the contrary
contraster to contrast
contre *prep.* against (3); **par contre** *adv.* on the other hand
contribuer to contribute
contrôle *m.* control (15); **contrôle continu** continuous grading
contrôler to monitor, inspect (15)
contrôleur (-euse) *m.*, *f.* superintendent, inspector
controverse *f.* controversy
convaincre to convince, persuade
convenable *adj.* suitable
convenir to suit, fit
convoquer to call together, summon
coopération *f.* cooperation
coordonnées *f. pl.* coordinates
copain *m.* (**copine** *f.*) pal, buddy
copie *f.* copy
copieux (-ieuse) *m.*, *f.* copious
coq *m.* cock, rooster
corallien(ne) *adj.* coralline
corde *f.* rope
cordon bleu *m.* first-rate cook
corps *m.* body (12)
correct *adj.* correct, right
correspondance *f.* correspondence; transfer
correspondre to correspond

corriger to correct
corrompre to corrupt
corsaire *m.* pirate
costume *m.* outfit, suit (2); costume (17)
côte *f.* coast; **la Côte d'Azur** the French Riviera (7); **la Côte d'Ivoire** the Ivory Coast (18)
côté *m.* side; *prep.* **à côté de** next to (2)
côtelette *f.* cutlet
cotisation *f.* contribution
cotiser to pay one's contributions
cou *m.* neck (12)
couchage (sac de) *m.* sleeping bag (7)
couche *f.* layer
coucher: se coucher to go to bed (12); **coucher du soleil** *m.* sunset
couchette *f.* berth (8)
couleur *f.* color (2)
couloir *m.* corridor, hallway (4)
coup *m.* blow, stroke; **boire un coup** to have a drink; **coup de foudre** flash of lightning; love at first sight (12); **coup de téléphone (de fil)** telephone call (4); **coup d'œil** glance; **tout d'un coup** suddenly; **coup de pied** kick; **donner un coup de main** *fam.* to help someone
coupable *adj.* guilty
coupe *f.* cup; gold or silver cup
couper to cut, cut off; **couper avec** to sever relations with
coupure *f.* split
cour *f.* courtyard
courage *m.* courage; **bon courage** keep your chin up
courageux (-euse) *adj.* courageous; spirited (2)
couramment *adv.* fluently (11)
courant *adj.* current, usual; **être au courant de** to be informed about
courber to bend, curve
courir to run (14)
couronne *f.* crown
couronné *adj.* crowned
courrier *m.* mail (9)
cours *m.* course (1); exchange rate (13); **au cours de** *prep.* during
course *f.* race; **faire les courses** to go grocery shopping; **faire des courses** to do errands
court *adj.* short (3); **court-métrage** *m.* short film; **court de tennis** *m.* tennis court
couscoussier *m.* cookware used to make couscous
cousin(e) *m.*, *f.* cousin (4)
coût *m.* cost
couteau *m.* knife (5)
coûter to cost (8)
coûteux (-euse) *adj.* expensive
coutume *f.* custom
couvercle *m.* cover
couvrir to cover (13)
cravate *f.* tie (2)
crayon *m.* pencil
créateur (-trice) *m.*, *f.* creator
créatif (-ive) *adj.* creative
création *f.* creation, establishment
crédit *m.* credit

créer to create (9)
crème *f.* cream (5); custard; **crème glacée** ice cream
créole *adj.* Creole
crêpe *f.* French pancake (6)
crêperie *f.* place where crepes are sold
cri *m.* cry, shout
criminalité *f.* criminality; crime
criminel(le) *m.*, *f.* criminal
crise *f.* crisis
cristal *m.* crystal
critique *adj.* critical; *m.* critic; *f.* critique, evaluation
croire (à) to believe (in) (7)
croissant *m.* crescent roll (5)
croûte *f.* crust of bread, pie; **casser la croûte** to have a snack; **casse-croûte** *m.* snack
croyance *f.* belief
cru *p.p.* of **croire**; *adj.* uncooked, raw
crudité *f.* crudity; *pl.* raw vegetables or fruit
crustacé *m.* shellfish
cueillir to gather, pick
cuillère *f.* spoon (5); **cuillère à soupe** tablespoon, soupspoon
cuir *m.* leather
cuire to cook
cuisine *f.* kitchen (4); cooking (5); **faire la cuisine** to cook (4)
cuisiner to cook
cuit *adj.* cooked
culinaire *adj.* culinary
culte *m.* cult (17)
cultiver to cultivate, grow
culturel(le) *adj.* cultural
curieux (-ieuse) *adj.* curious; odd
curiosité *f.* curiosity
cycle *m.* cycle (11)
cyclisme *m.* cycling (14)
cycliste *m.*, *f.* cyclist
cyclope *m.* Cyclops

D

d'abord *adv.* first (10)
d'accord okay, agreed (1)
dame *f.* lady
dangereux (-euse) *adj.* dangerous
dans *prep.* in (1)
danse *f.* dance
danser to dance (1)
danseur (-euse) *m.*, *f.* (13) dancer
d'après according to
dater to date from
datte *f.* date (fruit)
davantage *adv.* more
de *prep.* from, of, about (1)
débâcle *f.* collapse, breaking up, debacle
débarquement *m.* landing, disembarkation
débat *m.* debate
débattre to debate
débouché *m.* job opening
debout *adv.* standing
débrouiller: se débrouiller to manage
début *m.* beginning
décembre *m.* December (0)

décevant *adj.* deceiving
déchet *m.* waste, debris (15)
déchirer to tear
décider to decide, determine
décisif (-ive) *adj.* decisive
décision *f.* decision
déclaration *f.* proclamation
décolonisation *f.* decolonization
décor *m.* decoration
décorer to decorate
décourageant *adj.* discouraging
décourager to discourage
découvrir to uncover; to discover (17)
décrire to describe (9)
décrocher to unhook, lift (*receiver*)
dédale *m.* labyrinth
dedans *adv.* within
défaut *m.* fault, flaw
défavorable *adj.* unfavorable
défendre to defend, protect
défense *f.* defense; **défense de doubler** no passing
défiguré *adj.* deformed
défilé *m.* parade (17)
défini *adj.* definite
définir to define, describe
définitif (-ive) *adj.* definitive, eventual
définition *f.* definition
défricher to clear; to bring land to cultivation
dégager: se dégager to free, disengage
dégoûtant *adj.* disgusting
degré *m.* degree
déguiser to disguise; se déguiser to dress up in disguise, disguise oneself (17)
dehors *adv.* outside
déjà *adv.* already, previously (8)
déjeuner to lunch; *m.* lunch (5); petit déjeuner breakfast (5)
délégué(e) *m.*, *f.* delegate
délice *f.* delight
délicieux (-ieuse) *adj.* delicious
déluge *m.* flood
demain *adv.* tomorrow
demande *f.* request, application
demander to ask, demand (3); se demander to wonder (12)
démarche *f.* walk, step
déménager to move
demi *adj.* half
démocratie *f.* democracy
démon *m.* demon
démonstratif (-ive) *adj.* demonstrative
démuni *adj.* without any money
dent *f.* tooth (12); brosse à dents toothbrush
dentifrice *m.* toothpaste
dentiste *m.*, *f.* dentist
départ *m.* departure (8)
département *m.* department, province
dépasser to pass, go past; **ça me dépasse** it is beyond me
dépêcher to do quickly; se dépêcher to hurry up (12)
dépendre (de) to depend on
dépense *f.* expenditure, expense (13)
dépenser to spend
dépit *m.* spite; **en dépit de** in spite of
déplacement *m.* travel, commuting

déplaire to displease
déplorer to deplore
déplu *p.p.* of déplaire
déportation *f.* deportation; transportation
déporter to deport
déposer to deposit (13)
depuis *prep.* since, for (7); **depuis longtemps** for a long time; **depuis que** since
député *m.* member of Parliament, representative
déraisonnable *adj.* unreasonable
déranger to disturb
dérisoire *adj.* pathetic, mocking
dermatologiste *m.*, *f.* dermatologist
dernier (-ière) *adj.* last, past (7)
derrière *prep.* behind (2)
des *contr.* of de les
dès que as soon as (13)
désagréable *adj.* disagreeable, offensive (2)
désastre *m.* disaster
désastreux (-euse) *adj.* disastrous, unfortunate
désavantage *m.* disadvantage
descendre to descend, get off (4)
désenchantement *m.* disenchantment
désert *m.* desert (18); *adj.* deserted
désigner to designate
désintérêt *m.* disinterest
désirer to want, desire
désireux (-euse) *adj.* desirous
désolé *adj.* very sorry, grieved (14)
désordonné *adj.* disorderly
désordre *m.* disorder; **en désordre** disorderly, disheveled (3)
désorienté *adj.* disoriented
dès que *conj.* as soon as (13)
dessert *m.* dessert (5)
dessin *m.* drawing (11); **dessin animé** cartoon
dessiner to draw, sketch; **jardin dessiné** *m.* planned garden; **bande dessinée** *f.* comic strip
dessous *adv.* under; **ci-dessous** below; **par-dessous** underneath
dessus *adv.* upon; **ci-dessus** above; **là-dessus** on it
destin *m.* destiny, fate
destiné (à) *adj.* intended (for)
détail *m.* detail
détaillé *adj.* detailed
détective *m.* detective
détendre to relax; se détendre to relax (18)
détente *f.* relaxation (14)
déterminer to determine
détester to detest, hate (1)
détruire to destroy
deux *adj.*: **tous les deux** both
deuxième *adj.* second (10)
devant *prep.* before, in front of (2)
développement *m.* development, growth (15)
développer to develop; to expand (15)
devenir to become (7)
deviner to guess (9)
devoir to have to, be obliged to (6); *m.* duty; homework (4); **faire ses**

devoirs to do (one's) homework
d'habitude *adv.* usually (10)
diable *m.* devil
diagnostic *m.* diagnosis
dialecte *m.* dialect
diamant *m.* diamond
dictateur (-trice) *m.* *f.* dictator
dictature *f.* dictatorship
dictionnaire *m.* dictionary (1)
diététicien(ne) *m.*, *f.* dietitian
diététique *adj.* dietary
dieu *m.* god
différemment *adv.* differently
différence *f.* difference
différent *adj.* different (2)
difficile *adj.* difficult, hard (2)
difficulté *f.* difficulty
diffuser to diffuse
diligemment *adv.* diligently
dimanche *m.* Sunday (0)
dinde *f.* turkey; **dinde rôtie** roast turkey (5)
dîner to dine (5); *m.* dinner (5)
diplomate *m.* diplomat
diplomatie *f.* diplomacy
diplôme *m.* diploma (11), degree
diplômé(e) *m.*, *f.* graduate
dire to say, tell (9); **c'est-à-dire** that is to say (16); **vouloir dire** to mean
directement *adv.* directly
directeur (-trice) *m.*, *f.* director, manager
direction *f.* address; direction; management
diriger to direct, govern, control; se diriger vers to make one's way toward (16)
discipline *f.* discipline, subject
discothèque *f.* discotheque
discours *m.* speech, discourse
discuter to discuss
disparaître to disappear
disparition *f.* disappearance
disparu *p.p.* of disparaître
disposé *adj.* inclined, disposed
disputer to argue; se disputer to quarrel, dispute (12)
disque *m.* record (3)
disquette *f.* diskette
distillerie *f.* distillery
distinguer to distinguish, honor
distraction *f.* recreation, diversion
distraire: se distraire to entertain oneself
distrait *adj.* absent-minded
distributeur *m.* dispenser
dit *p.p.* of dire
divers *adj.* diverse, miscellaneous
diversité *f.* variety
divisé *adj.* divided
diviser to divide
docteur *m.* doctor
doctorat *m.* Ph.D., doctorate (11)
doctoresse *f.* woman doctor
dodo *m.* *fam.* sleep
doigt *m.* finger (12)
domaine *m.* area, domain
domestique *m.*, *f.* servant
domicile *m.* residence; **visite** (*f.*) à domicile house call

dominer to dominate, rule
dommage *m.* harm, injury; **il est dommage** it is too bad (15); **quel dommage** what a pity
donc *conj.* therefore, then; **dis donc!** say!
donner to give (1); **donner droit** to entitle
dont *pron.* whose, of which, of whom (13)
doré *p.p.* of **dorer** gilded
dormir to sleep (7)
dortoir *m.* dormitory
dos *m.* back
dossier *m.* record, dossier, file
douane *f.* customs
douanier (-ière) *m., f.* customs officer (13)
doubler to double; to pass
doucement *adv.* softly
douche *f.* shower
doué *adj.* gifted (14)
douloureux (-euse) sorrowful
doute *m.* doubt; **sans doute** doubtless
douter to doubt, question (15)
douteux (-euse) *adj.* doubtful
doux (douce) *adj.* smooth, soft
douzaine *f.* dozen
douze *adj.* twelve
douzième *adj.* twelfth
dramatique *adj.* dramatic
dramaturge *m.* dramatist (18)
drame *m.* drama
drap *m.* sheet
drapeau *m.* flag
dressage *m.* training
drogue *f.* drug
droit *m.* right, law (11); *adj.* straight, right; **à droite** to the right (10); **tout droit** straight ahead (10)
drôle *adj.* funny (2)
du *contr.* of **de le**
dû *p.p.* of **devoir**
duquel *contr.* of **de lequel**
dur *adj.* hard, difficult (13)
durant *prep.* during
durée *f.* duration
durer to last
dynamique *adj.* dynamic (2)
dynamisme *m.* dynamism

E

eau *f.* water; **eau minérale** mineral water (5)
échalote *f.* shallot
échange *m.* exchange
échanger to exchange
échangiste *m.* exchanger (*finance*)
échappement *m.* leakage; **gaz** (*m.*) **d'échappement** exhaust fumes
échapper (à) to escape (16)
échec *m.* failure; check (*in chess*)
échelle *f.* ladder, scale
échouer (à) to fail (11)
éclair *m.* pastry (6)
école *f.* school (9); **école maternelle** kindergarten, preschool (11); **école**

primaire grade school (11)
écologie *f.* ecology, environmentalism
écologique *adj.* ecological (15)
écologiste *m., f.* ecologist, environmentalist
économe *adj.* thrifty, economical
économie *f.* economy; *pl.* savings
économique *adj.* economic; **sciences économiques** economics (11)
économiser to economize
écouter to listen to, hear (1)
écran *m.* screen
écrevisse *f.* (fresh-water) crayfish (17)
écrire to write (9); **machine** (*f.*) **à écrire** typewriter
écriture *f.* writing (11)
écrivain *m.* writer; **femme** (*f.*) **écrivain** female writer
éducatif (-ive) *adj.* educational
éducation *f.* education, training
éduqué *adj.* educated
effet *m.* effect; **en effet** indeed
efficace *adj.* effective; efficient (*person*)
égal *adj.* equal
égalisation *f.* equalizing
égalisé *adj.* equalized
égalitaire *m., f.* egalitarian
égalité *f.* equality
égard *m.* consideration; **à l'égard de** with regard to
église *f.* church (10)
égoïste *adj.* egotistical
eh bien well, now then (2)
électeur (-trice) *m., f.* elector, voter (15)
élection *f.* election
électoral *adj.* electoral
électricité *f.* electricity
électronique *adj.* electronic
élégance *f.* elegance, style
élégant *adj.* elegant, fashionable
élément *m.* element
élémentaire *adj.* elementary
éléphant *m.* elephant
élève *m., f.* student, pupil (11)
élevé *adj.* high, raised (12)
éliminer to eliminate
élire to elect (15)
élite *f.* elite
elle *pron.* she, her, it
éloquence *f.* eloquence
élu *p.p* of **élire**
embarquement *m.* embarkation
embaucher to hire
embouteillage *m.* traffic jam
embrasser to kiss; to hug
embryologie *f.* embryology
émission *f.* broadcast, emission
emmener to take (*someone somewhere*) (14)
emmenthal *m.* Emmenthal cheese
émotif (-ive) *adj.* emotional
émotion *f.* emotion
émotionnel(le) *adj.* emotional
empêcher (de) to prevent (14)
empereur *m.* emperor
emplacement *m.* site
emploi *m.* job, employment, use
employé(e) *m., f.* employee (13)
employer to use; to employ (5)

emporter to take along, away
emprunter to borrow (9)
en *prep.* in, to (1); on, of, by; *pron.* of him, of her, of it, some (10)
encadré *adj.* bracketed, framed
encombrement *m.* congestion
encore *adv.* still (8); yet, again, more (5); **ne... pas encore** not yet (8)
encourager to encourage
s'endormir to go to sleep; fall asleep (12)
endosser to endorse (*a check*) (13)
endroit *m.* place, spot (8)
énergie *f.* energy; **énergie nucléaire** nuclear energy (15); **énergie solaire** solar energy (15)
enfant *m., f.* child (4)
enfin *adv.* finally, at last (10)
enflammer to inflame, set on fire; **to be stirred up** (*person*)
engagé *adj.* engaged; hired; committed
engagement *m.* commitment
engager: s'engager to get involved, join
engouement *m.* infatuation
engrenage *m.* vicious circle
énigme *f.* riddle, enigma
enlever to remove
ennemi(e) *m., f.* enemy
ennui *m.* boredom
ennuyer to bore; **s'ennuyer** to have a bad time (12)
ennuyeux (-euse) *adj.* boring (12)
énorme *adj.* enormous
enquête *f.* inquiry, investigation
enregistrer to record
enrichir to enrich
enrichissant *adj.* enriching
enrichissement *m.* enrichment
enrouler to roll up
enseignant(e) *m., f.* teacher
enseigne *f.* street sign
enseignement *m.* teaching, education (11)
enseigner to teach (11)
ensemble *adv.* together (3); *m.* whole; **vue** (*f.*) **d'ensemble** general view
ensuite *adv.* after, then, next (6)
entendre to hear (4); **s'entendre** to be heard; to get along (with each other) (12)
enterrement *m.* burial, funeral
enterrer to bury
enthousiasme *m.* enthusiasm
enthousiaste *adj.* enthusiastic (2)
entier (-ière) *adj.* entire
entouré *adj.* surrounded
entracte *m.* intermission
entraînement *m.* training
entre *prep.* between, among (3)
entrée *f.* entry, first course (6)
entreprise *f.* enterprise, business
entrer to enter, step in (8)
entrevue *f.* interview
enveloppe *f.* envelope (9)
envers *prep.* toward, to
envie *f.* desire; **avoir envie (de)** to want
environ *adv.* about, around
environnement *m.* environment (15)
envisager to consider, envision

envoyer to send (5)
épargne: compte (*m.*) **d'épargne** savings account (13)
épatant *adj.* amazing, splendid
épaule *f.* shoulder
épée *f.* sword
épicé *adj.* spicy, hot
épicerie *f.* grocery store (6)
épinards *m. pl.* spinach
épisode *m.* episode
époque *f.* period, era (16)
épouvantable *adj.* dreadful, appalling
épreuve *f.* test, contest
épris *adj.* taken with, in love with
équilibrer to balance
équipe *f.* team (14)
équipement *m.* equipment (7)
équiper to equip, furnish
équivalent *adj.* equivalent
erreur *f.* error
érudit *adj.* erudite
escale *f.* port of call, stop
escalier *m.* stairs, staircase
escargot *m.* snail (6)
esclavage *m.* slavery
esclave *m., f.* slave (17)
espace *m.* space
Espagne *f.* Spain (8)
espagnol *adj.* Spanish (1)
espèce *f.* species, kind
espérance *f.* hope, trust
espérer to hope (5)
espoir *m.* hope
esprit *m.* spirit; mind
essai *m.* trial
essayer (de) to try, try out (5)
essence *f.* gasoline
essentiel(le) *adj.* essential (15)
essor *m.* rising
est *m.* east
estimer to estimate; to consider (15)
estomac *m.* stomach
et *conj.* and (1)
établir to set, to establish
étage *m.* floor, stage, story; **premier étage** second story
étagère *f.* set of shelves (3)
étape *f.* stage
état *m.* state, government (8); condition
États-Unis *m. pl.* United States (8)
été *p.p.* of **être**
été *m.* summer; **en été** in summer (0)
éternel(le) *adj.* eternal
ethnique *adj.* ethnic
étiquette *f.* label; etiquette
étoile *f.* star
étrange *adj.* strange (15)
étranger (-ère) *m., f.* foreigner; **à l'étranger** abroad (8)
être to be (2); **être d'accord** to agree; *m.* being
étude *f.* study
étudiant(e) *m., f.* student (0)
étudier to study (1)
eu *p.p.* of **avoir**
européen(ne) *adj.* European
eux *pron.* they, them (11); **eux-mêmes** themselves
évaluation *f.* evaluation

évaluer to evaluate
évasion *f.* escape
événement *m.* event, occurrence (16)
évidemment *adv.* obviously
évident *adj.* obvious (15)
éviter to avoid
évolution *f.* evolution
évoquer to evoke
exact *adj.* exact, correct
exagérer to exaggerate
examen *m.* examination (1)
examiner to examine
excellent *adj.* excellent
exceller to excel
excentricité *f.* excentricity
excentrique *adj.* eccentric (2)
excepté *prep.* except
exceptionel(le) *adj.* exceptional
excès *m.* excess
exclu *adj.* excluded
excuser to excuse; **s'excuser** to apologize
exemple *m.* example
exercer to exercise; to practice
exercice *m.* exercise
exigeant *adj.* demanding
exiger to require (15)
exilé *adj.* exiled, banished
existentialiste *adj.* existentialist
exister to exist
exode *m.* exodus
exotique *adj.* exotic, foreign
expédition *f.* expedition
expérience *f.* experience; experiment
expérimenter to experiment
expert-comptable *m.* certified public accountant
explication *f.* explanation
expliquer to explain
exploiter to cultivate; to make the most of
explorateur (-trice) *m., f.* explorer
explorer to explore
exporter to export
exposer to expose
exposition *f.* exhibition, show
exprès *adv.* expressly, on purpose
exprimer to express
extérieur *adj.* exterior, external
extrait *m.* extract
extraordinaire *adj.* extraordinary, unusual
extra-sensoriel(le) *adj.* extrasensory
extra-terrestre *m.* extraterrestrial
extrême *adj.* extreme

F

fabrication *f.* manufacture
fabriquer to make, manufacture (14)
fabuleux (-euse) *adj.* fabulous, extraordinary
face *f.* front, face; **en face de** in front of, across from (10)
fâcheux (-euse) *adj.* unfortunate, troublesome, annoying (15)
facile *adj.* easy (2)
facilité *f.* ease, facility
faciliter to facilitate

façon *f.* manner, way
facteur (-trice) *m., f.* mail carrier (9)
facture *f.* bill
faculté *f.* division (*academic*) (1); **faculté des lettres** college of liberal arts
faible *adj.* weak, low
faim *f.* hunger; **avoir (une) faim (de loup)** to be (ravenously) hungry
faire to make; to do (4); **faire attention** to look out; **faire beau** to be good weather; **faire la connaissance de** to make the acquaintance of (4); **faire ses devoirs** to do (one's) homework (4); **faire froid** to be cold; **faire du bateau** to go boating; **faire la cuisine** to cook (4); **faire des économies** to save (up) money (13); **faire la grève** to go on strike; **faire sa toilette** to wash oneself; **faire le marché** to go to the market (4); **faire le ménage** to clean the house (4); **faire le numéro** to dial; **faire les courses** to go grocery shopping (4); **faire partie de** to belong to; **faire peur** to frighten; **faire une promenade** to take a walk (4); **faire un voyage** to take a trip (4); **faire la vaisselle** to do the dishes (4); **faire venir** to send for; **s'en faire** to worry
faisceau *m.* bundle
fait *p.p.* of **faire**
falaise *f.* cliff
falloir to be necessary (15); **il faut** it is necessary (15)
fallu *p.p.* of **falloir**
fameux (-euse) *adj.* famous
familial *adj.* (*related to the*) family
familiale *f.* station wagon
famille *f.* family (4); **en famille** with the family
fana *m., f.* fanatic, fan
faner to fade
fantaisie *f.* fantasy
fantastique *adj.* fantastic
faon *m.* fawn
farfelu *adj.* eccentric
farine *f.* flour
farniente *m.* (pleasant) idleness
fascinant *adj.* fascinating
fasciner to fascinate
fatigant *adj.* tiring, wearisome
fatigué *adj.* tired, fatigued (14)
fauché *adj. fam.* broke
faune *f.* fauna
faussement *adv.* falsely
faute *f.* mistake
fauteuil *m.* armchair
faux (fausse) *adj.* false (6)
favori (favorite) *adj.* favorite
félicitations *f. pl.* congratulations
féliciter to congratulate
féminin *adj.* feminine
féminisation *f.* feminization
femme *f.* woman (1); wife (4); **femme d'affaires** businesswoman; **femme de ménage** cleaning woman
fendre to cut through
fenêtre *f.* window (0)

fer *m.* iron; **chemin** (*m.*) **de fer** railroad
ferme *f.* farm (16)
fermer to shut, close (7)
fermier (-ière) *m.*, *f.* farmer
fervent *adj.* enthusiastic
fête *f.* holiday, festival (18); **Fête des Mères** Mother's Day; **Fête des Pères** Father's Day; **Fête du Travail** Labor Day
fêter to celebrate (17)
feu *m.* fire; traffic light
feuille *f.* leaf; sheet of paper; form (16)
feuilleton *m.* serial, series
fève *f.* bean
février *m.* February (0)
fiançailles *f. pl.* engagement
fiancer: se fiancer to get engaged
fiche *f.* card, form
ficher: je m'en fiche I don't care
fictif (-ive) *adj.* fictional
fidèle *adj.* faithful
fidélité *f.* fidelity, loyalty
fier (fière) *adj.* proud (2)
fierté *f.* pride
fièvre *f.* fever
fiévreux (-euse) *adj.* feverish
figue *f.* fig
figure *f.* face
fil *m.* string; **coup de fil** *m.* telephone call
filer to trail; to track
filet *m.* fillet (6)
filin *m.* rope (*nautical*)
fille *f.* daughter (4); **jeune fille** young girl (2); **petite-fille** *f.* granddaughter (4)
film *m.* film (1)
filmer to film
fils *m.* son (4); **petit-fils** *m.* grandson (4)
filtre *m.* filter
fin *f.* end (9); **fin de semaine** weekend; *adj.* acute, sharp
finalement *adv.* finally
financier (-ière) *adj.* financial
finir to finish, end (3)
firme *f.* firm
fixe *adj.* fixed, set
flâner to stroll (16)
fléchettes *m. pl.* darts
fleur *f.* flower (3)
fleuve *m.* river (7)
flore *f.* flora
Floride *f.* Florida
flûte *f.* flute
foi *f.* faith
foie *m.* liver
fois *f.* time, occasion (8); **une fois** once; **deux fois** twice; **une fois que vous...** once you have . . .
folie *f.* madness, distraction
folklorique *adj.* folkloric, folk
folle *f.* (**fou** *m.*) *adj.* crazy
fonctionnaire *m.*, *f.* official, civil servant (13)
fonctionnement *m.* working, operation
fond *m.* bottom; **au fond (de)** at the end (of)

fonder to found
fondre to melt
fontaine *f.* fountain, spring
football *m.* soccer
footballeur *m.* football player
forcé *adj.* forced
forêt *f.* forest (7)
formation *f.* education, training
forme *f.* form
former to form
formidable *adj.* terrific (14)
fort *adj.* strong, energetic; loud; *adv.* very; *m.* fort
fortifier to fortify
fou (fol, folle) *adj.* mad, crazy
foudre *f.* lightning; **coup** (*m.*) **de foudre** flash of lightning; love at first sight (12)
fouet *m.* whip
fouille *f.* excavation
foule *f.* crowd
fourchette *f.* fork (5)
fournir to furnish, supply
foyer *m.* hearth, home, dormitory
fragmenté *adj.* fragmented, divided
frais (fraîche) *adj.* fresh, cool (6); **il fait frais** it's cool (weather) (0); *m. pl.* expenses
fraise *f.* strawberry (5)
franc *m.* franc (French, Belgian, or Swiss monetary unit) (6)
franc (franche) *adj.* frank, honest
français *adj.* French
France *f.* France (8)
francophone *adj.* French-speaking (17)
franglais *m.* French marked by borrowings from English
frappant *adj.* striking
frapper to strike, hit
fraternité *f.* fraternity, brotherhood
fréquent *adj.* frequent
fréquenter to frequent, visit frequently
frère *m.* brother (4)
friandise *f.* sweet, candy, delicacy
frisé *adj.* curly (hair) (12)
frit *adj.* fried
froid *adj.* cold; **avoir froid** to be cold; **il fait froid** it's cold (weather) (0)
fromage *m.* cheese (5)
frontière *f.* frontier, border
fruit *m.* fruit (5)
fuir to flee
fumée *f.* smoke
fumer to smoke (14)
furieux (-ieuse) *adj.* furious (15)
fusionner to merge, combine
futur *m.* future
futuriste *adj.* futuristic

G

gagner to earn; to win (13)
galerie *f.* roof rack, gallery
gant (de ski) *m.* (ski) glove (7)
garanti *adj.* guaranteed
garçon *m.* boy (2); waiter (*somewhat pejorative*)
garde *f.* guard, protection

garder to keep
gardien(ne) *m.*, *f.* guardian, caretaker
gare *f.* (train) station (8)
garer to park
garni *adj.* garnished
gaspillage *m.* waste (15)
gaspiller to waste (15)
gastronomie *f.* gastronomy
gastronomique *adj.* gastronomical
gâteau *m.* cake (5)
gauche *adj.* left; *f.* the political left; **à gauche** to the left (10)
gaulois *adj.* Gallic
gaz *m.* gas; **gaz d'échappement** exhaust fumes
gazon *m.* lawn
géant(e) *m.*, *f.* giant
gelée *f.* jelly
Gémeau *m.* Gemini
gêner to inconvenience, bother
général *adj.* general, universal; *adv.* **en général** generally; *m.* general
génération *f.* generation
généreux (-euse) *adj.* generous, liberal
générosité *f.* generosity
génétique *f.* genetics
Genève Geneva; **genevois** *adj.* Genevan
génial *adj.* inspired, brilliant
génie *m.* genius; **génie civil** civil engineering (11)
genou *m.* knee
genre *m.* kind, sort; gender
gens *m. pl.* people (9); **jeunes gens** young people; young men
gentil(le) *adj.* nice, pleasant (2)
gentiment *adv.* kindly (11)
géographie *f.* geography (1)
géographique *adj.* geographical (17)
géologie *f.* geology (1)
géométrie *f.* geometry (11)
geste *m.* gesture
gestion *f.* administration, management (11)
gigantesque *adj.* gigantic
girafe *f.* giraffe
glace *f.* ice; ice cream (6)
glacé *adj.* frozen, iced
gladiateur *m.* gladiator
golfe *m.* gulf, bay
gorge *f.* throat (12)
gothique *adj.* gothic (16)
gourmand *adj.* fond of sweet things; gluttonous
goût *m.* taste, flavor
goûter to taste (6); *m.* snack (5)
gouvernement *m.* government (15)
gouvernemental *adj.* governmental
gouverner to govern
gouverneur *m.* governor
grâce (à) *f.* thanks (to)
grammaire *f.* grammar
gramme. *m.* gram
grand *adj.* great, tall, large (3); **grandes vacances** summer vacation; **pas grand-chose** *adv.* not much
grandir to grow (up)
grand-mère *f.* grandmother (4)
grand-père *m.* grandfather (4)
grands-parents *m. pl.* grandparents (4)

graphiques *f. pl.* graphics
gras(se) *adj.* fat; **Mardi Gras** Shrove Tuesday
gratifiant *adj.* gratifying
gratte-ciel *m.* skyscraper
gratuit *adj.* free
grave *adj.* serious
gravité *f.* gravity
grec (grecque) *adj.* Greek
Grèce *f.* Greece (8)
grenouille *f.* frog
grève *f.* strike; **faire la grève** to go on strike
grignoter to nibble
griot *m.* tribal oral historian
grippe *f.* flu
gris *adj.* gray (2)
gros(se) *adj.* fat, big, great; **le gros lot** first prize
grossir to get fat; to swell
grotte *f.* grotto, cave
groupe *m.* group
Guadeloupe *f.* (17) Guadeloupe
guerre *f.* war (15); **Deuxième Guerre mondiale** World War II
guerrier (-ière) *m., f.* warrior
guichet *m.* box office (window) (8)
guichetier *m.* box-office assistant, counter clerk
guider to guide
guillotiner to guillotine
guitare *f.* guitar
gymnastique *f.* gymnastics

H

s'habiller to dress (12)
habitant(e) *m., f.* inhabitant, owner
habitation *f.* housing
habiter to live in, inhabit (1)
habitude *f.* habit, custom; **d'habitude** usually (10)
habitué(e) *m., f.* regular visitor
habituer: s'habituer à to get used to (14)
*****haine** *f.* hatred, dislike
Haïti *m.* Haiti (17)
haïtien(ne) *adj.* Haitian
*****halle** *f.* (covered) market
*****halte** *f.* stop, break, pause
*****hamac** *m.* hammock
hanter to haunt
*****haricot** *m.* bean; **haricots verts** green beans (5)
harmonie *f.* harmony
harmonieux (-ieuse) *adj.* harmonious
*****hasard** *m.* chance; **jeu** (*m.*) **de hasard** game of chance (14); **par hasard** accidentally
*****hausse** *f.* price hike
*****haut** *adj.* high, superior; *adv.* **en haut** upstairs
*****hauteur** *f.* height
héritage *m.* heritage, inheritance
hériter to inherit
héroïne *f.* heroine
*****héros** *m.* hero
hésitation *f.* hesitation
hésiter to hesitate

heure *f.* hour (0); o'clock; **heures d'affluence** rush hours; **à l'heure** on time (8); **tout à l'heure** a little while ago; in a little while
heureux (-euse) *adj.* happy, fortunate (9)
hier *adj.* yesterday (7); **hier soir** last night
*****hiérarchie** *f.* hierarchy
histoire *f.* history, story (1)
historique *adj.* historic
hiver *m.* winter; **en hiver** in winter (0)
*****hollandais** *adj.* Dutch
homme *m.* man (1); **homme d'affaires** businessman; **homme politique** political figure; **jeune homme** young man
honnête *adj.* honest
*****honte** *f.* shame; **avoir honte** to be ashamed, embarrassed
hôpital *m.* hospital (10)
horaire *m.* schedule (13)
horloge *f.* clock
*****hors** *prep.* out of; **hors-d'œuvre** *m.* appetizer (6); **hors de prix** outrageously expensive
hôte *m.* (**hôtesse** *f.*) host, hostess; **hôtesse de l'air** airline stewardess (8)
hôtel *m.* hotel (10)
huile *f.* oil
huître *f.* oyster (5)
humain *adj.* human; humane; **les sciences** (*f. pl.*) **humaines** social sciences
humanitaire *adj.* humanitarian
humilité *f.* humility
humoristique *adj.* humorous
humour *m.* humor
hydraulique *adj.* hydraulic
hygiène *f.* hygiene
hypocrite *adj.* hypocritical

I

ici *adv.* here (1)
idéal *adj.* ideal
idéaliste *adj.* idealistic (2)
idée *f.* idea
identifier to identify
identité *f.* identity
ignorer to be ignorant of
il *pron.* he, it, there; **il y a** there is, there are (0); ago (7); **il y a... que** for (7)
île *f.* island (10)
illégalement *adv.* illegally
illimité *adj.* unlimited
ils *pron.* they
image *f.* picture, image
imaginaire *adj.* imaginary
imaginatif (-ive) *adj.* imaginary
imaginer to imagine, suppose
imbécile *m., f.* imbecile
immédiat *adj.* immediate
immobilier (-ière) *adj.* of property or real estate
imparfait *m.* imperfect (*past*) tense
impatient *adj.* impatient (2)
impératif *m.* imperative

imperméable *m.* raincoat (2)
impétueux (-euse) *adj.* impetuous
implanter to implant; to plant
important *adj.* important (2)
importer to import
imposant *adj.* imposing
imposer to impose
impossible *adj.* impossible (15)
impôt *m.* tax, duty
impressionnant *adj.* impressive
impressionner to impress
impressionniste *m., f.* impressionist
imprimer to print
imprimeur *m.* printer
improviser to improvise
impulsif (-ive) *adj.* impulsive
inaugurer to inaugurate
incessant *adj.* unending, incessant
inclus *adj.* included
inconcevable *adj.* inconceivable
inconnu *adj.* unknown
inconvénient *m.* drawback, disadvantage
incroyable *adj.* incredible, unbelievable (16)
indéfini *adj.* indefinite
indépendance *f.* independence
indépendant *adj.* independent; **travailleur (-euse) indépendant(e)** self-employed worker (13)
indien(ne) *adj.* Indian
indifférent *adj.* indifferent
indigène *adj.* native, local
indiquer to indicate, show (14)
indispensable *adj.* indispensable (15)
individu *m.* individual
individualisme *m.* individualism
individualiste *adj.* individualistic (2)
individuel(le) *adj.* individual
industrialisé *adj.* industrialized
industrie *f.* industry, business
industriel(le) *adj.* industrial (15)
industrieux (-ieuse) *adj.* industrious
inégalité *f.* inequality
inertie *f.* inertia
inexact *adj.* inaccurate, wrong
inexistant *adj.* nonexistent
inférieur *adj.* lower
infériorité *f.* inferiority
infini *adj.* infinite
infinitif *m.* infinitive
infirmier (-ière) *m., f.* nurse (13)
inflation *f.* inflation (15)
influencer to influence
informations *f. pl.* news (9)
informatique *f.* data processing (11)
informer to inform
ingénieur *m.* engineer (13)
ingrédient *m.* ingredient
inhabituel(le) *adj.* unusual
initiative *f.* initiative; **syndicat** (*m.*) **d'initiative** tourist information bureau
injuste *adj.* unfair (15)
inoffensif (-ive) *adj.* inoffensive
inondation *f.* flood
inoubliable *adj.* unforgettable
inquiet (-iète) *adj.* uneasy, worried
inquiéter: s'inquiéter de worry, be anxious

inscription *f.* registration, matriculation; **prendre une inscription** to register
inscrire: s'inscrire to register
insécurité *f.* insecurity
insociable *adj.* unsociable (2)
insoluble *adj.* unsolvable
inspecter to inspect
inspecteur (-trice) *m., f.* inspector
installer to install; **s'installer** to settle (into); to move in (12)
institut *m.* institute
instituteur (-trice) *m., f.* (elementary school) teacher (11)
intégrant *adj.* constituent; **faire partie intégrante de** to be part and parcel of
intellectuel(le) *adj.* intellectual (2)
intelligemment *adv.* intelligently
intelligent *adj.* intelligent (2)
intensif (-ive) *adj.* intensive
intensifier to intensify
interdire to forbid; **sens (*m.*) inderdit** wrong way
intéressant *adj.* interesting, attractive (2)
intéresser to interest (13); **s'intéresser (à)** to take an interest in, be interested in (13)
intérêt *m.* interest
intérieur *m.* interior
intermède *m.* interlude
international *adj.* international
interplanétaire *adj.* interplanetary
interprétation *f.* interpretation
interprète *m., f.* interpreter (13)
interrogatif (-ive) *adj.* interrogative
interroger to question, interrogate
intervenir to intervene
interventionniste *m., f.* interventionist
interviewer to interview
intime *adj.* personal, intimate
intimement *adv.* intimately
intimité *f.* privacy
intolérant *adj.* intolerant
introduit *p.p.* of **introduire** to introduce
intrus(e) *m., f.* intruder
inutile *adj.* useless (15)
inventaire *m.* inventory, evaluation
inventer to invent
inventeur (-trice) *m., f.* inventor
investir to invest
inviter to invite (4)
invraisemblable *adj.* unreasonable
iode *m.* iodine
irlandais *adj.* Irish
ironiquement *adv.* ironically
irrégulier (-ière) *adj.* irregular
irresponsable *adj.* irresponsible
irrévérence *f.* irreverence
irrévocable *adj.* irrevocable
isolé *adj.* isolated, solitary
Italie *f.* Italy (8)
italien(ne) *adj.* Italian (1)
italique *adj.* italic
itinéraire *m.* itinerary
Ivoire: Côte d'Ivoire *f.* Ivory Coast (18)
ivoirien(ne) *adj.* from the Ivory Coast (18)

J

jamais *adv.* ever, never; **ne... jamais** never, not ever (8)
jambe *f.* leg (12)
jambon *m.* ham (5)
janvier *m.* January (0)
Japon *m.* Japan (8)
japonais *adj.* Japanese (1)
jardin *m.* garden (4)
jardinage *m.* gardening (14)
jaune *adj.* yellow (2)
je *pron.* I
jean *m.* jeans (2)
jeter to throw
jeu *m.* (*pl.* **jeux**) game, play; **jeu de hasard** game of chance (14); **jeu de mots** pun; **jeu de société** parlor game, group game (14)
jeudi *m.* Thursday (0)
jeune *adj.* young (6); **jeune fille** *f.* girl, young woman (2); **jeunes gens** *m. pl.* young people, young men; **jeune homme** *m.* young man (2)
jeunesse *f.* youth; **auberge de jeunesse** *f.* youth hostel
joie *f.* joy
joli *adj.* pretty (6)
jouer to play, to perform (2); **jouer un tour (à)** to play a trick (on)
joueur (-euse) *m., f.* player
jour *m.* day; **de nos jours** these days; **Jour de l'An** New Year's Day; **tous les jours** every day; **quel jour sommes-nous?** what day is it? (0); **un de ces jours** one of these days, someday (16)
journal *m.* newspaper, diary (9)
journaliste *m., f.* journalist (13)
journée *f.* day, daytime (5)
joyeux (-euse) *adj.* joyous; **Joyeux Noël** Merry Christmas
juger to judge
juillet *m.* July (0)
juin *m.* June (0)
jupe *f.* skirt (2)
juridique *adj.* legal
jus (de fruit) *m.* fruit juice (6)
jusque *prep.* as far as, up to; **jusqu'à** until (1); **jusqu'à ce que** *conj.* until (17)
juste *adv.* just, right, fair (15); *adv.* exactly
justifier to justify

K

kilo *m.* kilogram
kilomètre *m.* kilometer
kiosque *m.* kiosk, newsstand (9)

L

la *f. art.* the; *f. pron.* it
là *adv.* there (10); **là-bas** over there
laboratoire *m.* laboratory
lac *m.* lake (7)
lacéré *adj.* cut up, lacerated

laid *adj.* ugly
laine *f.* wool
laisser to leave; to let (6)
lait *m.* milk (5)
laitue *f.* lettuce
lampe *f.* lamp (3); **lampe de poche** flashlight
lancement *m.* launching
lancer to throw (14)
langage *m.* language; speech
langue *f.* language (1)
laquelle *pron. f.* which, which one
lavabo *m.* washbasin (3)
lavage *m.* washing
laver: se laver to wash (12)
laverie *f.* laundromat
le *m. art.* the; *m. pron.* it
leçon *f.* lesson
lecteur (-trice) *m., f.* reader
lecture *f.* reading (11)
légalisation *f.* legalization (15)
légaliser to legalize
légende *f.* legend
léger (légère) *adj.* light
législateur (-trice) *m., f.* legislator
législatif (-ive) *adj.* legislative
légume *m.* vegetable (5)
lent *adj.* slow (11)
lentement *adv.* slowly
lequel (laquelle, lesquels, lesquelles) *pron.* which one (14); who, whom, that (17)
les *pl. pron.* them; *pl. art.* the
lettre *f.* letter (4); *pl.* liberal arts, humanities
leur *pron.* to them; *adj.* their
lever: se lever to get up (12)
levier *m.* lever; **levier de vitesse** gearshift
lèvre *f.* lip
liaison *f.* liaison, link(ing)
libéral *adj.* liberal, generous
libéré *adj.* liberated
liberté *f.* liberty, freedom (15)
librairie *f.* bookstore (1)
libre *adj.* free (4)
licence *f.* bachelor's degree (*in France*) (11)
lier to connect, link
lieu *m.* (*pl.* **lieux**) place (1); **au lieu de** instead of; **avoir lieu** to take place (16)
ligne *f.* line (10)
limite *f.* limit, boundary
limiter to limit
linguiste *m., f.* linguist
linguistique *f.* linguistics (1)
liquide *m.* liquid
lire to read (9)
liste *f.* list
lit *m.* bed (3)
littéraire *adj.* literary
littérature *f.* literature (1)
livre *m.* book (0)
locataire *m., f.* tenant
logement *m.* housing, dwelling (3)
loger to live, lodge
logiciel *m.* software
logique *adj.* logical
loi *f.* law (18)

loin (de) adv. far (from) (4)
lointain adj. remote, distant
loisir m. leisure; pl. spare-time activities (14)
long (longue) adj. long (3); **chaise-longue** f. lounge chair
longévité f. longevity
longtemps adv. long, a long while (17)
lorsque conj. when (13)
loterie f. lottery
louer to rent (3)
Louisianais(e) m., f. inhabitant of Louisiana
loup m. wolf; **j'ai une faim de loup!** I'm ravenously hungry!
lourd adj. heavy
loyer m. rent
lu p.p. of **lire**
lui pron. he, it, to him, to her, to it (11); **lui-même** himself
lumière f. light, lamp
lundi m. Monday (0)
lune f. moon
lunettes f. pl. glasses (7); **lunettes de ski** ski goggles (7); **lunettes de soleil** sunglasses (7)
lutte f. struggle, contest
lycée m. second cycle of French secondary education (11)
Lyonnais(e) m., f. inhabitant of Lyon

M

ma adj. f. my
machine: machine à écrire f. typewriter
maçonnerie f. masonry
madame (Mme) f. madam (0)
mademoiselle (Mlle) f. miss (0)
magasin m. store (6)
magazine m. magazine (9)
mage m. wise man
magie f. magic
magistrat m. magistrate, judge (13)
magnat m. tycoon, magnate
magnétoscope m. videotape recorder, VCR
magnifique adj. splendid, magnificent
mai m. May (0)
maigre adj. thin
maillot: maillot de bain m. (woman's) swimsuit (7)
main f. hand (12); **poignée** (f.) **de main** handshake
maintenant adv. now, at present (1)
maintenir to maintain, uphold
mairie f. town hall (10)
mais conj. but (1)
maison f. house (3); **à la maison** at home (2); **maison de retraite** rest home
maître m. master; **maître d'hôtel** butler, headwaiter
maîtrise f. master's degree (in France) (11)
maîtriser to master
majorité f. majority
mal adv. poorly, badly (4); m. evil; **avoir mal** to have (a) pain (12); **ça va mal** things are going badly (0); **mal du pays** homesickness; **pas mal**

not bad (0)
malade adj. sick (9)
maladie f. illness
malgache adj. from the Republic of Madagascar (18)
malgré prep. in spite of
malheureux (-euse) adj. unhappy, unfortunate (11)
malhonnête adj. dishonest
Mali m. Mali (18)
malien(ne) adj. from the Republic of Mali
malle f. trunk
maman f. mama
manger to eat (2); **salle** (f.) **à manger** dining room
manière f. manner, way
manifestation f. (political) demonstration; **manifestation sportive** sporting event (14)
manifester to demonstrate (15)
manipuler to manipulate
manoir m. manor
manque m. lack
manquer to miss, lack
manteau m. (over)coat (2)
maquillage m. makeup
maquiller: se maquiller to put on makeup (12)
marbre m. marble
marchand(e) m., f. merchant, trader
marchandage m. bargaining
marchander to bargain; to haggle over (18)
marché m. market (5); **bon marché** inv. cheap, inexpensive; **faire le marché** to go shopping (4); **Marché Commun** Common Market
marcher to walk; to go (well)
mardi m. Tuesday (0); **Mardi Gras** Shrove Tuesday (17)
mare f. pond
marécage m. swamp, marsh
marée f. tide; **marée noire** oil spill
marémotrice adj. tidal; **usine marémotrice** f. tidal power station
mari m. husband (4)
mariage m. marriage (12); **mariage à l'essai** trial marriage
marié(e) m., f. married person, bride, bridegroom
marier: se marier (à, avec) to get married (to) (12)
marin adj. marine
marmite f. pot, pan
Maroc m. Morocco (8)
marocain(e) m., f. from Morocco (18)
marque f. mark, brand
marraine f. godmother
marron m. chestnut; **marron glacé** candied chestnut (5); adj. inv. (chestnut) brown (2)
mars m. March (0)
marteau m. hammer
martiniquais adj. from Martinique (17)
Martinique f. Martinique (17)
masque m. mask
masqué: bal (m.) **masqué** masked ball, costume ball (17)
match m. match, game (14)
matérialisme m. materialism

matériel m. material
maternel(le) adj. motherly; **école maternelle** kindergarten (11)
maternité f. maternity
mathématiques (maths) f. pl. mathematics (1)
matière f. subject, field (1)
matin m. morning; **du matin** A.M. (0)
maturité f. maturity
maure adj. Moorish
mauvais adj. bad, poor (6); **il fait mauvais** the weather is bad (0)
me pron. me, to me
mécanicien(ne) m., f. mechanic
mécanique f. mechanics
médecin m. doctor (13); **femme médecin** f. female doctor; **médecin généraliste** m. general practitioner
médecine f. medicine (11)
média(s) m. pl. media (15)
médicament m. medicine
médiéval adj. medieval (16)
médiocre adj. mediocre
méfait m. damage
meilleur adj. better (12); **le meilleur** the best
mélange m. mixture (17)
mêler to mix
membre m. member
même adj. same (6); adv. even; **moi-même** myself; **le (la) même** the same one (16); **quand même** even though
mémoire f. memory
menace f. threat
menacer to threaten
ménage m. household, housekeeping; **faire le ménage** to clean the house; **femme de ménage** (f.) housewife
mener to lead
mensonge m. lie
mentalité f. mentality
menthe f. mint
mentionner to mention
mentir to lie
menu m. fixed-price menu (6)
mer f. sea (7); **au bord de la mer** seashore; **outre-mer** overseas
merci adv. thanks, thank you (0)
mercredi m. Wednesday (0)
mère f. mother (4); **belle-mère** mother-in-law; stepmother; **Fête des Mères** Mother's Day; **grand-mère** grandmother
mériter to deserve
méritocratie f. meritocracy
merveille f. wonder, marvel
merveilleux (-euse) adj. wonderful
mes adj. pl. my
messe f. mass
mesure f. measure
métal m. metal
métier m. trade, profession, job
métro (Métropolitain) m. Paris subway (8); **métro-boulot-dodo** m. subway-work-sleep (literally, daily grind)
mettre to put (on), to place (9); **se mettre à** to begin (12); **se mettre en route** to start out

meuble *m.* piece of furniture (4); **meuble ancien** antique
meublé *adj.* furnished
mexicain *adj.* Mexican
Mexico *m.* Mexico City
Mexique *m.* Mexico (8)
mi- *adv.* half, mid-, semi-; **mi-temps** part-time
midi *m.* noon; **il est midi** it's noon (0); **après-midi** *m.* or *f.* afternoon; **de l'après-midi** P.M., in the afternoon (0)
mien(ne) *pron.* mine
mieux *adv.* better (14); **le mieux** best (14); **aimer mieux** to prefer (1); **de mieux en mieux** better and better; **tant mieux** so much the better; **valoir mieux** to be better (15)
migrateur (-trice) *adj.* migratory
milieu *m.* middle, environment; **au milieu** in the midst
militaire *adj.* military
mille *m., adj.* thousand
milliers *m. pl.* thousands
minable *adj.* pitiful
mince *adj.* thin, slight
minceur *f.* thinness; **cuisine** (*f.*) **minceur** lean cuisine
minéral *adj.* mineral
minet(te) *m., f. fam.* trendy young man, young woman
ministère *m.* ministry
ministre *m.* minister, cabinet member; **premier ministre** prime minister
minorité *f.* minority
minuit *m.* midnight; **il est minuit** it's midnight (0)
minuscule *adj.* tiny, small
mirabelle *f.* plum
miraculeusement *adv.* miraculously
miroir *m.* mirror (3)
mis *p.p.* of **mettre**
misère *f.* misery, destitution
moche *adj.* ugly
mode *f.* fashion; **à la mode** fashionable
modèle *m.* model, pattern
moderne *adj.* modern
moderniser to modernize
moderniste *m., f., adj.* modernist
modernité *f.* modernity
modeste *adj.* modest, simple
moi *pron.* I, me (11); *m.* ego
moins (de) (que) *adv.* less, fewer (5, 12); **au moins** at least; **à moins que (de)** *conj.* unless (17); **le moins** the least
mois *m.* month (0)
moitié *f.* half
moment *m.* moment, instant; **au moment de** just as
mon *adj. m.* my
monde *m.* world (8); **tout le monde** everyone (8); **Nouveau Monde** the New World; **Tiers Monde** the Third World
mondial *adj.* worldwide; **Deuxième Guerre Mondiale** World War II
moniteur *m.* monitor
monnaie *f.* change, coin (5)
monopoliser to monopolize

monotone *adj.* monotonous
monsieur (M.) *m.* sir, mister (0)
mont *m.* mount, mountain
montagne *f.* mountain (7)
montant *m.* sum, amount (13)
monter to climb (up); to get in (8)
montre *f.* watch
Montréal *m.* Montreal (17)
montrer to show (11)
monument *m.* monument (10)
moquette *f.* wall-to-wall carpet
morceau *m.* piece (6)
mordre to bite
mort *adj.* dead
mosaïque *f.* mosaics
mosquée *f.* mosque
mot *m.* word (3)
moteur *m.* motor
moto *f. fam.* motorbike (8)
motocyclette *f.* motorcycle (8)
motoriser to motorize
mouche *f.* fly
mourir to die (8)
mousquetaire *m.* musketeer
moustache *f.* mustache
moustiquaire *f.* mosquito net
moutarde *f.* mustard
mouton *m.* sheep, mutton
mouvement *m.* movement
mouvementé *adj.* animated, action-packed
moyen *m.* means, way; *adj.* **moyen(ne)** middle, average; **moyen âge** Middle Ages (16); **de taille moyenne** of average height (3)
multiplier to multiply
municipal *adj.* municipal (10)
mur *m.* wall (3)
musée *m.* museum (10)
musicien(ne) *m., f.* musician
musique *f.* music (1)
mutuellement *adv.* mutually
mystère *m.* mystery
mystérieux (-ieuse) *adj.* mysterious
mythe *m.* myth
mythique *adj.* mythical

N

nager to swim (7)
nageur (-euse) *m., f.* swimmer
naïf (naïve) *adj.* naive, simple (2)
naissance *f.* birth
naître to be born (8)
natal *adj.* native
natation *f.* swimming
national *adj.* national (16)
nationaliser to nationalize
nationalité *f.* nationality (1)
nature *f.* nature (15)
naturel(le) *adj.* natural; **ressources** (*f.*) **naturelles** natural resources (15)
naturellement *adj.* naturally
naufrage *m.* shipwreck
nausée *f.* nausea
nautique *adj.* nautical; **ski** (*m.*) **nautique** waterskiing
navet *m.* third-rate, rubbish
navigateur (-trice) *m., f.* navigator

navire *m.* vessel, ship
navré *adj.* sorry
ne *adv.* no, not; **ne... jamais** never (8); **ne... pas encore** not yet (8); **ne... personne** no one, nobody (8); **ne... plus** no longer (8); no more (5); **ne... que** only (8); **ne... rien** nothing, not anything (8)
né *p.p.* of **naître**
nécessaire *adj.* necessary (15)
nécessité *f.* necessity
négatif (-ive) *adj.* negative
négativement *adv.* negatively
négritude *f.* negritude
neige *f.* snow; **bonhomme** (*m.*) **de neige** snowman (17); **tempête** (*f.*) **de neige** snowstorm
neiger to snow; **il neige** it's snowing (0)
néolibéral *adj.* neoliberal
nerveux (-euse) *adj.* nervous (2)
nettoyer to clean
neuf (neuve) *adj.* nine; new
neutraliser to neutralize
neuvième *adj.* ninth (10)
neveu *m.* nephew (4)
nez *m.* nose (12)
ni *conj.* nor; **ni... ni** neither . . . nor
niçois *adj.* of Nice
nièce *f.* niece (4)
niveau *m.* level
noces *f. pl.* wedding; **voyage** (*m.*) **de noces** honeymoon
Noël *m.* Christmas
noir *adj.* black (2); **tableau noir** blackboard (0); **marée noire** oil spill; *m.* darkness
nos *adj.* our
nom *m.* name
nombre *m.* number (0)
nombreux (-euse) *adj.* numerous
nommer to name
non *int.* no (0); not; **non-** (prefix)
nord *m.* north
normal *adj.* normal (15)
normand *adj.* Norman
nos *adj. pl.* our
nostalgie *f.* nostalgia
nostalgique *adj.* nostalgic
note *f.* grade (11); mark; bill
notre *adj.* our
nôtre (le/la) *pron.* ours
nourriture *f.* food
nous *pron.* we, to us, ourselves
nouveau (nouvel, nouvelle) *adj.* new (6); **Nouveau Monde** the New World; *adv.* **à nouveau** freshly; **de nouveau** again (10)
nouvelle *f.* (often *pl.*) news (9)
Nouvelle-Écosse *f.* Nova Scotia (17)
La Nouvelle-Orléans *f.* New Orleans (17)
novembre *m.* November (0)
nuage *m.* cloud
nucléaire *adj.* nuclear; **énergie nucléaire** nuclear energy (15)
nuit *f.* night (7)
nul(le) *adj.* nul, nothing
numérique *adj.* numerical
numéro *m.* number; **numéro de**

téléphone telephone number (9)
nutritif (-ive) *adj.* nutritious

O

obéir to obey
objectif *m.* objective; aim
objet *m.* object, thing
obligatoire *adj.* obligatory (11)
obligé *adj.* bound, compelled, obligated
obliger to require
observer to observe
obtenir to obtain, get (7)
occasion *f.* opportunity, occasion; **avoir l'occasion (de)** to have the chance (to)(16)
occident *m.* west; **occidental(le)** *adj.* western
occupé *adj.* busy (9)
occuper to occupy; **s'occuper de** to look after; to occupy oneself
océan *m.* ocean
octobre *m.* October (0)
odeur *f.* odor
œil *m.* (*pl.* **yeux**) eye (12)
œuf *m.* egg (5)
œuvre *f.* work, creation; **œuvre d'art** work of art (16)
offert *p.p.* of **offrir**
officiel(le) *adj.* official
offrir to offer (13)
oie *f.* goose
oiseau *m.* bird (14)
olympique *adj.* Olympic
ombre *f.* shadow, shade
on *pron.* one, they, we, I, you, people, someone
oncle *m.* uncle (4)
ondulé *adj.* undulating; **tôle ondulée** corrugated iron
opéra *m.* opera
opération *f.* operation
opinion publique *f.* public opinion (15)
opposer to contrast; **s'opposer à** to rebel against
optimisme *m.* optimism
optimiste *adj.* optimistic (2)
optométrie *f.* optometry
or *m.* gold (16); *conj.* but, well
oral(le) *adj.* oral, spoken
orange *adj. inv.* orange (2)
orchestre *m.* orchestra
ordinaire *adj.* ordinary
ordinateur *m.* computer
ordonné *adj.* orderly
ordre *m.* order, command; **en ordre** neat, orderly (3)
oreille *f.* ear (12)
oreiller *m.* pillow
organisation *f.* organization
organisé *adj.* organized, arranged
organisme *m.* body, organism
orientation *f.* orientation, positioning; **orientation professionnelle** career advising; **conseiller (-ère) d'orientation** career advisor
originaire (de) *adj.* native (of)
origine *f.* origin; **à l'origine** originally
orphelin *adj.* orphan

orthographe *f.* spelling
oser to dare
ou *conj.* or, either (1)
où *adv.* where (2)
oublier to forget (7)
ouest *m.* west
oui *adv.* yes (0)
ours *m.* bear
outil *m.* tool
outrage *m.* insult
outre-Atlantique *adv.* across the Atlantic
outre-mer *adv.* overseas
ouvert *adj.* open; *p.p.* of **ouvrir**
ouverture *f.* opening
ouvreuse *f.* usherette
ouvrier (-ière) *m., f.* worker, laborer (13)
ouvrir to open (13)

P

pacifiste *adj.* pacifist
païen(ne) *adj.* pagan
pain *m.* bread (5)
pair *m.* peer; **travailler au pair** to work in exchange for room and board
palais *m.* palace (16)
palet *m.* hockey puck
palpitant *adj.* exciting
paniquer to panic
panne *f.* breakdown; **en panne** out of order
panneau *m.* panel, sign
pansement *m.* bandage
pantalon *m.* trousers, pants (2)
panthère *f.* panther
paparmane *m.* Q. peppermint
pape *m.* pope
paperasse *f.* red tape, paperwork
papier *m.* paper
papillon *m.* butterfly
Pâques *m. pl.* Easter
paquet *m.* package, bundle
par *prep.* by, through, out of, from, for (3); **par conséquent** consequently; **par contre** on the other hand; **par hasard** by chance
paragraphe *m.* paragraph
paraître to appear, seem
parallel *adj.* parallel
parapluie *m.* umbrella (7)
parc *m.* park (10)
parce que *conj.* because, as (3)
pardon *int.* excuse me (0)
pareil(le)(à) *adj.* similar (to) (16)
parenté *f.* relatives, relation
parenthèse *f.* parenthesis
parents *m. pl.* parents, relatives (4); **grands-parents** grandparents
paresseux (-euse) *adj.* lazy, idle (2)
parfait *adj.* perfect; perfect tense
parfois *adv.* sometimes, occasionally (6)
parfum *m.* perfume
parisien(ne) *adj.* Parisian (2)
parking *m.* parking place, lot
parlement *m.* parliament
parler to speak (1)

parmi *prep.* among
parole *f.* word
parrain *m.* godfather
part *f.* part, portion; **pour ma part** in my opinion (15); **d'autre part** on the other hand; **c'est de la part de qui?** who's calling? (9); **quelque part** somewhere
partage *m.* sharing, division
partager to share; to divide
parti *m.* (*political*) party
participer to participate
particularité *f.* particularity; distinctive feature
particulier (-ière) *adj.* private, particular, exceptional
partie *f.* part, party; **faire partie (de)** to belong (to)
partir to leave, set out (7)
partitif (-ive) *adj.* partitive
partout *adv.* everywhere (10)
pas: ne... pas not, not any; **ne... pas encore** not yet (8); **pas mal** *int.* not bad (0)
passage *m.* passage, way
passager (-ère) *adj.* passing, short lived; *m., f.* passenger (8)
passé *adj.* last, past (7)
passeport *m.* passport (13)
passer to spend (*time*)(5); to take (*a test*) (11); to pass; **passer par** pass through; **se passer** to happen (14)
passe-temps *m.* pastime (14)
passif (-ive) *adj.* passive
passionnant *adj.* exciting, fascinating
passionné *m., f.* passionate, impassioned
pastille *f.* lozenge
pastis *m.* aniseed alcoholic drink
pâté *f.* pâté, paste; **pâté de campagne** country-style pâté (6); **pâté de foie gras** goose liver pâté (5)
paternel(le) *adj.* paternal
paternité *f.* paternity
patin *m.* skate; **patin à roulettes** rollerskate
pâtisserie *f.* pastry (shop) (6)
patrie *f.* country
patrimoine *m.* patrimony, legacy (16)
patron(ne) *m., f.* boss, patron, owner
pauvre *adj.* poor, unfortunate (6)
pauvreté *f.* poverty
payer to pay (for) (5)
pays *m.* country (8); native land; **mal** (*m.*) **du pays** homesickness; **vin** (*m.*) **du pays** local wine
paysage *m.* countryside, landscape (16)
pêche *f.* fishing (14); peach
pêcher to fish
pêcheur (-euse) *m., f.* fisherman, fisherwoman
pédagogique *adj.* pedagogical, educational
pédalo *m.* pedalo, pedal-boat
peigne *m.* comb
peigner: se peigner to comb one's hair (12)
peindre to paint
peint *p.p.* of **peindre**
peintre *m.* painter (13)

peinture f. painting (11)
pèlerin m. pilgrim
pèlerinage m. pilgrimage
pelote f. ball; **pelote basque** jai alai; pelota
pelouse f. lawn
pendaison f. hanging
pendant prep. during, for (7)
pendre to hang
penser to think (3); to expect
pension f. pension, food and lodging
percer to make a break (as an actor, etc.)
perché adj. perched
perdre to lose (4); **perdre la tête** to lose one's wits
père m. father (4); **Fête** (f.) **des Pères** Father's Day; **grand-père** m. grandfather
perfectionnement m. perfection; improvement (11)
perfectionner to perfect; to improve (17)
période f. period
perle f. pearl
permettre to permit, allow (14)
permis m. license; **permis de conduire** driver's license
perpétuer to perpetuate, carry on
persévérant adj. persevering, persistent
personnage m. character (18); individual
personnalité f. personality
personne f. person (2); indef. pron. no one, anyone; **ne... personne** no one, nobody (8)
personnel(le) adj. personal
personnellement adv. personally (15)
persuader to convince, persuade
perte f. loss
pessimisme m. pessimism
pessimiste adj. pessimistic (2)
pétanque f. lawn bowling, bocce ball (14)
petit adj. small, little (3); **petit déjeuner** breakfast (5); **petites annonces** classified ads (9); **petite-fille** granddaughter (4); **petit-fils** grandson (4); **petit(e) ami(e)** boy/girl friend
peu adv. little, few, not very; **à peu près** about; **un peu de** a (little) bit of (5); **peu probable** not likely (15)
peuple m. people, nation
peur f. fear; **avoir peur** to be afraid (3); **faire peur** to frighten
peut-être adv. perhaps (14)
pharmacie f. drugstore (10)
pharmacien(ne) m., f. pharmacist
phénomène m. phenomenon
philosophe m. philosopher
philosophie f. philosophy (1)
phosphore m. phosphorus
photo f. picture; **appareil-photo** m. camera (16)
photographe m., f. photographer
photographie f. photography
phrase f. sentence
physicien(ne) m., f. physicist
physique f. physics (1); adj. physical

pic m. pick; summit
pièce f. room (4); **pièce** coin (6); **pièce de théâtre** stage play (14)
pied m. foot (12); **à pied** on foot
pierre f. stone
piéton(ne) m., f. pedestrian
pile f. pile, heap; pier
pillage m. pillage
pilon m. pestle
pilote m. pilot (8)
piloter to pilot
piment m. pepper
pionnier (-ière) m., f. pioneer
pique-nique m. picnic
pique-niquer to picnic
pire adj. worse, the worst (12)
pis adv. worse; **tant pis** too bad
piscine f. swimming pool (10)
pistache f. pistachio
piste f. track
pitié f. pity, compassion
pittoresque adj. picturesque
place f. place, position; seat; square (10); **(lit) à une place** single (bed); **à votre place** in your place, if I were you (16); **sur place** installed
placer to place
plafond m. ceiling
plage f. beach (7)
plaine f. plain
plainte f. complaint
plaire to please; **s'il vous plaît** please (0)
plaisir m. pleasure (4)
plan m. map; plane; plan; **arrière-plan** m. background
planche f. board; **planche à voile** windsurfer (7); **planche à moteur** wetbike, surfjet
planète f. planet
plante f. plant (10)
planter to plant
planteur m. planter, plantation owner
plaque f. sign
plaquer to tackle
plat m. dish (5); **plat du jour** dish of the day
plâtre m. plaster cast
plein adj. full (14); complete; **en (de) plein air** in the open air (14); **faire le plein** to fill up (gas tank)
pleurer to cry
pleuvoir to rain (9); **il pleut** it's raining (0)
plier to fold
plombage m. filling (tooth)
plomberie f. plumbing
plombier (-ière) m. plumber
plonger to dive
pluie f. rain
plume f. pen; feather
plupart: la plupart (de) most (of), the majority (of) (15)
pluriel m. plural
plus adv. more (5); most; **de plus** besides; **de plus en plus** more and more; **ne... plus** no longer (8); no more (5); **non plus** either; **plus... que** more than (12)
plusieurs adj. several, some (8)
plutôt adv. rather, sooner (6)

pluvieux (-ieuse) adj. rainy
pneu m. tire
poche f. pocket; **argent** (m.) **de poche** pocket money
poêle f. pan
poème m. poem (18)
poésie f. poetry
poète m. poet (18); **femme poète** f. female poet
poids m. weight
poignée f. handful; **poignée de main** handshake
poing m. fist
point m. point; **à point** medium (meat); **point de vue** viewpoint; **ne... point** adv. not at all
pointe f. point, tip; **de pointe** leading
pointu adj. pointed, sharp
pointure f. shoe size
poire f. pear (5)
poisson m. fish (5)
poissonnerie f. fish market (6)
poivre m. pepper (5)
poli adj. polite (11)
policier (-ière) adj. pertaining to the police; **roman policier** detective novel
poliment adv. politely
politique adj. political; **homme/femme politique** m., f. politician (15); f. politics; policy
politiquement adv. politically
polluer to pollute (15)
pollution f. pollution (15)
pomme f. apple (5); **pomme de terre** potato (5); **pommes frites** French fries
pompe f. pump; m. fam. **Château-la-Pompe** tap water
ponctuel(le) adj. punctual
pont m. bridge
populaire adj. popular
popularité f. popularity
porc m. pork
porte f. door (0)
portefeuille m. pocketbook, wallet (13)
porte-monnaie m. change purse
porter to wear; to carry (2)
portugais adj. Portuguese
Portugal m. Portugal (8)
poser to put, place; **poser une question** to ask a question (3); **se poser** to arise
positif (-ive) adj. positive
posséder to possess
possessif (-ive) adj. possessive
possibilité f. possibility
possible adj. possible (15)
postal adj. postal; **carte postale** postcard
poste m. position; station; **bureau** (m.) **de poste** post office; **poste de police** police station (10); **poste de télévision** TV set (4); f. post office (9)
potage m. soup
poterie f. pottery
pouce m. thumb
poule f. hen
poulet m. chicken (5)

pour *prep.* for, in order to (1); **pour cent** percent; **pour que** *conj.* in order that (17)
pourboire *m.* tip (6)
pourquoi *adv., conj.* why (3)
poursuivre to pursue, carry through (11)
pourtant *adv.* yet, even so, nevertheless (18)
pourvu que *conj.* provided that (17)
pousser to push; to grow
poussière *f.* dust
pouvoir to be able to, can (6); **il se peut que** it's possible that (15); *m.* power, authority
pratique *adj.* practical; **sens** (*m.*) **pratique** common sense; **travaux** (*m. pl.*) **pratiques** small group work or lab
pratiquer to practice
précédent *adj.* former, preceding
précéder to precede
précis *adj.* precise
préciser to make clear; to classify
prédiction *f.* prediction, forecast
prédire to predict
prédominant *adj.* predominant
préférable *adj.* preferable (15)
préféré *adj.* favorite, preferred (4)
préférence *f.* preference
préférer to prefer (5)
préliminaire *adj.* preliminary
premier (-ière) *adj.* first (10)
prénatal *adj.* prenatal
prendre to take (5); **prendre conscience (de)** to become aware (of); **prendre sa retraite** to retire; **prendre le soleil** to sunbathe; **prendre un verre** to have a drink; **prendre place** to take place; **prendre une photo** to take a picture; **prendre rendez-vous** to make an appointment; **prendre un repas** to have (eat) a meal; **prendre une inscription** to register (11); **prendre au sérieux** to take seriously; **prendre une décision** to make a decision
prénom *m.* first name
préoccupation *f.* preoccupation
préparatifs *m. pl.* preparations
préparatoire *adj.* preparatory
préparer to prepare (for) (4); **se préparer (à)** to get ready (to) (12)
préposition *f.* preposition
près (de) *adv., prep.* near, by (3); **de près** close; **tout près** very near
présage *m.* sign
prescrire to prescribe
présence *f.* presence
présent *adj.* present
présentateur (-trice) *m., f.* introducer
présentation *f.* presentation, introduction
présenter to present, introduce; **se présenter** to present oneself; to run for office
préserver to preserve; to defend
présidence *f.* presidency
président(e) *m., f.* president
présider to preside

presque *adv.* almost, nearly
presse *f.* press
pressé *adj.* pressed, hurried
prestigieux (-ieuse) *adj.* prestigious
prêt (à) *adj.* ready (6)
prêt-à-manger *m.* fast food
prêter to lend (9)
prévoir to foresee
prier to beseech
prière *f.* prayer
primaire *adj.* primary; **école** (*f.*) **primaire** elementary school (11)
prime *f.* allowance
principe *m.* principle; **en principe** as a rule
printemps *m.* spring; **au printemps** in spring (0)
priorité *f.* priority, right of way
pris *p.p.* of **prendre**
prise *f.* hold, capture; **être pris(e)** to be taken, caught; to be busy
privé *adj.* private
privilège *m.* privilege
prix *m.* price (6); prize; **hors de prix** outrageously expensive
probabilité *f.* probability, likelihood
probable *adj.* probable (15)
probablement *adv.* probably
problème *m.* problem (15)
procédé *m.* process, method
procéder to proceed
prochain *adj.* next (8)
proche *adj.* near, close; **proches parents** *m. pl.* closest relations
producteur (-trice) *m., f.* producer
productivité *f.* productivity
produire to produce
produit *m.* product
professeur *m.* professor, instructor (0)
profession *f.* profession (13)
professionnel(le) *adj.* professional
profil *m.* profile
profiter to take advantage of
profond *adj.* profound, deep
programmation *f.* programming
programme *m.* program, curriculum, plan
programmeur (-euse) *m., f.* computer programmer
progrès *m.* progress
progressiste *adj.* progressive
projet *m.* project, plan (4)
prolétarien(ne) *adj.* proletarian
prolifération *f.* proliferation (15)
promenade *f.* walk, excursion; **faire une promenade** to take a walk (4)
promener to take out walking; **se promener** to walk (12)
promettre to promise (14)
promis *p.p.* of **promettre**
pronom *m.* pronoun
pronominal *adj.* pronominal; **verbe pronominal** reflexive verb
prononcer to pronounce
prononciation *f.* pronunciation
propos *m.* purpose; **à propos de** with respect to
proposer to propose
propre *adj.* clean (10); own; proper

propriétaire *m., f.* owner, proprietor
prospecter to prospect
prospecteur (-trice) *m., f.* prospector
prospère *adj.* prosperous
protagoniste *m.* protagonist
protection *f.* protection (15)
protéger to protect (15)
provençal *adj.* of Provence
provoquer to provoke, bring on
proximité *f.* proximity; **à proximité (de)** close by
prudent *adj.* careful
psychiatre *m., f.* psychiatrist
psychologie *f.* psychology (1)
psychologique *adj.* psychological
psychologue *m., f.* psychologist
pu *p.p.* of **pouvoir**
public (-ique) *adj.* public (10); **opinion publique** public opinion (15); *m.* the public
publicitaire *m.* advertising agent (13); **annonce** (*f.*) **publicitaire** commercial
publicité *f.* advertising (9)
puis *adv.* then, next (6); **et puis** and then (6); besides
puissant *adj.* powerful, influential
pull(-over) *m.* (pullover) sweater (2)
punir to punish
punissable *adj.* punishable
pur *adj.* pure
pureté *f.* purity

Q

quai *m.* quay, platform (*train station*) (8)
qualificatif (-ive) *adj.* qualifying
qualifié *adj.* qualified
qualité *f.* quality
quand *adv.* when (2); whenever, while; **depuis quand** since when; **quand même** nevertheless
quart *m.* quarter; **et quart** quarter past (the hour) (0); **moins le quart** fifteen minutes until the hour (0)
quartier *m.* quarter, neighborhood, district (1)
que *conj.* that, than; **ne... que** only (8); *pron.* whom, that, which, what (13)
qu'est-ce que? what? (3)
Québec *m.* Quebec City (17); **le Québec** (province of) Quebec (17)
québécois *adj.* of or from Quebec (17); *n.* French Canadian (*language*) (17)
quel(le) *adj.* what, which (6)
quelque(s) *adj.* some, a few (16); **quelque chose** *pron.* something (8); **quelques-un(e)s (de)** some (of) (16)
quelqu'un *pron.* someone (8)
queue *f.* tail; **faire la queue** to form a line, to stand in line
qui *pron.* who, whom (13)
quiconque *pron.* whoever
quitter to leave (7); **ne quittez pas** don't hang up (9); **se quitter** to separate, leave each other
quoi *pron.* which, what (3)

quoique *conj.* although, even though (17)
quotidien(ne) *adj.* daily (12); *m.* daily newspaper

R

rabais *m.* reduction
raccourci *m.* shortcut
raccrocher to hang up
racisme *m.* racism
raconter to tell, relate (9)
radio *f.* radio (1)
radiologue *m.*, *f.* radiologist
raffiné *adj.* refined
raffinerie *f.* refinery
rafraîchissant *adj.* refreshing
raisin *m.* grape (16)
raison *f.* reason; **avoir raison** to be right (3)
raisonnable *adj.* reasonable (2)
ralenti *p.p.* of **ralentir** to slow down
rameau *m.* branch; **dimanche** (*m.*) **des Rameaux** Palm Sunday
rancœur *f.* resentment
randonnée *f.* hike (16)
rang *m.* rank; row
rapide *adj.* fast, rapid (11)
rapidité *f.* rapidity, speed
rappeler to remind (9); **se rappeler** to remember (12)
rapport *m.* report; relationship
rapporter to bring back
rapprocher: se rapprocher to draw closer
raquette *f.* racket
rarement *adv.* rarely
ras: avoir ras le bol *fam.* to be fed up
raser to shave; to raze; **se raser** to shave; *fam.* to bore; to irritate
rassembler to assemble
rassurant *adj.* reassuring
rater *fam.* to fail
ravi *adj.* delighted
réacteur *m.* jet engine; reactor
réaction *f.* reaction
réactionnaire *adj.* reactionary
réagir to react
réalisation *f.* realization
réaliser to realize; achieve (*an ambition*)
réalisme *m.* realism
réaliste *adj.* realistic (2)
réalité *f.* reality
rebaptiser to rename
récapitulation *f.* summary
récemment *adv.* recently
récent *adj.* recent, new
réception *f.* reception desk
recette *f.* recipe
recevoir to receive (16)
recherche *f.* research, search; **faire des recherches** to research
récif *m.* reef
réciproque *adj.* reciprocal
récit *m.* account, story
réclamer to ask for
recommandation *f.* recommendation
recommander to recommend
recommencer to start over
réconcilier to reconcile

reconnaissance *f.* gratitude
reconnaître to recognize (15)
reconquête *f.* recapture, recovery
reconstituer to restore, reconstitute
reconstruire to rebuild
recruter to recruit
rectifier to rectify
reçu *p.p.* of **recevoir**; *m.* receipt (13)
recueil *m.* collection
récupérer to get back, recover
recyclage *m.* recycling (15)
recycler to recycle (15)
rédaction *f.* drafting, writing
redécouvrir to rediscover
redonner to give back; to give again
réduction *f.* reduction
réduire to reduce, lower
réfléchir (à) to reflect (upon), consider (3)
reflet *m.* reflection
réflexif (-ive) *adj.* reflexive
réforme *f.* reform (15)
réformer to reform, improve
réfugié(e) *m.*, *f.* refugee
refus *m.* refusal
refuser (de) to refuse (14); to deny
regard *m.* look
regarder to look at, watch (1); **se regarder** to look at each other, oneself
régie *f.* control
régime *m.* diet
région *f.* region, territory
régional *adj.* local
règle *f.* rule (14)
règlement *m.* regulation
régler to regulate
règne *m.* reign
régner to reign, rule
regretter to be sorry (15)
regrouper to group together; to regroup
régulier (-ière) *adj.* regular
rein *m.* kidney
reine *f.* queen (16)
rejoindre to rejoin
rejouer to play again
relâché *adj.* loose
relatif (-ive) *adj.* relatively
relativité *f.* relativity
relevé: relevé de banque *m.* bank statement
relier to connect, link
religieux (-ieuse) *adj.* religious
remarquable *adv.* remarkable
remarque *f.* remark
remarquer to notice
rembourser to repay, reimburse
remède *m.* remedy
remettre to put back
remonter to go upstream
remords *m.* remorse
remous *m.* upheaval
remplacer to replace, substitute
remplir to fill (11)
Renaissance *f.* Renaissance (16)
rencontre *f.* meeting (12)
rencontrer to meet; **se rencontrer** to meet each other (12)
rendez-vous *m.* rendezvous, appointment (1); meeting place

rendre to give back (4); **rendre visite (à)** to visit (*a person*) (4); **se rendre** to go; to give up
renforcer to reinforce, strengthen
renoncer to give up
renseignement *m.* information
renseigner to inform, teach; **se renseigner** to ask for information
rentabilité *f.* profitability
rentrée *f.* return, return to school (*in the fall*)
rentrer to return, return home (8)
répandre to spread
réparation *f.* repair
réparer to repair
repartir to set out again
repas *m.* meal (5)
repasser to take again (*exam*)
repeindre to repaint
répéter to repeat
répétition *f.* repetition
répondre to answer, reply (4)
réponse *f.* answer, reply
reportage *m.* reporting
repos *m.* rest
reposant *adj.* restful
reposer: se reposer to rest (12)
repousser to push back; to grow again
reprendre to take up again (11); to recover
représentation *f.* stage performance
représenter to represent
reproche *m.* reproach
réprouver to condemn, disapprove of
république *f.* republic; **République de Madagascar** *f.* Madagascar (18)
réputation *f.* reputation
requis *adj.* required
réseau *m.* network, system
réservation *f.* reservation
réserve *f.* reserve
réserver to reserve, make a reservation
résidence *f.* residence
résidentiel(le) *adj.* residential
résider to reside, dwell, live
résister to resist
résolution *f.* resolution
respecter to respect
respirer to breathe
responsabilité *f.* responsibility
responsable *adj.* responsible, accountable
ressembler (à) to be like, resemble
ressentir to feel
ressource *f.* resource; **ressources naturelles** natural resources (15)
restaurant *m.* restaurant (1)
restaurateur *m.* restaurateur; proprietor, manager (*of a restaurant*)
restaurer to restore
reste *m.* rest, remainder
rester to stay (4)
résultat *m.* result
résumer to sum up
retard *m.* delay; **en retard** late (8)
retenir to retain
retirer to take out (13)
retour *m.* return
retourner to return
retracer to relate, recount

retraite *f.* pension; **prendre la retraite** to retire

retrouver to recover, find again; to recognize

réunion *f.* meeting, reunion

réunir to unite

réussir (à) to succeed, pass (*a test*) (3)

réussite *f.* success (15)

rêve *m.* dream

réveil *m.* alarm clock

réveiller to awaken; **se réveiller** to wake up (12)

réveillon *m.* Christmas Eve, New Year's Eve dinner

révéler to reveal

revendication *f.* demand, claim

revenir to come back, return (7)

revenu *m.* income, revenue

rêver to dream (9)

réviser to review (11)

revivre to bring back to life

revoir to see again (7); **au revoir** good-bye (0)

révolution *f.* revolution

révolutionnaire *m., f.* revolutionary

revolver *m.* revolver

revu *p.p.* of **revoir**

revue *f.* review, magazine (3)

rez-de-chaussée *m.* ground floor

rhum *m.* rum

rhume *m.* cold

riche *adj.* rich

rideau *m.* curtain (3)

ridicule *adj.* ridiculous

rien *indef. pron.* nothing; **de rien** you're welcome (0); **ne... rien** nothing (8)

rigole *f.* channel, conduit (*for water*)

rigorisme *m.* rigorism, rigor, strictness

rire to laugh (14); *m.* laughter

risque *m.* risk

rite *m.* rite, ritual

rituel *adj.* ritual

rival(e) *m., f.* rival

rive *f.* bank, shore; **Rive droite** Right Bank (of Paris) (10); **Rive gauche** Left Bank (of Paris) (10)

rivière *f.* river (tributary)

riz *m.* rice (17)

robe *f.* dress (2)

robuste *adj.* sturdy, strong

rocher *m.* rock, crag

rocheux (-euse) *adj.* rocky

rockeur (-euse) *m., f.* one who likes rock 'n' roll

roi *m.* king (16)

rôle *m.* part, role

romain *adj.* Roman (16)

roman *m.* novel (9)

romancier (-ière) *m., f.* novelist (18)

romantique *adj.* romantic

romantisme *m.* romanticism

rompre to break

rond *adj.* round; *fam.* drunk

ronger to gnaw, eat away at

roquefort *m.* Roquefort cheese

rose *f.* rose; *adj.* pink (2)

rôti *m.* roast (6); **dinde rôtie** roast turkey (5)

roue *f.* wheel

rouge *adj.* red (2); **Petit Chaperon Rouge** Little Red Riding Hood

rouler to roll (along); to drive

roulette *f.* roller; roulette (*game*); **planche** (*f.*) **à roulettes** skateboard

roumain *adj.* Romanian

route *f.* road, route (7); **route nationale** national highway; **se mettre en route** to set out

roux (rousse) *adj.* reddish, red-haired (3)

royal *adj.* royal

royaliste *adj.* royalist

royaume *m.* kingdom, realm

rue *f.* street (3)

ruelle *f.* alley

ruine *f.* ruin

ruse *f.* trick, ruse

russe *adj.* Russian (1)

rythme *m.* rhythm

rythmique *adj.* rhythmic

S

sa *adj. f.* his, hers, its

sabbatique *adj.* sabbatical

sable *m.* sand

sac *m.* bag; **sac à dos** knapsack (7); **sac à main** handbag (2); **sac de couchage** sleeping bag (7)

saccagé *adj.* devastated

sagesse *f.* wisdom

saignant *adj.* rare (*meat*)

sain *adj.* healthy

saint *adj.* holy; **Saint-Patrick** *f.* Saint Patrick's Day; **Saint-Valentin** *f.* Saint Valentine's Day

saisir to grasp; to understand

saison *f.* season (0)

saisonnier (-ière) *adj.* seasonal

salade *f.* salad

salaire *m.* salary, wages

salarié *adj.* salaried (13)

salé *adj.* salted, salty

salle *f.* room; theater; **salle à manger** dining room (14); **salle de bains** bathroom (4); **salle de classe** classroom (0); **salle de séjour** living room (4); **salle de sport** gym

salon *m.* parlor

saluer to greet

salut *int.* hello, hi (0)

samedi *m.* Saturday (0)

sandale *f.* sandal (2)

sang *m.* blood

sans *prep.* without (3); but for; **sans doute** no doubt, probably; **sans que** *conj.* without (17)

santé *f.* health

sardine *f.* sardine (6)

satirique *adj.* satirical

satisfaire to satisfy

satisfait *adj.* content, pleased

saucisse *f.* sausage

saucisson *m.* sausage, salami (6)

sauf *prep.* except for, save

saut *m.* jump, leap

sauter to jump; **sauter le pas** to take the plunge

sauvage *adj.* wild

sauver to save (15)

sauveur *m.* savior

savane *f.* savanna (18)

savoir to know (how) (10)

savourer to savor, taste

savoureux (-euse) *adj.* savory

scandaleux (-euse) *adj.* scandalous

scène *f.* scene, quarrel

sceptique *m., f.* skeptic

sciences économiques *f.* economics (11)

scientifique *adj.* scientific

scolaire *adj.* scholarly, of school; **année** (*f.*) **scolaire** school year

scrigne *m. Q.* screen

sculpter to sculpt

sculpteur *m.* sculptor

sculpture *f.* sculpture (11)

séance *f.* film (showing) (14)

sec (sèche) *adj.* dry

sécher to dry; *fam.* to cut (*class*)

secondaire *adj.* secondary (11)

secours *m.* help

secret (-ète) *adj.* secret

secrétaire *m., f.* secretary; *m.* writing desk

secrétariat *m.* secretariat; secretary's office (11)

secteur *m.* sector, district

sécurisant *adj.* reassuring

sécurité *f.* security; confidence; safety

séducteur (-trice) *adj.* seductive

séjour *m.* stay; **salle** (*m.*) **de séjour** living room (4)

séjourner to stay, stop (*in a place*)

sel *m.* salt (5)

self-service *m.* cafeteria

selon *prep.* according to, depending on

semaine *f.* week (0); **fin** (*f.*) **de semaine** *f.* weekend

semblable *adj.* similar

sembler to seem, appear; **il semble que** it seems that (15)

semestre *m.* semester

semoule *f.* semolina

sénat *m.* senate

sénateur *m.* senator

Sénégal *m.* Senegal (18)

sénégalais *adj.* Senegalese (18)

sens *m.* meaning; **sens interdit** wrong way; **sens pratique** common sense

sensationnel(le) *adj.* sensational

sensibiliser to sensitize

sensible *adj.* impressionable, sensitive

sentier *m.* path

sentiment *m.* feeling, sentiment

sentir to sense; to smell (7); **se sentir** to feel

séparer to separate

septembre *m.* September (0)

série *f.* series

sérieusement *adv.* seriously

sérieux (-ieuse) *adj.* serious (2); **prendre au sérieux** to take seriously

serré *adj.* tight

serrer to press, squeeze; **serrer la main** to shake hands

serveur (-euse) *m., f.* waiter, waitress (6)

serviette f. napkin (5)
servir to serve (7); to help; **servir (à)** to be used (to, as)
ses adj. pl. his, hers, its, one's
seul adj. alone, sole, only (9)
seulement adv. only (7)
sévère adj. severe, grave
sexisme m. sexism (15)
short m. shorts (7)
si adv. so (6); yes (8); conj. if, whether (6)
siècle m. century (16)
siège m. seat, headquarters
sien(ne) pron. his, hers, its
sieste f. siesta; **faire la sieste** to take a nap
sigle m. acronym, abbreviation
signe m. sign, mark
signer to sign (13)
silencieux (-ieuse) adj. silent
similaire adj. similar
similarité f. similarity
simplement adv. simply
simplicité f. simplicity
sincère adj. sincere, frank (2)
singulier (-ière) adj. singular
sinon conj. otherwise, if not
sirop m. syrup
situation f. position (location)
situer to place, situate
ski m. ski (7)
skier to ski (1)
skieur (-ieuse) m., f. skier
slip: slip (m.) **de bain** (man's) swimsuit (7)
snob adj. snobbish, pretentious (2)
socialisme m. socialism
société f. society, association, company; **jeu** (m.) **de société** parlor game (14)
sociologie f. sociology (1)
sociologue m., f. sociologist
sœur f. sister (4); **belle-sœur** f. step-sister; sister-in-law
soi: soi-même pron. oneself, himself, herself, itself
soif f. thirst; **avoir soif** to be thirsty (3)
soigner to take care of
soin m. care
soir m. evening, night; **bonsoir** good afternoon; good evening (0); **du soir** P.M. (0); **tous les soirs** every night
soirée f. evening (duration); party
solaire adj. solar; **énergie solaire** solar energy (15)
soldat m. soldier
solde f. pay (wages); m. balance; sale
sole f. sole (fish) (6)
soleil m. sun; **faire du soleil** to be sunny; **il fait du soleil** it's sunny (0); **prendre le soleil** to sunbathe
solide adj. solid, strong
solitaire adj. solitary
sombre adj. dark, gloomy
sommeil m. sleep; **avoir sommeil** to be sleepy
somptueux (-euse) adj. sumptuous
son adj. his, hers, its, one's
sondage m. opinion poll
sonder to sound out
songe m. dream

sonner to ring (9)
sophistiqué adj. sophisticated
soporifique adj. sleep-inducing
sorcier m. sorcerer
sorte f. sort, kind
sortie f. exit, outing; **à la sortie de** after (school, work)
sortir to leave, to go out (7)
sou m. cent; 5-centime coin
souci m. care, worry
soudain adv. suddenly (10)
souffrir to suffer (13)
soufre m. sulfur
souhaiter to wish, to desire (15)
soûler: se soûler to get drunk
souompe f. Q. swamp
soupçonner to suspect
soupe f. soup; **cuillère** (f.) **à soupe** tablespoon
source f. source, origin; spring (15)
sourire to smile
souris f. mouse
sous prep. under, below (2); **sous terre** underground
soutenir to sustain, support
souterrain m. underground passage
souvenir m. memory; **se souvenir de** to remember (12)
souvent adv. often, frequently (3)
soviétique adj. Soviet
spatial adj. spatial, of space
spatieux (-ieuse) adj. spacious
speaker(ine) m., f. announcer (TV)
spécial adj. special
spécialiser to specialize
spécialité f. speciality
spécifique adj. specific
spectacle m. show, performance (14)
spectaculaire adj. spectacular
spectateur (-trice) m., f. spectator
splendeur f. splendor
splendide adj. magnificent
spontané adj. spontaneous
sport m. sport; sports (1)
sportif (-ive) adj. athletic, sports-minded (2); **manifestation sportive** sporting event (14)
stabilité f. stability
stade m. stadium (10)
stage m. training period
stagiaire m., f. apprentice
standardiste m., f. switchboard operator
station (f.) **de métro** metro stop (10)
stationner to park
statisque f. statistic
stéréo adj. stereo; **chaîne** (f.) **stéréo** stereo (system) (3)
stéréotype m. stereotype
steward m. steward (8)
stimuler to stimulate
stocker to stock
stratégie f. strategy
stressant adj. stressful
studieux (-ieuse) adj. studious
stupide adj. stupid, foolish (15)
stylo m. pen (0)
su p.p. of **savoir**
subjonctif m. subjunctive mood
subordonné adj. subordinate

substituer to substitute
subventionner to subsidize
succès m. success
successeur m. successor
sucre m. sugar (5)
sud m. south
sueur f. sweat
suffisamment adv. sufficiently, enough
suggérer to suggest
Suisse f. Switzerland (8)
suite f. rest; **à la suite (de)** after; **tout de suite** right away
suivant adj. following, subsequent
suivre to follow (11); **suivre un cours** to take a course, a class (11)
sujet m. subject
superbe adj. superb
superficiel(le) superficial
supérieur adj. superior, upper (11); **cadre** (m.) **supérieur** executive
superlatif (-ive) adj. superlative
supermarché m. supermarket
superstitieux (-ieuse) adj. superstitious
supplément m. supplement; **en supplément** extra
supplémentaire adj. supplementary
suprême adj. supreme
sur prep. on, upon (2); **sur place** installed
sûr adj. certain, sure (15); safe; **bien sûr** of course
surf m. surfing
surprendre to surprise
surpris adj. surprised (15)
surtout adv. above all, especially (9)
survivre to survive
survoler to fly over
suspecte f. suspect
suspecter to suspect
suspendre to suspend
symbole m. symbol
symboliser to symbolize
sympathique adj. congenial, likeable, nice (2)
symptomatique adj. symptomatic
syndicat m. trade union; **syndicat d'initiative** tourist information bureau (10)
synthèse f. synthesis
système m. system, plan

T

ta adj. fam. your
tabac m. tobacco; tobacco counter; tobacco shop
table f. table (0)
tableau m. picture, painting (16); **tableau d'affichage** notice board; **tableau noir** blackboard (0)
tabouret m. bar stool
taille f. height, size; **de taille moyenne** of average height (3)
tambour m. drum
tamis m. strainer
tant adv. so much; **tant de** so much, so many (16); **tant mieux** so much the better; **tant pis** too bad
tante f. aunt (4)
taper to type

tapis *m.* carpet, rug (3)
tapisserie *f.* tapestry
tard *adv.* late (7); **plus tard** later
tarif *m.* rate
tarte *f.* pie (5)
tas (de) *m.* heap, pile
tasse *f.* cup (5)
taudis *m.* slum
taureau *m.* bull; **Taureau** Taurus
taux *m.* rate
technicien(ne) *m.*, *f.* technician
technique *adj.* technical
technologique *adj.* technological
tee-shirt *m.* T-shirt (2)
teint *m.* dye; color
tel(le) *adj.* such, like
télé(vision) *f.* television, TV (1)
télécommunications *f. pl.*
  telecommunications
télégramme *m.* telegram (9)
téléphone *m.* telephone (3); **coup** (*m.*)
  de téléphone telephone call (4)
téléphoner (à) to telephone (2)
téléphonique: cabine (*f.*) **téléphonique**
  telephone booth
téléspectateur (-trice) *m.*, *f.* television
  viewer
télévisé *adj.* televised
téléviseur *m.* television set
tellement *adj.* so, so much
température *f.* temperature
tempête *f.* storm; **tempête de neige**
  snowstorm
temporaire *adj.* temporary
temporel(le) *adj.* temporal
temps *m.* weather (0); time (4); tense;
  dans le temps formerly; **de temps en
  temps** from time to time (10);
  quelque temps sometime; **quel temps
  fait-il?** what's the weather like?(0);
  tout le temps all the time
tendance *f.* tendency
tenir to hold, to have (7); **se tenir** to
  be held; **tenir à** to hold dear; to be
  eager to, to anticipate (7)
tennis *m.* tennis; *pl.* tennis shoes (7)
tentation *f.* temptation
tente *f.* tent (7)
terminer to end; **se terminer** to come
  to an end
terrain *m.* ground, field; **terrain de
  camping** campground
terrasse *f.* terrace (4)
terre *f.* earth, land (16); property;
  pomme de terre *f.* potato
Terre-Neuve *f.* Newfoundland (17)
terrifiant *adj.* terrifying
territoire *m.* territory
terrorisme *m.* terrorism
tes *adj. pl.* your
tête *f.* head (12); **avoir mal à la tête** to
  have a headache; **perdre la tête** to
  lose one's wits
têtu *adj.* stubborn, headstrong
texte *m.* text, passage
thé *m.* tea (5)
théâtre *m.* theater; **pièce** (*f.*) **de
  théâtre** play (14)
thème *m.* theme, topic
théologie *f.* theology

théologique *adj.* theological
thermalisme *m.* bathing in hot springs
thèse *f.* thesis, dissertation
thon *m.* tuna
thyroïde *f.* thyroid
tien(ne) *pron.* yours
tiers *adj.* third; **Tiers Monde** *m.* Third
  World
tigre *m.* tiger
timbale *f.* pie pan, pie plate
timbre *m.* stamp (9)
tinque *m. Q.* tank
tirer to pull out, pull on, tug
tiret *m.* dash, hyphen
tissage *m.* weaving
titre *m.* title
togolais *adj.* of Togo
toi *pron.* you (11); **à toi** to you;
  toi-même yourself
toile *f.* cloth
toilette *f.* lavatory; **faire sa toilette** to
  wash and dress
toit *m.* roof
tôle *f.* iron; **tôle ondulée** corrugated
  iron
tolérant *adj.* tolerant
tomate *f.* tomato
tombal *adj.* funereal
tomber to fall (8); **laisser tomber** to
  drop; **tomber amoureux (de)** to fall
  in love (with) (12)
ton *adj.* your
tonne *f.* ton
tonnerre *m.* thunder
tordre to twist
tort *m.* wrong; **avoir tort** to be wrong
  (3)
tortue *f.* tortoise, turtle
tôt *adv.* soon, early (8)
total *adj.* total; *m.* whole, total
touche *f.* key (*typewriter*)
toucher to touch; to affect; to concern
  (10)
toujours *adv.* always, still (3)
tour *m.* turn; tour; **jouer un tour** to
  play a trick; *f.* tower (10)
tourisme *m.* tourism
touriste *m.*, *f.* tourist
touristique *adj.* touristic
tourner to turn (10)
tournoi *m.* tournament
Toussaint *f.* All Saint's Day
tout (tous) *adj.* all, every, each (3); **en
  tout cas** in any case, however; **tous
  les deux** both; *adv.* entirely, quite;
  tout à fait completely; **tout à l'heure**
  just now; **tout de suite** immediately;
  tout droit straight ahead (10); **tout
  d'un coup** all at once; **tout en +**
  present participle while . . . , at the
  same time . . . ; **tout le monde**
  everyone (8)
tout *pron.* everything (8)
toutefois *adv.* yet, however
tracer to trace, to lay out
tract *m.* pamphlet
traditionnel(le) *adj.* traditional
traduction *f.* translation
traduire to translate
tragédie *f.* tragedy

train *m.* train (8); **être en train de** to
  be in the middle of (*doing something*)
  (14)
traité *m.* treaty
traiter to treat, discuss
traiteur *m.* caterer
tranche *f.* slice
tranchée *f.* trench
trancher to conclude, settle
tranquille *adj.* quiet, calm (3)
tranquillement *adv.* quietly, calmly
tranquillité *f.* tranquility
transférer to transfer
transformer to transform, change
transmettre to transmit
transport *m.* transport, transportation
travail *m.* work, industry (1); **Fête** (*f.*)
  du Travail Labor Day; **travaux
  pratiques** small group work or lab;
  travaux publics public works
travailler to work (1)
travailleur (-euse) *m.*, *f.* worker,
  laborer (13); *adj.* hard working (2);
  travailleur indépendant
  self-employed worker (13);
  travailleur salarié salaried worker (13)
travers: à travers across, through
traverser to cross (10)
tréma *m.* diaeresis
tremblant *adj.* quivering, trembling
tremblement: tremblement (*m.*) **de
  terre** *m.* earthquake
très *adv.* very, very much; **très bien**
  very good (0)
trésor *m.* treasure
trésorier (-ière) *m.*, *f.* treasurer
tribu *f.* tribe
tribunal *m.* tribunal; court of law
tricolore *m.* French flag
trictrac *m.* backgammon
trimestre *m.* quarter (*three months*),
  trimester
triste *adj.* sad (9)
trompe *f.* trunk (*elephant*)
tromper to deceive; **se tromper** to be
  mistaken (12)
tronc *m.* trunk (*tree*)
trop *adv.* too much, too; **trop de** too
  many (5)
tropiques *m. pl.* the tropics
trottoir *m.* sidewalk
trou *m.* hole
troublé *adj.* troubled, worried; confused
troupe *f.* troop
trouver to find (3); to think; **se
  trouver** to be (*located*) (12)
truffe *f.* truffle
tu *pron.* you
tuer to kill
Tunisie *f.* Tunisia (18)
tunisien(ne) *adj.* Tunisian (18)
tuteur *m.* tutor
tuyauterie *f.* pipe
type *m. fam.* guy; type
typique *adj.* typical

U

ultra-léger *adj.* ultralight
ultra-rapide *adj.* ultrafast

un *adj.* one, a, an, any
uni *adj.* united; **Nations unies** *f. pl.*
  United Nations
unifié *adj.* unified
uniquement *adv.* uniquely
unir to unite
unité *f.* unit
univers *m.* universe
universel(le) *adj.* universal
universitaire *adj.* academic, university;
  cité (*f.*) **universitaire** university
  living quarters, dormitory (1)
université *f.* university (1)
urbain *adj.* urban
urgent *adj.* urgent (15)
U.R.S.S. *f.* U.S.S.R. (Soviet Union)
  (8)
usage *m.* use, usage
usine *f.* factory
utile *adj.* useful (15)
utilisateur (-trice) *m., f.* user
utilisation *f.* utilization
utiliser to use, employ
utopie *f.* utopia

V

vacances *f. pl.* vacation (4); **grandes
  vacances** summer vacation
vacancier (-ière) *m., f.* vacationer
vagabonder to roam
vague *f.* wave
vaisselle *f.* dishes
valeur *f.* worth, value
valise *f.* suitcase (8)
vallée *f.* valley
valoir to be worth (15); **valoir mieux**
  to be better (15)
valoriser to emphasize; to place value
  on
valu *p.p.* of **valoir**
vanille *f.* vanilla
vaniteux (-euse) *adj.* vain, conceited
vapeur *f.* vapour
varié *adj.* varied
varier to vary
variété *f.* variety; **chanson** (*f.*) **de
  variété** popular song (14)
vaudou *m.* voodoo (17)
veau *m.* veal (5)
vécu *p.p.* of **vivre**
vedette *f.* celebrity, star; **en vedette** in
  the limelight
végétarien(ne) *adj.* vegetarian
véhicule *m.* vehicle
veillée *f.* watch; vigil, wakefulness
vélo *m.* bike
vélomoteur *m.* motorbike, moped
vençois *adj.* of Vence (*in French Alps*)
vendange *f.* grape harvest
vendeur (-euse) *m., f.* salesclerk

vendre to sell (4)
vendredi *m.* Friday (0)
venir to come (7); **faire venir** to send
  for; **venir de** to have just (7)
vent *m.* wind; **faire du vent** to be
  windy (0)
vente *f.* sale (11)
ventre *m.* belly, abdomen (12)
verbe *m.* verb
vérifier to verify
véritable *adj.* genuine, true
vérité *f.* truth (9)
verre *m.* glass (5)
vers *prep.* toward (16)
vert *adj.* green, hearty (2)
vertical *adj.* vertical, upright
vertigineux (-euse) *adj.* vertiginous,
  breathtaking
vertu *f.* virtue
veste *f.* jacket (2)
vestige *m.* relic; trace
veston *m.* man's jacket (2)
vêtement *m.* garment; *pl.* clothes (2)
vétéran *m.* veteran
vétérinaire *m., f.* veterinarian (13)
viande *f.* meat (5)
vicieux (-ieuse) *adj.* vicious
victime *f.* victim
victoire *f.* victory
vide *adj.* empty
vidéoclip *m.* videotape (14)
vie *f.* life (1)
vieillesse *f.* old age
vierge *f.* virgin; **Vierge** Virgo
vieux (vieil, vieille) *adj.* old, aged (6);
  mon vieux my old friend
vigne *f.* vineyard, vine (16)
vigneron *m.* vine-grower (16)
vignoble *m.* vineyard (16)
vigoureux (-euse) *adj.* vigorous
villageois *adj.* rustic, country
ville *f.* city (8); **centre-ville** *m.*
  downtown (10)
vin *m.* wine (5)
vinaigrette *f.* vinegar and oil dressing
violet(te) *adj.* violet (2)
violon *m.* violin
virage *m.* curve (*in the road*)
virgule *f.* comma
visage *m.* face (12)
viser to aim at, be directed at
visite *f.* visit (1); **rendre visite à** to
  visit (*a person*)
visiter to visit (*a place*) (1)
visiteur (-euse) *m., f.* visitor
vite *adv.* quickly, fast (5)
vitesse *f.* speed, gear; **à grande vitesse**
  at full speed
viticulteur *m.* viticulturist, wine grower
vitrail *m.* (*pl.* **-aux**) stained-glass
  window

vivants *m. pl.* the living
vive *int.* long live
vivre to live (11)
vocabulaire *m.* vocabulary
voici *prep.* here is (are) (0); this is;
  these are
voie *f.* road, way
voilà *prep.* there is (are) (0); **voilà...
  que** it's been . . . since (7)
voile *f.* sail; *m.* veil; **faire de la voile** to
  sail
voir to see (7); **se voir** to see each
  other, see oneself
voisin(e) *m., f.* neighbor (7)
voiture *f.* car, vehicle (2)
voix *f.* voice
vol *m.* flight (8); robbery
volant *m.* steering wheel
volcan *m.* volcano
voler to fly; to steal
voleur (-euse) *m., f.* thief, robber
volontaire *m., f.* volunteer
volontiers *adv.* gladly, with pleasure
volubile *adj.* glib
vos *adj. pl.* your
voter to vote
votre *adj.* your
vôtre (le/la) *pron.* yours, your own
vouloir to want, desire (6); **je
  voudrais...** I would like (9); **vouloir
  bien** to be willing (6); **vouloir dire**
  to mean (6)
voulu *p.p.* of **vouloir**
voyage *m.* trip; **chèque** (*m.*) **de voyage**
  traveler's check
voyager to travel
voyageur (-euse) *m., f.* traveler,
  passenger
voyant(e) *m., f.* seer, fortune teller
voyelle *f.* vowel
vrai *adj.* true, genuine (6)
vraisemblable *adj.* probable, believable
vu *p.p.* of **voir**
vue *f.* view, sight; **point** (*m.*) **de vue**
  viewpoint

W

wagon *m.* car (*train*) (8)
wagon-lit *m.* sleeping car
wagon-restaurant *m.* dining car
week-end *m.* weekend (10)

Y

y *adv. pron.* there, here (10); **il y a**
  there is (are) (0)
yaourt *m.* yogurt
yeux *m. pl.* eyes (3)

This English-French end vocabulary includes all words needed to do the translation exercises, as well as the words in the active vocabulary lists of all chapters.

Abréviations

adj. adjective
adv. adverb
f. feminine noun

m. masculine noun
pl. plural

pron. pronoun
p.p. past participle

A

a un, une
abdomen ventre *m.*
able: to be able pouvoir
abolish abolir
about vers; de
abroad (*in a foreign country*) à l'étranger
absolute absolu(e)
accept accepter
accomplishment réussite *f.*
account compte *m.*; **checking account** compte courant; **savings account** compte d'épargne
accountant comptable *m., f.*
accounting comptabilité *f.*
across: across from en face de
act agir
address adresse *f.*
adore adorer
ads (classified) petites annonces *f. pl.*
advertisement (advertising) publicité *f.*
advice conseil *m.*
advise conseiller
afraid: to be afraid avoir peur
after(ward) après
afternoon après-midi *m., f.*
again de nouveau
against contre
agent (*insurance*) assureur *m.*; (*advertising*) publicitaire *m.*
ago il y a; **two days ago** il y a deux jours
agreeable agréable
agreed d'accord
agricultural agricole
airplane avion *m.*
airport aéroport *m.*
algebra algèbre *f.*
Algerian algérien(ne)
all tout, toute, tous, toutes; **all the time** tout le temps
alone seul(e)
a lot (of) beaucoup (de)
already déjà
also aussi
although bien que, quoique
always toujours
America Amérique *f.*

American américain(e)
amount montant *m.*
amusing amusant(e)
ancestor ancêtre *m.*
and et
another un(e) autre
answer réponse *f.*; **to answer** répondre à
antique ancien(ne)
anymore ne... plus
anyone quelqu'un; **not . . . anyone** ne... personne
anything quelque chose; **not . . . anything** ne... rien
apartment appartement *m.*
appetizer hors-d'œuvre *m.*
apple pomme *f.*
apprenticeship apprentissage *m.*
approve approuver
April avril *m.*
architect architecte *m., f.*
arena arène *f.*
aren't we? n'est-ce pas?
argue se disputer
arithmetic calcul *m.*
arm bras *m.*
around autour de
arrival arrivée *f.*
arrive arriver
artist artiste *m., f.*
as comme, si, que; **as much/many as** autant que...; autant (de)... que, aussi... que; **as soon as** dès que, aussitôt que
ashamed: to be ashamed avoir honte
ask (for) demander (à); **to ask a question** poser une question
astronomy astronomie *f.*
at à, chez; **at the** au, à la, aux
athletic sportif (-ive)
atmosphere atmosphère *f.*
attend assister à
August août *m.*
aunt tante *f.*
author auteur *m.*
automobile voiture *f.*
autumn automne *m.*
awaken se réveiller
aware: to become aware of s'apercevoir de

B

baby bébé *m.*
backpack sac à dos *m.*
bad mauvais; **it's bad weather** il fait mauvais; **it is too bad that . . .** il est dommage que...; **not bad** pas mal
badly mal; **things are going badly** ça va mal
bakery boulangerie *f.*
balcony balcon *m.*
ball: masked ball bal masqué *m.*
bank banque *f.*
banker banquier (-ière) *m., f.*
bargain marchander
bar-tobacconist bar-tabac *m.*
bathe se baigner
bathroom salle de bains *f.*
be être; **how are you?** comment allez-vous? **isn't it?** n'est-ce pas? **it is, that is** c'est; **there is, there are** il y a; **to be able** pouvoir; **to be better** valoir mieux; **to be eager** tenir à; **to be hungry** avoir faim; **to be scared** avoir peur; **to be sleepy** avoir sommeil; **to be thirsty** avoir soif; **to be wrong** avoir tort
beach plage *f.*
beautiful beau, bel, belle, beaux, belles
because parce que; **because of** à cause de
become devenir; **to become accustomed to** s'habituer à; **to become aware of** s'apercevoir de
bed lit *m.*; **to go to bed** se coucher
bedroom chambre *f.*
beer bière *f.*
before avant, avant de, avant que; **before** (*doing something*) avant de (+ *inf.*)
begin commencer, se mettre à
beginning début *m.*
behind derrière
believe croire, estimer; **to believe in** croire à
belong appartenir (à)
berth couchette *f.*
beside à côté de
best meilleur(e), mieux

better meilleur(e), mieux; **it's better that** il vaut mieux que; **we had better** nous devrions
between entre
bicycle bicyclette *f.*
big grand(e), gros(se)
bill addition *f.*; **bill** (*currency*) billet *m.*
bird oiseau *m.*
birthday anniversaire *m.*
black noir
blackboard tableau noir *m.*
blouse chemisier *m.*
blue bleu(e)
boat bateau *m.*
bocce ball pétanque *f.*
body corps *m.*
book livre *m.*
bookcase étagère *f.*
bookstore librairie *f.*
boot botte *f.*
bored: (to be bored) s'ennuyer
boring ennuyeux (-euse)
born né(e); **to be born** naître
borrow emprunter
both tous/toutes les deux
bottle bouteille *f.*
bowl bol *m.*
bowling (lawn) pétanque *f.*
boy garçon *m.*
brave courageux (-euse)
bread pain *m.*
breakfast petit déjeuner *m.*
brief bref (brève)
briefly brièvement
bring apporter; **to bring** (*a person somewhere*) amener
brother frère *m.*
brown marron; **brown** (*hair*) châtain
brush brosse *f.*; **to brush** (se) brosser
build construire; bâtir
bus autobus *m.*
busy occupé(e)
but mais
butcher: butcher shop boucherie *f.*; **pork butcher's shop** charcuterie *f.*
butter beurre *m.*
buy acheter
by par, en

C

Cajun acadien(ne)
cake gâteau *m.*
call appeler, téléphoner (à); **telephone call** coup de téléphone *m.*; **who may I say is calling?** c'est de la part de qui? **who's calling?** qui est à l'appareil? **to be called** (*named*) s'appeler; **to call back** rappeler
calm calme *m.*; tranquille *adj.*
camera appareil-photo *m.*
camp camper
can (*to be able to*) pouvoir; **can** (*of food*) boîte de conserve *f.*
Canadian canadien(ne) *adj.*
candy bonbon *m.*
capital capitale *f.*
car voiture *f.*; (*train*) wagon *m.*
carrot carotte *f.*

carry porter; **to carry away** emporter
case cas *m.*; **in that case** alors
cash: cash a check toucher un chèque
cash register caisse *f.*
cashier caissier (-ière) *m., f.*
castle château *m.*
cat chat *m.*
cathedral cathédrale *f.*
celebrate fêter
celebration fête *f.*
centime centime (one 100th part of franc) *m.*
century siècle *m.*
certain sûr(e), certain(e)
chair chaise *f.*
chance: to have the chance to avoir l'occasion de
change monnaie *f.*; **to change** changer (de)
channel (*TV*) chaîne *f.*
character personnage *m.*
cheap bon marché
check chèque *m.*; (*in a restaurant*) addition *f.*
checkbook carnet de chèques *m.*
cheese fromage *m.*
chemistry chimie *f.*
chest of drawers commode *f.*
chestnut (candied) marron (glacé) *m.*
chicken poulet *m.*
child enfant *m.*
Chinese chinois(e)
chocolate chocolat *m.*
choice choix *m.*
choose choisir
church église *f.*
citizen citoyen(ne) *m., f.*
city ville *f.*
civil servant fonctionnaire *m., f.*
class classe *f.*
classical classique
classmate camarade de classe *m., f.*
classroom salle de classe *f.*
clean propre
clear clair(e)
climb monter
close fermer
close to près de
clothes vêtements *m. pl.*
coat manteau *m.*
coffee café *m.*
coin pièce *f.*
cold froid; **it's cold** il fait froid
collect collectionner
colonist colon *m.*
colonize coloniser
color couleur *f.*
comb peigne *m.*; **to comb** (se) peigner
come venir; **to come down** descendre; **to come back** revenir
commercial publicité *f.*
compartment compartiment *m.*
computation calcul *m.*
computer science informatique *f.*
concern toucher
condition condition *f.*; **on condition that** à condition que
conference conférence *f.*
conflict conflit *m.*
conformist conformiste

Congolese congolais(e)
conserve conserver
consider estimer
constant constant(e)
construct construire
continue continuer (à)
control contrôle *m.*
cook faire la cuisine
cooking cuisine *f.*; **to do the cooking** faire la cuisine
cool frais (fraîche); **it's cool** il fait frais
corner coin *m.*
cost coûter
country(side) campagne *f.*; paysage *m.*
courageous courageux (-euse)
course cours *m.*; **course** (*first of meal*) entrée *f.*
cousin cousin(e) *m., f.*
cover couvrir
craftsperson artisan(e) *m., f.*
crayfish écrevisse *f.*
cream crème *f.*
create créer
crepe crêpe *f.*
croissant croissant *m.*
cross traverser
cult culte *m.*
cup tasse *f.*; **wide cup** bol *m.*
curly frisé(e)
curtain rideau *m.*
customs officer douanier (-ière) *m., f.*
cycling cyclisme *m.*

D

daily quotidien(ne)
dancer danseur (-euse) *m., f.*
data processing informatique *f.*
daughter fille *f.*
day jour *m.*, journée *f.*; **day before yesterday** avant-hier; **one of these days (someday)** un de ces jours
dear cher (chère)
December décembre *m.*
decide décider
degree diplôme *m.*; **bachelor's degree** licence *f.*; **master's degree** maîtrise *f.*
delicatessen charcuterie *f.*
delighted ravi(e)
demand exiger
demonstrate manifester
departure départ *m.*
deposit déposer
describe décrire
desert désert *m.*
desire désirer, souhaiter
determined: to be determined (*to do something*) tenir à
detest détester
desk bureau *m.*
dessert dessert *m.*
develop développer
development développement *m.*
dial (*a number*) composer un numéro, faire un numéro
dictionary dictionnaire *m.*
die mourir
different différent(e)
difficult difficile

dinner dîner *m.*; **to have dinner** dîner
diploma diplôme *m.*
direct diriger
discover découvrir
discuss discuter (de)
disguise: **to disguise oneself** se déguiser
dish plat *m.*; assiette *f.*
dishes: **to do the dishes** faire la vaisselle
disorderly en désordre
division (*academic*) faculté *f.*
do faire; **do-it-yourself-work** bricolage *m.*
doctor médecin *m.*
doctorate doctorat *m.*
dog chien *m.*
door porte *f.*; **next door (to)** à côté (de)
dormitory cité universitaire *f.*
doubt douter
down: **to come down** descendre; **down with** à bas
downtown centre-ville *m.*
dramatic arts art dramatique *m.*
drawing dessin *m.*
dream rêve *m.*; **to dream** rêver
dress robe *f.*; **to dress** (s')habiller; **to dress up in disguise** se déguiser
drink boisson *f.*; **to drink** boire
drive conduire
driver conducteur (-trice) *m.*, *f.*
during pendant
dynamic dynamique

E

each chaque; **each other** l'un l'autre, les uns les autres
eager: **to be eager** (*to do something*) tenir à
ear oreille *f.*
early tôt
earn gagner
earth terre *f.*
easy facile
eat manger
eclair (*pastry*) éclair *m.*
ecological écologiste
economics sciences économiques *f. pl.*
egg œuf *m.*
elect élire
employee employé(e)
end fin *f.*
end up (by) finir par
endorse (*a check*) endosser
energy énergie *f.*
engineer ingénieur *m.*
engineering génie civil *m.*
English anglais *m.*; anglais(e); **English-speaking** anglophone
enough assez (de)
enter entrer
enthusiastic enthousiaste
envelope enveloppe *f.*
environment environnement *m.*
errands: **to do errands** faire les courses
escape échapper (à)
especially surtout

essential essentiel; **it is essential that** il est essentiel que
estimate estimer
Europe Europe *f.*
even même; **even though** bien que, quoique
evening soir *m.*; **good evening** bonsoir
event événement *m.*; (*sporting*) manifestation sportive *f.*
every chaque; tout. toute, tous, toutes; **everyday** quotidien(ne)
everything tout *m.*
everywhere partout
evident évident(e)
exam examen *m.*
excentric excentrique
exchange rate cours *m.*
excuse oneself s'excuser; **excuse me** excusez-moi
expense dépense *f.*
expensive cher (chère)
explain expliquer
eye œil *m.*; **eyes** yeux

F

face visage *m.*
fact fait *m.*; **in fact** en fait
fail échouer (à)
fair juste
fall automne *m.*; **to fall** tomber; **to fall asleep** s'endormir; **to fall in love (with)** tomber amoureux (-euse)(de)
false faux (fausse)
family famille *f.*
far (from) loin (de)
farm ferme *f.*
farmer agriculteur (-trice) *m.*, *f.*
fast vite, rapide
fat gros(se)
father père *m.*
favorite préféré(e)
February février *m.*
feel sentir; **to feel badly** aller mal; **to feel like** avoir envie de
female femme; féminin
feminine féminin(e)
few: **a few** quelques *adj.*; quelques-uns(unes) *pron.*
field champ *m.*
fill (in, up) remplir
finally enfin
find trouver
fine: **I'm fine** ça va bien
fine arts beaux-arts *m. pl.*
finger doigt *m.*
finish finir (de + *inf.*); **to finish by** finir par
first premier(-ère); **first of all, at first** d'abord
fish poisson *m.*; **fish market** poissonnerie *f.*
fishing pêche *f.*
flight vol *m.*
float (*parade*) char *m.*
flower fleur *f.*
fluently couramment
follow suivre
foot pied *m.*

football football américain *m.*
for pour, depuis, pendant; **for** (*period of time*) il y a... que..., voilà... que; **for how long . . . ?** depuis quand...?, depuis combien de temps...?
foreign étranger (-ère)
forest forêt *f.*
forget oublier
fork fourchette *f.*
former ancien(ne)
formerly autrefois
fortunate heureux (-euse)
free (*to do something*) libre
French français *m.*; français(e); **French-speaking** francophone
frequently fréquemment
fresh frais (fraîche)
Friday vendredi *m.*
friend ami(e) *m.*, *f.*; **boy/girlfriend** petit(e) ami(e)
from de; **from the** de la, du, des
fun: **to have fun** s'amuser
funny drôle; amusant(e)
furious furieux (-euse)
furniture (*piece of*) meuble *m.*
future avenir *m.*; futur *m.*; futur(e)

G

game match *m.*; jeu *m.*; (*of chance*) jeu de hasard *m.*; (*social*) jeu de société *m.*
garden jardin *m.*; **gardening** jardinage *m.*
geography géographie *f.*
geology géologie *f.*
geometry géométrie *f.*
get recevoir, obtenir; **to get along** s'entendre; **to get dressed** s'habiller; **to get ready** se préparer; **to get up** se lever; **to go down from, get off** descendre (de)
gift cadeau *m.*
gifted doué(e)
girl jeune fille *f.*
give donner; **to give back** rendre
glad content(e), heureux (-euse)
glasses lunettes *f. pl.*
glove gant *m.*
go aller; **to go away/off** s'en aller; **to go down** (*south*) to descendre à; **to go home** rentrer; **to go out** sortir; **to go up** monter
goggles lunettes de ski *f. pl.*
gold or *m.*
good bon(ne)
good-bye au revoir
Gothic gothique
government gouvernement *m.*
grade note *f.*
granddaughter petite-fille *f.*
grandfather grand-père *m.*
grandmother grand-mère *m.*
grandparent grand-parent *m.*
grandson petit-fils *m.*
grape raisin *m.*
gray gris(e)
great grand(e)
green vert(e)

green bean haricot vert *m.*
grocery store épicerie *f.*
ground terre *f.*
guess deviner
guidebook guide *m.*

H

haggle (*over a price*) marchander
hair cheveux *m. pl.*
half: half past the hour et demi(e)
hall couloir *m.*
ham jambon *m.*
hand main *f.*
hand: to hand in rendre
handbag sac à main *m.*
handsome beau, bel, belle, beaux, belles
handwriting écriture *f.*
happen arriver; se passer; **what's happening?** qu'est-ce qui se passe?
happy heureux (-euse); content(e)
hard dur(e)
hard-working travailleur (-euse)
hat chapeau *m.*
hate détester
have avoir; (*to eat; to order*) prendre; **to have fun** (*a good time*) s'amuser; **to have just done** (*something*) venir de + *inf.*; **to have to** devoir; avoir besoin de, il faut...
he il, lui, ce
head tête *f.*
hear entendre
height taille *f.*
hello bonjour, salut; (*telephone*) allô
help (*someone do something*) aider (quelqu'un à faire quelque chose)
her (*personal pron.*) la, lui; (*possessive pron.*) son, sa, ses
here ici; **here is/are** voici
hi salut
high élevé(e)
highway autoroute *f.*
hike randonnée *f.*; marcher; **to take a cross-country hike** faire une randonnée
him le, lui; **to him** lui
his son, sa, ses
history histoire *f.*
hobby passe-temps *m.*
hold tenir; **please hold** (*telephone*) ne quittez pas
holiday fête *f.*
home maison *f.*; **at home** à la maison, chez nous; **to go home** rentrer
homework devoir *m.*; **to do homework** faire ses devoirs
hope espérer, souhaiter
hospital hôpital *m.*
hot chaud; **it's hot** il fait chaud; **to be hot** avoir chaud
hotel hôtel *m.*
hour heure *f.*
house maison *f.*; **at our house** chez nous
housework: to do the housework faire le ménage

how comment; **how are you?** comment allez-vous? (*for*) **how long?** pendant combien de temps? depuis quand...? **how many . . . ?** combien (de)...? depuis combien de temps...? **how's it going?** ça va?
however pourtant
hunger faim *f.*; **to be hungry** avoir faim
hurry se dépêcher
hurt avoir mal
husband mari *m.*

I

I je, moi
ice glace *f.*
ice cream glace *f.*
idea idée *f.*
idealistic idéaliste
if si
ill malade
impatient impatient(e)
improvement perfectionnement *m.*
in à, dans, en; **in order to** pour; **in front of** devant; **in French** en français; **in Paris** à Paris
individualistic individualiste
industrial industriel(le)
inexpensive bon marché
insect insecte *m.*
inspect contrôler
instead plutôt
insurance agent assureur *m.*
intellectual intellectuel(le)
intelligent intelligent(e)
interest intéresser; **to be interested in** (*something*) s'intéresser à (quelque chose)
interesting intéressant(e)
interpreter interprète *m., f.*
invite inviter
island île *f.*
it ce, il, elle; le, la; **isn't it?** n'est-ce pas? **it is** c'est, il est
Italian italien *m.*; italien(ne)
Ivory Coast (*inhabitant*) ivoirien(ne)

J

jacket veste *f.*; **ski-type jacket** anorak *m.*
January janvier *m.*
Japanese japonais(e)
jeans jean *m.*
journalist journaliste *m., f.*
judge magistrat *m.*
juice jus *m.*
July juillet *m.*
June juin *m.*
just seulement; **to have just** venir de (+ *inf.*)

K

key clef (clé) *f.*
kindergarten école maternelle *f.*

kindly gentiment
king roi *m.*
kitchen cuisine *f.*
knapsack sac à dos *m.*
knife couteau *m.*
know (*how*) savoir; (*a person or place*) connaître
knowledge connaissance *f.*

L

lady dame *f.*; **young lady** jeune fille *f.*
lake lac *m.*
lamp lampe *f.*
land terre *f.*
landscape paysage *m.*
language langue *f.*
last dernier (-ière), passé(e); **last night** hier soir
late tard; en retard
laugh rire
law droit *m.*, loi *f.*
lawyer avocat(e) *m., f.*
lazy paresseux (-euse)
lead diriger
leaf feuille *f.*
learn apprendre
learning (*apprenticeship*) apprentissage *m.*
leave laisser, quitter, partir, sortir; **to leave each other** se quitter; **leave** (*behind*) laisser
lecture conférence *f.*; **lecture hall** amphithéâtre *m.*
left gauche *f.*; **on, to the left** à gauche
leg jambe *f.*
legacy patrimoine *m.*
legalization légalisation *f.*
leisure (*activities*) loisirs *m. pl.*
lend prêter
less moins (de); **less than** moins... que
letter lettre *f.*
lettuce salade *f.*, laitue *f.*
liberty liberté *f.*
library bibliothèque *f.*
life vie *f.*
lightning coup de foudre *m.*
like comme; **to like** aimer; **to like better** aimer mieux
likely probable; **it's not likely that** il est peu probable que
line ligne *f.*
linguistics linguistique *f.*
listen (to) écouter
literature littérature *f.*
little petit(e); **a little** un peu de (+ *noun*)
live habiter, vivre
living room salle de séjour *f.*
located: to be located se trouver
lodging logement *m.*
long long(ue)
look (at) regarder; **to look (like)** avoir l'air (de + *inf.*); **to look for** chercher
lose perdre
lot: a lot (of) beaucoup (de)
love aimer; adorer; amour *m.*; **love at first sight** coup de foudre *m.*; **in**

love, loving amoureux (-euse); **to fall in love (with)** tomber amoureux (-euse)(de)
lucky: to be lucky avoir de la chance
lunch déjeuner *m.*

M

Madagascar (*inhabitant*) malgache
magazine revue *f.*
mail courrier *m.*; **mail box** boîte aux lettres *f.*
mail carrier facteur (-trice) *m.*, *f.*
make faire; **to make the acquaintance of** faire la connaissance de; fabriquer
makeup maquillage *m.*; **to put on makeup** se maquiller
man homme *m.*
management (*business*) gestion *f.*
manager cadre *m.*
many beaucoup; **how many?** combien?; **so many** tant (de)
map carte *f.*
March mars *m.*
market marché *m.*; **to go to the market** faire le marché
marriage mariage *m.*
marry se marier (à, avec)
masterpiece chef-d'œuvre *m.*
mathematics mathématiques (maths) *f. pl.*
May mai *m.*
me me, moi
meal repas *m.*
mean vouloir dire
meat viande *f.*
media média *m.s.* or *pl.*
medicine médecine *f.*
medieval médiéval(e)
medium moyen(ne)
meet (se) rencontrer; (*someone for the first time*) faire la connaissance de
meeting réunion *f.*; rencontre *f.*
member membre *m.*
menu carte *f.*; (*fixed price*) menu *m.*
merchant commerçant(e)
middle milieu *m.*; **to be in the middle of** (*doing something*) être en train de (+ *inf.*)
middle ages moyen âge *m.*
midnight minuit *m.*
milk lait *m.*
mine le mien, la mienne, les miens, les miennes
mineral minéral(e)
Miss mademoiselle *f.* (Mlle)
mistaken: to be mistaken se tromper
mixture mélange *m.*
Monday lundi *m.*
money argent *m.*
monitor contrôler
month mois *m.*
monument monument *m.*
more encore; plus de (+ *noun*); **more than** plus... que
morning matin *m.*
Moroccan marocain(e)
most le (la) plus; **most (of)** la plupart (de)

mother mère *f.*
motorcycle motocyclette *f.*, moto *f.*
mountain montagne *f.*; **mountaineering** alpinisme *m.*
movie film *m.*; **movie theater** cinéma *m.*
Mr. monsieur *m.* (M.)
Mrs. madame *f.* (Mme)
much beaucoup; **so much** tant (de); **too much** trop
museum musée *m.*
music musique *f.*
must devoir
my mon, ma, mes

N

naive naïf (naïve)
name nom *m.*; **first name** prénom; **to be named** s'appeler; **what's your name?** comment vous appelez-vous?
napkin serviette *f.*
national national(e)
near près (de); **near here** près d'ici
necessary nécessaire; **it is necessary** il faut
neck cou *m.*
need avoir besoin de
neighbor voisin(e) *m.*, *f.*
neither . . . nor ne... ni... ni; **neither: neither one** ni l'un ni l'autre
nephew neveu *m.*
nervous nerveux (-euse)
never jamais, ne... jamais
new nouveau (nouvel, nouvelle); neuf (neuve)
news (*information*) nouvelles *f. pl.*; **TV news** informations *f. pl.*
newspaper journal *m.*
newsstand kiosque *m.*
next prochain(e); **next door** à côté; **next to** à côté de
nice gentil(le), sympathique; **it's nice out** il fait beau
niece nièce *f.*
night nuit *f.*, soir *m.*; **last night** hier soir
no non; **no longer, no more** ne... plus
nobody, no one personne, ne... personne
noise bruit *m.*
noon midi *m.*
nose nez *m.*
not ne... pas; **not yet** ne... pas encore
notebook cahier *m.*
nothing rien, ne... rien
novel roman *m.*
novelist romancier (-ière) *m.*, *f.*
November novembre *m.*
now maintenant
number numéro *m.*; (*digit*) chiffre *m.*
nurse infirmier (-ière) *m.*, *f.*

O

obliged: to be obliged to devoir
obtain obtenir

occupied occupé(e)
ocean océan *m.*, mer *f.*
o'clock heure *f.*
October octobre *m.*
odd drôle
of de; **of course** bien sûr; **of whom, of which** dont
offer offrir
office bureau *m.*; (*administrative center*) secrétariat *m.*
often souvent
oh! ah!
okay d'accord
old ancien(ne); vieux (vieil, vieille, vieux, vieilles); **to be . . . years old** avoir... ans
on sur, dans, à; **on weekends** le week-end
once une fois *f.*
one un(e); on
only seulement, ne... que
open ouvrir
opinion: in my opinion pour ma part, à mon avis
opportunity: to have the opportunity to avoir l'occasion de
optimistic optimiste
or ou
orange orange
order (*in a restaurant*) commander
order: in order that afin que, afin de, pour que, pour
orderly en ordre
other autre
ought devoir
our notre, nos
outdoors en plein air
overseeing contrôle *m.*
over there là-bas
owe (*money*) devoir
oyster huître *f.*

P

pain: to have pain avoir mal
painter peintre *m.*, artiste *m.*, *f.*
painting tableau *m.*; peinture *f.*
palace palais *m.*
pants pantalon *m.*
parade défilé *m.*
pardon: pardon me pardon
Parisian parisien(ne)
park parc *m.*
partial partiel(le)
party parti *m.*
pass passer; (*exams*) réussir à
passenger passager (-ère) *m.*, *f.*
passport passeport *m.*
past passé(e)
pastry pâtisserie *f.*; **pastry shop** pâtisserie *f.*
pâté (liver) pâté (de foie gras) *m.*; **country pâté** pâté de campagne
patience patience *f.*
patient patient(e)
patrimony patrimoine *m.*
pay (for) payer
payment paiement *m.*

pear poire *f.*
pen stylo *m.*
people on; gens *m. pl.*
pepper poivre *m.*
perceive apercevoir
perfect perfectionner
perfection perfectionnement *m.*
perhaps peut-être
period (*of history*) époque *f.*
permit permettre
person personne *f.*
personally personnellement
pessimistic pessimiste
pharmacy pharmacie *f.*
philosophy philosophie *f.*
phone téléphone *m.*; **on the phone** à
l'appareil, au téléphone
physics physique *f.*
pie tarte *f.*
piece morceau *m.*
pilot pilote *m.*
pink rose
place endroit *m.*; **to place, put** mettre;
in your place à votre place
plan projet *m.*; **to plan** organiser
plane avion *m.*
plant plante *f.*
plate assiette *f.*
platform (*train station*) quai *m.*
platter plat *m.*
play pièce *f.*; **to play** (*a sport or game*)
jouer à; **to play** (*a musical instrument*)
jouer de
playwright dramaturge *m., f.*
pleasant agréable, gentil(le)
please s'il vous plaît
pleased content(e)
pleasure plaisir *m.*
P.M. de l'après-midi
poem poème *m.*
poet poète *m.*
point (out) indiquer
policeman agent de police *m.*
police station commissariat *m.*, poste
de police *m.*
polite poli(e)
politics politique *f.*
pollute polluer
pollution pollution *f.*
poor pauvre
possible: it is possible that il se peut
que..., il est possible que...
postcard carte postale *f.*
poster affiche *f.*
post office bureau de poste *m.*
potato pomme de terre *f.*
prefer préférer, aimer mieux
preferable préférable
prepare préparer
preschool école maternelle *f.*
pretty joli(e)
prevent empêcher
price prix *m.*
probably probablement, sans doute
problem problème *m.*
process: in the process of (*doing
something*) en train de (+ *inf.*)
professor professeur *m.*, prof *m.*
program programme *m.*; émission *f.*
proliferation prolifération *f.*

promise promettre
protect protéger
proud fier (fière)
provided that pourvu que
psychology psychologie *f.*
pupil élève *m., f.*
purse sac à main *m.*
pursue poursuivre
put mettre
putter: puttering around bricolage *m.*

Q

quarrel (se) disputer
quarter quartier *m.*; **quarter past the
hour** et quart; **quarter to the hour**
moins le quart
Quebec Québec *m.*; **Quebecois**
québécois *m.*; québécois(e)
queen reine *f.*
question: to ask a question poser une
question
quickly vite, rapidement
quiet tranquille
quite tout, assez

R

rain pluie *f.*; pleuvoir; **it's raining** il
pleut
raincoat imperméable *m.*
rapid rapide
rather plutôt; assez
read lire; *p.p.* lu
reading lecture *f.*
ready prêt(e); **ready to** (*do something*)
prêt(e) à (+ *inf.*)
realistic réaliste
reasonable raisonnable
receipt reçu *m.*
receive recevoir
recently récemment
recipe recette *f.*
recognize reconnaître
record disque *m.*
recycle recycler
recycling recyclage *m.*
red rouge; **red** (*hair*) roux; **red-headed**
roux (rousse)
reform réforme *f.*
refundable remboursable
refuse refuser (de)
region région *f.*
regret regretter
relate raconter
relatives parents *m. pl.*
relax se reposer, se détendre
relaxation détente *f.*
remain rester
remember se souvenir de, se rappeler
rent louer
repeat répéter
require exiger
required obligatoire
rescue sauver
residence (*place of*) logement *m.*
resource ressource *f.*
rest se reposer

return retourner; **to return** (*something*)
rendre; **to return home** rentrer; **to
return** (*come back*) revenir
review (*for a test*) réviser
rice riz *m.*
rich riche
right droite(e) *adj.*; **to the right** à
droite; **to be right** avoir raison
ring bague *f.*; **to ring** sonner
river fleuve *m.*; **riverbank** rive *f.*
road route *f.*; chemin *m.*
roast rôti *m.*
Roman romain(e)
room pièce *f.*; chambre *f.*; **living room**
salle de séjour *f.*; **dining room** salle à
manger *f.*; **bathroom** salle de bains *f.*
roommate camarade de chambre *m., f.*
rug tapis *m.*
run courir
Russian russe *m., f.*

S

sad triste
sailboat bateau à voile *m.*
salad salade *f.*
sale vente *f.*
salt sel *m.*
same même
sandal sandale *f.*
sardine (*in oil*) sardine à l'huile *f.*
sausage (*dry*) saucisson *m.*
Saturday samedi *m.*
savannah savanne *f.*
save sauver; **to save (up) money** faire
des économies
say dire; **that is to say** c'est-à-dire
scared: to be scared avoir peur
schedule horaire *m.*
school école *f.*; scolaire *adj.*;
elementary school école primaire *f.*;
first cycle of secondary school
collège *m.*; **second cycle of
secondary school** lycée *m.*
sea mer *f.*
search (for) chercher
season saison *f.*
second deuxième
secondary secondaire
see voir; **see you soon** à bientôt; **to see
again** revoir
seem avoir l'air; **it seems that** il semble
que...
sell vendre
senator sénateur *m.*
send envoyer
Senegalese sénégalais(e)
sense sentir
September septembre *m.*
serious sérieux (-ieuse)
serve servir
settle: to settle down s'installer
settler colon *m.*
several plusieurs, quelques
shame honte *f.*
sheet (*of paper*) feuille *f.*
shirt chemise *f.*
shoe chaussure *f.*; **tennis shoes** tennis
m. pl.

shopping: **to do the shopping** faire le marché
short court(e); (*size*) petit(e); bref (brève)
shorts short *m.*
should devoir
show montrer; indiquer; (*movies*) séance *f.*; (*performance*) spectacle *m.*
sick malade
sign signer
similar (to) pareil(le) à
since depuis; comme; **since when?** depuis quand?
sincere sincère
sincerely (*friendly letter*) amicalement
sing chanter
singer chanteur (-euse) *m., f.*
sink lavabo *m.*
sister sœur *f.*
sit s'asseoir
ski ski *m.*; **to ski** skier, faire du ski
skirt jupe *f.*
slave esclave *m., f.*
sleep dormir
sleeping bag sac de couchage *m.*
sleepy: to be sleepy avoir sommeil
slow lent(e)
small petit(e)
smell sentir
smoke fumer
snack (*afternoon*) goûter *m.*
snail escargot *m.*
snobbish snob
snow neige *f.*; **to snow** neiger
snowman bonhomme de neige *m.*
so si, alors; **so that** afin que, afin de, pour que, pour; **so much, so many** tant (de)
sociology sociologie *f.*
sock chaussette *f.*
some de la, du, des; en *pron.*; quelques; quelques-uns(unes)
someday un jour, un de ces jours
someone quelqu'un
something quelque chose
sometimes parfois
son fils *m.*
song chanson *f.*; **popular song** chanson de variété
soon bientôt; **as soon as** dès que, aussitôt que
sorry désolé(e); **to be sorry** regretter
Spanish espagnol *m.*; espagnol(e)
speak parler
spend: to spend (*time*) passer; **to spend** (*money*) dépenser
spoon cuillère *f.*; **soupspoon** cuillère à soupe *f.*
sport sport *m.*; **sports-minded** sportif (-ive); **sporting event** manifestation sportive *f.*
spring printemps *m.*
square place *f.*
stadium stade *m.*
stamp timbre *m.*
start commencer (à); se mettre à; **to start again** reprendre
state état *m.*
station (*train*) gare *f.*; **police station** commissariat *m.*, poste de police *m.*;

metro station station de métro *f.*
stay rester
steak bifteck *m.*
stereo chaîne stéréo *f.*
steward steward *m.*
stewardess hôtesse de l'air *f.*
still encore
stop (s')arrêter
storekeeper commerçant(e) *m., f.*
straight ahead tout droit
strange: it is strange that il est étrange que
strawberry fraise *f.*
street rue *f.*
stroll flâner
student étudiant(e) *m., f.*
studies études *f. pl.*
study étudier
stupid stupide
subject (*of study*) matière *f.*
suburbs banlieue *f.*
subway métro *m.*
succeed réussir (à)
success réussite *f.*
suddenly soudain, soudainement
suffer souffrir
sugar sucre *m.*
suggest suggérer
suit costume *m.*
suitcase valise *f.*
suitjacket veston *m.*
sum montant *m.*
summer été *m.*
sun soleil *m.*; **it's sunny** il fait du soleil
Sunday dimanche *m.*
sunglasses lunettes de soleil *f. pl.*
superior supérieur(e)
sure sûr(e), certain(e)
surely sûrement
surprised surpris(e) (*p.p. of* surprendre); **to be surprised** être surpris(e)
sweater pull-over *m.*
swim nager, se baigner
swimming pool piscine *f.*
swimsuit maillot de bain *m.* (*woman's*); slip de bain *m.* (*man's*)

T

table table *f.*
take prendre; **to take a walk** faire une promenade; **to take a hike** faire une randonnée; **to take out** (*food from a restaurant*) emporter; **to take out** sortir; **to take** (*someone*) emmener; **to take place** avoir lieu, se passer; **to take a course** suivre un cours; **to take again** reprendre; **to take an exam** passer un examen
talented doué(e)
talk parler
tall grand(e)
taste goûter
tea thé *m.*
teach enseigner
teacher professeur *m.*, prof *m.*; (*preschool and elementary*) instituteur (-trice) *m., f.*

teaching (*profession*) enseignement *m.*
team équipe *f.*
telegram télégramme *m.*
telephone téléphone *m.*; téléphoner à; **telephone call** coup de téléphone; **on the phone** à l'appareil, au téléphone; **telephone number** numéro de téléphone *m.*; **telephone book** annuaire *m.*; **telephone booth** cabine téléphonique *f.*
television télévision *f.*; **TV** télé *f.*; **television set** poste de télévision *m.*; **television news** informations *f. pl.*; **television channel** chaîne *f.*
tell raconter; dire
tent tente *f.*
terrace terrasse *f.*
text examen *m.*
thank you merci
that que; cela; ça; ce, cet, cette, ces
the le, la, les
theater théâtre *m.*; **movie theater** cinéma *m.*
their leur, leurs
them les, leur, eux
then puis, alors, ensuite
there y, là; **there is, there are** il y a
these ces
they ils, elles, on
thick gros(se)
thing chose *f.*
think penser, croire; **think (of, about)** réfléchir à, penser à; **to think of** (*have an opinion about*) penser de
third troisième
thirsty: to be thirsty avoir soif
this ce, cet, cette; ceci
those ceux, celles
throat gorge *f.*
through par
throw lancer
Thursday jeudi *m.*
ticket billet *m.*; **ticket window** guichet *m.*
tie cravate *f.*
time temps *m.*, heure *f.*; (*occasion*) fois *f.*; (*once*) une fois; **a long time** longtemps; **from time to time** de temps en temps; **to spend time** passer (du temps); **what time is it?** quelle heure est-il?
tip pourboire *m.*
tired fatigué(e)
to à, en; pour; chez
today aujourd'hui
together ensemble
tomorrow demain
tonight ce soir
too aussi; **too much** trop (de)
tooth dent *f.*
touch toucher
tourist touriste *m., f.*; **tourist information bureau** syndicat d'initiative *m.*
toward (*a place*) vers
tower tour *f.*
town hall mairie *f.*
train train *m.*; (*car*) wagon *m.*; **train station** gare *f.*
travel voyager, faire un voyage

tree arbre *m.*
trip voyage *m.*; **to take a trip** faire un voyage
truck camion *m.*
true vrai(e)
truth vérité *f.*
try essayer (de)
T-shirt tee-shirt *m.*
Tuesday mardi *m.*
Tunisian tunisien(ne)
turkey (*roast*) dinde rôtie *f.*
turn tourner; **to turn on** mettre
twice deux fois *f.*

U

umbrella parapluie *m.*
unbelievable incroyable
uncle oncle *m.*
under sous
understand comprendre
unfair injuste
unfortunate pauvre; **it is unfortunate that** il est fâcheux que
unfortunately malheureusement
unhappy triste, malheureux (-euse)
United States États-Unis *m.*, *pl.*
university université *f.*; universitaire *adj.*
unless à moins que, à moins de
unlikely peu probable
unpleasant désagréable
unsociable insociable
until jusqu'à, jusqu'à ce que
up: to go up monter
use utiliser, employer
useful: it is useful that il est utile que
useless: it is useless that il est inutile que
usually d'habitude

V

vacation vacances *f. pl.*
veal veau *m.*
vegetable légume *m.*
very très
veterinarian vétérinaire *m.*, *f.*
videotape vidéoclip *m.*
view: in my view pour ma part, à mon avis

vine vigne *f.*; **vineyard** vignoble *m.*
violet violet(te)
visit visite *f.*; **to visit** (*a place*) visiter; (*person*) rendre visite à
voodoo vaudou *m.*
voter électeur (-trice) *m.*, *f.*

W

wait (for) attendre
waiter serveur *m.*
waitress serveuse *f.*
wake up (se) réveiller
walk promenade *f.*; **to take a walk** faire une promenade; marcher
wall mur *m.*
wallet portefeuille *m.*
want vouloir, avoir envie de
war guerre *f.*
warm: to be warm avoir chaud
wash se laver
washbasin lavabo *m.*
waste gaspillage *m.*; **to waste** gaspiller; **waste** (*material*) déchet *m.*
watch regarder
water eau *f.*
way chemin *m.*
we nous, on
wear porter
weather temps *m.*; **how's the weather?** quel temps fait-il?
Wednesday mercredi *m.*
week semaine *f.*
weekend week-end *m.*, fin de semaine *f.*
welcome: you're welcome de rien
well bien; eh bien
what que, ce qui, ce que, quoi; que...? quoi? qu'est-ce que? comment? **what is it?** qu'est-ce que c'est?
when quand, lorsque
where où
whether si
which quel, quelle, quels, quelles; **which one(s)** lequel, laquelle, lesquels, lesquelles; **that which** (*subject of verb*) ce qui; **that which** (*object*) ce que; **to which** auquel, à laquelle, auxquels, auxquelles
while temps *m.*; pendant que
white blanc (blanche)

who qui? qui est-ce qui?
whom qui? qui est-ce que?
whose dont
why pourquoi; **why not?** pourquoi pas?
wife femme *f.*
willing: to be willing vouloir bien
win gagner
wind vent *m.*; **it's windy** il fait du vent
window fenêtre *f.* (*ticket*) guichet *m.*
windsurfing planche à voile *f.*
wine vin *m.*; **winemaker** vigneron *m.*
winter hiver *m.*
wish souhaiter
with avec
withdraw retirer
without sans, sans que
woman femme *f.*
wonder se demander
wonderful merveilleux (-euse); formidable
woods bois *m.*
word mot *m.*
work travail *m.*; **to work** travailler; **work of art** œuvre d'art *f.*
worker ouvrier (-ière); travailleur (-euse); **salaried worker** travailleur salarié *m.*; **self-employed worker** travailleur indépendant *m.*
workshop atelier *m.*
worse pire
worth: to be worth valoir
write écrire
writing écriture *f.*
wrong: to be wrong avoir tort

Y

year an *m.*, année *f.*; **to be . . . years old** avoir... ans
yellow jaune
yes oui
yesterday hier
yet encore; pourtant
you tu, te, toi, vous
young jeune
your ton, ta, tes, votre, vos

Z

zero zéro

In this index, vocabulary topic groups are listed by individual topic as well as under the heading _Vocabulary_. **A propos** sections appear only as a group, under that heading.

Realia and cartoon credits *page 64* Crédit Agricole; *90* Dargaud Éditeur Paris/de Beketch; *150* Gervais Danone; *151* Vittel; *185* American Express International Banking Corp.; *209, 210 Pariscope*, December 5, 1984; *266* Claude Verrier/Intermonde-Presse; *268* Air France; *274, 402, 545* Éditions Denoël et Sempé, Paris; *308 L'Express*, August 17, 1984; *355 (top)* Librairie Chantelivre, Paris; *355 (bottom)* Jacques Faizant/ Charillon; *369* J.-A. Laville; *397* Le Printemps, Paris; *447 Pariscope*, September 11, 1985; *460* Utbildningsradion, Stockholm.

Literary credits *page 398* Adapté d'un article de *Votre Beauté*, 1984; *487* Adapté d'un article de *L'Express*, 1984; *516* Adapté d'un article de *Marie-France*, 1984.

About the Authors

Judith A. Muyskens is associate professor of French at the University of Cincinnati, where she teaches courses in pedagogy, French civilization, and foreign language. She received her doctoral degree from Ohio State University in Foreign Language Education with a minor in twentieth-century French literature. She has contributed to *Foreign Language Annals*, the *Modern Language Journal*, the *AATF National Bulletin*, *Contemporary French Civilization*, and the *ACTFL Foreign Language Education Series*. She is also coauthor of *Bonjour, Ça Va?*

Alice C. Omaggio is associate professor of French at the University of Illinois at Urbana-Champaign, where she teaches courses in methodology and French language, supervises teaching assistants, and coordinates the first- and second-year courses. She received her doctoral degree from Ohio State University in Foreign Language Education with minors in research methodology and psycholinguistics. She has contributed to various professional publications, and is coauthor of *Bonjour, Ça Va?*, *Kaleidoscope*, and several books on methodology and testing. She is a member of the ACTFL Executive Council and president of ACTFL for 1986.

Claudine Convert-Chalmers is an *agrégée* from France who has taught all levels of French at the College of Marin in California. She holds degrees in French and English literature from the University of Nice, where she also completed her *CAPES* and *agrégation* training. She has lived and taught in Marin County, California, for the last ten years, and is coauthor of several books, including *Bonjour, Ça Va?* and *Entrée en scène*.

9 8 7 6 5 4 3 2